Saint Patrick, Whitley Stokes

The Tripartite Life of Patrick

with other documents relating to that Saint

Saint Patrick, Whitley Stokes

The Tripartite Life of Patrick
with other documents relating to that Saint

ISBN/EAN: 9783337332174

Printed in Europe, USA, Canada, Australia, Japan

Cover: Foto ©Lupo / pixelio.de

More available books at **www.hansebooks.com**

RERUM BRITANNICARUM MEDII ÆVI
SCRIPTORES,

OR

CHRONICLES AND MEMORIALS OF GREAT BRITAIN
AND IRELAND

DURING

THE MIDDLE AGES.

THE CHRONICLES AND MEMORIALS

OF

GREAT BRITAIN AND IRELAND

DURING THE MIDDLE AGES.

PUBLISHED BY THE AUTHORITY OF HER MAJESTY'S TREASURY, UNDER THE DIRECTION OF THE MASTER OF THE ROLLS.

On the 26th of January 1857, the Master of the Rolls submitted to the Treasury a proposal for the publication of materials for the History of this Country from the Invasion of the Romans to the reign of Henry VIII.

The Master of the Rolls suggested that these materials should be selected for publication under competent editors without reference to periodical or chronological arrangement, without mutilation or abridgment, preference being given, in the first instance, to such materials as were most scarce and valuable.

He proposed that each chronicle or historical document to be edited should be treated in the same way as if the editor were engaged on an Editio Princeps; and for this purpose the most correct text should be formed from an accurate collation of the best MSS.

To render the work more generally useful, the Master of the Rolls suggested that the editor should give an account of the MSS. employed by him, of their age and their peculiarities; that he should add to the work a brief account of the life and times of the author, and any remarks necessary to explain the chronology; but no other note or comment was to be allowed, except what might be necessary to establish the correctness of the text.

The works to be published in octavo, separately, as they were finished; the whole responsibility of the task resting upon the editors, who were to be chosen by the Master of the Rolls with the sanction of the Treasury.

The Lords of Her Majesty's Treasury, after a careful consideration of the subject, expressed their opinion in a Treasury Minute, dated February 9, 1857, that the plan recommended by the Master of the Rolls "was well calculated for the accomplishment of this important national object, in an effectual and satisfactory manner, within a reasonable time, and provided proper attention be paid to economy, in making the detailed arrangements, without unnecessary expense."

They expressed their approbation of the proposal that each Chronicle and historical document should be edited in such a manner as to represent with all possible correctness the text of each writer, derived from a collation of the best MSS., and that no notes should be added, except such as were illustrative of the various readings. They suggested, however, that the preface to each work should contain, in addition to the particulars proposed by the Master of the Rolls, a biographical account of the author, so far as authentic materials existed for that purpose, and an estimate of his historical credibility and value.

Rolls House,
   December 1857.

THE
TRIPARTITE LIFE OF PATRICK.

[*All Rights Reserved.*]

THE
TRIPARTITE LIFE OF PATRICK,

WITH

OTHER DOCUMENTS RELATING TO THAT SAINT.

EDITED WITH TRANSLATIONS AND INDEXES

BY

WHITLEY STOKES, D.C.L., LL.D.,

HON. FELLOW OF JESUS COLLEGE, OXFORD;
CORRESPONDENT OF THE INSTITUTE OF FRANCE (ACADÉMIE DES INSCRIPTIONS);
HON. MEMBER OF THE GERMAN ORIENTAL SOCIETY.

PART II.

PUBLISHED BY THE AUTHORITY OF THE LORDS COMMISSIONERS OF HER MAJESTY'S
TREASURY, UNDER THE DIRECTION OF THE MASTER OF THE ROLLS.

LONDON:
PRINTED FOR HER MAJESTY'S STATIONERY OFFICE,
BY EYRE AND SPOTTISWOODE,
PRINTERS TO THE QUEEN'S MOST EXCELLENT MAJESTY.

And to be purchased, either directly or through any Bookseller, from
EYRE AND SPOTTISWOODE, EAST HARDING STREET, FLEET STREET, E.C.; or
ADAM AND CHARLES BLACK, 6, NORTH BRIDGE, EDINBURGH; or
HODGES, FIGGIS, & Co., 104, GRAFTON STREET, DUBLIN.

1887.

Printed by
EYRE and SPOTTISWOODE, Her Majesty's Printers.
For Her Majesty's Stationery Office.

DOCUMENTS CONCERNING S. PATRICK.

1.—Notes by Muirchu Maccu-Machtheni.

Quoniam quidem, mi domine *Aido*,[1] multi conati sunt ordinare narrationem utique istam secundum quod patres eorum et qui ministri initio fuerunt sermonis tradiderunt illis, sed propter difficilimum narra-
5 tionis opus diuersasque opiniones et plurimorum plurimas suspicione, numquam ad unum certumque historiae tramitem peruenierunt (ideo, ni fallor, iuxta hoc nostrorum prouerbium, ut deducuntur pueri in ambiteathrum, in hoc periculossum et profundum narra-
10 tionis sanctae pylagus, turgentibus proteruc gurgitum aggeribus, inter acutissimos carubdes per ignota aequora insitos, a nullis adhúc lintribus, excepto tantum uno patris mei Coguitosi[2] expertum atque occupatum, ingenioli mei[3] puerilem remi cymbam deduxi.)
15 Sed ne magnum de paruo uidear finguere, pauca hœc de multis sancti Patricii gestis parua peritia, incertís[4] auctoribus, memoria labili, attrito sensu, uili sermone, sed affectu p[i]issimo, caritatis etiam sanctitatis tuæ et auctoritatis imperio oboed[i]ens, carptim grauatimque
20 explicare aggrediar.[5]

De ortu Patricii et eius prima captiuitate.

De nauigio eius cum gentibus, et uexatione diserti, [et] cibo sibi [et] gentilibus diuinitus delato.

De secunda captura quam senís decies diebus ab
25 inimicís pertulerat.

Book of Armagh, fo. 20, a. 1.

---

[1] The Irish vocative of *Aid* (*Aedh*), Dr. Todd, *St. Patrick*, p. 401, note 1. This and other non-latinised Irish words occurring in the portions of the Book of Armagh now published, are printed in italics.

[2] MS. *coguito si*. As Bishop Graves suggests, Coguitosi (for Coguitosi) is intended as a translation of *Machtheni* (leg. *Machténi?*), cognate with the noun *machtad*, *machdad*, *magthad* 'miratio,' and the verb *machtnaigim* 'I ponder over,' 'I wonder at.'

[3] MS. ingeniolimei.

[4] MS. in certís.

[5] This prologue is translated by Dr. Todd, *St. Patrick*, p. 402.

Book of Armagh, fo. 20, a. 1.

De susceptione sua a parentibus ubi agnouerunt cum.

De aetate eius quando iens uidere sedem apostolicam uoluit discere sapientiam.

De inuentione sancti Ger[mani] in Galliis, et ideo non exiuit ultra. 5

[20 a. 2.] De aetate eius quando uissitauit eum anguelus ut ueniret adhúc.

De reuersione eius de Gall[i]ís et ordinatione Palladii et mox morte eius.

De ordinatione eius ab Amatorege[1] episcopo, de- 10 functo Palladio.

De rege gentili habeto in Temoria quando uenerat sanctus Patricius babtismum portans.

De primo eius itenere iu hoc insola ut seipsum redemeret *oMiliucc*[2] priusquam alios a demonio traheret. 15

De morte *Milcon*[3] et uerbo Patricii de semine eius.

De consilio sancti Patricii ubi hessitum est de celebratione primi pascae.[4]

De oblatione primo pasca in hac insola facta.

De festiuitate gentili in Temoria eadem nocte qua 20 sanctus Patricius pasca adorauit.

De gressu regis *Loiguri*[5] de Temoria ad Patricium in nocte pascae.

De uocatione Patricii ad regem, et fide *Eirc* filii *Dego*,[6] [et de] morte magi in illa nocte. 25

De ira regis et suorum ad Patricium, et plaga Dei super eos, et transfinctione[7] Patricii coram gentilibus.

De aduentu Patricii in die pascae ad Temoriam et fide *Dubthaich maccu-Lugir*.[8]

De conflictu Patricii aduersus magum in illa [die] 30 et mirabilibus uirtutibus.

---

[1] MS. Amatho rege.
[2] 'from Míliucc."
[3] 'of Mílchú.'
[4] The words 'de celebratione, p.p.' stand in the MS. as a separate title: 'hessitum est' is for haesitatum est, 'there was uncertainty.'
[5] gen. of Lóiguire.
[6] 'of Erc son of Deg.'
[7] Perhaps for *transfiguratione*, i.e. from visibility into invisibility. The sign z (i.e., ζητεῖτε, Matth. vii. 7) is here written.
[8] 'of Dubthach descendant of Lugur.'

De conuersione *Loiguiri* regis,[1] et de uerbo Patricii de regno eius post se.   Book of Armagh, fo. 20, a. 2.

De doctrina et babtismate signisque sancti Patricii secundum exemplum Christi.

5 De *Macc Cuill* et conuersione eius ad uerbum Patricii.[2]

De fabula *Dairi* et equo, et oblatione *Airddmachæ*[3] ad Patricium.

De gentibus laborantibus die dominica trans praeceptum Patricii.

10 De fructifera terra in salsuginem uersa ad verbum Patricii.

De morte *Moneisen* Saxonissae.[4]

De eo quod sanctus Patricius uidit caelum apertum et Filium Dei et anguelos eius.

15 [20 b. 1.] De conflictu sancti Patricii aduersum *Coirthech* regem *Aloo*.[5]

Haec pauca de sancti Patricii peritia et uirtutibus *Muirchu maccuMachtheni*,[6] dictante Aiduo[7] Slebtiensis ciuitatis episcopo, conscripsit.[8]

20 De aetate eius quando uissitauit eum anguelus ut ueniret adhuc.[9]

[Factisque ibi multis temporibus quasi, ut alii [dicunt] xl^{ta}., alii, xxx^{ta} annis, ille antiquus ualde fidelis Victoricus nomine, qui omnia[10]] sibi in Hiber-   Book of Armagh, fo. 2, a. 1.

---

[1] 'of King Lóiguire.' Here in the MS. "et conuersio," but with puncta delentia over *con* and *sio*.

[2] Here a title, " De morte Moneisen," (with z after the *D* and over the *Mon*) which is repeated four lines infra, and which the scribe has accidentally omitted to cancel.

[3] 'of Dáire' . . 'of Armagh.'

[4] The chapters of which this and the two following paragraphs are, respectively, the headings are omitted in the Book of Armagh, but occur in the Brussels codex, *Analecta Bollandiana*, i. 575-577.

[5] 'Coretic king of Ail,' *i.e.*, Ail-Clúade, 'Rock of Clyde,' Dumbarton, according to Sir Samuel Ferguson.

[6] 'M. descendant of Machthene.'

[7] Probably the anchorite who died 698, Todd, *S. Patrick*, p. 314, note 2. But see Reeves, *Columba*, li.

[8] This summary has obviously been misplaced by the error of the transcriber.

[9] This and the titles in pp. 272-292 I have inserted from the summary, pp. 270-271.

[10] The words in brackets are taken from the Brussels Codex as printed by Father Hogan, in *Analecta Bollandiana*.

Book of Armagh, fo. 2, a. 1.

nica seruitute possito antequam essent dixerat, eum crebrís uissionibus uissitauit, dicens ei adesse tempus ut ueniret et aeuanguelico rete nationes feras et barbaras, ad quas docendas misserat illum Deus, ut piscaret;[1] ibique ei dictum est in uissione: "Vocant te 5 filii et filiae siluae Foclitae," et caetera.

De reuersione eius de Galliis et ordinatione Palladii et mox morte eius.

Oportuno ergo tempore imperante, comitante diuino auxilio, coeptum ingreditur iter ad opus in quod ollim 10 praeparatus fuerat, utique aeuanguelii, et missit Germanus seniorem cum illo,[2] hoc est Segitium prespiterum, ut testem comitem haberet, quia nec adhuc a sancto domino Germano in pontificali gradu ordinatus est. Certe enim erat quod Pa[l]ladius archidiaconus 15 papae Caelestini urbis Romae episcopi, qui tunc tenebat sedem apostolicam quadragensimus quintus a sancto Petro apostolo, ille Palladius ordinatus et missus fuerat ad hanc insolam sub brumali rigore[3] possitam conuertendam. Sed prohibuit illum[4] quia nemo potest ac- 20 cipere quicquam de terra nisi datum ei fuerit de caelo. Nam neque hii feri et inmites homines facile receperunt doctrinam eius, neque et ipse uoluit transegere tempus in terra non sua: sed reuersus ad eum qui missit illum. Revertente uero eo hinc et primo mari 25 transito coeptoque terrarum itenere in Britonum finibus uita functus est.[5]

De ordinatione eius ab Amatorege[6] episcopo, defuncto Palladio.

[2 a. 2.] Audita itaque morte sancti Paladii in Britannís, 30 quia discipuli Paladii, id est Augustinus et Benedictus et caeteri, redeuntes retulerant in Ebmoria[7] de morte

---

[1] Cf. Secundinus' hymn, infra, "Dominus illum elegit ut doceret barbaras Nationes, ut piscaret per doctrinae retia." Muirchu must (Dr. Todd thought) have had this hymn before him. But cf. Matth. iv. 19.

[2] in marg. z.

[3] Read frigore?

[4] B. (i.e., Cod. Brux.) inserts Deus, but the meaning may be: (this) prevented him, that no man can receive, etc.

[5] Sic B.; factus, A.

[6] Amatho rege, A.

[7] Curbia, B., Euboria, Probus (Quinta Vita, c. 25), Eboria Secunda Vita, c. 27, and Quarta Vita, c. 31; in marg. z., A.

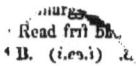
Read frì B.
[4] B. (i.es.i) .z.

eius, Patricius et qui cum eo erant declinauerunt iter Book of Armagh,
ad quendam mirabilem hominem summum aepiscopum, fo. 2, a. 2.
Amatorege[1] nomine in propinquo loco habitantem;
ibique sanctus Patricius, sciens quae euentura essent
5 [s]ibi, episcopalem gradum ab Amatorege[1] sancto
episcopo accepit.[2] Etiam Auxilius Iserninusque et
caeteri inferioris gradus eodem die quo sanctus Patricius ordinati sunt. Tum acceptis benedictionibus,
perfectísque[3] omnibus secundum morem, cantato etiam
10 Patricio quasi specialiter et conuenienter hoc psalmistae uorsu: 'Tu es sacerdos in aeternum secundum
ordinem Melchisedec,'[4] uenerabilis uiator paratam nauim
in nomine sanctae Trinitatis ascendit et peruenit Brittannias; et omissis omnibus ambulandi anfractibus
15 praeter commone uiae officium (nemo enim dissidia[5]
quaerit Dominum) cum omni uelocitate flatuque prospero mare nostrum contendit.[6]

De rege gentili habeto in Temoria quando uene=rat sanctus Patricius babtismum portans.

20 In illis hautem diebus quibus haec gesta sunt, in
praedictís regionibus fuit rex quidam magnus, ferox
gentilisque imperator barbarorum regnans in Temoria,
quae erat caput Scotorum, Loiguire[7] nomine, filius
Neill, origo stirpis regiae huius pene insolae. Hic
25 hautem sciuos et magos[8] et aurispices et incantatores
et omnis malae artis inuentores habuerat, qui poterant
[2 b. 1] omnia scire et prouidere, ex more gentilitatis
et idolatriae, antequam essent. E quibus hii duo prae
caeteris praeferebantur quorum nomina haec sunt:
30 Lothroch, qui et Lochru, et Lucetmael, qui et Ronal.
Et hii duo ex sua arte magica crebrius profetabant

---

[1] matho rege, A.
[2] It seems, then, that he was con- secrated by a single bishop only, Todd, *St. Patrick*, 318.
[3] perfectís, A.; perfectísque, B.
[4] Psal. cix. 4.
[5] i.e. desidiā; desideria, B.
[6] peruenit, B.
[7] In marg. z.
[8] *druide*, see Reeves, *Columba*, p. 73, note i.

Book of Armagh, of. 2, b. 1.

morem quendam exterum futurum in modum regni cum ignota quadam doctrina molesta longuinquo
    trans maria aduectum,
    a paucis dictatum,
    a multis susceptum,   5
    ab omnibusque honoratum,
    regna subuersurum,
    resistentes turbas seducturum,
    omnes eorum deos distructurum,[1]
et   10
    iectis omnibus illorum artis operibus
    in saecula regnaturum.

Portantem quoque suadentemque hunc morem signauerunt et profetauerunt hiis uerbis quasi in modum [uersiculi][2] crebro ab hiisdem dictis, maxime in antecedentibus aduentum Patriciique duobus aut tribus annis. 15

Haec hautem sunt uersiculi uerba, pro linguae idiomo[3] non tam manifesta:

'Adueniet asciciput[4] cum suo ligno curuicipite[5] et[6] sua domu[7] capite perforato.[8] Incantabit nefas a sua mensa ex anteriore parte domús suae: respondebit ei sua familia tota fiat, fiat.' 20

Quod nostris uerbis potest manifestius exprimi:

[*Ticfa tálchenn turmuir mercenn,*
abratt tollchenn, achrann crombchenn,   25
anius inairthiur athige:
frisgérat amuinter uile
    Amen, amen![9]]

"Quando ergo haec omnia fient, regnum nostrum, quod est gentile, non stabit."

---

[1] This and the three preceding lines are so arranged in the MS. The words "trans ... susceptum" and 'iectis ... regnaturum' also appear to be metrical, and I have printed them accordingly.

[2] Sic, B., and Secunda Vita, c. 27.

[3] propter linguae idioma, B.

[4] 'adze-head' (ascia caput) = *tálchenn*, Reeves, *Columba*, p. 351, note.

[5] curui capite, A.; curvo capite, B.

[6] ex, A.

[7] *i.e.*, casula 'chasuble,' which the writer may have supposed (with Isidore of Seville) to be a diminutive of *casa* = *domus*.

[8] perfornta, B.

[9] See translation of these lines (which the scribe has omitted), supra, p. 35.

Quod sic postea¹ euenerat. Euersis enim in ad- Book of
uentu Patricii idulorum culturis, fides Christi catholica Armagh, fo. 2, b. 1.
nostra repleuit omnia.

De his ista sufficiant. [2. b. 2.] Redeamus ad propos-
situm.

De primo eius itinere in hac insola ut seipsum redemeret o Miliucc priusquam alios a Demonio traheret.

Consummato igitur nauigio sancto perfectoque, onerata² nauis sancti cum transmarinis mirabilibus spiritalibusque tessauris quasi in oportunum portum in regiones Coolennorum in portum apud nós clarum qui uocatur hostium *Dee*³ dilata est. Ubi uissum est ei nihil perfectius esse quam ut semetipsum primitus redemeret, et inde appetens sinistrales fines ad illum hominem gentilem *Milcoin*, apud quem quondam in captiuitate fuerat portansque geminum seruitutis pretium, terrenum utique et caeleste, ut de captiuitate liberaret illum cui ante captiuus seruierat, ad anteriorem⁴ insolam, quae eius nomine usque hodie nominatur,⁵ prurim nauis convertit.

Tum deinde *Brega* Conalneosque fines necnon et fines Ulathorum in leuo dimittens ad extremum fretum quod est *Brene* se inmisit. Et discenderunt in terram ad hostium *Slain* ille et qui cum eo erant in naui, et absconderunt nauiculam, et uenierunt aliquantulum in regionem ut requiescerent ibi. Et inuenit eos porcinarius cuiusdam uiri natura boni, licet gentilis, cui nomen erat *Dichu*, habitans ibi ubi nunc est Orreum Patricii⁶ nomine cognominatum. Porcinarius hautem putans eos fures ac latrones, exiuit et indicauit domino suo *du*

---

¹ Sic, B.; potestea, A.
² honorata, A.; honerata, B.
³ Inbher Dea, near Wicklow.
⁴ i.e. orientalem, Reeves, *Columba*, p. 82, note h.
⁵ Inis-Pátraic.
⁶ Saball Pátraic, now Saul.

Book of Armagh, fo. 3, a. 1.

Dichoin,[1] [3 a. 1] et induxit illum super eos ignorantibus illis. Qui corde proposuerat occidere eos ; sed uidens faciem sancti Patricii, conuertit Dominus ad bonum cogitationes eius. Et praedicauit Patricius fidem illi, et ibi credidit Patricio, et requieuiit ibi sanctus apud illum 5 non multis diebus. Sed uolens cito ire ut uissitaret praedictum hominem *Milcoin* et portaret ei pretium suum et uel[2] sic conuerteret ad Christi fidem, relicta ibi nauis[3] apud *Dichoin*, coepit per terras diregere uiam in regiones Cruidnenorum[4] donec peruenit ad montem 10 *Miss*.[5] De quo monte multo ante, tempore quo ibi captiuus[6] seruierat, pre[s]so uestigio in petra alterius montis, expedito gradu uidit anguelum Victoricum in conspectu eius ascendisse in caelum.

De morte *Milcon*[7] et uerbo Patricii de semine 15 eius.

Audiens hautem *Miliucc* seruum suum iturum ad uissitandum eum, ut morem quem nolebat[8] in fine uitae faceret quasi per uim, ne seruo subiectus fieret et ille sibi dominaret, instinctu Diabuli sponte sé igni tradi- 20 dit et in domu in qua prius habitauerat rex, congregato ad se omni instrumento substantiae suae, incensus est. Stans hautem sanctus Patricius in praedicto loco a latere dextero montis *Miss*, ubi primum illam regionem in qua seruiuit cum tali gratia adueniens 25 uidit, ubi nunc usque[9] crux habetur in signum,[10] ad uissum primum illius regionis ilico sub oculis rogum [3 a. 2] regis incensum intuitus. Stupefactus igitur ad hoc opus duabus aut tribus fere horis nullum uerbum proferens, suspirans et gemens lacrimansque atque haec 30

---

[1] ' to Dichu.'
[2] ' and even thus '; B. omits *uel*.
[3] Sic, A.; navi, B., but the nominative absolute is common in Irish latinity.
[4] Read Cruidneorum, Cruithneorum ? (Crunneorum, B.).
[5] Sliab Miss, now Slemish.
[6] A. inserts erat.
[7] ' of Milchu.'
[8] Hogan compares ' morem quendam extorum,' supra, p. 274, l. 1.
[9] B. omits.
[10] See Reeves, *Columba*, p. 88, note d.

uerba promens ait: "Nescio, Deus scit: hic homo rex qui seipsum igni tradidit ne crederet in fine uitae suae et ne seruiret Deo aeterno, nescio, Deus scit, nemo de filiis eius sedebit rex super sedem regni eius
5 a generatione in generationem; insuper et semen eius seruiet in sempiternum." Et his dictis, orans et armans sé signo crucis, conuertit cito iter suum ad regiones Ulothorum per eadem uestigia quibus uenerat, et rursum peruenit in campum *Inis*[1] ad *Dichoin*;[2] ibique
10 mansit diebus multis, et circumiit totum campum, et elegit et amauit, et coepit fides crescere ibi.

De consilio sancti Patricii, ubi hessitum[3] est de celebratione primi pascae.

Adpropinquauit hautem pasca in diebus illis quod
15 pasca primum Deo in nostra Aegipto huius insolae uelut quondam in Gesseon[4] celebratum est. E inuenierunt consilium ubi hoc primum pasca in gentibus ad quas missit illum Deus celebrarent, multisque super hác re consiliis iectis, postremo inspirato diui-
20 uitus sancto Patricio uissum est hanc magnam Domini sollempnitatem quasi caput omnium sollempnitatum in campo maximo,[5] ubi erat regnum maximum nationum harum, quod erat omnis gentilitatis et idolatriae,[6] celebrari,[7] uti hic inuictus cuneus in caput totius idolatriae,
25 ne possit ulterius aduersus Christi fidem insurgere, sub malleo fortis operis cum fide [3 b. 1] iuncti sancti Patricii et suorum manibus spiritalibus primus[8] inlideretur. Et síc factum est.

---

[1] *Mag-Inis* 'island-plain,' the district being very nearly surrounded by the sea, Todd, *St. Patrick*, p. 408, note 3. From A.D. 850 called Leth-Cathail (Lecale), Reeves, *Eccl. Antiqq.* 201, 365, note x.
[2] 'to Dichu.'
[3] i.e. haesitatum.
[4] Genesseon, A.; Genesim, B.;
a corruption of the *Gessen* of the Vulgate; our *Goshen*.
[5] *Mag-Breg*.
[6] Here in A. occur the words " ne possit ulterius," which re-occur in the next line.
[7] liberari, A.
[8] Sic, A. (agreeing with cuneus); primum, B.

De oblatione primo pasca in hac insola facta.

Book of Armagh, fo. 3, b. 1.

Eleuata igitur nauis[1] ad mare, et dimisso in fide plena et pace bono illo uiro *Dichu*, migrantes de campo *Iniss*[2] dexteraque manu demittentes omnia ad plenitudinem ministerii quae erant ante, non incongrue leua 5 in portum hostii *Colpdi*[3] bene et prospere delati sunt. Relictaque ibi naui, pedistri itenere uenierunt in praedictum maximum campum, donec postremo ad uesperum peruenierunt ad *Ferti* virorum *Fee[i]c*,[4] quam ut fabulae ferunt, foderunt[5] viri, id est serui, *Feccol* 10 *Ferchertni*, qui fuerat unus e nouim magis profetis *Bregg*.[6] Fixoque ibi tentorio, debeta pascae uota sacrificiumque laudis cum omni deuotione sanctus[7] Patricius cum suis Deo altissimo secundum profetae uocem reddidit. 15

De festiuitate gentili in Temoria eadem nocte qua sanctus Patricius pasca adorauit.

Contigit uero in illo anno idolatriae sollempnitatem quam gentiles incantationibus multis et magicis inuentionibus, nonnullis aliis idolatriae superstitionibus, con- 20 gregatis etiam regibus, satrapis, ducibus, principibus et optimatibus populi, insuper et magis, incantatoribus, auruspicibus et omnis artis omnisque doni[8] inuentoribus doctoribusue uocatis ad Loigaireum, uelut quondam ad Nabcodonossór regem, in Temoria, istorum 25 Babylone, exercere consuerant, eadem nocte quá sanctus Patri[3 b. 2]cius pasca, illi illam adorarent exercerentque festiuitatem gentilem. Erat quoque quidam mós

---

[1] Sic, A.; naui, B. But see supra, p. 276, note 3.
[2] *Mag-Inis*, supra, p. 277, note 1.
[3] Inber-Colpthi, the mouth of the Boyne.
[4] Ferta-fer-Féicc, 'the grave of Fiacc' men,' near or at Slane.
[5] foderunt, A.
[6] *Breg*, B.
[7] MS. sps. (*i.e.*, spiritus), A.
[8] Petrie (*Tara*, p. 59) proposes to read *doli*. But *donum* may here be the equivalent, in Hiberno-Latin, of the Irish *dán*, art, science.

apud illos, per edictum omnibus intimatus, ut quicum- Book of Armagh, que in cunctís regionibus, siue procul siue iuxta, in illa fo. 3, b. 2. nocte incendisset ignem antequam in domu regia, id est, in palatio Temoriae, succenderétur, periret anima eius
5 de populo suo.[1] Sanctus ergo Patricius sanctum pasca celebrans, incendit diuinum ignem ualde lucidum et benedictum, qui in nocte reffulgens a cunctis pene per planitiem [2] campi habitantibus uissus est. Accidit ergo ut a Temoria uideretur, uissoque eo conspexerunt
10 omnes et mirati sunt. Conuocatisque senioribus et maioribus natu regi [3] [et fatentibus se] nesciisse illum qui hoc fecerit, magi responderunt, "Rex, in aeternum uiue![4] Hic ignis quem uidemus, quique in hác nocte accensus est antequam succenderetur in domo tua, id
15 est in palatio Temoriae, nissi extinctus fuerit in nocte hác qua accensus est, numquam extinguetur in aeternum; insuper et omnes ignes nostrae consuitudinis supergradietur. Et ille qui incendit, et regnum superueniens a quo incensus nocte in hác, superabit nós
20 omnes, et té, et omnes homines regni tui seducet, et cadent ei omnia regna, et ipsum [5] inplebit omnia et regnabit in saecula saeculorum."[6]

De gressu regis *Loiguri* de Temoria ad Patricium in nocte pascae.

25 [4 a. 1.] His ergo auditís turbatus est rex *Loiguire* ualde, ut ollim Erodis,[7] et omnis ciuitas Temoria cum eo. Et respondens dixit: "Non síc erit; sed nunc nos

---

[1] Exod. xii. 15.
[2] plani, A.; planiciem, B.
[3] The scribe here omits some words. B., as cited by Father Hogan, has "Convocatisque omnibus majoribus ad regem et senioribus et magis dixit ei (*sic*) rex: Quis est qui hoc nefas ausus est facere in regno meo: pereat ille morte. Et respondentibus omnibus." To the same effect is Probus, cited by Petrie, *Tara*, p. 59.
[4] Compare Daniel iii. 9.

[5] Sic A.; ipse, B.
[6] B. adds Amen. Compare Daniel ii. 44. The meaning is: 'And he who kindles, and the supervening kingdom (of him) by whom the fire was lit this night, will overcome us all, and will lead astray all the folk of thy realm; and thereto (i.e. to Patrick's kingdom) will fall all kingdoms, and it will fill all things and have dominion for ever and ever.'
[7] Matt. ii. 3.

Book of Armagh, fo. 4, a. 1.

ibimus ut uideamus exitum rei, et retinebimus et occidemus facientes tantum nefas in nostrum regnum." Iunctis .uiiii. curribus secundum deorum traditionem et assumptis his duobus magis ad conflictionem prae omnibus optimis, id est *Lucetmael* et *Lochru*, in fine noctis illius perrexit *Loiguire* de Temoria ad *Ferti* uirorum *Feec*,[1] hominum et equorum facies secundum congruum illis sensum ad leuam uertentes.

Euntibus hautem illis, dixerunt magi regi: "Rex, nec tu ibis ad locum in quo ignis est, ne forte tu postea adoraueris illum qui incendit; sed eris foris iuxta, et uocabitur ad te ille ut te adorauerit et tu ipse[2] dominatus fueris,[3] et sermocinabimur ad inuicem nos et ille in conspectu tuo, rex, et probabis nós sic." Et respondens rex ait: "Bonum consilium inuenistis. Sic faciam ut locuti fuistis."

Et peruenierunt ad praefinitum locum; discendentibusque illis de curribus suis et equis, non intrauerunt in circuitum loci incensi, sed sederunt iuxta.

De uocatione Patricii ad regem, et fide *Eirc* filii *Dego*[4] [et de] morte magi in illa nocte.

Et uocatus est sanctus Patricius ad regem extra [4 a. 2] locum incensi. Dixeruntque magi ad suos: "Nec surgemus nos in aduentu istius: nam quicumque surrexerit a[d] aduentum istius credet ei postea et adorabit eum." Surgens denique sanctus Patricius et uidens multos currus et equos eorum, huneque psalmistae uersiculum non incongrue in labiis et in corde decantans, "Hii in curribus et hii in equis, nos autem in nomine Dei nostri ambulabimus,"[5] uenit ad illos. Illi non surrexerunt in aduentu eius; sed unus tantum a Domino adiutus, qui noluit obedire dictis magorum,

---

[1] "to the grave of Fiacc's men;" see p. 278, note 4.
[2] ipsius, B.
[3] 'and thou thyself shalt be acknowledged as lord.' See the Tripartite Life, supra p. 42, line 22.
[4] "of Erc son of Deg."
[5] Ps. xix. 8, where for 'ambulabimus' the Vulgate has 'recordabimus,' the Gallican Psalter invocabimus, the Roman Psalter magnificabimur.

hoc est *Ercc* filius *Dego*,¹ cuius nunc reliquiae adoran- Book of
tur in illa ciuitate quae uocatur *Slane*,² surrexit; et Armagh, fo. 4, a. 2.
benedixit cum Patricius, et credidit Deo aeterno.

Incipientibusque illis sermocinari ad inuicem alter
5 magus, nomine *Lochru*, procax erat in conspectu sancti,
audens detrachere fidei Catholicae tumulentis uerbis.
Hunc autem intuens turuo oculo talia promentem
sanctus Patricius, ut quondam Petrus de Simone, cum
quadam potentia et magno clamore confidenter ad
10 Dominum dixit: "Domine, qui omnia potes et in tua
potestate consistunt [omnia,] quique me missisti huc,
hic impius, qui blasfemat nomen tuum, cleuetur nunc
foras et cito moriatur." Et his dictis, eliuatus est in
aethera magus et iterum dimissus foras desuper, uerso
15 ad lapidem cerebro, comminutus et mortuus fuerat
coram eis; et timuerunt gentiles.

De ira regis et suorum ad Patricium, et plaga Dei super eos, et transfinctione Patricii coram gentibus.

20 [4 b. 1.] Iratusque cum suis rex Patricio super hoc,
uoluit eum occidere, et dixit: "Iniecite manus in istum
perdentem nós." Tunc uidens gentiles impios inruituros
in eum, sanctus Patricius surrexit, claraque uoce dixit:
"Exsurgat Deus et dissipentur inimici eius, et fugiant
25 qui oderunt eum a facie eius."³ Et statim inruerunt
tenebrae et commotio quaedam horribilis, et expugnau-
erunt impii semetipsos alter aduersus alterum insur-
gens; et terrae motus magnus factus est, et collocauit
axes curruum eorum, et agebat eos cum ui, et prae-
30 cipitauerunt se currus et equi per planitiem campi,
donec ad extremum pauci ex eis semiuiui cuasserunt
ad montem *Monduirn*, et prostrati sunt ab hac plaga
coram rege ex suis senioribus⁴ ad maledictum Patricii

---

¹ 'of Deg.'
² Compare infra, p. 283, line 5.
³ Ps. lxvii. 1.
⁴ Sic, B.; sermonibus, A. See supra, p. 279, l. 11, and infra, p. 285, line 24.

Book of Armagh, fo. 4, b. 1.

septem septies uiri donec ipse remanserat [quatuor][1] tantum hominibus, ipse et uxor eius, et alii ex Scotis duo; et timuerunt ualde.

Veniensque regina ad Patricium, dixit ei, "Homo iuste et potens, ne perdás regem. Veniens enim rex genua flectet et adorabit Dominum tuum." Et uenit rex timore coactus, et flexit genua coram sancto, et finxit se adorare quem nolebat. Et postquam separauerunt ad[2] inuicem, paululum gradiens uocauit rex sanctum Patricium simulato uerbo, uolens interficere cum quomodo. Sciens autem Patricius cogitationes regis pessimi [4. b. 2] benedictis in nomine Iesu Christi sociis suis octo uiris cum puero uenit ad regem. Enumerat eos rex uenientes, statimque nusquam conparuerunt ab oculis regis;[3] sed uiderunt gentiles octo tantum ceruos cum hynulo euntes quasi ad dissertum. Et rex *Loiguire* mestus, timidus et ignominiossus cum paucis euadentibus ad Temoriam [re]uersus est deluculo.

De aduentu Patricii in die pascae ad Temoriam, et fide *Dubthaich maccu-Lugir*.[4]

Sequenti uero die, hoc est in die pascae, recumbentibus regibus et principibus et magis apud *Loiguire*, festus enim dies maximus apud eos erat, manducantibus illis et bibentibus uinum in palatio Temoriae, sermocinantibusque[5] aliis et aliis cogitantibus de his quae facta fuerant, sanctus Patricius quinque tantum uiris, ut contenderet et uerbum faceret de fide sancta in Temoria coram omnibus nationibus, hostiis claussis, secundum id quod de Christo legitur,[6] uenit. Adueniente ergo eo in caenaculum Temoriae nemo de om-

---

[1] IIII^{or}, B.
[2] ab, B.
[3] B. inserts dempti. The meaning is: 'they disappeared from the eyes of the King.'
[4] 'of Dubthach descendant of Lugar.'
[5] A. inserts et.
[6] John xx. 19.

nibus ad aduentum suis surrexit, praeter unum tantum, Book of
id est *Dubthoch maccu-Lugil*, poetam optimum, apud Armagh, fo. 4, b. 2.
quem tunc temporis ibi erat quidam adoliscens poeta
nomine *Feec*, qui postea mirabilis episcopus fuit, cuius
5 reliquiae adorantur *hiSleibti*.[1] Hic, ut dixi, *Dubthuch*
solus ex gentibus in honorem sancti Patricii surrexit;
et benedixit ei sanctus, crediditque primus in illa die
Deo, et repputatum est ei ad iustitiam.[2]

Visso itaque Patricio, uocatus est a gentibus ad
10 uescendum, ut probarent eum in uenturis rebus. Ille
hautem, sciens quae uentura essent, non reffellit uesci.

De conflictu Patricii aduersus magum in illa [die] et mirabilibus uirtutibus.

Caenantibus hautem omnibus, ille magus *Lucet-nuil*,
15 qui fuerat in nocturna conflictione, etiam in illa die
solicitus est, extincto consocio suo, confligere aduersus
sanctum Patricium; et ut initium causae haberet, in-
tuentibus aliis, inmissit aliquid ex uasse suo in poculum Patricii, ut probaret quid faceret. Vidensque
20 sanctus Patricius hoc probationis genus, uidentibus
cunctis benedixit poculum suum; et uersus est liquor
in modum gelu, et conuerso uasse cecidit gutta illa
tantum quam inmisserat magus. Et iterum benedixit
poculum: conuersus est liquor in naturam,[3] et mirati
25 sunt omnes.[4]

Et post paululum ait magus: "Faciamus signa super
hunc campum maximum in hoc campo maximo."
[5. a. 2.] Respondensque Patricius ait: "Quae?" Et
dixit magus: "Inducamus niuem super terram." Et
30 ait pater:[5] "Nolo contraria uoluntati Dei indu-
cere." Et dixit magus: "Ego inducam uidentibus

---

[1] That is, 'in Sleibte,' now Sletty, near Carlow.
[2] Gen. xv. 6.
[3] 'into the state of nature.' B. inserts *suam*.
[4] Compare the legend of St. John and the poisoned cup, Liber Hymnorum (T.C.D.) fo. 14a, cited *Goidelica*, p. 105.
[5] Sic, A.; *Patricius*, B.

cunctis." Tunc incantationes magicas exorsus induxit niuem super totum campum pertinguentem *ferenn*,[1] et uiderunt omnes et mirati sunt. Et ait sanctus: "Ecce uidemus hoc: depone nunc." Et dixit [magus]: "Ante istam horam crás non possum deponere." Et ait sanctus: "Potes malum et non bonum facere. Non síc hautem[2] ego." Tunc benedicens per totum circuitum campum, dicto citius absque ulla pluia aut nebulís aut uento euanuit nix. Et clamauerunt turbae et miratae[3] sunt corde.

Et paulo post, inuocatís demonibus, induxit magus densissimas tenebras super terram in signum, et mormurauerunt omnes. Et ait sanctus: "Expelle tenebras." At ille similiter non poterat. Sanctus hautem orans benedixit, et reppente expulsae sunt tenebrae et refulsit sol. Et exclamauerunt omnes et gratias egerunt.

Hís hautem omnibus gestis[4] in conspectu regis inter magum Patriciumque, ait rex ad illos: "Libros uestros in aquam mittite, et illum cuius libri inlessi euasserint[5] adorabimus." Respondit Patricius: "Faciam ego." Et dixit magus: "Nolo ego ad iudicium aquae uenire cum isto: aquam enim deum habet." Certe audiuit babtisma per aquam a Patricio datum. Et respondens rex ait: "Permitte per ignem[6]" [5 b. 1]. Et ait Patricius: "Prumptus sum." At magus nolens dixit: "Hic homo uersa uice in alternos annos nunc aquam, nunc ignem deum ueneratur." Et ait sanctus: "Non síc: sed tu ipse ibis, et unus ex meís puerís ibit[7] tecum, in separatam[8] et conclaussam domum, et meum erga te et tuum erga me erit uestimentum, et síc simul incendemini." Et hoc consilium insedit, et aedificata est eis domus cuius dimedium ex materia uiridi et alterum dimedium ex arida facta est. Et

---

[1] *i.e.*, zonam.
[2] B. autem; A. omits.
[3] mirati, A.; mirate, B.
[4] Sic, B.; A. omits.
[5] euasserunt, A.; cuasserint, B.
[6] Mittite in ignem, B.
[7] Sic B.; ibi, A.
[8] seperatam, A.

missus est magus in illam domum in partem eius Book of
uiridem, et unus ex pueris sancti Patricii, B[en]ineus fo. 5, b. 1.
nomine, cum ueste magica in partem domus aridam.[1]
Conclussa itaque extrinsecus domus coram omni turba
5 incensa est Et factum est in illa hora, orante Patricio, ut consumeret flamma ignis magum cum demedia domu uiridi, permanente cassula sancti Patricii
tantum intacta, quam ignis non tetigit. Felix autem
Benineus e contrario cum demedia domu arida, secun-
10 dum quod de tribus pueris dictum est,[2] non tetigit eum
ignis, neque contristatus est, nec quicquam molesti[ae][3]
intulit; cassula tantum magi, quae erga eum fuerat,
non sine Dei nutu exusta [est].[3] Et iratus est ualde
rex aduersus Patricium de morte magi sui, et inruit
15 poene in eum uolens occidere; sed prohibuit illum
Deus. Ad precem enim Patricii et ad uocem eius,
discendit ira Dei [in populum inpium et perierunt
multi ex eis. Et ait sanctus Patricius regi: "Nisi
nunc credideris, cito morieris, quia descendet ira Dei[3]]
20 in uerticem tuum."[4] Et timuit rex uehimenter, et com-
motum est cor eius, et omnis [5 b. 2] ciuitás cum eo

De conuersione *Loiguiri*[5] regis et de uerbo Patricii de regno eius post se.

Congregatís igitur senioribus et omni senatu suo,
25 dixit eís rex *Loiguire*: "Melius est credere me[6]
quam mori." Initoque consilio, ex suorum praecepto
credidit in illa die et conuertit ad Dominum Deum
Hisrael aeternum; et ibi crediderunt multi alii. Et
ait sanctus Patricius ad regem: "Quia resisisti doc-
30 trinae meae et fuisti scandalum mihi, licet pro-

---

[1] om., A.; aridae, B.
[2] Daniel (Vulg.), iii. 50, and see Franciscan Liber Hymnorum, cited *Revue Celtique*, vi. 264.
[3] Sic, B.
[4] Sic, B.; suum, A.; the absence from A. of the words in brackets, shows that the Tripartite Life cannot have been taken from the Book of Armagh. See supra, p. 58, lines 30-32.
[5] 'of Lóiguire.'
[6] Sic, A.; mihi credere, B.

Book of Armagh, fo. 5, b. 2.

longuentur dies regni tui, nullus tamen erit ex semine tuo rex in aeternum.

De doctrina et babtismate signisque sancti Patricii secundum exemplum Christi.

Sanctus hautem Patricius secundum praeceptum Domini Iesu [iens et docens omnes [1]] gentes babtitzansque eas in nomine Patris et Filii et Spiritus Sancti,[2] profectus a Temoria praedicauit, Domino cooperante et sermonem confirmante sequentibus signis.

De *Macouil* et conuersione eius ad uerbum Patricii.

Erat quidam homo in regionibus Ulothorum Patricii tempore, *Macuil Maccu-Greccae*, et erat hic homo ualde impius, saeuus tyrannus, ut Cyclops nominaretur,

    cogitationibus prauus,
    uerbis intemperatus,
    factis malignus,
    spiritu amarus,
    animo[3] iracondus,
    corpore scelestus,
    mente crudelis,
    uita gentilis,
    conscientia immanis,[4]

in tantum uergens impietatis in profundum ita ut die quadam, in montosso, aspero altoque sedens loco, *hinDruim moccu-Echach*,[5] ubi ille tyrannidem cotidie [6 a. 1] exercebat, signa[6] sumens[7] nequissima crude-

---

[1] Sic B.; om. A.
[2] A. inserts et.
[3] Sic, B.; anima, A.
[4] Sic, B.; inanis, A.
[5] *i.e.*, 'in the ridge of Echaid's d'escendant.'
[6] Over this word is written *di-*berca. So in Tertia Vita, c. 73 (Colgan, *Tr. Th.*, p. 27), it is said of Maguil "sumpsitque cum sociis suis signa diabolica super capita, id est Diberch."
[7] Sic. Rend 'prumens,' *i.e.* promens?

litatis et transeuntes hospites crudeli scelere inter- Book of Armagh, fo. 6, a. 1.
ficiens, sanctum quoque Patricium claro fidei lumine
radiantem et miro quodam[1] caelestis gloriae deade-
mate fulgentem, uidens eum inconcussa doctrinae
5 fiducia per congruum uiae iter ambulantem, interficere cogitaret, dicens satilitibus suís: "Ecce seductor
ille et peruersor hominum uenit, cui mós facere praestigias ut decipiat homines multosque seducat. Eamus
ergo et temptemus eum, et sciemus si habet poten-
10 tiam aliquam ille Deus in quo sé gloriatur."[2] Temptauerunt itaque[3] uirum sanctum in hoc modo:
posuerunt[4] unum ex semet ipsís sanum in medio
eorum sub sago iacentem infirmitatemque mortis
simulantem, ut probarent sanctum in huiusquemodi
15 fallaci ré, sanctum seductorem, uirtutes praestigias,[5]
et orationes ueneficia uel incantationes nominantes.
Adueniente [ergo[6]] sancto Patricio cum discipulis suís,
gentiles dixerunt ei: "Ecce unus ex nobís nunc infirmatus est. Accede itaque et canta super eum aliquas
20 incantationes sectae tuae, si forte sanari possit."
Sanctus [autem[6]] Patricius sciens omnes dolos et falla-
cias eorum, constanter et intripide ait: "Nec mirum si
infirmus fuisset." Et reuelantes socii eiusfaciem in-
simulantis infirmitatem, uiderunt eum iam [6 a. 2]
25 mortuum. At illi obstupescentes ammirantesque tale
miraculum, dixerunt intra se gementes[6]: "Vere hic
homo Dei est. Malefecimus temptantes eum."

Sanctus uero Patricius conuersus ad *Maccuil* ait:
"Quare temptare me uoluisti?" Respondensque ille
30 tyrannus crudelis ait: "Poenitet[7] me facti huius, et
quodcumque praeciperis mihi faciam, et trado me nunc

---

[1] Sic, B.; quondam, A.
[2] Sic, B.; glorietur, A.
[3] Sic, B.; Temptaueruntque, A.
[4] Before posuerunt A. inserts temptauerunt et.
[5] uertutis praestrigias, A.
[6] Sic, B.; gentes, A.
[7] Penitet, B.; Poenitent, A.

Book of Armagh, fo. 6, a. 2.

in potentiam Dei tui excelsi quem praedicas." Et ait sanctus: "Crede ergo in Deo meo Domino Iesu, et confitere peccata tua et babtitzare in nomine Patris et Filii et Spiritus Sancti." Et conuersus in illa hora credidit Deo aeterno. Babtitzatusque est insuper; 5 et nunc addidit *Maccuill* dicens: "Confiteor tibi, sancte domine mi Patrici, quod proposui te interficere. Iudica ergo quantum debuerit pro tanto et tali cremine." Et ait Patricius: "Non possum iudicare, sed Deus iudicabit. Tu tamen egredire nunc inermis 10 ad mare, et transi uelociter de regione hac Hibernensi, nihil tollens tecum de tua substantia praeter uile et paruum indumentum quo possit corpus tuum contegi, nihil gustans nihilque bibens de fructu insolae huius, habens[que hoc¹] insigne peccati tui in capite tuo²; 15 et postquam peruenias ad mare, conliga pedes tuos conpede ferreo, et proiece clauim eius in mare³, et mitte te in nauim unius pellis⁴ absque gubernaculo et absque remo, et quocumque te duxerit uentus et mare esto paratus, et terram in quamcumque defferat te diuina 20 prouidentia, inhabita et exerce ibi⁵ diuina mandata.' [6 b. 1] Dixitque *Maccuill*: "Sic faciam ut dixisti. De uiro autem mortuo quid faciemus?" Et ait Patricius: "Viuet et exsurget sine dolore." Et suscitauit eum Patricius in illa hora, et reuixit sanus. 25

Et migrauit inde *Maccuil* tam cito ad mare dexterum campi *Inis*,⁶ habeta fiducia inconcussa fidei, collegauitque sé in litore ieciens clauim in mare secundum quod praeceptum est ei, et ascendit mare in nauicula. Et inspirauit illi uentus aquilo, 30 et sustulit eum ad meridiem iecitque eum in insolam, Euoniam nomine. Inuenitque ibi duos uiros ualde mirabiles, in fide et doctrina fulgentes, qui

---

¹ Sic, B.
² See Genesis iv. 15
³ Sic, B.; mari, A.
⁴ See *Calendar of Oengus*, Glossarial Index, s.v. *Codail*, and Reeves, *Columba*, p. 169, note k.
⁵ Sic, B.; tibi, A.
⁶ 'of Mag Inis,' now Lecale.

primi docuerunt uerbum Dei et babtismum in
Euonia, et conuersi sunt homines insolae [huius¹] in
doctrina eorum ad fidem catholicam, quorum nomina
sunt *Conindri* et *Rumili*.² Hii uero uidentes uirum
5 huius³ habitus mirati sunt et miserti sunt illius,
eliuaueruntque [eum⁴] de mari suscipientes cum
gaudio. Ille igitur, ubi inuenti sunt spiritales patres
in regione a Deo sibi credita, ad regulam eorum
corpus et animam exercuit, et totum uitae tempus
10 ibi exegit apud istos duos sanctos episcopos, usque
dum successor eorum in episcopatu effectus est. Hic
est, '*Maccuil diMane*,'⁵ episcopus et antestes *Arddae
Huimnonn*.⁶

De gentibus laborantibus die dominica trans praeceptum Patricii.

Alia uero uice sanctus requiescens Patricius in die
dominica supra mare iuxta salsuginem, quae est ad
aquilonalem plagam a Collo Bouis⁷ distans non
magno uiae⁸ spatio, audiuit sonum intemperatum
20 gentilium in die dominica laborantium, facientium
rathi,⁹ uocatisque illis prohibuit eos Patricius ne laborarent in die dominica.¹⁰ At illi non consentiebant
uerbis sancti: quin immo inridentes deludebant eum.
Et ait sanctus Patricius: "*Mudebroth!*¹¹ quamuis la-
25 boraueritis, nec tamen proficiat." Quod tamen completum est. In sequenti enim nocte uentus magnus
adueniens turbauit mare, et omne opus gentilium
destruxit tempestas, iuxta uerbum sancti.

---

¹ Sic, B.
² Conhindri et Romuli, B.
³ Sic, B.; unius, A.
⁴ Sic, B.
⁵ de mare, B.; compare infra, p. 303, line 7. But *Mane* is perhaps the abl. sg. of an Irish name for the Isle of Man, and *di* the Ir. prep. = Lat. *de*.
⁶ B. adds: cujus nos suffragia adjuvent sancta.

⁷ *Muin-Daim*, probably the Inner Bay of Dundrum, Reeves, *Eccl. Antiqq*. 236.
⁸ Sic, B.; uice, A.
⁹ fossam castelli, B., whence it would seem that *rathi* is an acc. singular.
¹⁰ Sic, B.; dominico die, A.
¹¹ *i.e.*, Dei mei iudicium !

𝔇e fabula *Dairi* et equo, et oblatione *Airdd mache* ad 𝔓atricium.

Book of Armagh, fo. 6, b. 2.

[6. b. 2.] Fuit quidam homo diues et honorabilis in regionibus Orientalium,[1] cui nomen erat *Daire*. Hunc autem rogauit Patricius ut aliquem locum ad exer- 5 cendam relegionem daret ei. Dixitque diues ad sanctum: "Quem locum petis?" "Peto," inquit sanctus, "ut illam altitudinem terrae quae nominatur Dorsum Salicis[2] dones mihi, et construam ibi locum." At ille noluit sancto terram illam dare altam; sed dedit illi 10 locum alium in inferiori terra, ubi nunc est *Fertae Martyrum*[3] iuxta *Ardd-machae*, et habitauit ibi sanctus Patricius cum suis. Post uero aliquod tempus uenit eques *Dairi*[4] ducens equum suum[5] ut pasceretur in herbosso loco Christianorum. Et 15 offendit Patricium talis dilatio equi in locum suum, et ait: "Stulte fecit *Daire*, bruta mittens animalia turbare locum paruum[6] quem dedit Deo." At uero eques tanquam sordus non audiebat, et sicut mutus non aperiens os suum nihil loquebatur, sed dimisso ibi equo 20 nocte illa exiuit. Crastino hautem die mane ueniens eques uissitare equum suum, inuenit eum iam mortuum. Domique reuersus, tristis ait ad dominum suum: "Ecce Christianus ille occidit equum tuum. Offendit enim illum turbatio loci sui." Et dixit *Daire*: "Occi- 25 datur et ille: nunc ite et interficite eum." Euntibus hautem illis foras, dictu citius inruit mors super *Daire*. Et ait uxor eius: "Caussa Christiani est haec. Eat quis cito, et portentur nobis beneficia eius, et saluus eris; et prohibe[a]ntur et reuocentur qui exierunt occi- 30

---

[1] *Airther.*
[2] *Druimm Sailech.*
[3] *Fertae Martre* 'sepulcrum reliquiarum.'
[4] eques *doiri Dairi*, A., where *doiri* is an uncancelled scribal error for *Dáiri*.

[5] Here the word 'miraculum' (obviously a gloss referring to the miraculous death of Dáire and his horse) has been incorporated with the text.
[6] So in the margin: in the text 'sanctum.'

dere eum." Exieruntque duo uiri ad Christianum qui dixerunt ei, celantes quod factum est: "Et ecce infirmatus est *Daire*: portetur illi aliquid a te, si forte sanari possit." [7 a. 1] Sanctus hautem Patricius, sciens
5 quae facta sunt, dixit: "Nimirum." Benedixitque aquam et dedit eís dicens: "Ite, aspergite equum uestrum ex aqua ista, et portate illam uobiscum."[1] Et fecerunt síc, et reuixit equus; et portauerunt secum, sanatusque est *Daire* asparsione aquae sanctae.[2]
10 Et uenit *Daire* post haec ut honoraret sanctum Patricium, portans secum aeneum mirabilem transmarinum metritas ternas capientem; dixitque *Daire* ad sanctum: "Ecce hic aeneus sit tecum." Et ait sanctus Patricius "*Grazacham*."[3] Reuersusque *Daire*
15 ad domum suam dixit: "Stultus homo est qui nihil boni dixit praeter *grazacham* pro aeneo mirabili metritarum trium." Additque *Daire*, dicens seruís suís: "Ite, reportate nobís aeneum nostrum." Exierunt et dixerunt Patricio: "Portabimus aeneum." Nihilo-
20 minus et illa uice sanctus Patricius dixit: "*Gratzacham*, portate;" et portauerunt. Interrogauitque *Daire* socios suos dicens: "Quid dixit Christianus quando reportasti[s] aeneum?" At illi responderunt: "*Gratzacham* dixit." Et ille *Daire* respondens dixit:
25 "*Grazacham* in dato, *grazacham* in ablato; eius dictum tam bonum est cum *grazacham* illis portabitur illi rursum aeneus suus."[4] Et uenit *Daire* ipsemet[5] illa uice et portauit aeneum ad Patricium, dicens ei: "Fiat tecum aeneus tuus. Constans enim et incom-
30 motabilis homo es. Insuper et partem illam agri quam ollim petisti dó tibi nunc quantum habeo, et

Book of Armagh, fo. 6, b. 2.

---

[1] Hic jam deficit codex Bruxellensis, Hogan.
[2] A. adds, *aperarsione aquae sanctae*.
[3] *i.e.*, gratias agamus.
[4] Dr. Todd, *S. Patrick*, p. 474, renders thus; " His saying is so good with those *gratzachams* that his cauldron shall be brought back to him." But for 'illis' we should perhaps read 'illius': cf. 'equos illius,' infra, p. 319, l. 29.
[5] insemet, A.

Book of Armagh, fo. 7, a. 2. inhabita ibi." Et illa est ciuitas quae nunc *Ardd Machae* [7 a. 2] nominatur.

Et exierunt ambo, sanctus Patricius et *Daire*, ut considerarent mirabile oblationis et beneplacitum munus, et ascenderunt illam altitudinem terrae, inueni- 5 eruntque ceruam cum uitulo suo paruo iaciente[1] in loco in quo nunc altare est sinistralis[2] aeclessiae in *Ardd Machae*, et uoluerunt comites Patricii tenere uitulum et occidere ; sed noluit sanctus neque permissit: quin potius ipsemet sanctus tenuit uitulum, 10 portans eum in humeris suis, et secuta illum cerua uelut [mansuetissima] amantissimaque ouis usquedum dimisserat uitulum in altero saltu situm ad aquilonalem plagam *Airdd Machae*; ubi usque hodie signa quaedam uirtutis[3] esse manentia periti dicunt. 15

De fructifera terra in salsuginem uersa ad uerbum Patricii.

Virum aliquem ualde durum et tam auarum in campo *Inis*[4] habitantem in tantum stultitiae auaritiaeque incurrisse cremen periti ferunt, ut duos boues 20 carrum[5] sancti Patricii uechentes, alio die post sanctum laborem in pastu agi[l]li[6] sui requiescentibus pascentibusque se bobus, uiolenter inconstanter[que], praesente sancto Patricio uanus ille homo per uim coegit. Cui irascens sanctus Patricius cum maledictione dixit, 25 " *Mudebrod!*[7] male fecisti: nusquam proficiat tibi ager hic tuus neque semini tuo in aeternum. Iam inutilis erit." Et factum est sic. Inundatio etenim maris tam habunda eodem ueniens die circumluit et operuit totum agrum, et possitus est, iuxta profetae uerbum, terra 30 fructifera in salsuginem a malitia inhabitantis in ea.

---

[1] iacientæ, A.

[2] So called from its position, north and south, Reeves, *Ancient Churches of Armagh*, p. 12 ; Todd, *St. Patrick*, p. 480.

[3] "some signs of the miracle," Dr. Todd, *St. Patrick*, p. 474.

[4] Mag-inis.

[5] carrarum, A.

[6] *i.e.* agelli.

[7] See above, p. 289, note 12.

Arenossa ergo et infructuossa haec a die qua maledixit eam sanctus Patricius usque in hodiernum diem.

FINIT PRIMUS, INCIPIT SECUNDUS LIBER.

[7 b. 1.] De Patricii deligentia orationis.
5 De mortuo ad se loquente.
De inluminata dominica nocte ut equi inuenti sunt.
De eo quod anguelus eum prohibuit né iMuchi[1] moriretur.
De rubo ardente in qua erat angelus.
10 De quatuor Patricii petitionibus.
De die mortis eius et de tempore uitae cxx.[2] annorum.
De termino contra noctem possito.
De caligine .xii. noctium abstersa.
15 De uigilís primae noctis iuxta corpus Patricii quas angeli fecerunt.
De consilio sepulturae eius ab angelo.
De igne de sepulchro eius erumpente.
De freto sussum surgente ut non bellum de corpore
20   fieret.
De felici seductione populorum.[3]

De deligentia orationis.

Omnes psalmos et ymnos et apocalipsin Iohannis et omnia kantica spiritalia scripturarum cotidie decan-
25 tans, siue manens aut in itinere pergens, trop[a]eo etiam crucis in omni hora diei noctisque centies se signans, et ad omnes cruces quascumque uidisset orationis gratia de curru discendens declinabat.[4]

---

[1] i.e., in Armagh: innichi, A. The emendation is due to Mr. Hogan.
[2] .xxx., A.
[3] Here in the codex follows the sentence, Si quis autem ... rl., which will be found infra p. 297, line 4.
[4] Compare Reeves, Columba, p. 125, note d.

De mortuo ad se loquente.

Inde [7. b. 2] etiam in die quadam ingrediens, crucem quae erat iuxta uiam sita[1] non uidens praetergressus est. Hanc tamen auriga uidit; et ille dixit cum ad hospitium quoddam quo tenderat peruenissent et orare coepissent, dixit, inquam, auriga: "Vidi crucem iuxta uiam per quam uenmius possitam." At ille Patricius, dimisso hospitio, per uiam quam uenerat,[2] ad crucem pergens orauit; et sepulcrum ibi uiderat, et mortuum in illo busto sepultum. Interrogauit qua morte obierat[3] et sub fide uixerat. Respondit mortuus: "Gentilis uixi, et hic sepultus fui." Quaedam etiam mulier in alia prouincia degens mortuum filium, qui se longue separatus erat, habuit, et illa absente sepultus est. At post aliquot dies lugens mater amissum[4] filium planxit, et in decreto errore sepulchrum gentilis hominis sui filii bustum esse putans, crucem[5] iuxta gentilem possuit. Et ob hanc caussam, ut Patricius dixit, crucem non uiderat, quia sepulturae gentilis locus fuit; et uirtus maior inde surrexerat ut mortuus loqueretur, et qui sub fide defunctus erat Christi scieretur, et iuxta illum almae crucis fieret meritum, signo in uero termino possito.

De inluminata Dominica nocte ut equi inuenti sunt.

Consuitudo autem illi erat ut a uespera dominicae noctis usque ad mane secundae feriae Patricius non ambularet. Inde in quadam dominica die honore sacri temporis in campo pernoctans, grauis pluia cum tempestate accederat. Sed cum grauis pluia in tota

---

[1] sitam, A.
[2] ueneratur, A.
[3] abierat, A.
[4] omissum, A.
[5] A. inserts non.

patria populata est, [8 a. 1] in loco ubi sanctus epis- Book of Armagh, copus pernoctabat, siccitás erat sicut in conca et in fo. 8, a. 1. uellere Gedeon. Accederat auriga, memorat equos amis-
sos quasi amicos caros planguit, quia illos quaerere,
5 tenebrís arcentibus uissum, non poterat. Inde pietas Patricii patris pii mota est, et flebili aurigae dixit: "Deus, in angustís, in oportunitatibus adiutor prumptus, adiutorium praestabit, et equos quós ploras inuenies." Exhinc manum spolians manica extensam ele-
10 uauit, et quinque digiti sicut luminaria ita proxima quaeque inluxera[n]t, et per lucem extensae manus equos quós amisserat¹ auriga soluto² gemitu inuenit. Sed hoc miraculum auriga comes³ usque ad Patricii obitum absconderat.

15 **De eo quod anguelus eum prohibuit ne** iMachi **moriretur. De rubo ardente in qua erat angelus.**

Post uero miracula tanta quae alibi scripta sunt et quae ore fideli mundus celebrat, adpropinquante die mortis eius, uenit ad eum anguelus et dixit illi de
20 morte sua. Ideo ad *Arddmachae* missit, quam prae omnibus terrís dilexit. Ideo mandauit ut uenirent ad eum uiri multi ad eundem deducendum quo uoluit. Inde cum comitibus suís iter carpere coepit ad *Machi* uoluntarie⁴ tellurem cupitam satis. Sed iuxta uiam
25 rubus quaedam arserat et non combure[ba]tur,⁵ sicut antea Moysi⁶ prouenerat in rubo. Victor erat anguelus, qui Patricium saepe uissitare solebat, et Victor alterum anguelum ad Patricium prohibendum ne pergat quo pergere cupit⁷ missit, et dixit illi: "Quare
30 proficisceris sine Victoris consilio? Quamobrem Victor

¹ commisserat, A. Mr. Hogan conjectures *amiserat*.
² solito, A. Mr. Hogan conjectures *soluto*, 'the lamentation ended': cf. 'jejuniq soluto.'
³ 'the charioteer who always accompanied him.'
⁴ uoluntariæ, A.
⁵ This emendation is due to Mr. Hogan.
⁶ a conjecture of Mr. Hogan's. The MS. has *Moyses*.
⁷ Read cupiret?

Book of Armagh, fo. 8, a. 1.

te uocat, et ad eum declina." Et ut ei iussum est declinauit, et quid facere deberet interrogauit. Et respondens anguelus dixerat : " Reuertere ad locum unde uenís, hoc est *Sabul*, et datae sunt quatuor petitiones tibi quás petisti.

" Prima petitio, ut in *Arddmachae* fiat ordinatio tua.

" Secunda petitio, ut quicumque ymnum qui de té compossitus est,[1] in die exitus de corpore cantauerit, [8. a. 2] tu iudicabis poenitentiam eius de suís peccatís.

" Tertia petitio, ut nepotes *Dichon*,[2] qui te bonigne susceperunt, missericordiam mereantur et non pereant.

" Quarta petitio, ut Hibernenses omnes in die iudicii a te iudicentur, ut [uidelicet] eos quibus apostolus fuisti iudices, sicut dicitur [a Domino] ad apostolos, ' Et uós sedentes [super sedes duodecim] iudicabitis duodecim tribus [3] Israel.'[4]

" Reuertere igitur, sicut tibi dico, et moriens ingredieris uiam patrum tuorum." Quod in die .xui. kal. Aprilis, peractis [5] totius eius uitae annis .cxx.,[6] prouenerat, sicut [in] omnibus totius Hyberniae finibus [7] celebratur.

" Et contra noctem terminum pones." Quia in illa die mortis eius nox non erat, et per duodecimas dies in illa prouincia in qua mortis eius exequiae peractae sunt, nox non inruit et fuscís tellurem non amplexerat alís, et pallor non tantus erat noctis, et astriferas non induxerat Hesperus [8] umbras. Et plebs *Ulod* dixit

---

[1] *i.e.*, the hymn composed by S. Secundinus or Sechnall, and printed infra.
[2] ' of Dichu.'
[3] tribubus, A.
[4] For " ut . . . Israel," A. has the nonsensical " sicut dicitur ad apostolos. Et uós sedentes iudicabitis .xii. tribubus Israel ut eos quibus apostolís fuerunt iudices fuistis." See Vita V., lih. ii. c. 32.
[5] Sic Vita V., peractus. A

[6] A. inserts " et."
[7] annis, A.; finibus, Vita V., l. 2, c. 34.
[8] bosferus, A. The latter half of this sentence is founded on three hexameters, of which one is Verg. Aen. viii. 369 (Nox ruit, et fuscis tellurem amplectitur alis) and another is Val. Flacc. Argonauticon, vi. 752 (Nox.simul astriferas profert optabilis umbras). The 'induxerat' may be due to Hor. Sat. i. v. 9.

quod usque in finem anni totius in quo obierat¹ numquam noctium tales tenebrae erant quales antea fuerunt. Quod ad tanti uiri meritum declarandum acci-
disse non dubium est.² Si quis autem terminum
5 contra noctem et noctem non uissam esse in tota prouincia breui tempore in quo luctus Patricii peractus
est abnegare infidiliter uoluit, audiat et diligenter
attendat qualiter Ezechiae languenti³ in horologio⁴
Ácáz demonstrato sanitatis indicio, [et] reliqua.⁵

10 ui. Adpropinquante autem hora obitús sui sacrificium
ab episcopo *Tassach*, sicut illi Victor anguelus dixit,
ad uiaticum beatae uitae acceperat.⁶

Book of
Armagh,
fo. 8, a. 2.

De uigilis primae noctis iuxta corpus Patricii quas angeli fecerunt.

15 In prima nocte exequíarum eius, angueli uigilias
sancti⁷ corporis fecerunt in uigiliarum et psalmorum
moribus, omnibus quicumque ad uigilias in illa prima
nocte ueniebant dormientibus. [In caeteris autem noc-
tibus]⁸ homines orantes et psalmos cantantes corpus
20 custodierunt. Postquam autem in caelum profecti
sunt angueli odorem suauissimum quasi mellis et fra-
grantiam dulcidinis quasi uini dimisserunt; ut imple-
retur quod in benedictionibus patriarchae Iacob dictum
est: "Ecce odor filii mei tamquam odor agri pleni
25 quem benedixit Dominus " .uiii.

---

¹ Sic Vita V.; abierat, A.
² Sic Vita V.; esse dubium est. vi., A.
³ Sic Vita V.; languente, A.
⁴ Sic Vita V.; horalogiae, A.
⁵ In A. this sentence occurs in fo. 7. b. 1, immediately after the title De felici seductione populorum, supra, p. 293. For 'et reliqua' Vita V. has, 'sol per decem lineas recurrens ostensus est sit, pene duplicato die. Recenseat etiam quod sol contrà Gabaon, et luna contra uallem Achilon stetit duplicato die sine nocte, quando Iesu Naue pugnans contrà inimicos Israel, deleuit eos.'
⁶ acciperut, A.
⁷ psalmi, A. Compare 'sancto corpore,' infra, p. 298, line 8.
⁸ Sic, Vita V.

De consilio sepulturae eius ab angelo.

Book of Armagh, fo. 8, a. 2.

Quando hautem anguelus ad eum uenit, consilium sepulturae dedit illi: "Elegantur duo boues indomiti et pergant quocumque uoluerint, et ubicumque requiescunt, aeclessia in honorem corpusculi tui aedificetur." 5
Et sicut anguelus dixit, instabiles electi sunt iuuenci et stabili plaustrum gestamine humeris inpossitum cum sancto corpore uechunt. [8. b. 1.] Et a loco qui *Clocher* uocatur, ab oriente *Findubrec*[*h*],[1] de pecoribus *Conail* electio clarificauit boues. Et exierunt, 10
Dei nutu regente, ad *Dún Lethglaisse*, ubi sepultus est Patricius.

De igne de sepulchro eius erumpente.

Et dixit [anguelus] ei: "Ne reliquiae a terra reducantur[2] corporis tui, et cubitus de terra super corpus 15
fiat." Quod iussu Dei factum in nouissimís demonstratum est temporibus; quia quando aeclessia super corpus facta est, fodientes humum antropi[3] ignem a sepulchro inrumpere uiderunt, et recedentes flammigerum timuerunt[4] ignem. 20

De freto sussum surgente ut non bellum de corpore fieret.

De reliquiís sancti Patricii in tempore obitús sui dira contensio[5] ad bellum usque perueniens inter nepotes *Neill* et Orientales ex una parte [et *Ultu* ex al-25
tera parte] inter aliquando propinquales et propinquos, nunc inter dirissimos hostes, irarum intrat certamen secundum (?) fretum quoddam quod Collum Bouis[6] uocatur. Merito Patricii, [ne][7] sanguis effunderetur

---

[1] Gen. sg. of *Findubair* = Findabair, supra.
[2] reducuntur, A.
[3] *i.e.*, ἄνθρωποι.
[4] A. inserts flammae.
[5] *i.e.*, contentio.
[6] *Muin-Daim* = the *Muindam* of the Tertia Vita, c. 91 (Colgan, *Tr. Th.*, p. 29.) See supra p. 289, note 8.
[7] Sic, Vita V.

[Christianorum,][1] et misericordia Dei, [maria] altís crispantibusque intumescebant fluctibus, et undarum uertices concaua rumpebant aera, et dorsa in fluctibus tremula aliquando crispanti rissu[2] et aliquando flauis
5 (*sic*) uallibus in certamine ruebant; quasi ad cohibendam animossitatem gentium dirarum, tales enim populi sunt, surrexit freti feritas et plebem pugnare prohibuit.

Book of Armagh, fo. 8, b. 1.

De felici seductione populorum.

10 Postea autem, sepulto Patricio et freti tumore sedato,[3] Orientales et nepotes *Néill* contra *Ultu*[4] acriter ad certamen ruunt, et certatim praeparati et armati ad bellum, ad locum beati corporis prorumpunt.[5] Sed felici seducti sunt fallacia, putantes se duos boues et
15 plaustrum inuenire et corpus sanctum rapere aestimabant, et cum corpore et tali praeparatu et armatura usque ad fluium *Cabcenne* peruenierunt, et corpus tunc illis non conparuit. Inpossibile enim [erat][6] ut de tanto ac de beato corpore pax fieret, nisi Dei nutu
20 taliter uideretur uissio ad tempus ostensa: ne quod animarum salus innumerabilium in exitum et mortem uerteretur, felici fallacia ostensum est. Sicut Siri antea excaecati [8 b. 2] ne sanctum profetam Helesseum occiderent ab Heliseo[7] diuina prouissione ad Samariam
25 usque ducti sunt, haec etiam seductio ad concordiam populorum facta est.

Ad omissa[8] iterum recurrat oratio. Anguelus in omni septima die septimanae semper uenire consuerat;

---

[1] Sic, Vita V.
[2] For *risu*.
[3] *sepulto*, A. Mr. Hogan proposes *repulsos*; but *sedare tumorem* is the proper phrase for reducing a swelling.
[4] The Ulstermen. 'Orientales contra *Ultu* et nepotes *Néill*, A.
[5] *prorumperat*, A.; Mr. Hogan proposes *prorumpunt* or *prorumperunt*. The former is preferable as being in the same tense as *ruunt*.
[6] Sic, Hogan
[7] Sic, Hogan; ad Helesseum, A.
[8] Sic, B.; om. A.

Book of Armagh, fo. 8, b. 2.

et sicut homo cum homine loquitur, ita conloquio angueli fruebatur Patricius. Etiam in sexto decimo anno aetatis captus et sex annis seruiuit et per triginta uices conductionum anguelus ad eum uenerat, et consiliis atque conloquiis fruebatur anguelicis. Antequam de Scotia ad Latinos pergeret, centies in dies et centies in nocte orabat. Aliquando sues custodiens perdidit eas, et anguelus ueniens ad eum sues indicauit illi.[1] Aliquando etiam anguelus illi loquens multa illi dixit; et postquam illi locutus est, pedem super petram ponens in *Scirit* iuxta[2] montem *Mis*[3] coram se ascendit, [et][4] uestigia pedis anguelí in petra húc usque manentia cernuntur. Et in illo loco triginta uicibus ad eum locutus est, et ille locus [orandi locus est,][4] et ibi fidelium preces fructum felicissimum obtinent.

FINIT. AMEN.

Portauit Patricius per *Sininn*[5] secum L. clocos, L. patinos, L. calices, altaria, libros legis, aeuanguelii libros, et reliquit eos in locís nouís.

Patricius vi. anno babtitzatus est, xx. captus est, xv. seruiuit, xl. legit, lxi. docuit. Tota uero aetas eius cxi.

Haec Constans in Gallís[6] inuenit.

[9 a. 1.] Patricius uenit de campo *Arthicc* ad *Drummut Cerigi* et ad *Nairniu Toisciurt* [et] ad *Ailich Esrachtae*. Et [cuum] uiderunt illum cum uiris .viii. aut .viiii. cum tabulís in manibus scriptís more Moysaico, exclamauerunt gentiles super illos ut sanctos occiderent, et dixerunt: "Gladios in manibus habent ad occidendos homines. Videntur lignei in die apud illos, sed ferreos gladios aestimamus ad effundendum

---

[1] B. adds ubi essent.
[2] in, A.; but cf. ' in cacuminibus *Scirte* iuxta montem *Miss*,' infra p. 302, l. 13.
[3] *Sliab Mis*, now Slemish.
[4] Sic, B.
[5] The Shannon.
[6] for in Galliís ' in the Gauls ' ?

sanguinem."[1] Voluit multitudo nimia malefacere in sanctos. Sed fuit uir missericors apud illos, *Hercaith* nomine, de genere Nothi, pater Feradachi. Credidit Deo Patricii, et habtitzauit illum Patricius et Ferada-
5 chum filium eius, et immolauit filium Patricio. Et exiuit cum Patricio ad legendum triginta annis, et ordinauit illum in urbe Roma, et dedit illi nomen nouum Sachellum, et scripsit illi librum psalmorum quem uidi, et portauit ab illo partem de reliquiis
10 Petri et Pauli, Laurentii et Stefani quae sunt in *Machi*. Caetiacus et Sachellus ordinabant episcopos, prespiteros, diaconos, clericos sine consilio Patricii in campo *Aii*.[2] Et accussauit illos Patricius, et mittens aepistolas illis exierunt ad poenitentiam ducti ad *Arddmache*
15 ad Patricium, et fecerunt poenitentiam monachorum duo pueri Patricii prumpti. Et dixit eis: "Non magnae erunt aeclessiae uestrae."

Book of Armagh, fo. 9, n. 1.

Dicta Patricii.

Timorem Dei habui ducem iteneris mei per Gallias
20 atque Italiam, etiam in insolis quae sunt in mari Terreno. De saeculo requissistis[3] ad paradissum. Deo gratias. Aeclessia Scotorum, immo Romanorum, ut Christiani, ita ut Romani sitis, ut decantetur uobiscum oportet omni hora orationis uox illa laudabilis
25 'Curie lession, Christe lession.'[4] Omnis aeclessia quae sequitur me cantet "Curie lession, Christe lession,"[4] Deo gratias."

---

[1] The tablets were, therefore, wooden staves, in form not unlike the short straight swords of the Irish, Bishop Graves, *Hermathena*, III. 237.

[2] Mag Ái in Roscommon.

[3] *i.e.*, recessistis, *qu* being here, as often, written for *c*, cf. the *Epist. ad Corotici subditos*, infra, p. 379. In marg. z.

[4] *i.e.*, Κύριε ἐλέεισον, Χρίστε ἐλέεισον.

Book of Armagh, fo. 9, n. 2.

Tirechán episcopus haec scripsit ex ore uel libro Ultani episcopi cuius ipse alumpnus uel discipulus fuit.

Inueni quatuor nomina in libro [ad]scripta Patricio apud Ultanum episcopum Conchuburnensium, Sanctus Magonus, qui est clarus, Succetus, qui est [deus belli 5 uel fortis belli],[1] Patricius, [qui est pater ciuium],[2] Cothirthiacus, quia seruiuit quatuor domibus magorum. Et empsit illum unus ex eís, cui nomen erat *Miliuc maccu-Boin* magus, et seruiuit illi septem annís omni seruitute et multiplici[3] labore, et porcarium 10 possuit cum in montanís conuallibus. Deinde hautem uissitauit illum anguelus Domini in somniís in cacuminibus montis *Scirte*[4] iuxta montem *Miss*. Finita hautem angueli sententia: "Ecce nauis tua parata, surge et ambula,"[5] secessit ab illo in caelum. Surrexit et am- 15 bulauit,[5] ut dixit illi anguelus Domini, Victor nomine. In .xvii. aetatis suae anno captus, ductus, uenditus est in Hiberniam: in .xxii. anno laboris magis[6] relinquere potuit: vii. aliis annis ambulauit et nauigauit in fluctibus, in campistribus locis et in conuallibus 20 montanís per Gallias atque Italiam totam atque in insolis quae sunt in mari Terreno, ut ipse dixit in commemoratione laborum. Erat hautem in una ex insolís, quae dicitur Aralanensis,[7] annis .xxx., mihi testante Ultano episcopo. Omnia hautem quae euenierunt 25 [ei], inuenietis in plana illius historia scripta. Haec sunt nouissima illius mirabilia in quinto regni anno *Loiguiri* maicc *Neill*[8] finita atque feliciter facta.

A passione hautem Christi colleguntur anni ccccxxxui. usque ad mortem Patricii. Duobus hautem uel .v. annís 30 regnauit *Loiguire* post mortem Patricii. Omnis hautem regni illius tempus .xxxvi. [anni,] ut putamus.

---

[1] So in the notes to Fiacc's hymn contained in the Franciscan Liber Hymnorum. See infra.

[2] So in the Tripartite Life, supra p. 16, l. 25.

[3] duplici, A.; cf. "et in multis laboribus desudabam," Vita IV. c. 16.

[4] 'of Scirit.'

[5] A. inserts *et*.

[6] Mr. Hogan proposes 'laborem magi;' but this would mean 'work performed by the wizard;' 'laboris' may be for acc. pl. labores.

[7] Read Arelatensis? and see infra, p. 490.

[8] 'of Loiguire son of Níall.'

Venit uero Patricius cum Gallís ad insolas *Maccu-* Book of
Chor et insolam orientalem,[1] quae dicitur Insola Armagh, fo. 9, a. 2.
Patricii,[2] et secum fuit multitudo episcoporum sancto‑
rum et prespiterorum et diaconorum ac exorcistarum,
5 hostiariorum lectorumque [9 b. 1] necnón filiorum quós
ordinauit.

Ascendit hautem de mari ad campum *Breg* sole orto
cum benedictione Dei, cum uero sole mirae doctrinae
densas tenebras ignorantiae inluminans. Ad Hiberniam[3]
10 ingens lucifer sanctus episcopus oritur. Et antifana[4]
assiduo erat ei de fine ad finem: "in nomine Domini
Dei Patris et Filii Iesu Christi benigni" (hoc autem
dicitur in Scotica lingua *ochen*) "atque Spiritus Sancti."[5]

Primo uero uenit ad uallem *Sescnani*, et aedificauit
15 ibi aeclessiam primam, et portauit filium, Sesceneum
nomine, episcopum secum, et reliquit ibi duos pueros
perigrinos.[6] Vespere uero uenit ad hostium *Ailbine*[7]
ad quendam uirum bonum, et babtitzauit illum. Et
inuenit cum illo filium placitum sibi, et dedit illi
20 nomen Benignum, quia collegebat pedes Patricii inter
manús suas et pectus, et noluit dormire apud patrem
et matrem, sed fleuit nisi cum Patricio dormiret. Mane
autem facto cum surgerent, conpleta benedictione super
patrem Benigni, Patricius currum conscendit, et pedes
25 illius diuerso[8] alter in curru et alter super terram
erat, et Benignus puer pedem Patricii tenuit duobus
manibus strictís, et clamauit: "Sinite me apud Patri‑
cium patrem proprium mihi." Et dixit Patricius:
"Babtitzate eum et eleuate eum in currum, quia heres
30 regni mei est." Ipse est Benignus episcopus, successor
Patricii in aeclessia *Machae*.[9]

---

[1] insola orientali, A.
[2] *Inis Pátraic*.
[3] In marg. z, and there is a dot over the first n of 'ingens.'
[4] i.e., antiphona.
[5] In the MS. the words *atque Spiritus sancti* come immediately after *Filii*. The words in paren‑ thesis seem to refer to *benigni* ruther than (as Father Hogan sup‑ poses) to *de fine in finem*.
[6] Here in margin is written, L.
[7] *Inber Ailbine*. See Reeves, *Columba*, p. 108, note 6.
[8] An adverb, like assiduo, supra, l. 11.
[9] 'of Armagh.'

Book of Armagh, fo. 9, b. 1.

De episcoporum numero quos ordinauit in Hibernia .ccccl. De prespiteris non possimus[1] ordinare,[2] quia babtitzabat cotidie homines, et illis litteras legebat ac abgatorias [scribebat], et de aliis episcopos ac præspiteros faciebat, quia in aetate propria babtismum acciperunt sobria.

[9 b. 2.]
DE EPISCOPIS.

Benignus.	Bressialus.
Bronus.	Feccus.
Sachellus.	Menathus.
Cethiacus.	Cennannus.
Carthacus.	Nazarus.
Cartenus.	Melus.
Connanus.	Maceleus.
Fintranus.[3]	Mactaleus.
Siggeus.	Culeneus.
Aeternus.	Asacus.
Sencaticus.	Bitheus.
Olcanus.	Falertus.
Iborus.	Sescneus.
Ordius.	Muirethachus.[4]
Nazarius.	Temoreris qui fundauit aeclesiam sanctam *Cairce* quam tenuit familia *Clono Auiss.*
Miserneus.	
Senachus.	
Secundinus.	
Gosach[t]us.	
Camulacus.	Daigreus.
Auxilius.	Iustianus *mac hii*[5] *Daiméne*.
Victoricus.	
	Olcanus.[6]
	Domnallus, et alii quam plurimi.

---

[1] Read *possumus*?
[2] Read *enumerare*?
[3] In marg. z. The MS. seems to have Firtnanus, with a dot over the r.
[4] In the MS. *Muirethchs*, with a curve over the s.
[5] Read *húui*?
[6] MS. *Oloanus* with lc (*i.e.*, uel c) written over o.

De Prespiteris.

Anicius.	Catus.
Brocidius.	Catanus.
Amirgenus.	Broscus.
Lommanus.	Ailbeus.
Catideus.	Trianus episcopus.

De Nominibus Francorum Patricii.
Episcopi trés.

Inaepius.   Bernicius.   Hernicius subdiaconus.

Seman.   Brocanus.
Semen.   Roddanus.
Cancen.   *Brigsón.*
Bernicius diaconus et   et alter Roddanus qui
  Ernicius Franci, uiri   fundauit Aecles-
  .xii. cum sorore una   siam Senem Nepo-
  aut vi. vel iii.[1]   tum *Ailello*,[4] quam
Cassanus.   tenuerunt monachi
Conlang.   Patricii *Gengen* et
Erclang.   *Sunnuch.*

De Diaconis.

Diaconus Iuostus[2] qui   Olcanus monachus
  babtitzauit Cera-   qui fuit in cellola
  num filium artificis[3]   magna *Muaide*[5]
  ex libro Patricii.   prespiter. Duos
Diaconus Coimmanus   exorcistas scimus
  carus Patricio, qui   apud illum, exor-
  fuit in aeclessia   cista *Losca* in dor-
  magná *Airdlicce.*   so *Dairi* [10. a. 1]
                                 in regionibus *Tuir-*
                                 tri, exorcista alius
                                 in campo *Liphi.*

---

[1] In marg. z.
[2] Read Iustus or Iostus.
[3] *Ciardn macc int-sáir.*
[4] i.e., *Senchill Ua n-Aillello.*
[5] *Cell Már Muaide.*

De aeclessiis quas fundauit in campo *Breg.* Primum in Culmine.[1]—II. Aeclessia *Cerne*[2] in qua sepultus est Hercus qui portauit mortalitatem magnam.[3]—III. in cacuminibus *Aisse.*—IIII. *imBlaitiniu.*[4]—V. in *Collumbus* in qua ordinauit Eugenium sanctum episcopum.—VI. Aeclessia filii[5] *Laithphi.*—VII. *imBrí-dam*[6] in qua fuit sanctus Dulcis[7] frater Carthaci.—VIII. super *Argetbor* in quá [fuit] Kannanus episcopus quem ordinauit Patricius in primo pasca *hi Ferti* uirorum *Feicc,*[8] qui portauit secum ignem primum benedictum ac ceriales lucernas primas Patricii de manibus portauit domi,[9] ut accenderet fumum benedictum in oculos ac nares hominum gentilium et regis *Loiguiri,* et magorum illius, quia contra[i]uerunt illi tres magi fratres ex uno uiro nominibus et genere *Cruth Loch Lethlanu*[10] de genere *Runtir,*[11] qui fecerunt conflictionem magnam contra Patricium et Benignum. Cassula autem magi inflammata est circa Benignum et in cinerem finita erat.[12] Sanctus quoque filius sanus effectus est firma fide Dei in conspectu regis et hominum et magorum. Cassula hautem Benigni filii Patricii infixa est circa magnum et inflammatus est magus in medio et consumptus est. Et dixit Patricius: "In hác hora consumpta est gentilitás Hiberniae tota." Et eleuauit Patricius manus suas Deo circa magum Loch-leth[lan]eum et dixit: "Domine mi, iece a me canem qui oblatrat faciem tuam et me: eat in mor-

---

[1] A rendering of the Irish word *mullach.* In marg. is z.

[2] *i.e.*, Cell-Cerne or Domnach-Cerne.

[3] In A.D. 550 or 664, Reeves, *Columba,* p. 188, note a.

[4] *i.e.*, in Blaitine, now (as Dean Reeves thinks) Platin in the parish of Duleek.

[5] filio, A.

[6] *i.e.*, in Brí-dam, 'collis boum.'

[7] The translation of some Irish name like *milis.*

[8] 'In the grave of Fíacc's men.'

[9] For the corrupt "*portauit domi*" of the MS., we should perhaps read *oeconomi.*

[10] One name, apparently, has been dropt, as it appears that *Loch-lethlanu* was one of the brothers. See infra, line 26.

[11] Mocu-Runtir, Reeves,*Columba,* p. 47, or Dal-Runtir, supra, p. 266, line 11.

[12] 'was reduced to ashes,' the pluperfect being here, as often, used for the perfect.

tem!" Et intenderunt omnes magum elcuatum per tenebras nocturnales poene usque ad caelum, sed reuersus, cadauer illius conglutti-[10 a. 2]-natum grandinibus et niuibus, commixtum scintillís igneís, in terram ante
5 faciem omnium cecidit. Et est lapis illius in orís australibus orientalibusque [*Temro*]¹ usque in praesentem diem, et conspexi illum oculís meís.

Prima feria uenit ad Taltenam, ubi fit agon² regale ad Coirpriticum filium *Neill*, qui uoluit cum occi-
10 dere, et flagillauit seruos euis in flumine *Selc*, ut indicarent Patricium Coirpritico. Quapropter appellabat illum Patricius "inimicum Dei" et dixit ci: "Semen tuum seruiet seminibus fratrum [tuorum], et non erit de semine tuo rex in aeternum, et non erunt
15 pisces magni in flumine *Sele*³ semper."⁴

Deinde hautem uenit ad Conallum filium *Neill*, ad domum illius quam⁵ fundauit in loco in quo est hodie aeclessia Patricii magna,⁶ et suscepit eum cum gaudio magno et babtitzauit illum, et firmauit solium
20 eius in aeternum, et dixit illi: "Semen fratrum tuorum tuo semini seruiet in aeternum. Et tu missericordiam debés facere heredibus meís post me in saeculum, et filii tui et filiorum tuorum filiís meís credulis legitimum sempiternum." Pensabatque aeclessiam Deo
25 Patricius⁷ pedibus eius lx. pedum,⁸ et dixit Patricius: "Si diminuatur aeclessia ista, non erit longum regnum tibi et firmum."

Pasca quoque claussa, finita prima feria, exiit ad Vadum Molae,⁹ et ibi aeclessiam fundauit, in qua re-
30 liquit tres fratres cum una sorore. Et haec sunt nomina illorum: Cathaceus, Cathurus, Catneus, et soror illorum Catnea, quae emulgebat lúc ab dammulís ferís, ut senes mihi indicauerunt.

---

¹ See Todd, *S. Patrick*, 423.
² *i.e.*, ἀγών.
³ See Reeves, *Columba*, p. 128, note b.
⁴ 'for ever.'
⁵ MS. qui.
⁶ *i.e.*, Domnach Mór Pátraic.
⁷ MS. Patricii.
⁸ Read, perhaps, lx pedum [de] pedibus eius. The meaning is: 'he stept the space 60 feet long.'
⁹ *Áth-Brón*: in marg. broon.

Book of Armagh, fo. 10, a. 2.

Perrexitque ad ciuitatem *Temro* ad Loigairium filium *Neill* iterum, quia apud illum foedus pepigit ut non occideretur in regno illius. Sed non potuit credere, dicens: "Nam *Neel* pater meus non siniuit mihi credere, sed ut sepeliar in cacuminibus *Temro* quasi uirís consistentibus in bello,"—quia utuntur gentiles in sepulcrís armati prumptís armís facie ad faciem usque ad diem *erdathe* apud magos, id est iudicii diem Domini.[1] "Ego filius *Neill* [debeo sepeliri ita sicut][2] [10 b. 1] et filius Dunlinge *imMaistin*[3] in campo *Liphi*, pro duritate odiui,"[4] ut est hoc.

Porro fundauit acclessiam *iCarric Dagri*[5] et alteram aeclessiam *im-Mruig Thuaithe*,[6] et scripsit elimenta Cerpano. Et intrauit in domum regiam, et non surrexerunt ante se nisi unus tantum, hoc est Hercus sacrilegus. Et dixit illi: "Cur tu solus surrexisti in honorem Dei mei in mé?" Et dixit ei Hercus: "Nescio quid: uideo scintellas igneas de labiis tuis ascendere in labia mea." Sanctus quoque dixit: "Si babtismum Domini accipies quod mecum est?" Respondit: "Accipiam." Et uenierunt ad fontem *Loigles* in Scotica nobiscum 'Vitulus Ciuitatum.' Cumque aperuisset librum atque babtitzasset uirum Hercum, audiuit uires post tergum suum se inridentes ad inuicem de rei illius consideratione, quia nescierunt quid fecerat, et babtitzauit tot milia hominum in die illa; et et inter caeteras babtismatis sententius audiuit. Ecce duo namque uiri nobiles confabulabantur post tergum sibi, et dixit alter alteri: "Verum est quod dixisti a circulo anni qui praeteriit, ut uenisses húc uel híc in illís diebus. Díc mihi nomen tuum quesso, et patris tui et agri tui et campi tui, et ubi est domus tua."

---

[1] So in Lebor na hUidre, p. 118 (*Revue Celtique*, vi. 165), and the Dinnsenchas (Petrie, *Tara*, p. 113).

[2] So Dr. Todd conjectures, *St. Patrick*, p. 438.

[3] 'in Maistiu.'

[4] *i.e.*, pro duratione odii = propter perpetuitatem odii nostri, Todd, *St. Patrick*, p. 438. But *odiui* is a perfect (like *siniuit*, supra, l. 4), and the meaning is 'on account of the hardness with which I have hated.'

[5] 'On Daigre's Rock.'

[6] 'In Mruig [cf. *mark, margo*] Thuaithe (Dé Danann).'

[7] As to this well see Petrie, *Tara*, pp. 142, 143.

Respondit: "Endeus filius *Amolngid* sum ego, filii Fechrach filii Echach, ab occidentalibus plagis de campo *Domnon*[1] et de silua *Fochloth*." Cumque audiisset Patricius nomen siluae Fochlothi, gauissus
5 est ualde, et dixit Endeo *Amolngid* filio: "Et ego tecum exibo, si uiuus fuero, quia dixit mihi Dominus exire." Et dixit Endeus: "Non exibis mecum ne occidamur ad inuicem."[2] Sanctus quoque dixit: "Verumtamen numquam uiuus ad tuam regionem peruenies
10 et tú, nisi uenero tecum, et uitam aeternam non habebis: quia propter mé uenisti húc, [10 b. 2] quasi Ioseph ante filios Israel." Endeus autem dixit Patricio: "Tu filio meo babtismum da, quia tener est. Ego autem et fratres mei non possimus tibi credere usque dum ad
15 nostram plebem peruenerimus, ne inrideant nós.[3] Conallus autem babtitzatus est, et dedit Patricius benedictionem super illum, et tenuit manum illius, et dedit Cethiaco episcopo. Et nutriuit illum et docuit cum Cethiacus et Mucneus frater Cethiaci episcopi, cuius sunt
20 reliquiae in Aeclessia Magna Patricii[4] in silua Fochlithi. Propter hoc mandauit Conallo insolam[5] suam Cethiacus, et generis illius est usque in praesentem diem, quia laicus fuit[6] post mortem Cethi[a]chi sancti.

Venierunt autem filii *Amolngid* sex ad iudicandum
25 ante faciem *Loiguiri*, et Endeus contra eos unus et filius eius tener et Patricius ante illos, et inuestigarunt causam hereditatis illorum. Et iudicauit illis *Loiguire* et Patricius ut diuiderent inter se hereditatem in septem partes. Et dixit Endeus: "Filium meum
30 et partem hereditatis meae ego immolo Deo Patricii et Patricio." Per hoc dicunt alii quia serui sumus Patricii[7] usque in praesentem diem.

---

[1] See Reeves, *Columba*, p. 31, note d.
[2] i.e., 'together': cf. infra, p. 314, l. 23.
[3] 'lest the people amongst whom we now are should mock us,' Todd, *St. Patrick*, p. 443, note 2.
[4] Domnach Mór Pàtraic.
[5] Seems to mean 'monastery': cf. the use of *insulani* for *monachi* in southern Gaul, Smith's *Dict. of Chr. Antiqq.* i. 863.
[6] i.e., he ceased to be a celibate.
[7] i.e., Tírechán and the tribe (or community) to which he belonged are under the jurisdiction of Armagh, Todd, *St. Patrick*, p. 445.

Book of Armagh, fo. 10, b. 2.

Foedus pepigerunt per manus *Loiguiri* filii *Néill* Patricius et filii *Amolngid* cum exercitu laicorum [et] episcoporum sanctorum, et inierunt iter facere ad Montem *Egli*,[1] et expendit[2] Patricius etiam pretium xu. animarum hominum, ut in scriptione sua adfirmat, de 5 argento et auro, ut nullus[3] malorum hominum inpederet eos in uia recta transeuntes totam Hiberniam: [11. a. 1] quia necessitas poscit illos ut peruenirent siluam Fochlithi ante caput anni pasca secunda, causa filiorum clamantium clamore magno, [quorum] uoces 10 audiuit in utero matrum suarum dicentium : " Veni, sancte Patrici, saluos nós facere."

Plantauit aeclessiam super uadum *Segi*, et alteram aeclessiam *Cinnena[e] sancta[e]* super Vadum *Carnói imBoind*[4] et altera[m] super *Coirp raithe* et altera[m] 15 super Fossam *Dallbronig*,[5] quam tenuit episcopus filius *Cairtin*, auunculus *Brigtae* sanctae. Fundauitque alteram in Campo *Echredd*, alteram in Campo *Taidoni*, quae dicitur *CellBile*, apud familiam *Scire* est, alteram in Campo *Echnach* in qua fuit Cassanus prespiter, 20 alteram in Singitibus, alteram in Campo *Bili* iuxta Vadum Capitis Canis,[6] alteram in Capite Carmelli in Campo *Teloch*, in qua sancta Brigita pallium cepit sub manibus Filii *Caille*.[7] In *Huisniuch Midi*[8] mansit iuxta Petram *Coithrigi*, sed occissi sunt circa se alii 25 perigrini a filio *Fechach* filii *Né[i]ll;* cui maledixit, dicens : " Non erit de stirpe tua rex sed seruies semini fratrum tuorum." Et alteram aeclessiam [fundauit] in Capite *Airt* in regionibus *Róide*,[9] in qua possuit altare lapideum, et alteram *hi Cuil Corrae*.[10] 30

Et uenit per flumen *Ethne* in duas Tethbias, et ordinauit Melum episcopum, et aeclessiam *Bili* fundauit,

---

[1] Cruachan Aigli.
[2] MS. extendit, but cf. the Confessio, infra, p. 372, line 33 : Censeo enim non minus quam pretium quindecim hominum distribui illis.
[3] MS. nullum.
[4] 'the ford of Sheep's Cairn in the Boyne.'
[5] i.e., Raith D.
[6] i.e., A'th Cinn-chon.
[7] i.e., Maicc-caille.
[8] 'in Uisnech of Meath.'
[9] See Reeves, *Columba*, p. 89, note a.
[10] ' in Cúil Corrac.'

et ordinauit Gosactum, filium *Mílcon Maccu-Boóin*,[1] Book of
quem nutriuit in soruitute septem annorum, et mittens Armagh, fo. 11, a. 1.
Camulacum Commiensium in Campum *Cuini*[2] digito
illi indicauit locum de cacumine *Graneret*, id est acc-
5 lessiam *Raithin*. Et uenit in Campum *Rein* et ordinauit Bruscum prespiterum et aeclessiam illi fundauit.
Qui dixit mirabile post mortem eius altero sancto qui
fuit in insola generis *Cothirbi:* "Bene est tibi dum
filium tu[11 a. 2]-um[3] habes: ego autem tedebit me
10 mors mea, quia solus sum[4] in diserto, in aeclessia
relicta ac uacua, et non offerent iuxta me sacerdotes."
In noctibus [tribus idem] somnium factum[5] est: tertio die surrexit sanctus, et arripuit anulum et trul-
lam ferrumque, et sepulcri fossam fodiuit, et por-
15 tauit ossa Brusci sancti secum ad insolam in qua sunt
et resticuit.

Mittens[6] autem Patricius *Methbrain* ad fossam *Slécht*
barbarum Patricii propinquum, qui dicebat mirabilia
in Deo ucra. Venitque Patricius ad alueum Sinone[7]
20 ad locum in quo mortuus fuit auriga illius Boidmalus
et sepultus ibi.[8] Dicitur *Cail Boidmail* usque in hunc
diem, et immolatus[9] erat Patricio.

FINIT LIBER PRIMUS IN REGIONIBUS NEPOTUM NEILL
PERACTUS.

25 INCIPIT [LIBER] II. IN REGIONIBUS CONNACHT PERACTUS.

Omnia quae scripsi a principio libri huius scitis
quia in uestris regionibus gesta sunt, nisi de cís pauca
quae inueni in utilitatem laboris mei a senioribus multis ac ab illo Ultano episcopo Conchuburnensi qui
30 nutriuit me retulit sermo. Cór autem meum cogitat
in mé de Patricii dilectione, quia uideo dissertores[10] et

---

[1] 'of Mílchu descendant of Bón.'
[2] MS. inserts "et."
[3] here in the upper margin: *isbaile inso sis* asincertus ('it is this place below that is uncertain').
[4] MS. inserts "in aeclessia."
[5] MS. factus.
[6] In marg. 'z.'
[7] Lat. gen. sg. of *Sinona* 'Shannon,' infra, p. 329, line 22.
[8] MS. inserts 'in quo.'
[9] MS. -tum.
[10] *i.e.*, desertores.

Book of Armagh, fo. 11, a. 2.

archiclocos[1] et milites Hiberniae quod odio habent paruchiam[2] Patricii quia substraxerunt ab eo quod ipsius erat; timentque quoniam, si quaereret heres Patricii paruchiam illius, potest pene totam insolam sibi reddere in paruchiam, quia Deus dedit illi

I. totam insolam cum hominibus per anguelum Domini,

II. et legem Domini docuit illís,

III. et baptismo Dei babtitzauit illos,

IIII. et crucem Christi indicauit,

V. et resurrectionem eius nuntiauit. Sed familiam eius non dilegunt, quod

I. non licet iurare contra eum,

II. et super eum,

III. et de eo,

IIII. et non lignum licet contra eum mitti, quia ipsius sunt omnia primitiuae aeclesiae Hiberniae, sed [11. b. 1] iuratur a se omne quod iuratur.

Omnia hautem quae scripsi ab initio libri huius semplicia sunt. Omne autem quod restat strictius erit.

Venit ergo Patricius sanctus per alueum fluminis *Sinnæ* per Vadum Duorum Auium[3] in Campum *Ai*. Audientes hautem magi *Loiguiri* filii *Neill* omnia quae facta fuerant, Caluus et Capitolauium,[4] duo fratres qui nutrierant duas filias *Loiguiri*, *Ethne* Alba, *Fedelm* Rufa, timentes ne mores sancti uiri acciperent, indignati sunt ualde tenebrasque nocturnales ac densas inaurinas[5] super totum campum *Ai* fecerunt, nescimus cuius potestatis hoc fuit; sed scimus quod nox longua .iii. dierum tot et noctium erat. Arripuitque sanctus ieiunium .iii. diebus et .iii. noctibus, cum centenís oraculís flectenisque[6] assiduis Deum regem

---

[1] acc. pl. of *archiclocus*, which seems borrowed (as Prof. Windisch suggests) from ἀρχίκλωψ,-ῶπος, with the change of p to c, so common in Irish loanwords.

[2] i.e., the diocese, Reeves, *Columba*, p. 65, note b.

[3] *Snám-dá-én*.

[4] i.e., *Mael* and *Caplait*.

[5] Sic. The meaning must be 'fogs.'

[6] The Ir. *slechtanaib* 'genuflexionibus.'

regum rogabat, et discessit omnis grauitudo magica tenebrarum a campo *Ai*, et dixit "Deo gratias." Et uenierunt per alueum fluminis *Sinnae*, qui dicitur *Bandea*, ad tumulum Gradi.¹ In quo loco ordinauit
5 Ailbeum sanctum prespiterum ; cui indicauit altare mirabile lapideum in monte Nepotum *Ailello*,² quia inter nepotes *Ailello* erat. Et babtitzauit Maneum sanctum quem ordinauit episcopus Bronus filius *Icni* seruus Dei,³ socius Patricii.
10 Venierunt ad campum *Glais*,⁴ et in illo posuit celolam magnam quae sic uocatur Cellula Magna,⁵ et in illa reliquit duos barbaros *Conleng* et *Ercleng* monachos sibi.

Deinde uenit ad Assicum et Bitteum et ad magos qui fuerunt de genere *Corcu-Chonlúain*, *Hono* et *Ith*
15 fratres. Alter suscepit Patricium et sanctos eius cum gaudio, et immolauit sibi domum suam, et exiit ad *Imbliuch Hornon*. Et dixit illi Patricius: "Semen tuum erit benedictum, et de tuo semine erunt sacerdotes Domini et principes digni in mea elimossina et
20 tua hereditate." Et posuit ibi Assicum et Betheum, [11 b. 2] filium fratris Assici, et Cipiam, matrem Bethei episcopi.

Assicus sanctus episcopus faber aereus erat Patricio, et faciebat altaria [et] bibliothicas quadratas.⁶ Facie-
25 bat in[super] patinos sancti nostri pro honore Patricii episcopi, et de illis tres patinos quadratos uidi, id est patinum in aeclessia Patricii in *Ardd-Machae* et alterum in aeclessia *Alo-find*⁷ et tertium in aeclessia magna *Saeoli* super altare Félarti sancti episcopi. Asicus iste
30 fecit profugam in aquilonem regionis ad Montem Lapidis,⁸ et fuit septem annís in insola quae uocatur *Rochuil* retro Montem Lapidum.⁸ Et quaerebant illum monachi sui, et inuenierunt eum in conuallibus montanis iuxta laborem artificiorum. Et abstraxerunt eum

Book of Armagh, fo. 11, b. 1.

---

¹ *i.e.*, Duma Graid ; supra, p. 94, line 1 ; infra, p. 348.
² *isléib hua n-Ailello*.
³ *i.e.*, *céle Dé*, a Culdee.
⁴ *Mag Glais*.
⁵ *Cell Mór*.
⁶ MS. quas.
⁷ ' of Ail-find ' (Elphin).
⁸ *i.e.*, *Sliab Liacc*.

Book of Armagh, fo. 11, b. 2.

monachi cius, et mortuus est apud illos in disertis montibus, et sepilierunt eum *irRaith Chungai hiSertib*.[1] Et dedit rex illi et monachis suis post mortem foenum .c. uaccarum cum uitulís suís et bouum .xx, immolatio aeterna, quia dixit quod non reuertetur in campum *Ai* quia mendacium ab illo dixerunt, et sunt ossa eius in Campo *Sered hirRaith Chungi*.[2] Monachus Patricii [erat], sed contenderunt eum familiae Columbae *Cille* et familia *Airdd Sratha*.[3]

Patricius uero uenit de fonte *Alo-find*[4] ad Dumecham nepotum *Ailello*, et fundauit in illo loco aeclessiam quae sic uocatur, Senella Cella[5] *Dumiche* usque hunc diem. In quo reliquit uiros sanctos *Macet* et *Cetgen* et Rodanum prespiterum.

Et uenit apud se filia felix in perigrinationem, nomine Mathona, soror Benigni successoris Patricii, quae tenuit pallium apud Patricium et Rodanum, [et] monacha fuit illís. Et exiit per montem Filiorum *Ailello*,[6] et plantauit aeclessiam liberam *hi Tamnuch*[7] [12 a. 1.], et honorata fuerat a Deo et hominibus, et ipsa fecit amicitiam ad reliquias sancti Rodani, et successores illius[8] epulabantur ad inuicem.[9]

Post haec autem posuerunt episcopos .i. Cairellum [et ....], iuxta sanctam aeclessiam *hi Tamnuch*,[7] quos ordinauerunt episcopi Patricii, id est Bronus et Bietheus. Non quaerebant aliquid a familia *Dumichae* nisi amicitiam tantummodo, sed quaerit familia *Clono*,[10] quia per uim tenent locos Patricii multos post mortalitates nouissimas.[11]

Deinde hautem uenit sanctus Patricius ad fontem qui dicitur *Clebach* in lateribus *Crochan* contra ortum

---

[1] 'in Rath Chungai in Serte.'
[2] 'in Mag Sered in Rath Chungai.' See Reeves, *Columba*, p. 38, note, p. 284.
[3] 'of Ard-sratha (Ardstraw).'
[4] 'of Ail-find' ('white rock'), Elphin.
[5] for 'Senella Cella' we should perhaps read Sencella = senchell.
[6] 'sliab macc nAilello.'
[7] 'in Tamnach.'
[8] Read 'eorum' (as in the Tripartite Life, supra p. 98, l. 15) or 'illorum.'
[9] 'together,' supra, p. 309, l. 8.
[10] 'of Clúain (maccu Nois?).
[11] A.D. 683, apparently.

solis ante ortum solis, et sederunt iuxta fontem. Et Book of ecce duae filiae regis *Loiguiri, Ethne* Alba et *Fedelm* Armagh, fo. 12, a. Rufa, ad fontem more mulierum ad lauandum mane uenierunt, et senodum sanctam episcoporum cum Pa-
5 tricio iuxta fontem inuenierunt.

Et quocumque essent,   Sed illos uiros *side*
aut quacumque forma,   aut deorum terrenorum,[1]
aut quacumque plebe,   aut fantassiam estimauerunt,
aut quacumque regione
10 non cognouerunt;

Et dixerunt filiae illís: "Ubi uos sitis et unde uenistis?" Et dixit Patricius ad illas: "Melior erat uos Deo uero nostro confiteri quam de genere nostro interrogare."

15 Dixit filia prima: "Quis est Deus? Et ubi est Deus? Et cuius est Deus? Et ubi habitaculum eius? Si habet filios et filias, aurum et argentum, Deus uester? Si uiuus semper? Si pulcher? Si filium eius nutrierunt multi? Si filiae eius carae et pul-
20 chrae sunt hominibus mundi? Si in caelo an in terra est?

(Si) in aequore?   Quomodo delegitur?
(Si) in fluminibus?   Quomodo inuenitur?
(Si) in montanis?   Si in iuuentute,
25 (Si) in conuallibus?   si in senectute,
[12 a. 2] Dic nobís notitiam   inuenitur?"
  eius,
Quomodo uidebitur?

Respondens autem sanctus Patricius, Spiritu Sancto
30 plenus, dixit: "Deus noster, Deus omnium hominum, Deus caeli ac terrae, maris et fluminum, Deus solis ac lunae, omnium siderum, Deus montium sublimium ualliumque humilium, Deus super caelo et in caelo et sub caelo habet habitaculum erga caelum et terram
35 et mare et omnia quae sunt in eís.

---

[1] *firu side*, 'males of the *side*,' or terrestrial gods, corresponding perhaps with the θεοὶ χθόνιοι or Inferi.

Book of Armagh, fo. 12, a. 2.

Inspirat omnia, superat omnia,
uiuificat omnia, sufultat[1] omnia.
Solis lumen inluminat, [lunae] lumen noctis ad[2] notitias ualat,[3] et fontes fecit in arida terra et insolas in mari siccas, et stellas in ministerium maiorum luminum posuit. Filium habet coaeternum sibi, [et] consimilem sibi. Non iunior Filius Patri nec Pater Filio senior. Et Spiritus Sanctus inflat in eis. Non separatur Pater et Filius et Spiritus Sanctus. [12. a. 3.] Ego uero uolo uos regi caelesti coniunguere, dum filiae regis terreni sitis. Credite."[4] Et dixerunt filiae [qua]si ex uno ore unoque corde: "Quomodo credere possimus caelesti regi doce nos dilegentissime, ut uideamus illum facie ad faciem indica nobis, et quomodo dixeris nobis faciamus." Et dixit Patricius: "Si creditis per babtismum patris et matris iecere peccatum? Responderunt: "Credimus." "Si poenitentiam creditis post peccatum?" "Credimus." "Si creditis uitam post mortem? Si creditis resurrectionem in die iudicii?" "Credimus." "Si creditis unitatem aeclessiae?" "Credimus." Et babtitzatae sunt, et [benedixit Patricius] candida[m] ueste[m] in capitibus earum.[5] Et postulauerunt uidere faciem Christi. Et dixit eis sanctus: "Nisi mortem gustaueritis, non potestis uidere faciem Christi et nisi sacrificium accipietis." Et responderunt: "Da nobis sacrificium ut possimus Filium, nostrum Sponsum, uidere." Et acciperunt eucharitziam Dei, et dormierunt in morte. Et possuerunt illas in lectulo uestimento uno[6] coopertas, et fecerunt ululatum [12 b. 1].[7]

---

[1] *i.e.*, suffulcit.
[2] MS. et.
[3] *i.e.*, uallat.
[4] M.S. credere.
[5] MS. eorum.
[6] For uestimento uno the MS. has uno uestimentis; but cf. the Tripartite Life, supra p. 102, l. 25.
[7] This and the following page are so rubbed and faded that Betham (*Ir. Ant. Researches*, Appendix, p. xxviii.) omits them as illegible, and Mr. Hogan (*Analecta Bollandiana*, t. ii., p. 50) says that vix pauca verba jam distincta appareant. In deciphering these two pages I have been much helped by Dean Reeves; but he is not answerable for any mistakes which I may have made. Words and letters in parentheses are now illegible.

et planctum¹ magnum amici earum. (Et ueni)t Book of (ma)gus *Caplit*, qui nutriuit alteram, et fle(uit).² Et illi Armagh, fo. 12, b. 1. Patricius praedicauit, et credidit, et capilli capitis eius ablati sunt.

5 Et frater illius uenit *M(ael)* et ipse dixit: " Frater meus credidit Patricio, et non erit ita; sed reuertam eum in gentilitatem et ad mathoum³ (et ad) Patricium uerba dura dicit, et Patricius illi dixit et praedicauit, et conuertit illum in poenitentiam Dei, et ablati sunt
10 capilli capitis illius, id est norma magica [quæ prius⁴] in capite uidebatur, *airbacc*, ut dicitur, *giunnæ*.

De hoc uerbum quod clarius est omnibus⁵ uerbis Scoticis: " Similis est Caluus contra *Caplit*."⁶

Et crediderunt in Deo. Et consumpti sunt dies
15 ululationis filiarum regis, et sepelierunt eas iuxta fontem *Clebach*, et fecerunt fossam rotundam (in) similitudinem *fertæ*, quia sic faciebant (Scotici) homines et gentiles. Nobiscum hautem *reli(c)* uocatu(r), id est reliquiae, et *feurt*. Et immolata est (*ferta*) Deo et Pat-
20 ricio cum sanctarum ossibus et haeredibus eius post (se in) saecula, et aeclessiam terrenam fecit in eo loco.

(Dei)nde hautem uenit Patricius ad (campum) *Cairc-(tha)* id est in *Muig Cairetha*, et c(astrametati) sunt (. . . . . et) fundauerunt (aeclessiam) in
25 *Arddlicce* quae sic uocatur, *Sendomnach*, et posuit in illa Coimanum diaconum sanctum sibi monachum carum Christo et Patricio puerum.

Et uenit Patricius in *Ardd Senlis*, et posuit (in illo sanctam filiam L)alocam, et tenuit locum in
30 campo *Nento*.⁷

---

¹ plo[ratum], Hogan.
² plo[ravit], Hogan.
³ Milthoum, Todd, *S. Patrick*, 454. Perhaps we should read 'et [te] ad Milchoum.' The meaning seems then be: " I will bring him (Caplait) back to heathenism and thee, Patrick, to thy old master Milchu."

⁴ Sic Probus, *Tr. Th.*, p. 58.
⁵ qu[am] aliud in, Hogan.
⁶ *Cosmail Moel fri Caplait*. Colgan (*Tr. Th.*, p. 136) has *cosmhuil Maol le Chapluit*, and see supra, p. 104, line 6.
⁷ Mag-Nento, supra, p. 104, l. 15.

Book of Armagh, fo. 12, b. 1.

Et exierunt cum (Ce)thiaco sancto episcopo (ad) suam propriam regionem, quia de genere *Ailello* eius pater fuit, et mater eius erat de genere *Sai* de regionibus *Ci(a)nachtæ* a *Domnach Sairigi* iuxta domum (sancti) episcopi Cennani, id est lapidum.[1] Moris erat 5 Cethiaco episcopo (sancto uissitare circu)m loca *Curcusai* in pasca maiore, et in pasca secundo fiebat in loco *Coimgillæ* sanctae super Vadum Duarum Furcarum, id est *da loarcc,* iuxta *Cenondas,* ( )*eg* quia Cethiaci domini (. . .) Comgella (. . . . . 10 . . (ab illis) Iostus d(iaco)n(us Patricii) [12 b. 2] sanctus pene puer pusillus et tenuit *Fidard.* Et dedit illi (sanctus Patricius lib)ros babtismatis, et babtitzauit nep(otes Maini), et in senectute sua bona babtitzauit Cia)ranum filium artificis[2] quando sen(ex) ac plenus 15 dierum fuit.

Interest hautem inter mortem Patricii (et Cer)ani (na)tiuitatem (ut peri)tissimi numerorum aestimant cxl. annorum, et babtitzatus est Ceranus ex libro Patricii,[3] a diacono Iusto (in meo) conspectu. 20

Franci uero Patricii exierunt a Patricio uiri fratres .xu. cum sorore una. Nomina quoque uirorum nolo dicere nisi .ii. principes Bernicius et Hernicius et sororis nomen Nitria (. . .) episcopi. Et multi loci illís dati sunt, et ignoro nisi unum (in quo) est Bassilica 25 sanctorum,[4] quia indicauit illis Patricius sanctus similitudinem loci et digito indicauit de cacumine *Garad* (quando ue)nierunt ad illum ut elegeret illis (de lo-) cís quos inuenierunt. Et fundauit Cethecus æclessiam *Brergarad* quidam filius qui ueniret per flumen 30 *Succae* et aridi (pe)des eius ac ficones erunt sudae[5] ( ).

---

[1] .i. *Daim-liacc Cianain,* 'domus lapidum Cianani,' nunc *Duleek,* Hogan.

[2] *Ciarán macc int-sáir,* supra, p. 104, l. 28.

[3] See supra, p. 305, l. 24.

[4] Imgæ Baislicci, supra, p. 106, l. 2.

[5] MS. saulac.

Vonit uero Patricius ad Selcam in qu(o filii) *Briuin*,[1] Book of Armagh, fo. 12, b. 2. cum multitudine episcoporum (sancto)rum. Castrametati sunt in cacuminibus Selcae, et posuerunt sibi stratum et sedem inter lapides in quibus scripserunt ma(nu)
5 sua literas quas hodie conspeximus oculís nostris. Et cum illo fuerunt

      Bronus episcopus,   qui tenuit (cel-)
      Sache(llus),   lolam Benign(i . . .
      Bronachus praespiter,   anorto[2] a Pat-
10   Rodanus,   ricio ac( )
      Cassanus,   Felartus episcopus (de
      Brocidius,   genere (*Ailello*)
      Lommanus frater eius, ... sorores .ii.
      Benignus heres Patricii, ...
15   et Benignus frater Ceth-
      (eci)   . . . .
      de genere *Ailello*,   . . in mar(i *Conmaicne*)[3]

[13 a. 1.] Sic uocatur *Croch Cuile*. Et plantauit
20 aeclessiam super stagnum Selcae *inscae*,[4] et babtitzauit filios *Broin*.

Et perrexit ad tramitem *Gregirgi*, et fundauit aeclessiam in *Drummæ* et fontem fodi(uit iuxta eam: non habet flu)men in se et de se, sed plenus semper.[5]
25 Patina et calix sunt in cella *Adrochtae* (filiae *Tal*)*ain*, et ipsa accepit pallium de manu Patricii.

Et perrexit ad filios *Heric*, et fuit in illo loco in quo fiunt mulieres iuxta uadum filiorum *Heric*. Et furati sunt equos illius, et maledixit illis dicens:

---

[1] See supra, p. 106, l. 24.
[2] There is a dot over the *a*, and in the margin z.
[3] Mr. Hogan reads those four lines thus: Et (so)rores (sancti Felarti episcopi quae sunt insola in mari Chonmaicne. 'Haec columna est' (as he says) ' valde indistincta.'

It corresponds with the Tripartite Life, supra, p. 108, ll. 4-7.
[4] Over *a* is a dot, and over *scae* is a mark of contraction. The 'stagnum Selcae' is = Loch Selce, supra, p. 108, l. 8.
[5] See as to this well, supra, p. 108, ll. 11-13.

Book of Armagh, fo. 13, a. 1.

"Semen uestrum seruiet semini fratrum uestrorum;" quod sic conprobatur.

Et reuertebatur in campu(m) *Airthic*, et Æclessiam Senes[1] posuit in eo campo, et benedixit locum *i Taulich* Lapidum.[2]

Et exiit ad *Drummut Cerrigi*, et inuenit .ii. uiros conflinguentes, filios unius uiri, ad inuicem, post mortem patris eorum, qui faber acreus erat de genere *Cerrigi*.... *en* uoluerunt diuidere hereditatem, et possitum erat lignum contensionis quod uocatur *caam* apud gentiles, et arripuerunt gladios ancipites extensis manibus (pe)rcutere frater fratrem, pedibus erectis, quod defunctum est in terra more campi.[3] Cum uero ueniisset illis Patricius uidens de longue quasi modum iugeris aperuitque ós suum et dixit: "Tene, Domine Pater, posco, manus fratrum ne faciant malum inter se." Et non potuerunt porregere manum aut collegere, sed fuerunt erecti quasi imagines ligneas.[4] Et benedixit eos ac praecipit illis et ait: "Facite amicitiam, dum fratres sitis, et quod uobis dixero facite: sedete." Sederunt sicut Patricius dixit, et immolauerunt agrum (et bon)a patris eorum Patricio Deoque caeli, et fundauit æclessiam ibí, et in illo loco est *Coona* artifex frater episcopi Bassilicae.[5]

[13 a. 2.] Perrexit per diserta *Cerrigi* (   ) in campum australem, id est *Nairniu*, et inuenit Iarnascum sanctum sub u(lmo)[6] cum filio *Locharnach*, et scripsit ill(i) elimenta. Et fuit apud illum ebdomas

---

[1] Senchill or Sendomnach.
[2] *i.e.*, in Tulach na Liacc.
[3] This corrupt passage should perhaps be: et possitnm erat *licium* contensionis, quod uocatur 'caam' apud gentiles et quod *definitum* est in terrâ more campi, et arripuerunt gladios ancipites ['two-edged swords'], extensis manibus, percutere frater fratrem, et pedibus porrectis. Compare the story, supra, p. 108, l. 27.
[4] an imitation of the Irish idiom which requires the accusative after the preposition *amal*, Zeuss-Ebel, *Grammatica Celtica*, p. 657.
[5] This bishop was Sachall, see supra, p. 110, l. 7.
[6] Perhaps u(mbra).

(una et) amplius, uiris uiiii. aut xii. Et plan(tauit ibi) aeclessiam, et tenuit illum abbatem. Et fuit quidam Spiritu Sancto plenus ab australi, *Medbu* nomine.
. . . . uenit cum Patricio ab *Irlochir*, et legit in
5 *Ardd(M)achœ*, et ordinatus est in eodem loco, (et diacon)us fuit Patricio de genere *Machi* . . . . bonus et fundauit aeclessiam in *Imgoe Mair Cerrigi* liberam (monachus) in *Ardd Muchae*.

Et perr(ex)it Patricius ad fontem qui ¹ dicitur *Mucna*,
10 et fecit Cellam Senes ² quae sic uocatur. Et fuit Secundinus solus sub ulmo frondosso separatim. Et est signum crucis in eo loco usque in h(unc) diem. Et uenit per diserta filiorum *En(di*   *)* in quo (est sanctus L)ommanus *Turresc* . . . . Post multa
15 tempora uenit (   )l *Senmeda* filia *En(di)* filii *Br(iuin)*, et accipit pallium de (man)u Patricii, et dedit illi munilia sua et manuales et pediales et brachiola sua, (hoc uoc)atur *aros* in Scot(tica).

Et perrexit ad regionem *Conmaicn(e) hi Cuil Tolat*,³
20 et posuit in eo aeclessias quadratas . . . .
. . *Air(dd) Uiscon* . . . . cellolam mediam in qua (reliquit) sorores *Failn(rti* episcopi de genere *Ailello*) aliam cellam pescis in qua sanctam

[The rest of this column is quite illegible.]

25 [13. b. 1.] Et uenit in campum *Caeri* et castrametati sunt *i Cuil Core*, et plantauit aeclessiam in illo loco, et babtitzauit multos.

Et exinde exiit ad Campum *Foimsen*, et inuenit in illo loco .ii. fratres filios uiri nominati *Coiliud* filius
30 *Luchti*, filii *Conlaid* et *Derclaid*,⁴ qui mittebat seruum suum ut occideret Patricium. Lucteus hautem liberauit⁵ eum. Cui dixit Patricius: "Erunt episcopi et

---

Book of Armagh, fo. 13, a. 2.

¹ The MS. has the compendium for *quod*.
² Senchill, supra, p. 110, l. 15.
³ 'in Cáil Tolat.'
⁴ This passage is very corrupt. Comparing the Tripartite Life, n 10231,

supra, p. 110, l. 22, we may perhaps correct it thus: *Cúlaid*, scilicet *Luchte* filius *Conlaid* et *Derclam*.
⁵ leg. prohibuit (*rotairmesc*, supra, p. 110, l. 24.

Book of Armagh, fo. 13, a. 2. prespiteri de genere tuo, genus hautem fratris tui erit maledictum et difficient in breui." Et reliquit in illo loco Conanum prespiterum.

Et exiit ad fontem *Stringille* in disertís, et fuit super ipso duobus dominicís. Et exiit ad campum *Raithin*. Et exiit ad finem *Humail duAchud Fobuir* [1] in quo fiunt episcopi. Et uenit ad illum sancta filia quae pallium tenuit apud Patricium, et ordinauit filium patris illius Senachum,[2] et dedit nomen nouum illi, id est Agnus Dei, et episcopum fecit illum. Et ipse postulauit tres postulationes a Patricio: ut non peccaret sub gradu, et non uocaretur nomen eius super locum, et [quod] deesset de illius aetate super aetatem filii sui ueniret, *Oingus* nomine. Cui scripsit Patricius abgitorium, in die qua ordinatus est Senachum.[3] Patricius ordinauit aeclessiam in illo loco apud filiam Mathonam nomine, et dixit illís: "Erunt episcopi boni hic, et de semine illorum erunt benedicti in saecula in cathedra hác." Ipsa est *Ached-Fobuir*, et missam Patricii acceperunt.

Et perrexit Patricius ad montem *Egli* [4] ut ieiunaret in illo .xl. diebus et .xl. noctibus, Moysaicam tenens disciplinam et Heliacam et Christianam. Et defunctus est auriga illius *hi-Muiriscc Aigli*,[5] hoc est campum inter mare et Aigleum. [13. b. 2]. Et sepiliuit illum aurigam Totum Caluum,[6] id est *Totmdel*, et congregauit lapides erga sepulcrum,[7] et dixit: "Sit síc in aeternum, et uissitabitur a me in nouissimís diebus."

Et exiit Patricius ad cacumina montis super *Crochan Aigli*, et mansit ibi .xl. diebus et .xl. noctibus. Et graues aues fuerunt erga illum, et non poterat uidere

---

[1] *i.e.*, 'to the border of Umal, to Achad Fobuir.'

[2] Sic. leg. Senachus.

[3] MS. inserts "quia."

[4] *i.e.*, Cruachán (or Cróchán) Aigli, supra, p. 112, l. 27.

[5] 'in the seamarsh of Aigle,' see above, p. 120, l. 25.

[6] The Greek tonsure was total and styled 'St. Paul's,' Reeves, *Columba*, p. 350.

[7] cf. congesto lapidum acervo sepeliunt, Reeves, *Columba*, p. 63, and the Gaulish *karnitu artuass* 'congessit lapides' of the inscription of Todi.

faciem caeli et terrae et maris, quia Hiberniae sanctis Book of omnibus praeteritis, praesentatis, futuris Deus dixit: Armagh, fo. 13, b. 1. " Ascendite, o sancti, super montem qui inminet et altior omnibus montibus qui sunt ad occidentem solis
5 ad benedicendos Hiberniae populos," ut uideret Patricius fructum sui laboris, quia corus sanctorum omnium Hibernensium ad eum uenit ad patrem eorum uissitandum. Et plantauit aeclessiam in campo *Humail*.

Et uenit in regiones *Corcu-Temne* ad fontem *Sini*,
10 in quo babtitzauit milia hominum multa [et] fundauit aeclessias tres.[1]

Et uenit ad fontem *Findmaige*, qui dicitur *Slan*, quia indicatum illi quod honorabant magi fontem [2] et immolauerunt dona ad illum in modum dei.[3] Fons uero
15 quadratus fuit, et petra quadrata erat in ore fontis, et ueniebat aqua erga [4] petram, id est per glutinationes quasi uestigium regale.[5] Et dixerunt increduli quod quidam profeta mortuus fecit bibliothicam [6] sibi in aqua sub petra ut delauaret [7] ossa sua semper, quia timuit
20 ignis exust[ion]em, quia adorabant fontem in modum dii. Et indicata [8] est Patricio causa adorationis, et ipse zelum Dei habuit de Deo uiuo, (et) dixit : " Non uerum quod dicitis quod rex aquarum fons erat," quia dederant [9] illi nomen " Aquarum Rex." Et congregati
25 sunt magi et gentiles regionis illius et multitudo multa nimis ad fontem, et Patricius ait illis : [14 a. 1] "Eleuato petram, ut uideamus quid sub est, si ossa an non, quia dico uobis sub ea ossa hominis non sunt, sed puto aliquid de auro et argento per glutinationem petrarum, minime

---

[1] After this is written *Toga* (the three Túaga, supra, p. 122, l. 3, and see supra, p. 324, l. 11), but with a triple punctum delens over the second letter. In the margin is *z*.

[2] See as to fountain-worship, Reeves, *Columba*, p. 119, note b.

[3] MS. in donum dii. But see infra, p. 324, l. 5, and cf. *amal dea*, supra, p. 122, l. 6.

[4] written over *super*.

[5] perhaps we should read *rigale*, a barbarous derivative from *rigo*.

[6] A case of any kind, Reeves, *Columba*, p. 360; here a coffin.

[7] MS. dealbaret.

[8] MS. indicatum.

[9] MS. dederunt.

Book of Armagh, fo. 13, b. 2.

de uestris reprobis immolationibus." Et non potuerunt petram eleuare. Et benedixit Patricius et serui eius petram, et dixit Patricius multitudini : "Procul recedite paulisper, ut uideatis uirtutem Dei mei qui in caelís habitat." Et erectís manibus eleuauit petram 5 ex ore fontis et ponebat illam e regione super ora fontis, et est semper. Et nihil inuenierunt in fonte nisi aquam tantum, et crediderunt Deo summo. Et sedit iuxta lapidem procul, quem infixit uir quidam cui benedixit Patricius, *Caeta* siue *Cata* nomine, et 10 babtizauit illum, et dixit illi : "Erit semen tuum benedictum in saecula." Cellola *Tog* in regionibus *Corcuteimne* Patricii fuit. Cainnechus episcopus, monachus Patricii, fundauit eam.

Et uenit sanctus Patricius per campos in regionibus 15 *Maicc Hercae* in *Dichuil* et *Aurchuil*. Et uenit Patricius in *Dichuil* ad sepulcrum magnum magnitudinis mirae ingentemque longuitudine, quod inuenit familia illius, et magno stupore mirabantur[1] pedes traxisse .cxx., et dixerunt : "Non credimus hoc negotium quod 20 erat homo longuitudinis huius." Et respondit Patricius et dixit : "Si uolueritis uidebitis eum." Et dixerunt : "Volumus." Et percussit baculo suo lapidem iuxta caput eius, et signauit sepulcrum signaculo crucis, [14 a. 2] et dixit : "Aperi, Domine, sepulcrum." Et 25 aperuit uir[2] sanctus [terram, et] surrexit magnus sanus, et dixit : "Bene sit tibi, o uir sancte, quod suscitasti me etiam una hora a doloribus multis." (Haec dicens) fleuit amarissime et dixit : "Ambulabo uobiscum." Dixerunt : "Non possimus ut nobiscum tu ambulaueris, quia non 30 possunt homines uidere faciem tuam prae timore tuo : sed crede Deo caeli, et babtismum Domini accipe, et non reuerteris in locum in quo fiebas, et indicá nobís cuius es." [Et dixit homo :] "Ego sum *macc maicc Cais maic Glais*, qui fui subulcus *ríg Lugir rig Hir-* 35 *otæ*. Iugulauit me *fían maicc Maicc Con* in regno

---

[1] 'they saw,' Ital. *mirare*. | [2] MS. et uir.

Coirpri Niothfer[1] anno .c. usque hodie." Et babtitzatus est, et confessionem Dei fecit, et resticuit,[2] et positus est iterum in sepulcro suo.

Et uenit in Album Campum in regionibus Nepotum
5 *Maini*,[3] et inuenit in illo signaculum crucis Christi et duo sepulcra noua; et de curru suo sanctus dixit: "Quis est qui sepultus hic?" Et respondit uox de sepulcro: "Ecce sum homo gentilis." Respondit sanctus: "Cur iuxta te crux sancta infixa est?" Et
10 iterum respondit: "Quia uir qui sepultus est iuxta latus meum, rogauit mater eius ut signum crucis poneretur iuxta sepulcrum filii sui, [sed] uir fatuus et insensatus posuit iuxta me." Et exilit Patricius de curru suo, et tenuit crucem et euellabat[4] de gen-
15 tili tumulo et posuit super faciem babtitzati, et ascendit super currum, et orauit Deum tacite. Cum dixisset: "Libera nós a malo," dixit illi auriga illius: "Quid agis?"[5] inquit, "cur appellasti[6] gentilem non babtitzatum uirum? Redeamus ad historiam[7] nostram.
20 Quia[8] [14 b. 1] ingemesco uirum sine babtismo. Melior erat[9] apud Deum illum benedicere uice babtismatis et effundere aquam babtismi super sepulcrum mortui." Et non respondit illi. Puto enim ideo eum reliquit quia Deus cum saluare noluit.
25 Per Muadam uero uenit, et ecce audierunt magi filiorum *Amolngid* quod sanctus uir uenisset super eos in suas regiones proprias. Congregata est multitudo nimis[10] magorum ad primum magum, Recradum nomine, qui uoluit sanctum occidere Patricium. Et
30 uenit ad illos cum .uiiii. magis induti[s] uestibus

---

[1] 'I am the son of the son of Cas son of Glas, and I was swineherd of king Lugar king of Hirót. Soldiery of the son of Macc Con slew me in the reign of Corbre Nia-fer.' See supra, p. 122, l. 24.
[2] so supra, p. 311, l. 16.
[3] *Findmag i crichaib h Ane Maini.*
[4] Sic, read *evellebat*?
[5] For "agis" the MS. has "auriga illius."
[6] Sic, read *reliquisti*?
[7] Here used for the object of the story, *i.e.*, the unbaptized heathen.
[8] MS. quia quia.
[9] Sic.
[10] Sic. Read *nimia*?

albís cum hoste magico. Et uiderunt illum procul Patricius et Endeus filius *Amolngid* et Conallus *Endi* filius, quando babtitzauit Patricius multitudinem nimiam. Cumque uidisset Endeus, surrexit [et] arripuit arma ut magos reppelleret, quia ab illis erant magi trans riolum aquae nimium quasi milia passuum. Missit hautem Patricius Conallum filium *Endi* in obuiam magís ut cognouissent illum, ne alium occiderent, et stetit iuxta magum filius in signum. Et ecce uir sanctus surrexit Patricius, et eleuauit manum sinistram Deo caeli, et maledixit magum. Et cecidit mortuus in medio magorum eius, et dispersus est uulgus in totum campum *Domnón*, et exustus est ante faciem omnium in uindictae signum.[1] Cum uiderunt omnes homines hoc miraculum, et babtitzauit multos in illa die et ordinauit Mucneum sanctum fratrem Cethachi, et dedit illi libros legis septem quós reliquit post se *macc Cerce* filio *maic Dregin*. [14 b. 2]. Et fundauit aeclessiam super siluam *Fochluth*, in qua sunt ossa sancta *Mucnói* episcopi, quia Deus dixit illi ut legem relinquerent[2] et episcopos ordinaret ibi, et prespiteros et diaconos in illa regione. Et benedixit *Amolngid* filium, Fergussum fratrem *Endi*, quia in agro ipsius uirtutem fecit.

Et ecce quidam uir uenit ad illos, nomine *Macc Dregin*, cum filiís septem gentilibus, et postulauit babtismum Dei a Patricio. Et benedixit illum cum filiís, et elegit unum filium ex ipsís, cui nomen erat *Macc Ercae*, et scripsit elementa, et benedixit eum benedictione patris. Et dixit pater filii: "Tedibit me si tecum exierit filius meus." Et ait Patricius: "Non erit ita, sed illum Brono filio *Icni* commendabo et Olcano." Extendit manum et indicauit ei locum in quo sunt ossa eius procul, et digito suo signauit locum et crucem posuit ibi. Et ecce duae filiae ueni-

---

[1] See supra, p. 132, l. 25. | [2] Sic, read relinqueret?

erunt ad Patricium et acciperunt pallium de manu cius, et benedixit illis locum super siluam Fochlithi. Book of Armagh, fo. 14, b. 2.

Et ecce Patricius perrexit ad agrum qui dicitur *Foirrgea* filiorum *Amolngid* ad diuidendum inter filios
5 *Amolngid*, et fecit ibi aeclessiam terrenam de humo quadratam,¹ quia non prope erat silua.² Et portauerunt ad illum mulierem infirmam habentem in utero infantem, et babtitzauit filium in utero matris. Aqua babtismi filii, ipsa est aqua comm[uni]onis mulieris.³
10 Et sepilierunt eam in cacuminibus aeclessiae desuper, et est sedes ipsius sancti iuxta aeclessiam usque in praesentem diem. Et aedificauit acclessiam quandam apud familiam in sinu maris, id est *Ros* filiorum *Cuitni*.

[15 a. 1] Et reuersus est ad flumen *Muaide*⁴ de *Vert-*
15 *rige* in Bertrigam, et eleuauit ibi lapidem in signaculum crucis Christi, et dixit: "Ecce hic inuenietur aqua in nouissimis diebus, et habitabitur a mé." Et fundauit aeclesiam iuxta fossam *Rigbairt*, et uenit in Muiriscam⁵ apud Bronum filium *Icni*, et benedixit filium,
20 qui est *macc Rime* episcopus, et scripserunt⁶ elimenta illi et Muirethacho episcopo, qui fuit super flumen *Bratho*.

Et uenierunt trans litus *Authuili* in fines *Irai* Patricius et Broonus et cum illís filius Ercae filii
25 *Dregin* ad campum, id est *Ros Dregnige*, in quo loco est cassulus Brooni. Et sedens ibi, cecidit Patricii dens, et dedit dentem Brono suo in reliquias. Et dixit: "Eece mare ieciet nos de hoc loco in nouissimis temporibus, et exibitis ad flumen *Slicichæ* ad siluam."

---

¹ Hence Todd, *St. Patrick*, infers that the earthen churches of that age were probably round.

² As to wooden churches, see Reeves, *Eccl. Antiqq.*, p. 195; *Columba*, p. 177.

³ This passage seems to mean that the water used in baptizing the unborn son was the water used in administering the communion to the dying mother. For the practice of mixing water with the sacramental wine, see the tract on the mass in the Stowe missal, Kuhn's *Zeitschrift*, xxvi. 509–511. See also Warren's *Liturgy and Ritual of the Celtic Church*, p. 131.

⁴ = 'ad Modam fluuium, Reeves, *Columba*, p. 30.

⁵ MS. muiriscsam.

⁶ scil. Patricius et Bronus.

Book of Armagh, fo. 15, a. 1.

Et exiit trans montem filiorum *Ailello*, et fundauit æclessiam [1] ibi, id est *Tamnach*, et *Echenach* et *Cell Angle* et *Cell Senchuæ*. Et exiit ad regiones *Callrigi Tre Maige* et fecit aeclessiam iuxta *Druim Leas* et baptitzauit multos. Et erexit [sé] ad campum *Ailmaige* et fundauit aeclessiam ibi, id est, *Domnach Ailmaige*, quia Patricius illíc mansit tribus diebus et tribus noctibus.

Et perrexit ad campum *Áine*, et possuit aeclessiam ibi. Et uersus est *Euoi* et in campum *Cetni*, et maledixit flumen quod dicitur Niger,[2] quia postulauit [piscatores], et nihil illi piscium dabant sancto.[3] Drobai[s]cum autem benedixit, in quo tenentes magni pisces, siue piscium genus effectum est. Flumen *Drobaisco*[4] non habuit ante pisces, sed postea piscatoribus fructum dat. Et maledixit aliis fluminibus, id est flumini *Oingae* et *Saele*, quia dimersi sunt duo pueri de pueris Patricii in *Saeli*, qua propter hoc factum [est] in commemorationem uirtutis.

Etiam intrauit in Campum *Sereth*[5] trans amnem inter *Es Ruaid* et mare; et fundauit aeclessiam *hir-Raith Argi*,[6] et castrametatus est [15 a. 2] in Campo *Sereth*. Et inuenit quendam uirum bonum de genere *Lathron*. et baptitzauit eum et filium tenerum cum eo, qui dicebatur *Hinu* uel Incus, quia posuit illum pater in fana[7] super collum eius, quia natus est in uia cum patre de monte ueniens. Et baptitzauit Patricius filium, et scripsit illi abgitorium, et benedixit eum benedictione episcopi. Qui postea retenuit Assicum sanctum cum monachis suis in *Ard Roissen*, id est *hirRaith Congi*[8] in Campo *Sereth*[9] in tempore

---

[1] Read, perhaps, aeclessias quatuor: the scribe may have mistaken iiii. (or iu.) for -m.

[2] i.e., *Duh*; see supra, p. 146, l. 7.

[3] In the MS. the words "quia .... sancto" come immediately after "fructum dat." (lines 26, 27).

[4] 'of Drobáisc.'

[5] Mag Sereth.

[6] in Rath Argi.

[7] borrowed from Goth. *fana pános*, or O.H.G. *fano* 'linteum.'

[8] i.e., 'in Raith Congi.

[9] Mag Sereth.

regum *Fergusso* et *Fothuid.* Et fundauit acclessiam in campo *Latrain* et Aeclessiam Magnam *Sír-Drommo*,[1] quam tenuit familia *Daminse*[2] in *Doburbur.* Et perrexit *for Bernas* filiorum *Conill* in Campo *Itho*, et
5 fundauit ibi aeclessiam magnam. Et exiit ad campum *Tochuir*, et fecit aeclessiam ibi. Et in quo loco quidam episcopus[3] uenit de genere *Corcu-theimne* ad eum de cellola *Toch* in regiones *Temenrigi i Ceru* contra solis occasum, episcopus cum sorore una monachi Patricii,
10 et est locus eorum cum familia *Clono*,[4] et ingemescunt uiri loci illius.

Peruenit Patricius per Sinonam tribus uicibus et septem annos conpleuit in occidentali plaga, et de Campo *Tochuir* uenit in *Dulo Ocheni*, et fecit septem
15 aeclessias ibi. Et uenit in *Ardd Sratho* et *Macc Ercae* episcopum ordinauit. Et exiit in *Ardd Eolorgg* et *Ailgi* et *Lée*[5] *Benndrigi*, et perrexit trans flumen *Bandæ*, et benedixit locum in quo est cellola *Cuile Raithin*[6] in *Eilniu*,[7] in quo fuit episcopus, et fecit alias cellas
20 multas in *Eilniu*.[7] Et per *Buás* fluuium foramen pertulit, et in *Duin Sebuirgi* sedit super petram quae Petra Patricii usque nunc. Et ordinauit ibi Olcanum sanctum episcopum quem nutriuit Patricius, et dedit illi partem de reliquiís Petri et Pauli et aliorum et
25 uclum quod custodiuit reliquias. Et reuersus est [15 b. 1] in campum *Elni*, et fecit multas aeclessias quas *Coindiri* habent.[8]

Ascendit autem ad montem *Miss Boonrigi* quia nutriuit ibi filium *Milcon maccu-Buain*,[9] *Gosacht* no-
30 mine, et filias duas eiusdem uiri quando erat in serui-

---

[1] Cill Máir Sír-drommo.
[2] The community of Dam-inis (Devenish).
[3] Petrie (*Tara*, p. 23) quotes this to prove that there were bishops in Ireland before Patrick.
[4] 'the community of Cluain' (maccu-Nóis?).
[5] Len, Reeves, *Columba*, p. 52.
[6] 'of Cúil Raithin' (accessus filicis), Reeves, *Eccl. Antiqq.* 247.
[7] 'in Eilne,' *ibid*, 98, note b.
[8] *i.e.*, which are subject to the Bishop of Connor.
[9] 'of Mílchu descendant of Búan.'

Book of Armagh, fo. 15, b. 1.

tute septem annorum. Et docuit illos in taciturnitate cum iuramento pro timore magi. Sed alia nocte uidit magus *Miliucc* scintellas de ore Succeti[1] fatui[2] ignitas ascendentes in labia filii sui, et inflammatum est totum corpus filii sui et de ore filii sui in ora 5 sororum eius. "Cur," inquit, "O serue, malum fecisti filio meo in nocte quae praeteriit." Respondit Succetus: "Domine mi, quid uidisti?" "Ós filii mei replisti igne, et filius meus labia filiarum.[3] repleuit, et consumpti sunt omnes in cinerem, et cinis eorum 10 uiuificauit multos, et quasi aues uolauerunt tecum, et euomerunt uitalia sua frustra." Respondit Succetus: "Frustra uero euomerunt, id est domum magicam, quia dedi in ora eorum uerba Dei mei excelsi."

Et exiit ad montem *Scirte*[4] ad locum petrae super 15 quam uidit anguelum Domini stantem, et uestigium pedis illius usque nunc pene adest, cum ascendisset in caelum pedibus extensís de monte ad montem, dixitque: "Ecce nauis tua parata est: surge et ambula." Venit uero sanctus per *Doim* in regiones *Tuirtri* ad 20 *Collunt*[5] Patricii et babtitzauit filios *Tuirtri*.[6] Relicta Machia, uenit in *Maugdornu*, et ordinauit Victoricum Machinensem episcopum, et aeclessiam ibi magnam fundauit, et perrexit ad Loiguireum et Conallum filios *Neill*. 25

Finito autem circulo exiit et fecit aeclessiam Iustano prespitero iuxta *Bile Torten*, quae est apud familiam *Airdd-Breccain*, et fecit alteram *hi*[7] Tortena orientali, in qua gens *oThig* Cirpani,[8] sed libere semper. Et perrexit ad fines Laginiensium ad *Druimm Hurchaille*, 30 et posuit ibi Domum Martirum,[9] quae sic uocatur,

---

[1] *i.e.*, Patricii.
[2] qui inspirari solent *fatuari* dicuntur, Just. 43, 1. But perhaps the meaning is merely that S. appeared to M.'s eyes to be a fool; cf. supra, p. 325, l. 12.
[3] MS. filiorum.
[4] 'of Scirit.'
[5] To Calland.
[6] cf. 'nepotibus Turtrei,' Reeves, *Columba*, pp. 52, 53, note e.
[7] *i.e.*, 'in.'
[8] 'from Tech Cirpáin' (Cirpán's house).
[9] *i.e.*, Martorthech.

[15 b. 2] quae sita est super uiam magnam in ualle, et est hic Petra Patricii in uia. Exiit ad campum *Lifi*,[1] et possuit ibi aeclessiam, et ordinauit Auxilium puerum Patricii exorcistam, et Eserninum et Mactaleum in
5 Cellola *Cuilinn*. Ordinauit Feccum Album *iSleibti*[2] et babtitzauit filios *Dunlinge*. Et erexit sé per *Belut Gabrain*, et fundauit aecclesiam *irRoigniu Martorthige*,[3] et babtitzauit filios *Nioth Fruich i tír Mumae*[4] super petram *Coithrigi*[5] *hiCaissiul*.[6]

10 Hae sunt tres petitiones Patricii ut nobis traditae sunt Hibernensibus, rogans,

I. Ut suscipiatur unusquisque nostrum poenitentiam agens, licet in extremo uitae suae, judicii die, ut non claudetur in inferno; haec est prima.

15 II. Secunda, ne barbarae gentes dominentur nobís in sempiternum.

III. Ut ne superuixerit aliquis nostrum, id est Hibernensium, septem[7] annos ante diem iudicii, quia septem annís ante iudicium delebuntur equore; haec
20 est tertia.

Dairenne.[8]

Aetas Patricii ut nobís tradita est subputatur:
    septimo anno babtitzatus est:
    decimo anno captus:
25   septem annos seruiuit:
    triginta annos legit:
    septuaginta duo annos docuit.
Aetas suis tota centum uiginti anni ut Moyses.

---

[1] Mag Liß.
[2] 'in Sleibte.'
[3] 'in Roigne of Martorthech' ('relic-house').
[4] 'in the country of Munster'; MS. it. mumae, the mark over *t* being the ordinary compendium of *-er*.
[5] MS. hicoithrigi; petram, C., 'Patrick's rock.'
[6] 'in Caissel' (Cashel).
[7] MS. ante .uii.
[8] Possibly a variant of *Dairene* or *Dardine*, foster-mother of S. Colmán and one of the daughters of Oengus, son of the Nat-Fraich or Nia-Fruich, mentioned supra, l. 7.

Book of Armagh, fo. 15, b. 2.

In quatuor rebus similis fuit Moysi Patricius:

I. Primo, anguelum de rubo audiuit:

II. quadraginta diebus et quadraginta noctibus ieiunauit:

III. quia annos centum uiginti peregit in uita praesenti:

IIII. ubi sunt ossa eius nemo nouit.[1]

Duo hostes[2] duodecim diebus corpus sancti Patricii contenderunt et noctem inter se duodecim diebus non uiderunt, sed diem semper et in duodecima die ad praelium uenierunt, et corpus in grabato duo hostes uiderunt apud se, et non pugnauerunt. *Colombcille*, Spiritu Sancto instigante, ostendit sepulturam Patricii, [et] ubi est confirmat, [16 a. 1] id est in *Sabul* Patricii, id est in aeclessia iuxta mare proxima,[3] ubi est conductio martirum,[4] id est ossuum, *Coluimb cille* do Britannia[5] et conductio omnium sanctorum Hiberniae in die judicii.

Tertio decimo[6] anno Teothosii imperatoris a Celestino episcopo papa Romae Patricius episcopus ad doctrinam Scottorum mittitur. Qui Celestinus xlu.[7] episcopus fuit a Petro apostolo in urbe Roma. Paladius episcopus primo mittitur, qui Patricius alio nomine appellabatur, qui martyrium passus est apud Scottos, ut tradunt sancti antiqui. Deinde Patricius secundus ab anguelo Dei, Victor nomine, et a Celestino papa mittitur, cui Hibernia tota credidit, qui eam pene totam babtitzauit.

---

[1] So Nennius, ed. Stevenson, § 55.
[2] *i.e.*, exercitus, anglicè *hosts*.
[3] MS. pro undecima; the copyist (as Mr. Bradshaw first observed) mistaking the xi of proxima for the numeral xi. (undecim).
[4] 'the bringing together of the relics,' Reeves, *Columba*, p. 314.
[5] They appear to have been taken backwards and forwards. See the Annals of Ulster at the years 848 and 877, *Rerum Hib. Scriptt.*, t. iv., pp. 219, 233.
[6] MS. xiii., a scribal error for xviii.
[7] This number is obscure: perhaps we should read xlii.

Patricius sanctus episcopus honorem quaternum[1] omnibus monasteriis et aeclessiis per totam Hiberniam debet habere, id est,

I. Solempnitate dormitationis eius honorari in medio
5 ueris per tres dies et tres noctes omni bono cibo praeter carnem,[2] quasi Patricius uenisset in uita in hostium.

II. Offertorium eius proprium in eodem die immolari.

III. Ymnum eius[3] per totum tempus cantare.

10 IIII. Canticum eius scotticum[4] semper canere.

Sic omnis quatuor ista habere debet et reddi a monachis suis sibi, qui aeclessiam fundauit vel monasterium. Et qui habet paruchiam et regiones multas quatuor praedicta habere debet in honore.[5]

15 Finit hoc breuiarium
    gentis, documenti,
    nominis, industriae,
    genelogiae, maledicti[onis] in peccatores,
    pueritiae, benedictionis in pios,
20   captiuitatuin, aetatis.
    uirtutum,
    Christianae seruitutis,

Quae omnia in Deo gesta ab antiquis peritissimis adunata atque collecta sunt.

---

[1] Book of Armagh, fo. 16, a. 1.

[1] MS. quaternam et.
[2] because, as Todd remarks (*St. Patrick*, p. 430, note 1), the 17th March falls within the limits of Lent.
[3] *i.e.*, Secundinus' hymn, see infra. In the margin is written ymnus *Colmán alo*, which is a reference to the tradition (supra p. 246) that Saint Colmán Elo sang this hymn thrice in his refectory.
[4] Supra p. 48.
[5] This sentence seems to mean, 'In like manner every one who has founded a church or a monastery is bound to observe and to enjoin his monks to perform those four things, and he who has a spiritual territory and several districts is bound to keep them up." "Habero in honore" (probably the translation of an Irish phrase) is exactly the German "etwas in ehren halten." As to using 'paruchia' for 'diocoecsis,' see Reeves, *Columba*, p. 65, note b. Here (as infra, p. 356, l. 32), it means a monastic, not an episcopal, diocese.

[**Additamenta ad Collectananea Tirechani.**[1]]

Book of Armagh, fo. 16, a. 2.

Incipiunt alia pauca serotinis temporibus inuenta suisque locis narranda curiossitate heredum[2] dilegentiaque sanctitatis quae in honorem et laudem Domini atque in amabilem Patricii memoriam usque in hodiernum diem congregantur.

Quando hautem Patricius cum sua sancta nauigatione ad Hiberniam peruenit, sanctum Lommanum in hostio *Boindeo*[3] nauim custodire reliquit quadraginta diebus et quadraginta noctibus, et deinde alium quadragensimum post oboedientiam Patricio mansit. Deinde secundum imperium sui magistri in sua naui contrario flumine usque ad Vadum *Truimm* in hostio *Areis Feidilmedo* filii *Loiguiri*,[4] Domino gubernante, peruenit.

Mane autem facto, *Foirtchernn* filius *Fedeilmtheo*[5] inuenit [Lommanum] euanguelium recitantem, et ammiratus aeuanguelium et doctrinam eius confestim credidit, et aperto fonte in illo loco a Lommano in Christo babtitzatus est. Et mansit cum illo donec mater eius quaerere eum peruenit, et laeta facta est in conspectu eius quia Brittonissa erat. At illa similiter credidit, et iterum reuersa est in domum suam, et nuntiauit marito suo omnia quae accederant illi et filio suo. At uero Fedilmidius laetificabatur in aduentu clerici, quia de Brittonibus matrem habuit, id est filiam regis Brittonum, id est *Scoth Noe*.[6] Salutauit hautem Fedelmidius Lommanum lingua Brittanica, interrogans eum secundum ordinem de fide et genere. Respondit ei: "Ego sum Lommánus Britto, Christianus, alumpnus Patricii episcopi, qui missus est a Domino babtitzare populos Hibernensium et conuertere ad fidem Christi, qui me missit húc secundum

---

[1] These additions (printed down to p. 336, l. 24, with a translation by Todd, *S. Patrick*, pp. 257-262) seem gathered by Ferdomnach, the scribe of the Book of Armagh, from other ancient lives of S. Patrick.

[2] *comarbe, i.e.,* of S. Patrick's successors in the see of Armagh. See infra, p. 337, line 22.

[3] 'of (the river) Boyne.'

[4] 'to the Ford of the Eldertree at the door of the dwelling of Fedilmid son of Loiguire.' In margin s.

[5] 'of Fedilmid.'

[6] *i.e.,* 'Flos Recens.'

uoluntatem Dei." Statimque credidit Fedilmidius cum Book of
omni familia sua, [16 b. 1] et immolauit illi et sancto Armagh, fo. 16, b. 1
Patricio regionem suam cum possessione sua et cum
omnibus substantiis suís et cum omni progenie sua.[1]
5 Haec omnia immolauit Patricio et Lommano et Foirtcherno filio suo usque in diem ıudicii. Migrauit hautem
Fedilmid trans amnem *Boindeo* et mansit *hi Cloin
Lagen*.[2] Et mansit *Lommán* cum Foirtcherno in Vado
Truimm usque dum peruenit Patricius ad illos, et
10 aedificauit aeclessiam cum illis uicesimo quinto anno
antequam fundata esset aeclessia Alti *Machae*.[3]
 Progenies hautem Lommani de Brittonibus, id est
filius *Gollit*, germana hautem Patricii mater eius. Germani hautem Lommani hii sunt episcopi:
15 *Munis*[4] *hiForgnidiu laCuircniu*,[5]
  Broccaid inImbliuch Equorum[6] apud *Ciarrige
  Connact*,
  Broccanus *imBrechmig*[7] apud nepotes *Dorthim*,
  Mugenoc *hiCill Dumi Gluinn indeisciurt Breg*.[8]
20 Haec hautem progenies Patricii propria est consanguinitate et gratia, fide et babtismate et doctrina ; et
omni quae adepti sunt de terra [et] de regionibus
aeclessi[astic]ís et omnibus oblationibus propriís sancto
Patricio in sempiternum obtullerunt.
25 Post aliquantum hautem tempus, adpropinquante
Lommani exitu, perrexit cum alumpno suo Foirt-
chernno ad fratrem suum Broccidium fratrem salu-
tandum : perrexerunt hautem ipse et alumpnus eius
Foirtchernn, commendauitque sanctam aeclessiam suam
30 sancto Patricio et Foirtcherno ; sed recussauit *Foirt-*

---

[1] that is, according to Todd (*St. Patrick*, p. 152), his patriarchal rights as a chieftain, over his followers.
[2] 'in Cluain Lagen.'
[3] 'of *Ard-Mache*,' Armagh.
[4] MS. manis.
[5] ' in Forgnide by the Cuircni.'
[6] ' in Imbliuch Ech.'
[7] ' in Brechmag,' now Breaghy =

' Wolfesfelt,' Förstemann, *Altdeutsches Namenbuch*, II. 1573. Here in the margin is a mutilated gloss, in three lines,
 *aminaith
 in and la
 trich*,
which I cannot complete or translate.
[8] ' in Cell Dumi Gluinn (cella tumuli vituli) in the south of Bregia.'

Book of Armagh, fo. 16, b. 1.

chernn tenere hereditatem patris sui[1] quam obtulit Deo et Patricio, nisi Lommanus dixisset, "Non accipies benedictionem meam nisi acciperis principatum aeclessiae meae." Tenuit hautem post obitum magistri sui principatum tribus diebus usque dum peruenit ad 5 Vadum *Truimm*, ac deinde statim Cathlaido perigrino distribuit suam aeclessiam. Hae sunt hautem oblationes *Fedelmedo* filii *Loiguiri* sancto Patricio et Lommano et Foirtcherno: id est, Vadum [16 b. 2[2]] *Truimm* in finibus *Loiguiri Breg, Imgae* in finibus *Loiguiri Midi*.[3] 10
Haec est autem acclissiastica progenies *Fedelmtheo*:

Foirtchernus,   *Conall*,
Aed magnus,   *Baitán*,
Aed paruus,   *Ossán*,
                  Cumméne,   15
                  Sarán.

Hii omnes episcopi fuerunt et principes,[4] uenerantes sanctum Patricium et successores eius.

Plebilis hautem progenies eius haec est:
Fergus filius *Fedelmtheo*.   *Failgnad* filius *Fáiláin*.   20
Ferudach filius *Fergosso*.   *Forfailid* filius *Failgnaith*.
Cronán filius *Feradig*.   *Segene* filius *Forfáilto*.
Saran filius *Cronáin*.   *Sechnassach* filius *Ségeni*.
Fáilán filius *Saráin*.

Sanctus Patri[ci]us iens ad caelum mandauit totum 25 fructum laboris sui tam babtismi tam causarum quam elemoisinarum deferendum esse apostolicae urbi quae Scotice nominatur *Ardd macha*. Síc reperi in bebliothecis Scotorum. Ego scripsi, id est Caluus Perennis[5] in conspectu *Briain* imperatoris Scotorum, 30 et quod scripsi finiuit pro omnibus regibus Maceriæ.[6]

---

[1] MS. sue.
[2] This page (16 b.) is photozincographed in the *National MSS. of Ireland*, Part I., No. xxv.
[3] See above, p. 66, l. 14, to p. 68, l. 29.
[4] *i.e.*, abbots, Todd, *S. Patrick*, p. 153; Reeves,*Columba*, p. 335, note c.
[5] *i.e.*, Móel-suthain.
[6] *i.e.*, Caissil, 'of Cashel,' Reeves, *Columba*, p. 75, note d. This note is written in 14 lines at the foot of fo. 16, a. 2. It is in an eleventh century hand and purports to have been written in the presence of Brian (Boruma).

[17 a. 1.] Colmanus episcopus[1] acclessiam suam, id est
Cluain Cain inAchud [*Cain*],[2] Patricio episcopo deuo-
tius immolatione in sempiternum obtulit, et ipse eam
commendauit sanctis uiris, id est prespitero *Mealb* et
5 prespitero *Sadb*. Item Campum Aquilonis inter *Glevir*
et *Ferni* cum seruís in eo sibi famulantibus filii
Fiechrach Patricio in sempiternum ymmolauerunt.

Item septem filii *Doath Cluain Findglais* et *Imsruth Cul*[*e*] *Cais* et *Deruth Már Cúle Cais* et *Cenn*
10 *Locho* Deo et sancto Patricio fideliter obtulerunt.

Filii item *Conlaid* octo campi pondera, id est uaccas
campi octo in hereditate sua, id est *cach indleu oDib
Carnib*[3] usque ad montem *Cairnn* Deo et Patricio
in sempiterna saecula obtulerunt.

15 Has omnes oblationes *Ciarrichi* Superni [et] eorum
reges Patricio per aeterna saecula obtulerunt.

Sanctus Patricius familiam suam in regione *Ciarrichi* per Spiritum Sanctum praeuidens eam esse undique cassatam, id est episcopum Sachellum et Broci-
20 dium et Loarnum et prespiterum *Mealb* et Ernascum,
in unitatem pacis aeternae cum uno fidei ritu sub
potestate unius heredis suae apostolicae cathedrae Alti
Machae sub benedictione sua unanimiter coniunxit.

Bineán filius *Lugni* scriba atque sacerdos necnon
25 anchorita, filius filiae *Lugáith* maice *Nétach* fuit, cui
dedit[4] genus matris suae hereditatem in qua fundauit aeclessiam Deo consecratam Patricioque immo-
latam. Et sanctus Patricius signauit locum sibi suo
baculo, et ipse primus corpus et sanguinem Christi
30 obtulit postquam gradum accepit Bineanus ab eo. Et
benedixit illum et reliquit post se in suo loco.

---

[1] This passage is cited by Petrie (*Tara*, p. 23) to prove that there were bishops in Ireland before Patrick.

[2] 'Cluain Cain (Clonkeen) in Achad Cain.'

[3] "every *indleu* (?) from Two Cairns."

[4] Here the MS. inserts *Deus*.

Book of Armagh, fo. 17, a. 2.

Veniens Patricius in finem *Calrigi*, babtizauit filium *Cairthin* et Caichanum, et postquam babtizauit, obtulerunt filius *Cairthin* et *Caichán* quintam partem *Caicháin*[1] Deo et Patricio, et liberauit rex Deo et Patricio. Hae sunt fines quintae partis .i. coicid 5 Caicháin: Otha glais telchæ Berich Abraidne conrici forcuisin tuilgos disleib. Otha glais Conacolto curReiriu *ocus* ótha crích Drommo .Nit. cuglais Tamlachtæ Dublocho lagglais cu Grenlaich Fote. IaRont timmchell naSanto coSescen inDaCor, aSescunn DaCor ladescert 10 léni laFur, conrici hUcht Noin-omne, conDairiu Mór, conDairiu Medóin, conDairiu Fidas, conDairiu Méil, conDruim Toidached lagglais conrici Conaclid. Atrópert flaith *ocus* aithech inso huile itosuch iartabuirt baithis duaib. 15

Conggab Patricc iarnaidpuirt inDruimm Daro .i. Druim Lias. Fácab Patricc adaltæ .n. and, Benignus aainm, et fuit in so .xuii. annís. Gabais caille laPatricc Lassar ingen Anfolmithe dicheniul Caicháin. Baiade and tarési .m. Benigni trifichtea bliadne. 20

Issí inso coibse Fétho Fio *ocus* aedocht dibliadin rembas dáu dumanchuib Drommo Lías *ocus* dumaithib Callrigi ite*r* crochaingil *ocus* altóir Drommo Lias: nad confil finechas forDruimm Leas, act cenél Fétho Fio, mabeith nech besmaith diib, bes cráibdech, bes chuibsech 25 dinchlaind.[2] Manipé duécastar dús inétar dimuintir

---

[1] i.e., Cóiced Cáicháin.
[2] The words *din chlaind* seems | a gloss on *diib*, and so I have rendered them.

Patrick came into the district of Calrige and baptized Cairthen's son and Caichán, and after he had baptized them Cairthen's son and Caichán offered Caichán's fifth part to God and to Patrick, and the king made it free
5 to God and to Patrick.

These are the boundaries of the fifth part, that is Cáichan's fifth. From the stream of the hill of Berach Abraidne (?) as far as a . . . . . from (the) mountain. From the stream of Conaclid to Reiriu, and from the
10 border of Druimm Nit [1] to the stream of Tamlacht Dublocho,[2] by the stream to Long Grenlaich by Ront. Round the Sant (Sanad ?) to the Moor of the Two Hillocks; from the Moor of Two Hillocks by the south of the meadow by Fur as far as the Nine-Trees Hill; with
15 Daire Mór,[3] with Daire Medóin, with Daire Fidas, with Daire Méil, with Druim Toid-ached by the stream as far as Conaclid. Lord and vassal offered all this immediately after baptism had been conferred upon them.

After this offering Patrick set up in Druimm Daro,
20 that is, in Druim Lias. Patrick left his pupil there, Benignus his name, and he was therein for seventeen years. Lassar, daughter of Anfolmid (?), of the race of Caichán, took the veil from Patrick. She abode there after Benignus for three score years.

25 This is Feth Fió's confession and his bequest two years before his death, to the monks of Druim Lias and to the worthies of Callrigi, both laymen and clerics of Druim Lias.[3] That there should not be a family right of inheritance to Druim Lias, but that the race of Feth Fio [should
30 inherit it], if there were any one of them, [*i.e.*] of the clan, who should be good, should be devout, should be conscientious. If there should not be, that it should [then] be seen whether one could be found of the

---

[1] 'Dorsum Nidi.'
[2] 'Sepulchri Lacus Nigri.'
[3] 'Great Oakwood.'
[4] Lit. 'both screen and altar.'

Book of Armagh, fo. 17, a. 2. Dromino Lías *no* diamanchib. Maniétar dubber décrad dimuintir Pátricc inte.

[17 b. 1] Náo et Naí filii fratris Patricii et Daall filius Hencair, quos reliquit ibi Patricius, adopartatar[1] teora lethindli treathír[2] Patricio in sempiternum. Et 5 obtulit Patricio filium suum Condere filius[3] Daill.

Marii[4] obtulit teora lethindli triathír, et obtulit Patricio filium MacRímæ, et babtitzauit eos Patricius, et aedificauit acclessiam in hereditate eorum, et regnum offerebat cum eís Coirpre Patricio. 10

IMmráni Ernéne do Cummin *ocus* do Alich *ocus* do Ernin Tír Gimmæ *ocus* Muinæ Buachaele *ocus* Tamnich. Immransat inna .iii. caillechaso innatíreso du-Patrice cullae .m. brítho.

Dirróggel Cummen *ocus* Brethán Ochter nAchid cona- 15 seilb, iter ' fid *ocus* mag *ocus* lenu, conallius *ocus* allubgort. Ógdiles dino[5] duChummin leth indorpiso indoim induiniu. Conríccatar aseuít fric .i. iii. ungai argait *ocus* cann[6] argit *ocus* muince .iii. nungae condroch oír senmesib senairotib: lóg leith ungæ dimuccib 20 *ocus* lóg leith ungae dicháirib *ocus* dillat leith ungæ senmessib: inso huile dfech[7] tinoil.

Digéni[8] Cummen cétaig ríthæ friÉladach *macc* Maile Odræ tigerne Cremthinne arech .n.donn. Ríthæ intechsin friColmán. namBretan archumil .n.arggit. Luid 25 inchumalsin duforlóg Ochtir Achid.

[*Fo.* 17 *b.* 2 *is blank.*]

---

[1] The MS. has *adopart.*, with a point after the -*art.*
[2] Read *treattr.*
[3] MS. filius filius.
[4] Perhaps Maru or Manu.
[5] Perhaps did*iu.*
[6] MS. cmnu, with punctum delens over r.
[7] MS. difech, with punctum delens over i. In marg. z.
[8] Read Dorígéni?

community of Druimm Lias or of its monks. If one is not found, a member (?) of Patrick's community is put into it.

Náo and Naí, sons of Patrick's brother, and Dall, son
5 of Hencar, whom Patrick left there, offered three half-*indli* through their land to Patrick in perpetuity. And Condere, son of Dall, offered his son to Patrick.

Marí [?] offered three half-*indli* through his land, and Macc Rímae offered [his] son, and Patrick baptized them,
10 and built a church in their heritage. And Coirbre offered the kingdom with them to Patrick.

To Cummen and to Alach and to Ernín Ernéne assigned Tír Gimmae and Muine Buachaile[1] and Tamnach. These three nuns assigned these lands to Patrick
15 until Doomsday.

Cummen and Brethan bought Óchter Achid with its appurtenances, both wood and plain and meadow,[2] with its curtilage and its herb-garden. Half of this heritage then (became) the absolute property of Cummen in
20 house, in serfs.[3] And her treasures were paid to her, namely, three ounces of silver and a can of silver, and a necklace of three ounces (weight) with a circlet of gold in old ancestral dishes, the value of half an ounce in swine, and the value of half an ounce in sheep, and a
25 vestment worth half an ounce in old dishes. All this from a debt which she collected.

Cummen made a mantle which was sold to Éladach, son of Moel-Odrae, lord of Cremthinne, for a brown horse. That horse was sold to Colmán of the Britons
30 for a *cumal*[4] of silver. That *cumal* went to the price of Óchter Achid.

---

[1] 'Cowherd's Brake.'
[2] 'wald, feld und wiese,' as is said in Germany.
[3] lit. in homine.
[4] The value of three cows.

Book of Armagh, fo. 18, b. 1.

Patricius et Isserninus, .i. ep*scop* Fith,[1] cum Germano fuerunt in Olsiodra ciuitate. Germanus uero Isernino dixit ut praedicare in Hiberniam ueniret. Atque prumptus fuit oboedire etiam in quamcumque partem mitteretur nisi in Hiberniam. Germanus dixit 5 Patricio: "Et tu an oboediens eris?" Patricius dixit: "Fiat[2] si uís." Germanus dixit: "Hoc inter uos erit et non potuerit Iserninus in Hiberniam non transire." Patricius uenit in Hiberniam, Iserninus uero missus est in aliam regionem, sed uentus contrarius detulit 10 illum in dexteram partem Hiberniae. Dutét iarsin diachennadich, aicme becc iClíu, Catrige[3] aainmm. Dulluid disuidiu concongab Toicuile.[4] Facab nóib dia muintir and. Luid iarsuidiu concongab Ráith Foalascich. Facib nóib .n. aile isuidiu. Dulluid disuidiu du 15 Láthruch DaArad indib maigib. Dullotar cuci isuidiu sechtmaicc Cathboth: p*ri*dchis duaib et crediderunt et babtitzati sunt, *ocus* luid leo fades diammennut. Fusocart Éndæ Cennsalach fubíthin croitme riacách. Luid epscop Fith leo forlongis, cách aleth ódib. Ránic 20 Patricc iersuidiu et crediderunt sibi septem filii Dúnlinge. Luid iarsuidiu cuCrimthan m*a*cc nÉndi Ccinnsclich, et ipse credidit uccRaith Bilich. Áilsi Patricc iarnabaitzed aratailced maccu Cathbad *ocus* Isserninum leo, *ocus* adcotedae innitge. 25

Dullotar maicc Cathbad diammennut iersin. Isde attáa Féna forFid. Contultatar dochum Pátricc, *ocus*[5] Cremthinn m*ai*cc Éndi ucSci Pátric.

---

[1] This is an interlined gloss over 'Isserninus.'
[2] Here occurs the gloss *cet*, that is, perhaps, *cét* 'permission.'
[3] MS. Cotrige, but with *a* written over *o*.
[4] Over this word is written *z*.
[5] MS. ct.

Patrick and Iserninus, that is bishop Fith, were with Germanus in the city Olsiodra (Auxerre). But Germanus said to Iserninus that he should come (hither) into Ireland to preach. And he was ready to obey to
5 whatsoever part he should be sent except to Ireland. Germanus said to Patrick: "And thou, wilt thou be obedient?" Patrick said: "Be it so if thou wishest." Germanus said: "This shall be between you, and Iserninus will not be able to avoid passing into Ireland."
10 Patrick came into Ireland; howbeit Iserninus was sent into another region, but a contrary wind brought him to the southern part of Ireland. Thereafter he went to his province, a small tribe in Cliu, named Catrige. He went thence and set up at Toicuile. He left a saint of
15 his family there. After this he went and set up at Ráith Fálascich. Therein he left another saint. Thence he went to Lathrach Dá Arad[2] in two plains. Therein Cathboth's seven sons went to him; he preached to them, and they believed and were baptized, and he went
20 with them southwards to their abode. Éndae Cennsalach banished them because of (their) believing before every one. Bishop Fith went with them into exile, each of them apart. After this Patrick came, and Dunling's seven sons believed in him. After this he
25 went to Crimthann, son of Éndae Cennsalach, and he himself believed at Raith Bilech. Patrick, after baptizing him, besought him to let go Cathbad's sons and Iserninus together with them, and he obtained the boon.
30 Cathbad's sons went thereafter to their abode. Hence are (the) Féna on Fid (Mór).[1] And they came unto Patrick and Cremthann son of Éndae at Scí Pátraic.

Is inand aimser hi tulatar na Déissi for Gabran ocus hi tulatar Feni for Fid Már ocus Fothart for Gabran sair, 'it is the same time at which the Déissi went upon Gabran and the Feni on Fid Mór and the Fothart on Gabran in the east,' Laud 610, fo. 102, a. 2.

[2] 'Site of two Charioteers.'
[3] 'Patrick's Blackthorn.'

Book of Armagh, fo. 18, a. 2.

Adopuir Crimthann *macc* Éndi nîi dul baGriein Fothart oGabuir Liphi corrici Suide Laigen. Sléchtid Isserninus duPátricc foramanchi *ocus* aandoóit, *ocus* dubbeir Patricc duepscop Fith, *ocus* dabeirside dumaccaib Cathbath, *ocus* congaib lethu Áth Fithot.[1] 5

Dulluid Pátricc oThemuir hicrích Laigen, conráncatar *ocus* Dubthach maccu-Lugir uccDomnuch Már Críathar la Auu Censelich. Áliss Pátricc Dubthach imdamnæ .n.epscuip diadesciplib diLaignib, idón, fer soér socheniúil, cenon, cenainim, nadip rubecc, nadip 10 romar bed asommæ, "toisclimm fer oínsétche, dunarructhæ act oentuistiu." Frisgart Dubthach: "Nifetorsa dimmuintir act Fíacc Find diLaignib duchooid huaimse hitíre Connacht." Amal immindráitset conacatar Fíacc Find cuccu. Asbert Dubthach friPátricc: 15 "tair dumberradsa, air fumrése infer dummimdídnaad duaberrad tarmuchenn, air ismár agoire." Isdisin, dino,[2] furrúith Fíacc Find Dubthach, *ocus* berrsi Pátricc *ocus* baitzisi. Dubbert grád .n.epscoip foir, conide epscop insin citaruoirtned laLaigniu. *Ocus* dubbert Pátricc 20 cumtach duFíacc, idon, clocc *ocus* menstir *ocus* bachall *ocus* poolire. *Ocus*[3] fácab morfescr lais diamuintir .i.

> Mu-Chatócc Inse Fáil,
> Augustín Insco Bicæ,
> Tecán, 25
> Diarmuit,
> Naindid,
> Pool,
> Fedelmid.

---

[1] leg. Fathot?
[2] Perhaps did*iu*.
[3] MS. *et*.

Crimthann, son of Éndae, offers .... under Grian Fothart, from Gabor Liphi as far as Suide Laigen.[1] Iserninus kneels to Patrick for his monastic family and his patron-saint's-church,[2] and Patrick gives (them)
5 to Bishop Fith, and he gives them to Cathbath's sons, and sets up with them at Áth Fithot.

Patrick went from Tara into the province of Leinster, and he and Dubthach maccu-Lugair met at Domnach Mór Criathar in Húi-Cennselich. Patrick besought
10 Dubthach for the material of a bishop, from his disciples from Leinster, to wit, a man free, of good lineage, without defect, without blemish, whose wealth is not overlittle (and) is not overgreat. "I wish a man of one wife, unto whom hath been borne only one child." Dubthach
15 answered: "Of my household I know not [such a man] save Fíacc the Fair of Leinster, who hath gone from me into the lands of Connaught." As they were thinking of him they saw Fíacc the Fair [coming] to them. Said Dubthach to Patrick, "Come to tonsure me, for the man
20 will succour me to my consolation by his being tonsured in my behalf, for great is his dutifulness." Thereafter, then, Fíacc the Fair succoured Dubthach, and Patrick tonsured him and baptized him. He conferred a bishop's grade upon him, so that he (Fíacc) was the bishop who
25 was first consecrated in Leinster. And Patrick gave a case to Fíacc, to wit, a bell and a credence-table and a crozier and a writing-tablet.[3] And he left with him seven of his household, namely,

> My-Catócc of Inis Fáil,
30 Augustín of Inis Becc,[4]
> Tecán,
> Diarmait,
> Paul,
> Fedelmid.

---

[1] 'Leinstermen's seat,' now Mount Leinster.
[2] See *Ancient Laws of Ireland*, III., 36.
[3] 'pugillares.'
[4] 'Little Island.'

Book of Armagh, fo. 18, a. 2. Congab iarsuidiu inDomnuch Féicc, *ocus* bái and contorchartar trifichit fer diamuintir lais and.

[18 b. 1] Disin dulluid intaingel cuci ocus as*bert* fris: "is friabinn aníar atá tesérge hiCúil Maige; airm ifuirsitis intorce arimbad and furruimtis apraintech, 5 port hifuirsitis innelit arimbad and furruimtis aneclis." Asb*ert* Fiacc frisinaingel nandrigad contísed Patricc dothoorund aluic lais *ocus* diachoisecrad, *ocus* combed húad nuggabad alocc. Dulluid iarsuidiu Patricc cu-Fíacc *ocus* durind alocc les *ocus* cutsecar *ocus* forruim 10 aforrig .n.and. *Ocus* adopart Crimthann inportsin du Patricc, ar ba Patric dubert baithis duChrimthunn, *ocus* iSlebti adranact Crimthann.[1]

Luid Sechnall iartain duchuúrsagad Pátricc imcharpat boie lais. Disin dufoid Pátricc incarpat cuSechnall 15 conarith .n.and act aingil dutfidedar. Foidsi Sechnall óruan .iii. aithgi lais cuManchán, *ocus* anis .iii. aithgi lasuide. Foitsiside cuFiacc. Dlomis Fíacc dóib iarsin. Ité immclotar immuanceclis futhrí, conep*ert* intaingel: "Is duitsiu tucad óPátricc ó rufitir dulobri." 20

Epscop Aed bói iSléibti. Luid duArdd Machæ. Birt edoct cuSegéne duArdd Machae. Dubbert Segene oitherroch aidacht duÁid, *ocus* adopart Áed aidacht *ocus* achenél *ocus* a celis duPátricc cubbráth. Fáccab Áed aidacht la Conchad. Luid Conchad duArt Machae 25 Contubart Fland Feblæ acheill dóo, *ocus* gabsi cadessin abbaith.

---

[1] This and the two preceding paragraphs are printed in O'Donovan's Grammar, pp. 436–438, with a translation.

After this he (Fíacc) set up in Domnach Féicc[1] and abode there till three score of his community fell there with him.

Thereafter the angel went to him and said to him.
5 "It is to the west of a river in Cúil Maige that thy resurrection is (to be); the place in which they shall find the boar, let it be there that they shall put their refectory; the spot in which they shall find the doe, let it be there that they put their church." Fíacc said to
10 the angel that he would not go till Patrick should have come to mark out his place with him and to consecrate it, and that he would receive his place from him (Patrick). After this Patrick went to Fíacc, and marked out his place with him, and consecrated it, and put
15 his meeting-house there. And Crimthann offered that place to Patrick, for it was Patrick who had administered baptism to Crimthann; and in Slebte Crimthann was buried.

Sechnall went afterwards to reproach Patrick con-
20 cerning the chariot which he had. Then Patrick sent the chariot to Sechnall without a charioteer therein save an angel who guided it. When it had remained three days with Sechnall he sent it to Manchán, and with him it remained three nights. He sent it on to Fíacc. Fíacc
25 made refusal to them afterwards. It is they that went round their church thrice, so that the angel said (to Fíacc): "To thee it hath been given by Patrick, since he knew of thy infirmity."

Bishop Aed was in Slebte. He went to Armagh. He
30 brought a bequest to Segéne of Armagh. Segéne gave another bequest to Aed, and Aed offered (that) bequest and his kin and his church to Patrick for ever. Aed left a bequest with Conchad. Conchad went to Armagh, and Fland Feblae gave his church to him, and he took
35 himself as abbot.[2]

---

[1] 'Fíacc's Church.'
[2] Mr. Hogan compares 'tenuit illum abbatem,' supra, p. 321, line 16.

348   DOCUMENTS CONCERNING S. PATRICK.

Book of Armagh, fo. 18, b. 2.

Finiunt haec pauca per Scotticam inpcrfecte scripta, non quod ego non potui Romana condere lingua, sed quod uix in sua Scoti[c]a hae fabulae agnosci possunt. Sín hautem alias per Latinam degestae fuissent, non tam incertus fuisset aliquis in cís quam imperitus 5 quid legisset aut quam linguam sonasset pro habundantia Scotticorum[1] nominum non habentium qualitatem.

Scripsi hunc ut potui librum: pulsare conetur omnis quicumque legerit ut euadere poena 10 ad caelum ualeam atque[2] ad summi praemia regni, Patricio Dominum pulsante, habitare per aeuum.

[Here follows in the scribe's smallest hand a collection of memoranda or catchwords representing in the main that portion of the Tripartite Life which is not embraced 15 in the notes and collections of Muirchu and Tírechán:]

Book of Armagh, fo. 18, b. 2.

d.g.[3] Ailbe iSenchui altáre . . . Machet Cetchen Rodán Mathona

a.[4] Buail . . . .b.[5] genus *macc* Eirc . . ep*scuip* Maine *ocus* Geintene in Echiniuch 20
Domnach Mór Áilmaige. Domnach Mor Maige Ene.
Dub. Drobés. Esruáid. Muirgus *macc* Maileduin *macc* Scan*láin* (?)
Rath Cungi. Clí. Ardd Fothid . Latharnu
Domnach Mór Maige Itha. muDubai, *macc* Orcáin 25
Achad Drumman . Coilboth *macc* Fergusso[6] *macc* Eogin
Brecán *macc* Aido *macc* Fera*dig macc* Eogin. Eogan iFid Mór
Doro Carn Sétni .xii. [*macc*] Eirc. Fergus Mór *macc* Nise

---

[1] MS. scotaicorum.
[2] MS. et.
[3] These two letters are written in the margin, and may (as Dean Reeves suggests) stand for *Luma Graid*; see supra, p. 94, l. 1.
[4] Written in the margin.
[5] Written over the *g* of genus.
[6] 'Fer' is written over 'Oin.'

ADDITIONS TO TÍRECHÁN'S COLLECTIONS. 349

xii Olcan filii . epscop Ném iTelich Ceniúil Oingosso Book of Armagh, fo. 18, b. 2.
Muadan martrach *ocus* presbiter Erclach iRaith Mua*dáin*
.ii. Cheinn[fin]dán in Dom*nuch* Cainri iCothrugu
5 Enán inDruim Findich
xii filii Coilboth. Cell G. inEil*niu* fri Dom*nach* Mó*r* anair [1]
Láthrach Pat*ricc*. Daniel. Slanan., Saran m*acc* Coilboth
Con*lae* m*acc* Coilboth. Dom*nach* Combar laCenél Fíachrach
10 reges. m*acc* Cuill [19. a. 1]
c [2] . b¹b . . . Im*bliuch* Sescinn muLuan .a. Temair Singite [3] la Firu Assail
Áth Ma*igne* frat*ris* Brend*ain* m*ater* 7 da m*acc* m*aicc* Cair*ill* m*aicc* Fergosso m*aicc* Decuill
15 m*acc* Nisse + crum[*thir*] Munis presby*ter* Leo [4] *et* d.s. presbyter Lugach
iCuil Airt*hir* . presby*ter* Colom .c. Ernain Mell*an* Clono Crema
Lugid m*acc* Eirc iFordruim . . cru*imthir* Casan Cille
20   Móire Pátricc
Senchiar*an* in Saigi*r* . Lonán m*acc* Senich de genere Comgil
Rigell mate*r* duLuae Chroibige
., Trian m*acc* Féic ma*ic* Amalg*aid* frat*er* Tricheim
25   Sétne Lect
., Echu Cairel. Domungart
., Fiac, Oingus, Ailil Mor, Conall, Etarscel.
m*acc* Ercæ . pater eorum . , Echuid Guin*ech* m*acc* Oing*osso* [5]
30 Crim*thann* m*acc* Cens*elich* . . , vii. muChonoc ocus muCha*toec*
Erdit. Inse Fáil, Agus*tín* Inseo Bicce, Tecán, Diarmit

---

[1] 'to the east of Domnach Mór.'
[2] This *c* is in the margin.
[3] over t is written iii., *i.e.* (as Dean Reeves thinks) Breg, Brega, Mulua.
[4] Perhaps Lee.
[5] in the margin opposite this line is written oi bair, which stands, perhaps, for hói Bairche. See infra, preface to Fíacc's hymn.

Book of Armagh, fo. 19, a. 1.

Naindid, Pol, Fedil*mid*, Dom*nach* Féic .lx. Cúlmaige
., currus. Cnoc Drommo Gablæ.
., Bríg fi*lia* Fergni m*aicc* Cob*thig* d.u*ib* Erchon . . Bile
m*acc* Cru*aich*.
Soergus . Dimmóc G*linne* hU*issen* oc*us* Brandub. Fintan 5
Clono Ei*dnich* . . Aed. Maedoc .i. Clono Mór Maed*óic*
Finán iTich Airthiur. Bríg Lasar Duilenn .iii.
Coll Auxili . . m*acc* Táil. Cumbir .g.t. Pat*ricc*
d.s. fri .n.an . d. Dom*nach* Mór Maige Luadat . Erc .
Siluist*er*. Dom*nach* Imblecho muLommæ est exorci*sta*. 10
Dom*nach* Mór Cri*athar* . Féicc
Maine m*acc* Cais. . Cruim*ther*. Domnach Mór Maige Sile
Sendom*nuch* laAu Er*cae* . d.f.pp. Dom*nach* Brigtæ
iFidarti Britonisa. astom in Dom*nach* Pirnn Dom*nach*
Eoch*aili*.¹ 15
Dom*nach* Mór Maige Réto. 7 Mogin. Fedelm.
Dubán, Dubaed,² Findmag . , 7 non erit pax.
Erc . . Ingena ríg Long*bard*,³ reliquiæ. ymnus.
Berach Bríg. doas.,⁴

Fons Iorda*nis* .xl.⁵ ii.⁶ vii. tū ui . . is . scripsi., 20
faciet congreḡ. septies oratio hu . . inclina. oriens.
unde caelum., tarde cito., Túaim quis enim
caeli arctō pros*ternunt* ↓a*lma* spi*rituale* .vii. lu*nae*
vii. nuntii cléȓ vii. unciae vii. airich.
scala . funicu*lus* 25
[19 a. 2.] Oingus . . fer nadgair . . . Cambas aForgais
Muru Áth Eirnn . . , Lonán m*acc* m*aicc* Eircc . . , Cae
., Cuillenn. Ailil m*acc* Cathbad m*aicc* Lugthig. Trian
., Conall Cormacc Erc filius filii B*riain*. Fetambir
icrích Coirbri m*aicc* Briuin. dau m*acc* Briuin ⁷ . . 30
Tuad*mumu* Clare Coirp*ri* Broccan. .x. Coimán Cell Rath

---

¹ There is a curved stroke through the *l*.
² Over the d is a crosslet and in the margin .c. c̃o. vii., which Father Hogan reads ' *cum comitibus* vii.'
³ " daughters of the King of the Lombards."
⁴ *i.e.*, " reward " v. supra, p. 246, l. 3.
⁵ the forty homilies which Gregory the Great wrote.
⁶ the two volumes into which he divided them.
⁷ " two sons of Briun."

ADDITIONS TO TÍRECHÁN'S COLLECTIONS.

Ardd Ef . . . Muin Lombchu. Grián . .
N*ena* M*uscraige* M*itine* banchuire . dens . Cuir̃ b c. b.
Orbr*ige* .i. ; , Fuirg, Muindech, Mechar filii Forat
m*aicc* Conli . . , Muscán, Cel*lachán*, Imch*ad*, Dub-
5   *thach*, Gart*ne*, Lam*nid*
Trian . Car*thach*, Nial N*ain*d*id*, M*acc* Nise, Conán [1] s*c*pis.
dcbita [2] alumpnus Dungalach xiiii. Trian Foto m*acc*
    Forat xviii.
Gas m*acc* Airt in Campo Sailech . , Doirine.[3]

10   Tiberius Augustus[4] Cesar anepacpian(?) piscis[5]
epistola[6] . . modius[7] Aethyopī[8] cruƭ. Angli[9]
iii. oblin. im lañ .uiiii. Ana*stasius* .xu. ostium . .
paū. vmi. sdatio.[10] busca.[11] tumba.[12] lxiu.[13]

Hanc igitur oblationem seruitutis nostrae sed et
15 cunctae familiae tuae quaesumus Domine ut placatus
accipias ✚ diesque nostros in tua pace disponas, atque
ab æterna dampnatione nós eripi, et in electorum
tuorum iubeas grege numerari [14] per Christum Domi-
num nostrum. anno xiii. mense vi. die x.[15]

Book of Armagh, fo. 19, a. 2.

---

[1] See above, p. 210.

[2] There are three dots over the de. For the debita here mentioned cf. 'Cellachan dixit quod causa munerum *debendorum*,' supra, p. 212, line 9.

[3] Perhaps = Daireune, supra, p. 331, l. 21.

[4] i.e., Tiberius Constantinus Augustus, ob. 582.

[5] For the miracle of the fish on a mountain-top, Greg. Opp. t. II. Dialogi, lib. i., c. l., col. 158.

[6] to the emperor Mauricius declining the papacy, Opp. iv., col. 5.

[7] As to the monastic modius, ibid., col. 185.

[8] Ibid., col. 153.

[9] Beda, Hist. Ecc., lib. II., c. 1.

[10] stationes per basilicas . . . ordinavit, Greg. Opp. IV., col. 50.

[11] =buxa, ibid. IV., col. 11.

[12] scriptumque in tumba ipsius epitaphium hujusmodi, Beda, ubi supra.

[13] The years of Gregory the Great's life : born 540, died 604.

[14] The three phrases that Gregory is said to have added to the canon actionis of the mass, Beda, Hist. Eccl., lib. ii. c. 1.

[15] That is, as Dean Reeves has seen, the length of Gregory's pontificate—' tredecim annos, menses sex et dies decem gloriosissime resit,' Beda, ubi supra.

Book of Armagh, fo. 20, b. 1.

LIBER ANGUELI INCIPIT.

[20 b. 1.] Quondam itaque sanctus Patricius de Alti-*Mache* urbe ad multitudines utriusque sexus humani generis babtizandas, docendas atque sanandas iuxta fontem in orientali praedictae urbis parte prope 5 herentem pie perrexit.

Et ibi ante lucem multas undique ad notitiam fidei confluentes expectauit. Subito ergo cum sopor prostrauit, eo quod prius pro Christo uigiliis nocturnis fessus fuisset.

Et ecce tam cito uenit anguelus ad eum de caelo, et 10 excitauit eum leniter de sompno. Et dixit sanctus Patricius: "Ego adsum. Numquid inique gessi nuper in conspectu Altissimi? Si accidit, ueniam peto a Deo."

Respondit anguelus: "Non. Sed missit me summus Omnipotens ad te .i. ad animi tui consulationem post 15 conuersionem Hibernensium per te ad sé in fidem: quos ei adquaessisti per durissimum laborem et per tuam ualde praedicationem, gratia Spiritus Sancti lucidissimam, uniuersis gentibus fructuossam, cum esses semper laboriossus multis temporibus, in multís periculis 20 a gentilibus, per frigus et aestatem, essuriens et sitiens, [20 b. 2] deambulans impiger quotidie de gente in gentem ad utilitatem multarum gentium. Scit ergo Dominus Deus tuum praesentem locum, quem praesto uidemus in alto positum cum parua celula, angustum,[1] 25 ab aliquibus quoque regionis habitatoribus coartatum,[2] et suburbana eius non sufficiunt cunctis ad refugium. Idcirco constituitur terminus a Domino uastissimus urbi Alti-*Machæ*, quam dilexisti prae omnibus Hibernensium telluribus, id est, a pinna montis Berbi- 30 cis usque ad montem *Mis*, a monte *Miss* usque ad *Bri Erigi*, a *Bri Erigi* usque ad Dorsos *Breg* certe, si uolueris, erit huius magnitudinis. Ac deinde donauit tibi Dominus Deus uniuersas Scotorum gentes in modum paruchiae, et huic urbi tuae quae cognomina- 35 tur Scotorum lingua *Ardd Machæ*.

---

[1] MS. angustam.   [2] MS. coartatam.

Dixit sanctus Patricius, prostrata facie deorsum in Book of conspectu angueli: "Gratias ago Deo meo, Domino Armagh, fo. 20, b. 2. sempiterno, qui dignatus est tantam gloriam donare clementer famulo suo."

5 Item sanctus dixit: "Quosdam tamen electos, sancte Domine mi, per Spiritum Sanctum, praeuideo in hac insola, per ineffabilem tuae clementiae pietatem et per praedicationis tuae laborem, orituros mihi caros quasi proprios corporis mei editos, tibi quoque amicos de-
10 uote seruituros, qui hautem uidentur indegere aliquid sibi proprie diocessís ad utilitatem necessariae famulationis aeclessiís seu monosteriís suis post me. Idcirco perfecte et iuste debeo a Deo habundantiae donationem mihi certe deditam dimittere commoniter [21 a. 1]
15 perfectis Hiberniae relegiossis ut et ego et ipsi diuitiis bonitatis Dei pacifice perfruemur haec uniuersa mihi concessa caussa diuinae caritatis."

Item ait: "Nonne ergo mihi sufficit quicquid deuote uouerint ac uoluerint Christiani homines offerre de
20 regionibus atque oblationibus suis per arbitrium suae libertatis?"

Item: "Nonne utique contentus sum esse apostolicus doctor et dux principalis omnibus Hiberionacum gentibus, praesertim cum peculiare censum retineo
25 recte reddendum et á summo mihi etiam illud est donatum uere decenter debitum super liberas prouinciarum huius insolae aeclessias.[1] Et uniuersis cynubitarum[2] similiter monasteriis sine ulla dubitatione ius decretum erit rectori *Airdd Machae*[3] in perpetuum."

30 Receptio archiepiscopi, heredis cathedrae meae urbis, cum comitibus suís numero quinquaginta, exceptís perigrinís et infirmís doloribus uariis atque inprobís et caeteris, sit digna refectio aptaque unicuique eodem numero tam digne in die quam certe similiter in nocte.

---

[1] A marginal correction of the 'prouincias' of the text.
[2] i.e., coenobitarum.
[3] 'of Armagh'

Book of Armagh,
fo. 21, a. 1.

In ista uero urbe Alti-*Machæ* homines Christiani utriusque sexus relegiossi ab initio fidei huc usque pene inseparabiliter commorari uidentur, cui uero praedictae tres ordines adherent uirgines et poenitentes in matrimonio legitimo aeclessiae seruientes.[1]

Et his tribus ordinibus audire uerbum praedicationis in aeclessia aquilonalis plagae conceditur semper diebus dominicis.

In australi uero bassilica aepiscopi et presbiteri [21. a. 2] et anchoritae aeclessiae et caeteri relegiossi laudes sapidas offerunt.

De speciali reuerantia *Airdd Machae* et honore praesulis eiusdem urbis dicamus.

Ista quippe ciuitas summa et libera a Deo est constituta, et ab anguelo Dei et ab apostolico uiro sancto Patricio episcopo specialiter dedicata.

Praeest ergo quodam priuilegio omnibus aeclessiís ac monasteriís cunctorum Hibernensium uel superna auctoritate summi pontificis illius fundatoris. Nihilominus[2] uenerari debet honore summorum martyrum Petri et Pauli, Stefani, Laurendi et caeterorum. Quanto magis quoque ualde ueneranda atque dilegenter ab omnibus honoranda!

Pro sancta ammiratione nobis beneficii prae omnibus in[en]errabilis[3] quod in ea secreta constitutione exstat sacratissimus sanguis Iesu Christi, Redemptoris humani generis, in sacro lintiamine simul cum sanctorum reliquiís in aeclessia australi ubi requiescunt corpora sanctorum perigrinorum de longue cum Patricio transmarinorum caeterorumque iustorum.

Idcirco non licet causa praedictae auctoritatis eius illam mittere consortem ab ulla aeclessia Scotorum, neque ab ullo praesule uel abbate, contra heredem illius, sed a se recte supra iuratur supra omnes aeclessias et illarum antestites, si uera necessitas poposcerit.

---

[1] This sentence is corrupt and, apparently, defective.
[2] MS. Nihil hominus.
[3] Perhaps we should read 'innarrabilis.'

Item: omnis aeclessia libera et ciuitas ab æpiscopali gradu uidetur esse fundata in tota Scotorum insola, et omnis ubique locus qui Dominicus[1] appellatur, iuxta clementiam Almipotentis Domini, sancto doctori, et
5 iuxta uerbum angueli, in speciali societate Patricii pontificis atque heredis [21 b. 1] cathedrae eius *Aird Machæ* esse debuerat, quia donauit illi Deus totam insolam, ut supra diximus.

Item: scire debemus Omnis monachus uniuscumque
10 aeclessiae, si ad Patricium reuerterit, non denegat proprium monachi uotum maxime, si ex consensu abbatis sui prioris deuouerit.

Itaque non uituperandus neque excommonicandus quicumque ad aeclessiam eius perrexerit caussa amoris
15 illius, quia ipse iudicabit omnes Hibernenses in die magno terribilis iudicii in praesentia Christi.

Item: de honore praesulis *Airdd Machae* episcopi praesedentis cathedram pastoris perfecti.

Si ipse praedictus pontifex ad uesperum peruenerit
20 loco quo receptus fuerit, praebeatur ei uniali uice reffectionis dignae consulatio praedictorum hospitum numero centum cum pabulis suis illorum iumentis, praeter hospites et infirmos et eos qui iectant infantes super aeclessiam et caeteros seu reprobos et alios.

25 Item: qui non reciperit praedictum praesulem in hospitium eundem, et reclusserit suam habitationem contra illum, septem ancellas[2] siue septem annos poenitentiae similiter reddere cogatur.

Item: quicumque contempserit aut uiolauerit insig-
30 nia consecrata eiusdem agii,[3] id est, Patricii, duplicia soluet.

Si uero de contemptu aliorum insignium reddita fuerit, duas ancellas[2] de consecratis summi praedicti doctoris Patricii reddentur.

---

[1] *i.e.*, Domnach.
[2] *i.e.*, cumala.
[3] *i.e.*, ἀγίου.

Book of Armagh, fo. 21, b. 2.

Item: quicumque similiter per industriam atque iniuriam uel nequitiam malum quodque opus contra familiam seu paruchiam eius perficerit, aut praedicta eius insignia dispexerit, ad libertatem examinis eiusdem *Airdd Machae* praesulis recte iudicantis perueniet caussa totius negotionis, caeteris aliorum iudicibus praetermissis.

Item: quaecumque causa ualde difficilis exorta fuerit atque ignota cunctis Scotorum gentium iudicibus ad cathedram archiepiscopi Hibernensium, id est, Patricii, atque huius antestitis examinationem recte refferenda.

Si uero in illa cum suis sapientibus facile sanari non poterit talis caussa praedictae negotionis, ad sedem apostolicam decreuimus esse mittendam, id est, ad Petri apostoli cathedram auctoritatem Romae urbis habentem.

Hii sunt qui de hoc decreuerunt, id est, Auxilius, Patricius, Secundinus, Benignus.

Post uero exitum Patricii sancti alumpni sui ualde eiusdem libros conscripserunt.

Fundamentum orationis in unaquaque die dominica in Alto *Machæ* ad Sargifagum Martyrum[1] adeundum ab eoque reuertendum, id est 'Domine clamaui ad te,' usque in finem. 'Ut quid Deus repulisti' in finem, et 'Beati inmaculati' usque in finem benedictionis, et duodecim ψalmi graduum. Finit.

Inter sanctum Patricium Hibernensium Brigitamque columpnas amicitia caritatis inerat tanta, ut unum cor consiliumque [22 a. 1] haberent unum. Christus per illum illamque uirtutes multas peregit.

Vir ergo sanctus Christianae virgini ait: "O mea Brigita, paruchia tua in prouincia tua apud reputabitur monarchiam tuam: in parte autem orientali et occidentali dominatu in mea erit."

5

10

15

20

25

30

---

[1] in marg. *du ferti martur* 'to (the) grave of (the) relics.' *Sargifagum* is, of course, for *sarcophagum*.

THE CONFESSION OF S. PATRICK.

INCIPIUNT LIBRI [1] SANCTI PATRICII EPISCOPI.

Ego Patricius, peccator rusticissimus et minimus omnium fidelium et contemptibilis sum apud plurimos, patrem habui Calpornum diaconum filium quendam [2]
5 Potiti, filii Odissi presbyteri, qui fuit [in] uico Bannauem Taberniae. Villulam enim prope habuit, ubi ego capturam dedi.[3] Annorum eram tunc fere sedecim. Deum uerum ignorabam, et Hyberione in captiuitate adductus sum, cum tot milia hominum, secundum merita nostra,
10 quia a Deo recessimus, et praecepta eius non custodiuimus, et sacerdotibus nostris non oboedientes [4] fuimus, qui nostram salutem admonebant. Et Dominus induxit super nos iram animationis suae, et dispersit nos in gentibus multis, etiam usque ad ultimum terrae,[5] ubi nunc
15 paruitas mea esse uidetur inter al[i]enigenas. Et ibi Dominus aperuit sensum [22 a. 2] incredulitatis meae, ut uel sero rememorarem [6] dilicta mea, ut conuerterem [7] toto corde ad Dominum meum, qui respexit humilitatem meam et missertus est adoliscentiae [et]
20 ignorantiae meae, et custodiuit me, antequam scirem

Book of Armagh, fo. 22, a. 1.

---

[1] The Book of Armagh contains the Confession only; but speaks in the plural as if the scribe had intended to give more, Todd, *St. Patrick*, p. 351, note.

[2] Calpornium diaconem filium quondam, C. (*i.e.*, Cotton MS. Nero, E. I., fol. 169, b. 2, *sq.*).

[3] Also infra p. 360, l. 1, p. 363, l. 25. It is probably the equivalent of some old Irish formula for 'became captive.'

[4] inobedientes, C.

[5] This passage, Dr. Todd (*St. Patrick*, 362) considered to be the origin of the absurd story that Patrick was of Jewish descent. See Vita 4ta, c. 1. See also the Book of Leinster, p. 353 of the facsimile, col. 4, where the story is thus given: Domaccaib IsraheI immorro coṡír do Patraic. Acht diaroesróided maiccne Israhel oThit ocus oUespasian fo chethair aird indomain fodaere indigail fola Críst, isand doriacht abunud coBretnu. IS arbunad Patraic domaccaib Israhel dorat Dia tigernus basti ocus cretmi inhErinn ocus innarbba demna. ("However, of the sons of Israel Patrick was verily. But when the children of Israel were scattered by Titus and Vespasian in bondage throughout the four quarters of the world, in revenge for Christ's blood, then did Patrick's stock come to Britain. Because Patrick's stock is of the sons of Israel, God gave him lordship of baptism and faith in Ireland and expulsion of demons.")

[6] Sic C., ut serorem orarem, A., with z over 'scrorem.'

[7] confirmarem, A., et ut, conuerterer, C.

Book of Armagh, fo. 22, a. 2.

eum, et antequam saperem uel distinguerem inter bonum et malum, et muniuit[1] me, et consulatus est mei, ut pater filium.

Inde hautem tacere non possum, neque expedit quidem, tanta beneficia et tantam gratiam, quam mihi [Dominus prestare[2]] dignatus [est[2]] in terra captiuitatis meae, quia haec est retributio nostra, ut post correptionem uel agnitionem Dei, exaltaremur et confiteremur[3] mirabilia eius coram omni natione, quae est sub omni caelo. Quia non est alius deus, nec umquam fuit nec ante, nec erit post hunc, praeter Deum Patrem ingenitum, sine principio, a quo est omne principium, omnia tenentem, ut dicimus; et eius Filium Iesum Christum, qui cum Patre scilicet semper fuisse testamur ante originem saeculi spiritualiter apud Patrem; ine[na]rrabiliter genitum ante omne principium; et per ipsum facta sunt uissibilia [et inuisibilia[2]:] hominem factum, morte deuicta, in caelis [ad Patrem receptum[2]]. Et dedit illi omnem potestatem super omne nomen, [ut in nomine Iesu omne genu flectatur] caelestium, et terrestrium et infernorum, et omnis lingua confiteatur ei, quia Dominus et Deus est Iesus Christus: quem credimus et expectamus aduentum [ipsius[2]], mox futurum: iudex uiuorum atque mortuorum, qui reddet unicuique secundum facta sua, et effudit[5] in nobis[6] habunde Spiritum Sanctum[7] donum et pignus inmortalitatis, qui facit credentes et oboedientes ut sint filii Dei et coheredes Christi; quem confitemur et adoramus, unum Deum in Trinitate sacri nominis.

Ipse enim dixit per profetam: 'Inuoca me in die tribulationis tuae, et liberabo te, et magnificabis me.'[8] [22 b. 1.] Et iterum inquit: 'Opera hautem Dei reuelare et confiteri honorificum est.'[9]

---

[1] monuit, C.
[2] Sic C.
[3] Sic C., exaltare et confiteri, A.
[4] quem, C.
[5] infudit, C.
[6] Sic C., uobis, A.
[7] Spiritus Sancti, C.
[8] Ps. xlix. 15, where for "tuae," etc., the Vulgate and (according to Dean Reeves) the *Cathach* Psalter have "eruam te et honorificabis me."
[9] Tob. xii. 7.

Tamen, etsi in multis inperfectus sum, opto fratri- Book of
bus et cognatis¹ meis² scire qualitatem meam, ut pos- Armagh, fo. 22, b. 1.
sint perspicere³ uotum animae meae. Non ignoro
testimonium Domini mei qui in ψalmo testatur: 'Perdes
5 eos qui loquntur mendacium,'⁴ et iterum inquit: 'Os
quod mentitur occidit animam."⁵ Et idem Dominus·
'Verbum otiossum, quod locuti fuerint homines, red-
dent rationem de eo in die iudicii.'⁶ Unde autem
uehimenter [debueram⁷] cum timore et tremore metuere
10 hanc sententiam in die illa, ubi nemo se poterit subtra-
here uel abscondere, sed omnes omnino reddituri sumus
rationem etiam minimorum peccatorum ante tribunal
Domini Christi. Quapropter ollim cogitaui scribere,
sed et usque nunc hessitaui. Timui enim ne ince-
15 derem⁸ in linguam hominum, quia non dedici⁹ sicut
et caeteri qui optime itaque iure et sacras literas
utroque pari modo combiberunt,¹⁰ et sermones¹¹ illorum
ex infantia numquam motarunt; sed magis ad perfectum semper addiderunt. Nam sermo et loquela
20 mea translata est in linguam alienam, sicut facile
potest probari ex saliua¹² scripturae meae, qualiter
sum ego in sermonibus instructus atque eruditus: quia
inquit Sapiens: 'Per linguam [sapientia] dinoscetur,
et sensus et scientia et doctrina ueritatis.'¹³ Sed quid
25 prodest excussatio iuxta ueritatem, praesertim cum
praesumptione? Quatinus modo ipse adpeto in senectute mea, quod in iuuentute non comparaui; quod
obstiterunt [peccata mea⁷] ut confirmarem quod ante¹⁴
perlegeram. Sed¹⁵ quis me credidit etsi dixero quod
30 ante praefatus sum? Adoliscens [22 b. 2], immo pene

---

¹ cognotatis, A.
² fratres et cognatos meos, C.
³ Sic C., perficere, A.
⁴ Ps. v., 6, where for 'eos' the Vulgate has 'omnes.'
⁵ Sap. i. 11.
⁶ Matth. xii. 36.
⁷ Sic C.
⁸ 'I feared offending against (doing violence to) the language of men.'
⁹ legi, C.
¹⁰ in marg. 'z' and 'incertus liber híc.'
¹¹ sermonem, C.
¹² Sic C., exaliue, A., with marginal z: saliva 'flavour.'
¹³ Eccles. iv. 29.
¹⁴ C. inserts non.
¹⁵ Sed si, A.

Book of Armagh, fo. 22, b. 2.

puer imberbis,[1] capturam dedi [2] antequam scirem [3] quid adpeterem uel quid uitare debueram. Unde ergo hodie erubesco et uehimenter pertimeo [4] denudare imperitiam meam, quia, non disertus, breuitate sermonis [5] explicare nequeo. Sicut enim spiritus gestit, et animus [6] et sensus monstrat adfectus. Sed si itaque datum mihi fuisset sicut et caeteris, uerumtamen non silerem propter retributionem. Et si forte uidetur apud aliquantos me in hoc praeponere cum mea inscientia et tardiori lingua, sicut [7] scriptum est "linguae balbutientes uelociter discent loqui pacem,"[8] quanto magis nos adpetere debemus qui sumus nos aepistola Christi in salutem usque ad ultimum terrae,[9] et si non deserta, sed ratum [et] fortissimum scripta [10] in cordibus uistris 'non atramento sed Spiritu Dei uiui.'[11]

Et iterum Spiritus testatur: "et rusticationem ab Altissimo creatam.[12] Unde ego primo rusticus, profuga; inductus [13] scilicet, qui nescio in posterum prouidere. Sed illud scio certissime quia utique, priusquam humiliarer ego, eram uelut lapis qui iacet in luto profundo, et uenit [14] qui potens est, et in sua missericordia sustulit me; et quidem scilicet sursum adleuauit et collocauit me in sua parte.[15] Et inde fortiter debueram exclamare ad retribuendum quoque aliquid Domino pro tantis beneficiis eius, hic et in aeternum, quae mens hominum aestimare non potest. Unde autem ammiramini, [23 a. 1] magni et pussilli, qui timetis Deum, et uos Domini ignari rethorici, .. audite et scrutamini, quis me stultum excitauit de medio eorum qui uidentur esse

---

[1] inuerbis, A. and C.
[2] See above, p. 357, note 3.
[3] A. inserts quid peterem uel.
[4] protimeo, A.
[5] quia non possum de deeritis breuitate sermone, A., with puncta delentia over possum de, and marginal z. quia desertis breuitate sermone, C.
[6] animas, A.
[7] sed etiam, C.
[8] Isai. xxxii. 4, where the Vulgate has "lingua balborum uelociter loquitur et plane."
[9] Acts xiii. 47.
[10] scriptum, A.
[11] 2 Cor. iii. 3.
[12] Eccles. vii. 16.; creata est, A.
[13] i.e., indoctus as C. has.
[14] et uos dominicati qui timetis deum rethorici, A.; qui timetis deum et uos domini ignari rethorici, C.
[15] in summo pariete, C.

sapientes et legis[1] periti et potentes in sermone et in Book of Armagh, fo. 23, a. 1.
omni re. Et me quidem detestabilem[2] huius mundi prae
caeteris inspirauit si talis essem [Deus,] dummodo hautem ut cum metu et reuerantia et sine querella fideliter
5 [prodessem[3]] genti, ad quam caritas Christi transtulit
et donauit me, in uita mea, si dignus fuero, denique ut
cum omni humilitate et naturaliter[4] deseruirem illis.

In mensura itaque fidei Trinitatis oportet distinguere, sine reprehensione periculi, notum facere do-
10 num Dei, et consulationem aeternam, sine timore fiducialiter Dei nomen ubique expandere, ut etiam post
obitum meum exagallias[5] relinquere fratribus et filiis
meis, quos in Domino ego babtizaui, tot milia hominum. Et non eram dignus neque talis ut hoc
15 Dominus seruulo suo concederet, post erumpnas et tantas
moles, post captiuitatem, post annos multos, in gentem
illam tantam gratiam mihi donaret, quod ego aliquando
in inuentute mea numquam speraui neque cogitaui.

Sed postquam Hiberione deueneram, cotidie pecora
20 pascebam, et frequens in die orabam, magis ac magis
itaque[6] accedebat amor Dei et timor ipsius, et fides
augebatur, et spiritus agebatur, ut in die una usque ad
centum orationes, et in nocte prope similiter; ut etiam
in siluis et [in[3]] monte manebam, [et[3]] ante lucem
25 excitabar ad orationem [23. a. 2] per niuem, per gelu,
per pluiam; et nihil mali sentiebam, neque ulla pigritia erat in me, sicut modo uideo, quia tunc spiritus
in me feruebat. Et ibi scilicet quadam nocte in
somno audiui uocem dicentem mihi: "Bene ieiunas,
30 cito iturus ad patriam tuam." Et iterum post paululum
tempus audiui responsum dicentem mihi: "Ecce, nauis
tua parata est." Et non erat prope: sed forte habebat[7] ducenta milia passus, et ibi numquam fueram nec

---

[1] Sic C.; leges, A.
[2] Sic C.; detestabilis, A.
[3] Sic C.
[4] ueraciter, C.
[5] legacies (exgallius, C.): see Ducange, s. v. exagella (Ferguson). In A. at exagallias is written marginally 'incertertus [sic] liber' and 'z.'
[6] In the MS. "itaque" comes after "cotidie."
[7] Sic A., and C. habebat = il y avait.

Book of Armagh, fo. 23, a. 2.

ibi notum quemquam de hominibus habebam. Et deinde postmodum conuersus sum in fugam, et intermissi hominem cum [quo¹] fueram sex annis. Et ueni in uirtute Dei qui uiam meam ad bonum dirigebat, et nihil metuebam donec perueni ad nauem illam. 5 Et illa die qua perueni, profecta est nauis de loco suo, et locutus sum ut haberem¹ unde nauigarem cum illis. Et gubernatori displicuit illi, et acriter cum indignatione respondit: "Nequaquam tu nobiscum adpetes ire." Et cum haec audiissem, separaui me ab 10 illis, ut uenirem ad tegoriolum ubi hospitabam, et in itenere caepi orare, et antequam orationem consummarem, audiui unum ex illis, et fortiter exclamabat post me: "Veni cito, quia uocant te homines isti." Et statim ad illos reuersus sum, et coeperunt mihi 15 dicere: "Veni, quia ex fide³ recipimus te. Fac nobiscum amicitiam, quomodo uolueris." Et in illa die itaque reppuli sugere mammellas eorum propter timorem Dei, quia gentes erant.⁴ Sed uerum tamen ab illis speraui uenire in fidem Iesu Christi. Et ob 20 hoc obtinui cum illis [et protinus nauigauimus¹].

Et post triduum terram caepimus, [23 b. 1] et .xx. viii. dies per disertum iter fecimus. Et cibus defuit illis, et fames inualuit super eos. Et alio die coepit gubernator mihi dicere. "Quid [est,¹] Christiane? Tu dicis Deus 25 tuus magnus et omnipotens est. Quare ergo pro nobis orare non potes? quia nos a fame periclitamur. Difficile [est¹] enim umquam ut aliquem hominem uideamus." Ego enim euidenter dixi illis: "Conuertemini ex fide⁶ ad Dominum Deum meum, cui nihil est inpossibile, 30

---

¹ Sic C.
² Sic C.; abirem, A.
³ cf. infra, l. 29, and p. 364, l. 2. The phrase stands for *ex fide bona*, Cic. Off. 3, 17, 70.
⁴ In the MS. the words "quia gentes erant" come immediately after "Iesu Christi," line 20. The passage which Dr. Todd (*St. Patrick*, 368) characterises as "very obscure," seems to mean: "On that day I refused to make friendship (*sugere mammellas = facere amicitiam*, ll. 16, 17) with them, because they were heathens. Howbeit I hoped of them that they would come into the faith of Christ, and therefore I continued with them."
⁵ uiginti et septem C.
⁶ C. adds, et ex toto corde.

ut [hodie ¹] cibum mittat uobis in uiam uestram usque
dum satiamini, quia ubique habundat illi." Et adiuuante
Deo, ita factum est. Ecce grex porcorum in uia ante
oculos nostros apparuit, et multos ex illis interfecerunt,
5 et ibi duas noctes manserunt et bene refecti. Et canes
eorum repleti sunt, quia multi ex illis [defecerunt et ¹]
secus uiam semiuiui relicti sunt. Et post haec summas
gratias egerunt Deo, et ego honorificatus sum sub oculis
eorum.² Etiam mel siluistre inuenierunt, et mihi par-
10 tem obtulerunt. Et unus ex illis dixit: "Immolaticum est." Deo gratias. Exinde nihil gustaui. Eadem uero
[nocte ¹] eram dormiens, et fortiter temptauit me Satanas, quod memor ero quandiu fuero in hoc corpore. Et
cicidit super me ueluti saxum ingens, et nihil membro-
15 rum [meorum ¹] praeualui.³ Sed unde mihi uenit [ig-
noro ⁴] in spiritum ut Heliam uocarem. Et in hoc ⁵ uidi
in coelum solem oriri; et dum clamarem Heliam uiribus
meis, ecce splendor solis illius decidit super me, et statim
discussit a me [omnem ¹] grauitudinem. Et credo quod
20 a Christo Domino meo [subuentus sum et Spiritus eius
iam tunc ¹] clamabat pro me, et spero quod sic erit in
die presurae meae, sicut in æuanguelio inquit Dominus:
"Non uos estis [qui loquimini, sed Spiritus Patris uestri
qui loquitur in uobis.⁶ Et iterum post annos ¹] multos
25 adhuc capturam dedi.⁷ Ea nocte prima itaque mansi
[23 b. 2] cum illis. Responsum autem diuinum audiui
[dicentem mihi ¹]: "Duobus autem mensibus ⁸ eris eum
illis." Quod ita factum est. Nocte illa sexagensima
liberauit me Dominus de manibus eorum. Etiam ⁹ in
30 itenere praeuidit nobis cibum et ignem et siccitatem
cotidie, donec [quarto ¹] decimo die peruenimus ad homines,¹⁰ sicut superius insinuaui. Viginti et octo [dies
per ¹] disertum iter fecimus, et ea nocte qua peruenimus
ad homines,¹⁰ de cibo uero nihil habuimus.

---

¹ Sic C.
² C. adds : et ex hac die abundanter cibum habuerunt.
³ praeualens, A.
⁴ ignaram, C.
⁵ inter haec, C.
⁶ Matth. x. 20.
⁷ See above p. 357, note 3.
⁸ duos menses, C.
⁹ ecce, C.
¹⁰ Sic C.; omnes, A.

Book of Armagh, fo. 23, b. 2.

Et iterum post paucos annos in Britannis eram cum parentibus meis, qui me ut filium susciperunt, et ex fide rogauerunt me, ut uel modo ego, post tantas tribulationes quas ego pertuli, nusquam ab illis discederem. Et ibi scilicet in sinu noctis uirum uenientem quasi de Hiberione, cui nomen Victoricus,[1] cum aepistolis innumerabilibus uidi; et dedit mihi unam ex his, et legi principium epistolae continentem "Vox Hyberionacum."[2] Et dum recitabam principium aepistolae putabam enim ipse in mente[3] audire uocem ipsorum qui erant iuxta siluam Focluti,[4] quae est prope mare occidentale. Et sic exclamauerunt[5] : "Rogamus te, sancte puer, [ut[6]] uenias et adhuc ambules[7] inter nos. Et ualde conpunctus sum corde, et ualde amplius non potui legere; et sic exper[gefac]tus sum. Deo gratias, quia post plurimos annos praestitit illis Dominus secundum clamorem illorum. Et alia nocte, nescio, Deus scit, utrum in me an iuxta me, uerbis peritissimis quae[8] ego audiui et non potui intellegere nisi ad postremum orationis sic effatus[9] est : Qui dedit animam suam pro te ipse est qui loquitur in te." Et sic exper[gefac]tus sum gaudibundus. Et iterum uidi in me ipsum orantem, et erat quasi intra corpus meum, et audiui [super me,[6]] hoc est, [24 a. 1] super interiorem hominem, et ibi fortiter orabat gemitibus. Et inter haec stupebam et ammirabam et cogitabam quis esset qui in me orabat. Sed ad postremum orationis sic effatus[10] est ut sit Spiritus.[11] Et sic exper[gefac]tus sum et recordatus sum Apostolo dicente : "Spiritus adiuuat infirmitatis orationis nostrae. Nam quod oremus sicut oportet, nescimus, sed ipse Spiritus postulat pro nobis gemitibus ine[na]rrabilibus,[12] quae uerbis exprimi non

---

[1] Victoricius, C.
[2] Hiberionacum, C.
[3] ipso momento, C.
[4] uirgulti uolutique, C.
[5] C. adds : quasi ex uno ore.
[6] Sic C.
[7] ambulas, A.
[8] peritissime quos, A. (with a z in the margin), peritissimis quos, C.

[9] efficiatus, A.
[10] efficiatus, A.
[11] eps̅ (i.e. *episcopus*), A. and ' The contractions *eps.* and *sps.* were easily confounded in the MSS.' Todd, *St. Patrick*, p. 378, note 1.
[12] Sic C., Rom. viii. 26.

possunt.¹ Et iterum: "Dominus aduocatus noster pos- Book of
tulat pro nobis."² Et quando temptatus sum ab Armagh, fo. 24, a. 1.
aliquantis senioribus meis, qui uenerunt, ob³ peccata Cotton
mea, contra laboriosum episcopatum meum, ut[i]que MS., fo. 171, a. 2,
5 in illo die fortiter inpulsus sum, ut caderem hic et line 29.
in eternum: sed Dominus pepercit proselito et peregrino propter nomen suum, benigne, et ualde mihi
subuenit in hac conculcatione, quod in labe[m] et in
opprobrium non male deueni. Deum oro, ut non illis
10 in peccatum reputetur occasio: nam post⁴ annos triginta inuenerunt me, et aduersus uerbum, quod confessus
fueram antequod essem diaconus. Propter anxietatem
mesto animo iusinuaui amicissimo meo, quae in
pueritia mea una die gesseram, imo in una hora, quia
15 necdum preualebam. Nescio, Deus scit, si habe[b]am
tunc annos quindecim, et Deum unum non credebam
neque ex infantia mea: sed in morte et in incredulitate
mansi, donec ualde castigatus sum; et in ueritate humiliatus sum a fame et nudidate; et cotidie contra Hiberi-
20 one[m] non sponte pergebam, donec prope deficiebam.
Sed haec potius mihi bene fuit, quia ex hoc emendatus
sum a Domino, et aptauit me ut hodie essem quod
aliquando longe a me erat, ut ego curas haberem aut
satágerem pro salute aliorum, quando autem tunc etiam
25 de me ipso non cogitabam. Igitur in illo die quo reprobatus sum a memoratis⁵ supradictis ad noctem illam
uidi in uisu noctis scriptum erat contra faciem meam Book of
sine honore. Et inter haec audiui responsum⁶ dicentem Armagh, fo. 24, a. 1.
mihi: "Male uidimus⁷ faciem designati,⁸ nudato no-
30 mine." Nec sic praedixit "Male uidisti," sed "Male
uidimus," quasi mihi⁹ se iunxisset¹⁰: sicut dixit: "Qui

---

¹ A gloss on *inenarrabilibus* incorporated with the text.

² See 1 John ii. 1. Here A. omits a long passage, from "Et quando" down to and including "noctem illam," line 27, which is printed above from the Cotton MS.

³ et, C.

⁴ occasionum. Post, C.

⁵ memoratus, C.

⁶ C. inserts diuinum.

⁷ Sic C.; audiuimus, A.

⁸ dei signati, C.

⁹ sibi, A.

¹⁰ ibi seiunxit, C.

> Book of Armagh, fo. 24, a. 1.

uos tanguit¹ tanguit pupillam oculi mei."² Idcirco gratias ago ei, qui me in omnibus confortauit, ut non in me inpediret a profectione qua statueram, et de mea quoque opera quam³ a Christo Domino meo didiceram.⁴ Sed magis ex eo sensi [in me⁵] uirtutem non paruam, 5 et fides mea probata est coram Deo et hominibus.

> Cotton MS., fo.171, b. a. line 31.

Unde autem audenter dico, non me reprehendit conscientia mea hic et in futurum.⁵ Testem Deum habeo quia non sum mentitus in sermonibus quos ego retuli. Sed magis doleo pro amicissimo meo, cur hoc 10 meruimus audire tale responsum. Cui ego credidi etiam animam. Et comperi ab aliquantis fratribus ante defensionem illam, quod ego non interfui, nec in Brittanniis eram, nec a me orietur, ut et ille in mea absentia pro me pulsaret. Etiam mihi ipse ore suo dixerat : "Ecce 15 dandus és tu ad gradum episcopatus": quo⁷ non eram dignus : sed unde uenit illi postmodum, ut coram cunctis bonis et malis in me puplice dehonestaret, quod ante sponte et letus indulserat ? E[s]t Dominus, qui maior omnibus est. Satis dico : sed tamen non debeo abscon- 20 dere donum Dei, quod largitus est nobis in terra captiuitatis meae, quia tunc fortiter inquisiui eum, et ibi inueni illum, et seruauit me ab omnibus iniquitatibus, sic credo, propter inhabitantem Spiritum eius, qui operatus est usque in hanc diem in me. Audenter rursus sed 25 scit Deus si mihi homo hoc effatus fuisset: forsitan tacuissem propter caritatem Christi.

Unde ego indefessam gratiam ago Deo meo, qui me fidelem seruauit in die temptationis meæ ; ita ut hodie confidenter offeram illi sacrificium, ut hostiam 30 viventem animam meam Christo Domino meo, qui me seruauit ab omnibus angustiis meis, ut et dicam : quis ego sum, Domine, uel quae est uocatio mea, qui mihi tantam diuinitatem cooperuisti ? ita ut hodie in gentibus

---

¹ A. inserts quasi qui, and C. inserts quasi.
² Zach. ii. 8.
³ quod, A.
⁴ Sic C.; dedideram, A.
⁵ Sic C.
⁶ Here A. omits from 'teste Deo' down to and including 'ultra est,' p. 367, line 13.
⁷ quod, C.

constanter exultarem et magnificarem nomen tuum ubi- Cotton
cumque loco fuero; necnon in secundis, sed etiam in MS., fo.171, b. 2,
pressuris; ut quicquid mihi euenerit, siue bonum siue line 21.
malum, aequaliter debeo suscipere, et Deo gratias semper
5 agere: qui mihi ostendit ut indubitabilem eum sine fine
crederem, et qui me audierit, ut et ego inscius sim in
nouissimis diebus hoc opus tam pium et tam mirificum
adire adgred[er]er; ita ut imitarer quospiam[1] illos quos
ante Dominus iam olim predixerat prenuntiaturos euan-
10 gelium suum 'in testimonium omnibus gentibus' ante
finem mundi. Quod ita ergo ut uidimus, itaque sup-
pletum est. Ecce testes sumus, quia euangelium pre-
dicatum est usque ubi nemo ultra est.
Longum est hautem totum per singula enarrare labo- Book of
15 rem meum uel per partes. Breuiter dicam qualiter Armagh,
pi[i]ssimus Deus de seruitute saepe [me] liberauit et de fo. 24, a. 1.
periculis duodecim quibus[2] periclitata est anima mea,
praeter insidias multas et quae uerbis exprimere
non ualeo, nec[3] iniuriam legentibus faciam. Sed
20 Deum auctorem [habeo,[4]] qui nouit omnia etiam antequam fiant;[5] ut me pauperculum pupillum ideo tamen Cotton
responsum diuinum creberrime admonuit. Unde mihi MS., fo.172, a. 1,
haec sapientia, quae in me non erat, qui nec numerum line 2.
dierum noueram, neque Deum sapiebam? Unde mihi
25 postmodum donum tam magnum tam salúbre Deum
agnoscere uel diligere, ut patriam et parentes amitterem,
et munera multa [quae] mihi offerebantur cum fletu et
lacrymis? Et offendi illos necnon contra uotum aliquantis de senioribus meis; sed gubernante Deo nullo
30 modo consensi neque adquieui illis: non mea gratia,
sed Deus qui uincit in me: et restitit illis omnibus,
ut ego ueneram ad Hybernas gentes euangelium praedicare, et ab incredulis contumelias perferre, ut au[di]-
rem obprobrium peregrinationis meae, et persecutionis[6]

---

[1] quispiam, C.
[2] Sic C.; qua, A.
[3] C. inserts et.
[4] Sic C.
[5] Here is a third omission in the Book of Armagh, namely, from 'ut me' down to and including 'indulgeret,' p. 368, line 6.
[6] i.e., persecutiones.

<small>Cotton MS., fo.172, a. 1, line 17.</small>

multas usque ad uincula, et ut darem ingenuitatem meam pro utilitate¹ aliorum.

<small>Book of Armagh, fo. 24, a. 1.</small>

Et si dignus fuero, pro[m]ptus sum, ut etiam animam meam incunctanter et libentissime [ponam] pro nomine eius: et ibi opto inpendere eam usque ad 5 mortem, si Dominus indulgéret. Quia ualde debitor sum Deo qui mihi tantam gratiam donauit, ut populi multi per me in Deum renascerentur,² et ut clerici ubique illis ordinarentur, [24 a. 2] ad plebem nuper uenientem ad credulitatem, quam sumpsit Dominus 10 ab extremis terrae, sicut olim promisserat per profetas suos: "Ad te gentes uenient³ et dicent 'falsa comparauerunt patres nostri idola, et non est in eis utilitas."⁴ Et iterum: "Posui te lumen in gentibus ut sis in salutem usque ad extremum terrae."⁵ Et ibi 15 uolo expectare promissum ipsius, qui utique⁶ numquam fallit sicut in aeuanguelio pollicetur: "Venient ab oriente et occidente, et ab austro et ab aquilone, et recumbent cum Abraam et Issac et Iacob,"⁷ sicut credimus ab omni mundo uenturi sint credentes. 20

Idcirco itaque oportet bene et dilegenter piscare sicut Dominus praemonet et docet, dicens: "Venite post me, et faciam uos fieri piscatores hominum."⁸ Et iterum: "Ecce, mitto piscatores et uenatores multos, dicit Deus,"⁹ et caetera. Unde autem ualde oportebat 25 retia nostra tendere, ita ut multitudo copiossa et turba Deo caperetur, et ubique essent clerici, qui babtizarent et exhortarent populum indegentem et dissiderantem; sicut Dominus in aeuanguelio ammonet et docet dicens: "Euntes ergo nunc, docete omnes gentes, babti- 30 zantes eas in nomine Patris et Filii et Spiritus Sancti:"

---

¹ utilitatem, C.
² renascantur et post modum consummarentur, C.
³ C. inserts ab extremis terre.
⁴ Jer. xvi. 19. In A. this quotation stands thus: "Sicut falso comparauerunt patres nostri idola et non est in eis utilitas ad te gentes ueniunt et dicent."
⁵ Isai. xlix. 6, Acts xiii. 47.
⁶ usque, A.
⁷ Matt. viii. 11.
⁸ Matt. iv. 19.
⁹ Jer. xvi. 16.

reliqua usque dicit saeculi."[1] Et iterum, "Euntes ergo in mundum uniuersum praedicate æuanguelium omni creaturae. Qui crediderit et babtizatus fuerit saluus erit. Qui uero non crediderit condempnabitur."[2] Reliqua sunt exempla.[3] Et iterum "predicabitur hoc euangelium regni in uniuerso mundo in testimonium omnibus gentibus; et tunc ueniet finis."[4] Et item Dominus per prophetam prenuntians inquit: "Et erit in nouissimis diebus, dicit Dominus, effundam de Spiritu meo super omnem carnem, et prophetabunt filii uestri et filiæ uestræ, et filii uestri uisiones uidebunt et seniores uestri somnia somniabunt: et quidem super seruos meos et super ancillas meas in diebus illis effundam de Spiritu meo et prophetabunt."[5] Et in Oseæ dicit, "Vocabo non-plebem [plebem] meam, et non-misericordiam-consecutam [misericordiam consecutam]. Et erit in loco ubi dictum est: Non pleps mea uos, ibi uocabuntur filii Dei uiui."[6] Unde autem Hiberione, qui numquam notitiam Dei habuerunt, [24 b. 1] nissi idula et inmunda usque semper coluerunt, quomodo nuper facta est plebs Domini, et filii Dei nuncupantur? Filii Scottorum [7] et filiae regulorum monachi et uirgines Christi esse uidentur.[8] Et etiam una Scotta benedicta, Scotta gen[i]tiua, nobilis, pulcherrima, adulta erat, quam ego baptizaui: et post paucos dies una causa uenit ad nos: insinuauit [namque] nobis responsum accepisse a nutu Dei, et monuit eam ut esset uirgo Christi, et ipsa Deo proximaret. Deo gratias, sexta ab hac die optime et auidissime arripuit illud, quod etiam omnes uirgines Dei ita hoc faciunt; non sponte patrum earum; sed persecutionem

---

[1] This is a scribe's note meaning that the author here quoted Matth. xxviii. 20 (Docentes . . . . seculi).
[2] Mark. xvi. 15, 16.
[3] Another scribe's note, meaning that the author here quoted Matth. xxiv. 14, Joel ii. 28, Hosea ii. 23, 24, and I. 10. From 'exempla' down to and including 'uiui' in line 18 is omitted by A.
[4] Matth. xxiv. 14.
[5] Joel. ii. 28.
[6] Hosea i. 10, ii. 23.
[7] Sic C.; scorum (i.e., sanctorum), A.
[8] Here A breaks off.

C. fo. 172, patiantur et inproperia falsa a parentibus[1] suis, et
b. 1, line nihilominus plus augetur numerus: et de genere nostro
13. quæ ibi [Christo] natæ sunt, nescimus numerum eorum,[2]
preter uiduas et continentes. Sed et illæ[3] maxime
laborant, quæ seruitio detinentur: usque ad terrorés 5
et minas adsiduæ peruaserunt: sed Dominus gratiam
dedit multis ex ancillis meis: nam etsi uetantur,[4]
tamen fortiter imitantur.

Unde autem [possem] etsi uoluero amittere illas,
et pergere in Brittannias ;[5] et libentissime paratus 10
irem, quasi ad patriam et parentes: non id solum, sed
etiam usque Gallias uisitare fratres et ut uiderem
faciem sanctorum Domini mei: scit Deus quod ego
[id] ualde optabam. Sed alligatus Spiritu[6] (qui mihi
protestatur, si[7] hoc fecero, ut futurum reum[8] me esse 15
designat) et timeo pedere[9] laborem, quem inchoaui ;
et non ego, sed Christus Dominus, qui mihi imperauit
ut uenirem, esse me cum illis residuum ætatis meæ;
si Dominus uoluerit et custodierit me ab omni uia
mala, ut non peccem coram illo. Spero autem hoc 20
debueram: sed memetipsum non credo, quamdiu fuero
in 'hoc corpore mortis:'[10] quia fortis est qui cotidie
nititur subuertere me a fide et proposita castitate re-
ligionis non ficte, [quam seruabo] usque in finem uite
meæ Christo Domino meo. Sed caro inimica semper 25
trachit ad mortem, id est, ad inlecebras in [infe]lici-
tate perficiendas. Et scio ex parte quare uitam per-
fectam ego non egi, sicut et ceteri credentes: sed
confiteor Domino meo et non erubesco in conspectu
ipsius, quia non mentior: ex quo cognoui eum a iuuen- 30
tute mea, creuit in me amor Dei et timor ipsius, et
usque nunc, fauente Domino, 'fidem seruaui.'[11]

Rideat autem et insultet qui uoluerit, ego non si-
lebo neque abscondo signa et mirabilia, quæ mihi

---

[1] apparentibus, C.
[2] eorum, C.
[3] illas, C.
[4] siue tantum, C.
[5] ut pergens in Brittanniis, C.
[6] Acts xx. 22.
[7] sic, C.
[8] rerum, C.
[9] pendere, C.
[10] Rom. vii. 24, marg.
[11] 2 Tim. iv. 7.

a Domino ministrata sunt ante multos annos quam
fuerunt, quasi qui 'nouit omnia etiam ante tempora
secularia.'[1] Unde autem debuero sine cessatione Deo
gratias agere, qui sepe indulsit insipientiæ meæ [et]
5 neglegentiæ meæ. Et de loco non in unoquoque, ut
non mihi uehementer irasceretur, cui adiutor datus
sum, et non cito adquieui, secundum quod mihi ostensum fuerat, et sicut Spiritus suggerebat. Et misertus
est mihi Dominus in milia milium : quia uidit in me
10 quod paratus eram ; sed quod mihi pro his nesciebam
de statu meo quid facerem : quia multi hanc legationem prohibebant, etiam inter seipsos post tergum
meum narrabant et dicebant: 'Iste quare sé mittit in
periculum inter hostes, qui Deum[2] non nouerunt?'
15 Non ut causa malitie; sed non sapiebat illis, sicut et
ego ipse testor, intellegi, propter rusticitatem meam.
Et non cito agnoui gratiam, quæ tunc erat in me : nunc
mihi capit, quod ante debueram [uocanti Deo parere].

Nunc ergo simpliciter ins[in]uaui fratribus et conseruis
20 meis, qui mihi crediderunt : propter quod prædixi et
prædico ad roborandam et confirmandam fidem uestram.
Utinam ut et uos imitemini maiora, et potiora faciatis.
Hoc erit gloria mea: quia 'filius sapiens gloria patris
est.'[3] Vos scitis et Deus qualiter apud uos conuersatus
25 sum a iuuentute mea; et fide ueritatis et sinceritate
cordis, etiam ad gentes illas, inter quas habito ; ego
fidem illis præstaui et præstabo. Deus scit, neminem
illorum circumueni, nec cogito, propter Deum et ecclesiam ipsius ; ne excitem illis et nobis omnibus perse-
30 cutionem, et ne per me blasphemaretur nomen Domini: quia scriptum est: 'Ve homini per quem nomen Domini blasphematur.'[4] Nam etsi imperitus sum
nominibus, tamen conatus sum quippiam seruare me,
etiam et fratribus Christianis et uirginibus Christi, et
35 mulieribus religiosis, quæ mihi ultronea munuscula
donabant, et super altare iactabant ex ornamentis suis,

---

[1] *See* Acts xv. 18.
[2] domini, C.
[3] Pro. x. 1.
[4] Levit. xxiv. 16.

C. fo. 178,
a. 1, line 4.

et iterum reddebam illis; et aduersus me scandalizabantur cur hoc faciebam. Sed ego [id faciebam] propter spem[1] perennitatis, ut me in omnibus caute propterea conseruarem; ita ut me in aliquo titulo infideles non carperent,[2] uel ministerium seruitutis 5 meæ: nec, etiam in minimo, incredulis locum darem infamare siue detractare.

Forte autem quando baptizaui tot milia hominum, sperauerim ab aliquo illorum vel dimedio scriptule? Dicite mihi, et reddam uobis.[3] Aut quando ordinauit 10 ubique Dominus clericos per modicitatem meam, et ministerium gratis distribui illis? Si poposci ab aliquo illorum uel pretium uel calciamenti mei, dicite aduersus me et reddam uobis[3] magis. Ego inpendi pro uobis, ut me capere[n]t;[4] et inter uos et ubique pergebam 15 caussa vestra in multis periculis, etiam usque ad ext[e]ras partes, ubi nemo ultra erat,[5] et ubi numquam aliquis peruenerat, qui baptizaret, aut clericos ordinaret, aut populum consummaret: donante Domino, diligenter et libentissime pro salute uestra omnia gene- 20 raui. Interim premia dabam regibus, propter[6] quod dabam mercedem filiis ipsorum, qui mecum ambulant: et nihilominus comprehenderunt me cum comitibus meis. Et illa die auidissime cupiebant[7] interficere me. Sed tempus nondum uenerat. Et omnia quecumque 25 nobiscum inuenerunt rapuerunt illud, et me ferro uinxerunt. Et quarto decimo die absoluit me Dominus de potesta[te] eorum, et quicquid nostrum fuit, redditum est nobis propter Deum et necessarios amicos, quos ante preuidimus. 30

Vos autem experti estis qua[n]tum erogaui illis, qui iudicabant[8] per omnes regiones, quos ego frequentius uisitabam: censeo enim non minimum quam pretium quindecim hominum distribui illis. Ita, ut me frua-

---

[1] spere, C.
[2] infideli caperent, C.
[3] 1 Sam. xii. 3.
[4] That they (the heathen) might receive me.
[5] i.e., Erris, Tireragh, and Tirawley.
[6] leg. praeter?
[7] cupiebam, C.
[8] indicabant, C.; "who were judges," Todd, S. Patrick, 446.

mini et ego uobis semper fruar in Deum, non me penitet
nec satis est mihi, adhuc inpendo et superinpendam.
Potens est Dominus ut det mihi postmodum, ut meipsum inpendat pro animabus uestris.[1]

5   Ecce testem Deum inuoco in animam meam quia non mentior, neque ut sit occassio [adulationis uel auaritiæ, scripserim [2]] uobis, neque ut honorem spero ab aliquo uiro. Sufficit enim honor qui non mentitur.[3] Sed uideo iam in praesenti saeculo me supra
10 modum exaltatum[4] a Domino. Et non eram dignus neque talis ut hoc mihi praestaret; dum scio[5] melius conuenit paupertas et calamitas quam diuitiae et diliciae.[6] Sed et Christus Dominus pauper fuit pro nobis.[7] Ego uero miser et infelix, etsi opes uoluero,
15 iam non habeo, neque meipsum iudico [dignum]: quia quotidie spero aut internicionem, aut circumueniri, aut redigi in seruitatem, siue occassio[8] cuiuslibet [fieri].[9] Sed nihil horum uereor propter promissa celorum: quia iactaui meipsum in manus Dei omnipotentis, qui[10]
20 ubique dominatur, sicut propheta dicit: 'Iacta cogitatum tuum in Deum, et ipse te enutriet.'[11]

Ecce nunc commendo animam meam fidelissimo Deo meo, pro quo legationem fungor in ignobilitate mea: sed quia personam non accipit, et elegit me ad hoc officium,
25 ut unus essem de suis minimis minister. 'Unde autem retribuam illi pro omnibus quæ retribuit mihi,'[12] sed quid dicam uel quid promittam Domino meo? Quia nihil ualeo nisi ipse mihi dederit: sed scrutatur corda et renes;[13] quia satis et nimis cupio, et paratus eram, ut
30 donaret mihi bibere calicem eius, sicut indulsit ceteris

---

[1] 2 Cor. xii. 15.
[2] Sic C.
[3] For 'spero ... mentitur,' C. has 'sperarem uestrum. Sufficit enim honor qui nondum uidetur sed corde creditur. Fidelis autem qui promisit [et] numquam mentitur.'
[4] exaltatus sum, A.
[5] C. inserts: certissime quod mihi.
[6] dilitias et diuitias, C.

[7] 2 Cor. viii. 9.
[8] *i.e.*, offensio?
[9] From this down to and including 'euaseram' (p. 374, line 33) is omitted by A.
[10] quia, C.
[11] Ps. lv. 22.
[12] Ps. cxvi. 12.
[13] Ps. vii. 9.

amantibus sć. Quapropter non contingat[1] mihi a Deo meo ut nunquam amittam plebem suam,[2] quam adquisiuit in ultimis terre. Oro Deum ut det mihi perseuerantiam, et dignetur ut reddam illi me testem fidelem usque ad transitum meum propter Deum meum. Et, si aliquid boni umquam imitatus sum propter Deum meum quem diligo, peto illi, [ut] det mihi ut cum illis proselitis et captiuis pro nomine suo effundam sanguinem meum, etsi ipsam[3] etiam caream sepulturam, aut miserissime cadauer per singula membra diuidatur; canibus, aut bestiis aspersis, aut uolucres cæli comederent illud. Certissime reor, si mihi hoc incurrisset, lucratus sum animam cum corpore meo: quia sine ulla dubitatione in die illa resurgemus in claritate solis, hoc est in gloria Christi Iesu, redemptoris nostri quasi filii Dei uiui[4] et coheredes Christi, et conformes future imaginis ipsius: quoniam ex ipso, et per ipsum, et in ipso regnaturi sumus. Nam sol iste quem uidemus, [illo] iubente, propter nos cotidie oritur, sed numquam regnabit et neque permanebit splendor eius: sed et omnes qui adorant eum in penam miseri male deuenient. Nos autem qui credimus et adoramus solem uerum Iesum Christum, qui numquam interibit; neque qui fecerat uoluntatem ipsius [interibit] sed manebit in æternum [quomodo Christus manet in aeternum], qui regnat cum Deo Patre omnipotente et cum Spiritu Sancto ante secula, et nunc et per omnia secula seculorum, amen. Ecce iterum iterumque breuiter exponam uerba Confessionis meæ. Testificor in ueritate et in exultatione cordis coram Deo et sanctis angelis eius, quia numquam habui ullam occasionem preter euangelium et promissa illius, ut umquam redirem ad[5] gentem illam, unde autem prius uix euaseram.

Sed præcor credentibus et timentibus Deum, quicumque dignatus fuerit inspicere uel recipere hanc scripturam, quam Patricius peccator, indoctus scilicet,

---

[1] Quia propter non contingunt, C.
[2] Written over 'meam.'
[3] ipsum, C.
[4] filium dei, C.; Rom. viii. 17, 29.
[5] redderem a, C.

Hiberione conscripsit, ut nemo umquam dicat, quod Book of mea ignorantia si aliquid pusillum egi[1] uel demon- Armagh, strauerim secundum [Dei placitum];[2] sed arbitramini fo. 24, b. 1. et uerissime credatur quod donum Dei fuisset. Et
5 haec est Confessio mea antequam morior.[3]

Huc usque uolumen quod Patricius manu conscripsit sua. Septima decima Martii die translatus est Patricius ad caelos.[4]

[EPISTOLA S. PATRICII

10 AD CHRISTIANOS COROTICI TYRANNI SUBDITOS.]

Patricius peccator indoctus, scilicet Hiberione con- Cotton stitutus episcopum me esse fateor. Certissime reor, a MS., Nero Deo accepi id quod sum: inter barbaras itaque [gentes] fo. 173, habito prosélitus et prófuga, ob amorem Dei. Testis b. 2, line 7.
15 est ille, si ita est. Non quod obtabam tam dure et tam aspere aliquid ex ore meo effundere: sed cogor zelo Dei et ueritatis Christi excitatus,[5] pro dilectione proximorum atque filiorum, pro quibus tradidi patriam et parentes et animam meam, [quia] usque ad mor-
20 tem si dignus sum, uoui[6] Deo meo docere gentes, etsi contempnar[7] a quibusdam. Manu mea scripsi atque condidi uerba ista danda ac tradenda militibus mittenda Corotici, non dico ciuibus meis atque ciuibus sanctorum Romanorum, sed ciuibus demoniorum ob
25 mala opera ipsorum, [qui barbarorum] ritu hostili in morte uiuunt; socii Scottorum atque Pictorum apostatarum, que sanguelentos sanguinare de sanguine innocentium Christianorum, quos ego innumerum Deo genui atque in Christo confirmaui.
30 Postera die qua crismati neophíti in ueste candida,[8] flagrabat in fronte ipsorum, dum crudeliter trucidati atque mactati [sunt] gladio, supradictis et misi episto-

---

[1] ego, C.
[2] Sic C.
[3] moriar, C.
[4] For this paragraph C. has: 'Explicit liber .i. Incipit .ii.'
[5] excitauit, C.
[6] dignum snum noui.
[7] contemptir, C.
[8] Their white baptismal garments; see Smith's *Dict. of Christian Antiqq.*, i. 163.

Cotton MS., Nero E.I., fo. 173. p. 2, line 34.

lam cum sancto presbytero, quem ego ex infantia docui, cum clericis, ut nobis aliquid indulgerent de præda uel de captiuis baptizatis quos cæperunt: [sed] cachinnos fecerunt de illis. Idcirco nescio quod magis lugeam: an qui interfecti, uel quos ceperunt; uel quos 5 grauiter Zabulus inlaqueauit perhenne pena gehennam pariter cum ipso mancipabunt: quia utique 'qui facit peccatum, seruus est [peccati,']¹ et filius Zaboli nuncupatur.

Quarépropter sciat omnis homo timens Deum, quod [a] me alieni sunt et a Christo Deo meo, pro quo 10 legationem fungor, patricida, fratricida, lupi rapaces, 'deuorantes plebem Domini ut cibum panis,'² sicut ait: 'Iniqui dissipauerunt legem tuam, Domine.'³ Quoniam in supremis temporibus Hiberione optime [et] benigne plantauerat atque instructa erat. Fauente 15 Deo, non usurpo [aliena;'⁴ sed] partem habeo cum his, quos ad uocauit et predestinauit euangelium predicare in persecutionibus non paruis usque ad extremum terre; etsi inuidet inimicus per tirannidem Corotici, qui Deum non ueretur, nec sacerdotes ipsius, quos elegit, et indul- 20 sit illis summam diuinam sublimem potestatem, 'quos ligarent super terram ligatos esse et in celis.'⁵

Unde ergo quæso plurimum, sancti et humiles corde, adulari talibus non licet, nec cibum nec potum sumere cum ipsis, nec elemosinas ipsorum recipere debere, 25 donec crudeliter poenitentiam effusis lacrimis satis Deo faciant, et liberent seruos Dei et ancillas Christi baptizatas, pro quibus mortuus est et crucifixus. 'Dona iniquorum reprobat Altissimus,'⁶ [et] 'qui offeret sacrificium ex substantia pauperum quasi [qui] uictimat 30 filium in conspectu patris sui'⁷ 'Diuitias,' inquid, 'quas congregabit iniuste, euomentur de uentre eius, trahit illum angelus⁸ mortis, ira draconum multabitur, interficiet illum lingua colubris,'⁹ comedit eum 'ignis in-

---

¹ John viii. 34, 44.
² Ps. xiv. 4, &c.
³ Ps. cxix. 126.
⁴ See 2 Cor. x. 14.
⁵ Matt. xvi. 19, &c.
⁶ Ecclus. xxxiv. 23.
⁷ Ecclus. xxxiv. 24.
⁸ angelum, C.
⁹ linguam coluris, C. Job. xx. 15, 16, LXX.

extinguibilis¹: ' ideoque ' Ve qui replent se [his] quæ non sunt sua.'² Vel 'quid prodest homini ut totum mundum lucretur et ut animæ suæ detrimentum patiatur?"³ Longum est per singula discutere uel in-
5 sinuare per totam legem capere testimonia de tali cupiditate. Auaritia mortale crimen. 'Non concupisces rém proximi tui.⁴—Non occides.⁵—Homicida non potest esse cum Christo;⁶ qui odit fratrem suum homicida adscribitur.'⁷ Vel, 'Qui non diligit fratrem suum in
10 morte manet.'⁸ Quanto magis reus est, qui manus suas coinquinauit in sanguine filiorum Dei, quos nuper adquisiuit in ultimis terre per ex[hor]tationem paruitatis nostræ?

Numquid sine Deo vel secundum carnem Hiberione
15 ueni? Quis me compulit? Alligatus [sum] spiritu ut [non] uideam aliquem de cognatione mea. Numquid amo piam misericordiam, quod [sic] ago erga gentem, illam qui me aliquando ceperunt, et deuastauerunt seruos et ancillas domus patris mei? Ingenuus fui
20 secundum carnem, decorione patre nascor: uendidi enim nobilitatem meam (non erubesco neque me penitet) pro utilitate aliorum: denique seruus sum in Christo [traditus] genti éxtere ob gloriam ineffabilem perennis uitæ, quæ est in Christo Iesu Domino nostro.
25 Et si mei non cognos[c]unt, 'propheta in patria sua honorem non habet.'⁹ Forte non sumus ex uno ouili, neque unum Deum Patrem habemus: sicut ait: "Qui non est mecum [contra me est, et qui non congregat mecum], spargit."¹⁰ Non conuenit [si] unus destruit,
30 alter aedificat. Non quero quæ mea sunt.

Non mea gratia, sed Deus quidem hanc sollicitudinem [dedit] in corde meo, ut unus essem de uenatoribus siue piscatoribus, quos olim Deus in nouissimis

---

¹ Matt. iii. 12, &c.
² Habak. ii. 6.
³ Matt. xvi. 26; Mark viii. 16.
⁴ Exod. xx. 17, &c.
⁵ Exod. xx. 13, &c.
⁶ See 1 John iii. 15.
⁷ 1 John iii. 15.
⁸ 1 John iii. 14.
⁹ Luke iv. 24.
¹⁰ Matt. xii. 30.

diebus ante prenuntiauit. Inuidetur mihi. Quid faciam Domine? Valde despicior. Ecce oues tuæ circa me laniantur atque depredantur a[1] supradictis latrunculis, iubente Corotico hostile: mente longe est a caritate Dei traditor Christianorum in manus Scottorum atque Pict- orum.[2] 'Lupi rapaces deglutierunt gregem Domini,'[3] qui utique Hiberione cum summa diligentia optime crescebat; et filii Scottorum et filie regulorum monachi et uirgines Christi enumerare nequeo. 'Quam ob rem iniuria i[u]storum non Te placeat [Domine,] etiam usque ad inferos non placebit.'[4]

Quis sanctorum non horreat iocundare uel conuiuium fruere cum talibus? De spoliis defunctorum Christianorum repleuerunt domos suas; de rapinis uiuunt, nesciunt mise[re]ri. Venenum [bibunt], letale cibum porrigunt ad amicos et filios suos; sicut Eua non intellexit quod mortem [tradidit viro suo: sic sunt omnes qui male agunt; mortem] perennem penam[que perpetuam] operantur. Consuetudo Romanorum Gallorum[que] Christianorum [est], mittunt uiros sanctos [et] idoneos ad Francos[5] et ceteras gentes cum tot millia solidorum ad redimendos captiuos baptizat[os]: tu totius[6] interficis et uendis illos genti extere ignoranti Deum: quasi in lupanar tradis membra Christi. Qualem spem habes in Deum? uel qui te consentit, aut qui te communicat uerbis adulationis? Deus iudicabit: scriptum est enim: 'Non solum facientes mala, sed etiam consentientes dampnandi sunt.'[7] Nescio quid dicam uel quid loquar amplius de defunctis filiorum Dei, quos gladius supra modum dure tetigit. Scriptum est enim: 'Flete cum flentibus.'[8] Et iterum: 'Si dolet unum membrum,

---

[1] et, C.
[2] Hence it seems that Coroticus was a Briton. That he reigned in Ail-Clúade (Dumbarton) see supra p. 271, note 5.
[3] *See* Acts xx. 29.
[4] Ecclus. ix. 17.

[5] This points to a date before A.D. 496, when the Franks were converted, Todd, *St. Patrick*, 391.
[6] Read toties?
[7] Rom. i. 32.
[8] Rom. xii. 15.

condolent omnia membra.'[1] Quapropter Aecclesia plorat et planget filios et filias suas, quos adhuc gladius nondum interfecit, sed prolongati et exportati in per longa terrarum. Ubi peccatum manifeste grauetur inpudenter,
5 [impudens ibi habitat et] habundat: ibi uenundati ingenui homines Christiani in seruitute redacti sunt, presertim indignissimorum pessimorum apostatarumque Pictorum.

Cotton MS., Nero E.I., fo. 174, b. 1, line 14.

Idcirco cum tristitia et merore uociferabo: Ó spe-
10 ciossissimi[2] atque amantissimi fratres et filii, quos in Christo genui enumerare nequeo, quid faciam uobis? Non sum dignus Deo neque hominibus subuenire. 'Præualuit iniquitas iniquorum super nos.' Quasi extranei facti sumus. Forte non credunt [quod] unum
15 baptismum percipimus uel unum Deum Patrem habemus: indignum est illis quod de Hibernia[3] nati sumus; sicut ait: 'Nonne unum Deum habetis? Quid dereliquistis unusquisquæ proximum suum?'[4] Idcirco doleo pro vobis, doleo, carissimi mei: sed iterum gaudeo intra
20 meipsum, [quia] non gratis laboraui uel peregrinatio mea in uacuum non fuit:[5] et contigit scelus tam horrendum [et] ineffabile. Deo gratias: creduli baptizati de seculo recessistis ad paradisum. Cerno: uos migrare cepistis ubi 'nox non erit, neque luctus, neque mors
25 amplius[6]:' sed 'exultabitis sicut uituli ex uinculis resoluti, et conculcabitis iniquos, et erunt cinis sub pedibus vestris.'[7]

Vos ergo regnabitis cum apostolis et prophetis atque martyribus [et] aeterna regna capietis, sicut ipse tes-
30 tatur inquiens[8]: 'Venient ab oriente et occidente et recumbent cum Abraham et Isááć et Iacob in regno cælorum.'[9] 'Foris canes et ueneficos et homicidæ et mendacibus [et] periuris:'[10] pars eorum in stagnum ignis

---

[1] 1 Cor. vii. 26
[2] speciossime, C.
[3] MS. Hiberia, C.
[4] Malachi ii. 10.
[5] See Gal. ii. 2; iv. 11.
[6] Rev. xxi. 4; xxii. 5.
[7] Malachi iv. 2, 3.
[8] inquit, C.
[9] Matt. viii. 11.
[10] Rev. xxii. 15.

Cotton MS., Nero E.I., fo. 174, b. 2, line 10.

aeternae : non [im]merito ait apostolus : ' Ubi iustus uix saluus erit, peccator et impius et transgressor legis ubi se recognoscit?"[1] Unde enim Coroticus cum suis sceleratissimis rebellatoribus Christi?[2] Ubi se uidebunt, qui[3] mulierculas baptizatas [et praedia orphanorum 5 spurcissimis satellitibus suis] premia distribuunt[4] ob miserum[5] regnum temporale, quod utique in momento transeat sicut nubes uel fumus, qui utique uento dispergitur : ita peccatores [et] fraudulenti a facie Domini peribunt ; iusti autem epulabuntur in magna 10 constantia cum Christo : iudicabunt nationes, et regibus iniquis dominabuntur in secula seculorum,[6] amen.

Testificor coram Deo et angelis suis, quod ita erit sicut intimauit imperitiae meae. Non mea uerba [sunt ista], sed Dei et apostolorum atque prophetarum, quod 15 ego Latinum exposui, qui numquam e[n]im mentiti sunt : 'qui crediderit saluus erit', qui uero non crediderit condempnabitur :'[7] Deus[8] locutus est. Quaeso plurimum ut quicumque famulus Dei ut promtus fuerit, ut sit gerulus litterarum harum, ut nequaquam 20 subtrahatur a nemine, sed magis potius legatur coram cunctis plebibus, et presente ipso Corotico. Quod si Deus inspirat illos ut quandoque d[e] eo resipiscant, ita ut uel sero penitea[n]t quod tam impie gesserunt. Homicida[e] erga fratres Domini [fuerunt : sed poeni- 25 teant] et liberent captiuas baptizatas, quos ante ceperunt ; ita ut mererentur Deo uiuere, et sani efficiantur hic et in eternum. Pax Patri et Filio et Spiritui Sancto. AMEN.

---

[1] 1 Peter iv. 18.
[2] rebellatores Cristri, C.
[3] quam, C.
[4] distribuuntur, C.
[5] miserere, C.
[6] Rev. xxii. 5.
[7] Mark xvi. 16.
[8] Here, probably, should come in the 'enim' of l. 16.

Preface to the Faed Fiada.[1]

Liber Hymnorum, Trinity College, Dublin, fo. 19 b.

Patraicc dorone innimmunsa. INaimseir Loegairo meic Néil dorigned. Fád adénma *immorro* diadidcn
5 conamanchaib arnáimdib inbáis robátár inetarnid arnacleirchib. Ocus isluirech hirse inso frihimdegail cuirp *ocus* anma ardemnaib *ocus* dúinib *ocus* dualchib. Cech duine nosgéba cechdía coninnithem léir inDia, níthairisfet demna friagnúis. Bid dítin dó arcechneim
10 *ocus* format. Bidco[e]mna dó fridianbas. Bidlúrcch diaanmain iarnaétsecht. Patraicc rochan so intan dorata nahetarnaidi arachinn óLoegaire nadigscd dosilad chrcitme coTemraig, conid annsin atchessa fiad lucht nanetarnade comtis aigc alta *ocus* iarróe inandíaid .i.
15 Benen. Ocus féth fiada ahainm.

E. 4, 2, fo. 19 b.

Translation.

Patrick made this hymn. In the time of Loegaire son of Níall it was made. Now, the cause of making it was to protect himself with his monks against the deadly
20 enemies who were in ambush against the clerics. And this is a corslet of faith for the protection of body and soul against devils and human beings and vices. Whosoever shall sing it every day, with pious meditation on God, devils shall not stay before him. It
25 will be a safeguard to him against every poison and envy. It will be a defence to him against sudden death. It will be a corslet to his soul after dying. Patrick chanted this when the ambushes were set against him by Loegaire, that he might not go to Tara to sow the
30 faith, so that there they seemed before the liers-in-wait to be wild deer, with a fawn behind them, to wit, Benén. And *Fáed Fiada* ('Deer's Cry,') is its name.

---

[1] See above, p. 48.

Preface to Secundinus' Hymn

In the Franciscan *Liber Hymnorum*.

Franciscan Lib. Hymn., p. 12.

Audite omnes et reliqua. Sechnall filius Restituti, do Loṅgbardaib Letha, ocus Darercae sethar Patraic doronai hunc ymnum. Ocus Secundinus Romanum nomen eius, *acht* naGóidel (*sic*) doronsat 'Sechnall' de. Loc da*no* Domnach Sechnaill. Tempus .i. Aeda m*eicc* Néil *no* Loegaire. Armolad Pa*traic* doronad. Vel causa pacis fecit quia nocuit quod dixit Secundinus: "Fofer Patraic manbad óen, id est, nisi quod minime praedicaret caritatem." Et iratus est ei Patricius. Et dixit: "Propter caritatem non praedico, quia alii sancti post me ueniant (*sic*), in insolam, et (indig)ebunt obsequio hominum . . . relinquo caritatem praedicare." Et ideo fecit Secundinus hunc yn [leg. ymnum] causa pacis. Fecerunt pacem Patricius et Secundinus. IShé sin cétimmun doronad inhErind. Secundum ordinem alfabeti factus est. Tri captil fichet and, *ocus* cetharlíne incechcaptiul, *ocus* cóic sillaba dec cechlíne. Atat da*no* tri inada and hifeil .iii. (uerba sine) sensu causa rithmi.

O roscaich, t*ra*, doSechnall in moladsa dodenam, luid dia thaisbenad doPat*raic*. Asbert Sechnall fris: "Dorónus molad diaraile m*acc* bethad, ocus isail dam eitsecht duitsiu fris." "Mocben domolad muint*ire* Dé,"[1] olPat*raic*. ISse immo*rro* tossach dorat Sechnall fora immon, 'Beata Christi,' arnarocluinead Pat*raic* cia diandernad cotairsed agabáil. Intan imm*orro* roraid Sechnall 'Maximus in regno caelorum,' dixit Patricius: "Cinnas bas maximus homo in

---

[1] We should probably read (with the Lebar Brecc) *Mochen molad fir muintire Dé* "I welcome the praise of a man of God's household."

Audite omnes etc. Sechnall, son of Restitutus, from the Lombards of Letha, and of Darerca, Patrick's sister, made this hymn. And 'Secundinus' was his Roman name, but thereof the Irish made 'Sechnall.' Now the place [1] (was) Domnach Sechnaill. The time was (that) of Aed, son of Niall, or Loegaire. For praising Patrick it was made. Or for sake of peace Secundinus made it, because what he said annoyed Patrick, (namely) " Patrick is a good man, were it not for one thing, that is, if he did not preach charity so very little." And Patrick was angered, and said: " On account of charity I do not preach it, because the saints will come after me into (this) island, and will need men's service, (and accordingly) I dispense with preaching charity." And therefore Secundinus composed this hymn for sake of peace. And Patrick and Secundinus made peace. That is the first hymn which was composed in Ireland. It was made according to the order of the alphabet. Three and twenty chapters are therein; and four lines in each chapter, and fifteen syllables in each line. Now there are three places therein in which are three words without meaning (inserted) for sake of the rhythm.

So when Sechnall had finished making this eulogy, he went to shew it to Patrick. Said Sechnall to him: " I have made a eulogy for a certain son of Life, and I desire that thou shouldst listen to it." " My welcome to the praise of God's household," saith Patrick.

This, however, is the beginning that Sechnall gave to his hymn: "Beata Christi," so that Patrick might not hear for whom it had been made until its recital should have ended. Now when Sechnall said " Maximus in regno caelorum," Patrick said, " How should a human being be greatest in heaven?" Secundinus said : " The

---

[1] where the hymn was composed.

Franciscan
Lib.
Hymn.,
p. 12.

caelo?" Dixit Secundinus: "Pro positiuo positus est híc superlatiuus." Orosiact, *tra*, intimmon dogabáil, "Alóg damsa," olSechnall. "Rotbía," arPat*ra*ic, "alin lo fil *fo*rtchassail .i. *fo*rtchocull, achubes dophecta- chaib dochum nime arin immun." "Nigebsa sin," dixit 5 Sechnall. "Rotbia," olPat*ra*ic, "cechoín gebas folige *ocus* foerge dodul dochum nime." "Gebatsa," ol- Sechnall: "acht ismor in[t]ymmun, *ocus* nicach conicfa amebrugud." "Arath," olPat*ra*ic, "arratricaptelaib de- denchaib." "Deo gratias," olSechnall. 10

Longabardus genere, ut dixit Eochaid uaFlan(d)ucan

Sechnall *macc* uiBaird [inbúadach],
buaid inbetha,
dosil glangairg, gile datha,
Langbaird Letha. 15

Longbardi dicti sunt eo quod barbam longam habent.

Sucat (da*no*) ainm Pat*ra*ic apud parentes eius. Cothraige nomen eius apud Miliuc. Magonius apud Germanum. Patricius (nomen eius a) papa Celestino. 20

superlativ is here put for the positive." Now when he finished reciting the hymn, "the reward therefore to me!" saith Sechnall. "Thou shalt have (this)," saith Patrick: "as many hairs as are on thy chasuble, that is, on thy cowl, so many sinners [shall go] to heaven because of this hymn." "I will not take that," saith Sechnall. "Thou shall have (this)," saith Patrick: "whosoever shall recite it on lying down and on rising up shall go to heaven." "I will take that," saith Sechnall; "but the hymn is long, and not every one will be able to remember it." "Its grace," saith Patrick: "shall be on the three last chapters." "Deo gratias," saith Sechnall.

A Lombard by race (was Sechnall), as Eochaid ua Flanducáin said:

> Sechnall son of Ua Baird, the gifted,
> Victory of the world.
> Of a pure-fierce race, whiteness of colour,
> Lombards of Italy.

They were called Lombards because they have a long beard.

Now Sucat was Patrick's name with his parents. Cothraige was his name with Miliuc. Magonius with Germanus. Patricius was his name from pope Celestine.[1]

---

[1] This preface is translated by Colgan, *Tr. Th.* 211.

Secundinus' Hymn.

<small>Franciscan Liber Hymnorum, p. 12.</small>

Audite omnes amantes Deum sancta merita
uiri in Christo beati, Patricii episcopi,
quomodo bonum ob actum simulatur angelis,
perfectamque propter uitam aequatur apostolis.

Beata Christi custodit mandata in omnibus, 5
cuius opera refulgent clara inter homines,
sanctumque cuius sequuntur exemplum mirificum,
unde et in celis Patrem magnificant Dominum.

Constans in Dei amore et fide immobilis
super quem aedificatur, ut Petrus aeclesia, 10
cuiusque apostolatum a Deo sortitus est:
in cuius porta[e] aduersus inferni non praeualent.

Dominus illum elegit ut doceret barbaras
nationes, ut piscaret per doctrinae retia,
ut de seculo credentes traheret ad gratiam, 15
Dominumque sequerentur sedem ad etheriam.

Electa Christi talenta uendit euangelica,
quae Hibernas inter gentes cum ussuris exigit,
nauigii huius laboris dum opere[1] pretium
cum Christo regni celestis possessurus gaudium. 20

Fidelis Dei minister insignisque nuntius,
apostolicum exemplum formamque prebet bonis;
qui tam uerbis quam et factis plebi praedicat Dei,
ut quem dictis non conuertit actu prouocet bono.

Gloriam habet cum Christo honorem in seculo, 25
qui ab omnibus ut Dei ueneratur angelus,
quem Deus misit, ut Paulum, ad gentes apostolum,
ut hominibus ducatum praeberet regno Dei.

---

[1] tum operae, Lib. Hymn. (T.C.D.) fo. 1: *dum* seems to mean "as."

SECUNDINUS' HYMN.

Humilis Dei ob metum spiritu et corpore   Franciscan
super quem bonum ob actum requiescit Dominus. Liber
cuiusque iuxta[1] in carne Christi portat stigmata Hymno-
in cuius sola sustentans gloriatur in cruce.   rum.

5 Impiger credentes pascit dapibus celestibus,
ne qui uidentur cum Christo in uia deficiant,
quibus erogat ut panes uerba euangelica,
in cuius multiplicantur ut manna in manibus.

Kastam qui custodit carnem ob amorem Domini,
10 quam carnem templum parauit sanctoque Spiritui,
. a quo constanter cum mundis possidetur actibus,
quam ut hostiam placentem uiuam offert Domino.

Lumenque mundi accensum ingens euangelicum,
in candelabro leuatum, toti fulgens seculo,
15 ciuitas regis munita supra montem posita,
copia in qua est multa quam Dominus possidet.

Maximus nanque in regno celorum uocabitur,
qui quod uerbis docet sacris factis adimplet bonis:
bono procedit exemplo formamque fidelium,
20 mundoque in corde habet ad Deum fiduciam.

Nomen Domini audenter annunciat gentibus,
quibus lauacri salutis aeternam dat gratiam,
pro quorum orat delictis ad Deum cotidie
pro quibus ut Deo dignas immolatque hostias.

25 Omnem pro diuina lege mundi spernit gloriam,
qui cuncta ad cuius mensam *estimat* ciscilia,[2]
nec ingruenti mouetur mundi huius fulmine,
sed in aduersis laetatur cum pro Christo patitur.

---

[1] Sic, leg. iusta.
[2] *i.e.*, counting all things as chaff compared with the table of the Law.

Franciscan Liber Hymnorum.

Pastor bonus ac fidelis gregis euangelici,
quem Deus Dei elegit custodire populum,
suamque pascere plebem diuinis dogmatibus,
pro qua, ad Christi exemplum, suam tradidit animam. 5

Quem pro meritis saluator prouexit pontificem,
ut in celesti monéret clericos militia,[1]
celestem quibus annonam erogat cum uestibus,
quod in diuinis impletur sacrisque affatibus.

Regis nuntius inuitans credentes ad nuptias 10
qui ornatur uestimento nuptiali indutus.
qui celeste aurit uinum in uassis celestibus
propinnansque Dei plebem spirituali poculo.

Sacrum inuenit thessaurum sacro in uolumine,
Saluatorisque in carne deitatem praeuidit. 15
quem thessaurum emit sanctis perfectisque meritis:
Israhel uocatur huius anima uidens Deum.

Testis Domini fidelis in lege catholica,
cuius uerba sunt diuinis condita oraculis,
ne humane[1] putrent carnes essaeque[3] a uermibus 20
sed celesti sallientur sapore ad uictimam.

Verus cultor et insignis agri euangelici,
cuius semina uidentur Christi euangelia,
quae diuino serit ore in aures prudentium.
quorumque corda ac mentis Sancto arat Spiritu. 25

Xps. (Christus) illum sibi elegit in terris uicarium.
qui de gemino captiuos liberat seruitio
plerosque de seruitute quos redemit hominum,
innumeros de Stabuli[4] obsoluit dominio.

---

[1] MS. militie.
[2] MS. humane.
[3] MS. essaque.
[4] *i.e.*, Zabuli = Diabuli, Diaboli.

Ymnos cum apocolipsi ↓almosque cantat Dei, *Franciscan*
quosque ad aedificandum Dei tractat populum, *Liber*
quam legem in Trinitate sacri credit nominis *Hymno-*
tribusque Personis unam docetque Substantiam. *rum.*

5 Zona Domini *prae*cinctus diebus ac noctibus,
sine intermissione Deum orat Dominum,
cuius ingentis laboris percepturus p*rae*mium,
cum apostolis regnabit sanctus super Israhel.
         Audite.

10   Patricii laudes semper dicamus
  ut nos cum illo defendat Deus.

  Hibernensis omnes clamant ad te pueri:
  ' ueni sancte Patricii, saluos nos facere.'

Patricius sanctus epis*copus* oret p*ro* nobis omnibus,
15 et miseriatur p*ro*tenus peccata quae commisimus.

The Lebar Brecc Preface to the Foregoing Hymn.

Lobar Brecc, facsimile, p. 238 a.

Audite omnes. Locus huius ymni .i. Domnach Sechnaill, *ocus* ise inSechnallsin dorigne hunc ymnum doPatraic.

Patraic *immorro*, doBretnaib h*E*rcluaide abunadas. 5 Calpurnd ainmm aatha*r*. Fotaid ainm a*s*enatha*r*. deochain atcomnaics*i*de. Conchess, *immorro* amathair. Lupait *ocus* Tigris, adi *s*iair.

Bata*r*, dino,[1] .iiii. nomina fo*r* Patraic .i. Succat aainm icathustidib,[2] Cothrige aainm diambúi ocfognam do- 10 chethrur, Magoni*us* aainm oGerman. Pat*r*icius aainm a papa Celestino.

Fochund *immorro* tuide*ch*ta Pát*r*aic inEiri*n*n. Isamlaid so forcoemnacair .i. Seacht m*e*ic Sechtmaide ríg Bretan bata*r* forlongis, coru*s*ortutar Airmoirc*c* 15 Letha. Doecomnacair dremm do Bretnaib h*E*rcluaide doib intansin inAirmoirc Letha. Orta hisuidiu Calpurn mac Fotaid, atha*i*r Pat*r*aic, *ocus* rogabad iar*um* Pat*r*aic, *ocus* adi *s*iair andsin. Dollot*a*r iar*um* mec Sechtmaide fo*r*muir dochumm nE*r*en*n*. Renair iar*um* 20 Lupait indsin .i. hi*Co*nallib Muirthemni, *ocus* rentar Pát*r*aic fria Míliuc mac h*ú*iBuain inDalaraide *ocus* fria athriur ṁbrathar, *ocus* rorensat adí *s*iair i*Co*nallib Muirthemni,[3] *ocus* nimafiti*r* doib.

Cethrar *immorro* roscennaigsium Pát*r*aic *ocus* oen 25 díbside Míliuc. *co*nid assin roétsam innainm isCothraige iarsinní roḟognads*um* do chetharthreib. Otchonnairc *immorro* Míliuc corba mog iresach he roscendaig ontr*í*ur aile corusḟógnad dó aoenur co cend .uii.

---

[1] Perhaps did*i*u.
[2] MS. thu*s*tigib.

MS. muirthemnib.

Audite omnes. The place of this hymn, Domnach Sechnaill ('Sechnall's Church,') and it is that Sechnall who made this hymn to Patrick.

Patrick, now, of the Britons of Ail-cluaide was his origin. Calpurn was his father's name. Fotaid his grandfather's name, a deacon was he. Conchess, however, was his mother, Lupait and Tigris his two sisters.

Now Patrick had four names, to wit, Succat, his name with his parents, Cothrige his name while he was serving four persons: Magonius his name from Germanus, Patricius his name from pope Celestinus.

The cause, however, of Patrick's coming to Ireland. Thus it happened, namely, seven sons of Sechtmaide, King of the Britons, were in exile, and they ravaged Armorica. A party of Britons of Aíl-Cluaide they chanced to meet then in Armorica. Calpurn son of Fotaid, Patrick's father, was killed there, and then Patrick was captured, and his two sisters there. Then Sechtmaide's sons went oversea to Ireland. Then Lupait is sold there, namely in Conalle Muirthemni, and Patrick is sold to Míliuc, son of Úa-Buain, in Dál-Araide, and to his three brothers. And they sold his two sisters in Conalli Muirthemni, and of them [Patrick and his sisters] nothing was mutually known.

Now four persons bought Patrick, and one of them was Míliuc. Wherefore he (Patrick) obtained the name Cothraige since he used to serve four households. Howbeit, when Míliuc saw that he was a faithful slave he bought him from the other three, so that he served him alone to the end of seven years, after the manner of the

Lebar Brecc, p. 238 a.

mbl*iadan* fobés nanEbraide, *ocus* rochés mor nimnid hindíthruib Slébi Mis inDal Araide ocingaire mucc Miliuc.

Tecmaic, *tra, conacca* Míliuc fís náidchide .i. indarles *conacca* Cothrige dothidecht chuice isintech irraba 5 *ocus* lassar theined uasachind *ocus* araárónaib *ocus* asachluassaib, *ocus* indarlais doromaith in lassar fair dia loscud, *acht* rosindarb*s*um uad *ocus* niroerchoidigesta*r* do hí. Amacc *ocus* aingen *immorro* bata*r* inoenlepaid *friss* roloisc intene iat conderna luaith 10 dib *ocus* coroesredestar ingoeth inluaithsin foEir*inn*.

Rogairmed iar*um* Cothrige do Míluic corindis dó afís, *ocus* rouc Cothrige breith fu*rri* .i. "INtene atchonnaircisiu indumsa, íres naTrinóti indsin bruthnaiges indumsa, *ocus* isisin forchanubsa duitsiu iartain, 15 *ocus* níchretfeisu. Do macc, *immorro, ocus* tingen, cretfits*ide ocus* nosloiscfe tene inratha iat."

INtan, t*ra*, rogenair intí noem Pat*raic*, isse*d* rucad hé cu*s*inmacc dall[1] clarenech diabaitsed. Gorianas sainm intéacairt, *ocus* nocoraibe usce ocai asandernad 20 inbaits*ed*, cotarut airde nacroche diláim nanóiden darsintalmain, cotanic usce ass, et lauauit Gorinas (*sic*) faciem suam, *ocus* roeroslaicte aroisc dó iarsin, *ocus* roairlég inmbaithis, intí narfóglaimm litt*ri* riam.

Tempus autem .i. Loegaire mei*cc* Neill rig Ere*nn* 25 Causa, armolad Pat*raic*, ár asbe*rt* Sechnall *fri*Pat*raic*: "Cuin dogénsa molad duit?" Asbert Pat*raic*: "Niháil damsa momolad imbethaid." Dixit Sechnall: "Non interrogaui utrum faciam, sed quando faciam,"

---

[1] Sic. Read n'dall.

Hebrews, and he suffered much tribulation in the wilderness of Sliab Mis in Dál Araide, herding Míliuc's swine.

It happened, then, that Míliuc saw a nocturnal vision, namely, it seemed to him that he saw Cothrige coming to him into the house wherein he was biding, and a flame of fire over his head, and out of his nostrils and out of his ears. And it seemed to Míliuc that the flame threatened to consume him, but he drove it from him and it did not hurt him. His son and his daughter, however, who were in one bed with him, the fire burnt them, and made ashes of them, and the wind scattered those ashes thoughout Ireland. Then Cothrige was called by Míliuc, who told him his vision, and Cothrige delivered judgment on it, namely, " The fire which thou beheldest in me is the faith of the Trinity, which burns in me, and it is that which I shall afterwards preach to thee, and thou wilt not believe. Howbeit, thy son and thy daughter, they will believe, and the fire of grace will consume them."

Now when the holy Patrick was born he was brought to the blind flatfaced youth to be baptized. Gorianus was the priest's name, and he had no water wherewith he could perform the baptism, so with the infant's hand he made the sign of the cross over the ground, and water came thereout, and [with that water] Gorianus washed his face, and his eyes were opened, and he read out the baptismal óffice, he who had never learnt letters !

Tempus autem, namely of Loegaire son of Níall, King of Ireland. *Causa*, for praising Patrick. For Sechnall had said to Patrick, " when shall I make an eulogy for thee ? " Said Patrick ; " I do not wish my eulogy during my life." Said Sechnall : "I did not say whether, but when, I should make it." Said Patrick, " If thou

Lebar Brecc, p. 238 a, col. 1.

Dixit Patricius: "Si facias uenit tempus .i." ar rofítir Pat*raic* robfo*cus* aimmser aetsechta.

Sechnall .i. mac Restituti, ise dorigne hunc ymnum doPat*raic*, ár dalta esseom doPat*raic* et filius sororis[1] Patricii he beos; *ocus* do Longbardaib Letha do, ut dixit Eocha*id* h*úa* Flannucan:

Sechnall ma*cc* uí Baird inbuada[ch]
buaid fer mbetha,
do áil glangairg, gile datha,
Longbaird Letha.   10

Longobardi dicti sunt eo quod habent longam barbam.

Secundinus secans dilicta aliorum, uel secedens ipse a dilictis interpretatur.

p. 238 a., col. 2.

INtan, t*ra*, bói Sechnall ocdenam indimmuinsi, isand dorala oenach dodenam hiuarrad Domnaig Sech- 15 naill, condechus oSechnall diatairmesc *ocus* nídernad fair. Luid Sech*nall* foraais iarsin, *ocus* tuarcaib alama coDia, corósluic intalum .x. carpthiu .iii. dib, cum suis equitibus, et ceteri in fugam exierunt.

Vel haec est causa .i. arintocrad dorat Sech*nall* 20 forPat*raic* .i. "Fó fer Pat*raic* minbad oen .i. alaget pr*it*chas deircc." O rochuala, t*ra*, Pat*raic* insein doluid coSech*nall* *ocus* ferg mor fair. IS and side rósiacht reSech*nall* oiffrenn acht dul dochurp Cr*ist* intan itcuas doPat*raic* dothide*cht* donbaile *ocus* ferg mor 25 fair fr*ia* Sech*nall*. Facbais iar*um* Sech*nall* inédpairt forsinaltóir *ocus* slechtais doPat*raic*. Dorat, t*ra*, Pat*raic* incarput tairis *ocus* tuarcaib Dia intalmain

---

[1] MS. soriris.

shouldst make it the time hath come," for Patrick knew that the time of his (Sechnall's) death was near.

Sechnall, to wit, son of Restitutus, it is he that made this hymn to Patrick, for he was a pupil of Patrick's, and a son, moreover, of a sister of Patrick; and of the Lombards of Letha was he, as Eochaid húa Flanducáin said:

> Sechnall son of Húa Baird, the gifted,
> Victory of the men of the world,
> Of a race pure-fierce, white-coloured,
> The Lombards of Letha.

They were called Lombards because they have a long beard.

'Secundinus' is explained as *secans* the sins of others, or as he himself *secedens* from sins.

Now when Sechnall was composing this hymn it came to pass that a fair was held hard by Dunshaughlin, so Sechnall sent to forbid it, and this was not done for him. Sechnall went backwards (?) after that, and raised his hands to God, and the earth swallowed up thirteen chariots of them with their riders, and the others fled away.

Or this is the cause, namely, because of the provocation which Sechnall gave Patrick, to wit, "Patrick is a good man, were it not for one thing, namely, that he preacheth charity so little."[1] So when Patrick heard that he went to Sechnall in great wrath.[2] It was then that Sechnall had finished mass, except going to Christ's Body, when he was told that Patrick had come to the place in great wrath [2] against Sechnall. Then Sechnall left the oblation on the altar, and knelt unto Patrick. So Patrick drove the chariot over him, and God raised the ground around him hinc et inde, so that (Patrick)

---

[1] *lit.* his littleness that he preaches charity.
[2] *lit.* and great wrath upon him.

Lebar Brecc, p. 238 a, col. 2, line 11.

imme hinc et inde *con*aroerchotig dó. "Cid rombá dam?" *or*Sech*nall*. "Cia hoen sut," *ol*P*atraic*, "dixisti narachomallsu, armanichomallaimsea deircc ambídba thimmna Dé. Rosfiti*r* moDia brathai isa*r*deircc na-*pr*itchaim [deircc], árticfat mic bethad post me in hanc insolam *ocus* ricfait aless a*f*ognam ab hominibus." "Ni *con*fetarsa sin," *or*Sech*nall*, "nacharlaxu dorignis."

ISand sin asbe*r*t intaingel fri*a*P*atraic*: "Bid latsu sin uile." Doronsat, t*r*a, síth andsin, P*atraic* *ocus* Sech*nall*, *ocus* cen batar [oc] tiachtain timchell na-relgi rochualutar clais aingel occantain immonídp*air*t isinecla*is*, *ocus* iss*ed* rochansat innimmon dianad tossach 'Sancti uenite Christi corpus,' et reliqua. *Con*id osein ille chantar inEiri*nn* inimunsa intan tiagar do-Churp Cri*st*.

Ocus ro*f*áid P*atraic* iarsin Sech*nall* coRóim forcend neich dothaissíb Poil *ocus* Petair *ocus* martire aile arincúrsachud dorat fair. *Ocus* ite sin taisse filet in-Ard Macha hi scrín Poil *ocus* Petair.

O rus*c*áich,[1] t*r*a, do Sech*nall* inmoludsa dodénam luid diathaispenád do P*atraic*. Intan rosiacht Sech*nall* coP*atraic* asbe*r*t fr*iss*: "Molad dorignes disaraile ma*cc* bethad: isail dam etsecht duitsiu fr*iss*." Asbert P*atraic*: "Mochen molad fír muntire Dé." Ise, t*r*a, tossach dorat Sech*nall* for a immon .i. 'Beata Christi custodit,' arnarothucad P*atraic* cia dia*h*dernad intimmon cotairsed agabail. Intan, di*no*,[2] roraid Sech*nall* 'Maximus nanque in regno celorum,' rochumscaig P*atraic* alluc hilloc, et dixit: "Cindas bas maximus[3] homo in regno celorum?" Dixit Sech*nall*: "Pro

---

[1] MS. Oruscaith.
[2] Perhaps did*iu*.
[3] MS. maxi*mmus*.

hurt him not. "Why shouldst thou be (so) to me?" saith Sechnall. "What is that one thing," said Patrick, "thou saidst I did not fulfil? For if I fulfil not charity, I am guilty of breaking God's commandment. My God of doom knoweth that it is for sake of charity I preach not charity. For sons of life will come after me into this island, and they will need their service from men." "I did not know that," saith Sechnall, "that it was not from sluggishness thou didst so."

Then the angel said to Patrick, "All that shall be thine." So then they made peace, Patrick and Sechnall, and while they were going round the cemetery they heard a choir of angels chanting at the offering in the church, and this is what they chanted, the hymn whose beginning is *Sancti venite, Christi corpus*, etc. Wherefore from that time forward this hymn is sung in Ireland when one goes to Christ's Body.

And Patrick thereafter sent to Sechnall to Rome for some of the relics of Paul and Peter and other martyrs, because of the rebuke he had given him. And those are the relics which are (now) in Armagh in the shrine of Paul and Peter.

So when Sechnall had finished composing this eulogy he went to show it to Patrick. When Sechnall came to Patrick he said to him: "The eulogy which I have made for a certain son of Life, I desire that thou wouldst listen to it." Said Patrick: "I welcome the praise of a man of God's household." This, then, is the beginning that Sechnall gave to his hymn, namely, *Beata Christi custodit*, so that Patrick should not understand for whom the hymn was made till its recital had come (to an end). Now when Sechnall said, "Maximus namque in regno caelorum," Patrick moved from place to place, and said, "How can a human being be greatest in the kingdom of heaven?" Sechnall said: "The superlative is here

<small>Lebar Brecc, p. 238 a, col. 2, line 35.</small> possitiuo est híc [superlatiuus]. *No* is do ilib acheneoil fen dorróisce." "Is maith infrecra," olPat*raic*.

INtan *tra* roscaich re Sech*nall* intimmon dogabail, isand dorocht fer *ocus* ben combiad leo doPat*raic* .i. gruth *ocus* imm. Bera[ch] nomen uiri et Bríg nomen mulieris. Asbert Pat*raic*, "tech," olse, "hingebthar riaproind innimmunsa ni bia *terca* m̄bíd and." *Ocus* tech nua *immorro* hingebthar prius, biaid tórruma Pat*raic* conoemaib Er*enn* and imme, am*al* rofoillsiged sin doCholman Ela et ali[i]s cum eo, *ocus* am*al* rofoill[s]iged doChoemgein cum suis intan tanic asind-*eclais* dia dómnaig isinp*r*ainntech et[1] ymnum hunc cantauit. Patricius cum multis patribus apparuit ei et ter cantauit. Et tunc quidam stultus dixit: "Cur canimus hunc ymnum sic?" Et dixit Coemgein: "Ni maith sin," olse, "quia apparuit[2] nobis Patricius cum suis discipulis quandiu cantabamus ymnum."

O rosiacht intimmun dogabail, asbert Sech*nall*: "A lóg damsa," olse. "Rotbia," olPat*raic*, ".i. allín la fil in anno, achubes de animabus peccatorum dodul dochumm nime arinnimmon do denam." "Nígebsa sin," or Sech*nall*, "or is bec liumm *ocus* ismaith inmolad." "Rotfia," olPat*raic*, "allín ló fil forcassal do chochaill allín peccthach dodul dochum nime arinnimon." "Nígeb," or Sech*nall*, " ar cia hiresach nab*er*a lais incoibessin dochumm nime cen comola fer am*al* tussa et*ir*?" "Rotfia," olPat*raic*, "morfessiur *cacha* dardáin *ocus* .x. da fer *cacha* sathairn dochumm nime do pecctachaib Er*enn*." "Is bec," or Sech*nall*. "Rotfia," olPat*raic*, "*cach* oen geb*us* folige *ocus* foergi dodul dochumm nime." "Nigebsa sin," or Sech*nall*, "ar is-

---

[1] MS. at.   [2] MS. inserts ei.

for the positive. Or it is because he has surpassed many of his own race." "Good is the answer," saith Patrick.

Now when Sechnall had finished reciting the hymn, there came a man and a woman having food for Patrick, to wit, cheese and butter. Berach was the man's name. Brig the woman's. Quoth Patrick: "The house," saith he, "wherein this hymn shall be sung before dinner, scarcity of food will not be there." And a new house in which it shall be sung first of all, a watching of Patrick with Ireland's saints will be there about it. As that was manifested to Colman Ela and others with him, and as was manifested to Coemgen with his people when he came out of the church on a Sunday into the refectory, and recited this hymn. Patrick with many fathers appeared to him, and he recited it thrice. And then a certain foolish one said: "Why do we sing this hymn thus?" And Coemgen said: "That is not good," saith he, "because Patrick with his disciples appeared to us so long as we were reciting the hymn."

When the recital of the hymn had come to an end, Sechnall said: "A guerdon for it to me," saith he. "Thou shalt have," saith Patrick, "for composing the hymn, a number of sinners' souls to go to heaven the same as the number of days that there are in a year." "I will not take that," saith Sechnall, "for I deem that little, and the eulogy is good." "Thou shalt have (this)," saith Patrick, "for the hymn: the number of hairs that are on the chasuble of thy cowl, their number of sinners to go to heaven." "I will not take (it)," saith Sechnall: "for what believer, without praising at all a man like thee, will not take with him as many as that to heaven?" "Thou shalt have," saith Patrick, "of the sinners of Ireland seven every Thursday, and twelve every Saturday, to go to heaven." "It is little," saith Sechnall. "Thou shalt have (this)," saith Patrick: "every one who shall sing it on lying down and rising up to go to heaven." "I will

Lebar Brecc, p. 238 a, col. 2.

mor intimmun *ocus* ni cách *conic*fa amebrugud." "Arath uile," olPa*traic*, "arna tri caiptelu dedinachu de." "Deo gratias," or Sech*nall*.

Dornirngert [p. 238 b, col. 1, line 1] intaingel doPa-*traic* for*s*in Cruaich incetna .i. nem donti gebas fó- 5 lige *ocus* fóergi natrí caip*telu* dédincha de, ut est:

'Ymun dor[o]éga hitbiu bid luirech diten dochách.'

ISe so cetna ymun doronad inEir*inn*.

Ord abgitrech fil fair, more Ebreorum, sed non per omnia. Tri caip*til* .xx. fil and ocus .iiii. líne inca*ch* 10 caip*tiul* ocus .xu. sill*ab*a inca*ch* líṅe . et si quis inuenerit plus minusue in eo error est. Atatt dá inud *no* atri hifil inand (leg. immun?) sine sensu sed causa rithmi, et reliqua.

Similitudine Moysi dicentis 'Audite celi qui loquar'[1] 15 et *Dau*id dicentis[2] 'Audite haec, omnes gentes.'

---

[1] Deut. xxvii., 1–43. | [2] MS. dicentes.

not take thát," saith Sechnall, "for the hymn is long, and not every one will be able to remember it." "All its grace," saith Patrick, "(shall be) on the three last chapters of it." "Thanks be to God," saith Sechnall.

On the Cruach [1] the angel promised the same thing to Patrick, to wit, heaven to him who shall sing, on lying down and rising up, the three last stanzas of it, as is [in Fíacc's hymn [2]]

'The hymn thou hast chosen in thy life-time will be
a corslet of protection to every one.'

This is the first hymn that was made in Ireland.

It is in alphabetical order, after the manner of the Hebrews, but not throughout. There are twenty-three stanzas in it, and four lines in each stanza, and twelve syllables in each line. And if any one find more or less in it there is a mistake. There are two or three places in which the hymn is meaningless, but this is for sake of the rhythm, &c.

(The beginning is) after the manner of Moses, saying, *Audite caeli qui loquor*, or of David, saying, *Audite haec omnes gentes.*

---

[1] *i.e.*, Croagh Patrick : v. supra pp. 112–118.
[2] See above, p. 411, v. 26.

Fíacc's Hymn.

Franciscan Liber Hymnorum, p. 36.

Fíacc Sleipte dorónai inmoladsa doPhat*raic*. InFíacsin, da*no*, m*a*c eside m*a*c Ercha m*i*c Bregain m*i*c Dare Barraig, otát Oe-Barche, m*i*c Cathair Mo[i]r. Dalta da*no* inFiacsin doDúbthach m*a*c hui Lugair, ardfile hErend 5 heside. INamsir Lóegaire m*i*c Neill *ocus* Pat*raic* doronad. Oc*us* isé inDubthachsin atraracht riaPat*raic* íTemraig iarnárad doLoegaire na roeirged nech remi isintich. Oc*us* ba cara do Phat*raic* he osein immach, *ocus* robats*ed* som oPhat*raic* iarsin. Luid da*no* Pa- 10 t*raic* fecht co tech inDubthaigsin iLaignib. Ferais iar*um* Dubthach failte moir friPat*raic*. Atbe*rt* Pat*raic* fri Dubthac*h* : "Cuinnig damsa," olse, "fer graid sochenel*ach* sob*éssach*, oen[s]étche *ocus* oenm*a*c ocai tantμm." "Ced aracuinchisiu sein?" olDubthach[1] ".i. 15 fer in chrothasin?" Ol-Pat*raic* :[2] "diadul fog*ra*daib." "Fiac sin," olDubthach, "*ocus* dochoids*i*de forcuairt iC*o*nnactaib." INtan, t*ra*, batar fo*rs*nabriathrasa, isand tanic Fiac *ocus* achuairt leis. "Atá sund," olDubthach, "inti roimradsem." "Ciabeith," olPat*raic*, "bes 20 niba hail do quod diximus?" "Dentar trial mober[r]thasa," olDubthach. "*con*accadar Fiac." Otchonnair[c], tra, Fiac sin roiarfaig : "ced trialtar?" olse. "Dubthach dobachaill," arseat. "Esbach sin," arse, "arnifil inhErind filid alethet." "Notgebtha darahesi," olPa- 25 t*raic*. "Islugu moesbaidse ahErind," olFiac, "q*uam* Dubtha[ch]." Tall, tra, Pat*raic* aulchai doFiac tunc.

---

[1] MS. olPat*raic*. | [2] MS. OlDubthach.

Fíacc of Sletty made this eulogy for Patrick. That Fiacc, then, was son of Erc, son of Bregan, son of Dare Barraig (from whom are the Húi Barrche),[1] son of Cáthair Mór. A pupil, then, was that Fíacc of Dubthach maccu-Lugair: chief poet of Ireland was he. In the time of Loegaire, son of Niall and of Patrick, was it made.[2] And it is that Dubthach who rose up before Patrick in Tara, after Loegaire had said that no one should rise up before him in the house. And he was a friend of Patrick's thenceforward, and he was baptized by Patrick afterwards. Now Patrick once went to that Dubthach's house in Leinster. Then Dubthach made great welcome to Patrick. Patrick said to Dubthach: "Seek for me," saith he, "a man of rank, of good family, moral, having only one wife[3] and one child." "Why seekest thou that?" saith Dubthach, "namely, a man of that kind?" Saith Patrick, "For him to enter orders." "Fíacc is that," saith Dubthach, "and he has gone on a circuit in Connaught." Now when they were thus talking[4] then came Fíacc and his circle with him. "Here," saith Dubthach, "stands he of whom we were thinking." "How will it be," saith Patrick, "if what we have been saying is not pleasing to him?" "Proceed to tonsure me," saith Dubthach, "so that Fíacc may see." So when Fíacc saw that he asked: "What is being proceeded with?" saith he. "To tonsure Dubthach," say they. "That is idle," saith he, "for there is not in Ireland a poet his equal." "Thou wouldst be taken in his stead," saith Patrick. "The loss of me," saith Fíacc, "is less to Ireland than Dubthach."[5] So Patrick shore his beard

---

[1] Colgan inserts 'in Lagenia.'
[2] This sentence seems an interpolation.
[3] 1 Tim. iii. 2.
[4] lit. "on these words.

[5] The construction is very rude. The meaning of course is that Ireland can spare me (as a poet) better than Dubthach.

Franciscan Liber Hymnorum, p. 36.

Ocus tanic rath mór fair iarsein. Ocus [rolég] innord neclastacda uile inoenaidche vel .xu. diebus ut alii ferunt. Ocus cotartad grad nepscuip fair, ocus conidhe as ardepscop Lagen osein ille ocus achomarba diaheis.

Loc dno (sic) Duma Gobla friSleipte aniarthuaid. 5
Tempus vero Lugdach mic Lóegaire, arishe barí hÉrend tunc. Causa vero armolad Patraic. Ocus is iarna ec doronad, ut ferunt quidam auctores.

1. Génair Patraic inNemthur, issed adfét hiscelaib,   10
   maccan sembliadan dé[a]c¹ intan dobreth foderaib.

2. Succat aainm hitubrad,² cid aathair bafisse,³
   mac Calpuirnd maic Otidi, hoa deochain Odissi.

3. Bai sebliadna hifognam, maisse dóine⁴ nistomled.
   batar ile Kothraige cetharthrebe diafognad.   15

4. Asbert Uictor frigniad Milcon tessed⁵ fortonna:
   forruib achoiss forsindleic, maraid diaæs,⁶ nibronna.

5. Dofaid tarElpa huile, De mair, ba amra⁷ retha!
   conidfarcaib⁸ laGerman andes indesciurt Letha.

---

¹ deac, T. (i.e. the Trinity College *Liber Hymnorum*, E. 4. 2).
² itubrnd, T.; hitrubhrad, Colgan.
³ bafissi, T.
⁴ MS. doíne.
⁵ mil contessed, T.
⁶ aes, T.
⁷ amru, T.
⁸ conidfarggaib, T.

from Fiacc then. And great grace came on him thereafter. And he read all the ecclesiastical *ordo* in one night, or fifteen days, as others declare. And a bishop's rank was conferred on him, and it is he that is chief bishop of Leinster thenceforward and his successors after him.

The Place, moreover, was Duma Gobla, to the northwest of Sletty. But the Time (was that of) Lugaid son of Loegaire, for it is he that was king of Ireland then. The Cause was for praising Patrick. And after his death it was made, as certain authors declare.

1. Patrick was born in Nemthor,[1] this hath been declared in stories:
   A boy of sixteen years when he was brought (hither) in tears.
2. Sucat (was) his name that was first given;[2] as to his father, he was, (it is) to be known,
   Son of Calpurn, son of Potitus, grandson of Deacon Odisse.
3. He abode six years in bondage: men's[3] food he consumed it not.
   Many were they whom Cothraige[4] of-four-households served.
4. Said Victor to Miliuc's bondsman[4] that he should go over the waves:
   He set his foot upon the flagstone; its trace remains: it wears not away.
5. He went over all Albion: great God, it was a marvel of a course!
   Till he left himself with Germanus in the south, in the southern part of Letha.

---

[1] *Nempthor*,Tertia Vita,c. 4,which is phonetically = *Nemptodorum* (Greg. Tur.), anciently *Nemetodurum*, now *Nanterre* at foot of Mont Valérien, about seven miles from Paris.

[2] *hitubrad* seems = *chita-túberad*. So Colgan, Tr. Th. p. 1, " primò impositum est."

[3] nempè gentilium, Colgan.

[4] i.e. Patrick, see above, pp. 16, 19.

Franciscan Liber Hymnorum, p. 36.

6. IN insib Mara Torrian áinis, indib adrimi:
   legais canóin laGerman, ised adfiadat lini.

7. Dochum nErend dodfetis aiṅgil De hifithisi:
   menic itchíthe ifisib¹ dosnicfed arithisi.

8. Ropochobair dondÉrind² tichtu Pat*r*aic forochlad. 5
   roclos cian son aṅgarma maccraidi³ caille Fochlad,

9. Gadatar cotissed⁴ innóeb aranimthised lethu,
   aratintarad⁵ ochloen tuatha hÉrend dobethu.

10. Tuatha hÉrend tairchaintais dosnicfed sithlaith nua,
    meraid coti aniartaige,⁶ bidfás tír Temrach túa. 10

11. A druid arLoégaire⁷ tíchtu Phat*r*aic nicheiltis:
    [p. 37] rofirad ind[f]aitsine innaflatha asbeirtis.

12. Baleir Pat*r*aic combebai,⁸ basab innarba clóeni,
    ised túargaib a[f]eua súas de sechtreba dóeni.⁹

13. Ymmuin ocus abcolips,¹⁰ natricoicait ¹¹ noscanad, 15
    pridchad, batsed, arniged, demolad Dé nianad,

14. Nicongebed uacht síne dofess ¹² aidche illinnib:
    fornim consena aríge, pridchaiss fride indinnib.¹³

---

¹ atchithi hifisib, T.
² donderinn, T.
³ aṅgarma macraide, T.
⁴ cotíssad, T.
⁵ aratintarrad, T.
⁶ Sic. F. and Colgan: *co de aiartaige*, T. Both lections are corrupt. Read *codia nerdathe*, where *erduthe* is a gen. sg. glossed by iudicii, supra, p. 308, l. 8.
⁷ friloegaire, T.
⁸ combeba, T.
⁹ dóine, T.
¹⁰ Sic, T.; abcoilps, F.
¹¹ natricoicat, T.
¹² sini dofeiss, T.
¹³ ininib, T.

6. In the isles of the Tyrrhene sea he fasted ; therein he ponders :
   He read the canon with Germanus : this is what books [1] declare.
7. Unto Ireland God's angels were bringing him in (his) orbit :
   Often was it seen in visions that he would come again to it.
8. A help to Ireland was Patrick's coming which was heeded (?) :
   Afar was heard the sound of the cry of the children of Fochlad's wood.
9. They prayed that the saint would come, that he would walk with them.
   That he would convert Ireland's tribes from evil to Life.
10. Ireland's tribes were prophesying that a new long reign would come to them,
    That it would remain till the Day of Doom, that silent Tara's land would be waste.
11. His wizards concealed not from Loegaire Patrick's coming :
    The prophecy of the reign whereof they spake was verified.
12. Pious was Patrick till he died : he was a strong expeller of evil.
    It is this that upraised his goodness up beyond men's tribes.
13. Hymns and apocalypse, the three fifties [2] he used to sing them.
    He preached, baptized, prayed, from God's praise he rested not.
14. The weather's cold kept him not from staying at night in riverpools :
    That he might win his kingdom in heaven, he preached by day on hilltops.

---

[1] lit. lines. | [2] i.e., the 150 psalms.

408   DOCUMENTS CONCERNING S. PATRICK.

Franciscan
Liber
Hymno-
rum, p. 37.

15. HiSlán tuaith Benna Bairche, nisgebed tart nalia,
canaid cet salm cechnaidche, doríg aingel fognia,¹

16. Foid forleic² luim iarum *ocus* cuilche fliuch imme,
bacorthe a[f]rithadart, niléic achorp itimme.

17. Pridchad soscéla dochách, dogníth mór ferta³ ilethu: 5
íccaid luscu latruscu, mairb dosfuisced⁴ dobethu.

18. Pa*traic* pridchais doScottaib, rochés mor séth illethu
immi cotisat⁵ dobráth incach dosfuc dobethu.

19. Meicc Emir, meicc Erimon, lotar huile lacísel,
fosrolaic intarmchossal isinmórchuthe nísel.   10

20. Condatánic⁶ intapstal, dofaith gith gæthe déne,
p*r*idchaiss trífichte⁷ blia*dan* croich Cri*st* dothua-
thaib⁸ Féne.

21. Fortuáith hÉrend bai temel, tuatha adortais síde,⁹
níchraitset¹⁰ infírdeact innatrinote¹¹ fíre.   15

22. INArd Macha fil rígi,¹² iscian doréract Emain,
iscell mór Dún Lethglaisse, nímdil ciddithrub Temair.

23. Pa*traic* diambói illobra adcobra dul doMache:
dolluid aiṅgel arachend, fo*r*set immedon lathe.

24. Dofaith fadess coUictor, bahe aridralastar,   20
lassais inmuine¹³ imbai, asintein adgalastar.¹⁴

---

¹ fogniad, T.
² Foaid forleicc, T.
³ mórferta, T.
  dosfiuscad, T.
⁵ contíssat, T.
⁶ Condathanic, T.
⁷ trífichte, T.; trífícthte, F.

⁸ dothuathaib, T.
⁹ sidi, T.; idla, F.
¹⁰ nicreitset, T.
¹¹ innatrínóite, T.
¹² ríge, T.
¹³ Sic, T.; immune, F.
¹⁴ asinten adgladastar, T.

15. In (the fountain) Slán, in the region of Benna Boirche, which neither drought nor flood affected,
   He sang a hundred psalms every night, to the angels' King he was a servant.
16. He slept on a bare flagstone then, with a wet mantle round him,
   A pillar-stone was his bolster: he left not his body in warmth.
17. He preached the Gospel to every one: he wrought great miracles far and wide.
   He healed the halt with the lepers: the dead he raised them to life.
18. Patrick preached to the Scots: he suffered much labour far and wide
   That around him they might come to judgment, every one whom he brought to life.
19. Sons of Eber, sons of Erem, all went with the Devil:
   The transgression cast them down into the great low pit:
20. Till the apostle came to them: he went the way of a rushing wind:
   He preached for three score years Christ's cross to the tribes of the Féni.
21. On Ireland's folk lay darkness: the tribes worshipped elves:
   They believed not the true godhead of the true Trinity.
22. In Armagh there is the kingdom: it long ago deserted Emain;
   A great church is Dún Leth-glasse: that Tara is a waste is not pleasant to me.
23. When Patrick was in sickness he desired to go to Armagh.
   An angel went to meet him on the road in the middle of the day.
24. He fared southward to Victor: he it was that set him in motion:
   The brake wherein he (Victor) was flamed: out of the fire he called:

Franciscan Liber Hymnorum, p. 37.

25. Asbert: "ordan˙ doMache, doCri*st* atlaigthe buide, dochum nime mosraga,¹ roratha duit doguide.

26. "Ymmon doroega itbiu, bidlurech diten dochách: immut illathiu mesa² regait fir hErend dobrath."

27. [p. 38] Anaiss Tassach diaés intan dobert commain³ dó, asbert mosnicfed⁴ Pat*raic*, bria*thar* Tassaig nirbugó.

28. Samaiges crích friaidchi arnacatea lés oca:⁵ cocend blia*dne* bái soilse, bahe sithlaithe fota.⁶

29. INcath fecta imBethrón frituaith Canán⁷ lam*acc* Nún, assuith⁸ ingrían friGabón, iss*ed* adfét⁹ litt*ri* dúin.

30. Húair assuith⁸ lahIessu ingrían fribás innaclóen, ciasuthrebrech bahuisse soillse f*ri*hetsect nanóeb.

31. Clérich hÉrend dollotar dairi Pat*raic* ascechéét, son incétuil fosrolaic¹⁰ *con*tuil cách úadib forset.

32. Anim Pat*raic* friachorp isiarsǽthaib roscarad, aṅgeil Dé icétaidche aridfetis cenanad.

33. INtan conhualai Pat*raic* adella inPat*raic* naile, ismalle *con*nucaibset¹¹ dochum nÍsu m*eicc* Maire.

34. Pat*raic* cenairde nuabair,¹² bamór domaith roménair. bith iṅgelli*us*¹³ m*aicc* Maire, basen¹⁴ gaire iṅgénair.

Gena*ir*.

5

10

15

20

---

¹ mosrega, T.
² inmessa, T.
³ comman, T.
⁴ monicfid, T.
⁵ arnacaite les occai, T.
⁶ fotai, T.
⁷ cannan, T.
⁸ assoith, T.
⁹ adfeit, T.
¹⁰ fosrolaich, T.
¹¹ connubcabsat, T.
¹² núabar, T.
¹³ beith ingéillius, T.
¹⁴ basén, T.

25. He said: " Primacy to Armagh : unto Christ offer thanks :
To heaven thou wilt soon come : thy prayers have been granted to thee.
26. The hymn[1] thou hast chosen in thy lifetime will be a corselet of protection to every one.
Around thee on Doomsday Ireland's men will come for judgment."
27. Tassach remained after him, when he had given the communion to him.
He said that Patrick would soon go : Tassach's word was not false.
28. He (Patrick) put an end to night, for light was not consumed with him :
To a year's end bided radiance, this was a long continuous day.
29. At the battle fought on Beth-horon against Canaan's folk by Nun's son,
The sun rested at Gibeon, this is what histories tell us.
30. Since the sun rested with Joshua at the death of the wicked,
Though it be thrice as strong, meet is radiance at the decease of the saints.
31. Ireland's clerics went by every road to wake Patrick :
The sound of the chanting cast them down so that each of them slept on the way.
32. Patrick's soul from his body, it is after pains it was separated :
God's angels on the first night were playing to it without resting.
33. When Patrick went he visited the other Patrick :
Together they ascended to Jesus, Mary's Son.
34. Patrick without a sign of vainglory, it was much of good that he thought.
He was in the service of Mary's Son,—that was the pious duty in which he was born.

---

[1] i.e. Secundinus' hymn, supra, p. 386.

NOTES FROM THE FRANCISCAN LIBER HYMNORUM.

*** *These notes (now partly illegible) are on the margins of pp. 36, 37, 38.)*

Franciscan Liber Hymnorum, p. 36.

Line 1. 'INNem*thur*' .i. cathir sen fil imBretnaib tuascirt .i. Ail Cluade.¹ 5

l. 3. 'Succat' .i. bretnas sen, deus belli, vel fortis belli a laten, uaire su isinbretnais isfortis, acht cat isbellum.

Succat ma*c* Calpuirnd. ISsé seo genelach Pat*r*aic mi*c* Calpuirnd, mi*c* Pot*i*de, mi*c* Odissi, mi*c* Gorniad, 10 mi*c* Mercuid,² mi*c* Ota, mi*c* Muric, mi*c* Oric (?), mi*c* Leo, mi*c* Maxim, mi*c* Hencreti, mi*c* Fe(rin)i, mi*c* Britti, [a] quo sunt Bretani³ nominati.

Multa Patricius habuit nomina ad similitudinem Romanorum nobilium .i. Succet, cet*us*, suum nomen 15 baitse a parentibus suis. Codrige aainm inna doere inErind. Magonius .i. magis agens quam caeteri monachi, aainm icafoglaim icGerman. Patricius aainm fog*r*adaib, *ocus* is Celestinus co[m]arba Petair dorat fair.⁴ 20

l. 5. 'Bai se blia*dn*a' (.i.) robai (inadóeri) seblia*dn*a fointamail na iubile bicce Ebreorum. ISse seo fochond adoere. Patraic *ocus* a aathair .i. Calpuirnn, Conces im*morro* amathair ingen Ocmuis, et quinque sorores eius .i. Lupait *ocus* Tig*r*is *ocus* Liamain *ocus* Darerca et 25 nomen quintae Cinnenum : frater eius .i. dechoin Sannan, dochuatar ule aBretnaib Ailcluade darmuir nIct fodes fo*r*tur*us* coBretnaib Armuirc Letha .i. coBretnaib Ledach, arrobatar brathair doib and intansen, *ocus*

---

¹ Referring to the words *fodéraib* in l. 2, Colgan (*Trias Thaum.*, p. 4) gives the following translation of a note now illegible: Aerumnarum eius causa fuit, quod Pater et Mater interfecti fuerint, et ipse ductus fuerit captiuus in Hiberniam, ubi mansit in scruitute.

² Colgan (*Trias Thaum.*, p. 4) read this name 'Menchrid,' Dr. Todd, (*St. Patrick*, p. 393, note 1,) 'Mencruid,' Coun: Nigra, Merchuid.

³ perhaps Bretain.

⁴ Colgan treats this as a note on line 6.

'In Nemthor,' that is a city which is in North Britain, namely Ail Clúade ('Rock of Clyde').

'Succat,'[1] that is British ; 'deus belli' or its Latin is 'fortis belli,' for *su* in the British is 'fortis,' but *cat* is 'bellum.'

Sucat son of Calpurn. This is the genealogy of Patrick : son of Calpurn, son of Potid, son of Odisse, son of Gorniad, son of Mercuid, son of Ota, son of Muric, son of Orric, son of Leo, son of Maxim, son of Hencretus, son of Ferinus, son of Brittus, from whom the Britons have been named.

Many names had Patrick after the manner of Roman nobles, to wit, Sucat, first, was his baptismal name (received) from his parents. Cothrige was his name in his bondage in Ireland. Magonius, that is *magis agens* than other monks, was his name while studying with German. Patricius was his name when ordained, and it was Celestinus, a successor of Peter, that conferred it upon him.

'He was six years,' that is, he abode in his bondage six years after the manner of the Little Jubilee of the Hebrews.[2] This is the cause of his bondage. Patrick and his father, namely, Calpurn, Concess his mother, a daughter of Ocmus, and his five sisters, namely Lupait and Tigris and Liamain and Darerca and the name of the fifth Cinnenum, (and) his brother Deacon Sannán, all went from the Britons of Ail-Clúade over the Ictian sea southwards on a journey to the Britons of Armorica, that is to the Letavian Britons ; for there were relatives of theirs there

---

rectius *Sucat*, now *hygad* ' warlike.'
See Exod. xxi., Deut. xv. 12.

Franciscan Liber Hymnorum, p. 36.

ba do [F]ranccaib da*no* mathair inna clainne .i. Conces, *ocus* basiur side cobnesta do Martan. Isí sen amser robatar *secht* me*ic* Sectmaide .i. rig Bretan, forlongais oBretnaib. Doronsat t*ra* creich móir imBretnaib[1] Armuirc Letha, ubi Patricius cum familia fuit, *ocus* rogonsat Calpuirnn and sen, *ocus* tucsat Pa*t*raic *ocus* Lupait leo dochum nErend, *ocus* rorecsat Lupait iCon aillib Muirthemne *ocus* Pat*ra*ic ituascert Dal Araide.

l. 7. 'Asbert Vic*tor*' frig*nia*d' .i. atrubairt Victor .i. angel communis Scotticæ gentis sein. Quia Michael angelus Ebraeorum gentis ita, Victor Scottorum: ideo curauit eos per Patricium.

['Milcon'] genetiuus est hic. Michul [leg. Miliuc ?] m*ac* huiBuain rí tuaiscirt Dal Araide.

l. 8. 'Forruib achoiss' .i. irricht eoin ticed Victor aingel coPat*ra*ic intan roboi ic ingaire mucc Milcon me*ic* hui Buan inArcail .i. nomen uallis magnæ insen ituáscuirt Dal Araide icSléib Mis, *ocus* iSciric[2] sainriud tic[ed] cucai: eclesia sen hodie in ualle illa, *ocus* maraid slicht achoss beos forsincloich. Oc*us* asbert Victor fris: "Ismithig duit," olse, "dul darmuir do foglaim, arisduit rochind Dia coroptu bas f*or*cetlaid dolucht nahindsesa iartain." "Niregsa," olPat*ra*ic, acsi diceret . . . . co . . . . domino meo." "Eirgsiu," arintangel, "*ocus* iarfaig dó." Dochuaid, t*ra*, Pat*ra*ic *ocus* roiarfaig dó, *ocus* nifuair deonugud *acht* madoberad bruth oir bad cutrumma riacend dó. Asbert Pat*ra*ic fris: "Darmodebroth, istualaing[3] Dia sen mad ail do:" genus iuramenti sen laPat*ra*ic, acsi diceret "Dar mo Dia bratha." Luid Pat*ra*ic forculu

---

[1] The scribe here erroneously repeats *imbretnaib*.
[2] *i.e.*, leg. iSeirit.
[3] MS. seems istuleang.

at that time, and besides, the mother of the children, namely Concess, was of the Franks and she was a near female relation of [Saint] Martin's. That was the time at which seven sons of Sectmaide, king of Britain, were in exile from Britain. So they made a great foray on the Britons of Armorica, where Patrick was with his family, and they slew Calpurn there, and they brought Patrick and Lupait with them to Ireland, and they sold Lupait in Conaille Muirthemne and Patrick in the north of Dalaradia.

'Said Victor to the slave,' that is, said Victor, to wit, the common angel of the Scotic race. Because Michael was the angel of the race of the Hebrews,[1] so Victor was of the Irish. Hence he cared for them by means of Patrick.

'Milcon.' This is a genitive. Miliuc son of Úa-Búain, king of the north of Dalaradia.

'He set his foot.' In a bird's shape the angel Victor was wont to come to Patrick when he was herding the swine of Miliuc, son of Úa-Búain, in Arcal,[2] that is the name of a large valley in the north of Dalaradia by Slemish, and in Scirit[3] especially he was wont to come to him. That is a church nowadays in that valley, and the trace of the angel's feet still remains on the stone. And Victor said to him: "It is time for thee," saith he, "to go oversea to learn, since for thee God hath determined that thou shouldst afterwards be teacher of the folk of this island." "I will not go," saith Patrick, as if he said ["until I get leave] from my master." "Go thou," saith the angel, "and ask him." So Patrick went and asked him; but he could not get (his) consent, unless he should give him a mass of gold as large as his head. Patrick said to him: "By my *debroth*," (that was a kind of oath which Patrick used, as if he said 'by my God of Judgment'[4]) "God is able for that if He wishes." Patrick returned, went back again to his swine in the wilderness, and declared unto Victor all his

---

[1] See Daniel x. 21; xii. 1. Michahel, Ebreisces folces ealdor, *Homilies of the Anglo-Saxon Church*, i. 518.

[2] Now the valley of the Braid, Reeves, *Ecc. Antt.*, p. 83, note c.

[3] Now the parish of Skerry, ibid.

[4] Rectius 'by my God's doom.'

Franciscan Liber Hymnorum, p. 36.

coa muccna[1] isindithrub doridise, ocus adfét do Victor omnia uerba domini sui. Asbert intangel fris: " Lensu intorc ut, ocus dochelaid bruth nóir asintalmain, ocus beirsiu lat é dottigernu."[2] Et sic factum est. Ocus tuc intangel inni Patraic. .lx. mile inocnlo uel .c. ut alii dicunt .i. otha Sliab Mis inDal Aroide co Cill Cianna(in) q . . . for bru Boinne atuaid friManistir anair. Ocus rorec Ciannan he frisna noere robatar icInbiur Boinne ar dachore umai, ocus tuc less iat fri fraigid athige. (Rolen)sat allama[3] dib ocus lama amuintiri, et ille penituit et absolutus est. P . . . duxit et a n[a]utis eum in libertatem[4] [   ], et baptizatus est Ciannan a Patricio postea.

l. 9. 'Dofaid' .i. rofaid no rofuc Dia no . . .

Cinnas do . . arad darAlpain? (ni anse.) d(o) Bretnaib rofuc intangel commad darAlpain dano badchóir and .i. darSliab nElpa, arrobo [Alba] ainm do inis Bretan ule ollim.[5]

p. 38.

l. 10. Germanius abb nacathrach cui nomen est Altiodorus, isoccai roleg Patraic, ocus Burguinnia ainm nacennaidche ita illa (ciuitas). Indesciurt Etail nobeth prouincia illa, sed ucrius conid i[n]Gallaib itá.

Tanic, trá, German imBretnaib dodichor eirse Pelaig esse, quia creuit[6] multum in eo, et sic uenit, cum Patricio et aliis multis oc(cai). Oroboi, trá, iccadichor commor ifoss isand rocúala inneres cetna do[f]orbairt inna cathraig diaeis, ocus dochuatar do sair, sesem

---

[1] Sic : read mucca.
[2] MS. late dotigernu.
[3] Read aldma.
[4] The MS. is here almost illegible. See Quarta Vita, c. 22.
[5] This must be the note to which Colgan (Trias Thaum., p. 6) refers as follows: " In margine notatur quod per Alpa in textu, intelligendum sit Alpes vel Albion." It is followed by a Latin note of which only this little can be read : Alba . . Beda dicit in principio suae historiae Britania insola cui quondam nomen erat Alban, eo quod ea pars quam illi tenuerunt suo uocabulo nominauerunt et uetus nomen . . uerunt . . mansit.
[6] MS. creauit.

master's words. Said the angel to him: "Follow yon boar, and he will root a mass of gold out of the ground, and take it with thee to thy master." And thus was it done. And in one day the angel carried Patrick sixty miles (or a hundred, as some say), that is from Slemish in Dalaradia to Cell Ciannain on the northern shore of the Boyne to the east of Monaster(boice). And to the shipmen who were biding in Boynemouth Ciannan sold him for two caldrons of brass, and brought them [and hung them] against the wall of his house. His hands clave to them, and the hands of his household. So he repented and was loosed . . . . and Ciannan was afterwards baptized by Patrick.[1]

'*Dofaid*,' that is, he sent, or God carried him, &c.

How . . . . to say it 'over Albion'? Not hard. Over Britain the angel brought him, so that 'over Albion' was proper there, that is, over the mount of Albion (= Drumalban), for Albion was formerly a name for the whole island of Britain.

Germanus, abbot of the city named Altissiodorum,[2] it is with him that Patrick read, and Burgundia is the name of the province in which that city stands. In the south of Italy that province used to be, but it is more correct to say that it is in the Gauls.

So Germanus came into Britain to expel therefrom the Pelagian heresy, because therein it had much increased. And he came there, with Patrick and many others[3] by him. So when he was mightily expelling it on this side, then he heard that the same heresy was increasing in his city after him. So they went east-

---

[1] See supra p. 22, lines 11-29. Colgan here has: 'Sed mox illum facti pœnituit, et illicò absolutus est: et tunc Patricius a nautis libertati restitutus est.'

[2] Auxerre.

[3] According to the legend of S. Genovefa, S. Lupus of Troyes accompanied Germanus.

Franciscan Liber Hymnorum, p. 38.

ocus Pat*raic* lais, ocus nicoemnactar adichor úadib IS and asbert German f*r*i Pat*raic*: "Cid dogenam friuso[m]?" olse. Asbe*r*t Pat*raic*: "Troscem," arse, cocend .iii. laa ocus .iii. naidche indorus nacathrach forru, ocus mani cotuat[1] iudicet[2] Deus super se." 5 Immiarmerge, tra, na tresi aidche (?) isand rosluic intalam ciuitatem cum suis habitatoribus; ocus isand ita inchathir nunc ubi clerici ieiunauerunt[3] .i. Germanus et Patricius cum suis.

p. 36.

'Letha' .i. Latium quae Italia dicitur eo quod [ibi] 10 latuit Saturnus[4] fug[i]ens Iouem. Sed tamen Germanus erat in Gallis, ut Beda dicit. Lethaig .i. in latitudine in australe parte Gallorum iuxta mare Ti*rr*en(um).

l. 11. 'Insib.' Posterius hoc quam quod sequitur. 15

p. 38.

l. 12. Iarlegind t*r*a na(canone) do Pat*raic* laGerman (ocus) induird (eclastacdai) . . . . . friGerman . . . . ifisib . . . . (toch)uriud do . . . . . guth namacraide . . . . "ad Celestinum cotarta g*r*ada fort, arise aschoir (?) dia tabairt." Venit 20 ergo Patricius ad eum, et nec ei honorem dedit, ar rofaid Palladium ante ad Hiberniam ut doceret eam. Venit (ergo Palladius) in Hiberniam coragaib port in Uib Garchon iFo*r*tuathaib Lagen, ocus coro[f]othaig ecailse intib .i. Tech na Romanach ocus Cill Fine et 25 alias. Noco (doratad) t*r*a failte már [?] dó illic, condeochaid uad fo*r*timchell Erend . . . . fotuaid, ocus docoid anbtine mar dó, coroact cocend airterdescerdach inModaibg (?), ocus rofotaig cill and, Fordun ahainm, ocus Pledius nomen eius ibi. 30

---

[1] Sic Nigra: this should be comthóat: the MS. is here very obscure. Colgan renders it: et nisi sic serpenti occurratur malo, iudicium suæ causæ esse Deo relinquendum.

[2] MS. indicat.

[3] MS. ieiunanerunt.

[4] MS. saturnum.

ward, he and Patrick with him, and they could not cast it away from them. Thus said Germanus to Patrick: "What shall we do unto them?" saith he. Said Patrick: "Let us fast upon them," saith he, "to the end of three days and three nights, before the city, and unless they turn, let God deliver judgment on them." So at nocturns, on the third night, then the earth swallowed up the city with its indwellers, and the city stands now where the clerics fasted, that is Germanus and Patrick and their companions.

'Letha,' that is Latium, which is also called Italy, *so named* because Saturn fleeing from Jupiter *latuit* there.[1] Howbeit Germanus was in the Gauls, as Beda saith. 'Letavians,' therefore, 'in latitudine' in the southern part of Gaul by the Tyrrhene sea.

'Islands.' This is later than that which follows.

Now after Patrick had read the canon with German and the ecclesiastical ordo, (he said) to German that he had (often) been invited in (heavenly) visions (and that he had heard) the voice of the children (from the wood of Fochlad. Germanus said, "Go) to Celestinus that he may confer orders upon thee, for he is proper to confer them." So Patrick went to him, but he did not give him that honour, for he had previously sent Palladius to Ireland that he might teach it. So Palladius came into Ireland, and he landed in Húi Garrchon in Forth of Leinster, and he founded churches therein, to wit The House of the Romans and Cell Fine and others. Now, great welcome was not given him there, so he fared forth around Ireland . . to the north, and a mighty storm came to him, and he reached the south-eastern extremity of the Modad[2] (?), and he founded a church there, named Fordun, and 'Pledius' is his name there.

---

[1] See Verg. Aen. viii. 322; Ovid. Fast. i. 238.

[2] ad extremam partem Modhaidh versus Austrum, Colgan, *Tr. Th.*, 5: Bohindarbad Pledius a hEirinn, *ocus* tanig corafogain do Dia i Fordun isin Mairne ('Pledius was expelled from Ireland, and came to serve God in Fordun in the Mairne'), *Ir. Nennius*, ed. Todd, p. 106.

420   DOCUMENTS CONCERNING S. PATRICK.

Franciscan   Dochuaid, tra, Patraic ad insolas Terreni maris iar
Liber
Hymno-   . . . . . . fair a papa Celestino, et tunc inuenit
rum, p. 38. bachaill Isu in insola quae dicitur Alanensis[1] . . . .
sleib Arnóin.

l. 13. Tainic, tra, Patraic (iterum) ad Germanum, et 5
narrauit ei omnia quae in noctibus uidebat. M(isit
ergo) Germanus (Patricium ad Celest)inum et Seges-
tium cum eo ut perhiberet testimonium propter se.
LX. bliadan robo lan do Patraic t(unc. Is iarum)
dano rocuala Celestinus Palladium (decessisse, et tunc 10
dixit) nec potest homo quidquam accipere in terra
nisi datum (ei fuerit desuper. Is ann rooirdned Patraic in conspectu) Celestini et Teodosii iunioris regis
mundi. Amatorex Autissiodorensis episcopus (issé) dorat
grada fair forPatraic, ocus nirabe Celestinus (acht) 15
oensechtmain imbethai(d) iarnagrad do Patraic (ut
ferunt). Sixtus uero ei successit, in cuius primo
anno uenit Patricius in Hiberniam. Do . . . . side
. . . . moir fri Patraic ocus do(rat mór do th)assib
do ocus libra imdai.   20

p. 86.   l. 16. Rochuala tra Celestinus intan dorata grada
for Patraic clas namaccraide ocagairm. ISsi dano
inmaccrad atberar hic .i. Crebriu ocus Lessu [2] ananmand
.i. di ingin Gleraind meic M. (In. ?) meic Nene, ocus
itnoib indiu, ocus isPatraic dorigne ambaitsed ocus is 25
iCill Forcland friMuaid aniar ataat. Ocus ised so
atbertis abroind amathar: " Hibernenses omnes clamant
ad te," ocus rocluintea sen comenic dochaintain doib
fo Herind ule, uel usque ad Romanos.

Caille Fochlad. Caill Foclaid .i. ainm feraind fil 30
hinhUib Amalgada iniartartuasciurt Connact, ocus is
cell [and] indiu.

---

[1] log. Aralanensis or Arelatensis? and see supra, p. 302, l. 24. ' Insula, 426 à 429, à Arles,' Migne, Dictionnaire de Statistique Religieuse, 3me partie, Statistique monastique.
[2] leg. Lesru ?

So Patrick went to the islands[1] of the Tyrrhene sea after pope Celestinus' (refusal to confer orders) upon him, and there he found Jesu's Staff in the island[2] which is called Alanensis . . . . mount Arnon.[3]

So Patrick came again to Germanus and told him all that he had seen at night. Then Germanus sent Patrick to Celestinus, and with him Segetius that he might bear testimony concerning him. Sixty years had Patrick then completed. So then Celestinus heard that Palladius had died, and then he said: "No man can get anything on earth unless it hath been given to him from above." Then was Patrick ordained in the presence of Celestinus and Theodosius the younger, the King of the world. Amatorex, bishop of Auxerre, was he who conferred orders upon him [i.e. on Patrick]; and Celestinus was, they say, only one week alive after ordaining Patrick. But Sixtus succeeded him, and in Sixtus' first year Patrick came into Ireland. He showed much (kindness) to Patrick, and gave (many) relics to him and books in plenty.

Now when orders were conferred on Patrick, Celestinus heard the voice of the children acalling him. These are the children here mentioned, to wit, Crebriu and Lesru are their names, that is, two daughters of Glerand son of . . . . son of Nene, and they are saints to-day. And it is Patrick that baptized them, and in Cell Forcland to the west of the Moy (their remains) are. And this is what they said out of their mother's womb: "All the Irish are crying unto thee." And they were often heard repeating that, throughout all Ireland or even as far as Rome.

'Wood of Fochlad.' Caill Foclaid is the name of the district which is in Tirawley, in the north-east of Connaught, and there is a church there to-day.

---

[1] Or, perhaps, 'the monasteries:' 'insulani' meant 'monks' in southern Gaul, temp. Patricii.

[2] Or, perhaps 'the monastery.'
[3] propè montem Armon, Colgan, *Tr. Th.*, p. 5.

Franciscan Liber Hymnorum, p. 37.

l. 20. 'Temrach' .i. Tea mur .i. múr sen inroadnaiged Tea ben Ermoin meic Milid.

l. 21. 'A druid.' ITe nadruid .i. Lucru ocus Lucat Mael, ocus ised asbertis: Ticfa tailcend darmuir mercend, abrat tollcend achrond chromcend, amias iniarthur[1] athigi: frisgerat amuinter ule 'Amen, Amen.'

l. 29. 'HiSlán' .i. proprium [nomen] tiprat inse, et ob id 'Slan' dicta est eo quod omnes sani reuertebantur ab ea propter gratiam Patricii. Alii dicunt commad icSobull nobeth illa, no comad inDalairde, sed repleuerunt Ulaid illam propter molestiam turbarum exeuntium ad illam sicubi fuit.

Bairche boare Rossa Rigbude rig Ulad, isuad anmnigter naBenna, quia ibi habitabat frequenter cum pecoribus suis.

l. 35. 'Do Scottaib.' oScotta ingen Foraind rig Egipt nominantur. Ocus issas so roás i ˙. . . . . .i. Nél mac Goedil Glais meic Feniusa Farsaid, fer foglama[2] he, uoluit scire lingas. Venit a Scithis ad Campum Sennar ubi sunt diuisae lingae. Et ita uenit .i. cum .lxx. duobus uiris, [et] missit eos sub regiones mundi ut discerent lingas, unum ad unam misit, et postea uenerunt ad eum cum peritia omnium lingarum. Et habitauit in campo Sennar et docuit ibi lingas. Et audiuit Farao rex Egipti illum studiosum esse, et uocauit eum ad se ut doceret Egiptios[3] circa lingas, et dedit ei fi(liam su)am et honorem maximum, et ab illa Scotti nominati sunt. Góedil immorro dorad dib o Goediul Glas, mac Feniusa Farrsaid patre Niuil.

l. 37. Se meic Miled ocus se meic Bile meic Breguin simul uenerunt ad Hiberniam: [sed] clariores sunt filii Miled quam filii Breguin. Haec sunt nomina

---

[1] *Sic.* Read inairthiur 'in the east.'

[2] MS. fognama.

[3] MS. Egiptias.

'Of Tara,' *i.e.* Tea-múr, that is, a rampart (was) that wherein was buried Tea, wife of Ermon son of Miled.

'His wizards.' These are the druids: Luchru and Lucat Mael, and this is what they used to say: "Adzehead will come over a stormy (?) sea, his mantle hole-headed, his staff crook-headed, his table in the west of his house. All his household shall answer 'Amen, Amen.'"

'In Slan,' this is the proper name of a well. And for this reason it was called *Slán* ('sanus'), because all used to return whole from it, because of Patrick's favour. Some say that it used to be at Saball, or it may be in Dalaradia; but the Ulstermen filled it up on account of the trouble caused by the crowds who went out to it, if it was anywhere.

Bairche the cowherd of Ross Yellow-wrist, king of Ulster,[1] from him the Peaks are named, because he often used to dwell there with his herds.

'To the Scots.' From Scotta daughter of Pharaoh king of Egypt they are named. And hence grew this name, to wit, Nél son of Góedel Glas, son of Fenius Farsaid, a student, wished to know the languages. So he came from Scythia to the plain of Shinar where the languages were separated. And thus he came: with seventy-two men, and he sent them throughout the regions of the world that they might learn the languages, one to each he sent. And afterwards they came to him with skill in all languages. And he dwelt in the plain of Shinar and taught languages there. And Pharaoh king of Egypt heard that he was learned, and he invited him to teach the Egyptians, as regards languages; and he gave him his daughter and the greatest honour. And from her the Scots have been named. 'Góedil,' however, they were called from Góedel Glas, son of Fenius Farsaid, Nél's father.

Six sons of Míl and six sons of Bile son of Bregon came at the same time to Ireland. But the sons of Míl are more illustrious than the sons of Bregon. These are

---

[1] He succeeded to the throne, according to Tigernach, A.D. 248.

Franciscan Liber Hymnorum, p. 37.

filiorum Miled: Eber, Erimon, Ir, Donn, Amargen, Colptha. O Eber (at)at fir Muman, et ab eo Mumonia dicitur. O Er[i]mon *immorro* atá Leth Cuind ule *ocus* Lagein cenmithaat Ulaid. O Ir *immorro* ataatside. It uate da*no* clanna (natrimac n)aile, et nescio ubi sunt. *Acht* is oDund nominatur Tech n[D]uind fri hErind aniar. O Cholptha da*no* Inber Colptha, ubi Boand (in ma)re exit.[1]

l. 40. 'Fene' .i. (dorad, dib ó) Fenius Farrsaid, unde apud nos Oic Fene . . . . . dicuntur ab illo. Gaidil, *immorro*, ut dixi, oGoediul Glas mac Niuil [*no*] mac Feniussa Farrsaid ut alii dicunt.[2]

p. 38.

l. 45. 'illobra' .i. icSabull roboi Pat*raic* intan tanic dó lobrai, cotanic forconair do Ard Macha, ardaig comad and nobeth aeserge.

l. 46. Angelus: non Victor sed alius.

'arachend' .i. innaagaid diagairm *con*dechsad doVi[c]tor. Ise robu anamchara do, *ocus* isé robo aingel coitcend nanGoedel: sicut est Michel Iudeorum ita Victor Scotorum.

l. 47. 'bahe arid*rá*lastar' .i. arrale. Quia misit Victor angelum ad Patricium [in]uitandum ad se .i. cen (?) dul do d'Ardmacha.[3]

l. 53. 'Tassach' .i. cerd Pat*raic*. Ise toesech dorat cumtach for bachaill Ísu, *ocus* Rath Cholpthai fri Dún anair isí achell.

l. 57. 'IMBethrón' nomen montis uel regiae ciuitatis.[4]

---

[1] Here follow a foolish etymology of *cisel*, and a note on *fosrolaic*, which seems to run thus: fosroches .i. cis forochlastar .i. rosfuc lais intairmchosal .i. indairm cis .i. ail incis icataat airm doguin cotacra fricach . *no* indiarmchoi isel, aris isel iarcoi .i. iarconair inti diabul . *no* intairmttectach .i. inti dianid airm ,i.dianid nad .i. locc bith iniṡiul . no it id .... fochon .... ala caich cucai .i.pecta.

[2] Here follows a gloss on *nimdil*, l. 44.

[3] Here a gloss on *Roratha*.

[4] Here follows the first note on Germanus (printed supra pp. 416, 418), and then come two etymologies of *trebrech*, l. 60 (tre-bairech, treb-airech).

the names of Míl's sons: Eber, Erimon, Ir, Donn, Amargen, Colptha. From Eber are the men of Munster, and from him Mumu is called. From Erimon, however, is the whole of Leth Cuinn[1] and Leinster except the Ulidians. From Ir, however, are these. Few are the children of the three other sons, and I know not where they are. But from Donn is named Tech-Duinn ('Donn's house') to the west of Ireland. From Colptha, then, is Inber Colptha, where the Boyne goes into the sea.

Féne, to wit, they were so called from Fenius Farsaid, whence with us *Oic Féne*[2] . . . . are called from him. *Góidil*, however, as I said, are from Góedel Glas son of Nél, or son of Fenius Farsaid, as some say.

'In sickness,' that is Patrick was biding at Saul when sickness came unto him, so he came on the path to Armagh in order that his resurrection might be there.

'Angel': not Victor, but another.

'To meet him,' that is against him to summon him to go to Victor. He was Patrick's soul-friend (spiritual director), and he is the common angel of the Gael. As Michael of the Jews[3] so is Victor of the Scots.

'He it was that summoned him.' Because Victor sent an angel to Patrick to summon him to him, that is, that he should not go to Armagh.

'Tassach,' to wit, Patrick's artisan. He is the first that made a case for Jesu's Staff,[4] and Raholp to the east of Downpatrick is his church.

In Beth-horon, the name of a mountain or of a royal town.

---

[1] The half belonging to Conn (of the Hundred Battles), i.e., the northern half of Ireland.

[2] 'warriors of the Féne,' 'posteri Fenii,' Colgan.

[3] See supra, p. 415, note 1.

[4] See supra, p. 80, l. 4, and Todd *Obits, &c. of Christ Church*, pp. 8-20.

Franciscan Liber Hymnorum, p. 38.

l. 61. 'HÉrend.' Haec insola quinque uocabula tenet .i. Ériu *ocus* Banba *ocus* Fotla *ocus* Fail *ocus* Elca. *Ocus* issasso doroacht cech ainm díb fuirri .i. intan tancatar meic Miled ahEspain ille dochum nÉrend, *ocus* intan doroactatar coSlíab Mis iC[i]air[r]igi Luachra, atconcatar insliab lan do [d]e[m]naib fosciathaib . . . .¹ 5

l. 61. ISsed ragell P*atraic* mac Calp*uirn* doSenPat*raic* com(mad immalle noregtais dochum nime *Ocus* iss*ed* inniset corabai Pat*raic* ota) xuii. Kl. Apreil 10
codered incetmís dofogomur arath . . . immaig (ocus aingil) imme ocernaidiu Sen-Pat*raic*. Dicunt alii cumad iRossdela in[   ] Maglocha nobetis taissi Sen-Pat*raic*; sed uerius est . . . i[n]Glastimb*er* n(an)-Goedel (.i. cathair) indesciurt Saxan. 15

NINNÍNE'S PRAYER.

NINNINE ECES DORIGNE INNORTHAINSE NO ISE FIAC SLEIPTE.

Franciscan Liber Hymnorum, p. 38.

Admunemmar noebPat*ric* p*r*imapstal hErend.
airdirc aainm nadamra, 20
breo baitses gentlide.
Kathaigestar fridruide durchride :
dedaig diumsachu lafo*r*tacht arfíadat findnime,
fonenaig hErend íathmaige
mor gein guidmit Pat*ric* primabstal 25
donesmart imbráth abrithemnacht domidúthrachtaib demna dorchaide.
Dia lem lahitge Pat*ric* p*r*imapstail.

---

¹ The rest of this note is illegible, except as to one or two words, such as *uamun mór, corrabai, atrubairt friu.* Colgan (*Tr. Th.* p. 6) gives the substance as follows : ibi offenderunt quandam fæminam nomine Banbham, quae tunc erat Regina Insulae Hiberniae : à qua et ipsa Insula posteà appellata est Banbha &c. Dicitur etiam Insula Elga ab Elgnat uxore Parthaloni filij Sera, quae Hibernis Elga dicitur. Then comes the second note on Germanus (printed supra, p. 418).

'Of Ireland.' This island has five names, to wit, Ériu and Banba and Fotla and Fail and Elca. And hence did each of these names come upon it. When Míl's sons came out of Spain hither to Ireland, and when they got to Sliab Mís in Ciarraige Luachra, they saw the mountain full of devils under shields . . . . . .

This is what Patrick son of Calpurn promised to Old-Patrick, that they should go together to heaven. And this (authors) declare, that Patrick abode from the sixteenth of March to the end of the first month of autumn[1] . . . and angels with him, awaiting Old-Patrick. Some say that in Rossdela in the region of Mag-locha Old-Patrick's remains used to be; but it is more correct to say (that they were) in Glastonbury of the Gael, a town in the south of England.

Niníne the Poet made this Prayer, or it is Fíacc of Sletty.

We venerate Saint Patrick, chief apostle of Ireland.
Renowned his name, wonderful,
A flame that baptizeth gentiles.
He fought against hard-hearted wizards.
He thrust down the proud with the aid of our Lord of fair heavens.
He purified Ireland's meadow-lands.
A mighty birth! We beseech Patrick chief apostle,
Who will free us at the Judgment from doom to the malevolence of hard-hearted demons.
God be with me, with the prayer of Patrick chief apostle!

---

[1] To Aug. 23rd.

[BETHA PHÁTRAIC,
SLICHT LEBAIR BRICC.]

[P]opulus qui sedebat in tenebris uidit lucem magnam. INpopul dessid indorchuib atconnaircc sollsi moir. Et sedentibus in regione et in umbra mortis lux orta est eis. INfoirenn robatar hiferund ocus ifhoscad bais, fuaratar sollsi diatanic aninorchugud. 5

INspirut noem, inspirut isuaisliu inas cech spirut, inspirut dorinfid indeclas cechtarda fetarlacthi ocus nuafiadnaise o rath ecna ocus fatsine, ise inspirut sin roraid na briathrasa triagin in primfatha Ysaias mic Amois. De cuius laude dicitur quod non tam 10 dicendus esset propheta quam euangelista. IS dia moladside atbert Cirine noem, conid córu suiscelaig dorada friss andas faith, arafollsi ocus araimchuibdhe frianufiadnaise roindis scela Crist. ITa enim uniuersa Christi ecclesieque misteria ad lucidum prose- 15 cutus est ut non eum putes de futuro uaticinari sed de [prae]terito historiam texere. Arroboi dia follsi roindis uli ruine Crist ocus naheclasi noime, connabud doig lanech combad taircetul raet todochaide itir dogneth, acht aisnes ræt reimtechtach chena iarforp- 20 thiugud angníma.

Oen, tra, diathaircetlaib fóllsib aní atfiadar sund tria aisnes sechmadatai.

Populus qui sedebat in tenebris uidit lucem magnam. INpopul dessid indorchuib itconnairc sollsi 25

THE LEBAR BRECC HOMILY ON S. PATRICK.

Populus qui sedebat in tenebris vidit lucem magnam. The people that sat in darkness beheld a great light. *Et sedentibus in regione et in umbra mortis lux orta eis.* They that were biding in the land and in the shadow of death found a light whence came their illumination.

The Holy Spirit, the Spirit which is nobler than every spirit, the Spirit which inspired both Churches of the Old Law and of the New Testament with the grace of wisdom and of prophecy, it was that Spirit which spake these words through the mouth of the chief prophet Isaiah son of Amos; *de cujus laude dicitur quod non tam dicendus esset propheta quam evangelista.* To praise him, St. Jerome said that it were meeter to call him an evangelist than a prophet, because of the clearness and the fitness for the New Testament wherewith he told the tidings of Christ. *Ita enim universa Christi Ecclesiaeque mysteria ad lucidum prosecutus est ut non eum putes de futuro vaticinari sed de praeterito historiam texere.* For such was the clearness wherewith he told all the mysteries of Christ and the Holy Church that one would not think that it was a prophecy of things to come he was making, but a declaration of things already bygone after they had been done completely.

Now one of his manifest prophecies is what is here set forth through a declaration of what is past.

Populus qui sedebat in tenebris vidit lucem magnam. The people that sat in darkness beheld a great

Lebar Brecc, p. 24, col. 2, line 23.

mair. Ise im*murro* leth atoibe[1] indaisnessea lasinfáith codú indepe*rt* remi isinsceol cétna. Prímo tempore alleuáta Zabulon et terra Neptalim. Tanic lahathníug*ud* namsire, gloir mor *ocus* inocbail dothreb Zabuloin *ocus* dothreb Neptal*im*. Inde dicitur, con*i*d forslicht ,nambria*thars*in atberar. Populus qui sedebat in tenebris. INpopul dessid indorch*aib*, mad iarstair cipinnas, pop*ul* Isra*hel* [isé] sin robói indorchataid nadaire lahAsardu. At*c*onnairc sóllsi athaithcreca don dairesin .i. Hestras *ocus* Nemías, Iosuæ *ocus* Zorobel. Mad iarsians, *tra*, ise sin pop*ul* atberar sund: pop*ul* nang*en*ti roboi indorchataid aneolais ocádrad hidal *ocus* arrac*ht*, céin coroartr*a*ig infírsóllsi .i. Isu Cri*st* con[a]aspa*lu*. Nox enim erat in mundo usque dum Christus, qui sol iustitiæ est, radios suos aspersit in mundum. Uair bói dorchotu mór *ocus* temel darchroidib nangénti. céin coroscáil gr*í*an nafírinde, Ísu Cri*st*, aruthni fó cetha*r*aird indomain diainsorchugud.

Oen, *tra*, donaruthnib rosesreid gr*í*an nafírinde isindomun .i. inruithen *ocus* inlassar *ocus* inlia lógmar *ocus* inlocharnd loinderdai roinsorch*a*ig iarthar in betha.[2] .i. sanctus Patricius episcopus .i. Noem-Pá*tra*ic ardepsc*op* iarth*air* betha,[1] ath*air* baitsi *ocus* cretmi fer nErenn.

IS and, *tra*, innister *ocus* atfiadar ní dá fertaib *ocus* diamírbulib *ocus* donatusmidib[3] ongenir, *ocus* diabunad thalmanda intíí noemPatra*ic* inecla*s*ib na Cri*st*aide[4] .i. x. ui. kl. Apreil arai lathi mís gréne insin *ocus* rl.

---

[1] cf. *cutt atóibethe* 'pars adhaerentiae,' Sg. 29ᵇ, cited in Grammatica Celtica² 363.

[2] MS. bethad.
[3] MS. tusmigib.
[4] MS. cristaige.

light. Now one of the two connected passages of this declaration which the prophet hath is as far as the place where previously in the same story he said *primo tempore allevata ̣terra Zabulon et terra Neptalim*, there came with renewal of time, great glory and renown to the tribe of Zabulon and to the tribe of Naphtali. *Inde dicitur*, after these words he said, *Populus qui sedebat in tenebris*. The people who sat in darkness if [we go] according to history, this was the people of Israel who were biding in the gloom of slavery in Assyria. They beheld the light of their redemption from that captivity to wit, Hesdras and Nehemias, Joshua and Zerubbabel, But if [we go] according to the spiritual sense, the people mentioned here are the people of the gentiles who were dwelling in the darkness of ignorance, adoring idols and images until the true Light arose, to wit, Jesus Christ with his apostles. *Nox enim erat in mundo usque dum Christus, qui sol justitiæ est, radios suos aspersit in mundum.* For great darkness and dimness lay over the hearts of the heathen until the Sun of righteousness, Jesus Christ, scattered his splendors throughout the four quarters of the world to enlighten it.

Now one of the splendors which the Sun of righteousness shed upon the world was the splendor, and the flame, the precious stone and the shining lamp which enlightened the west of the world, *Sanctus Patricius Episcopus*, to wit, holy Patrick, high bishop of the west of the world, father of the baptism and belief of the men of Ireland.

Now the day whereon there is told and set forth, in the churches of the Christians, somewhat of his miracles and marvels, and of the parents of whom he was born, and of the earthly stock of the holy Patrick, is the sixteenth of the Kalends of April as to the day of the solar month.

Lebar Brecc, p. 24, col. 2, line 49.

Patraic, dino,[1] do Bretnaib Ailcluaide[2] acenél. Calpruind ainmm aathar, uasalsacart esside. O'tid ainm asenathar, deochain atacómnacside. Conchess immurro ainm amáthar, ingen Ochbais do Francuib acenél .i. síur do Martain[3] hí. 5

Patraic, tra, mac Calpruind mic Otide mic Ódissi mic Gorníuth mic Lubeniuth mic Mercuit mic Otta mic Muric mic Oricc mic Leo mic Maxim mic Ecreti mic Eresi mic Felesti mic Ferine mic Britti. diatatt Bretnaig. 10

Batar .u. sethracha acca .i. Lupait ocus Tigris ocus Darercca ocus Liamain, ocus Richell.

INNemthur, tra, rogenir, ocus inlecc forsangenair .i. cech oen dogní luga neithig fothi dofuissim usce amal bid occáined ingufhórcill dobeth. Mad fír aluga 15 tairisid inchloch in[a]aicniud choir.

O rogenir immurro intíí noem Patraic, ise leth ruccad dia baitsed, cusinmac dall clarenech. Gorníás asinmsium, acht nirabi usce acca asándernad inbathis. Cotarut airdhi na crochi doláim na nóiden darsintal- 20 main, corrímaid topur usci ass. Dosrat Gorníás inusce foagnúis [p. 25ᵃ] feisin. ocus rosícc fochétoir, ocus rothuicestar nalittri céin co facca iat remi riam. Dorigne Dia, tra, firt trédai sund fochétoir arPatraic .i. intopur usci asintalmain, ocus arosc donmac dáll, 25 ocus eolas arlégind do urd na baiste cen aichne na litter remi riam. Robaitsed dino[1] Patraic iarsin.

---

[1] Perhaps didiu.
[2] Ail Clúaide lit. "rock of Clúad" (now Clyde) = clòda, hlûtr, lauter.
[3] S. Martin of Tours is meant.

Now Patrick's kin was the Britons of Dumbarton. Calpurn was his father's name, an archpresbyter was he. Otid[1] was the name of his grandfather: he was a deacon. But Conchess was his mother's name: daughter was she of Ochbas: of France was her kin, that is, she was a sister of Martin.

Patrick, then, (was) son of Calpurn, son of Otid, son of Odisse, son of Gorniuth, son of Lubeniuth, son of Mercut, son of Otta, son of Muric, son of Oricc, son of Leo, son of Maximus, son of Hencretus, son of Eresus, son of Felestus, son of Ferinus, son of Brittus, from whom are the Britons.[2]

He had five sisters, namely, Lupait and Tigris and Darerca and Liamain and Richell.

In Nemthor, now, was he born, and (as to) the flagstone whereon he was born, when any one forswears himself thereby, it sheds water as if it were bewailing the false declaration. If his oath be true the stone abides in its proper nature.

Now when the holy Patrick was born, he was brought to be baptized to the blind flat-faced boy named Gornias. But Gornias had not water wherewithal he could perform the baptism: so with the infant's hand he made the sign of the cross over the earth, and a wellspring of water brake therefrom. Gornias put the water on his own face, and it healed him at once, and he understood the letters (of the alphabet), though he had never seen them before. Now here at one time God wrought a threefold miracle for Patrick, the wellspring of water out of the earth, and his eyesight to the blind youth, and skill in reading aloud the order of baptism without knowing the letters beforehand. Thereafter Patrick was baptized.

---

[1] *i.e.*, Potitus, with loss of initial p.

[2] See above, p. 412, ll. 11–18; see u 10231.

also Flann Manistrech's version of this legendary pedigree in the Four Masters, A.D. 432.

Lebar
Brecc,
p. 25,
col. 1,
line 6.

Roalt, *tra*, intíí noemPat*raic* inNemtur combagilla.
Ocus islia turim *ocus* aisnés asande*r*na inCoimdiu fair
dofertaib *ocus* mirbulib ina noidend*acht ocus* inagil-
la(cht); árboi rath Dé inachomaitecht ince*ch* áis *ocus*
ince*ch* ní dogníd; *acht* aisnédfimne uati dohilib díb. 5

Fecht and dolluid tóla us*ci* isintech ambói Pat*raic*,
coru*s*báid intenid uli, *ocus* combatar nalestair forsnám.
Luid Pat*raic* iarsin coport tirimm boi isintig, cor-
thúmm a .u. méra isin us*ce*. *ocus* ropta*r* óible tened
na .u. banni silset estib, corohadannad inteni sin isin- 10
tig. *ocus* nirosart*ra*ig intus*ce* foch*ét*oir. Romo*r*ad ainm
De *ocus* nóemPat*raic* and t*r*iasinfhirtsin.

Fect aile dosbe*r*t Pat*raic* utlach dobissib óigrid
conu*s*léic fo*r*lár if*iadnaise* amuime. "Ba mou rancu-
mar aless brosna c*r*ínaig dún fortenid," ol amumi. 15
Conid andsin tuc P*átraic* inóigriud fo*r*sintenid, *ocus*
dosrat a anáil fói, *ocus* lassa*is* amal c*r*ínach. Romórad,
t*ra*, ainm Dé *ocus* Pat*raic* desin.

Fec*ht* aile dolluid cú allaid corruc chairig leis
oPat*raic* don tréot, diamboi oc ingaire choerech, *ocus* 20
rotcairig amumi hé comór fo*r*essbuid nacoerech. Diambói *immurro* Pat*raic* is[in]inud c*ét*na iarnabaruch
tanic incú all*aid*, corothaisselb incáirig sláin inaf*iad*-
naise; ár nirbo gnáth aissec uad conicesin. Romo*r*ad
ainm De *ocus* Pat*raic* insin. 25

Fec*ht* el*e* dolluid P*át*rai*c* immaille fri*a*aide indáil
mBretan. O rancata*r* cu*s*indáil atbath in[t]aide dodi-
anbás. O rosairig, t*ra*, Pat*raic* bás aside, atbert fri*ss*:
"Erig *ocus* tiagum diartig." Atr*ácht* foch*ét*oir intaide
abás labrethir Pat*raic*. 30

The holy Patrick was reared in Nemthor until he was a lad. And overmany to recount and declare are the miracles and marvels which the Lord wrought for him in his childhood and in his boyhood; for the grace of God accompanied him at every age and in every thing that he used to do. But we will declare a few of the many of them.

Once upon a time came a flood of water into the house wherein Patrick was dwelling, and quenched all the fire, and the vessels were afloat. Patrick then went to a dry place which was in the house and dipt his five fingers into the water, and the five drops which trickled from them became sparks of fire, and that fire was kindled in the house, and anon the water ceased to rise. God's name and Saint Patrick's were magnified there through that miracle.

At another time Patrick brought a lapful of pieces of ice and left them on the floor in his fostermother's presence. "We rather needed a faggot of withered sticks for fire," saith his fostermother. Then Patrick put the ice upon the fire, and breathed under it, and it blazed like withered sticks. So God's name and Patrick's were magnified thereby.

At another time a wolf went and carried off a sheep of the flock from Patrick when he was shepherding; and his fostermother rebuked him much for the loss of the sheep. But as Patrick was biding at the same place the next day, the wolf came and shewed the sheep safe before him, [which thing was a marvel] for up to that time restitution from him (the wolf) was not usual. God's name and Patrick's were magnified therein.

At another time Patrick went along with his fosterfather to a folkmote of the Britons. When they came to the folkmote the fosterfather died of a sudden death. But when Patrick perceived his fosterer's death, he said to him, "Arise and let us go home." Straightway at Patrick's word the fosterfather arose out of death.

Lebar
Brecc,
p. 25,
col. 1,
line 33.

Fecht ba dímdach amumi desium, arnatabrad mil
dá miltenaib am*al* dobert*í*s m*ei*c becca inbaile dia-
m*áth*rechuib. Línaid P*á*traic lestar asinsruth ba nessu
dó, *ocus* rosben*n*ach inus*ce* corosoud immil. *Ocus* tucc
diamumi comboi dochretraib aicci, coníccad cech*té*idm 5
ocus cechgalar.

Fecht ann atbath m*ac* aroli mná nochungnad fria
amumisium ocblegun abó. Atbert, tra, mummi P*á*traic:
"Tuc latt domac isinairge indíu feib[1] doberthea cech
lái," *ocus* dorónad amlaid. Diambat*ar*, tra, namná 10
ocblegun *ocus* inmac marb forlár nabuailed, dobert
amu*m*mi lemn*acht* do P*á*traic, *ocus* atbert fris:
"Gair chucat thfer cúmtha conasebi cumaid arsen
fritt." Atbert P*á*traic: "Tair, afhir chumtha, co-
nusebem cumaid." *Ocus* atracht foch*étó*ir inmac 15
abás frigairm P*á*traic corasebatar cum*a*id iar*um*
andís.

Fecht ele doP*á*traic *ocus* diashiair .i. Lupait ocingaire choerech. cotancotar nahuain cohopund dochumm
am*áthar* am*al* babés dóib. Otconnairc P*á*traic *ocus* 20
asiur innísin, rorithset codian diat*er*pud nanúan. Dor-
chuir iningen corasben acend fochloich, cu*m*bacomfocus
bás di. Tanic P*a*traic chucci cen fuirech, *ocus* dorat
ardhe na crochi darsin crécht corosl*á*naig[2] cennach
galar de. 25

Fecht and luid amu*m*mi P*á*traic doblegan bó. Luid-
sium do hól dige lemn*achta*. Dastar imon mboin
isinbuale .i. demun tanic innte coru*s*marb .u. bú aile.
Bói torsi mor fora*m*u*m*mi do mandar nambó, condepert frisium toduscad nambó. Rodu*s*aig iarsin nabú 30
ocus hiccaid inmboin dasachtaig.

---

[1] MS. fein. | [2] MS. coroslánaid.

On a time his fostermother was displeased with him because he brought no honey from the combs as the little boys of the hamlet were wont to bring to their mothers. Patrick fills a vessel out of the stream that was nearest to him, and he blessed the water, and it was turned into honey, and he gave it to his fostermother, so that she kept it for relics, and it used to cure every disease and every illness.

Once upon a time there died the son of a certain woman, who used to help his (Patrick's) fostermother in milking her kine. So the fostermother said to her : " Bring with thee thy (dead) son into the cowshed this day, as thou wert used to bring him every day," and thus was it done. Now as the women were a-milking, and the dead child on the floor of the byre, his fostermother gave new milk to Patrick, and said to him, " Call to thee thy comrade that he as well as thou may drink it." Patrick said, " Come, my comrade, that we may drink it together," and at Patrick's call the boy arose at once from death, and then they both drank it equally together.

At another time, as Patrick and his sister Lupait were herding sheep, the lambs came, as was their wont, suddenly to their mothers. When Patrick and his sister saw that, they ran swiftly to separate the lambs, and the girl fell down, and her head struck against a stone, so that death was near her. Patrick came to her without delay, and made the sign of the cross over the wound so that it healed without any disease therefrom.

Once upon a time Patrick's fostermother went to milk a cow. He went to drink a draught of new milk. The cow goes mad in the byre. A devil entered into her so that she killed five other kine. Great sadness fell upon his fostermother for the hurting of the kine, and she told him to bring them to life. Thereafter he brought the (dead) kine to life and the mad cow he cures.

Lebar
Brecc,
p. 24,
col. 1,
line 60.

Fecht ele fororcongair rechtaire inríg formummi Patraic glanad tellaig inrígthige inAilccluade. Tanic, tra, Patraic conamummi forsét doglanad intellaig. Is annsin tanic intaingel co Patraic condepert friss: "Dena airnaigthe ocus nibahécen duitt ingnímsa." 5 Dosgní, tra, Patraic airnaigthe ocus rosglan intaingel intellach inóidchesin. Atbert Pátraic iarnabárach cianoloiscthe connud Brettan uli forsin tellach nabud écen aglanad cobráth: amal comaillter sin beos.

[p. 25 b.] Fecht ele dolluid rechtaire inríg dochun- 10 chid grotha ocus imme co mummi Pátraic. ocus niroibe ecci ní doberad isin cís. conid annsin dorigne Pátraic ingruth ocus innimm donshnechta corructha uad don rig. O rotaisselbad, tra, donrig sin roscáig[1] inanaicned fén. Rosmaith iarsin inrig incís do Pátraic dogrés. 15 Romorad, tra, ainm Dé ocus Patraic triasinfhirtsin.

Andorigne, tra, Patraic dofertaib ocus d'adamruib inanoidendacht ismatírib sin, nihetir frianech atuirem nách anaisnés.

ISheseo, dino,[2] tuirthíud tidechta Patraic docum nE- 20 renn. Secht meic Sechtmaid .i. uii. meic rig Bretan batar forlongais. Doronsat orcuin itír mBretan, ocus batar Ulaid immalle friu, cotucsat Patraic leo himbroit dochumm nErenn, ocus adí siair .i. Tigris ocus Lupait; conusrensat Pátraic friaMíliucc mac húi Buain 25 .i. fririg Dal Araide. ocus friathriar mbráthar, ocus rensat adí shiair iConaille Múirthemni, ocus nimafitir doib, ocus niconfitir nech díb ciatír inroreccad aroile.

---

[1] MS. roscáid. | [2] Perhaps didiu.

At another time the king's steward ordered Patrick's fostermother to cleanse the hearth of the palace at Dumbarton. So Patrick came with his fostermother on the way to cleanse the hearth. Then the angel came to Patrick and said to him: "Make prayer, and this work will not be needed of thee." So Patrick prayed, and the angel cleansed the hearth that night. Patrick said on the morrow that if all the firewood of Britain were burnt on the hearth, it need not be cleansed till Doom. So it is still fulfilled.

At another time the king's steward went to demand curds and butter of Patrick's fostermother, and naught had she which she could give for the tribute. Then of the snow Patrick made the curds and the butter, and they were taken from him to the king. Now, when those things were shewn to the king, they changed into their own nature. After that, the king always forgave the tribute to Patrick: so God's name and Patrick's were magnified through that miracle.

But the miracles and wonders which Patrick in his childhood wrought in those lands, it is not possible for any one to reckon or relate them.

Now this was the cause of Patrick's coming to Ireland. Seven sons of Sechtmad, to wit, seven sons of the King of Britain, were biding in exile. They wrought rapine in the land of Britain, and Ulstermen were along with them, and so they brought Patrick in captivity to Ireland, and his two sisters Tigris and Lupait; and they sold Patrick to Míliuc maccu Buain, that is, to the king of Dálaraide,[1] and to his three brothers, and they sold his two sisters in Conaille Muirthemne,[2] and (Patrick and his sisters) knew nothing of each other (that is) and no one of them knew into what land another was sold.

---

[1] A territory in the east of Ulster.

A level country in the present country of Louth, extending from the river Boyne on the south to the mountains of Cuailgne, or Carlingford, on the north, O'D.

Lebar Brecc, p. 24, col. 2, line 17.

Dofhognad, t*ra,* P*a*tr*a*ic donrig *ocus* diat*r*iur brá**th*a*r, *con*id aire sin tucc*ad* fair innainm isCothraige .i. mog cethrair. Bat*ar* dino[1] .íííí. hanu*and* fair .i. Succait aainmm othu*s*tidib.[2] Cot*h*raige diamboi oc fognum don cethrur. Magonius (.i. magis agens) aainm icGer- 5 man. P*a*tricius (.i. pater ciuium .i. athair nacath*arda*) aainm ic[c]omorba Petair (.i. Celis[tinus]).

Ot*con*nairc, t*ra,* Míliucc corbamog iresach P*á*tr*a*ic rochennaig on t*r*iur aile corofhognad dó aoenur, *ocus* rofhogain dó cocend *secht* mbl*iadan* fobés nanEbr*a*ide. 10 *ocus* ised roherbad do ingaire mucc indithrebu [3] Slebi Miss.

Ticc*ed* imm*urr*o Victor aingel dia acallaim *ocus* diaf*or*cetul imchrabud dodénum .i. c*ét* slechtain ce*ch* láithi *ocus* c*ét* ce*ch* noidche dognid. 15

O roboi, tr*a,* P*á*tr*a*ic .uíí. mbli*a*d*na* oc fognum fobés nanEbraide, atb*er*t intaingel f*r*iss hifhís : "Bene oras et bene ieiunas; cito iturus eris ad patriam tuam" .i. "is maith dogní ernaigthe, ismaith dogni aine : raga coluath cotath*ar*dai fodein." 20

Rochomfocsig, t*ra,* aimser thuaslaicthe P*a*tr*a*ic adóire, arnochlechtatis nag*en*ti særad amogad isin *sech*tmad bl*iadain.* O n*á*imraided immurro [4] Miliucc ind*us* noastfad intii P*a*tr*a*ic rochendaig cum*ai*l coru*s*naisc doP*a*tr*a*ic hi. O rocuirtha hitech foleth aidche nabaindsi, 25 isandsin p*r*itchais P*a*tr*a*ic don chumail corothochathitis innuli naidche ocernaigthe. ISinmatain iarnaba*r*uch atc*on*nairc P*a*tr*a*ic ingelchrecht hindreich nacum*ai*le. *ocus* roiarfaig [5] di fochann inchrechtai. Atb*er*t inchu-

---

[1] facs. di. Read, perhaps, did*iu*.
[2] MS. othu*s*tigib.
[3] over the d is a dot, *dithrebu*
seems a mistake for *dithreub* or *dithrub.*
[4] MS. hau*tem.*
[5] MS. roiarfaid.

Now Patrick served the king and his three brothers, wherefore there was given unto him the name of Cothraige, that is, 'Four-men's-thrall.' Now four names had he, to wit, Sucat, his name from his parents: Cothraige when he served the four: Magonius (that is, *magis agens*), his name with Germanus: Patricius (that is, 'pater civium,' 'father of the citizens') his name with Peter's successor, Celestinus.

Now, when Míliucc saw that Patrick was a faithful slave, he bought him from the other three that he might serve him alone. And he served him to the end of seven years after the custom of the Hebrews, and what was entrusted unto him was the herding of swine in the wilderness of Slíab Mis.[1]

Howbeit, Victor an angel, used to come and speak unto him, and to teach him as to performing devotion, that is, one hundred genuflexions every day and a hundred every night he used to make.

Now when Patrick had been serving seven years, after the custom of the Hebrews, the angel said to him in a vision: "*Bene oras et bene jejunas, cito iturus eris ad patriam tuam,*" that is, 'Well thou prayest, well thou fastest: quickly shalt thou go to thine own fatherland.'

Now the time of Patrick's release from bondage drew nigh, for the heathen were wont to free their slaves in the seventh year.[2] As Míliucc could not think how (else) he could detain Patrick, he bought a bondmaid and to Patrick he wedded her. On the bridal night, when they were put into a house apart, then Patrick preached to the bondmaid, and they spent the whole night in prayer. On the morrow morning Patrick beheld the white scar on the bondmaid's face, and he asked her the cause of the wound. Said the bondmaid:

---

[1] Now Slemish in the county of Antrim.

[2] Compare Exodus, xxi. 2; Deut. xv. 12.

Lebar Brecc, p. 25, col. 2, line 42.

ma*l*: "Intan basa inNemthur imBretnaib, daroch*ar* coru*s*ben mochend fri*c*loich cu*m*ba focus bas dam. Otconnairc mobr*á*thair .i. Succet, increcht, dorat ardhe crochi Cri*s*t tairis combahógshlan foch*é*toir." IS*ed* atbert P*a*traic: "messi fén dobrathair, ocus isme 5 rotícc." Gníset insin atlugud doDia ocus tiagait isindithreb.

O robói, tra, P*a*traic isindithru*b*, itchuala guth ind aingil atbered friss. "ISfairithe inlong co*n*dechasu innte cohEtáil dofogluim nascrept*t*ra." Atbert P*a*- 10 traic: "Nimtha lóg do ór domthige*r*nai, ocus nichomarlecfi chena dam." Atbe*r*t intaingel fr*i*ssium: "feith intret indiu ocus atcierasu torcc icclaide intalman, ocus dosbera maiss noir ass, ocus tabair dotchind dottigerna, ocus imthig asintírsea do fogluim ecnai ocus 15 crabuid." Roscomets*u*m intorcc ocus fuair inmaiss do or, ocus dosrat darachend dathige*r*na, ocus roscomairlec alécud uad arbafailid fr*i*sinór.

Luid P*a*traic iarsin forfech*t*, ocus fuair luing conafoir*i*nd dogentib, ocus fuair fáilte accu, ocus rucsat 20 leo hé darmuir. Bahaith*r*ech, tra, fria athigerna .i. fr*i* Miliuc alecud ass. Dochuaid ina diaid ocus nitharra*id* he ocus niroscar intór iarsin.

Roergaba*d* dino[1] hicreich intíí Patraic fora sé*t*, coraba accu fr*i*re damis. Dosgní P*a*traic ernaigthi ocus 25 rosheer Dia he coroch*t* slan co athu*s*tidib.[2] Roatachsat athu*s*tide[3] he corothairis accu osin amach dogr*é*s. sed tamen tanic intaingel chuice inachotlud co*n*epistlib immdaib leis tr*i*agoedeilg. ocus intan bóisiu*m* occ-

---

[1] Perhaps did*i*u.
[2] MS. thu*s*tigib.
[3] MS. athu*s*tige.

"When I was in Nemthor in Britain, I fell, and my head struck against a stone, so that death was near me. When my brother Succet beheld the wound, he made the sign of Christ's cross over it, so that it was quite well at once." Patrick said this: "I myself am thy brother, and I am he that healed thee." They then gave thanks to God, and go into the wilderness.

Now, when Patrick was biding in the wilderness, he heard the voice of the angel, saying to him, "Ready is the ship wherein thou mayest fare to Italy to learn the Scriptures." Said Patrick, "I have not the price (of my ransom) in gold for my lord, and without that he will not allow me (to leave him)." The angel said to him, "Mind thou the herd to-day, and thou wilt see a boar uprooting the earth, and he will bring a mass of gold thereout, and give thou [that gold] to thy lord for thy head, and fare forth from this land to learn wisdom and godliness." Patrick watched the boar and found the mass of gold, and gave it for his head to his lord, who consented to let him go, for he was glad at the gold.

Patrick then went on (his) way, and found a ship with her crew of heathen. And he had welcome of them, and they took him with them oversea. His master Míliucc was sorry for letting him leave. He went after him, and overtook him not, and the gold thereafter remained not.[1]

Then Patrick on his road was captured in a foray, and he was with them (the raiders) for the time of two months. Patrick made prayer, and God delivered him, so that he came safe to his parents. His parents besought him to abide thenceforward always with them. Nevertheless the angel came to him in his sleep, hav-

---

[1] Cf. Secunda Vita, c. 18, and Cf. Jocelin, chapters xv. and xvi., I have rendered *niroscar* (which is certainly corrupt) as if it were a mistake for *niromar*.

Lebar Brecc, p. 25, col. 2, line 67.

anairlegend atchuala gair mor donóidenu ambronnaib amaithrech hicr*í*chaib *Connacht.* INmacradsin [p. 26a.] aCaille Fochlad. conidedso atbertis: "ueni sancte Patrici, saluos nos facere."

IS andsin dochuaid *Patraic* dofogluim ecna *ocus* cra- 5
buid inoirth*er*desc*irt* Etaile coGerman escop, *ocus* tar-
r*u*star accu .xxx. bl*iadan* ocfogluimm nascrept*ra*
nóibe *ocus* icacomal*lad* cohumal inisel. *ocus* .xxx. aile
ases intan tanic coGerman .xxx. bl*iadan* do icafoglaim .lx. icprocept inEir*inn.* 10

Celebrais doGerman. *ocus* dosb*er* German bend*a*chtu
lais, *ocus* teit uasalsacart leis diaforcill cucomorba
Petair imcechngrad .i. Signeti*u*s cruimther asinmside.

Luid *Patraic* iarsin for muir Thorrén. Isann sin
dorala aninis do, *conacca* intech nua *ocus* lanomain 15
ócc ann, *ocus* itconnairc senchaill*i*g cr*í*n indoras[1]
intige. "Cid das inchaillech," ol *Patraic.* "INgen
ingine damsa sin," arintoclach, "*ocus* ismarb am*áthair*
do chríne."[2] "Cid fo*dera* sin," ol*Patraic.* "Cr*i*st dorala chucaind diambói it*ir* dóinib," arintóclach, "con- 20
dernsumarni fleid dó. Bennachais artégdais *ocus* sind
fén, *ocus* nitharaill inb*en*nachtu arclannu, *ocus* rotharngir duin co tistasu chucáind *ocus* foracaib abachaill
accaind diatabairt detsiu." "Nigebsa," ol*Patraic*, "co-
tarda fén dam." 25

Taraill iarsin coaraile nuasal[epscop] cotarut g*rad*
nesc*ui*p fair. Dochuaidsium iarsin do Roim *ocus* fuair

---

[1] The *d* is dotted. | [2] In margin is written .nota.

ing many letters in Gaelic; and when he was reading them out he heard a great cry from infants in their mother's wombs in the regions of Connaught. Those children were of Caille Fochlad;[1] and this is what they were saying: "Come, O holy Patrick, to make us whole!"

Then went Patrick to learn wisdom and godliness in the south-east of Italy, unto bishop German, and he tarried with him for thirty years, learning the holy Scripture, and fulfilling it in humble and lowly wise. And another thirty years was his age when he went to German. Thirty years was he learning, sixty preaching in Ireland.

He bade farewell to German, and German gave him his blessing; and an archpresbyter went with him to testify of him to Peter's successor as to every grade, to wit, Segetius the priest was his name.

Thereafter Patrick went upon the Tyrrhene sea: it was there he met with the island. He saw the new house and the young married couple therein, and before the house he beheld a withered old hag. "Who may the hag be?" saith Patrick. "She is a daughter's daughter of mine," replied the young man, "and her mother is dead of decay." "What causeth that?" saith Patrick. "Christ came to us when He was biding among menfolk," said the youth, "and we made a feast for Him. He blessed our dwelling and ourselves. Now the blessing did not visit our children, and unto us He foretold that thou wouldst come to us, and He left His staff with us to be given to thee." "I will not take it," saith Patrick, "until He himself gives it to me."

Thereafter he went to a certain archbishop, who bestowed a bishop's rank upon him. He afterwards fared to Rome, and found honour and reverence from

---

[1] Near Killala in the county of Mayo.

Lebar Brecc, p. 26, col. 2, line 22.

onoir *ocus* oirmitin icRómancha*ib* *ocus* iconabbaid .i. Celestin*us* aainmsium.

Isess*ide* rofhaid fer dia m*untir* docum nErenn doshilad cretmi *ocus* irse do feraib Erenn .i. Palladi*us* aainm, co*n*d*í*b feraib .x. doprocept do Goedelaib. ar is 5 lacomorba Pet*air* lesugud na hEorpa uli *ocus* acend*us*. O daruacht Palladi*us* hi cr*í*ch Laigen *fr*ithorissa*ir* do Nahíi m*a*c Garrchon, me*ic* Fotha*id*, me*ic* Echach Laimderg, me*ic* Mesincorb, *ocus* roindarb uadae. Araide robaist uati ann, *ocus* rofhotha*ig* *tr*i cella ann .i. 10 Cell fine hifarcaib aliubra cotaissib Poil *ocus* Pet*air* [*ocus* Tech na Róman *ocus* Domnach Airte].[1] *Ocus* co*n*erbailt*s*ium aninis Bretan oc dul sair. co*n*idandsin roordaigset P*a*traic uadib i*n*aaps*tal* dochum nErenn. *ocus* atbertsat aingil f*r*issium tidec*ht* cosol*am* dochum 15 nEre*nn*. Atbertsum naticfad corosaicille*d* fén inCoimdiu. Iarsin rofucc intaingel inArboric Letha c*us*in cat*hr*aig dianad ainm Capua isléib Armóin, super ripam [2] maris T*yr*reni, corosacaill inCoimdid isin lucsin, am*al* rosacaill M[o]ysi isleib Sína, *ocus* co*n*de- 20 pert [3] friss tec*ht* doprocept do Goedelu. *ocus* co tarut bachaill Ísu dó ind. *Co*nid doreir shenaid na Róma *ocus* in aingil *ocus* inChoimded tanic P*a*traic dochum nEre*nn*.

Tanic iarsin f*or* co*n*air .xx. iiii. fer alín, *ocus* fuair 25 noei f*or*achind inerlaime hitr*á*ch*t* mara Bretan. Intan tra, tanic P*a*traic isincurach, isann bói clam occuinch*id* inaid fair, *ocus* nirobi inad fás it*ir* ann. Corolas*um* remi amach inimaltoir clochi f*or*sandena*d* oifrend cec*h* læi. Sed tamen dorigne Dia firt mor and .i. nide- 30

---

[1] "These churches were situated in the Ui-Garrchon, which was washed by the river Inbber-Dea in the east of the present county of Wicklow." O'Don. Four Masters, A.D. 430.
[2] Facs. risam.
[3] The *d* is dotted.

the Romans and from the Abbot, whose name was Celestinus.

He it was who had sent a man of his household to Ireland to sow belief and faith among the men of Ireland—Palladius was his name,—with twelve men, to preach to the Gael, for unto Peter's successor belong the bettering of the whole of Europe, and the headship thereof. When Palladius arrived in the province of Leinster, Nathí, son of Garrchu, son of Fothad, son of Echaid Redhand, son of Mesincorb, withstood him and expelled him from thence. However, he baptized a few there, and founded three churches there, namely, Cell-fine, where he left his books, with relics of Paul and Peter, [and the House of the Romans and Domnach Arte] and, going eastward, he died in the island of Britain: wherefore then they ordered Patrick as an apostle from them to Ireland, and angels told him to go to Ireland promptly. He said that he would not go, until the Lord should speak unto himself. Thereafter the angel brought him into Armoric Letha, to the city named Capua, on Mount Armon, by the shore of the Tyrrhene sea, and the Lord spake to him in that place, as He had spoken to Moses on Mount Sinai, and told him to go to preach to the Gael, and He gave him therein Jesu's Staff. Wherefore it was according to the will of the synod of Rome and of the angel and of the Lord that Patrick came to Ireland.

He then fared forth on his road, four and twenty men were his number, and he found a pinnace in readiness before him on the strand of the sea of Britain. Now when Patrick came into the boat, a leper was asking him for a place, and there was no empty place therein. So he put out before him (to swim in the sea) the portable stone-altar whereon he used to make offering every day. *Sed tamen*, God wrought a great miracle here, to wit, the stone went not to the bottom, nor

Lebar Brecc, p. 26, col. 1. line 49.

ch*aid* incloch anichtar, *ocus* nitharasar dianessi, *acht* roánai imon curach bacuairt cutor*acht* inEir*inn*.

IS andsin it*c*onnairc P*a*tr*aic* circull trom dodémnaib timchell Er*enn* .i. uide .uí. laa uathi for*c*echleth.

O dharuacht P*a*tr*aic* cohInb*er* nDea hicr*í*ch Laigen, 5 *ocus* co aroile f*í*ch comfo*cus*, nífuair failte inntib, *ocus* mallachais P*a*tr*aic* aninbersin, *c*onid etoirthech osin ille he, *ocus* co tanic muir darsintírsin. Nathíi mac Garrchon, *tra*, ise rodiult fr*i* P*a*tr*aic*.

Teit P*a*tr*aic* iar*um* tar muir cohUlltu, doṡaigid 10 Mílicc rig Dalar*aide* doprecept anma Dé. ar isaccu rosboi aṅdóire art*ús* comad dó tóisech nopritchad. comad chomlan infognam diachurp *ocus* daanmain. sed tamen tanic Miliuc inaagaid cuslogu moraib dogén*tib*. *c*onároléced he foth*í*r, uair rofo*rc*ongart Loe- 15 gaire for firu Er*enn*. *c*onaroslectis P*a*tr*aic* foth*í*r, uair rothirchansatar adrúide doLoegaire tidecht P*a*tr*aic* docum ner*enn* .u. bl*iadna* remi feisin .i. Lochra *ocus* Lothrach *ocus* Luc[p. 26 b.]atmoel *ocus* Renell ananmunm*a*; *ocus* bahedso atbertis: 20

> Ticfai taillcend tarmuir meircend:
> abratt¹ toillcend : a crand² cromcend:
> amias³ anairth*iur* athige:
> friscerut am*un*ter uli "Amen, Amen."

Ocus traigfid cech flaithius *ocus* cech adrad *ocus* 25 cech cum*ach*ta naba hum*a*l dó. *Ocus* isasaflaithi*us* fén for*b*ia cobráth.

.i. cochall.
² .i. bachall.

³ .i. aaltoir.

did it stay behind them. But it swam round about the boat [with the leper on it] until it arrived in Ireland.

Then Patrick saw a dense ring of demons around Ireland, to wit, a six days' journey from it on every side.

When Patrick came to Inver Dea[1] in the territory of Leinster, and to a certain hamlet hard by, he found no welcome in them, and Patrick cursed that river-mouth, wherefore it is barren (of fish) from that to this, and the sea hath come over that land. Nathi son of Garrchu was he who denied Patrick.

Patrick afterwards passed over sea to Ulster to seek Míliuc, king of Dálaraide, to preach the name of God, for, as it was with Míliuc he abode in servitude at first, unto Míliuc he thought that he should first preach, so that the service to Míliuc's body and to his soul might be complete. Nevertheless Míliuc came against him with great hosts of heathens, and would not let him land, since Loegaire[2] had ordered the men of Ireland that they should not let Patrick on shore: for his soothsayers had foretold to Loegaire, five years before, that Patrick would arrive in Ireland, to wit, Lochra and Lothrach and Lucat-moel and Renell were their names, and this is what they used to say—

"Adzehead shall come over stormy (?) sea:
His mantle[3] hole-headed, his staff[4] crook-headed:
His table[5] in the east of his house:
All his household shall answer him Amen, Amen.

And every chieftainship and every worship and every might that will not be humble to him shall ebb away. And out of his own chieftainship shall he make perfect for ever."

---

[1] The mouth of the Vartry river in the County of Wicklow," O'Don.
[2] Overking of Ireland, A.D. 438.
u 10231.
[3] cowl.
[4] crozier.
[5] his altar.

Lebar
Brecc,
p. 26,
col. 2,
line 6.

Dochuaid P*atraic* iar*um* inachurach cohInb*er* Sláni, *ocus* tanic inaag*aid* Díchú mac Trechim, corogreis inaaghaid coin rógéir bói occa. Sed tamen dorát P*atraic* ardhe nacrochi coimdeta inahagaid, *ocus* rogab infers fhathacda. Ne tradás domine b. a. *con.* f. t. t. *ocus* tarru*s*ar incú isin inadsin, *ocus* forfemid cor de. IS annsin ronocht*us*tar Díchu acloidem, *ocus* teit do marbad P*atraic*. Dosber P*atraic* arde crochi Crist inaag*aid* corfémid cor dochois *no* do laim de. Iarsin dosgní Díchu ait*h*rige *ocus* slechtais ifiad*naise* P*atraic* cotarut aógreir do, *ocus* rocreit innoendia. *ocus* robaitsed coslogu mora immaille fri*ss*. *ocus* dorat inferonnsin doDia *ocus* doP*atraic*. Rochumtaig P*atraic* eclas isin inudsin. dianid ainm Saball P*atraic* indíu, *ocus* rotharngir do Díchoin, isann noragad dochum nime. *Ocus* dorat b*ennachtain moir do Díchoin *ocus* dia clannaib, ut dixit Patraic insin: 5

10

15

Bend*acht* Dé do Díchoin romfóir imon saball.
ronbias*um* diaéssi innoemtech nglesed nglanoll.
Bend*acht* Dé *for* Díchoin, Díchu dilcend cró; 20
niba hifernach,[1] buan ban*n*, cland nacined dó.

Luid P*atraic* iar*um* doforcetul Míliuc am*al* rotriall*us*tar. O roscuala Míliuc P*atraic* forsét chuca, iadais atech fair fén *ocus* for*a* uli indmas, *ocus* dosber tenid fair índ, coroloiscedsu*m* co*n*auli árilliud, arnarochreted 25

---

[1] MS. hifornach.

Patrick went afterwards in his boat to Inverslany.[1] And there came against him Díchu, son of Trechem, and he set against him an exceeding eager hound which he had. Nevertheless Patrick made the sign of the cross of the Lord against it, and he chanted the prophetic verse, *ne tradas, Domine, bestiis animas confitentium tibi*, and the hound stopt in that place and was unable to stir. Then Díchu bared his brand and went to kill Patrick. Patrick made the sign of Christ's cross against him, so that he could not stir either foot or hand. Thereafter Díchu repented and knelt before Patrick and gave him his full will, and Díchu believed in one god, and he and great hosts along with him were baptized, and he gave that land [whereon he was converted] to God and to Patrick. In that place Patrick built a church which is called Saball Pátraic[2] to-day, and he foretold to Díchu that it would be there he should go to heaven. And he gave a great blessing to Díchu and to his children, *ut dixit Patricius* then—

> God's blessing on Díchu who helped me with the Barn.
> He shall have therefore the all-pure . . . . . habitation,
> God's blessing on Díchu, Díchu who forgives (?) blood:
> No children or race of his shall be in hell, a lasting law.

Patrick afterwards went to teach Míliuc as he had (before) proceeded. When Míliuc heard that Patrick was on his way to him, he closed his house upon himself and upon all his wealth, and he set fire to himself in it so that he was burnt with all his goods, in order

---

[1] The estuary of the Slany, "a small river at the S.W. extremity of Strangford Lough," Todd.

[2] 'Patrick's Barn.' Now Saul, in the County Down.

Lebar Brecc, p. 26. col. 2, line 30.

do Patraic. Roairis Patraic ocfégad nateined, ocus issed atbert: "IN fer asserbaid airi siut narocreted damsa ocus donChoimdiu nibia rige na oirechus uad cobráth, ocus sanimm aniffriud triabithu."

Ocus otrubairt Patraic nabriathrasa roimpó dessel 5 ina frithlorg doridisi itír nUlad, cotoracht Mag nInis[1] coDíchoin mac Trechim, ocus roan and friré cian.

Teit iarum Patraic coSaball fodess copritchad do Rús mac Trechim. Isésede[2] bói inDerlus friDún Leth glasi[3] indess. Ata cathair becc and indíu, ocus Brec- 10 tain abainmsium, dú hitá escop Loairnd.

Diamboi Patraic, tra, iarnaśét conacca inmoethoclach ocingaire mucc. Mochoa sainmsium. Pritchais Patraic dó ocus robaist, ocus roberr, ocus dorat soscéla ocus menistir dó, ocus dorat dó, tra, tan aile bachaill 15 tucad doib oDia, acend inucht Patraic ocus acoss inucht Mochoe. Isísin, tra, indEittech Mochoe Noendromæ, ocus doordaig muicc mberrtha cecha bliadna do Patraic, ocus doberar fous.

Celebrais Patraic doDíchoin. Ocus triallaid do ac- 20 allaim Loegaire coTémraig iarfairgi comag mBreg. Ocus fuair failte moir isininad sin oc aroli fir uasal.

---

[1] Now Lecale in the County Down. O'Dcn., Four Masters A.M. 3529.
[2] MS. isisée.
[3] Generally called *Dún-dá-lethglas*, 'the fort of the two broken locks or fetters,' now Downpatrick.

that he might not believe in Patrick. Patrick, seeing
the fire stopt, and this he said: "The man who had
resolved (?) upon that so that he might not believe in
me and in the Lord, nor kingdom or chieftainship
shall be from him till Doom, and his soul (shall be) in
hell for ever."

And when Patrick had uttered these words he returned right-handwise by the same road again into the
land of Ulster until he reached Mag Inis (and came)
to Díchu son of Trichem, and there he staid for a long
time.

Patrick went afterwards to Saball southward, and
preached to Ross son of Trichem. It was he that dwelt
at Derlus to the south of Dún Lethglasse. A small
town stands there to-day whose name is Brechtain, the
place wherein is bishop Loairn.

As Patrick was (going) along his way he saw the
tender youth herding swine, Mochoa was his name.
Patrick preached to him, and baptized and tonsured
him and gave him a gospel and a credence-table, and at
another time he gave him a crozier which had been
sent to them from God, its head [falling] into Patrick's
bosom and its foot into Mochoa's bosom. This is the
Eittech of Mochoa of Noendruim;[1] and he ordered a
shaven pig (to be given) every year to Patrick, and it
is still given.

Patrick bade farewell to Díchu, and proceeds to Tara
to speak unto Loegaire. [He sailed] along the sea to
Mag Breg, [and stopped at Inver Colptha,[2]] and he
found great welcome in that place from a certain frank-
lin who both believed in him with all his household

---

[1] Mahee Island. The *Eittech* ("winged" crozier) of Mochoa was so called from the belief that it was *coelitus missus*, Reeves' *Columba*, 460.

[2] The mouth of the Boyne.

Lebar
Brecc,
p. 26,
col. 2,
ne 51.

Ocus rochreit *conamuntir* dó, *ocus* róbaitsed *con*id acca *for*acaib achurach.

Mac becc boi isintig dorat seircc do P*atraic, ocus* gebis achois ocdul dó isincar*pat, ocus* dilsigit ámunter do P*atraic* he, *ocus* nosbe*ir* P*atraic* leis, *con*id hesin 5 Binén gilla P*atraic.*

IS and sin roécnaig aroli drui éc*craib*tech .i. Mántais asinm, do P*atraic.* Fergaither P*atraic fris, ocus* dobe*ir* amus do bachaill Ísu fair, cotor*ch*air ifiad*nai*se na slóg. *Ocus* coroslúic talum he, *con*id desin ata: 10 noconuil amáin Mántais.

Teit P*atraic* iarsin cuFerta fer Féicc. Adhanntar tenid occa isininudsin ifescor nacásc. Fergaither Loegaire otchí intenid. arbahi sin geis Temrach ocGoedeluib. *Ocus* nilamad nech tenid dfhatód inEir*inn* 15 isindlou sin, nócunadantá hiTemraig art*ús* isinsollamain. *Ocus* atbertsatar [p. 27a] nadruide: "mine báiter riaŋoidche anocht intene ut. bid lais intíí isatene síut flaith Er*enn* cob*rá*th."

Tunc dixit rex: "nibamlaid bess *acht* bid sinde 20 nosricfas*um ocus* nósmuirbfe." A*t*raig inrig con*a*álogu doṡaigid P*atraic* dia marbad. Niran*cat*ar *immurro* rianderiud óidche. O rosiacht, *tra*, inrig com*focus,* atbert adrúid fr*is*s: "naheircsiu chuicesium," oleat, "narup comartha onora dó; *acht* corapeisium tíí cucatsu, *ocus* 25 naherced nech remi." Daronad aml*aid.* Otconnairc P*atraic* naheich *ocus* nacarp*ait* isand sin rochan infersasa: "híí in curribus *ocus* hii in equis, nos autem in nomine domini Dei nostri magni [ficabimur]. *Acht* nama ó thanic P*atraic* isinoirecht, atracht remi mac 30 Dega .i. epsc*op* Ercc fil icSlani.

and was baptized, wherefore with him he (Patrick) left his boat.

A little boy that was biding in the house gave love to Patrick, and took hold of his leg as he was going into the chariot, and his family surrender him to Patrick, and Patrick takes him with him, and this is Benén, Patrick's gillie.

It was then a certain ungodly wizard named Mántais[1] reviled Patrick. Patrick is enraged with him, and makes a thrust of Jesu's Staff at him, and he fell before the hosts, and the earth swallowed him, whence is [the saying], *noconuil amáin Mántais.*

Patrick went thereafter to Ferta Fer Féicc.[2] Fire is kindled by him at that place on the eve of Easter. Loegaire is enraged when he sees the fire. For that was a ban of Tara which the Gael had, and none would dare to kindle a fire in Ireland on that day until it had been kindled first at Tara at the high tide. And the wizards said: "Unless yon fire be quenched before this night, he whose fire yon is shall have the kingdom of Ireland for ever."

Then said the King, "It shall not be so, but we will go to him and kill him." The king arises with his host to seek Patrick and kill him; but they did not arrive before the end of night. When the king drew nigh his wizards said to him, "Go not thou to him," say they, "that it may not be a token of honour to him. But let him come to thee and let none rise up before him." Thus was it done. When Patrick saw the horses and the chariots, he then sang this verse: "*Hi in curribus et hi in equis, nos autem in nomine Domini Dei nostri magni* [*ficabimur*]." But, when Patrick came in to the assembly, only the son of Deg rose up before him, that is, Bishop Erc, who is (venerated) at Slane.

---

[1] Probably borrowed from μάντις.
[2] 'Fiacc's (or Feccol's) men's grave.' Now near Slane in Meath.

Lebar Brecc, p. 27, col. 1, line 14.

ISandsin tanic cohesamain *ocus* confergach ina*gaid* *Patraic* oen donadraidib .i. Lochru, *ocus* rosécnaig[1] don iris c*ris*taide. Tunc sanctus Patricius dixit: " AmoChoimdiu, istú *con*nicc inuli. Isatchum*ach*tu att*át*. Istú ronfáid illethsa. Malartar nunc intécraib- 5 dechsa fil océcnach thanmasu ifiad*naise* cháich."

Déniu-rad labréthir *Patraic* tuarcaibset démnu isin-dæor indrúid *ocus* roslécset uadib frilár coroben achend f*ri*cloich *ocus* conderna[d] men *ocus* luaith de ifiad*naise* cháich, cor*us* gab crith *ocus* uamun dofu- 10 la*ch*ta nasluaig bata*r* and.

Rofergaiged, t*ra*, Loegaire f*ri* *Patraic* *ocus* toet diamarba*d*. Otconnairc *Patraic* tiduapairt nangénti ina*agaid*, isandsin atbe*rt* oguth mór: " Exsurgat Deus et dissipentur inimici[2] eius." Tanic talamchumscug*ud* 15 mór *ocus* torand and, *ocus* goeth, coroscáil nacairpthiu *ocus* nagregu cofata f*or*cechleth, corrancatar coBrig Graide. *ocus* co Sliab Moenuir*n*d, *ocus* combói cách dib anár achele triamalla*ch*tain Patraic. conarfacbad ifail inrig *ach*t oenchethrur isininudsin .i. he fén *ocus* 20 aṡetig *ocus* dias dia æs g*r*adai.

O r*u*sgab uamun inrigan dodecha*id* co*Patraic* *ocus* atbe*rt* friss: " Aduine fíreoin *ocus* aduine cuma*ch*taig, nirosmarba inrig. vair slé*ch*tfaid duitt *ocus* dobé*ra* doriar fén duit." Tánic inrig *ocus* doratsom areir 25 do*Patraic* obeolu, *ocus* nitharut och*r*idiu, *ocus* atbe*rt* f*ri* *Patraic* dul inadhiaid co Témraig co tartad ariar do hi fiad*naise* fer nErenn. Nihed sin, t*ra*, boi inamen-main, *ach*t marbad *Patraic* uair for*á*ccaib etarnaide[3] cech belaig f*or*achind otá sin coTemraig. 30

---

[1] MS. rosécnaid.
[2] MS. Exurgat ds. 7 disipinitur iní.
[3] MS. etarnaige.

Then came one of the wizards, to wit, Lochru, fiercely and angrily against Patrick, and reviled the Christian faith. Then holy Patrick said: "O my Lord, it is Thou that canst do all things. In Thy power they are. It is Thou that sentest us hither. Let this ungodly one, who is reviling Thy name, be destroyed in the presence of all."

Swifter than speech, at Patrick's word, demons uplifted the wizard in the air, and they let him go (down) against the ground, and his head struck against a stone and dust and ashes were made of him in the presence of all, and trembling and terror intolerable seized the hosts that were biding there.

Now, Loegaire was enraged with Patrick, and went to kill him. When Patrick perceived the onfall of the heathen upon him, he then exclaimed, with a mighty voice, "*Exsurgat Deus et dissipentur inimici ejus.*" Came a great earthquake and thunder there, and a wind, and scattered the chariots and the horses afar on every side, so that they came even to Bríg Graide and Sliab Moenuirnn,[1] and they were all slaughtering each other through Patrick's curse, and there were left along with the king but four persons only in that place, to wit, himself and his wife and two of his priests.

When terror seized the queen she went to Patrick and said to him, "O righteous one and O mighty one, kill not the king, for he shall submit to thee, and give thee thine own will." The king came and gave his will to Patrick by word of mouth, but gave it not from his heart; and he told Patrick to go after him to Tara that he might give him his will before the men of Ireland. That, however, was not what was biding in his mind, but to kill Patrick, for he left ambushes before him on every road from that to Tara.

---

[1] 'ad montem Monduirn,' Lib. Armach, 4 a 2, supra, p. 281, l. 32.

Lebar Brecc, p. 27, col. 1, line 40.

Dochuaid P*atraic* iarsin *ocht*ur mor la gilla .i. Binén, sech inuli etarnaide.[1] hirricht *ocht* noige nalltai, *ocus* enloeg all*ai*d inandiaid, *ocus* én find foragualaind .i. Binen sin *ocus* polire P*atraic* foramuin. condech*ai*d[2] iarsin, doirrsib foriattaib, isinTémraig. 5 collár inrigthaigi. Isandsin boi inrig ocfledug*ud* corigraid Er*enn* imi ar insollamainse .i. uair ba hí sin feis Temra.

Ní erracht nech ria P*atraic* iTémraig *acht* fili inrig .i. Dubthach mac húi Lugair, *ocus* rochreit *ocus* robaist[ed], *ocus* dosb*eir* P*atraic* bennachtu dó. 10

Gairmther iarsin[3] P*atraic* docum leptha inrig, corosthoimled biad. Nirohobb *immurro* P*á*tr*aic* innísin. Dorat, tr*a*, indrúid Lucat-mæl banni do neim inérdig P*á*tr*aic*. *ocus* dosrat illaim P*á*tr*aic*. Robennaig *im-* 15 *murro* P*á*tr*aic* inérdig *ocus* rosimpoi inlestar, *ocus* atrochair ass indneim, *ocus* nitorchair abecc donlínd, *ocus* attib P*atraic* inlind iar*um*.

IS and sin atb*ert* inrig fri*a*gilla .i. fri Crundmæl: "Eirg immach forclochán naTemrach, *ocus* notléic 20 féin fair, *ocus* coimlet toes c*um*[asc]tha fuil imotchend, *ocus* abrat istutim dorochar forsna clochaib c*on*erbaltais, *ocus* atb*é*rsa frisin clerech techt dot todúscad; *ocus* ciatb*é*rasom fritsa ergi, naherig." Dorónad ámlaid. Otconnairc, tr*a*, P*atraic* incorp, rofollsig 25 Dia dó coro[b]bréc tucc*ad* imme: con[id]airesin atbertsom:

A mo Chrund mæl. A mo gillmæl. A mo gerat. gerothiacht ní. cen corosiacht. niroté*r*a*cht.* gedorocha*r*, cencotorchar forsnaclocha, comul c*r*icha, 30 gerotsiacht ní, cencotiacht, níroticcthar.[4]

---

[1] MS. etarnaige.
[2] Dot over the first *d*.
[3] facs. insin.
[4] facs. nírotichthar.

Thereafter went Patrick (and his train of) eight, together with a gillie Benén, past all the ambushes, in the shape of eight deer and behind them one fawn with a white bird on its shoulder, that is, Benén with Patrick's writing-tablets on his back; and thereafter he went into Tara, the doors being shut, to the middle of the palace. The king was then feasting with the kingfolk of Ireland around him at this hightide, for that was the Feast of Tara.

No one rose up before Patrick at Tara except the king's poet, Dubthach Macculugair, and he believed and was baptized, and Patrick gave him a blessing.

Patrick is then called to the king's couch that he might eat food. Howbeit Patrick refused not that. The wizard Lucatmoel put a drop of poison into Patrick's cruse, and gave it into Patrick's hand. But Patrick blessed the cruse and inverted the vessel, and the poison fell thereout, and not even a little of the ale fell. And Patrick afterwards drank the ale.

Then said the king to his gillie Crunnmoel, "Go out on the causeway of Tara, and lay thee down thereon and let them rub dough mixed with blood about thy head, and let them say that thou fellest[1] upon the stones so that thou diedst, and I will tell the cleric to come to bring thee to life, and though he tell thee to rise, arise not." Thus was it done. When Patrick saw the body, God made manifest to him that guile was practised on him: wherefore he said:

"O my Crunnmoel, O my bald youth, O my hero,
Though thou attainedst one thing, though thou hast not attained, thou hast not arisen.
Though thou hast fallen, though thou hast not fallen upon the stones—a final deed,
Though thou attainedst a thing, though thou hast not attained, thou art not healed."

---

[1] lit. "that it is a fall thou fellest."

Lebar
Brecc,
p. 27,
col. 1,
line 66.

ISderb, di*no*,[1] nochorhíccad labrethir P*atraic* Crundmæl, *ocus* ni er*acht* itir osin ille.

Dochotar iarsin nasloig asinTemraig immach. Is and sin atb*ert* indruid: "Denumm comferta cofessamar cia uaind b*us* calma." "Dentar amlaid," olP*atraic*. Isandsin dorat indrui [p. 27, col. 2] snechta darsinmag corocht formna fer. Dixit P*atricius* fris, "Díchuir fodechta, si potes." Dixit magus: "Níchumcaim cusintrath c*étna* imbárach." "Dar mo débroth .i. darmoDia mb*rátha*," olP*atraic*, "isinulcc attá do cu- machtu *ocus* nifil iti*r* amaith." Sénais P*atraic* inmag, coroleag inasnechta foch*étoir*.

Dorogart indra*í* demnu cotuc dorchai sholama*ch*taige darsin mag, corosgab c*rith ocus* uamun cach. Dixit P*atricius*, "Beir ass indorchatu, si potes." Atbert indra*í*: "Níchumcaim cu*s*intrath c*étna* imbarach." Senais P*atraic* inmag, *ocus* tiagat ass nadorchatu foch*ét*oir corolass ingrian ataiblebech (*sic*). Rosgniset inuli bat*ar* and atlugud doDia *ocus* P*átraic*.

Tunc dixit rex: "Curid bar libra inus*ce, ocus* cibe uaib isalibair élait dogenumne ad*rad* dó." "Isamerlumsa dó sin," olP*atraic*. Atbert indra*i*: "Dia us*ce* ádras infersa, *ocus* ni ragsa imoenfuigell fris."[2] Rath nabaits*i* sin roairigsium oc P*atraic*.

Atbert inrig: "Curid bar libra itenid." "Isam erlumsa dó sin," ol P*átraic*. "Ní dingen am*laid*," olindra*í*: "uair dia tened adras infersa cechdabl*iaduin* .i. rath inSpi*rta* N*óib* rorathaig oc P*átraic* indsin, *con*id andsin f*rith* aroli comarli ann .i. tech dodénum isin-

---

[1] Perhaps di*dítt*.
[2] nolo ego in iudicium aquæ uenire cum isto, aquam enim deum habet, Lib. Armach, 5 a 1.

It is certain, then, that through Patrick's curse Crunnmael was not healed, and from that time forth he arose not at all.

Thereafter the hosts fared forth out of Tara. Then said the wizard, "Let us work miracles together that we may know which of us is the stronger." "So be it done," said Patrick. Then the wizard brought snow over the plain till it reached men's shoulders. *Dixit Patricius* to him: "Put it away now if thou canst." *Dixit magus*: "I cannot till the same time to-morrow." "By my *debroth*" (that is, 'by my God of judgment,') saith Patrick, "it is in evil thy power lieth, and nowise in good." Patrick blessed the plain, and the snow melted at once.

The wizard invoked demons, and over the plain he brought darkness[1] that could be felt, and trembling and terror seized every one. *Dixit Pátricius*, "Take away the darkness if thou canst." The wizard replied, "I cannot till the same time to-morrow." Patrick blessed the plain, and the darknesses at once depart, and the sun shone forth . . . . All who were there gave thanks to God and to Patrick.

Then said the king: "Put your books into water, and him of you whose books escape we will adore." "I am ready for that," saith Patrick. Said the wizard, "A god of water this man adores, and I will not submit to the ordeal of water." That was the grace of Baptism which he had perceived with Patrick.

Said the king: "Put your books into fire." "I am ready for that," saith Patrick. "I will not do thus," saith the wizard, "for this man adores a god of fire every two years," that is, it was the grace of the Holy Ghost which he perceived with Patrick. Then another counsel was taken, that is, to build a house in that hour—

---

[1] Tenebrae . . . tam densae, ut palpari queant, *Exod.* x., 21.

Lebar Brecc,
p. 27,
col. 2,
line 20.

uairsin : aleth úr, *ocus* aroli *crín*, *ocus* indraí dochur isin[leth] úr *ocus* étach P*atraic* imme : gilla P*atraic* .i. Binén, dothabairt isinleth *crín* *ocus* tonach indruad imme.

IS andsin tancat*ar* coP*atraic* teora m*a*ccoemu bat*ar* 5 anet*erius* ocLoegaire. Cúit fri P*atraic*. Roiarfaig[1] P*átraic:* "cid sin, amacu?" "Fir fla*tha*," areat, "dobr*issed* hipr*í*mcat*h*r*a*ig na nGoedel indíu." "Cáit ón?" olP*átraic*. " Intech gn*í*the*r* dondr*a*í *ocus* dotgillasu isaml*aid* gn*í*ther .i. leth de úr, *ocus* leth *crín* .i. 10 inleth úr dondrai, *ocus* incr*ín* dotgillasa."

Tuc P*atraic* amér forgruad ndeis ce*ch* m*ei*c dib, *ocus* tuc dér targruaid deis ce*ch* m*ei*c forádernaind cl*í*í. Tuc a anail fothib cond*er*na teora gemma díb. "Slucid," olP*átraic*, "nagemma." "Slucfemit," areat. 15 "Maith, tra," olP*átr*aic, "genfedit *teora* gemma uaisle oirmitnecha uaib .i. Colom*b*-ci*lle* *ocus* Comgall Bennchu*ir* *ocus* Finden M*aige* Bile.

Doronad, tra, am*al* atbertsat namaccóim, *ocus* tucad teni isin tech. *Ocus* loiscth*er* inleth úr *ocus* indrái 20 ind, *ocus* niroloisced etach P*átraic* boi imme. Niroloisc*ed*, tra, inleth *crín* nach in gilla, *ocus* roloisc*ed* tonach indruad boi immi,

Oclaichth*er* inrig do marbad indruad, *ocus* triall*aid* marba*d* Patraic. Tanic dino[2] ferg Dé frisinpop*ul* né- 25 craibdech conepil sochaide díb .xii. mi*llia*.

---

[1] MS. roiarfaid. | [2] Perhaps did*iu*.

the half thereof fresh and the other withered, and to put the wizard into the fresh half with Patrick's raiment about him, (and) to place Patrick's gillie, Benén, into the withered half, with the wizard's tunic about him.

Then there came to Patrick three striplings, who were kept in hostageship with Loegaire. They fell a-weeping unto Patrick. Patrick asked, "What is that, my sons?" "In the chief city of the Gael a prince's truth," say they, "hath to-day been broken." "Where is this?" saith Patrick. "The house which is abuilding for the wizard and thy gillie, in this wise is it abuilding: half thereof fresh and half withered; the fresh half for the wizard and the withered for thy gillie."

Patrick put his finger on the right cheek of each of those boys, and on his left palm he put a tear [which had trickled] over the right cheek of each boy. And he breathed on the tears, and made thereof three gems. "Swallow," saith Patrick, "the gems." "We will swallow [them]," say they. "Good, now," saith Patrick: "three noble venerable gems shall be born of you, namely, Colomb Cille, and Comgall of Bennchor,[1] and Finden of Mag-bile.[2]

It was done as the striplings had said; and fire was put into the house, and the fresh half is burnt with the wizard therein, and Patrick's raiment which was about him was not burnt. But the withered half was not burnt, nor the gillie, but the wizard's tunic which was about him was burnt.

The king grows terrible (?) at the killing of the wizard, and he proceeds to kill Patrick. But God's anger came against the ungodly folk, so that a multitude of them, twelve thousand, perished.

Bangor in Ulster. | [2] Movilla in the county Down.

Lebar Brecc, p. 27, col. 2, line 40.

Rogab uaman iarum Loegaire, coroslecht do Pátraic, ocus rocreit doDia obeolu namá, ocus ni o cride glan. Cretit inuli archena ocus robaitsit.

Atbert Patraic fri Loegaire: "Uair rocretisiu do Dia dobérthar fot sægail duit hirrigi. Illóg immurro 5 tanumla anallana, ocus uair narogabais inmbathis odúthracht, cia rocretis óbeolu, rotbia iffernd, ocus nisbia rigi no airechus otchiniud cobráth."

Roguid, tra, inrigan intíí Pátraic na romallachad ingein boi inabroind .i. Lugaid mac Loegairi. Atbert 10 Pátraic: "Nimaillechub cotíí frium." Rogab immurro Lugaid flaith Erenn, ocus tanic iarsin cohAchad Fhorcha, ocus isand sin atbert: "Nach hísiut cell inclerig atrubairt nach biad rig no rigdamna diarsilne cobráth?" Deníu-rad tarlaiced forcha tened fochétoir 15 inachendsum, corusmarb, coniddesin ata Áchad Forcha inÚib Cremthainde.

Teit Pátraic insin cohænach Taillten[1] comacu Neill. Rocreit Maine do ocus robaist iarum. Tanic, tra, inaagaid Coirpre mac Néill conid he ainm tucc Pátraic 20 fairsium, 'inimicus Dei,' ocus atbert Pátraic isdo clannaib abrathar fógnifitis achlandsum cobruth, ocus nígenfitís ríg no escuip no ecnaide uad, ocus ropad becc aferond, ocus ropad[2] essíth amlaid.

Rocretistar, tra, Conall (.i. Cremtan) mac Neill, ocus 25 robaitsed ocus tuc aninad arobi do Pátraic, ocus ro-

---

[1] "Uenit ad Taltenam ubi fit agon [ἀγών] regale" Lib. Armach. 10 a. 2.
[2] Read rop.

Terror then seized Loegaire, and he knelt to Patrick, and believed in God with (his) lips only, and not with a pure heart. All the rest, moreover, believe and were baptized.

Patrick said to Loegaire, "Since thou hast believed in God, length of life shall be given to thee in the kingdom. But in guerdon of thy disobedience aforetime, and because thou hast not received the baptism with desire, though thou believedst with thy lips, Hell shalt thou have, and from thy race till Doom there shall be neither sovranty nor chieftainship."

But the queen besought Patrick not to curse the child that was lying in her womb, namely, Lugaid, son of Loegaire. Patrick said: "I will not curse him till he comes against me." Now Lugaid took the realm of Ireland: and thereafter he came to Achad Farcha, and there he said, "Is not that the church of the cleric who hath said that there would never be king nor crownprince of our seed?" Swifter than speech a bolt of fire was hurled against him and killed him. Wherefore thence is called Achad Farcha in Úi Cremthainne.[1]

Patrick then goes to the Assembly of Telltown, to the sons of Níall. Maine believed in him, and he was afterwards baptized. But Coirpre, son of Níall, opposed him, and the name which Patrick gave him was 'God's Foe,' and Patrick said that his children should serve his brother's children for ever; and that neither kings nor bishops nor wise men should spring from him, and that his land would be little; and the issue was so.

But Conall (*i.e.*, Cremthann), son of Níall, believed, and was baptized, and gave the stead where he was biding to Patrick, and a church was built there which

---

[1] in the parish of Enniskeen, the most northern part of Meath diocese. See Mr. Hennessy's note to his translation of the Tripartite Life, p. 391, of Miss Cusack's *Life of S. Patrick*, 1870.

Lebar Brecc, p. 27, col. 2, line 62.

*cum*daiged ecla*s* and dianainm Domnach Pátraic, *ocus* tuc ben*nach*tain do, *ocus* rothóraind ráith inairth*iur* doruis nacille, *ocus* rotharrngir *con*genfitís ríg immda uad *for*Eirinn. *ocus* ordnige læch *ocus* clerech cumor. conid da*s*il clan*n* Colm*áin* *ocus* síl Æda Sláine. *Ocus* 5
robennacha*i* æ̃nach Taillten, *cona* biad marb fair cobráth, *ocus* *con*abiad ac*ht* æ̃nmarb hirRaith Airth*ir*. *Ocus* foráccaib aimmaltoir hinDomnach Pátraic. *Ocus* luid Pátraic assin hi cr*í*ch h*Ua* Méith imMendoit Tire. *ocus* nitaraill inArd Macha [p. 28, col. 1] donchursin. 10
ocus foracaib sruthi noeba diam*un*t*í*r iTig Thalan.

IS andsin tallsat tr*i*ar dOéb Mid Mendoit Tíre indara bocc nobíd oc taba*i*rt usci do Patraic, *ocus* tancatar dialuga inéthiuch. Béccis asambronnaib atr*i*ur. " Modébroth," ol P*á*traic, "nidíchlend inbocc fén baile hitá." 15

Luid iar*um* cofiru Breg, *ocus* pritchustar bréthir ṅDé doib cumór, *ocus* robaist *ocus* robennach.

Taraill leiss Ath Cliath, *ocus* fuair fáilte moir and; *ocus* atbert Patraic nosbiad ordan *ocus* oirechu*s* isini[n]ud sin, feib comallnither¹ sin beos. 20

Rolá Pátraic cuairt Laigen. *Ocus* pritchaid bréthir ṅDé doib, *ocus* robaitsi. *ocus* rosbennach. *Ocus* rocreitset me*i*c Dúnlaing, tr*a*, don Chóimdiu *ocus* do Pátraic cuslogaib móra, *ocus* doratsat ariar dó, *con*id leo inflaithiu*s* ósin cobráth. 25

Drichú barí h*U͂a* nGarrchon *for*cind Patraic, *ocus* ingen Loegair*i* me*i*c Neill do mnái occa. Diultaid fr*i* Pátraic ocRaith Inb*ir*, armaith fr*i*Loegaire. Doratsam

---

¹ MS. comallf ither.

is named Domnach Pátraic. And Patrick gave him a blessing, and marked out a rampart in front of the door of the church, and foretold that many kings over Ireland would descend from him, and many noble laymen and clerics. And of his seed are the Clann-Colmáin, and the seed of Aed Slaine. And Patrick blessed the Assembly of Telltown, so that no one should ever be killed thereat, and that only one should be killed at Rath Airthir,[1] and he left his portable altar at Domnach Pátraic. And Patrick went from thence into the territory of Úi Meith in Mendait Tíre, and he visited not Armagh at that season, and holy elders of his household he left at Tech-Talain.

Then three of the Úi Meith Mendait Tíre stole (and ate) one of the two goats that used to carry water for Patrick, and came to swear a lie. It bleated from the bellies of the three. "My God's doom!" said Patrick, "the goat himself hides not the stead wherein he is."

He afterwards went to the men of Bregia and mightily preached the word of God unto them, and baptized and blessed.

He visited the Ford of Hurdles (Dublin), and found great welcome there; and Patrick said that there would be rank and primacy in that place, even as is still fulfilled.

Patrick went a round of the Leinstermen, and preacheth God's word to them, and baptized and blessed them. And the sons of Dunlaing with mighty hosts believed in the Lord and in Patrick, and they gave him his will, wherefore they have the kingship thence for ever.

Drichú was king of Úi Garrchon before Patrick, and a daughter of Loeguire, son of Niall, he had to wife. He rejecteth Patrick at Rath Inbir[2] for Loeguire's sake;

---

[1] *i.e.*, the eastern fort, anglicised Oristown, Four Masters, A.D. 784.

[2] At Bray, about 10 miles south of Dublin.

Lebar
Brecc,
p. 28,
col. 1,
line 15.

im*murro* Cillíne fáilte dó, *ocus* romarb aænboin dó
Pátraic, ocus dorat air[mi]d (mine) dó tucad dó atig
inrig. Tunc dixit P*atricius* f*r*isinmnai fuine :

A ben, talaig dom*accán*!
dotoet torcc mór do orccan.   5
is do áibill fásas breo
bid beo, bid slan dom*accán*.

INarbor
asdech do lossa[ib] talman,
isMarcan mac Cillíne,   10
isdech bias do híb Garrchon.

Luid iar*um* P*á*traic inOsraigib *ocus* fothaigis cella
ocus co*n*gbala intib. Et dixit nobet*í*s ordnige læch
ocus clerech díb, *ocus* nibiad furail ná*ch* có[i]cid fo*rr*u
céin nobet*í*s doréir P*á*traic.   15

Celebrais P*á*traic iar*um* do Osraigib imBelach Gá-
brán. *Ocus* foráccaib Mártin sruthi occú *ocus* drém
dia m*u*ntir dú hita Martha*r*thech indíu aMuig Ráigue.

Luid P*á*traic iar*um* fo*r*Bel*a*ch nGabran, icr*í*ch Muman. *ocus* pritcais donatuathaib *ocus* donacellaib coro- 20
cretset *ocus* rob*a*its*i ocus* rosbe*n*nach. *Ocus* foráccaib
oes ngr*á*id occu ocfo*r*cetul *ocus* occrabud.

O rosiacht Mag Ḟemin docuirith*er* do Æng*us* mac
Natf*r*aich .i. ri M*u*man. Ferais Æng*us* failte moir f*r*iss,
ocus nosbe*ir* leis diathig *con*ice Caissel. Pritcais Pá- 25
traic dó. Teit erlund nabachla t*r*ianachois corocrecht-

but Cilline welcomed him and killed his only cow for Patrick and gave him a measure of meal which had been brought to him out of the king's house. Then said Patrick to the cooking woman—

> "O woman, cherish thy manchild!
> A great boar cometh of a pigling.
> From a spark groweth a flame.
> Thy man child shall be alive, shall be safe.
>
> The corn
> That is best of earth's plants.
> It is Marcán, son of Cilline,
> Who will be best of Ui Garrchon."

Patrick afterwards went into Ossory and founded churches and cloisters there. And he said that there would be noble laymen and clerics of the men of Ossory, and that no province would prevail against them so long as they should bide as Patrick willed.

Patrick afterwards bade farewell to the men of Ossory at Belach Gabrain.[1] And he left with them Martin, an elder, and sundry of his household where Marthartech stands to-day in Mag Raigne.[2]

Patrick passed afterwards by Belach Gabrain into the province of Munster, and preached to the territories and to the churches,[3] so that they believed and were baptized, and he blessed them. And with them he left priests instructing (them) and practising godliness. When he reached Mag Femin,[4] he was received by Oengus, son of Natfraech, King of Munster. Oengus made him great welcome, and brought him to his house to Cashel. Patrick preached to him. The hinder end of the crozier went through his foot, and wounded it

---

[1] Gowran Pass in the County of Kilkenny.
[2] A plain in the barony of Kells, County Kilkenny.
[3] *i.e.*, to layfolk and clerics—an odd prolepsis.
[4] A plain in Tipperary.

Lebar Brecc, p. 28, col. 1, line 35.

naig comor hi. Asbert Pátraic: "cid romba centimditen?" "Andarlium," arÆngus, "rope cóir na cretmi." Atbert Pátraic: "nítelcfider fuil isininudsa ondíu cobráth, ocus nígonfaither acht oen rí doneoch gébus tinud." 5

Baistither Ængus cuslogu mora immalle friss. Bennachais Pátraic Ængus forLeicc Cathraigi foranordnigtea narig icCaissel.

Bennachais Pátraic doEoganacht, ocus teitt hinUrmumain. Pritchais Pátraic doib ocus nosbaist, ocus 10 foráccaib bennachtain ocus sobarthain occu. Timcellaid Mumain uli ocus pritchais doib, ocus ronbaist ocus rosbennach, ocus facbuid cella ocus clerchiu occu. Celebrais Pátraic ocus dosbeir bennachtu dichra dóib, ut dixit. 15

" Bennacht Dé forMumain, feraib, macaib, mnaib
bennacht forintalmain dobeir tarad daib.
Bennacht forcech nindbas gignes forambrugaib,[1]
cennach forécobair :[2] bennacht Dé forMumain.
Bennacht fora mbenda, foralecca lomma, 20
bennacht foranglenda, bennacht forandromma.
gainem lir folongaib ropat lín atellaig,
ifánaib, irredib, islebtib, imbendaib."

b.D.

Tanic Pátraic iarsin do Ard Macha labréthir inangil, 25 ocus dorocht coRaith Dári .i. fer soimm oirmitnech bói inOirtheraib .i. Dáre mac Findchada meic Eogain meic Níallain. Doratsum inad ardeclaise dó Pátraic, bale hita in Ferta indíu.

O tharnic inrécles dochumtach, ocus rofhas afér cu- 30 mor, rucc gilla Dáre a ech maith isinrecles dóchum

---

[1] MS. foram brigaib. | [2] MS. fore cobair.

greatly. Patrick said, "Why didst thou not protect thyself?" "Methought," saith Oengus, "that it was a rite of the religion." Said Patrick: "Blood shall not be shed in this place from to-day till Doom, and of all those that shall succeed thee but one king shall be slain."

Oengus is baptized with great hosts along with him. Patrick blessed Oengus upon Lia Cothraigi ('Cothraige's stone'), whereon the kings were appointed to office at Cashel.

Patrick blessed the Eoganacht and went into Ormond. Patrick preached to them and baptized them, and left with them blessing and prosperity. He goes the round of all the Munstermen, and preached to them and baptized them and blessed them, and leaves churches and clerics with them. Patrick bade them farewell and gave them a fervent blessing, *ut dixit*:

"God's blessing on Munster, men, children, women:
Blessing on the land which gives them fruit.
Blessing on each wealth which is brought forth on their marches
Without any one in need of help: God's blessing on Munster!
Blessing on their peaks, on their bare flagstones,
Blessing on their glens, blessing on their ridges,
Sand of main sea under ships be their hearths' number,
On slopes, on meadows, on mountains, on peaks!"

Thereafter Patrick came to Armagh at the angel's word, and he arrived at Rath Dáre, the fort of Dáre, a wealthy, venerable man, who was in Oriors, to wit, Dáre, son of Findchad, son of Eogan, son of Niallán. He gave a site for a cathedral to Patrick in the stead where the Ferta stands to-day. When the building of the close was finished, and its grass grew greatly, Dáre's gillie brought his good horse into the close to the plenti-

Lebar Brecc, p. 28, col. 1, line 59.

indfeoir díguind. Rothoccraid sin cumor do P*á*traic, ocus tanic ingilla iarnabarach isin matain, ocus fuair aech marb isin recles. Dochuaid, tra, ingilla ass cutoirsech, ocus roindis doDáre aech domarbad don chlerech. Dixit Dáre, inclerech fen do marbad ind. 5 Atbail Dáre foch*é*toir lasin mbr*é*thir sin. Dixit setig Dáre: "Ise fochund inbaissea intancride dorigne frisin clerech. Tiagar coluath ocus tabar ariar dó." Docótar natechta coP*á*traic ocus atchotar dó inní forcoemnacair ind. Senais P*á*traic usce, ocus dosbeir 10 darsin ech ocus darsin fer, ocus atregut díblinib abas.

Dixit Dáre fri díis [p. 28, col. 2] díamuntir: "Berid mo chori humai don clerech." Atbert P*á*traic iartorachtu inchori dó, "graticum" .i. Deo gratias ago. Iarfaigis Dáre diathimtherib cid atbert inclerech. "Gratiam," 15 olnatimtherig. "Ismaith inluach cori umai sin," ol Dáre. "Ercid ocus tabraid uad forcúla." Doberár incori forcula o Patraic. "Gratiam," olP*á*traic. Iarfaigis Dáre donatimtherib: cid atrubairt Patraic icathabairt uad. "In gratiam c*é*tna," olsiat. "Isní maith acasum inbri- 20 athar sin," olDáre, "ingratiam ocabre*ith* uad, ingratiam ocathabairt dó."

Teit Dare fén lasin cori. Ocus dorat arér doP*á*traic, conid andsin tucc dó aninud hitá Ard macha indíu. Ard Sailech, tra, aainm cósin. Ocus téit Dáre iarum 25 timchell inferaind.

Isin óidche iarsin atconnairc P*á*traic hirhís .i. Victor aingel dothidecht chuice, co sruthi Erenn maroen ris, curastoraind incath*r*aig inafiadnaise ocus inad intempuil ocus na cuicni ocus intige aiged. Ocus tete dessel 30

ful grass. This vexed Patrick greatly, and the gillie came on the morrow in the morning, and found his horse dead in the close. So the gillie went forth sorrowfully, and told Dáre that his horse had been killed by the cleric. Dáre ordered the cleric himself to be killed for it. Dáre died anon at that word. Said Dáre's wife: "The cause of this death is the wrong which he wrought against the cleric. Go quickly and give him his will." The messengers went to Patrick, and they told him what had happened therein. Patrick sained water and puts it over the horse and over the man, and both arise from death.

Said Dáre to twain of his household: "Take my caldron of copper to the cleric." Patrick said when the caldron had come to him, "*Gratsacham*," that is, *Deo gratias ago*.[1] Dáre asked of his servants what the cleric had said. "*Gratsacham*," say the servants. "That is a good price for a copper caldron!" saith Dáre, "go ye and bring it back from him." The caldron is brought back from Patrick. "*Gratsacham*," saith Patrick. Dáre asked of the servants what Patrick said at the taking away of the caldron from him. "The same *gratsacham*," say they. "That word is a good thing with him," saith Dáre, "the *gratsacham* on taking it from him and the *gratsacham* in giving it to him."

Dáre himself went with his caldron, and gave Patrick his will, bestowing on him the stead wherein Armagh stands to-day—now Ard Sailech had been its name till then—and Dáre afterwards went round the land.

On the night thereafter Patrick beheld in a vision Victor, an angel, coming to him with Ireland's elders along with him, and they marked out the city in his presence, and the place of the temple and of the kitchen and of the guest-house. And he went right-hand-wise

---

[1] Rectius, *Deo gratias agamus*.

Lebar Brecc, p. 28, col. 2, line 17.

naráthai *ocus* Pátraic inadiaid *cona*Bachaill Ísu na-
láim, *ocus* sruthi Erenn oc classcetul imbe.

Roscúmtaig iar*um* Pátraic incath*r*aig fonind*us* sin
am*al* tarfas dó. *Ocus* atbe*r*t intaingeal ris: "Bid imda
rath Dé isin inudsa *ocus* for cech oen dogéna ¹ maith 5
and." Atbe*r*t intaingel fri Pátraic: "hiccfa Dia
erutsa .xii. ce*ch*asatha*ir*nd sund. *ocus* morfessiur ce*ch*a-
dardáin, cein maras ires forpthi nandóine."

ISlia tuirem *ocus* aisnés ce*ch*anderna Pátraic dofertaib *ocus* domirbulib imon Macha mácuairt. 10

Tanic Pátraic iarsin doRóim intresfecht co tucc tassi
Póil *ocus* Petair. *ocus* Zepáin *ocus* Laurint *ocus* martirech immda archena. *ocus* minda *ocus* libra *ocus*
anart cofuil Cr*ist* fair. *Ocus* rocumtaigtea ocPátraic
ifoss .i. iscr*in* Poil *ocus* Petair. 15

Luid Pátraic iarsin indithrub .i. hiCruachan Oigle.
foindsamail Moysi *ocus* Helii *ocus* Cr*ist*. Coroaín .xl.
lathi *ocus* xl. aidche isinluccsin, *ocus* iiii. clocha imbe
ocus cloich foi. am*al* roáin Moysi isleib Sina octidno-
cul dó inrechta. uair roptar cosmaile hó ilmodaib .i. 20
Moysi *ocus* Pátraic. c. xx. mblia*dan* anæs diblinib.
Toisech pop*uil* cechtar de. Roainset .xl. naidche islebtib. At indreba *ocus* anadnocuil dib linib.

O rosiacht, *tra*, comfocus [sollamain] nacasc. rolin[ad]
insliab fair dodemnaib indelbaib en dub. Canaid Pá- 25

---

¹ MS. dodena. ² dot over n.

round the rampart, and Patrick behind him with his *Bachall Isu*—Jesu's Staff—in his hand, and Ireland's elders a-chanting around him.

Patrick afterwards built the city in the same wise as it had been shown to him. And the angel said to him: " Abundant will God's grace be in this place and upon every one who shall do good therein." The angel said to Patrick, "God will heal for thee here twelve persons every Saturday and seven every Thursday, so long as the perfect faith of the menfolk abideth."

Overmany to recount and declare are all the wonders and miracles which Patrick wrought round about Armagh.

Thereafter Patrick went to Rome for the third time, and he brought relics of Paul and Peter and Stephen and Lawrence and many martyrs besides, and reliquaries and books, and a sheet with Christ's blood thereon. And they were laid up here by Patrick in Paul and Peter's shrine.

Thereafter Patrick gat him into the wilderness, that is, to Cruachan Aigli,[1] after the manner of Moses and Elias and Christ. And for forty days and forty nights he fasted in that place, having four stones about him and a stone under him, even as Moses fasted on Mount Sinai when the Law was delivered unto him. For they, Moses and Patrick, were alike in many ways. One hundred and twenty years was the age of them both. Each was a leader of people. Forty nights on mountains they fasted. And the burial-places of them both are uncertain.

Now when the hightide of Easter was at hand, the mountain was filled against him with devils in shapes of black birds. Patrick sings psalms of cursing against

---

[1] Now Croagh Patrick, a mountain in Mayo.

Lebar
Brecc,
p. 28,
col. 2,
line 41.

traic psalmu escaine fo*rr*u, *ocus* ciid, *ocus* benaid a-
chlocc corremuid bernd ind. ut dixit P*atricius* :

Hitagar dul icruaich cuir*r* druing cenc*r*abuid ar-
mochind.

romgab ecla re *sét*sell .x. c. cend ictacc*r*a frimm.   5

Techit nademnu fach*é*toir ead radaircc fo*r*sin fairgi.
ocus nosbaidet fen isininud sin, *ocus* nitaraill demun
tir nEr*enn* osin cocend *secht* lathi *ocus secht* mis *ocus*
se*c*ht mbl*iadan*.

Tanic iar*um* slog mor doainglib irrec*h*tu en ngel. 10
corchansat ceol nuasal donChomdid do chomdidnad P*á*-
traic. Atberat fairend comad incomlin sin nobe*r*ad
som lais docum nime.

IS andsin atbe*r*t Victor aingel fr*i*ssium : "Erig cot-
m*u*ntir arsolla*m*ain nacásc." Dixit P*atricius* : "Ni 15
rág 6 rumcráideth [1] corumdi[g]tider, *ocus* cotartar dam
secht nidche onChomdid .i. cipe do feraib Er*enn* dogne
aithrigi rembas, cid f*ri* re enuaire, narohiatta iff*ern*d
fair imbrath, *ocus con*aroaittrebat echt*r*aind inindsi,
ocus coti muir tarsi *secht* mbli*adn*a riambrath, *ocus* 20
coras*s*erursa morfessiur cec*h*adardain, *ocus* xii. cecha
sath*air*nd arphianuib iff*ir*nd, *ocus* cipe gebus mimund
hillou aetsechta corub nemidach, am*al* dorarngertsa
doSechnall. *Ocus* cotuca*r*sa apianaib iff*ir*nd, illou bratha, morfessiur cec*h*a brodhirne domchassul do neoch 25
nodonaidlife *ocus* corup me fen b*us* brit*h*em imbrath
doferaib Er*enn*." "Dobertar duit indsin uli," arintain-

---

[1] MS. orumcraidet.

them, and he weeps and strikes his bell, until a gap broke in it, *ut dixit Patricius*:

> I fear to go to the round (?) Rick: bands without godliness (are) against me.
>
> Fear has seized me for a time, ten hundred heads (are) contending with me.

The devils flee forthwith upon the sea, as far as eye can reach, and drown themselves in that place, and no devil visited the land of Ireland from that time to the end of seven days and seven months and seven years.

Then there came a great host of angels in shapes of white birds, and sang to the Lord noble music to comfort Patrick. Some say that it is a number equal to that [host] which he will take with him to heaven.

Then the angel Victor said to him, "Get thee to thy household for the hightide of Easter." Patrick said, "Since I have been tormented, I will not go till I am satisfied, and until seven prayers are granted to me by the Lord, namely, that at Doomsday hell be not shut upon whichsoever of the men of Ireland repenteth before death, were it even for the space of a single hour; that outlanders may not dwell in this island; that the sea may come over it seven years before Doomsday;[1] that seven persons every Thursday and twelve every Saturday I may free from the pains of hell; that whoever shall sing my hymn on the day of his death may be a dweller in heaven, as I promised unto Sechnall; and that on Doomsday I may bring out of the pains of hell, for every hair of my chasuble, seven of those that shall visit it; and that I myself may be judge over the men of Ireland on Doomsday." "All that shall be given to thee," said the angel, "for all the household

---

[1] so that Ireland will be saved from the persecution of Antichrist, Todd, *Irish Nennius*, 219, note n.

Lebar Brecc, p. 28, col. 2, line 16.

gel, "uair rotguidestar munter nime uli erut." "Bennacht forinRig," olPátraic, "ocus for inmuntir."

Benais Pátraic achlocc co cualatar fir Erenn itir biu ocus marbu. Bennachais iarsin firu Erenn asin Cruaich, ocus ordaigid morfessiur dia muntir [p. 29, col. 1] 5 imbethaid icoimet fer nErenn .i. fer iCruachan Áilge. ocus fer imBeind Gulban, ocus fer iSliab Bethad, ocus fer isliab Chua, ocus inlanomain iCluain hIraird. ocus Domangort Slebi Slángai.[1]

Dotoet donCruaich iarsin ocus celebrais incháisc oc- 10 Achad Fobair.

Luid Pátraic ocus Brigit imaille friss do Ess Ruaid ocus adcobair [eclais] and ocus congbail du hita Disiurt Patraic indíu. Diultais Carpre mac Neill friss ocus rofáid dís dia muntir do gabail aláma .i. Carbacc 15 ocus Cuangus ananmunna. "Ni maith andogní," olPátraic, "dialéictea damsa congbail súnd, robad tánaise Róma Letha conaTibir tréthi mocathairsi conaEss Ruaid trénalár, ocus robad doclannasu betís comorbada innte." Rohop immorro Cairpre sin. ForSíth Æda, 20 tra, robennach Pátraic Conall mac Néill. Isand sin dofutitís láma Pátraic [forcenn] Fergusa. ocus ba machtad laConall innisin: ut dixit Patricius:

> Genfid mac[án] dia fine
> bid súi bid fáid bid file: 25
> inmain lespaire glan gle,
> nadebérai immarbe.

---

[1] the g is dotted.

of heaven have besought Him for thee." "A blessing upon the King," said Patrick, "and upon the household."

Patrick struck his bell, so that all the men of Ireland, both living and dead, heard it. Thereafter he blessed the men of Ireland from the Rick, and he orders seven of his household (who are still) alive to guard the men of Ireland, to wit, a man at Cruachan Aigle, and a man at Benn Gulbain,[1] and a man in Sliab Bethad,[2] and a man in Sliab Cua,[3] and the married pair at Cluain Iraird,[4] and Domangort of Sliab Slangai.[5]

He went from the Rick after this, and celebrated the Easter at Achad Fobair.[6]

Patrick and Brigit along with him went to Ess-Ruaid,[7] and he desired to erect a church and a cloister there at a place wherein to-day is Disert Patraic. Cairbre, son of Niall, rejected him, and he sent two of his people to expel him, Carbaic and Cuangus (were) their names. "What thou hast done is not good," saith Patrick; "hadst thou permitted me to settle here, my city, with its [river of] Ess-Ruaid through the middle thereof, would have been a second Rome of Latium with its Tiber flowing through it, and thy descendants would have been (my) successors therein." But Coirpre refused that. Now Patrick blessed Conall, son of Niall, on Síth Aeda.[8] Then Patrick's hands were falling on the head of Fergus, and Conall had wonder thereat: *ut dixit Patricius:*

"A man-child shall be born of his family:
He will be a sage, a prophet, a poet:
Dear (the) luminary, pure, bright,
Who will not utter falsehood."

---

[1] now Binbulbin, a hill in the County of Sligo.
[2] now Slieve Beagh in Ulster.
[3] now Slieve Gua, in the County of Waterford.
[4] Clonard in Meath.
[5] now Slieve Donard, in the County Down.
[6] now Achagower, in Co. Mayo.
[7] Assaroe, a cataract on the river Erne at Ballyshannon.
[8] now Mullaghshee, at Ballyshannon, on which the parish church stands.

Lebar Brecc, p. 29, col. 1, line 18.

arBrigit :[1]

Maccan Ethni toebgile,
sech isbal isblathug*ud*.
Colo*mb* ci*lle*can cenon
nirborom ará*th*ugud.   5

Iarsin, *tra*, robennach P*á*traic *C*onall mac Néill, *ocus* dora[r]ngert rigi *for* Eiri*nn* uad *ocus* ordnige loech *ocus* clerech. *Ocus* forá*cc*aib be*nn*a*ch*tu foradainiu *ocus* forainbe*ru*. *Ocus* tanic iar*um* hiTír nEogain, *con*id ann sin rogell P*á*traic *ocus* Sechnall alog fri- 10 Muiredach mac Eogain dianairaled fo*ra* ath*air* cretem doDia. "Cia lóg?" arMuiredech. "Bid uait rigi co bráth," ar Sechnall. "Dogen aml*aid*," arMuiredech. Doronad am*laid*, *ocus* rocreit Eogan doDia *ocus* doP*á*traic.   15

Luid P*á*traic assin cohAilech naRíg, co*nu*sbennach *ocus* forácaib aleicc and. *Ocus* dorarnger rigi *ocus* ordan *for* Eiri*nn* ahAilech. *Ocus* dorat be*nn*a*ch*tu gaiscid fo*r*Eogan *con*ama*cc*u, ut dixit f*ri*u :

Benda*cht* forsnatuatha dobiur oBelach Ratha :   20
robet dochiniud Eogain deoraid cola mbrátha.
Cein bess macha fo thor[th]aib buaid catha laferaib
cend sluaig fer Fáil dia magin, saigid daib *for*-
cech tel*laig*.
Síl Eogain m*aic* Neill sin[2] aBrigit ban   25
acht [condernat maith] flaith uadib co brath.

ut dixit Brigit:
Armben*nacht* ar ndis forEog*an* mac Néill,
fo*r*cach geinfess uad, *acht* corup uaig [di]arreir.

---

[1] In the MS. these words follow *toebgile* in line 2.
[2] *read* sén ?

Saith Brigit:
> Man-child of Ethne, the white-sided,
> He is . . . , he is a blossoming.
> Little Colomb Cille, without blemish,
> It was not oversoon to perceive him.

Now after that, Patrick blessed Conall, son of Níall, and foretold that sovranty over Ireland [would descend] from him, and also noble laymen and clerics. And he left a blessing on his folk and on his rivermouths. And he afterwards came into Tyrone, and there Patrick and Sechnall promised a reward to Muiredach, son of Eogan, if he would prevail on his father to believe in God. "What reward?" saith Muiredach. "Kingship shall be from thee for ever," saith Sechnall. "Thus will I do," saith Muiredach; and thus was it done, and Eogan believed in God and in Patrick.

Patrick fared thence to Ailech of the Kings,[1] and blessed it, and left his flagstone there, and foretold that kingship and supremacy over Ireland would be out of Ailech. And blessing of valour he bestowed upon Eogan and his sons, saying to them:

> "A blessing on the territories I give from Belach Ratha:
> There shall be of Eogan's race pilgrims till Doomsday:
> So long as field shall bide under crops, victory of battle shall be with their men:
> The head of the host of the men of Fáil[2] [be] to their place: power (?) to them over every hearth:
> The race of Eogan, son of Níall, sain, O fair Brigit!
> Provided they do good, a prince [will be] of them for ever."

Brigit said:
> "The blessing of us both upon Eogan, son of Níall,
> Upon every one who shall be born of him, provided he be wholly at our will."

---

[1] now Elagh in Inishowen.
[2] *i.e.*, Ireland: see above, p. 426, l. 2.

Lebar
Brecc,
p. 29,
col. 1,
line 38.

Luid Patraic iarsin hicrich Ulad co MagInis. conid indsin dorala¹ doPátraic duine angbuid nobid
ocslat ocus ocmarbad nacuitechtad .i. Mac Cuill aainm:
ut dixit fria muntir: "Ise seo intailcend: tiagum co-
tardum amus fair, dus infurtachtfaidea adea dó." 5
Tucsat iarum fer dia muntir forfúat, amal marb, dia-
todhuscad doPátraic. Garbán dino² ainm infhirsin.
"Icc dúin," oliat friPátraic, "infersa diar muntir." Ut
dixit Patricius:

> Bratt Garbán 10
> 'sed bias forcolaind marbán;
> acht atfessar duib inmo
> ise Garbán bias fó.

Rolaiset amunter indsin inbratt do agaid Garbán
conid amlaid [f]uarutar he marb. Rocretset, tra, 15
nagenti, ocus robaitsit, ocus rotoduscit Garbán abás
triabréthir Pátraic.

IT lia, tra, tuream ocus aisnés andorigne Dia dofher-
taib ocus mirbulib forintíí noemPátraic, uair secht
libair sescat roscribat dib, ocus cided on nidat uli. 20

Rosamlad, tra, Patraic frihuasalathrachaib .i. fir-
oilithrech, cétus, amal Abraham: cendais dilgudach amal
Moysi: salmcetlaid molta De he amal Dabid [mac]
Iese: istud ecnai amal Solmuin: lestar togaide frifoc-
cra firinde amal Pol naspal: fer lán dorath ocus do- 25
deolaidecht inSpirta Nóib amal Eoin mac Zepideii:
leo arnertmaire ocus calmatus fritabairt corad ocus
eccraibdech intsaegail documm nirse ocus cretmi:³ na-
thir arthuailchi ocus trebairi frifomtin cecha hamuis:
colum cendais ailgen oduthracht cride ocus obréthir 30

---

¹ The facsimile has doralala.
² Perhaps didiu.
³ facs. cretim.

Thereafter Patrick fared into the province of Ulster to Mag-inis,[1] and there Patrick met a ruthless man who was spoiling and killing the congregations—MacCuill was his name, who said to his household: "This is the Adzehead, let us go and make an onslaught upon him, to see if perchance his god will help him." They afterwards brought one of their household upon a bier, as though he were dead, to be raised from death by Patrick. Garván was the name of that man. "Heal for us," they say, "this man of our household." So Patrick said:

"Garván's mantle
  Shall be upon a dead man's body;
  But this, besides, I will make known to you,
  It is Garván that shall bide thereunder."

Then his people put the mantle off Garván's face and thus they found him, dead. So the heathen believed and were baptized, and Garván was raised to life from death by Patrick's word.

What God wrought of wonders and miracles for the holy Patrick are over-many to recount or declare; for sixty books and seven[2] have been written of them, and still they are not all (set forth).

Now Patrick hath been likened to the patriarchs, to wit, first, (he was) a true pilgrim, like Abraham; meek, forgiving, like Moses; a psalmist of God's praise was he like David son of Jesse; a student (?) of wisdom, like Solomon; a chosen vessel for proclaiming truth, like apostle Paul; a man full of the grace and favour of the Holy Ghost, like John son of Zebedee; a lion in strength and boldness to bring the sinful and wicked of the world to faith and belief; a serpent in cunning and prudence for noticing every onslaught; a dove, mild and gentle in heart's desire and perfect word and righteous deed; a

---

[1] now Lecale in the County Down.
[2] i.e., 66 and Joceline's Life of the saint (Colgan's Sexta Vita),

see Loofs, *De antiqua Britonum Scotorumque Ecclesia*, Lipsiae, 1882, p. 33, note.

Lebar Brecc, p. 29, col. 1, line 62.

forpthi *ocus* ognim fíren : mog sæth*rach* donDuile-
ma*in* iar crabud *ocus* umaloit *ocus* forcetail cecha-
maithi*us* feib innises soch*aide*.

Bahi seo *immurro* riag*ol* achrábuid .i. nogebed inuli
salmu *con*animnaib *ocus* cantacib *ocus* abcolips .cc. *ocus*[1] 5
ernaigthi aile cec*h*lai. Nobaits*ed*, noph*r*itc*h*ad, no-
chelebrad nat*r*atha iarnacorus. No[p. 29, col. 2]-hídbrad
corp Cri*st ocus* afuil. Dobered sigen nacrochi dara-
ag*aid* cobá c*ét* ontr*ath* coraile. ISinc*ét*na f*r*ith*air*e na-
hó[i]dchi nochanad c*ét* salm *ocus* dognid .cc. slechtain : 10
isin[f]rith*air*e tán*ais*e inus*ci* uar ; isintress f*r*ith*air*e
iteoír ; incethrumad foráir luimm *ocus* cloch fóchind
ocus culchi fliuch imbi.[2] Noordned, *n*ocosmad, *n*ocois-
recad, *n*obennachad. *N*ohiccad clamu *ocus* dallu *ocus*
baccach*u ocus* bodra *ocus* amlabru *ocus* áes cecha 15
tédma archena. *N*o indarbud demnu, notódúscad
marbu.

O thanic, t*ra*, c*u*snadedenchu do P*á*traic diamboi
ocSabull hiMaginis hicr*i*ch Ulad, tic f*or*conair do
Ard Macha *com*bad ind atbelad. Atchí inmun*n*í for- 20
lassad arachínd *ocus* niloisced inteni inmuine ; *ocus*
Victor aingel ica acall*aim*sium ass : ut dixit fr*iss* :
" Ni dechais do Ardmacha uair dorarngertais do
" maccu Trechim *com*bad accu thesergi."

Tunc dixit Patricius : 25

" Maíd sund bes m'esergi, Ard Macha mochell :
nilem com*us* mo sáire : isi indáire choitchend.

---

[1] Read *ocus* .cc.

[2] See Fiacc's hymn, supra, p. 408, line 3.

laborious servant to the Creator as to godliness, and humility, and teaching of all good things, as many relate.

Now, this was the rule of his devotion, to wit, he used to sing all the psalms with their hymns and canticles and apocalypse, and two hundred other prayers every day. He used to baptize, to preach, and to celebrate the canonical hours according to their due order: he used to offer Christ's Body and his Blood. He used to make the sign of the cross over his face a hundred times from one canonical hour to another. In the first watch of the night he used to sing a hundred psalms and make two hundred genuflexions. In the second watch [he used to be] in cold water: the third watch in contemplation: the fourth watch on bare clay, with a stone under his head and a wet mantle about him. He used to ordain, anoint, consecrate, and bless. He used to cure lepers, the blind, the lame, the deaf, the dumb, and folk of every disease besides. He used to cast out devils; he used to raise the dead to life.

Now, when Patrick drew nigh to the end, while he was biding at Saball in Mag-inis in the province of Ulster, he sets out on the road to Armagh that he might die therein. He sees the brake blazing before him, and the fire was not burning the brake; and Victor an angel (was) speaking to him thereout, and said to him: "Thou shalt not go to Armagh, for thou foretoldest to Trechem's sons that with them thy resurrection would be."

Then Patrick said:

"If here be my resurrection, Armagh will be my church:
I have no power over my freedom: it is the common bondage."

Lebar Brecc, p. 29, col. 2, line 18.

Dixit Patricius:
"Ard Macha nocharaindsi, inmain treb, inmain tulach,
dún custathig m'animsi, bid fás Emain na curad."
Dixit angelus:
"Uair is sunna th'esergi rotbia ni bus ferr, 5
Eriu uli o ind co fond, Ardmacha do chell."

.i. "dorath ocus t'ordan ocus t'oirechus inArd Macha,"
olintaingel, "cid súnd bess t'esergi."

Rofaíd Pátraic aspirut iarsin ocus rogab comaind
ocus sacarbaic dolaim Tassaig escuip, iarmbreith buada 10
ocus coscair lais do domun ocus Demun ocus dualchib.
Ocus rofaíd aspirut cusinCoimdid diandernai fognam
ocus míltnidecht isnatalmantaib.

Toet slóg mór do aingliu nime dia[f]restul cosollsi
mair, conid iatsin rochometsat incorp isin oidche sin. 15
cocualatar sruthi Erenn clascetul nanaingel isinoid-
chesin. Tancatar sruthi Erenn .xíí. aidchi cosalmu
ocus imannaib; ocus ni thesta forru intsollsi nach in-
bolad angelacda, acht bói isintír uli co cend mbliadne.

Roas cosnam mor etir Airgiallu ocus Ulltu imon- 20
corp, coneracht gabul fairrge¹ etarru, conamarbad cach
dib acele. Atconnaicset indsin airrthiur da dam
allaid rempu cofhen etarru ocus incorp and. Tancatar
rempu coArdmachai. ocus roptar budig doDia.

Roadnacht, tra, Pátraic conanoir ocus ormitin, co- 25
fhertaib ocus mirbulib cechlathidib¹ hiṅDun Lethglassi.

Ocus cid mor aanoir coléicc fiadó[i]nib, bid mou
aanoir indail brátha, du imbia amal cech prímaspol

---

¹ "fretum quoddam quod collum bovis vocatur," Lib. Armach. fo. 8, b. 1, supra, p. 298.
² MS. mírbuli cechbalathidib.

Quoth Patrick:
   'Armagh I used to love : a dear thorpe, a dear hill,
   A fort which my soul haunteth. Emain of the heroes shall be waste.'
Quoth the angel :
   'Since thy resurrection is here, thou shalt have what is better—
All Ireland from top to bottom, Armagh thy church,' that is, "Thy grace, and thy dignity, and thy primacy (will be) in Armagh," saith the angel, "though thy resurrection will be here."

Thereafter Patrick sent (forth) his spirit, and he received communion and sacrifice from bishop Tassach's hand, after gaining victory and triumph over world and Devil and vices. And he sent his spirit to the Lord, for whom he had done service and warfare on earth.

A great host of heaven's angels came with a great light to attend him, wherefore it was that they waked the body on that night. And Ireland's elders heard the quiring of the angels on that night. Ireland's elders came for twelve nights with psalms and hymns; and the light and the angelic odour failed them not, but abode in the whole land to the year's end.

There grew up a great strife between the men of Oriel and the men of Ulster about the body ; and an arm of the sea arose between them, so that they might not kill each other. They saw before them in the east two stags,[1] with a wain between them and the body therein. They went forward to Armagh, and they were thankful to God.

Patrick was buried, with honour and veneration, with daily wonders and miracles, in Dún-lethglaisse.[2]

And though great is his honour still before men, his honour will be still greater at the meeting of Doom,

---

[1] Or perhaps 'two wild oxen,' '.ii. boues indomiti,' as in Lib. Arm. 8. b. 1.
[2] Downpatrick.

Lebar Brecc, p. 29, col. 2, line 42.

ocbre*them*na*cht* forfiru Ere*nn* diarop*h*ritch*u*star *c*onid
andsin tatnig*f*ess am*al* g*r*ein, inoentaid noem *ocus*
noemóg indomain, inoen*t*aid uasalathrach *ocus* fatha,
inoen*t*aid aspo*l ocus* descip*ul* Ísu Cris*t* me*ic* Dé bii,
inoen*t*aid .ix. ng*r*ad nime na tarmdechutar, inoen*t*aid 5
doen*ach*ta Me*ic* De, isinoen*t*aid is uaisle andas ce*ch*-
oen*tu*, inoen*t*aid nanoemTr*í*noti uaisle oirmit[n]igi,
Ath*air ocus* Mac *ocus* Spir*ut* N*óeb*.

A*lim* tr*ó*caire ṅDé t*r*ia impide Pá*tr*ai*c*. Roissam
uli inoen*t*aid sin: rosairille*m*: rosait*r*euam in saecula 10
saeculorum! Amen.

where he will be like every chief apostle, passing judgment on the men of Ireland unto whom he preached. It is there he will shine forth like the sun in the unity of the saints and holy virgins of the world; in unity of patriarchs and prophets; in unity of apostles and disciples of Jesus Christ, Son of living God; in unity of nine orders of heaven that have not transgressed; in unity of the Manhood of Jesus Christ, Son of God; in the unity which is nobler than every (other) unity; in the unity of the holy, noble, venerable Trinity, Father and Son and Holy Ghost.

I implore God's mercy through Patrick's intercession! May we all attain to that unity: may we deserve it: may we dwell therein for ever and ever! Amen!

APPENDIX.

APPENDIX.

I. Extracts from Prosper Aquitanensis.
(Op. ed. Bassani, I. 401.)

Ad Scotos in Christum credentes ordinatus a Papa Caelestino
Palladius primus episcopus mittitur.

(Ibid. I. 197.)

Ordinato Scotis episcopo, dum Romanam insulam [Caelestinus] studet seruare Catholicam, fecit etiam barbaram Christianam.

II. Extract from the Anglo-Saxon Chronicle.
(The Parker MS.)

430. Her Palladius[1] se biscop wæs onsended to Scottum þæt he hiera geleafan trymede. from Cælestino þam papan.

III. Extract from Cumean's Letter to Segene, A.D. 634.
(Usserii, *Veterum epistolarum sylloge*, Paris, 1665, p. 21.)

primum de cyclo illo quem Sanctus Patricius, papa noster, tulit et facit.

IV. Extract from the Luxeuil Calendar.[2]
(Martene et Durand, *Thesaurus novus anecdotorum*, Paris, 1717, t. III., col. 1592.)

xvi. Cal. Apr. Depositio S. Patricii episcopi.

---

[1] vel Patricius, in the handwriting of a late reviser. Earle, *Two of the Saxon Chronicles*, p. 10.

[2] 'aus dem ende des 7. Jahrhunderts,' according to Piper (*Karls des Grossen Kalendarium und Ostertafel*, Berlin, 1858, s. 60, where it is called the Calendar of Corbie. Now in the Bibliothèque Nationale, Fonds St. Germain, lat. 1,311 (formerly 264) in quarto.

V. EXTRACTS FROM THE BRUSSELS CODEX OF MUIRCHU'S LIFE OF
ST. PATRICK.

(Analecta Bollandiana, t. I., pp. 549–552, 575–577.)

De natali Sancti Patricii et de eius captiuitate in Hibernia.

Patricius qui et Sochet uocabatur, Brito natione, in Britannis natus, Calpurnio diacone[1] ortus, filio, ut ipse ait, Potiti presbyteri, qui fuit [de] uico Bannauem Taburniae, haut[2] procul a mari nostro, quem uicum constanter indubitanterque comperimus esse Nemtrie,[3] matre etiam conceptus Concessa[4] nomine. Annorum XVI. puer cum ceteris captus, in hanc barbarorum insulam aduectus est [et] apud quendam gentilem immitemque regem in seruitute detentus. Qui sexennium[5] more hebraico [in ea captiuitate exegit,] cum timore Dei et tremore, secundum psalmiste sententiam, in uigiliis et orationibus multis. Cencies in die et cencies in nocte orabat, libenter reddens[6] [quae Dei sunt, Deo, et quae Caesaris, Caesari,[7]] incipiensque [semper melius[7]] timere Deum et amare omnipotentem Dominum; nam usque ad id temporis ignorabat Deum uerum, sed tunc spiritus feruebat in illo.[8] Post multas ibi tribulationes, post famem et sitim, post frigora et nuditatem, post pascenda pecora, post frequentias angeli[9] Victorici a Deo ad illum missi, post magnas uirtutes omnibus pene notas, post responsa diuina e quibus unum aut duo haec exempli[10] tantum gracia demonstrabo: "Bene ieiunas, cito iturus ad patriam tuam," et iterum: "Ecce nauis tua parata est," quae non erat prope sed forte habebat ducenda[11] milia passuum, ubi numquam habuerat iter: post haec omnia, ut diximus,[12] quae enumerari poene a naemine possunt, cum ignotis barbaris gentilibusque hominibus multos et falsos deos adorantibus iam in naui sibi parata, deserto

---

[1] MS. Cualfarni diaconi.
[2] MS. Ban nauem thabur indecha ut. *Bannauem Taburniae* seems to mean 'campus tabernaculorum'; see Tertia Vita, c. 1.
[3] MS. uentre prius *venitre* (?), Hogan. So Probus (*Tr. Th.*, p. 47, misprinted 51): de vico Bannaue Tiburniæ regionis, haud procul à mari occidentali: quem vicum indubitanter comperimus esse Nentriæ [*sic*, Neutriæ, p. 62] provinciæ, in quâ olim gigantes habitasse dicuntur. *Nemtria* is probably formed from *Nemtor*, supra, p. 405.
[4] MS. Concesso.
[5] MS. sexenne.
[6] MS. rediens.
[7] Sic Probus, ubi supra.
[8] See supra, p. 361, l. 27.
[9] MS. angelici.
[10] MS. exempla.
[11] *i.e.*, ducenta.
[12] MS. duximus.

tiranno gentilique homine cum actibus suis, et accepto, caelesti eternoque Deo [ordinante], in comitatu [nautarum] sancto, [sine naulo] excepto diuino, aetatis suae anno XXIII. ad Britanias nauigauit.

5 De nauigatione eius cum gentibus.

Ternis itaque diebus totidemque noctibus quasi ad modum Ionae in mari cum iniquis fluctuans, postea bis denis simul et octenis diurnis luminibus Moysico more, alio licet sensu per desertum fatigatus, murmurantibus gentibus quasi Iudei
10 fame et siti pene deficientibus, compulsus a gubernatore temptatus atque ut [pro] illis Deum suum ne perirent oraret rogatus, mortalibus exoratus, turmae misertus, spiritu contribulatus, merito coronatus, a Deo magnificatus, abundantiam cibi ex grege porcorum a Deo misso sibi uelut ex coturnicum
15 turma,¹ Deo a[d]iuuante prebuit. Mel quoque silvestre ut quondam Iohanni subuenit, motatis² tamen pessimorum gentilium merito porcinis carnibus pro locustarum usu. Ille autem sanctus Patricius nichil gustans de his cibis, immolaticum enim erat, nec esuriens, nec sitiens, mansit illesus.
20 Eadem uero nocte dormiens temptauit [eum] Satanas grauiter, fingens saxa ingentia et quasi comminuens iam membra [eius]. Sed inuocato Helia bina uoce,³ ortus est ei sol qui refulgens expulit omnes caliginum tenebras, et restitutae sunt ei uires eius.

25 De alia captiuitate Patricii.

Et iterum post multos annos capturam ab alienigenis pertulit. Ubi prima nocte audire meruit responsum diuinum sibi dicens: "Duobus mensibus eris cum illis, id est cum inimicis tuis." Quod ita factum est. Sexagesimo autem die
30 liberauit eum Dominus de manibus eorum, prouidens⁴ ei cum comitibus suis cibum et ignem et siccitatem quottidie, donec decimo die peruenerunt ad homines.

De susceptione a parentibus.

Et iterum post paucos annos ut antea in patria sua propria
35 apud parentes suos requieuit: qui [eum] ut filium receperunt, rogantes illum ut uel sic post tantas tribulationes et temptationes, de reliquo uitae numquam ab illis discederet. Sed ille non consensit. Et ibi ostensae sunt ei multae uisi-

---

¹ See Num. xi. 31, 32.
² *i.e.*, mutatis.
³ *i.e.*, bis, Hogan.
⁴ MS. previdens.

ones. Et erat annorum triginta, secundum apostolum " in
uirum perfectum" et cetera usque "plenitudinis Christi.¹
Egressus ad sedem apostolicam uisitandam et honorandam,
ad caput itaque omnium ecclesiarum totius mundi, ut sapiens
iam diuina sanctaque misteria ad quae uocauit illum Deus ut 5
disceret atque intellegeret et inpleret, et ut predicaret et
donaret diuinam gratiam in nationibus externis conuertens
ad fidem Christi.

De inuentione Sancti Germani² in Gallis, et ideo non exiuit amplius. 10

Transnauigato igitur mari dextro³ Britannico, accepto itinere
per Gallicas Alpes ad extremum, ut corde proposuerat, trans-
censurus, quendam sanctissimum episcopum Alsiodori ciuitate
principem Germanum summum donum iuuenit. Aput quem
non paruo tempore demoratus, iuxta id quod Paulus ad pedes 15
Gamaliel fuerat, in omni subiectione et patientia atque oboe-
dientia scientiam, sapientiam castitatemque et omnem utilitatem tam spiritus quam animae cum magno Dei timore et
amore, in bonitate et simplicitate cordis, corpore et spiritu
uirgo,⁴ toto animi desiderio didicit, dilexit, custodiuit. 20

[De morte Moneisen Saxonissae.]

Itaque, uolente Domino, Patricii, ut ita dicam, totius Hiberniae episcopi doctorisque egregii, de uirtutibus, pluribus
pauca⁵ ennarrare conabor. Quodam igitur tempore, cum tota
Britannia incredulitatis algore rigesceret, cuiusdam regis eg- 25
regia filia, cui nomen erat Monesan, Spiritus Sancti⁶ re-
pleta auxilio, cum quidam eius expeteret amplexus coniugalis,⁷
non adquicuit,⁸ cum aquarum multis irrigata esset undis,⁹
[neque] ad id quod nolebat et deterius erat, compelli potuit.
Nam illa cum inter uerbera et aquarum irrigationes solita 30
esset interrogare¹⁰ matrem et nutricem uti compertum haberet rotae factorem quo¹¹ totus illuminatur mundus. Et cum
responsum acciperet per quod compertum haberet solis factorem esse eum qui caelum sedes est, cum acta esset frequenter ut coniugali uinculo copularetur, luculentissimo Spiritus 35

---

¹ Ephes. iv. 13.
² MS. Geraiani.
³ *i.e.*, australi.
⁴ MS. pauca pluribus.
⁵ MS. uigore.
⁶ MS. spiritu sancto.
⁷ *i.e.*, coniugales.
⁸ MS. adquicum.
⁹ scil. lacrymis, Hogan.
¹⁰ MS. interrogabat.
¹¹ leg. quâ; scil. rotâ, *i.e.*, sole?

Sancti [lumine] illustrata [dicebat:] 'Nequaquam itaque hoc faciam.' Quaerebat namque per naturam totius creaturae factorem, in hoc patriarchae Abraham secuta exemplum. Parentes eius inito consilio a Deo sibi[1] tributo, audito Pa-
5 tricio uiro ab aeterno Deo uisitato septimo semper die, Scoticas[2] partes cum filia pulsauere Patricium, quem tanto labore quesitum reperire [meruerunt]. Qui illos nouicos percunctari coepit. Tunc illi uiatores clamare ceperunt et dicere: 'Cupidissimae filiae uidendo Deum causa coacti ad te uenire
10 facti sumus.' Tunc ille repletus Spiritu Sancto eleuauit uocem suam et dixit ad eam: 'Si in Deum credis?' Et ait: 'Credo.' Tunc sacro Spiritus et aquae lauacro eam lauit. Nec mora: postea solo prostrata spiritum in manus angelorum tradidit. Ubi moritur ibi et adunatur.[3] Tunc
15 Patricius prophetauit quod post annos uiginti corpus illius ad propinquam cellulam de illo loco tolleretur cum honore: quod postea ita factum est. Cuius transmarinae reliquiae ibi adorantur usque hodie.

[De eo quod sanctus Patricius uidit caelum apertum
20   et Filium Dei et anguelos eius.]

Dominici et apostolici Patricii, cuius mentionem facimus, quoddam miraculum mirifice gestum, quod ei in carne adhuc stanti[4] et Stephano poeno tantum[5] contigisse legitur, breui retexam relatu. Quodam autem[6] tempore, cum orationis causa
25 ad locum solitum per nocturna spacia procideret,[7] consueta coeli uidit miracula, suumque carissimum ac fidelem probare uolens sanctum puerum, dixit: 'O fili mi, dic michi, quaeso, si sentis ea quae ego sentio.' Tunc paruulus, nomine Benignus, incunctanter dixit: 'Iam michi cognita ea quae sentis
30 Nam uideo caelum apertum et Filium Dei et angelos eius.' Tunc Patricius dixit: 'Iam te meum successorem dignum esse sentio.' Nec mora, gradu concito[8] ad suetum locum orationis peruenire.[9] His [ergo in] orationibus in medio fluminis alueo, paruulus dixit: 'Iam algorem aquaticum sustinere
35 non possum.' Nam ei aqua nimis erat frigida. Tunc dixit ei Patricius ut de superiori [loco] ad inferiorem descenderet.

---

[1] MS. iusti.
[2] MS. Sconas.
[3] i.e, sepelitur, Hogan.
[4] MS. in carne adhuc stantem quod ei.
[5] MS. totum.
[6] MS. ante.
[7] i.e., procederet.
[8] MS. consito.
[9] i.e., peruenēre.

Nichilominus ibi diu[1] perstare potuit. Nam se aquam calidam sensisse testabatur. Tunc ille non sustinens in eo loco diu[tius] stare, terram ascendit.

[De conflictu sancti Patricii aduersum Coirthech regem Aloo.]

Quod[dam] ammirabile gestum Patricii non transibo silentio. Huic nuntiatum est nequissimum opus cuiusdam regis Britannici nomine Corotici,[2] infausti crudelisque tyranni. Hic namque erat maximus persecutor interfectorque Christianorum. Patricius autem per epistolam ad uiam ueritatis reuocare temptauit: cuius salutaria deridebat monita. Cum autem i[s]ta nuntiarentur Patricio, orauit Dominum et dixit: 'Deus, si fieri potest, expelle hunc perfidum de presenti seculoque futuro.' Non grande postea tempus effluxerat[3] et magicam[4] artem audiuit a quodam cantari[5] quod de solio regali transiret. Omnesque karissimi eius uiri in hanc proruperunt uocem. Tunc ille, cum esset in medio foro, ilico uulpeculae[6] miserabiliter arepta forma, profectus in suorum presentia, ex illo die illaque hora uelut fluxus [a]quae transiens nusquam conparuit.

V. ADAMNÁN'S MENTION OF PATRICK.

(*Vita Sancti Columbae*, ed. Reeves, Dublin, 1857, p. 6.)

Nam quidam proselytus Brito, homo sanctus, sancti Patricii episcopi discipulus, Maucteus nomine, ita de nostro profetizavit Patrono, sicuti nobis ab antiquis traditum expertis compertum habetur.

VI. EXTRACTS FROM NENNIUS' *HISTORIA BRITONUM*.
(Harleian, 3859.)

[fo. 176 b.] A primo anno quo Saxones uenerunt in Brittanniam usque ad annum quartum Mermini regis supputantur anni quadrigenti uiginti [et] nouem. A natiuitate Domini usque ad aduentum Patricii ad Scottos quadringenti quinque anni sunt. A morte Patricii usque ad obitum sancte Brigidae

---

[1] Sic Hogan; MS. duo.
[2] MS. Corictic.
  MS. effluxuat.
[4] Sic Probus; MS. musicam.
[5] MS. cantare.
[6] Sic Probus; MS. vel ficuli.

sexaginta anni. A natiuitate Columbae usque mortem sanctae
Brigidae quatuor anni sunt. [I]nitium compoti, uiginti tres
cicli¹ decennouenalis ab incarnatione Domini usque ad aduentum Patricii in Hiberniam, et ipsi annos efficiunt numero
5 quadringentos triginta octo. Et ab aduentu Patricii usque ad
ciclum² decennouenalem in quo sumus, uiginti duo cicli sunt,
id est, quadringenti uiginti unus sunt, duo anni in ogdoade
usque in hunc annum in quo sumus.

[fo. 185 b.] Sanctus Germanus reuersus est post mortem
10 illius³ ad patriam suam, et sanctus Patricius erat in illo tempore captiuus apud Scottos, et dominus illius nominabatur
Milchu, et porcarius cum illo erat, et in septimo decimo anno
aetatis suae reuersus est de captiuitate, et nutu Dei eruditus
est postea in sacris litteris, et ad Romam usque peruenit, et
15 per longum spacium mansit ibidem ad legendum et ad scru-
tanda misteria Dei, et sacrarum Scripturarum libros perca-
currit. Nam cum ibi esset per annos septem, missus est Palladius episcopus primitus a Celestino⁴ episcopo et papa Romae
ad Scottos in Christum conuertendos, sed prohibuit illum Deus
20 per quasdam tempestates, quia nemo potest accipere quicquam
de terra, nisi de celo datum fuerit [fo. 186 a.] et datum fuerit
illi de super. Et profectus est ille Palladius de Hibernia et peruenit ad Brittanniam, et ibi defunctus est in terra Pictorum.

[A]udita morte Palladii episcopi, alius legatus Patricius, Theo-
25 dosio et Valenti[ni]ano regnantibus, a Celestino⁵ papa Romano,
et angelo Dei, cui nomen erat Victor, monente et suadente
sancto⁶ Germano episcopo, ad Scottos in fidem Christi conuertendos mittitur. Misit Germanus seniorem cum illo Segerum
ad quemdam hominem mirabilem sum[m]um episcopum Ama-
30 theam regem in propinquo habitantem. Ibi sanctus sciens
omnia, quae uentura essent illi, episcopalem gradum Amatheo
rege episcopus sanctus accepit, et nomen quod est Patricius
sumpsit, quia prius Maun uocabatur. Auxilius, et Iser[n]inus,
et ceteri inferiori gradu, simul ordinati sunt cum eo.

35 [T]unc, acceptis benedictionibus perfectisque omnibus, in nomine Sancte Trinitatis, paratam ascendit nauim, et peruenit
ad Brittanniam, et predicauit ibi non multus diebus, et
omissis⁷ omnibus ambulandi aufractibus, summa uelocitate

---

¹ MS. clici.
² MS. cliclum.
³ scil. Guorthigirni.
⁴ MS. ascelestino.
⁵ MS. ascelestiano.
⁶ MS. asco.
⁷ MS. amissis.

flatuque prospero mare Hibernicum cum naui descendit. Honerata uero nauis cum transmarinis mirabilibus et spiritalibus thesauris, perrexit ad Hiberniam et baptizauit eos.

[A] mundi principio usque ad baptismum Hiberniensium, quinque milia trecenti triginta anni sunt: in quinto anno Loygare regis exorsus est predicare fidem Christi.

[S]anctus, itaque Patricius æuangelium Christi externis nationibus per annos quadraginta predicabat, uirtutes apostolicas [fecit]. Cecos illuminabat, leprosos mundabat, surdos audire faciebat, [fol. 186 b.] demones ab obsessis corporibus fugiebat, mortuos numero usque ad nouem suscitauit, captiuos multos utriusque sexus suis propriis donis redemit. Scripsit abegetoria trecenta sexaginta quinque, aut eo amplius, æcclesias quoque eodem numero fundauit trecentas sexaginta quinque. Ordinauit episcopos trecentos sexaginta quinque, aut eo amplius, in quibus Spiritus Dei erat. Presbiteros autem usque ad tria milia ordinauit, et duodecim milia hominum in una regione Conachta ad fidem Christi conuertit et baptizauit. Quadraginta diebus et quadraginta noctibus in cacumine montis Eilo ieiunauit, id est, Cruachan Eile, [i]n quo colle, mare imminente, tres petitiones pro his, qui fidem ex Hiberniensibus receperunt, clementer postulauit. Prima petitio eius est, ut dicunt Scotti, id est, ut susciperet unusquisque penitentiam, licet in extremo uitae suae statu: secunda, ut ne a barbaris consumentur in aeternum: tercia, ut non superuixerit aliquis Hiberniensium in aduentu iudicii, quia delebuntur pro honore Patricii septem annis ante iudicium.

[I]n illo autem tumulo benedixit populis Hiberniae, et ideo ascendit ut oraret pro eis, et uideret fructum laboris sui; et uenerunt ad eum aues multi coloris innumerabiles, ut benediceret illis, quod significat omnes sanctos utriusque sexus autem Hiberniensium peruenire ad eum in die iudicii, ad patrem et ad magistrum suum, ut sequantur illum ad iudicium. Postea in senectute bona migrauit, ubi nunc laetatur in secula seculorum. AMEN.

[Q]uatuor modis aequantur Moyses et Patricius, id est, angelo colloquente [fol. 187 a.] in rubo igneo: secundo modo, in monte quadraginta diebus et quadraginta noctibus ieiunauit: tercio modo, similes fuerunt etate, centum uiginti annis: quarto modo, sepulchrum illius nemo scit, sed in occulto humatus est, nemine sciente. Quindecim annis in captiuitate, in uicesimo quinto anno ab Amatheo sancto episcopo subrogatur, octinginta et quinque annorum in Hibernia predicauit. Res autem exigebat amplius loqui de sancto Patricio, sed tamen pro compendio sermonis uolui breuiare.

VII. Extract from the Annales Cambriae.
(Harleian, 3859.)

[fo. 190ᵃ.] annus. Pasca commotatur[1] super diem Dominicum cum papa Leone episcopo Rome.

5   Annus .x. Brigita[2] sancta nascitur.

Annus .xiii. Sanctus Patricius ad Dominum migratur.

Annus [.xxiv.] Quies Benigni episcopi.

10

Annus [.lvii.] Episcopus Ebur pausat in Christo anno cccl. etatis suæ.

Annus [.lxxii.] Bellum Badonis in quo Arthur portauit
15 crucem Domini nostri Iesu Christi tribus diebus et tribus noctibus in humeros suos et Britones uictores fuerunt.

Annus [.lxxvii.] Sanctus Columcille nascitur. Quies Sanctæ Brigidæ.

20   Annus .xciii. Gueith Camlann in qua Arthur et Medraut corruerunt et mortalitas [fol. 190 b.] in Brittannia et in Hibernia fuit.

Annus .c. Dormitatio Ciarani.
25

Annus .ciii. Mortalitas magna in qua pausat Mailcun rex G[u]enedotæ.

Annus [.cxiv.] Gabran filius D[om]ungart moritur.
30

Annus [.cxviii.] Columcille in Britannia exiit.

VIII. Extract from Beda's Historia Ecclesiastica.
(Moore MS., University Library, Cambridge.)

Anno Dominicæ incarnationis quadringentesimo vigesimo
35 tertio,[3] Theodosius iunior post Honorium quadragesimus quintus[4] ab Augusto regnum suscipiens uiginti et sex annos tenuit, cuius anno imperii octauo Palladius ad Scottos in Christum credentes a pontifice Romanæ ecclesiæ, Cœlestino primus mittitur episcopus.[5]

---

[1] Altered by scribe to commvtatur.
[2] Altered by a later hand into Brigida.
[3] MS. ccccxxiii.
[4] MS. xluᵐᵘˢ·
[5] This is obviously copied from Prosper, supra, p. 493. So Lanigan, *Eccl. Hist. of Ireland*, i. 64.

IX. EXTRACT FROM THE CALENDAR IN THE KARLSRUHE CODEX OF
BEDA'S *DE RERUM NATURA*.[1]

XVI. Cal. Apr. Patricii opiscopi et apostoli Hiberniae.

X. EXTRACT FROM THE RHEIMS LITANIES.

(Mabillon, *Vetera Analecta*, ii. 669; 2nd ed., 168, col. 2.) 5
Do Confessoribus.

S. Leo, S. Silvester, S. Donato, S. Gregori, S. Augustine, S.
Hieronyme, S, Benedicte II., S. Hilari, S. Martino, S. Samson,
S. Brioce, S. Melore, S. Branwalatre, S. Patrici, S. Brindane,
S. Carnacho, S. Gilda, S. Paterne, S. Petrano, S. Gwinwaloce, 10
S. Courentine, S. Citawe, S. Goidiane, S. Munna, E. [leg. S.]
Serwane, S. Serecine, S. Guiniave, S. Tutwale, S. Germane, S.
Columcille, S. Paule, [col. 3,] S. Judicaile, S. Movinne, S.
Guoidwale, S. Dircille, S. Bachla, S. Rawele, S. Racate, S.
Loutierne, S. Riacate, S. Tonninane. Omnes sancti chori con- 15
fessorum, orate pro nobis

. . . ut clerum et plebem Anglorum conservare digneris.
Te rogamus, audi nos.

XI. EXTRACTS FROM A TRACT ON THE ORIGIN OF THE IRISH LITURGY.[2]
(Cotton MS. Cleopatra, E. 1. fol. 5 a.) 20

[Si sedulo inspiciamus cursus au]tores, in exordium repperimus decantatum fuisse, non sicut aliqui imperiti fuisse, vel
vario obiectione protulerunt, et adhuc multi conantur facere.[3]

. . . .

[fol. 5 b.] Unde et alium cursum, qui dicitur presenti tempore 25
Scottorum, quae sit opinione, iactatur. Sed beatus Marcus
euangelista, sicut refert Iosephus et Eusebius in quarto libro
totum Egiptum uel Italiam taliter praedicauerunt sicut unam
Ecclesiam, ut omnis sanctus, vel *Gloria in Excelsis Deo* vel
Oratione Dominica et Amen, uniuersi tam uiri quam foeminae 30
decantarent. Tanta fuit sua predicatio unita. Et postea in
Italia euangelium ex ore Petri Apostoli edidit.

Beatus Hieronimus affirmat, ipsum cursum, qui dicitur
presenti tempore Scotorum, beatus Marcus decantauit, et
post ipsum Gregorius Nanzianzenus, quem Hieronimus suum 35
magistrum esse affirmat.

. . . .

---

[1] and *De Temporum Ratione*. This ninth-century codex is now marked No. clxvii., and formerly belonged to Reichenau. The calendar fills ff. 16c–17d.

[2] Published by Spelman, *Concil.*, i. 176, Wilkins, *Concil. M.B.* (Londini, 1737), iv., App. p. 741, and Haddan and Stubbs, *Councils, &c.*, i. 138. At the end of the Cotton tract, fo. 7 a., is the following note, "Ex antiquo manuscripto codice litteris Lumbardicis scripto cir[c]a annum 720."

[3] MS. fore.

[fo. 6 a.] Inde postea beatissimus Cassianus, qui Lerinensi[1] monasterio beatum Honorium habuit comparem. Et post ipsum beatus Honoratus primus abba, et S. Caesarius episcopus qui fuit in Arelata, et beatus Porcarius abbas qui in ipso monasterio
5 fuit, ipsum cursum decantauerunt; qui beatum Lopum [et] beatum Germanum monachos in eorum monasterio habuerunt. Et ipsi sub normam reguli ipsum cursum ibidem decantauerunt. Et postea in episcopatus cathedra summi honoris perseuerandi sanctitatis eorum [2] sunt adepti.
10 Et postea in Brittanniis uel Scotiis praedicauerunt, quae uita Germani episcopi Autisiodorensis, et Vita beati Lupi adfirmant. Qui beatum Patricium [spiri]taliter litteras sacras docuerunt atque innutrierunt, et ipsum episcopum pro eorum praedicatione archiepiscopum in Scotiis et Britanniis posue-
15 runt; qui vixit annos centum quinquaginta et tres, et ipsum cursum ibidem decantauit.
Et post ipsum beatus Vuandilochus senex et beatus Gomogillus, qui habuerunt in eorum monasterio monachos circiter tria millia.
20 Inde beatus Vuandilochus in praedicationis ministerium a beato Gomogillo missus est, et beatus Columbanus, partibus Galliarum, destinati [fo. 6 b.] sunt Luxogilum monasterium, et ibidem ipsum cursum decantauerunt.

XII. Extract from Alcuin's Poemata.
25   (Opp. Poemata No. 246, p. 1736, Paris, 1617.)
Patricius, Cheranus,[3] Scottorum gloria gentis,
Atque Columbanus, Congallus, Adamnanus[4] atque
Praeclari patres, morum uitaeque magistri,
Hic pietas precibus horum nos adiuuet omnes.

30   XIII. Extracts from the *Calendar of Oengus*.
March 17.
Lassar gréine áne,
apstal Hérenn húaige,
Pátraic comcit mîle,
35   rop dítiu ar trúaige.[5]
("Flame of a splendid sun, apostle of virginal Ireland, let Patrick, protection of thousands, be a defence of our misery.")

---

[1] MS. Linerensi.
[2] MS. corunt.
[3] Here are two false quantities, for this name is properly Cĕrănus or Qaĕrănus (Ir. *Ciarán*, Corn. *Piran*).

[4] Another false quantity, for this name is properly Adamnānus (Ir. *Adamnán*).
[5] From Rawlinson, B. 505. I have supplied the marks of length, and changed *ditin* to *dítiu*.

[Notes from Lebar Brecc, p. 83, marg. sup.]

Lassar .i. Sinell mac Findchada do Uib Garrchon isc cedduine robaist Patraic inErinn he ('Sinell son of Finnchath of the Húi-Garrchon, he is the first person whom Patrick baptized in Ireland.')

Cethri cána *Erenn* .i. cáin Patraic cen clérig do marbad. Ocus cáin Adamnan cen mna do marbad. Ocus cáin Darii in chaillech ámra cen damu do gait. Ocus cáin dómnaig cen tairmthecht ind it*ir*.

('Four Rules of Ireland, to wit, Patrick's rule, not to slay clerics. And Adamnán's rule, not to slay women. And Darí the marvellous nun's rule, not to slay oxen. And the rule of Sunday, in no wise to transgress upon it.')

April 14.
IN rigepscop Tassach
dobert ó donánaic
corp Crist in ríg fírbailc
la commain do Pátraic.

('The royal bishop Tassach gave, when he came, the Body of Christ, the truly-strong King, at the communion, to Patrick.')

[Note from Lebar Brecc, p. 85.]

Tassach .i. iRáith Cholpa iLeith Cathail inUlltaib .i. cerd escop Patraic Tassach. ocus fóil a etsechta so.

('Tassach, to wit, in Raholp in Lecale in Ulster, that is Tassach, Patrick's artisan and bishop. And this is the festival of his decease.')

June 12.

Féil in chredail Chóemáin
dian Sanctlethan slondud :
Torandan buan bannach
dar ler lethan longach.

("The feast of the pious Cóemán, who was called vehement Sanctlethan. Torannán lasting, deedful, over a broad, shipful mainsea.")

[Note from Lebar Brecc, p. 89.]

Torandan .i. Palladius rocartad o chomarba Petair inErinn ria Patraic d'forcetul doib. Ni ragbad inEr*inn* cen-dechaid in-Albain. Hic sepultus est in Liconio.

("Palladius was sent (?) by Peter's successor into Ireland before Patrick to teach them. He was not received in Ireland, so he went to Scotland. He was buried in Liconium.")

[Note from Laud, 610.]

Torannan .i. fil inAlbain.

August 24.

La sreith sluaig Stenoni
a scéla roclotha,
Sen-Phátraicc cing catha,
cóemaite ar srotha.

("With the series of Zenonius' host—tidings of them have been heard—Old-Patrick, champion of battle, loveable tutor of our elder.")

[Note from Lebar Brecc, p. 94.]

Senpatraic .i. inGloinestir nanGædel iSaxsanaib. Sen-Patraic oR*us* Dela aMuig Locha, sed uerius est *cumad* inGlastingibeira nanGædel indesciurt Saxan ata. Scoti enim prius in perigriñatione ibi habitabant:[1] acht atait[2] athaisi inulaid Senpatraic inArd Macha.

("Old-Patrick, that is, in Glastonbury (*Glæstingaburh*) of the Gael in England. Old-Patrick of Ros Dela in Mag Locha, but it is truer that he is[3] in Glastonbury of the Gael in the South of England. For Irishmen formerly used to dwell there in pilgrimage. But his relics are in Old-Patrick's tomb in Armagh.")

[In Rawl. B. 512, fo. 61, a. 2, l. 3, the above note runs thus: La sreith slu*aig* Senoidi .i. Sean Patraic i Maig Lochai ata secundum alios, sed uerius conid ie Glaist[ing]ibi*r* na[n]Goidel ata Sen Patr*aic*. Cathir sin ituaiscert Saxan, et Scoti [h]abitabant prius et perigrinatio eorum ibi est. Atat a thaisi in calaid Sean-Patraic in Ard Machæ.]

cóemaite ar srotha .i. aite Patraic Macha .i. in Britania sancti Patrici episcopi doctor.[4]

[From the Book of Leinster, p. 361 g.]

Zenoni . . . Patricii ab*batis* et episcopi Ruis Dela Patricii hostiarii et ab*batis* Airdmachae.

November 27.

Sruaim ecnai con-áni,
Sechnall mind ar flathe,
rogab ceol, soer solad,
molad Pátraic Mache.

("A stream of wisdom with splendour: Sechnall, diadem of our princes, chanted music, noble solace! a praise of Patrick of Armagh.")

---

[1] MS. abitabunt.
[2] facs. atati.
[3] *i.e.*, his remains.
[4] MS. doctoris Patritii.

[Note from Lebar Brecc, p. 100.]

Sechnall .i. Sechnall filius Restitu[t]i Secundini, et de Longabardis aduentus erat, et Secundinus nomen eius erat ibi .i. o Dómnach Sechnaill, 7 mac sethar Patraic he .i. mac do Liamain.

('*Sechnall*, that is Sechnall son of Restitutus Secundinus, and from Lombardy had he come, and Secundinus was his name there, to wit, of Domnach Sechnaill, and a son of Patrick's sister was he, to wit, a son of Liamain's.')

XIV. Extracts from the Drummond Kalendar.

(*Kalendars of Scottish Saints*, ed. A. P. Forbes, Edinburgh, 1872, pp. 1–32.)

[Martii]   xvi. kalend. Apud Hiberniam occiani insolam natale sancti Patricii archiepiscopi Scottorum.

xviii. kl. Mai. Apud Hiberniam sanctus episcopus et confessor Tassach hoc die ad Christum migravit.

[Maii]   vi. nonas. Apud Hiberniam natale sancti confessoris Nectain hoc die celebratur.

[Novembris]   iv. nonas. Natale sancti Victorini Pictaviensis episcopi et apud Hiberniam natale sancti episcopi et confessoris Ercci.

v. kalend. Dec. Apud Augustodunum natale Amatoris episcopi. In Gallia natale sancti Maximi episcopi qui tres mortuos suscitavit, et in Hibernia sancti episcopi et confessoris Secundini.

XV. Extracts from the Irish Canons.

(*Die Irische Kanonensammlung*, ed. Wasserschleben, 2te aufl. Leipzig, 1885.)

Lib. xi. c. 1 (p. 30). *Patricius* episcopus dicit: Qui sub gradu peccat, debet excommunicari, quia magna est dignitas hujus nominis; tamen potest redimere animam suam post poenitentiam, ad priorem gradum venire difficile, nescio an non, Deus scit.

Lib. xx. c. 5 (p. 61). *Patricius*: Si quae questiones [difficiles[1]] in hac insula oriantur, ad sedem apostolicam referantur.[2]

---

[1] add. 5, 6, 8, Mon. (Wasserschleben).

[2] Cf. supra, p. 356, ll. 8–18.

Lib. xxi. c. 12 (p. 65). *De judicibus ecclesiae, quales fieri debent.*
Patricius ait: Non oportet judices ecclesiae habere timorem
hominum, sed timorem Dei, quia timor Dei initium sapientiae est. Non oportet judices ecclesiae Dei habere sapientiam
5 mundi, quia sapientia mundi stultitia est apud Deum, sed
sapientiam Dei habere. Non oportet judices ecclesiae munera
suscipere, quia munera excaecant oculos sapientium et mutant
verba justorum. Non oportet judices ecclesiae habere personam in judicio, quia non est acceptio personarum apud Deum.
10 Non oportet judices ecclesiae cautelam secularem habere, sed
exempla divina, quoniam non oportet servum Dei cautum esse
vel astutum. Non oportet judices ecclesiae tam veloces esse in
judicio, donec sciant, quod pravum fiat, quia scriptum est:
Noli judex esse cito. Non oportet judices ecclesiae volubiles
15 esse. Non oportet judices ecclesiae mendacium dicere, quia
magnum crimen est mendacium; sed oportet judices ecclesiae
rectum judicium judicare, quia in quocumque judicio judicaverint, judicabitur de eis.

Lib. xxi. c. 26 (p. 72). *Patricius* ait: Omnis mundialis sapiens,
20 si sapiens sit, non judicet judicia ecclesiae.

Lib. xxiv. c. 4 (p. 77). *De eo, quod bonorum regum opera
aedificent.* *Patricius*: Justitia vero regis justi haec est:
Neminem injuste judicare, advenis et viduis et pupillis
defensorem esse, furta cohibere, adulteria punire, impudicos
25 et histriones non nutrire, iniquos non exaltare, impios de
terra perdere, parricidas et perjurantes vivere non sinere,
ecclesias defendere, pauperes elemosinis alere, justos super
regni negotia constituere, senes sapientes et sobrios consiliarios habere, magorum et pythonissarum et auguriorum super-
30 stitionibus non intendere, patriam fortiter et juste contra
adversarios defendere, per omnia in Deo confidere, de prosperitatibus animum non elevare, cuncta adversa patienter
ferre, fidem catholicam in Deum habere, filios suos impie
agere non sinere, certis horis orationibus insistere, ante horas
35 congruas non sumere cibum. Justitia regis pax populorum
est, tutamen patriae, immunitas plebis, munimentum gentis,
cura languorum, gaudium hominum, temperies aëris, serenitas
maris, terrae fecunditas, solatium pauperum, hereditas filiorum, spes futurae beatitudinis, segetum habundantia, arborum
40 fecunditas.[1]

---

[1] Compare, for the influence of kings on seasons, Horace, Odes, iv.5, ll. 7, 8; Manu's Dharmaçástra, ix., 246, 247; and the following Irish documents: *Audacht Morainn*, Book of Leinster, p. 293 a, Lebar Brecc, p. 262ᵃ 22; *Battle of Maghrath*, ed. O'Donovan, p. 100, note; *Ancient Laws*, iii. 24.

Lib. xxviii. c. 10 (p. 97). *Patricius:* Qui occiderit aut fornicationem fecerit, aut more gentilium aruspicem interrogaverit, per singula crimina annum penitentiae agat, et illo impleto, cum testibus postea resolvetur a sacerdote.

Lib. xxxiv. c. 2 (p. 122). *Patricius:* Clericus si pro gentili homine fidejussor fuerit in quacumque quantitate, si contigerit, quod mirum non est, ut per astutiam aliquam gentilis illo fallat, de rebus suis solvat debitum, nam si armis compugnaverit, computetur extra ecclesiam.

Lib. xxxvii. c. 27 (p. 138). *De penitentia blasphemantis principem bonum. Patricius* ait: Qui murmurat verba blasphemiae contra principem bonum per odium vel invidiam, cum pane et aqua peniteat VII. diebus, exemplo Mariae contra Moysen murmurantis.[1]

Lib. xxxix. c. 11 (p. 151). *De vago monacho excommunicando. Patricius* ait: Monachus inconsulto abbate vagus ambulans in plebe debet excommunicari.

Lib. xl. c. 8 (p. 155). *De eo, quod suscipienda non sit elemosina excommunicati. Patricius:* Quicunque clericus excommunicatus fuerit, nec ejus elemosina in ecclesia recipiatur.

Lib. xl. c. 9 (p. 155). *De eo, quod non debet excommunicatus offerre vel baptizare, sed solum orare. Patricius:* Si quis excommunicatus fuerit, solus ex eadem hora orationem faciat, nec offerre, nec baptizare liceat ei, donec se faciat emendatum.

Lib. xlii. c. 26 (p. 169). *De collectura pecuniae non vituperanda necessitate cogenda. Patricius:* Si quis acceperit permissionem pontificis, et collectum sit pretium captivi, non plus exigat, quam necessitas cogit. Si quid supra remanserit, ponat super altare, et indigentibus detur et captivis. *Item:* Si quis colligit pecuniam sub nomine misericordiae, non audeat spoliare ecclesiam Dei, sed reges et plebes, quibus melius est dare, quam recondere.

Lib. xliii. c. 4 (p. 172). *De conversatione advenae accipientis locum. Sinodus Patricii* dicit: Si quis advena ingressus fuerit in plebem, non ante baptizet, nec offerat, nec consecret, nec edificet ecclesiam, donec permissionem acceperit ab episcopo illius provinciae, quia exemplum humilitatis est, nam qui sperat ab infidelibus aut laicis, et non ab episcopo permissionem accipit, infidelis est.

---

[1] Numbers, xii. 14, 15.

Lib. xliv. c. 9 (p. 177). *De tanto graviore pollutione sancti loci, quanto plures in eo sancti.* Patricius ait: Quicunque Diis, hoc est martyribus, detrahit, Deo detrahit, quanti enim cumque martyres in eo humati sunt loco, tantum Deo detrahit.

5   Lib. lii. c. 6 (p. 212). *De tonsura Brittonum et solemnitate et missa.* Gildas ait: Brittones toto mundo contrarii, moribus Romanis inimici, non solum in missa, sed etiam in tonsura: cum Judaeis umbrae magis futurorum servientes, quam veritati. Romani dicunt: Brittonum tonsura a Simone mago sumpsisse exor-
10 dium traditur,[1] cujus tonsura de aure ad aurem tantum contingebat, pro excellentia ipsa magorum tonsurae, qua sola frons anterior tegi solebat.[2] Priorem autem auctorem hujus tonsurae in Hibernia subulcum regis Loigairi filii Neili extitisse Patricii sermo testatur; ex quo Hibernenses pene omnes hanc
15 tonsuram sumpserunt.

Lib. lii. c. 7 (p. 212). *De excommunicandis clericis, qui non tondentur tonsura Romana.* Patricius: Si quis clericus, cujus capilli non sunt tonsi Romano more, debet excommunicari.

Lib. lxvi. c. 5 (p. 236). *De tribus petitionibus Patricii.* Hiber-
20 nenses dicunt: Tres petitiones Patricii sunt, quarum prima est, ut bipartitae vel tripartitae regionis pars ecclesiae propinquiori aliis detur ei,[3] secunda, ut non per juramentum ab aliquo firmetur super ecclesiam infirmam,[4] tertia, ut clericus similis quaeratur a laico.[5]

---

[1] tradunt, Wasserschleben, *Kanonensammlung,* p. 212.

[2] See Rhŷs, *Celtic Britain,* p. 70. The passage in O'Mulconry's Glossary (H. 2, 16, col. 116) there referred to, is as follows:—Irla .i. arula .i. berrad moga .i. Luid epscop do Brethnaib Corn fechtus do Roim. Oc toigecht do doridisi dosfarraid scol Simoin druad. Berrait a choraind o a chul co mbad do muindtir Simoin do, ar is e berradh roboi for Simon, ocus bai baa dosam de, ar rofodaim inn athais sin arDia colluid dochum nime. Is disiu rogabsat Bret[ain] augtardas ocus Goidil. ('*Irla,* i.e., from *arula* .i., a slave's tonsure, to wit, A bishop of the Cornish Britons once went to Rome. As he was returning, Simon the wizard's school met him. They shave his crown from his back, so that he was of Simon's community, for this is the tonsure that was on Simon. And he (the bishop) had profit thereof, for he endured that disgrace for God's sake until he went to heaven. It is hence that the Britons and the Gael received the practice. See Warren, *Liturgy and Ritual of Celtic Church,* pp. 67, 68; Haddan and Stubbs, *Councils,* i. 112, 113 (where the above passage is quoted from Gildas); and Smith's *Dictionary of Christian Antiquities,* s.v. Tonsure.

[3] eccl. detur que ei vicinior ceteris, 6.

[4] juram. mundiales subtrahant jus ecclesiae, 6.

[5] tertia, ut in judicio, cum inter clerum et laicum orta fuerit intentio, querat laicus clericum, qui cum clerico contendat, 6.

Lib. lxvi. c. 18 (p. 270). *De eo quod monere melius est. Patricius* dicit: Satius est nobis neglegentes praemonere, ne delicta abundent, quam culpare quae sunt facta. *Salamon:* Melius est arguere, quam irasci.

XVI. Extracts from the Chronicle of Marianus Scotus.
(Pertz, *Monum. Germ.* VII. 481.)

372. Sanctus Patricius nascitur in Britannia insula ex patre nomine Calpuirn; presbyter fuit ipse Calpuirn filius diaconi nomine Fotid. Mater autem erat Patricii Conchess, soror sancti Martini de Gallia. Sucat nomen in baptismate. *Cothraege diambœ icfognam docethartreb.*[1] Magonius a Germano, Patricius, id est pater ciuium, a papa Celestino.

388. Sanctus Patricius cum duabus sororibus suis, id est Lupuit et Tigris, venditur in Hiberniam. Sanctus quidem Patricius uenditur ad regem nomine Miluc, filius nepotis Buain, in aquilone Hiberniae, cuius porcorum pastor erat Patricius, et Victor angelus loquebatur saepe cum eo. Duae uero sorores uenditae sunt in Conaellae Muirtemne. Sanctus Patricius genere Brittus cum esset xvi. annorum uenditus in Hibernia ad Milcon regem *Dalnaraede*. Cui sex annis seruiuit, et ab angelo Victore semper consolabatur, de lapide quodam cum eo loquens, qui ibi manet.

394. Cum sanctum Patricium noluit dominus suis dimittere, nisi pro massa aurea, seruauit sanctum Patricium precepto Victoris angeli quidam porcorum, quorum custos fuit Patricius et pastor; quid fodit massam auream quam [reddidit] sanctus Patricius domino suo pro se.

402. Sanctus Patricius, cum esset xxx. annorum, ueniens Turoniam tonditur a sancto Martino tonsura monachica, quia seruilem tonsuram antea hucusque habuit. Deinde trans Alpes iuit in occidentalem partem australem Italiae ad Germanum episcopum ciuitatis nomine Alsiodorus, et legit apud eum xxx. annis diuinam scripturam in insula nomine Alanensis.

431. Ad Scotos in Christum credentes ordinatus a papa Celestino Palladius, primus episcopus missus est. Post ipsum sanctus Patricius genere Brittus, a sancto Celestino papa consecratur et ad archiepiscopatum Hibernensem mittitur, ubi signis atque mirabilibus predicans, totam insulam Hiberniam connertit ad fidem.

---

[1] "Cothraige when he was serving four houses." See above, pp. 10, 390, 412.

491. Sanctus Patricius Hiberniae archiepiscopus annorum CXXXII. beatissimo fine obiit. Annorum XVI. uenditur, VI. annis in seruitute, XL. in Romanis partibus, XL. annis in Hibernia predicauit.

XVII. Extract from the Corpus Missal.

(F. E. Warren. *The Manuscript Irish Missal belonging to the President and Fellows of Corpus Christi, Oxford.* London, 1879, p. 150.)

XVI. kal. Ap. in natal[e] sancti Patricii episcopi

Deus qui sanctum Patricium Scotorum apostolum tua prouidentia elegisti ut Hibernenses gentes in tenebris et in errore gentilitatis errantes, ad uerum Dei lumen scientie reduceret, et per lauacrum regenerationis filios excelsi Dei efficeret, tribue nobis, quesumus eius piis intercessionibus, ut ad ea que recta quantocius festinemus. per.

secreta

Hostias tibi quas in honore sancti Patricii offerimus deuotas accipias et nos[1] a timore iudicii liberemur. per.

postcommunio

Omnipotentem Deum uniuersitatis auctorem suppliciter exoramus ut qui spirituale sacrificium in honorem sancti Patricii offerimus, fiat nobis remedium sempiternum. per.[2]

---

[1] Mr. Warren has "uos," an obvious misprint.

[2] "Here," says Mr. Warren, p. 46, "the following indications of the antiquity of the language can be traced: (1) The equivalent use of the words Scoti and Hibernenses; (2) the reference to the previous heathenism of Ireland; (3) the oblique and primitive mode of the Invocation of Saints with which the collect concludes; (4) the allusion in the Secreta to the day of judgment is probably based on a passage in the Gaelic hymn ascribed to Fiacc (Bishop of Sletty, consecrated by St. Patrick in the fifth century), in which the angel Victor is represented as consoling St. Patrick in his last moments with an assurance that on the day of doom the men of Erin would stand around him before the judgment seat of God [see above; p. 410, l. 4]; (5) the allusion to the Eucharistic offering as 'spirituale sacrificium.' (So in Stowe Missal, p. 6, n. lxiii.)"

XVIII. ANNALS FROM THE *Book of Leinster*.

[p. 24 a.] INcipit doflaithesaib *ocus* amseraib Herenn iarcroitim.[1]

.iiii m. ccc .lxxx iiii. Loegaire macc Néill .xxx. annos regnum Hiberniae post aduentum Patricii tenuit.

Ard Macha fundata est.

Secundinus et Senex Patricius quieuerunt.

cccclxiii. Dorochair Loegaire itaeb Chasse, etc.

cccclxiii. Ailill Molt macc Dathi .xx. bliadan, cotorchair icath Ocha la Lugaid macc Loegairi *ocus* Muredach macc Erca *ocus* la Fergus [p. 24 b.] Cerbél macc Conaill Cremthainne *ocus* la Fiachraig Lond mac Caelbad rig Dail Araide *ocus* la Crimthand macc Ennai rig Lagen.

Eogan macc Neil moritur.

Quies Benigni sancti[2] episcopi.

Mors Conaill Chremthainne maicc Neill.

Quies Iarlathi tertii episcopi.

Bellum Ocha in quo cecidit Ailill . . . dum.

Lugaid macc Loegairi .xxii. cotorchair inAchud Forcha tre mirbail Patric.

Muridach macc Eogain moritur.

Bellum Cellosnaid.

Patricius Scottorum episcopus quieuit.

Cormac primus abbas.

Quies Ibari episcopi.

.dxxxiii. Murchertach macc Erca .xxiiii. cotorchair itelchuma fina i Clettiuch.

Dubthach abb Aird Macha quieuit.

Bellum Dromma Dergaige unde campus Mide a Lagninnsibus ablatus est.

Dormitatio sanctae Brigite.

Ailill *primus*, abbas Aird Macha.

Quies Colmain maicc Duach.

Bellum Eblinn . . d . . .

---

[1] A translation of the Irish entries in this tract, relating to ecclesiastical events, is given in Dr. Todd's *St. Patrick*, pp. 184-188. He says (p. 188) that these short Annals "will be found to fix the dates of several bishops and ecclesiastics of Armagh, and appear to have been written before the use of the Christian era became general in Ireland." There is, according to Dr. Todd (*St. Patrick*, p. 397, note 3), an enlarged copy of this tract in the Book of Lecan, fo. 306a.

Facsimile: ff.

[Here] beginneth [a list] of the reigns and times of Ireland after the Faith.

[A.M.] 4384. Loegaire son of Niall held the kingdom of Ireland for thirty years after Patrick's coming.
Armagh was founded.
[457.] Sechnall and Old-Patrick rested.
460. Loegaire fell beside Cass, &c.
463. Ailill Wether, son of Dathi, [reigned] twenty years and fell in the battle of Ocha by Lugaid, son of Loegaire, and Muredach, son of Erc, and by Fergus Wrymouth, son of Conall Cremthainne, and by Fiachra the Harsh, son of Coelbad, king of Dalaradia, and by Crimthann, son of Enna, king of Leinster.
Eogan, son of Niall, dies.
[465.] The Rest of Benignus, the holy bishop.
[476.] Death of Conall Cremthainne, son of Niall.
The Rest of Iarlathe, third bishop [of Armagh].
[482.] Battle of Ocha, wherein Ailill [Wether] fell.
[507.] Lugaid, son of Loegaire, [reigned] twenty-two [years], and fell in Achad Forcha, through Patrick's miracle.
Muridach, son of Eogan, dies.
Battle of Cellosnaid.
Patrick, bishop of the Irish, rested.
Cormac, first abbot (of Armagh).
The Rest of bishop Ibar.
531. Murchertach, son of Erc, [reigned] twenty-four [years], and fell into a butt of wine on Clettech.
Dubthach, abbot of Armagh, rested.
Battle of Druimm Dergaige, because of which the plain of Meath was taken from Leinster.
[523.] The falling asleep of Saint Brigit.
Ailill, the first, abbot of Armagh.
Rest of Colman, son of Dua.
[530.] Battle of Eblenn.

Book of Leinster, p. 24 b, line 16.

Tuathal Máel-garb .xi. Cotorchair inGrellaig Elti la Mael mór macc Airgetáin húi Machí.
Quies Ailbe Imlecha.
Ailill .ii. abbas Aird Macha.
Bellum Slicigi ubi cecidit Eogan Bél ri Connacht. Fergus ocus Domnall,[1] da macc Murcdaig maicc Erca, uictores fuerunt.
Bellum Tortan riaLagnib in quo Macc Erca macc Ailella Muilt.
dlxn. Bellum Cloenclocha.
Nem episcopus.
Diarmait macc Cerbaill .xxi. Cotorchair la Æd Dub macc Subni rig Dáil Araide irRáith Bic im-Maig Line.
Duach abbas Aird Macha.
Ciaran macc intsær.
Bellum Cuile Conaire iCera ubi cecidit Ailill Banda.
Colum macc Crimthaind.
Finchra abbas Aird Macha.
dlxui. Bellum Cúile Dremni for Diarmait macc Cerbaill.
Domnall et Fergus, duo filii Maicc Erca, uno anno.
Cath Gabra Lifi. Fergus et Domnall uictores erant.
dlxxx. Quies Brenaind Biroir tricentesimo anno ætatis suæ.
Bætan ocus Eochaid, da macc Ninneda .iii. Cotorchair Eochaid la Cronán macc Tigernaig ríg Cianachta Glinni Gemin.
dlxxxiii. Fecht iniardomon (.i. isoíl ocus iníli) la Colmán mBec macc nD(iarmata) ocus la Conall macc Comgaill.
Ainmire macc Setna .iii. Cotorchair la Fergus macc Nellini.
Bætan macc Nainneda primo anno.
Ito Cluana.
Ocnu hua Loigsi.
Gillas Sapiens quieuit.
Mors Æda maicc Subni rig Moenmaig.
dxx: .uiii. Æd macc Ainmerech .xxuiii. Cotorchair la Brandub macc Echach icath Dúin Bolg.
Daig macc Cairill quieuit.
Mordál Dromma Ceta.
Feidlimid abbas Aird Macha.
Eochu abbas Aird Macha.
Grigorius papa.

---

[1] facs. domnall.

[544.] Tuathal Bald-rough [reigned] eleven [years], and fell in
Grellach Elte by Maelmór, son of Airgetán hua Machí.
The Rest of Ailbe of Imliuch.
Ailill the second, abbot of Armagh.
[543.] Battle of Slicech, wherein fell Eogan Mouth, king of Connaught. Fergus and Domnall, two sons of Muredach,
son of Erc, were the victors.
[543.] Battle of Tortan [gained] by the Leinstermen, wherein
fell Macc Erca, son of Ailill Wether.
Battle of Cloencloch.
Bishop Nehemias.
[565.] Diarmait, son of Cerball, [reigned] twenty-one [years],
and fell by Aed the Black, son of Subne, king of Dalaradia in Raith Becc in Mag-Line.
Duach, abbot of Armagh.
[544.] Ciarán, son of the wright.
Battle of Cúil Conairi in Cera, wherein fell Ailill Banda.
Colomb, son of Crimthann.
Fiachra, abbot of Armagh.
[561.] Battle of Cúil Dremni [gained] over Diarmait, son of Cerball.
Domnall and Fergus, two sons of Macc Erca, in one year.
[566.] Battle of Gabair Lifi. Fergus and Domnall were victors.
[573.] The Rest of Brenand of Birr in the three hundredth year
of his age.
[572.] Baetán and Eochaid, two sons of Ninnid, [reigned] three
years, and Eochaid fell by Cronán, son of Tigernach,
king of the Cianacht of Glenn Gemin.
[573.] A fight in Iardoman (?) by Colmán the Little, son of Diarmait, and by Conall, son of Comgall.
[569.] Aimnire, son of Setna, [reigned] three [years], and fell by
Fergus, son of Nellíne.
Baetan, son of Naindid, in the first year.
[571.] Íte of Cluain [Credail].
[570.] Oenu, descendant of Loigse.
Gildas, the Sage, rested.
Death of Aed, son of Subne, king of Moenmag.
[598.] Aed, son of Ainmire, [reigned] twenty-eight [years], and
fell by Brandub, son of Eochu, in the battle of Dún
Bolg.
[586.] Daig, son of Cairell, rested.
The convention of Druimm Ceta.
Feidlimid, abbot of Armagh.
Eochu, abbot of Armagh.
Gregory, the pope [dies].

Book of Leinster, p. 24 b, line 43.

Dabid Cille Muini.

d . . . . Quies Coluim cille et Baithine.

Colmán Rímid ocus Æd Sláne .iiii. Cotorchair Æd Sláne la Conall nGuthbind macc Suibne. Dorochair immorro Colmán Rímid la Locan[1] Dilmana.

Quies Comgaill Bennchuir.

Bellum Slemna in quo Colmán Rímid uictor fuit: Conall Cú fugitiuus fuit.[2]

Fintan Cluana Eidnech.

dox . . . . Quies Cainnig.

Æd Úaridnach .uiii. mbliadna conebailt .uiii. uel híc Grigorius.

[p. 25 a.] Mors Branduib maicc Echach.

Ædan macc Gabráin moritur.

Mælcoba .iii. bliadna cotorchair icath Sleibe Toad la Subne Mend.

Cath Odba ubi cecidit Conall Lægbrég. Oengus macc Colmain uictus erat.

Subne Mend .xui. bliadna cotorchair la Congal Cæch macc Scanláin iTraig Breine.

Macc Lasre abbas Aird Mache.

Comgán Glinne da Locha.

Æd Bennain.

Rónán macc Tuathail.

Cath Both reSuibne Mend for Domnall macc nÆda.

Cath Duin Chethirn.

Mors Echach Bud[i].

Domnall macc Æda .xxx. bliadna éc atbath.

Cath Maige Roth ocus cath Sailtine in uno die facta sunt. Cath dib for Eogan ocus araile for Ultaib.

Mochutu Rathin quieuit.

Molasse Lethglinni quieuit.

Cellach ocus Conall Ciél macc Mælicoba .xu. éc atbath Cellach issin Bruig Maicc Inn-Óc. Dorochair Conall Ciél laDiarmait macc Æda Slane.

Fursu quieuit.

Vacca quatuor uitulos in una die peperit.

---

[1] facs. bocan. | [2] facs. s̄ī.

[588.] David of Cell Muine.
[595.] The Rest of Colomb Cille and Baithíne.
[604.] Colmán the Counter and Aed of Sláne [reigned] four [years], and Aed of Sláne fell by Conall Sweetvoice, son of Suibne. Howbeit, Colmán the Counter fell by Lochan Dilmana.
[602.] The Rest of Comgall of Bangor.
Battle of Slemain, wherein Colmán the Counter was the victor, [and] Conall Hound was the fugitive.
[603.] Fintan of Cluain Eidnech [dies].
[600.] The Rest of Cainnech.
[612.] Aed the Cold-pained [reigned] seven years, and died.
Or Gregory is here.
Death of Brandub, son of Eochu.
[606.] Aedán, son of Gabrán, dies.
[615.] Maelcoba [reigned] three years, and fell by Subne the Dumb in the battle of Sliab Toad.
[613]. Battle of Odba, wherein fell Conall Laegbróg. Oengus, son of Colmán was defeated.
Subne the Dumb [reigned] sixteen years, and fell by Congal the One-eyed, son of Scanlan, on Traig Breine.
Macc-Laisre, abbot of Armagh.
[618.] Comgán of Glendalough.
[619.] Aed Bennain.
Rónán, son of Tuathal.
Battle of Botha [gained] by Subne the Dumb over Domnall, son of Aed.
[629.] Battle of Dún Cethirn.
[629.] Death of Eochu the Yellow.
Domnall, son of Aed, [after reigning] thirty years, died the death.
[636.] Battle of Mag Roth and battle of Saltire were fought on the same day.
One of these battles [was gained] over Eogan,[1] and the other over the Ulstermen.
Mochutu of Rathin rested.
Molasse of Leighlin rested.
Cellach and Conall the Slender, son of Maelcoba, [reigned] fifteen years. Cellach died the death in the Brug Maicc ind Óic.[2] Conall the Slender fell by Diarmait, son of Aed Sláne.
[646.] Fursu rested.
A cow brought forth four calves on the same day.

---

[1] *i.e.*, Cenél Eogain.
[2] Near Stackallan Bridge, co. Meath, O'Don. *Four Masters*, A.D. 656.

Book of Leinster, p. 25 a, line 18.

Blaithmac *ocus* Diarmait .xu. bl*iadn*a. Éc atbathatar donBudi Connaill. Fechin Fobai*r*, Manchan Léith, Airerán indecnai quieuerunt din Budi *C*onnaill.
Sinodus Constantinapoli*tanus*.
Sechnassach m*acc* Blathm*aic* .ui. bl*iadn*a. Cotorchair la Dub 5 nDuin rí Corp*r*aige.
Fœlán m*acc* Colmain rí Lagen.
Nauigatio Columbáni episcopi cum reliquiis sanctorum co hInis bó finni.
Cenndfælad m*acc* Crundmǽl .iiii. bl*iadn*a cotor*chair* la 10 Finnachta Fled*ach* icath Aircheltr*a*.
Prima combustio Aird Ma*ch*a.
Finnachta Fled*ach* .xx. Cotor*chair* inGrellaig Dollaid laÆd m*acc* ṅDluthaig.
Combustio regum inDun Chethirn. 15
Adomnanus captiuos duxit ad Hiberniam.
Mathim nabórama.
Luna conuersa est in sanguinem, in prodigium.
Loingsech m*acc* Oengusa .uiii. bl*iadn*a Cotor*chair* la Cellach Locha Cimbi i cath in Chorsind. 20
Molliṅg Luachr*a*.
Essuries maxima tribus annis in Hibernia ut homo hominem comederet.
Congal Chind magair .ix. ṁbl*iadn*a con*er*bailt do bidg oenuaire. 25
Cú Chúarain rí Ula*d* ocus Cruthentuaithe.
Fergal m*acc* Mǽlidúin .xuii. bl*iadn*a, cotor*chair* icath Almaine la Murchad m*acc* mBrain.
INrechtach m*acc* Muridaig rí *C*onnacht.
Fogartach m*acc* Néill. oenbl*íadan* cotor*chair* icath Chind 30 Dolgen. la Cinæd m*acc* Irgala*i*g.
Cinæd m*acc* Irgalaig .iiii. bl*iadn*a Cotor*chair* icath Dromma Corcáin laFlaithbertach m*acc* Loṅgsig.
Domnall m*acc* Cellaig rí *Connacht* moritur.
Mors Murchaid m*aicc* Brain. 35
Flaithbertach m*acc* Loṅgsig .uii. ṁbliadna con*er*bailt inAird Ma*ch*a.
Subne ab*b*as Aird Ma*ch*a moritur.
Æd Allain m*acc* Fergaile .ix. ṁbl*iadn*a cotor*chair* icath [p. 25, col. 6.] Seredmaige (.i. iCenánnas eti*r* di Thethba) la 40 Domnall m*acc* Mure*d*aig.
Cath Uchbath in quo Bran Beo m*acc* Mure*d*aig *ocus* Æd Men*d* cecide*runt.*

[661.] Blaithmac and Diarmait [reigned] fifteen years. They died the death of the Yellow Plague. Fechín of Fobar, Manchán of Liath, Aircrán of the Wisdom perished[1] of the Yellow Plague.
The Synod of Constantinople.
Sechnassach, son of Blaithmac, [reigned] six years, and fell by Dub Duin, king of Corbraige.
Faelán, son of Colmán, king of Leinster, [dies].
[664.] The voyage of bishop Columbán with relics of saints to Bophin Island.
[671.] Cennfaelad, son of Crundmael, [reigned] four years, and fell by Finnachta the Festive in the battle of Aircheltair.
The first conflagration of Armagh.
[691.] Finnachta the Festive [reigned] twenty years, and fell in Grellach Dollaid by Aed, son of Dluthach.
[677.] Burning of the kings in Dún Cethirn.
[693.] Adamnán brought the captives to Ireland.
The Remission of the Tribute.
The moon was turned into blood, as a miracle.
[699.] Loingsech, son of Oengus, [reigned] seven years, and fell by Cellach of Loch Cimbi in the battle of the Corann.
[693.] Molling of Luachair [fell asleep].
An exceeding great famine for three years in Ireland, so that man ate man.
Congal of Cenn Magair [reigned] nine years, and died suddenly.
Cú Chúarain, king of the Ulidians and of the Pictish folk.
Fergal, son of Mael Dúin, [reigned] seventeen years, and fell in the battle of Almain by Murchad, son of Bran.
Indrechtach, son of Muridach, king of Connaught.
Fogartach, son of Níall, [reigned] one year, and fell in the battle of Cenn Delgen by Cinaed, son of Irgalach.
Cinaed, son of Irgalach, [reigned] four years, and fell in the battle of Druimm Corcáin by Flaithbertach, son of Loingsech.
Domnall, son of Cellach, king of Connaught, dies.
Death of Murchad, son of Bran.
Flaithbertach, son of Loingsech, [reigned] seven years, and died in Armagh.
Subne, abbot of Armagh, dies.
Aed Allain, son of Fergal, [reigned] nine years, and fell in the battle of Seredmag, that is, in Cennanas between two Tethbas, by Domnall, son of Muredach.
Battle of Uchba, wherein fell Bran the Little, son of Muredach, and Aed the Dumb.

---

[1] lit. rested.

Book of Leinster, p. 25 b, line 3.

Domnall macc Muredaig .xx. bl*tadna* conerbailt.
Naues in áero uisæ sunt.
Quies Fidmuni (.i. húi Suanaig).
Cúchumne quieuit.
Niall Frossach macc Fergailc .uii. bl*tadna* conerbailt inHí 5
'na ailithri. Trí frassa innaflaith .i. frass argait gil, ocus frass mela ocus frass chruthnecta.
Fer da Chrích abbas Aird Macha.
Dondchad macc Domnaill .xxuii. bl*tadna* Cotorchair icath Dromma Ríg laÆd macc Néill. 10
Dubdalethi abbas Aird Macha.
Æd Ordnide .xxuii. cotorchair icath DaFerta laMæl Cánaig.
Bellum Dromma Ríg.
Condmach, Torbach, Toicthech, Nuado abbates Aird Macha quieuerunt. 15
Luna in sanginem uersa est.
Murgius macc Tommaltaig rí Connacht.
Conchobar macc Donchada .xxiiii. bl*tadna* conebailt.
Bellum Lethi inChaim riNiall Kalle.
Eogan Manistrech abbas Aird Macha. 20
Bádud Túrgeis ilLoch Úair la Málsechlainn macc Mælruanaid.
Mælsechlainn macc Mælruanaid .xui. bl*tadna* conebailt.
Quies Feidlimthi ríg Cassil, ocus rabo rí cid Herenn cofressabra in Feidlimid sin. 25
Cath Farcha [in marg. .i. tilach in iarthur Mide] ria Mælsechlainn for Gallaib ubi .dc. ceciderunt.
Olchobar rí Casil quieuit.
Forannan et Diarmait, duo abbates Aird Macha quieuerunt.
Æd Findliath .xuiii. bl*tadna* conebailt icDruim Inasclaind. 30
Cath Cilli hua nDaigrí rianÆd macc Neill.
Frossa fola do thepersin . . . co frítha naparti cró.
Fethgna abbas Aird Macha.
Fland macc Maelsechlainn .xxuii. conebailt. ISleis roleicit géill Herenn forcúlu ocus rogabsom iat arécin doridisi. 35
Ainmeri ocus Mælcoba abbates Aird Macha quieuerunt.

Domnall, son of Muredach, [reigned] twenty years, and died.

Ships were seen in the air.

The Rest of Fidmune, that is, the descendant of Suanach.

Cúchumne rested.

Niall the Showery, son of Fergal, [reigned] seven years, and died as a pilgrim in Iona. [There were] three showers in his reign, to wit, a shower of white silver, and a shower of honey, and a shower of wheat.

Fer dá Chrích, abbot of Armagh, [died].

Dondchad, son of Domnall, [reigned] twenty-seven years, and fell in the battle of Druimm Rig by Aed, son of Níall.

Dubdálethe abbot of Armagh.

Aed the Dignified [reigned] twenty-seven years, and fell in the battle of Dá Ferta by Mael-Cánaig.

Battle of Druimm Rig.

Condmach, Torbach, Toicthech, Nuadc, abbots of Armagh, rested.

The moon was turned into blood.

Murgius, son of Tommaltach, king of Connaught, [died].

Conchobar, son of Donnchad, [reigned] twenty-seven years, and died.

The battle of Leth in-Chaim [won] by Niall Calle.

Eogan of Manistir, abbot of Armagh, [died].

Drowning of Thorkils in Loch Uair by Maelsechlainn, son of Maelruanaid.

Maelsechlainn, son of Maelruanaid, [reigned] sixteen years, and died.

The Rest of Feidlimid, king of Cashel, and king of Ireland, though with opposition, was that Feidlimid.

Battle of Farcha, to wit, a hill in the east of Meath, gained by Maelsechlainn over foreigners, wherein six hundred fell.

Olchobar, king of Cashel, rested.

Forannan and Diarmait, two abbots of Armagh, rested.

Aed Greyhair [reigned] eighteen years, and died at Druimm Inesclaind.

[868.] Battle of Killineer [gained] by Aed, son of Níall.

Showers of blood were poured, and the clots of gore were found.

[874.] Fethgna, abbot of Armagh, [rested].

Fland, son of Maelsechlainn, [reigned] twenty-seven years, and died. It is by him that Ireland's hostages were remitted, and he took them again perforce.

Ainmere and Maelchoba, abbots of Armagh, rested.

Book of Leinster, p. 25 b, line 38.

Cath Belaig Mugna riaLagnib for firu Muman, in quo cecidit Cormac macc Culennain.

Di gréin do ascin icomrith in una die.

Cerball macc Muricain ri Lagen quieuit.

Niall Glundub tri bliadna Cotorchair icath Atha Cliath. 5

Conchobor hua Maelsechlainn rí Mide.

Dondchad macc Flainn .xxu. conebailt.

Cath ria Murchertach macc Neill itorchair Albdon macc Gothfraid ri Gall.

Maelbrigte macc Tornáin et Ioseph et Maelpatricc tres ab- 10
bates quieuerunt.

Congalach macc Maelmithig .x. cotorchair laGaullu Atha Cliath ic Taig Giugrand.

Cath Muni Brócain ria Congalach for Gallaib, ubi .vii. m. cecideruut. 15

Dí cholomain tentidi d'ascin sechtmain ria samain corosolsig inmbith uili.

Domnall hua Néill .xxu. conobailt in Ard Macha.

Muridach abbas Aird Macha.

Conchobar macc Taidcg, rí Connacht, moritur. 20

Cath Cille Móna.

Cath etir Brian ocus Maelmuad.

Mide fás cóic bliadna corragaib Maelsechlainn macc Domnaill.

[p. 26, a.] Maelsechlainn macc Domnaill .xxiii. Cath Tem- 25
rach ria Maelsechlainn for Gallaib. Forbais tri laa ocus tri naidchi lois for Gallaib cotuc giallu Herenn arécin uadib. ISandsin iarom forfuacair Maelsechlainn inoscongra nairdirc .i. "Cechóen," ar se, "fil icrich Gall doGaedelaib indáire ocus indochraite tét ass diathir fessin." 30

Dubdaleithe comarba Patric.

Brían macc Cennetig .xii. Cotorchair la Laignib ocus la-Gallaib Atha Cliath iCluain Tarb.

Cath Glinni Mámma la Brian ocus la Maelsechlainn for Gallaib. 35

[907.] Battle of Belach Mugna [won] by the Leinstermen over the men of Munster, wherein fell Cormac, son of Culennan.

Two suns were seen pursuing their course together on the same day.

Cerball, son of Murieán, king of Leinster, rested.

[918.] Níall Blackknee [reigned] three years, and fell in the battle of Áth-Cliath.

Conchobar hua Maelsechlainn, king of Meath, [died].

Dondchad, son of Flann, [reigned] twenty-five years, and died.

A battle [gained] by Murchertach, son of Níall, wherein fell Halfdan, son of Gothfrad, king of the foreigners.

Maelbrigte, son of Tornán, and Joseph and Maelpatraic, three abbots [of Armagh], rested.

Congalach, son of Maelmithech [reigned] ten [years], and fell by the foreigners of Dublin at Tech Giugrand.

Battle of Munc Brócain [gained] by Congalach over foreigners, wherein seven thousand fell.

Two fiery columns were seen a week before the first of November, and illuminated the whole world.

Domnall hua Neill [reigned] twenty-one [years], and died in Armagh.

Muridach, abbot of Armagh, [died].

Conchobar, son of Tadg, king of Connaught, dies.

Battle of Cell Móna.

Battle between Brian and Maelmuad.

Meath was vacant for five years till Maelsechlainn, son of Domnall, took it.

Maelsechlainn, son of Domnall, [reigned] twenty-four years.

The battle of Tara [was gained] by Maelsechlainn over the foreigners. For three days and three nights he besieged the foreigners, and he took from them by force the hostages of Ireland. So then did Maelsechlainn put forth the renowned proclamation. "Every one," saith he, "of the Irish who is in the foreigners' district in bondage and in misery, let him come thereout to his own land."

Dubdálethe, a successor of Patrick, [dies].

[1012.] Brian, son of Cennétig, [reigned] twelve years, and fell by the Leinstermen and the foreigners of Dublin at Clontarf.

Battle of Glenn Mámma [gained] by Brian and by Maelsechlainn over the foreigners.

Book of Leinster, p. 26 a, line 10.

Cath Cráibe Tilcha etir Ultu ocus Cenél Eogain ubi ceciderunt reges utriusquo gentis .i. Æd ocus Eochuid.

Mælsechlainn macc Domuaill irrige Herenn doridisi conerbailt iCro-inis Locha Annind. Coic catha fichet romobdatar ré Mælsechlainn. 5

INretlu mongach fri cóicthiges.

Mælmaire comarba Pátraic.

Findlæch macc Ruadrí rí Alban.

Cath rianAugaire macc Ailella for Sitriuc macc Ámlaib.

Fross chruthnechta. 10

i m. lxiii. Comflathius for Herinn fri re dá blíadan xl. (vel l.).

Cuán hua Lothchain.

Corcran clerech.

Snechta mór. 15

Amalgaid comarba Pátraic.

Cath Slebi Crott.

Niall macc Eochada.

Niall macc Mælsechlainn.

Rapa rí Herenn cofressabra Diarmait macc Mæl nambó. 20 ISamlaid se áirmiter irréim rigraide na ríg cofrossabra .i. Mad doLeith Cuind inrí ocus Leth Cuind ule, ocus oenchóiced alLeith Moga ace, is rí Temra ocus Herenn cofressabra infor sain. Mad alLeith Moga immorro bes, ní oberthar rí Herenn friss cornib Leth-Moga uili ocus Temair conatúathaib ocus in- 25 daracuiced alLeith Chuind chucu. Rabo rí Herenn amlaid sin macc Mæl-nam-bó, uair rabói Leth Moga uile ocus Connaohta ocus fir Mide ocus Ulaid ocus Airgialla ace. IS leis rocured macc darmuir.

Tairdelbach hua Briain .xii. 30

Dubdalethi comarba Pátraic.

Donchad macc Briain doRóim.

Cath Saxan.

Cnómess.

Cath Odba. 35

Cath Móna Crunnióce.

Éc atbath Tairdelbach.

Murchertach hua Bríain xx. (vel xiiii.) conebailt de thromgalur.

Battle of Craeb Tilcha between the Ulidians and the Cenél Eogain, wherein fell the kings of either race, to wit, Aed and Eochu.

[1020.] Maelsechlainn, son of Domnall, on the throne of Ireland again till he died in Cro-inis of Loch Annind. Five and twenty battles were gained by Maelsechlainn.

The hairy star for a fortnight.

Maelmaire a successor of Patrick.

Findlaech, son of Ruadrí, king of Scotland, [dies].

A battle [gained] by Augaire, son of Ailill, over Sitric, son of Olaf.

A shower of wheat.

A joint reign over Ireland for the space of two and forty (or fifty) years.

Cuán hua Lothchain.

Corcran the cleric.

A great snow.

Amalgaid, successor of Patrick, [dies].

[1056.] Battle of Sliab Crott.

Niall, son of Eochaid.

Niall, son of Maelsechlainn.

Diarmait, son of Mael-nam-bó, was king of Ireland, 'with opposition.' It is thus that the kings 'with opposition' are reckoned in the course of kings. If the king be of Leth Cuinn,[1] and have the whole of Leth Cuinn and one fifth out of Leth Moga,[2] that man is king of Tara and Ireland 'with opposition.' If, however, he is from Leth Cuinn, he will not be called king of Ireland until he has the whole of Leth Moga and Tara with its districts, and one of the two provinces of Leth Cuinn thereto. In that wise, the son of Mael-nam-bó was king of Ireland, for he had the whole of Leth Moga and Connaught and the Meathmen, and Ulster and Oriel. By him a son was put over sea.

Toirdelbach, descendant of Brian, [reigned] twelve years.

Dubdálethe, a successor of Patrick, [dies].

Donnchad, son of Brian, [went] to Rome.

The Saxons' Battle.[3]

A nut-harvest.

Battle of Odba.

Battle of Móin Crunnióce.

Toirdelbach died the death.

Murchertach, Brian's grandson, [reigned] twenty (or fourteen) years, and died of sore disease.

---

[1] 'Conn's half,' the northern half of Ireland.

[2] 'Mug (Nuadat)'s half,' the southern half.

[3] i.e., the Battle of Stamford Bridge.

Book of Leinster, p. 26 a, line 42.

Cath na Crincha re macc nDomnaill Remair ocus re nGallu Atha Cliath for firu Mide.
Dondchad macc Domnaill Remuir rí Lagen interfectus est.
Cath eter Cenél Eogain ocus Ultu ubi reges utriusque gentis interfecti sunt. 5
Mæl-ísu comarba Pátraic.
Dallad Ruadri húi Conchobair.
Cath eter úCendsclaig innicem in quo occidit Enna Bacach. Dondchad macc Muredaig uictor fuit.
Mælcoluim macc Dondchada ri Alban moritur. 10
Cath Fidnacha.
Teidm natessocha.
Ecla nafeile Eoin.
Cath Maige Coba.
Magnus rí Lochlann do marbad inUltaib. 15
[p. 26, b.] Senad Rátha Bressail.
Cath eter Dondchad macc Muredaig ocus clainn Domnaill. mebaid for clainn Domnaill.
Cath Átha Cliath. mebaid iarum for Lagnib, in quo Dondchad macc Muredaig ocus Conchobar hua Conchobair interfecti 20 sunt.
Comflathius for Herinn fri ré .ui. mbliadan trichat. Acht chena rabo rí Herenn cofressabra Tairdelbach macc Ruadri huí Conchobair.
Enna macc Dondchada maicc Muredaig ri Lagen quieuit. 25
Cath eter hua Mathgamna ocus macc Duindslébe.
Cellach comarba Pátraic.
Cath Licci Uatha dobrissiud for Diarmait macc Dondchada maicc Muredaig.
Cath Cúla Coll dobrissiud do Diarmait i cind choicthigis 30 for firu Muman ocus Ossairgib ocus Gaullu Puirt Lairge.
Maelísu hua Anmeri ardsenoir Herenn quieuit.
Cormac macc Carthaig ardrí Muman interfectus.
Cath Monad Móre. Memaid re Lagniu ocus Connachtu for Tairdelbach hua mBriain. Diarmait macc Dondchada maicc 35 Muredaig ocus Tairdelbach hua Conchobair uictores fuerunt.
Senad Cenannsa ubi Iohannes Cardinalis praesidens interfuit. Millesimo c.^{mo} 1.mo secundo celebratum fuit istud nobile concilium.[1]

---

[1] According to the Four Masters, ed. O'Donovan, this synod was held at Droichet-átha (Drogheda), and the cardinal's name was Johannes Paprion.

[1082.] Battle of the Crinach [gained] by the son of Domnall the Fat, and by the foreigners of Dublin over the Meathmen.
Donnchad, son of Domnall the Fat, king of Leinster, was slain.
A battle between Cenél Eogain and the Ulidians, wherein the kings of either race were slain.
Maelísu, a successor of Patrick.

[1088.] Blinding of Ruadri hua Conchobair.
A battle among the descendants of Cennselach, wherein fell Enna the Halt. Donnchad, son of Muredach, was victor.
Maelcoluim, son of Donnchad, king of Scotland, dies.
Battle of Fidnacha.
The plague of the heat.

[1092.] The fear of the festival of John.[1]
Battle of Mag Coba.

[1103.] Magnus, king of Norway, was slain in Ulster.
Synod of Raith Bresail.
Battle between Donnchad, son of Muredach, and the Children of Domnall. The Children of Domnall were routed.
Battle of Dublin, (wherein) the Leinstermen were routed, and Donnchad, son of Muredach, and Conchobar grandson of Conchobar were slain.
A joint reign over Ireland for the space of thirty-six years. Howbeit, Toirdelbach, son of Ruadri hua Conchobair, was king of Ireland, 'with opposition.'
Enna, son of Donnchad, son of Muredach, king of Leinster, rested.
Battle between Mathgamain's grandson and Donnslébe's son.
Cellach, a successor of Patrick, [dies].
The battle of Lecc Uatha was broken on Diarmait, son of Conchobar, son of Muredach.
The battle of Cúil Coll was broken by Diarmait at the end of a fortnight on the men of Munster, and the Ossorians, and the foreigners of Waterford.
Maelísu grandson of Anmere, chief elder of Ireland, rested.
Cormac, son of Carthach, overking of Munster, was slain.
Battle of Móin Mór. Toirdelbach hua Briain was routed by the men of Leinster and Connaught. Diarmait, son of Donnchad, son of Muredach, and Toirdelbach hua Briain were victors.
Synod of Kells, where John the Cardinal was present and presided. In the year 1152 was that noble council held.

---

[1] See O'Curry's *Lectures*, p. 404.

Book of Leinster, p. 26 b, line 21.

Murchertach macc Neill .xiiii. cotorchair la hú Briuin ocus la Airgiallu.
Domnall hua Londgain ardepscop Muman quievit.
Senad oc Brí maice Taidc.
Cath Atha Firdead. Memaid ro Murchertach macc Neill for 5 Connactu ocus for hú Briuin.
Ruadri macc Tairdelbaig húi Conchobair.
Diarmait macc Dondchada maic Muredaig dochur dar muir.
Saxain dothuidecht inHerinn, ocus lánlott Herenn dóib.
Gilla macc Liac comarba Patric. . . . 10
Saxain do thuidecht inHerind. Heriu do lott dóib . . .
Diarmait macc Muredaig doéc.
Diarmait macc Cormaic rí Desmuman do marbad do Saxanaib.
Domnall hua Briain rí Tuadmuman quievit. 15
Conchobar Moenmáige macc Ruadri domarbad.
Ec in Ruadri sin 'na ailithri iCunga.

Murchertach, son of Niall [reigned] fourteen years, and
fell by the Húi Briain and the men of Oriel.

Domnall hua Londgain, archbishop of Munster, rested.

A synod at Brí maicc Taidc.

Battle of Ardee. Murchertach, son of Niall, routed the
Connaughtmen and the Húi Briain.

Ruadri, son of Toirdelbach grandson of Conchobar.

[1166.] Diarmait, son of Donnchad, son of Muredach, was put
over sea.

[1169.] Saxons came into Ireland, and a 'full harm' to Ireland
were they.

Gilla mac Liac, a successor of Patrick, [dies].

Saxons came into Ireland. Ireland was harmed by them.

[1171.] Diarmait, son of Muredach, died.

Diarmait, son of Cormac, king of South Munster, was
slain by Saxons.

Domnall hua Briain, king of North Munster, rested.

[1189.] Conchobar of Moenmag, son of Ruadrí, was killed.

Death of that Ruadri in his pilgrimage in Cong.

XIX. GILLA COEMÁIN'S CHRONOLOGICAL POEM.[1]
(Book of Leinster, p. 130, b.)
Gilla Coemain cecinit.

1. Annalad anall uile   othús betha[2] barrbuide
   aisneidfetsa sund[a][3] sein   cosinnamsir ndedenaig.   5
2. Sé blíadna cóicat, gním nglan,   míle ar sé cétaib bliddun[4]
   rímim, ar is rús cen ail,   codílind othús domain.
3. Dacét adó nóchat nár   o[tá]dílind co hAbram.[5]
   O Abram nói cét, ní scith,   cethracha adó coDúid.[6]
4. O Dúid[5] coBrait, ni bréc,   sechtmoga[7] atrí cethri chét.   10
   o Brait co Crist, cáin a bla,[8]   a nói cóiccét[9] ochtmoga.[10]
5. Trí míle bliadan, níbréc,   da bliadain coicat noi cét
   cogein Muicc Maire tall tair   anall óthossuch[11] domain.
6. A dó sechtmogat,[12] seól nglan,   acht is ar míle bliadan,
   ogein Crist co bliadain mbáin   sechtmaide[13] uate cnair.   15
7. Acethair fichet, fír dam,   ocus cóic. mile bliadan
   cosinmbliadainse, is blad brass,   orodelbad domun
   drechmas.[14]
8. Dá cét mbliadan cosin mbúaid,   comesc tuir noithig[15] Nebruaid,   20
   odílind acht deich mbliadna,   isderb duit ciano[s]riagla.[16]
9. Adó sescat, sær inbríg,   omosc intuir coflaith Nín :
   bliadan arfichet[17] ofain   coAbraam, cosinnathair.[18]

---

[1] There is a modernised copy (L²) of this poem, minus the seven last stanzas, in the Book of Leinster, p. 395, col. a: another copy (B) in the Bodleian (Laud 610, fo. 33) : a third (R),also in the Bodleian, Rawl. B. 512, fo. 3 b. 2 (this only goes down to the 33rd stanza, and omits the sixth): a fourth (S) in one of the Stowe MSS. This last was printed inaccurately, with a Latin translation by O'Conor, in *Rerum Hib. Scriptores Veteres*, i. Proleg. ii., p. xxxi. sq.
[2] Sic, L² and B; bethad, L¹ and R.
[3] sunna, B ; sunda, R.
[4] [d]eich cét blíadan cóic cét cain acóic coicat do bliadnaib, B. ; Deich .c. blia. cúic .c. cain acúic .l.nt. do bliadnaib, R.
[5] Abranmh, L¹.; Abraam, B. ; oda dílind co Ábram, R.
[6] Daui, L².; a do cethrachat nóc cét co Duuí ni immarbrec, B.
[7] lxxx. a, B.
[8] bladh, L².; amblad, R.
[9] coicat, L¹, L².; aunói .u. mile, B. ; a. ix. d. lxxx.ad, R.
[10] ochtmodbat, L².
[11] othús, L¹; otus, L²; otosach, B.; óthosach, R.; otus tosach, S., which is hypermetrical.
[12] octmogat, B.
[13] sectmaige, B.
[14] This line is hypermetrical. Read with B. ór'delbad doman drechmas.
[15] nemnig, B; naethigh, R.
[16] isfír duit cianosriagla, B and R.
[17] arfichit, L².; dábliadain fichet, B and R.
[18] iarsin co hAbraam cusin brathair, R.

Gilla Coemáin sang:

1. All the annals down from the yellow-topped world's beginning
   I will set forth here as far as the latest time.
2. Fifty-six years—pure deed—a thousand and six hundred years
   I reckon—for it is knowledge without disgrace—to the Flood from the world's beginning.
3. Two hundreds, (and) noble ninety-two from the Flood to Abraham.
   From Abraham nine hundred—no weariness—and forty-two to David.
4. From David to the Captivity—no lie—seventy-three (and) four hundreds.
   From the Captivity to Christ—fair His fame—nine, five hundreds (and) eighty.
5. Three thousand years — no lie — fifty-two years and nine hundred
   To Mary's Son's birth there in the east, down from the world's beginning.
6. Seventy-two—pure course—but it is in addition to a thousand years,
   From Christ's Nativity to (this) fair year, seven days' space (to) January.[1]
7. Four and twenty, true for me, and five thousand years
   To this year—it is a great renown—since the fair-faced world was formed.
8. Two hundred years to the victory, to the Confusion of Nimrod's famous Tower
   From the Flood—save ten years, it is certain for thee if thou regulatest it.
9. Sixty-two—noble the might—from the Confusion of the Tower to Ninus' reign:
   Twenty-one years thence to Abraham, to the father.

---

[1] The meaning probably is (as O'Conor says) that the new moon fell in 1071 on the 25th Dec., and that therefore there were seven days thence to Jan. 1, 1072, the year in which these verses were made.

Book of Leinster, p. 130 b, line 42.

10. Sesca bl*íadan* cennach mbrón   oAbrám coPartholón, diaragaib inninis¹ find   tr*i* ch*é*t bl*íadan*² iarńdílind.

11. Ogein Abram,³ eól dam sain,   cotarmthecht Mara Romuir dabl*iadain* cóic c*é*t⁵ cocert   diarobaded⁶ sluag Egept.

12. ISind amsir⁷ sin, radit raind,⁸   ratoglad t*í*ar⁹ Tor Conaind,¹⁰ 5 *ocus* luid Srú sair for*s*echt   dochum naScithia¹¹ ahEgept.

13. Medon fiatha Ascathias¹² sain   tarmthecht Mara ruaid Romair:
    da c*é*t bl*íadan* daraéis   dered fiatha Lapades.¹³

14. Hi flaith Lapades,¹³ léir blad,¹⁴   ruc Uesoges¹⁵ insluag*ad*, 10 *ocus* tanic sluag aslia¹⁶ 'nadegaid¹⁷ asin Scithia.

15. ISind amsir sin ane   tosach neirt na Cichloscthe;¹⁸ [p. 131 a.] isin amsir¹⁹ sin, cid ord bind,   trebsat Fir Bolgg [in]Erind.²⁰

16. Ochtmoga²¹ bl*íadan* dia éis   barí intalman Tutanes,²² 15 is 'naró rogabsat tair   Gædil isna Gæthlaigib.²³

17. ISind amsir sin ciatber²⁴   rognid²⁵ cath Maige T*u*red: isinn amsir sin, cen gói riga,²⁶   ratoglad Tr*o*i Troianna.

18. Themas²⁷ bahó ainm inríg²⁸   bói icomamsir do Dab*í*d²⁹ isand luid inúir inrí   inamsir duir Darcelli.

---

¹ innindis, L².
² tr*i c*é*t* cetracat, B.
³ Apruám, L²; Abraam, B
⁴ Romair, B and R.
⁵ da bliadain, l., B.
⁶ d*í*arob*á*de, L.
⁷ Sin aimsir, B.
⁸ ba rind, R.
⁹ rotolad thiar, B.
¹⁰ *Co*nind, R.
¹¹ Scethia, B.
¹² Ascadas, B; Ascithia, R.
¹³ Lampadós, R.
¹⁴ búanblad, R.
¹⁵ Uesagós, R.
¹⁶ uadlía, R.

¹⁷ inadiaid, B.
¹⁸ cichloiscte, B.
¹⁹ isin naimsir, L². Read 'sind amsir, or (with B.) isna[n]aimsir.
²⁰ aner*inn*, B.; indherind, R.
²¹ ocht moghat, L².
²² Tutanó, L².; Tútánés, R.
²³ Gaothlaoighibh, L².
²⁴ cidh atber, L².
²⁵ rogniad, B. and R.
²⁶ 'na aimsir cen gói riagla, B.; gan gái thrá, R.
²⁷ Tenías, L².; Tenias (perhaps Temas), B.; Témár, R.
²⁸ indríg, B.
²⁹ Daui, L².

10. Sixty years, without any grief, from Abraham to Partholón
   When he seized the fair Island three hundred years after the Deluge.
11. From Abraham's birth—that is known to me—to the passage of the Red Sea,
   Five hundred and two years exactly when Egypt's host was drowned.
12. At that time, verses say, Conann's Tower¹ was destroyed in the west;
   And Srú went eastward on a journey, out of Egypt to Scythia.
13. That was the middle of Ascades'² reign, the passage of the strong Red Sea.
   Two hundred years after him (was the) end of Lapades'³ reign.
14. In Lapades' reign, conspicuous renown, Vesoges⁴ brought the host,
   And a most numerous host came after him out of Scythia.
15. At that time, then, (was) the beginning of the might of the Burnt Paps:⁵
   At that time—how melodious is the order!—the Fir-Bolg⁶ inhabited Ireland.
16. Eighty years afterwards Tutanes⁷ was the king of the Earth:
   It is in his time that the Gael set up in the east, in the (Maeotic) Marshes.⁸
17. At that time, though I say it, the battle of Mag Turod⁹ was fought.
   It is at that time, without a ... lie, Trojan Troy was destroyed.
18. Thenias¹⁰ was the name of the king who lived at the same time as David:
   Then did the king go into clay,¹¹ at the time of the dour Darcellus.¹²

---

¹ On Tory Island. See the Four Masters, ed. O'Donovan, A.M. 3066.

² Ascatadis, sixteenth king of Assyria, according to Eusebius.

³ Lampridês, the 20th, rather than Lampares, the 22nd, king of Assyria.

⁴ The Vexoris of Justin, *Hist.* i. 1. He is here confounded with Tanaus, king of Scythia, who extended his power to Egypt.

⁵ *i.e.*, the Amazons: Sarmatia ... usque eò immanis atque atrox ut foeminae etiam cum viris bella ineant; atque ut habiles sint natis statim dextra aduritur mamma. Pomp. Mela, iii. 4, 10.

⁶ See the Four Masters, ed. O'Donovan, A.M. 3266.

⁷ The Tautanes of Eusebius.

⁸ *gaethlach* means "marsh"; the Paludes Maeoticae are referred to.

⁹ Near Coug, in the county of Mayo, O'Donovan, *Four Masters*, A.M. 3303.

¹⁰ The Thinaios of Eusebius.

¹¹ *i.e.*, then was David buried.

¹² Dercilus rex Assyriorum regnante Davide. Euseb. Chron., fol. 34, 35, cited by O'Conor.

534   APPENDIX.

Book of Leinster, p. 131 a, line 8.

19. Darcell*us* baflaith nafond   darthríall[1] Solom athempoll:
    immedon flatha[2] indfir find   tancatar Gaedil inHer*inn*.[3]

20. Astiages abb cen fell   darairged Ierusalem :[4]
    tiugflaith Med,[5] maith ramolad,[6]   icomflaith is Nabcodon.

21. Darcell*us* Solom nasleg   icomamsir[7] is ma*i*c Miled:[8]   5
    cóic céta acht fiche dianeis[9]   Nabcodon Astiages.

22. Sirna rí Temra[10] nator   icomflaith is Nabcodon:
    and[sain][11] fechta, fáth ngailo,   cath Móna truim Trógaide.[12]

23. Tricha tríchét osain ille[13]   cot*us* flatha Ugaine:
    deired flatha Pers, blad nglicc,   tossach flatha ma*i*cc Pilip.[14]   10

24. Sesca tri chét mbl*iadan* mbil   oflaith aird Alaxandir
    corogenair[15] Mac*c* maith Maire,   oc*us* oflaith[16] Ugaine.

25. Secht mbl*iadna* cethrach*a*t cain   ogein Cri*s*t bás Conchobair:
    adó trich*a*t osein ille[17]   cobás cróda Conaire.

26. Secht mbl*iadna* cóicat cét cain   obás Chonaire ceolaig   15
    issin Bruidin, borb ablad,   co torchair Tuath*a*l Techtmar.[18]

27. Da bl*iadain* trich*a*t iarsain   iarmarbad in tuirc[19] Tuathail
    cobás Cuind Cetch*a*th*a*ig cain[20]   issin tulaig[21] i Tuada-
    mair.[22]

---

[1] diartriall, B.
[2] flatha, L².
[3] tangatar Goedil Er*inn*, B; tancatar Gaid*il* Erinn, R.
[4] diaraircced Hierusal*em*, B.
[5] Met, L².
[6] riamolad, B; ramolad, R.
[7] comaimsir, B.
[8] mic Mile, L².
[9] cóic cét aocht fichet dianes, B.
[10] Temrach, B.
[11] andsain, B.

[12] trom Troghaighi, L².
[13] le, B.
[14] Pilib, B.
[15] corgenair, B.
[16] alaith, B.
[17] adho .xx. osein le, B.
[18] teachmar, L².
[19] B omits *in tuirc*.
[20] cais, B.
[21] tiloigh, L².
[22] Tuaith Amnais, B; Tuathamnais, R.

19. Darcellus was prince of the lands when Solomon proceeded (to build) his temple.
   In the middle of the reign of the fair man came the Gael into Ireland.
20. Astyages[1] (was) abbot without guile, when Jerusalem was ruined:
   Last prince of the Medes—well was he praised—reigning along with Nabcodnosor.
21. Darcellus (and) Solomon of the spears were at the same time as Míl's Sons.[2]
   Five hundred save twenty (years) after them (were) Nabcodon[3] (and) Astyages.
22. Sirna,[4] king of Tara of the Towers, reigning along with Nabcodon:
   Then was fought—cause of valour—the battle of the heavy Bog of Trógaide.[5]
23. Three hundred and thirty years thence to the beginning of Ugaine's[6] reign.
   (Was the) end of the Persians' kingdom—wise fame—the beginning of Philip's son's reign.
24. Three hundred and sixty goodly years from Alexander's lofty reign
   And from Ugaine's reign—until Mary's good Son was born.
25. Forty-seven fair years from Christ's Nativity was Conchobar's death.
   Thirty-two from thence to the bloody death of Conaire.[7]
26. Fifty-seven years (and) a fair hundred from the death of musical Conaire
   In the Bruden[8]—cruel his fame—till Tuathal Techtmar[9] fell.
27. Thirty-two years thereafter, after the slaying of the prince Tuathal
   To the death of Conn the fair Hundred-battled, on the hill in Tuathamar.[10]

---

[1] King of Media, B.C. 595, according to the chronology of Herodotus.

[2] They came to Ireland, according to the *Four Masters*, A.M. 3500.

[3] Nebochadnezzar.

[4] King of Ireland, according to the *Four Masters*, A.M. 4020.

[5] Móin Trogaide was, according to O'Donovan, *Four Masters*, A.M. 4169, note ᵐ, probably situated in the east of the ancient Meath.

[6] A.M. 4567, according to the *Four Masters*.

[7] Slain at Bruden-dá-Derga, on the Dodder, near Dublin, A.M. 5160, according to the *Four Masters*.

[8] "hostel," cognate with O.N. brauð, Eng. *bread*.

[9] Slain in A.D. 106 (*Four Masters*).

[10] According to the *Four Masters*, A.D. 137, in Tuath Amrois.

APPENDIX.

Book of Leinster, p. 131 a, line 24.

28. A secht trichat iar Cund chrúaid   co cath Muccrima[1]
mongruaid
itorcratar, mór augal,[2]   [Art,] Cian, Cormac is[3] Eogan.
29. *Secht* mbl*íadna* cóicat cen chrád   ochath Mucrima[4] nammúl
cotorchair[5] Find leo ciar fell   dorennaib tri macc Urgrenn.[6]   5
30. Cóic bl*íadna* cethorchat cain   iarmarbad Find[7] ahAlmain
co maidm Duib Chommair calma[8]   lasna Collu cathchalma.[9]
31. Cóic bl*íadna* oscin illc   codiscor[10] Emna Mache,
'saccthair [trichat],[11] derb lib,   cobas Muridaig[12] Tirig.[13]   10
32. O bás Murid*aig*[12] Mide   oc Dabull[14] nandondbile,
cóica bl*íadan* acht bl*íadain*   co tuttim Neill Noigiallaig.
33. Fiche bl*íadan* for a *secht*   oroscar[ad][15] Niall rianert[16]
co toracht P*á*tric, barr breg,[17]   dochob*air* cland m*acc* Mil*ed*.
34. *Ocht* mbl*íadna* cóic*at*, derb dait,[18]   osen co estecht Patru*ic*,[19]   15
ó bás Patr*aic*,[20] comul ngle,   tricha bl*íadan* bás Brigte.
35. Fiche bl*íadne* iarmbás Brigte   cia cure ris nach lánchinte.[21]
bás Tuath*ail* Mœlgairb[22] congrdin   bl*íadan* riancstecht[23] Chiarain.
36. Certfiche[24] osen ille   cocath Cuile Conaire :
'sin bliadain sin, radit raind,   bás Diarmata ma*icc* Cer-   20
baill.
37. Tricha bl*íadne* tri bli*adni*   cóir osen dola iarma[25]
cobas ma*icc* F*é*idilmthi[26] inHí   is coestecht Grigorii.[27]
38. Fichi bl*íadan* iarmbás hu[i]-Chuind[28]   co cath Slebe Toad truim :
and romarbad, mór in crech,   Mœlcoba galchét clcrech.[29] 25

---

[1] mucrama, L[2] and B.
[2] ingal, B ; amblad, R.
[3] 7 (i.e. *ocus*), L[2].
[4] mucrama, B ; macroma, R.
[5] cotor*acht*, L[2].
[6] Uirgrend, L[2] ; Uirgrenn, B. ; cotorchair Finn flait naglenn la tri macaib cruaid Cuircrenn, R.
[7] Fhind, L[2] ; Finn, B.
[8] commaidin duib comair carnaig, B.
[9] cathambra, L[2] ; ríasna Collaib cathcalmaib, B, R.
[10] cocoscra, B.
[11] isa .iiii. xxx., B.
[12] Muirgaid, R.
[13] tire, L[2].
[14] ic Toball, R.
[15] oroscarad, B, R.
[16] re nert, L[2].
[17] mbreg, B.
[18] comblaid, B.
[19] fpatraig,[2] L.
[20] fpatraic, L[2].
[21] cia cure ris naccinnte, B.
[22] maoilgairb, L[2].
[23] iarnetsecht, B.
[24] xx. bl*íadne*, B.
[25] .i. iarsin ; B. bas ohein coir dola iarma.
[26] .i. Col*uim* cill*e*. Fedhlimigh, L[2].
[27] Giurgi, B.
[28] huaChuinn, L[2]. ; huiChuinn, B.
[29] Maelcoba gall. cét clerech, B.

28. Thirty-seven after hard Conn to the battle of red-maned Muccrima,¹ wherein fell—great their valour—Art, Cian, Cormac, and Eogan.
29. Fifty-seven years, without pain, from the battle of Muccrima of the nobles till Find² fell by them, though it was treachery, by the spearpoints of Urgriu's three sons.
30. Forty-five fair years after Find's death out of Almu to the valiant rout of Dub Commar by the battle-valiant Collas.³
31. Five years from thence to the destruction of Emain Macho,⁴ and thirty-four, be ye sure, to Muridach Tirech's death.⁵
32. From the death of Muridach of Meath, at Daball⁶ of the brown old trees, (there were) fifty years save a year to the fall of Niall the Nine-hostaged.⁷
33. A score of years and seven since Niall was parted from his strength till Patrick came, crown of Bregia, to help the children of Míl's sons.
34. Fifty-eight years, be thou sure, from that to Patrick's obit. From Patrick's death, bright fulfilment, Brigit's death was thirty years.
35. Twenty years after Brigit's death, if thou puttest a tale that is not fully settled, Tuathal Maelgarb's death with horror a year before Ciaran's obit.
35. Just a score from thence to the battle of Cúil Connaire: in that year, verses say, (was) the death of Diarmait, Cerball's son.
37. Thirty years (and) three years—it is right to go afterwards from that—to the death of Fedilmid's son in Hí,⁸ and to Gregory's obit.⁹
38. Twenty years after Conn's descendant's death to the battle of heavy Sliab Toad. Therein was slain—great the prey—Maelcoba⁹ with a valorous hundred of clerics.

---

¹ The battle of Magh Mucraimhe, A.D. 195 (*Four Masters*).
² Finn hua Baisgne was slain at Áth Brea, upon the Boyne, A.D. 283 (*Four Masters*).
³ A.D. 322 (*Four Masters*).
⁴ A.D. 331 (*Four Masters*).
⁵ A.D. 356 (*Four Masters*).
⁶ The ancient name of the river Blackwater in the counties of Tyrone and Armagh.

⁷ A.D. 405 (*Four Masters*).
⁸ *i.e.*, the death of S. Columba in Iona, A.D. 592 (*Four Masters*).
⁹ March 12, 604 : "Therefore," says Dr. Todd (*St. Patrick*, p. 396), "the advent of Patrick, according to Gilla Caemhain, must be dated 442" (rectius 443), ten (rectius nine) years after pope Celestine's death, 26 July, 432.
¹⁰ A.D. 610 (*Four Masters*).

538   APPENDIX.

Book of   39. Blíadan arfichet fil uad   comaidm catha Raith¹ roruaid²
Leinster,   eistecht Mochuta, leim³ nglan,   bás Failbo Flainn⁴ flaith
p. 131 a,   Muman.⁵
line 48.
               40. Fichi acóic osain, iscél grind⁶   cosinmortlaith dar⁷
                   Herind,
                   diambath⁸ Diarmait, Blaithmac⁹ bán, Fechin¹⁰ ocus Ailerán. 5
               41. Cóic blíadna coicat, guím rigle,   cocath normach nAl-
                   maine :¹¹
                   and dorochair Conall Mend   ocus Fergal flaith Herend.
               42. Secht mblíadna 'sa deich derbaig¹² anall omarbad Fergail
                   [p. 131 b.] co cath Uchbad imbith Bran¹³   itorchair¹⁴ Aed
                   Mend macc Colgan.   10
               43. Ó chath Uchbad, mor inbét,   secht mblíadna, ni himarbréc,
                   bás Æd[a] Alláin congail   and robíth iSeredmaig.¹⁵
               44. Fichi blíadan, ni blad bán,   odorochair Aed Allán¹⁶
                   cobás ríg Mide bethaig¹⁷   Domnaill Mide mórcrechaig.
               45. Cethorcha is blíadan, ciatber, obás Domnaill Dromma Den
                   cotabairt Cenandsa cenchath   do Cholum cille cheolach.¹⁸ 15
               46. Cethorcha blíadan acht blíadain   osein, isréil inriagail,¹⁹
                   badud Turges, marbad Néill   iséc Feidilmthe²⁰ fortréin.
               47. Tricha blíadan da blíadain   ó bás Neill Kalle chliaraig
                   co tres Mugna, mór in cath,   imbíth Cormac is Chellach.²¹
               48. Ocht mblíadna iarsin cobás Flaind   dargiallsat Gœdil²²
                   is Gaill ;   20
                   trí blíadna iarnéc Flaind fáil   bás Néill maicc [A]eda
                   imslain.
               49. Romarbtha malle raNíall²³   Conchobar, Flaithbertach fial,
                   Mœlmithig, Mœlmaire inmál   ocus Æd macc Eochocan.²⁴
               50. Fiche blíadan acóic cen chair   óbás hú[i]Neill²⁵ Noigiallaig
                   bás Dondchada Mide²⁶ maill,²⁷   senathair maith Mœlsech- 25
                   lainn.

---

¹ uaid comaidin catha Roith, B.   ¹⁶ Ollan, B.
² roruagh, L².   ¹⁷ line lethain, B.
³ etsecht Mochuta cem, B.   ¹⁸ B omits this quatrain.
⁴ Falbi flann, B.   ¹⁹ ariaghail, L² ; isriagail, B.
⁵ Mudhan, L².   ²⁰ Fedblimidh, L² ; marbad Tur-
⁶ oshein scel ngrind, B.   ges, badud Neill, etsecht Fedilmdi,
⁷ tar, B.   B.
⁸ diatbath, B.   ²¹ imCormac (.i. mac Culennain)
⁹ Blathmac, L².   isim Cellach, B.
¹⁰ Fechín, L². ; Fechen, B.   ²² diargiallsat Goidel, B.
¹¹ osein cocath Almune, B.   ²³ maille riNiall, B.
¹² derbaid, B.   ²⁴ Eoganair, B.
¹³ imrum nglan, L².   ²⁵ nibb Nell, L².
¹⁴ itorachi, L³.   ²⁶ B. omits.
¹⁵ bas Æda Allain cenail isin cath   ²⁷ maille, L¹ ; maoill, L².
isSeredmaig, B.

39. Twenty-one years there are from him to the full-red rout of the battle of Rath,[1] Mochuta's obit [2]— a pure leap—the death of Failbe Flann, prince of Munster.[3]
40. Twenty-five from that—it is a pleasant tale—to the mortality over Ireland,
   Whereof died Diarmait, fair Blaithmac, Fechín, and Aileran.[4]
41. Fifty-five years to the armed battle of Almain: therein fell Conall the Dumb and Fergal, prince of Ireland.[5]
42. Seven years and ten, be sure, down from the killing of Fergal to the battle of Uchba,[6] wherein Bran was slain and Aed the Dumb, son of Colgan, fell.
43. From the battle of Uchba—great the deed—seven years, no falsehood, the death of Aed Allán: there was he slain, in Serodmag.[7]
44. Twenty years—no fair fame—since Aed Allán fell to the death of Meath's hospitable king, the mighty-foraying Domnall of Meath.[8]
45. Forty-one years, though I say it, from the death of Domnall of Druimm Den to the donation of Kells without a battle to musical Columb-Cille.
46. Forty years save a year from that—clear is the rule—were Thorgísl's drowning,[9] Níall's killing,[10] and mighty Fedilmid's death.
47. Thirty years and two years from the death of trainful Níall of Calle to the fight of Magna, great the battle, wherein Cormac and Cellach were slain.
48. Eight years after that to the death of Fland,[11] to whom Gael and foreigners gave hostages: three years after the death of Fland of Fál the death of Níall, son of very sound Aed.[12]
49. Along with Níall were slain Conchobar, generous Flaithbertach, Maelmithig, Maelmaire the nobleman, and Aed, son of Eochocan.
50. Twenty-five years, without question, from the death of Nine-hostaged Níall's descendant was the death of tardy Donnchad of Meath, Maelsechlainn's good grandfather.

---

[1] The battle of Magh-rath(Moira), A.D. 634 (*Four Masters*).
[2] A.D. 636 (*Four Masters*).
[3] A.D. 633 (*Four Masters*).
[4] A.D. 664 (*Four Masters*).
[5] A.D. 718 (*Four Masters*).
[6] A.D. 733 (*Four Masters*).
[7] *Cath Maighe Seirigh* .i. Cenandus, A.D. 738 (*Four Masters*).
[8] A.D. 758 (*Four Masters*).
[9] A.D. 843 (*Four Masters*).
[10] A.D. 844 (*Four Masters*).
[11] A.D. 914 (*Four Masters*).
[12] Níall Blackknee, son of Aed Grayhair, slain by the foreigners in battle near Dublin, A.D. 917 (*Four Masters*).

540   APPENDIX.

Book of Leinster, p. 131 b, line 21.

51. Trícha¹ blíadan trí blíadna   ó bás ardríg naniarla
    cobás Ragnaill² cosinrath   tall itedmaim na Temrach.³
52. Certfichi blíadan cenbrath   ó maidm toracht glan⁴ Tem-
    rach   rach
    cosincath inGlind Mámma   imbátar cind chnesbána.   5
53. Cethri blíadna osen ille   curchured cath naCraibe⁵
    o chath naCraibe 'sadeich   cobás Bríain maicc Connétich.
54. Nói mblíadna iarmbás Bríain   óc maicc Domnaill⁶ ina-
    díaid
    adó cethorcha, ceím nglan,   osain bás Dondchaid Muman. 10
55. Dablíadain, ní bréc ingliaid,⁷   o óc Dondchaid⁸ maicc Bríain
    cath Saxan, seol nglaine,   itorchair rí Lochlainne.⁹
56. Cóic blíadna osen ille   cosin mblíadainse innosso,¹⁰
    sechtmad usthaid, slicht sádal,¹¹ for Enair rahannalad.¹²
                                              Annalad. 15

57. Adó secht ndeich air mile   ogein Críst cia chomríme,
    cosin mblíadain seo ciatber   itorchair Diarmait durgen.¹³
58. A Christ, agrían oscach¹⁴ gurt airchis dom anmain im-
    churp¹⁵
    niropseng dothairbirt dam   budirdairc¹⁶ lem th'annálad. 20
                                              Annálad.

---

¹ .lll., L².
² Regnaill, B.
³ Here L² ends with the following note: Ataim idir anmuin 7 imtechd 7 gotucadh dia incomairle coir dam. ("I am between staying and going; and may God give me the just counsel.")
⁴ We should perhaps read glany, "shoulder," and I have translated accordingly. B. has comaidm torachtach Temrach.
⁵ osin ale corogniad cath na Croebe, B.

⁶ .i. Maelsechnaill, B.
⁷ ni bec ingliaid, B.
⁸ obas Donncada, B.
⁹ .i. Amlaim, B. = Óluf, son of Harald.
¹⁰ cosin bliadain itaimno, B.
¹¹ ard ablad, B.
¹² rath annalad, S.; ria aua labrad, B.
¹³ Over Diarmait B. has the gloss .i. mac mail na mbo.
¹⁴ huas, B.
¹⁵ domcurp, B.
¹⁶ bid airdairc, B.

51. Thirty years and three years from the death of the overking
    of the earls
    To the death of Ragnall with the grace, there in the
    pestilence of Tara.[1]
52. Just a score of years, without guile, from the rout that
    reached Tara's shoulder
    To the battle in Glenn Mámma,[2] wherein were white-
    skinned heads.
53. Four years from that till the battle of the Branch was fought;[3]
    From the battle of the Branch it is ten (years) to the death
    of Brian, son of Cennétig.[4]
54. Nine years after Brian's death was the perishing of Domnall's
    son[5] after him:
    Forty-two years — a fair stop — from that was Donnchad
    of Munster's death.[6]
55. Two years — no lie in the contest — from the perishing of Donn-
    chad, son of Brian,
    Was the Saxons' battle[7] — course of purity! — wherein fell
    Norway's king.[8]
56. Five years from that forward to this year now:
    The seventh (day of the lunar month) — an easy track —
    on (the first of) January the grace of annals.

                                                          Annals.

57. Seventy-two and a thousand (years) from Christ's Nativity,
    if thou computest to this year, though I say it, in which
    fell hard-mouthed Diarmait.
58. O Christ, O Sun over every field! take pity on my soul in
    my body!
    Let not Thy deliverance be slender to me; through me
    Thy annals will be famous.

---

[1] *i.e.*, the battle of Tara, fought A.D. 978, according to the *Four Masters*).

[2] A.D. 998 (*Four Masters*).

[3] *i.e.*, Cath Craeibhe-Tulcha, A.D. 1003 (*Four Masters*).

[4] At the battle of Clontarf, A.D. 1013 (*Four Masters*), rectius 1014.

[5] *i.e.*, Maelsechlainn Mór, A.D. 1022.

[6] A.D. 1064 (*Four Masters*).

[7] The battle of Stamford Bridge, A.D. 1066.

[8] Harold.

XX. LISTS OF S. PATRICK'S SUCCESSORS IN THE SEE OF ARMAGH.
(Book of Leinster, p. 42, col. c.)
Comarbada Pátraic.

Patraic .luiii. othuidecht Pátraic inHer*inn* co cistecht.
Sechnall m*acc* Restitnit .xiii.   5
Sen-Pátraic .ii.
Benen m*acc* Sescnen .x.
IArlathe m*acc* Trena oChluain Fiacla .xiiii.
Cormac .xii. primus abbas de chlaind Chernaig.
Dubthach .xiii.   10
Ail*ill* .xiii. primus.
Ail*ill* .x. secundus. Ó Druim Chád in Huib Bressail donda
Ail*ill*.
Duach .xii. de H*uib* Turtri.
Fiachra .x. m*acc* Colmain m*aicc* Eogain ahEnuch Senmáil.
Feidilmid .xu. h*ua* Fœlain oDomnuch Nemand.   15
Caurlan .iiii. O Domnuch m*aicc* Hu-garba d'Úib Níallain.
Eochaid m*acc* Diarmata .iii. oDomnuch Rígdruing.
Senach Garb .xiii. o Chlain h*ui* m*aicc* Gricci[1] de Uib Nial-
l*áin* .i. gobai ingraid o Chill Móir.   20
M*acc* Laisre .xuiii.
Tommine .lxxxiii.
Segini .xxiiii. m*acc* Bresail o Achud Chlaidib.
Forannan .i.
Fland Febla .xxuii. m*acc* Scanlain h*ui* Fingin.   25
Suibne .xii. m*acc* Crunnmæl m*aicc* Ronain d'Uib Níall*áin*.
Congus .xx. scribnid, unde "torad penne *Congusa*" .i. h*ua*
Dasluaiga (.i. mensa) m*aicc* Ainmerech a Cuil Athgoirt.
Céle Petair .uiii. oDruim Chetna in H*uib* Bresail.
Fer dá chrích .x.   30
Cudinisc m*acc* Concais h*úi* Chathbath m*aicc* Echach.
Dubdalethe m*acc* Sinaig .xuiii.
Airectach (.i. bl*íadna*) h*úa* Faeláin d'Uib Bresail.
Fœnnelach .iii. m*acc* Moenaig Mannacta. Iso docer la Dub-
dalethi ocR*us* Bodba, unde dicitur   35
        Fændelach aness, isé aless
        teclaim sluaig.
        Dubdalethi m*acc* Sinaig dofail[2]
        corigaib atúaid.

---

[1] Sic, leg. o Chluain maicc hui Grecci ?   [2] Facs. dosail.

Patrick's Successors.

Patrick, 58 (years) from Patrick's coming into Ireland to (his) obit.

Sechnall, son of Restitut, 13.

Old-Patrick, 2.

Benén, son of Sescnén, 2.

Iarlathe, son of Trén, of Cluain Fiacla, 14.

Cormac, 12: first (of his name) abbot of Clann Chernaig.

Dubthach, 13.

Ailill, 13: first (of his name).

Ailill, 10: second (of his name). Of Druimm Cád in Húi Bressail were the two Ailills.

Duach, 12: of Húi Turtri.

Fiachra, 10: son of Colmán, son of Eogan, from Enach Senmáil.

Feidilmid, 15: grandson of Faelán, of Domnach Nemand.

Caurlan, 4: from Domnach Maccu-Garba: of Húi Nialláin.

Eochaid, son of Diarmait, 3: from Domnach Rígdruing.

Senach the Rough, 13: from Cluain maccu-Grecci of Húi Nialláin, i.e., the smith in orders, of Céll Mór.

Macc Laisre, 18.

Tomminc, 83.

Segine, 84: son of Bresal, of Achad Claidib ('Sword-field').

Forannan, 1.

Fland Febla, 27: son of Scanlan, descendant of Fingin.

Suibne, 12: son of Crunnmael, son of Rónán: of Húi Nialláin.

Congus, 20: a scribe. Whence (the proverb) 'the fruit of Congus' pen': grandson of Dosluaig [?], son of Ainmere, from Cuil Aithgoirt.

Céle-petair,[1] 8: of Druimm Cetna, in Húi Bressail.

Fer-dá-chrích, 10.

Cú-dinisc, son of Concas, descendant of Cathbath, son of Echaid.

Dubdalethe, son of Sinach, 18.

Airechtach, one year: grandson of Faelán, of Húi Bresail.

Faennelach, 3: son of Maenach Mannacta. It is he that fell by Dubdalethe at Ross Bodba, whence is said:

> Faendelach from the south, it is his advantage
> to gather a host.
> Dubdalethe, son of Sinach, is present
> with kings from the north.

---

[1] *i.e.*, servant of S. Peter.   [2] *i.e.*, "man of two districts."

Book of Leinster, p. 42 c, line 4 from bottom.

Condmach .xiiii. *macc* Duib dalethi. Isesin in *macc* indiaid aathar, ut prophetauit Bec *macc* De.
[col. d.] Artrí .ii. ISé rachoid mart*ra* ó Eogan *ocus* ó Niall *ocus* ó Suibni *macc* Sarnig.
Eogan Manistrech .uiii. Eogan *macc* Aubthig, com*arba* Pá- 5
traic ocus Finniain *ocus* Buite. Anmchara Neill Glun*duib*.
Trí airchinnig sunna ragabsat abdaine arecin nach ármiter inoffriund .i. Fland Rói m*acc* Cummascaig, [ ] *macc* Conchobair, roeig assincharpat, et Gormgal *macc* Indnataig.
Forannan .xuii. *macc* Murgili. Murgel nomen matris eius. 10
Dormait .iiii. h*ua* Tigernain. IShe darratad iutanart etir na gíæ[1] ac croiss Ardachaid *ocus* intimairo lossa *ocus* nirorathicha corolobsat armet . . . .
Fethgna .xxii. .i. Seiginech[2] *macc* Nectain de claind Echdach.
Ainmere hua Faelain .i. bl*iadan* iii. rigi H*ua* Niallain *ocus* 15
sacerdoti Aird Macha.
Mæl-coba .ii. bl*iadain* *macc* Crundmael, de muntir Cilli Moire.
Cathassach *macc* Rabartaig h*ui* Moinaich de chlaind[3] Suibni.
Marb 'na ailithre. 20
Mælbrigti *macc* Tornain .xxxiii. com*arba* Patraic *ocus* Col*uim cille ocus* Brigti dona Hoeb . . . .
Ioseph .ix. *macc* Fathaig . . . congœlta di Dál Riatta.
Mælpátraic .i. bl*iadan* *macc* (Maelituile[4]).
Cathassach .xx. *macc* Mœliduin[5] h*ui* C 25
Muridach *macc* Fergusa . . . . m*aicc* Indaslnaga . .
Dubdalethi *macc* Cellaich .xxxiii. Doolait ingen Mælituli[6]
. . . . . .
Murican .iii. *macc* Ciarac(ain) oBoith Domnaig.
Mælmaire .xix. *macc* Eochacain. 30
Amalgaid .xxix.
Dubdalethi .xii.
Cummascach .iii.[7]
Domnall .xiiii.
Cellach. 35
Mælmædach h*ua* Morgair.

---

[1] Facs. g̅æ̅.
[2] Dr. Todd (*St. Patrick*, p. 182) reads Figlech.
[3] Sic, Todd; facs. mbinaich deth [. 6] (!)
[4] Sic, Todd.
[5] Doligen [?], Todd.
[6] Facs. Meliculi.
[7] Facs. m̅. (*i.e.*, macc).

Condmach, 14: son of Dubdálethe. That is, the son after his father, as Becc macc Dé prophesied.

Artrí, 2. It is he that underwent martyrdom from Eogan and from Níall and from Subne, son of Sarnech.

Eogan of Manistir. 7: Eogan, son of Anbthech, successor of Patrick and of Finnian and of Buite. Soul-friend[1] of Níall Black-knee.

Three managers of church-lands here, who took the abbacy perforce, are not mentioned at mass, to wit, Fland Rói, son of Cummascach, [   ] son of Conchobar, who screamed out of the chariot; and Gormgal, son of Indnatach.

Forannan, 17: son of Murgel: Murgel was his mother's name.

Dérmait, 14: grandson of Tigernán. It is he for whom was put the sheet between the spears at the Cross of Ardagh and the Ridge of Leeks, and not . . . . so that they rotted by the greatness . . . .

Fethgna, 22: that is, Sciginech, son of Nechtan, of Clann Echdach.

Ainmere, grandson of Faclán, one year : . . . : kingship of Húi Níalláin and priesthood of Armagh.

Mael-coba, two years: son of Crundmael: of the community of Cell Mór.

Cathassach, son of Robartach, grandson of Moinach, of the Clann Suibni. He died in pilgrimage . . . .

Maelbrigte, son of Tornán, 33: a successor of Patrick and of Colombcille and of Brigit, of the Húi . . . .

Joseph, 9: son of Fathach . . . . of Dalriada.

Maelpátraic, one year : son of Maeltuile.

Cathassach, son of Maelduin, grandson of

Muridach, son of Fergus . . . . son of the Da-slus.

Dubdálethe, son of Cellach, 33. Deolait, daughter of Maeltuile . . . .

Murican, 3: son of Ciaracan, of Both Domnaig.

Maelmaire, 19: son of Eochacan.

Amalgaid, 29.

Dubdálethe, 12.

Commascach, 3.

Domnall, 14.

Cellach.

Maelmaedach, grandson of Morgar.

---

[1] *i.e.* spiritual director. Dr. Todd (*St. Patrick*, 181, note 3) says that Niall Glundub is a mistake for Níall Caine.

Book of Leinster, p. 42 d, line 6 from bottom.

Gilla M*aic*-Liac .i. m*acc* ind fír dana.[1]
INtepsc*op* h*ua* M(uredaig).
Gilla Chomd(ed) . . ,
Tommaltach m*acc* Ailello, m*aicc* Tairdel*baig* h*úi* Chonchob*air*.

SECOND LIST OF S. PATRICK'S SUCCESSORS.
(*Lebar Brecc*, p. 220, col. 2, line 1.)
D[o] chomorbaib P*a*traic inso.

Patraic c*entensumo uicesimo* etatis sue quieuit.
Sechnall .xiii.
Benen m*acc* Sescnén, salmcetla*id* Patraic, do Chianach*ta*
Glinde Gaimen, do síl Taidg m*aic* C*éi*n o Chaissil dó.
Hiarlaithi m*acc* Loga .xíííí.
Corbmac .xu. annis.
Dubthach .xx. iiii.
Fiachra .xx. annis.
Cairellan .x. annis.
Eoch*aid* .x. annis.
Senach annis .xu.
Maclaisre[2] .xiiii. annis.
Tomine .xxxa. annis.
Segine .xxui. annis.
Fland Febla m*acc* Scannail .i. dalta Berchain m*aicc* Mícain
he .xxuii. annis.
Súibne insúi .xu. annis.
Congus .xx. annis.
Cele Petair .uiii. annis.
Fer da crich .x. annis.
Foendelach .ui. annis.
Dub dalethi .xuiii.
Oirechtach *uno* anno.
Cúdíniso .iiii. annis.
Condmach .xiii. annis.
Torbach uno anno.
Nuada ,iii. annis.
M*acc* Longsig .xiii.
Artri duobus annis.
Eogan Mainistrech m*acc* Búti meic Bronsig .uiii.
Forandan .xiiii. annis.
Dermait .iiii. annis.

Facs. dsls. | [2] Facs. Maclaisse.

Gilla maic Liac, to wit, the son of the poet.
The bishop hua Muredaig (grandson of Muredach)
Gilla Chomded (the Lord's gillie)
Tommaltach, son of Ailill, son of Toirdelbach, grandson of Conchobar.

Of Patrick's successors this:

Patrick rested in the hundred and twentieth year of his age.
Sechnall, thirteen (years).
Benén, son of Sescnen, Patrick's psalmsinger, of the Cianachta of Glenn Gaimen, of the seed of Tadg, son of Cían, from Cashel was he.
Iarlaithe, son of Lug, fourteen.
Cormac for fifteen years.
Dubthach, twenty.
Fiachra for twenty years.
Cairellán for ten years.
Eochaid for ten years.
Senach for fifteen years.
Maclaisre for fourteen years.
Tomine for thirty-five years.
Segine for twenty-six years.
Fland Febla, son of Scannal, to wit, a pupil of Berchán, son of Mícan (was) he; for twenty-seven years.
Suibne the Sage, for fifteen years.
Congus for twenty years.
Céle-Petair for four years.
Fer-dá-crích for ten years.
Foendelach for six years.
Dub-dá-lethe, eighteen.
Oirechtach for one year.
Cú-dínisc for four years.
Condmach for thirteen years.
Torbach for one year.
Núada for three years.
Macc Longaig, thirteen.
Artri for two years.
Eogan of Manistir, son of Búti, son of Brónach, seven.
Forandan for fourteen years.
Dérmait for four years.

548　　　　　APPENDIX.

Lebar Brecc, p. 220, col. 1, line 41.

Fethgna .xxu. annis.
Ainmire uno anno.
Cathussach .iiii. annis.
Mælcaba .u. annis.
Mælbrigte macc Dornain .xxx.ix. annis.　　　　5
Iosep annis .ix.
Mælpatraic anno uno.
Cathassach .xx. annis.
Muiredach macc Fergusa .ix. annis.
Dub dalethi macc Cellaig .xxx.iii.　　　　10
Muirecan .iii. annis.
Mælmuire .xiii. annis.
Amalgaid .xx.ix. annis.
Dub dalethi .ii. annis.
Cummascach .iii. annis.　　　　15
Moelissu .xx.uii. annis.
Domnall .uiii. annis.[1]

XXI. Extracts from Lists of the Relations of Irish Saints.

(Book of Leinster, p. 372, col. 1, line 1.)　　　　20

Ondbainin *nó* Gombauin doBretnaib *máthair* Patraic *ocus* a choicsethar, *nó* Conches *nó* Cochmas a ainm.

. . . .

[line 21.] Lupait siur *Pátraic*. *Maicc maicc* hú-Baird: Sechnall, Nectain, Dabonna, Mogornan, Dariöc, Ausaille, Crumthir　25

---

[1] There is a third list in Laud 610, fo. 115*a*, col. 3, published by Colgan (*Trias Th.* p. 292, with the addition of five names), and by Todd (*St. Patrick*, pp. 174, 175). It runs thus: Patraic Sechnall .ui. Senpatraic .x. Binén x. I Arlaithe xuiii. Cormac .xu. Dubtach xui. Ailill xiii. Ailill .x. Duach . Fiachraig . Feidilmed xx. Cærlan x. Eochaig . Senach . Mac Laisre . Tomine xxxu. Segine xxuii. Flann Febla xxuii. Suibne xu. Congus xx. Cele Petair . [115 b. 3] Do comarbaib Patraic. Fer da Crich .x. Foennelach iii. Dub da lethe xii. Airechtach .i. Cu dinisc .iiii. Connmach .xiiii. Torbach i. Nuadu .iii. Mac loingse .xiiii. Artri .ii. Eogan Manistrech .uiii. Forannau .xiiij. Dermait .iiij. Fethgna xxij. Anmere .i. Cathassach iiij. Mælcoba .ii. Mæl Brigde mac Tornan .xxxix. [fo. 116, col. 1] I Oseph ix. Mælpatraic .i. Cathassach xx. Muiredach ix. Dub da lethe mac Cellaig xxxiii. Murecan iii. Mælmaire xix. Colgan (*Trias Thaum.* 292) prints this list, latinised, "ex Psalterio Casselensi," adding the following five names: "Amalgadius xxx. Dubdaletha xii. Cumascacius iii. Moeliss xxvii. Domnaldus." A fourth list, contained in the Yellow Book of Lecan, is also published by Todd (*St. Patrick*, p. 179).

Fethgna for twenty-five years.
Ainmire for one year.
Cathussach for four years.
Maelcaba for five years.
Maelbrigte, son of Dornan, for thirty-nine years.
Joseph for nine years.
Maelpátraic for one year.
Cathassach for twenty years.
Muiredach, son of Fergus, for nine years.
Dub-dá-lethe, son of Cellach, thirty-three.
Muirecán for three years.
Maelmuire for thirteen years.
Amalgaid for twenty-nine years.
Dub-dá-lethe for two years.
Cummascach for three years.
Maelíssu for twenty-seven years.
Domnall for eight years.

Ondbainin or Gombauin[1] of Britain was mother of Patrick and of his five sisters. Or Concess or Cochmas was her name.

Lupait, Patrick's sister, the sons of the son of Hua-Baird, Sechnall, Nectain, Dabonna, Mogornan, Darioc, Ausaille, Pres-

---

[1] Perhaps the true reading is *Gondbaum* ('battle-beam'), which Dr. Todd (*St. Patrick*, p. 354ª.) thinks a Frankish, not a British, name. O. H. G. *gund* (bellum, pugna), O. Sax. *bóm, bám*.

Book of Leinster, p. 372, col. 1.

Lugnath. Darerca siur Pátraic máthair cóic nepscop ndéc *ocus* da óg. Epscop Mél, Epscop Melcon, Epscop Munis, Riocc Insi bó finni. Crummaine Lecna, Midnu, Mogenóc, Lomman Atha Truim, Luran Duanaire oDaire Lurain, Et Looru o Chill Chunnu audis, Ciaran, Carantot, Epscop Coluimb, Brenaind 5 Finc, Epscop Mac-Caille, Brocan *ocus* Broccaid. Eicbe *ocus* Lallóc o Senlus Iarmbadbgnu na di chaillig.

(Book of Lecan, p. 89ᵃ.)

Ondbahun *nó* Gondbauin¹ do Bretnaib *máthair* Padraic *ocus* a choic seathrach .i. Lupait *ocus* Tigris *ocus* Darerca *ocus* Ri- 10 cend.² Alii dicunt Coincheas ainm a *máthar ocus* siur do Martain hi. *Nó cumad* Chochmais *ingen* Ochainis³ a máthair.

XXII. CHRONOLOGICAL TRACT IN THE LEBAR BRECC.
(Lebar Brecc, p. 220, col. 1.)

Debemus scire quo tempore Patricius sanctus episcopus 15 atque praeceptor maximus Scotorum inchoauit uenire ad Hiberniam praedicare et babtizare et mortuos suscitare et sanare omnes morbos et effugere omnes demones de Hibernia, et sanctificare et consecrare et ordinare et benedicere et decertare et consummare.⁴ quia apostolus ait: 'Certamen bonum 20 certaui et cursum consum[m]aui' et reliqua.

Ba hi, tra, bl*iadain*⁵ tanic Patraic dochum nErenn. N*iunsa*: isintress bl*iadain* .xxx. ar .cccc. oInchollugud isin nómad bl*iadain* flatha Teothanes rig indomain, *ocus* isincetna bl*iadain* epscopodi Xisti comorba Petair, *ocus* isin cethrumad 25 bl*iaduin* flatha Loegaire m*aicc* Neill iTemair, *ocus* isin sescatmad bliad*ain* a aise fodén. Sesca bliad*an*, tra, do icbaitsed *ocus* ic forcetul fer nErenn, amal abbert Fiacc:

'Pritchais *tri fichte*⁶ bliadan croich⁷ Crist do thuathaib Féne' et reliqua. 30

IThe inso, tra, testas Heleráin for Patraic intan tuccad táso Patraic chuca⁸ do Cluain hIraird.

Ba mín, ba már mac Calpuirn,
croeb fíne fomess,
nisboí nádcaith acht [ ] 35
corisad aless.

---

¹ Gondbum, B. (i.e., Book of Ballymote), p. 249ᵃ.
² One of the five sisters (Liamain?) is omitted.
³ Ochmais, B.
⁴ MS. *cumsumare*.

⁵ Read, perhaps, Cia bliadan, tra, hi; as the following sentence requires an interrogative pronoun here.
⁶ MS. lx.
⁷ MS. crochi.
⁸ Read *chucci* (to him)?

byter Lugnath, Darerca Patrick's sister, mother of fifteen bishops and of two virgins: bishop Mél, bishop Melcon, bishop Munis, Ríóc of Bophin Island, Crummíne of Lecna, Midnu, Mo-genóc, Lomman of Trim, Luran the Singer of Daire Lurain; and Lórn of Cell Chunnu in the south, Ciaran, Carantot, bishop Coluimb, Brenainn Fine, bishop Mac-caille, Brocan and Broccaid. The two nuns were Eiche and Lallóc, of Senless Iarmbadgna.

Ondbahun or Gondbauin of Britain was mother of Patrick and of his five sisters, namely, Lupait and Tigris and Darerca and Ricend. Others say that Concess was his mother's name and that she was a sister of Martin's. Or may be Cochmais daughter of Ochaines was his mother.

We ought to know at what time Patrick, the holy bishop and greatest teacher of the Irish, began to come to Ireland to preach and baptize, and raise the dead and heal all diseases, and to put to flight all demons from Ireland, and to sanctify and consecrate and ordain and confirm, and to fight and finish; because the Apostle saith, " I have fought a good fight, and I have finished my course," &c.

In what year, then, did Patrick come to Ireland? Not hard (to say) : in the 433rd year from the Incarnation, in the ninth year of the reign of Theodosius, king of the world, and in the first year of the episcopate of Sixtus,[1] successor of Peter, and in the fourth year of the reign of Lóegaire, son of Níall, in Tara, and in the sixtieth year of his own age. Sixty years, then, was he baptizing and teaching the men of Ireland. As Fiacc said :[2]

" He preached for threescore years Christ's Cross to the tribes of the Féni," and so forth.

This is Eloran's testimony as to Patrick, when news of Patrick was brought to them to Clonard :—

   Calpurn's son was meek, was great:
   A vine-branch under fruit:
   Nought had he that he did not spend save . . .
   So that he might be in need.

---

[1] " That is," says Petrie (*History and Antiquities of Tara Hill*, p. 75, note 3) " in the first year of Pope Sixtus III., who succeeded Celestine on the 10th of August, 432."

[2] Supra, p. 408, l. 12.

Lebar Brecc, p. 220, col. 1.

Secht cóicait sanct sruthepscop
rohordne in cád,
immtri cét crumther nóg
forsa formaig grad.

Tri cét apgitroch roscrib, 5
ba bil líd alám,
secht cét céll cain conacaib
dosnócaib dolár.

Roforbanastar, tra, Patraic arith mbuada isin fichatmad
bliadain for cét a áisse .i. imbliadain uii. xx. for[1] kalaind 10
Enair for áine, ocus cet bliadan for bisexa: hi[2] xui. immorro
kalne Apreil nabliadne sin for cetain ocus xiii. furri. Isann
dorala otsecht Patraic maicc Alpuirn .i. isindechmad bliadain
flatha Lúgdach maicc Loegaire, ocus isin nomád bliadain déc
abbdaine Cormaic comorba Patraic, ocus ise sin cetna abb 15
dochoid icatháir Patraic, ocus isitress bliadain flatha Echach
maicc Æengusa rig Caissil ocus flatha Fiachna Luind maicc
Coelbaid rig Dálnaraide ocus flatha Maine maicc Cerbaill rig
Uisnig ocus Dómangoirt maicc Fergusa rig Alban ocus Fraech
maicc Findchuda rig Laigen ocus Duach Tenga-huma rig Con- 20
nacht ocus Muircertaig maicc Erca rig Aillinn ocus Coirill maicc
Muredaig Mundirg rig Ulad. ITcat sin robtar frecnairce
otsecht Patraic amal atfiadat liubair ocus eolaig.

Trí bliadna trichat didiu obás Patraic cobás mBrigte isin
sechtmogatmad bliadain shaiso. Inoen bliadain tra bás Brígte 25
ocus in cetna Ailill abb Aird Macha.

Se bliadna trichat óbás Brigte co cath Cúile Drémni.

Coic bliadna trichat o cath Cula Drémni co bás Coluim cille
.i. isin lxxui. a áiso.

Toora bliadna cethorchat obás Coluim Cille co cath Muige 30
Rath.

Cóic bliadna fichet o chath Muige Rath cosin mbuidechair
dianérbailt Diarmait ocus Blathmac da mac Æda Slaine.

---

[1] This seems superfluous.   [2] Read in (the)?

Seven fifties of saintly aged bishops
The holy one ordained,
With three hundred virginal elders,
On whom rank increased.
Three hundred alphabets he wrote,
Good was the hue of his hands ;
Seven hundred fair churches he erected :
He raised them from the ground.

Now, Patrick completed his victorious course in the hundred and twentieth year of his age, that is, in the twenty-seventh year,[1] the calends of January (falling) on a Friday and the first year after the bisextile : the sixteenth, moreover, of the calends of April of that year was on a Wednesday, and the thirteenth (of the lunar month) was thereon.[2] Then came to pass the obit of Patrick, son of Alpurn, namely, in the tenth year of the reign of Lugaid, son of Loegaire, and in the nineteenth year of the abbacy of Cormac, Patrick's successor. And that is the first abbot who went into Patrick's chair. And it is in the third year of the reign of Echaid, son of Oengus king of Cashel, and of the reign of Fiachna the Harsh, son of Coelbad, king of Dálaraide, and of the reign of Maine, son of Cerball, king of Uisnech, and of Domangort, son of Fergus, king of Scotland, and of Fraech, son of Finchad, king of Leinster, and of Dua Brazen-tongue, king of Connaught, and of Muirchertach, son of Erc, king of Aillinn, and of Cairell, son of Muredach Red-neck, king of Ulster. Those are they who were present at Patrick's death, as books and sages declare.

Thirty-three years, then, from Patrick's death to Brigit's death in the seventieth year of her age. In one year, now, was Brigit's death and [that of] the first Ailill, abbot of Armagh.

Thirty-six years from Brigit's death to the battle of Cúil Dremne.

Thirty-five years from the battle of Cúil Dremne to Colomb-cille's death, to wit, in the seventy-sixth of his age.

Forty-three years from Colombcille's death to the battle of Moira.

Twenty-five years from the battle of Moira to the Yellow Plague, whereof died Diarmait and Blathmac, two sons of Aed of Slane.

---

[1] "of the solar cycle," Petrie.

[2] Petrie says that, according to Sir W. R. Hamilton, all these astronomical definitions agree with the year 493, except 27 for the solar cycle, which, to agree with the calends of January on Friday, should be 26.

Lebar Brecc, p. 220, col. 1, line 41.

Cóic bliadna fichet ón buidechair corusmaith Finachta macc Moli-dúin maicc Æda (.i. Slaine) inborime do Moling.

Teora bliadna trichat orusmaith inbórime co cath Almaine itorchair Fergal mac Mólidúin.
Se bliadna déc ochath Almaine co cath Uchbuid.   5

Cethorcha bliadna ochath Uchbaid cobás Néill Frassaig maicc Fergaile.
Cóic bliadna cóicat obás Neill Frassaig cohéc Conchobair maicc Dondchada ocus Artrí comorbai Patraic. Ocus didiu isinaimsirsin dochotar buaid martra, id est Ciprianus et Cornilius. 10

Fiche bliadna, tra, on sechtmad ingréim cogabáil Erenn do Chormac hu Cuind isintresbliadain flatha Probií immperatoris.

Cóic bliadna fichet iarsin innómad ingréim sub Dioclitiano principe.
Secht mbliadna iarsin tercomrac senaid Nece .i. ocht nard- 15 epscuip déc ar tri cétaib isindáilsin.
Tricha bliadna iarsin cohetsecht Anntóin Manaig.
Secht mbliadna déc iarsin cobás Heláir epscuip Pictaue.
Secht mbliadna iarsin coetsecht nAmbróis.
Noi mbliadna déc iarsin cohetsecht Mártain.   20
Da bliadain iarsin cogabál epscopote doAugustín in Hipóne inAfraic.
Cóic bliadna fichet iarsin cobás Augustín.
Dech mbliadna obas Augustín corofóided Palladius a papa Celestino cososcéla lais doPatraic dia procept do Scotaib. Issi 25 indsin inoenmad bliadan ar .cccc. ochroich Crist. Mad othóss domain, it dábliadain trichat ar sé cétaib ar cóic mile.
ISinbliadain iarsin dodechaid Patraic doprocept dochum nErenn. Equus ocus Ualerianus da immper nabliadne sin.
ISinbliadain sin ros(uc) Xistis airchindecht Róma indegaid 30 Calistíne. IShi insin cethramad bliadan flatha Loegaire maicc Néill iTemair. Bahesside intres ríg déc rofallnastar Eirinn hoaimsir na cóic rig naurdorc rorandsat Eirinn etarru hi cóic, id est, Conchobar, Ailill, Coirpre, Eochu, Curí. Ala bliadan ar tri cétaib insin¹ ho croich Crist, ocus tres bliadun trichat 35 ar sé cétaib ar cóic mile othús domain.

Finit. Amen.

---

¹ MS. iarsin.

Twenty-five years from the Yellow Plague till Finnachta, són of Maelduin, son of Aed (i.e., of Sláne), remitted the Tribute to Moling.

Thirty-three years from (the time) he remitted the Tribute to the battle of Almain, wherein fell Fergal, son of Maelduin.

Sixteen years from the battle of Almain to the battle of Uchbad.

Forty years from the battle of Uchbad to the death of Níall the Showery, son of Fergal.

Fifty-two years from the death of Níall the Showery to the death of Conchobar, son of Donnchad, and of Artrí, a successor of Patrick. And, moreover, at that time Cyprianus and Cornelius underwent victorious martyrdom.

Twenty years, then, from the seventh persecution to the taking of Ireland by Cormac, son of Conn, in the third year of Probus the Emperor.

Twenty-five years after that was the ninth persecution under Diocletian the Prince.

Seven years after that (was) the collecting of the Synod of Nicea, that is, 318 high bishops in that assembly.

Thirty years after that to the death of Antony the Monk.

Seventeen years after that to the death of Hilary of Poitiers.

Seven years after that to the obit of Ambrosius.

Nineteen years after that to the obit of Martin.

Two years after that to the taking of the episcopate by Augustine in Hippo, in Africa.

Twenty-five years to Augustine's death.

Ten years from Augustine's death till Palladius was sent by pope Celestine with a gospel with him to Patrick to preach it to the Irish. That is the 401st year from Christ's crucifixion. If it be from the beginning of the world, it is 5632 years.

In the year after this Patrick went to Ireland to preach. Aetius and Valerius were the two emperors of that year. In that year Sixtus took the primacy of Rome after Celestinus. That is the fourth year of the reign of Loegaire, son of Níall, in Tara. He was the thirteenth king who ruled Ireland from the time of the five famous kings who parted Ireland among them in five, that is, Conchobar, Ailill, Coirbre, Eochu, Curói. The 302nd year that was from Christ's crucifixion and the 5633rd year from the beginning of the world.

It endeth. Amen.

XXIII. PATRICK AND HIS LEPER.[1]

(Rawl. B. 512, fo. 62 a. 1.)

Timdibe sacguil Ciarain ocus Colomb Cille do chur dar sál, ocus Mochuta do innarbae a Raithin, is iat sin tri sanasa sæba noem nErenn. 5
[62 a. 2.] Rotairngeir dano Patraic tri fichit bliadan rianagein .i. Comlach clam Patraic dochoid dar muir do tinol taisi noem, co tuc leis na taisi cusin inad i fil Both-craind indiu. Lcm mór bói ann intansin ocus cuas ann. Atnagar in tiag libur isin cuas ocus in tiag imbatar na taisi. Ergit iarnabarach do 10 imthecht. Ciarbo tric léo ni accatar in cuas nach in teig. Atnagat ag descin[2] in crainn ocus femdit ní dó, ar cech alisiu nobendais de ticed fair doridisi. Teit Comlach iarsin i Connachta ocus innisid do Patraic. "As fir," ar Patraic: "ni furail dontí tiofa and na taisi sin, ar geinfid ícinn tri fichet bliadan ondiu 15 mac diamba lán Eri ocus Alba, ocus bid annsin bias a chell, ocus oen docet esti in-ifern; ocus bid annsin beti do thaisi fein," ar Patraic. "Ni biat," ar Comlach, "mani bet do thaisi si ann." "Modebroth," ol Patraic, "is tol limsa ón mad tol la Dia." Conid isin griandáil dareirsin i Cluain atá taisi Patraic, 20 ut alii putant.

XXIV. THE MICHAELMAS SHEEP.

(Rawl. B. 512, fo. 108 a. 2, line 19.)

Dia mbai conflicht mór etir Loegairi mac Neill ocus Patraic, 25 Ro bái in rigan .i. Angás ingen Tassaig ben Lóegairi oc gabáil ac Patraic ocus oc aslach in rígh im reír Pátraicc do dónam. Ni derna inrí uí for a himpidhisi. Ocus ro hoclaighed fria hé. Bai Patraic ina troscad fri Dia for Loeguiri. Dochóid inrí ina tech coiblidhi do sainol and frisnarigaib. Bái 30 inrighan hi tigh foleith, ocus a mac inafarradh .i. Enna mac Loeguiri. Ocus asbert in righan nách caithfed ní ocus Patraic ina troscad. Bai Enna oc íarraid bid do thabairt dó. "Ní cóir duit," for a mathair, "biad do chaithim ocus Patraic hi troscad foraibh." "Ní formsa [108 b. 1] trois(c)ess," 35

---

[1] This legend is printed here merely to throw light on the stories told in the Tripartite Life, supra p. 84, lines 1-21. Comlach, Patrick's leper, is also mentioned in a note to the copy of Broccán's hymn about Brigit, preserved in the Franciscan Liber Hymnorum, p. 41, marg. inf.

[2] Sic, cognate with tescad.

The cutting-off Cíarán's life, and putting Colomb-cille over sea, and expelling Mochuta from Raithin, those are the three wrong stories of Ireland's saints.

Now Patrick foretold him (Ciarán) three score years before his birth; to wit, Comlach, Patrick's leper, went over sea to gather relics of saints, and he brought the relics with him to the place wherein there is Both-craind[1] to-day. A great elm was there then, and a hollow therein. The box of books is put into the hollow and the box in which were the relics. On the morrow they arise to go (on their journey). Though they were urgent, they saw neither the hollow nor the box. They take to cutting the tree, and they are unable to do anything to it; for every chip which they struck from it would come again upon it. Thereafter Comlach goes into Connaught and tells (this) to Patrick. "It is true," saith Patrick: "those relics will be no profit (?) to him who shall come there, for, at the end of three score years from to-day, a manchild will be born, of whom Ireland and Scotland will be full, and therein will be his church, and (only) one in the hundred out of it in hell; and therein will be thine own relics," saith Patrick, "They shall not be," saith Comlach, "unless thy relics shall be there." "My God's doom!" saith Patrick, "I am willing if God is willing." So that according to his (Comlach's) desire Patrick's relics are in the *griandal* in Cluain (macu Nóis) as some think.

When there was a great conflict between Lóegaire Níall's son and Patrick, the queen, even Angas, Tassach's daughter, Loegaire's wife, was a-holding by Patrick and beseeching the king to do Patrick's will. The king did nought for her intercession, and was enraged against him. Patrick was fasting towards God upon Loeguire. The king went into his banqueting-house to carouse there with the kings. The queen was in a house apart, and along with her (was) her son, even Enna son of Loegaire. And the queen said that she would not consume anything while Patrick was fasting. Enna was seeking food to be given him. "It is not proper for thee," saith his mother, "to eat food while Patrick is fasting on you." "It is not on me that he is fasting," says the boy, "but on Lóegaire." A boiled

---

[1] Perhaps we should regard this as a common name and render it by ' a booth of wood.'

Rawl.
B. 512,
fol. 108,
b. 1.

ar an mac, "*acht* for Loeguiri." Tucad molt bruithi hi
fiadnaisi an maic. Hi *tert* kala*ind* Octimb*ir* .i. adaigh féili
Míchil intinred doronad sín. IN cetmír iar*um* dorat in mac
ina beolu den chuirigh rolen inna ucht, *ocus* dochóid a ainim
ass. Gabar oc cáined in maic. "Pátraic," or cách, "issé 5
romarb inmac obréithir." Tic an ríghan do saigid Pátraic
acus bai oc atach anm(a) Dé fr*iss* im tathbeoug*ud* a meic dí
ocus doberad a ríar féin da cach ní connaigfed dó, *ocus* doberad manchine in me*ic* feisin *ocus* a cla*n*ni *ocus* a cheneoil
triabith sír.   10
   Dochóid Patra*ic* immuinighin Poil *ocus* Peta*ir* apsta*il* im
tathbeodhug*ud*, in me*ic ocus* ni dernad forra. Dochoid immu-
nighin Mhuiri co*n*a huagaib *ocus* nír éirigh in mac. Dochoid
immúinighin na mairtiredh *ocus* na faismidach imma tathbeoug*ud, ocus* ní dernadh forra. Ba bronach, *tra*, Patra*ic* de 15
sin.   Tánic Victor aingel co Patra*ic* iartain *ocus* asbert:
"Eirg," ar sé, "immuinighin intí isa feil innocht .i. immuinighin Míchil archaingil, *ocus* tabair almsain dó .i. in
cétmír ghéba as do chuit atabai*rt* do bochd éicin an ainm
Dé *ocus* Míchil, *ocus* cotarta cach manach bias ocut incétna 20
tría bith sír do Día *ocus* do Míchel, *ocus* co romarbha cach
óen fora taillfe cairigh inainm Míchil ina féil *ocus* co tarta
do bochtaib *ocus* rosbia cla*n*n sainemail *ocus* nem dara éisi.
   Dochóidh Patra*ic* immuinig*in* [108 b. 2] Míchil *ocus* dorono
ernaigthi, *ocus* atracht an mac omarba*ib, ocus* roslecht hi 25
fiadn*isi* Pátra*ic, ocus* dorat a corp *ocus* a ainim do Dia *ocus*
do Patra*ic, ocus* dorat a mainchine féin *ocus* mainchine a
cla*in*ni *ocus* a chen*eoil* cu bráth dó. Robendach Patra*ic* in
mac *ocus* asíl dia éisi conidh úadh atát Húi Loegai*ri* indíu
tría benda*ch*tain Patra*ic*.   30
   Robái*i* d*a*no Anghas oc íarraid bendachta Lughdach me*ic*
Loegairi. "Ní dingén," olPa*traic*, "ar ní denand mo réir.
Acht chena," for sé, "ní benubhsa eratsu rath fair féin, *ocus*
benfat for síl *ocus* for a chla*inn* dia éisi. Ocus in macas,"
or sé, "rom*r*iarandsa, issé asílsidhe bías in airech*as* isin Tem- 35
ra*ig*."
   Osin amach, *tra*, guáthaigess cách mír Míchil do gaba*il ocus*
caercha do marba*d* hi féil Míchil for slicht Patra*ic ocus* Enna
me*ic* Loegairi. Dorat iar*um* Patra*ic* benda*cht* dó *ocus* for
cach nóen forchena doneoch nosdéradh de sin do denam tr*ia* 40
bith sír. Conid senchas cháirech féili Míchil *ocus* míri Mí-
ch*il* innsin. Conid ed did*iu* dleghar da cach æn incétmír
gébhas asa chuit do tabairt do Míchil do réir an sceóilsi
cit*us*. F*init*.[1]

---

[1] A similar legend is told in Rawl.   It is here printed as a specimen of
B. 512, fo. 143 a. 2, line 10 et seq.   the fabulous stories that grew up

wether was brought before the boy. On the third calend of October, to wit, the eve of Michael's festival especially, was that done. The first morsel, then, of the sheep that the boy put into his lips stuck in his breast, and his soul went forth from him. They began to bewail the boy. "It is Patrick," saith every one, "that killed the boy by his curse." The queen came to Patrick and was invoking God's name to him as to resuscitating her son for her; and [she said] that his own (Patrick's) desire would be granted in everything that he might ask of him (Enna), and that the service of the boy himself and of his children and of his kindred would be granted to Patrick.

Patrick betook himself to Paul and Peter the apostle, to bring the boy back to life, and it was not done for them. He (then) betook himself to Mary with her virgins, and the boy arose not. He betook himself to the martyrs and the confessors, to bring him back to life, and it was not done for them. So Patrick was mournful thereat. The angel Victor afterwards came to Patrick and said : " Arise and go," saith he, " into the guardianship of him whose festival it is to-night, even into the guardianship of archangel Michael, and give an alms to him, to wit, the first morsel thou shalt take of thy portion to bestow it on a needy pauper in God's name and Michael's, and that every monk whom thou shalt have shall bestow the same for ever on God and Michael: and that every one on whom thou shalt . . . . kill a sheep in Michael's name on his festival, and give it to the poor; and he shall have goodly children and heaven afterwards."

Patrick betook himself to Michael, and made prayer, and the boy arose from the dead, and knelt before Patrick, and gave his body and his soul to God and to Patrick. And he gave his own service and the service of his children and his kin for ever to him. Patrick blessed the boy and his seed after him, and from him are the Húi Loeguiri to-day through Patrick's blessing.

Now Anghas was seeking a blessing for Lugaid, son of Loiguire. "I will not give it," saith Patrick, "for he doth not my will. But, however," saith he, "for thy sake I will not take away grace from himself, and I will take (it) away from his seed and from his clan after him. And this boy (Enna)," saith he, "who hath done my will, it is his seed that shall be in leadership at Tara."

So thenceforward every one has been wont to take Michael's morsel and to kill sheep on Michael's festival in accordance with Patrick and Enna son of Loeguire. Then Patrick bestowed a blessing upon him and on every one besides who should say thereof that it should be done for ever. So that is the story of the Michaelmas sheep and Michael's morsel. And so it behoves every one to give Michael the first morsel he takes from his portion, according to the tale first aforesaid. It endeth.

XXV. The Martinmas Pig.[1]
(Rawl. B. 512, fo. 108, b. 2.)

Senchus muici féili Martain indso sís.
Martan isé tuc berradh manaigh ar Patraic, conidh aire tuc
Patraic muc gacha manaigh *ocus* cacha mainchisi do Martain
aidhchi feili Martain, *ocus* a marba*d* an-onoir Martai*n* *ocus* a
tabairt dia m*un*tir dia tistáis aracend. *Ocus* marbaid cach
æn[1] osin ille mnc aidchi feili Marta*in* cincob manaoh Patraic
hé. Finet.

XXVI. Patrick and Palladius.
(Lebor na hUidre, p. 4, col. 1.)

Dochuaid German día thír. Patra*ic*, tra, indinbaid sin indáire
in hErind oc Miliuc. Isindamair sin rofoided Pledias dochum
nErend do preci*n*pt doib. Docho*i*d Patr*aic* d[f]oglaim fades,
coroleg incanoin la German. Roinnarbad Pledias ahErind
ocus tánic corofugain doDia iFordun isin Mairno.

Tanic Patra*ic* dochum nErend iarfoglaim, *ocus* robaist firu
hErend.

OAdam cobathis fir nErend *cóic mlí* ccc.xxx. Ferta,
tra, Patra*ic* do innisin dúibsi, afi*ru* hErend is usce dóloch
insin.[2]

---

about S. Patrick, and also as giving a clue to what jurists call the 'sanction' of the procedure of 'fasting upon' a debtor to God or man. See supra pp. 46, 218,418, line 3; *Lebor na hUidre*, p. 3a, line 13, 115a; and *Ancient Laws of Ireland*, i. 82, 112, etc. This procedure has long since been identified with the Brahmanic practice called in Hind*í* *dharna* 'detention,' and in Sanskrit, *ācharita* ' customary proceeding,' or *prāyopaveçana* ' sitting-down to die by hunger.' See Maine, *Early History of Institutions*, pp. 39, 40, 297; and Bühler, *Manu*, viii. 47, note 49. It would seem from the story above printed that the wife and children of the debtor, and *à fortiori* the debtor himself, must fast so long as the creditor fasts. So, according to Lord Teignmouth (Maine, ubi supra, p. 299), "by the rigour of the etiquette the unfortunate object of his [the Brahman's] arrest ought to fast also, and thus they both remain till the institutor of the dharna obtains satisfaction." It thus appears probable that the primeval 'sanction' of the practice in question was not (as is said in the books and now believed in India) divine displeasure, but suicide by starvation.

[1] MS. inserts *conic*.

[2] Printed from H. 3, 17 by Dr. Todd, *Irish Nennius*, p. 106; where he adds, from the Book of Lecan, the following passage: *ocus* is lisither gainem mara and sin, *ocus* leicfead daib sechaind cose can cumair *ocus* can faisneis indisin coleice, "and they are more numerous than sand of sea, and I shall pass them over without giving any abstract or narrative just now."

The tale of the Martinmas pig here below.

Martin, it is he that conferred a monk's tonsure on Patrick: wherefore Patrick gave a pig for every monk and every nun to Martin on the eve of Martin's feast, and killing it in honour of Martin and giving it to his community if they should come for it. And from that to this, on the eve of Martin's feast, every one kills a pig though he be not a monk of Patrick's. *Finit*.[1]

Germanus went to his country. Now Patrick was at that tide in bondage in Ireland with Miliuc. It was at that time that Palladius was sent to Ireland to preach to them (the Irish). Patrick went southwards to learn, and he read the canon with Germanus. Palladius was expelled from Ireland and came to serve God in Fordun in the Mearns.

Patrick, after learning, came unto Ireland and baptized the men of Ireland.

From Adam to the baptism of the men of Ireland (were) five thousand, three hundred and thirty (years). Now to tell Patrick's miracles to you, O men of Ireland, *that* is (to bring) water to a lake.[2]

---

[1] *A cada puerco viene su San Martin*, Ormsby's *Don Quixote*, iv. 389. In O'Davoren's glossary (*Three Ir. Glossaries*, p. 103) *Lupait* (W. *llwpai* 'sow'?) is said to be the name of the pig that is killed on Martin's feast.

[2] See above pp. 30, 413.

XXVII. Loegaire's Conversion and Death.
(Lebor na hUidre, p. 117 a.)

Comthoth Loégairi cócretim *ocus* aaided adfét inscélso.[1]

Bai comthinol fer nErend hiTemraig inamsir Lóegaire maic Neill. IS de im*morro* bói incomthinolsin occo imdála nacreit- 5
mi. Odesid iarom ógi nacretmi la firu hE*r*end, *ocus* oropridcastar Patraic soscela dóib, *ocus* rosáraiged Loegaire conadrúdib hi fertaib *ocus* hi mírbailib dermáraib doneoch doróni Pat*r*aic hi fiadnaisi fer nE*r*end, conid íarom rochreti *ocus* forusestar Loegaire ógréir Pat*r*aic. Ro(s)luic da*n*o in talam Loegaire[2] drúi 10
triabrethir Pat*r*aic, conid 'nachend chacait nahuli coin tecait hiTemraig.

Asrochongrad iarom oLoegai*r*e formna flathi fer nErend do thudecht inoenmagin frihóentaid nimacallma im chorus ambescna *ocus* arechtgai. 15

Dochós uadib coPat*r*aic co tudchised dondáil.

Allathe did*iu* retichtain do Pat*r*aic cucu immusnarlasatar fir hEre*nn* etorro monetir.

"Ceist," or Loegaire friu, "cid as andsa (.i. dolgi) lib ropridchastar inclerech dúib?" 20

"Nianse: cáin dilguda," orsiat, "ár ondúair gebas cach duni céill fordilgud dó aneich dogéna di ulc, ni bia commus forfoglaid desin *ocus* genaid (.i. gonfid) [118 a.] cach fer aruile, ár nibá hecal leis asaitbir fair."

"Ceist, did*iu*, cid dogénaid frissin?" or Loegaire. 2

"Cade do airlisiu immi?" olíat.

"ISed arric mo (s)airsc de, masa chomarli libsi .i. formthar asicned fessin ocaind immonní roforcan .i. gontar nech día muint*ir* arabélaib. Mád día loga bemitni fo*r*abreith: mani loga im*morro* nibemní forsindrechtsin." 30

Rosudiged did*iu* acomarli Loegaire *ocus* fer nErend .i. fer (.i. Nuadu Derg dalta Loegairi, isse rosgon) sainredach[3] do guin ind arad bói arbélaib Pat*r*aic ama*l* tísad isindáil. Dorigned iarom samlaid. IArsindi did*iu* robíth infer domuintir Pat*r*aic arabelaib octairléim dó asacarput. Dorecacha Patraic dochum 35
nimi arba hand bói asocraiti. Lasin rogab crith *ocus* talamchumscugud mór insi hEre*nn* *ocus* afiru, *ocus* rolá inslúag bói

---

[1] A portion of this legend was printed, from the MS. H. 3. 18, with a translation by Dr. Petrie, *Tara*, p. 48, and the whole was edited by Mr. Plummer, *Revue Celtique*, vi. 162, from the Lebor na hUidre.

[2] Sic. Read, perhaps, Mantais. See above, p. 454, lines 7-11.

[3] MS. sainrodach.

Loegaire's conversion to the Faith and his tragical death this tale relates.

There was a folkmote of the men of Ireland at Tara in the time of Loegaire, son of Niall. Now it is for this cause that he held that folkmote, concerning the Faith. So when the fulness of the Faith was settled with the men of Ireland, and when Patrick had preached the Gospel to them, [and] Loegaire with his soothsayers was vanquished in miracles and in mighty marvels which Patrick wrought before the men of Ireland, then it was that Loegaire believed and submitted to Patrick's full desire. Then, through Patrick's word, the earth swallowed up Mantais (?) the Soothsayer, so that on his head all the dogs that come to Tara dung.

Proclamation was then made by Loegaire that the choice of the princes of the men of Ireland should come into one place to hold a conference concerning the fitness of their usage and their justice.

A message was sent from them to Patrick that he should come to the meeting.

Now, on the day before Patrick went to them the men of Ireland mutually spake together.

"Question," saith Loegaire to them, "of all that the Cleric hath preached unto you what think you the hardest?"

"Not hard (to answer): the rule of forgiveness," say they. "For from the time that any one shall be convinced of getting forgiveness for whatever of evil he shall do, there will be no restraint over a robber thenceforward, and each man will slay the other, for he will have no fear of his reproach."

"Question, then, what will ye do unto him?" saith Loegaire.

"What is thy advice about it?" say they.

"This is what my art hath arrived at, if it be your counsel, to wit, let his own nature be proven by us as to that which he has preached. Let one of his household be killed before his face. If he forgives we will live according to his decree: if, however, he forgiveth not, we will not live subject to that law."

So then the counsel of Loegaire and of the men of Ireland was settled, namely, that a certain man should slay the charioteer that was before Patrick as he should come into the assembly (Nuadu the Red, Loegaire's fosterson, is he that slew him [1]). Accordingly the man of Patrick's household was slain before his face, as he was leaping out of his chariot. Patrick looked up to heaven, for *there* was his host. Thereat trembling and a great earthquake seized the island of Erin and her men, and over-

---

[1] So in the Book of Leinster, p. 45 b.

Lebor na hUidre, p. 118 a, line 17.

isindáil taracend, *ocus* rosgab crith *ocus* ómun dofulachta, *ocus* doronait márbtís máirb.

Lassin di*diu* slechtais Lóegairo codutrachtach cofo*r*mnu fer nEre*nn* doPatraic.

"Ainmne, ainmne, aPat*raic*!" oldat fir hEre*nn*: "roprid- 5 chais dilgud, tabair dilgud dún."

Tuc iarom Pat*raic* óg ndilguda dóib.

Gabthu*s* iarom Lóegaire ainmchairdine Pat*raic* andsin, *ocus* bennachais Pat*raic* hé *ocus* asíl.

"Tabair, trá," oldat fir hEre*nn* fri Pat*raic*, "comarli dún 10 immonnísea .i. imcangin dilgotha cid dogénam immi. Ar incaingen forsatairisfe ocainni innossa," forsiat, "isfair bías túath *ocus* eclas; *ocus* da*no*," olfir hEre*nn*, "recmáit ales súdigud *ocus* ordugud cach rechta lind, cid inecmais nacaingnisin." 15

"Adénam samlaid," olPat*raic*: "tasfenad cách adán hifiadnaisi fer nEre*nn*."

ISandsin tra tarchomlad cach óes dána inhEri*nn*, cortasfen cách achérd fiad Pat*raic* *ocus* fiad firu hEre*nn*. Rocurit da*no* aforbonna andsin uadib *ocus* rocóraigit inatéchtu.[1] 20

Do Dubthach mac úLugair da*no* roherbad coceirt ambreth iarnabennachad doPat*raic* *ocus* iarsenad agena co tánic rath inSpirta Naim fair. Conid he rotaisfen filidecht *ocus* brethemnas *ocus* recht fer nEre*nn* olchena hifiadnaisi Pat*raic*. Nonbur airegda robói ocond ordugudsin .i. Pat*raic* *ocus* Benén 25 *ocus* Cairnech oeclais .i. tri epscoip. Loegaire mac Neill ri hEre*nn*. *ocus* Dáiri rí Ulad *ocus* Corc mac Lugdech ri Muman natri ríg. Dubthach mac uLugair *ocus* Fergus [p. 118 b.] fili *ocus* Rus mac Tricim sui bérla Féni.

ISed, tra, arrícht occo andsin imdála dilgotha .i. inbibdu *ocus* 30 incintach nachinaid, *ocus* logud da anmain .i. aithrigi dolecun dó, *ocus* cen logud díachurp .i. bás d'immirt fair.

Ro ordaigset da*no* fir hEre*nn* anemthiu andsin .i. cloc *ocus* salm doeclais. Geill dorígaib. Trefochlæ techtæ dofiledaib. Aithgabáil dofennethaib. 35

---

[1] Read *inna techta*.

threw the host that was in the assembly, and trembling seized them and terror intolerable, and they were made as if they were dead men.

Thereat then Loegaire, with the choice of the men of Ireland, eagerly prostrated himself to Patrick.

"Patience, patience, O Patrick!" say the men of Ireland : "thou hast preached forgiveness: grant forgiveness unto us !"

Then Patrick gave them complete forgiveness.

Then Loegaire accepts Patrick's spiritual guidance,[1] and Patrick blessed him and his seed.

"Now," say the men of Ireland to Patrick, "give us counsel concerning this thing, concerning the rule of forgiveness, what shall we do concerning it? For the rule whereon thou shalt abide with us to-day," say they, "laity and clergy will be bound thereby. And moreover," say the men of Ireland, "even in the absence of that rule we need a settling and an ordering of every law that we have."

"Let it be done so," saith Patrick. "Let every one show forth his art in the presence of the men of Ireland."

So then the men of every art in Ireland were gathered together, and each showed forth his crafts before Patrick and before the men of Ireland. So then their evil laws were cast forth from them,[2] and the proper ones were arranged.

Unto Dubthach Maccu Lugair, then, was entrusted the correction of their judgments, after he had been blessed by Patrick, and after his mouth had been hallowed so that the grace of the Holy Ghost came upon him. So he it was that set forth the poetry and judicial decisions and law of the men of Ireland besides in Patrick's presence. Nine eminent persons were engaged in that arrangement, to wit, of the Church, Patrick and Benén and Cairnech ; that is, three bishops : Loegaire, son of Niall, King of Ireland, and Dáire, King of Ulster, and Corc, son of Lugaid, King of Munster, the three kings : Dubthach Maccu-Lugair and Fergus the Poet, and Ros son of Trichem, a sage in the language of the Féni.

This, then, was the conclusion come to by him there concerning forgiveness, to wit, the guilty man and the criminal for his crime, and forgiveness to his soul : that is, to leave him repentance and not to forgive his body, that is, to inflict death upon it.

So the men of Ireland ordered their privileges there, to wit, bell and psalm to the Church ; hostages to kings ; lawful *trefocla* to poets ; reprisal to champions.

---

[1] lit. soulfriendship. | [2] Compare Acts xix. 19.

Lebor na hUidre, p. 118 b, line 12.

Nithabairthe, tra, cotanic Pátraic erlabra acht dotríar .i. fer comcni *cum*nech diambad éol fresneis *ocus* aisnéis *ocus* scélugud: fer cerda frimolad *ocus* áir: brithem fribrithemnas arroscadaib *ocus* fasaigib. Othánic Patr*aic* im*morro* isfo mám*mus* atát nahíseo .i. dofir inb*er*lai buain .i. inna canoni náimi. 5

Bói Loegaire tricha mblia*dan* iarsin irrigi hE*renn* hicomling friPatr*aic*, *ocus* bá doréir Patr*aic* chena bóiseom.

Luid iarom Loeg*aire* slogad coLaigniu dochuincid naboromi foraib. Rothinolset Lagin *ocus* doratsat cath dó, *ocus* maiti for Loegaire incath .i. cath Atha Dara. Rogabad Loeg*aire* 10 sinchath, *ocus* dobretha ratha friLaigniu .i. grían *ocus* esca, usci *ocus* aer, lá *ocus* adaig, muir *ocus* tír, conna íarfad inmboromi céin bad béo. Roleced ass iarom.

ISed, tra, rotairgired doLoegaire combad eter Erind *ocus* Albain fogebad aaidid, conid desin nadeochaid sium muir- 15 choblach riam. Luid, tra, Loeg*aire* doridisi slogad már coLaigniu dosaigid naboromi faraib. Ní thuc im*morro* aratha dioid. Oranic iarom Grellaig ndaphil for*tǽ*b Chassi immaig Lipbi eter nadá cnoc .i. Eriu *ocus* Albu ananmand atbath andsin ógréin *ocus* ogaith *ocus* ona ráthaib archena, arulǽmthe 20 tudecht tairsiu isind amsirsin; conid desin asbe*rt* in fili.

Atbath Loégaire mac Neill
for*tǽ*b Chassi glas atir:
duli De adroegaid raith,
tucsat dal báis forsin ríg. 25
Incath in Ath[1] Dara déin
irragbad Loegaire mac Neill
násad fír nandúla De
iss*ed* romarb Loegaire.

Tucad da*no* corp Loeg*airi* anes iartain, *ocus* rohadnacht con- 30 armgasciud isinchlud imechtrach airtherdesc*er*tach rigratha Loeg*airi* hiTemraig hé, *ocus* aaiged fades f*or*Laigniu occathugud friu, arropo námasom nabíu doLaignib. Bási da*no* ráith Loeg*aire* tech Midchúarta intansin, *ocus* isairi conaitechsom a adnacul and. 35

---

[1] Facs. iniath.

Till Patrick came, the right to speak in public[1] was not given save to three, namely, an historian with a good memory, skilled in answer and declaration and narrative: a poet[2] for eulogy and satire: a judge for judgment on maxims and precedents. But since Patrick came these are under subjection, namely, to the man of the Lasting Language, to wit, of the holy Canon.[3]

Loegaire was thereafter thirty years in the realm of Ireland in conflict with Patrick, and nevertheless he did Patrick's will.

Then Loegaire went on a hosting to Leinster to demand the tribute of them. The Leinstermen gathered together and gave battle to him, and the battle was broken on Loegaire,[4] even the battle of Áth Dara. Loegaire was taken in the battle, and sureties were given to the Leinstermen, to wit, Sun and Moon, Water and Air, Day and Night, Sea and Land, that he would not demand the tribute so long as he should be alive. He was then let go forth.

Now this had been prophesied unto Loegaire, that between Eriu and Albu he would find his death. Wherefore he never went on a sea-expedition. Now Loegaire went on a great hosting to Leinster to seek the tribute from them. But he gave no heed to his sureties. So when he reached Grellach Daphil, beside Casse in the plain of Liffey, between the two hills named Eriu and Albu, there he died of Sun and of Wind and of the other sureties, for no one durst pass over them at that time. Wherefore of that said the poet:—

> Loegaire son of Niall died
> Beside Casse, green the land.
> God's elements which he had adjured as guarantee
> Gave a doom of death on the King.
> (It was) the fight in the ford of swift Dair
> Wherein Loegaire son of Niall was taken.
> The true sanction of God's elements
> Is that which killed Loegaire.

Now afterwards Loegaire's body was brought from the south, and he was buried with shield and spear in the outer south-easterly dyke of Loegaire's royal stronghold in Tara, and his face was to the south towards the Leinstermen, fighting against them, for all his life he had been a foe to Leinster. Now this was then Loegaire's stronghold, the House of Mid-Court. And therefore he asked to be buried there.[5]

---

[1] lit. utterance.
[2] lit. 'a man of a craft.'
[3] i.e., probably the canonical books of the N. T. See *Ancient Laws of Ireland*, i. pp. 16, 18.
[4] i.e., he was routed in the battle.
[5] See Petrie, *Tara*, pp. 113, 123.

XXVIII. Extracts from Cormac's Glossary.
(Lebar Brecc, p. 264, col. 1.)

Babloir .i. ainm don Partaic (sic).[1]

[col. 2.] Cruimthir .i. gædelg indi as presbiter præter did*iu*
a chombrec side pr*ém* iarum isin combreic as cruimm in[2]- 5
gædilg, *ocus* nitinntúd coir did*iu* donni as presbiter inni as
crumth*ir*: as tinntúd im*morro* cóir did*iu* donni as premt*er*. Na[3]
Bretain, tra, bata*r* hí comitecht Patraic icon precept hite rothinntaiset,[4] *ocus* isí anní is pr*imter* rothinntaiset,[4] *ocus* is
fæi iarom latharsat[5] légnide namBretan innísin .i. ama*il* is 10
lómm in chruim síc débet prespiterum. bess is lómm[6] ho
pheccad *ocus* bes n-imnocht o dhoman *ocus* araile, secundum
eum qui dixit 'Ego sum uermis,'[7] et reliqua.

[p. 267, col. 2.] Grasticum[8] .i. graziacum .i. altugud buide
Pa*t*raic, quod Scoti corrupte dicunt. Sic hautem dici debet 15
.i. graziagum do duiu[9] .i. gratias Dei agemus.[10]

(Laud 610, fol. 79 a.)

IMbas forosnai .i. do*f*uarascaib sechiret[11] bas maith lasin
filid *ocus* bas adlacc do[12] do *f*aillsuigud. Is amlaid did*iu* do-
gníther ón .i. concná in fili mír do charnu dirg muice no 20
chon no caitt, *ocus* dabir iarum for licc iar cul na comlad,
ocus décai[n][13] dichetal fair, *ocus* atopair[14] do deib idol, *ocus*
cotagair do, *ocus* nifargaib[15] iarum arnabarach, *ocus* dicain
iarum for a da[16] bais, *ocus* congair dano[17] idol chuici arna
tarmescatar a chotluth, *ocus* dobeir a da[16] bois ima da leccoin, 25
ocus contuili, *ocus* bithir oca horairi[16] arnach n-imprá[19] *ocus*
connach tarmesca nech, *ocus* do adbenar do iarum ani aridm-
bói cocend nomaithe no adó no atri, fut [no] gardi, cot-
meissed[20] occond audbairt; et ideo imbas dicitur .i. bas disiu
ocus bass anall [ima agaid no] ima cenn. Atrarpi[21] Patraicc 30
anísein *ocus* a tenm-laida, *ocus* fortrorgell [a briathar] napa[d]

---

[1] ainm do Patraic, B. (*i.e.*)
[2] isin, B. (H. 2, 16).
[3] In, B.
[4] dorintaiset, B.
[5] is fair iarom rolaset, B.
[6] bas lomm, B.
[7] Ps. xxii. 6.
[8] Grazagum, B.
[9] grassaigum n, L B.; grassaigim do duiu, B.
[10] gratias deo, B.
[11] secip ret, B.
[12] dó, B.
[13] dichain, B.
[14] adodpair, B.
[15] fagaib, B.
[16] di, B.
[17] deo, B.
[18] foraire, B.
[19] n-imparræ, B.
[20] fut nguir comessad, B.
[21] Atrorbe, B.

Babloir, i.e., a name for Patrick.

Cruimthir, i.e., the Gaelic of *presbyter : premter*, then, is its Welsh. Now, *prem* in the Welsh is *cruimm* in the Gaelic; and *cruimthir* is not a proper turning of *presbyter*. It is, however, a proper turning of *premter*. Now the Britons, who were along with Patrick at the preaching, it is they that turned it, and it is *premter* which they turned; and it is thus, then, that the leaders of the Britons explained that, to wit, as the *cruim* (worm) is bare, so ought the presbyter to be, the presbyter who is bare of sin and naked of the world, etc., according to him who said, 'I am a worm (and no man).'

Gratsagam, that is, Patrick's expression of thanks, which the Irish utter incorrectly. It should be uttered thus: *gratsagam do duiu*, that is, 'gratias Deo agamus.'

Imbass forosnai (' knowledge that enlightens '), i.e., it discovers everything that the poet wishes and which he desires to manifest. Thus, then, is this done, namely, the poet chews a bit of the red flesh of a pig or a hound or a cat, and puts it then on a flagstone behind the valve, and sings an incantation upon it, and offers it to idol-gods and calls them to him, and leaves them not on the morrow; and chants, then, over his two palms, and calls idol-gods to him that they should not disturb his sleep; and puts his two palms round his two cheeks, and falls asleep. And men are watching him so that no one may overturn him or disturb him. And so that on which he was (engaged) is shown unto him to the end of a *nomad* or two or three, for the long time or the short time that he was judged (to be) at the offering. And therefore is it called *Imbas*, i.e., a palm (*bas*) from this side and a palm from that, round his face or round his head. Patrick abolished that, and the *teinm-láida* (illumination of song ?)[1]; and he bare witness that whosoever should perform them should

---

[1] See *Ancient Laws of Ireland*, I. 44.

APPENDIX.

Laud 610, fol. 79 a. nime na talman nachoen dodngena, ar is diultud bathiss [col. 2.] Dichetal dochendaib immorro [i]corus cherdæ foracbad son, ar is soas fotera son, *ocus* ni hecen audpairt do demnaib occu, acht aisness dichendaib a chname fochetoir.

fol. 79 b. Modebroth, olPatraicc, quod Scoti corrupte dicunt. Sic 5 autem dici debet .i. muin duiu braut: a muin *didiu* is meus. an-duiu is deus: am-braut is iudex.

fol. 83 a, 3. Mugeme ainm in cetna oirc[i] cetarabe in hEre .i. Coirpri Musc ceta tucside in-Ere a tirib Bretan. Ar intan ropu mor cumachta nanGoedel forBretnaib,[1] rorannsat Albain eturru 10 iferanna, *ocus* rofitir cach durais dia charait leo, *ocus* nibu lugu notrebtais Goedelo fri muir anair quam in Scotia, *ocus* doronta an-airusa[2] *ocus* a rigdúine and. Inde Dind Tradui .i. Dun Tradui .i. tre-due Crimthain Moir maic Fidaig .i. rí hEirenn *ocus* Alban co muir nIcht et inde est Glassdimber 15 .i. cell *for* brú mara hIcht. Issed aruis insin ir-robai Glass mac Caiss muicid righ Hirhuaithi occ mucaib *for* mess, *ocus* is he insin dodersaig[3] Patraicc iartain .i. se fichit bliadnæ iarn[a] guin do fiannaib Maic Con, *ocus* is dind raind sin beos ata Dind mapLetani[4] hi tírib Bretan Corn .i. Dun maic 20 Liathan [ar is mac indni is map is in Bretnus, B.]. Sic rorann cach cenel disiu, arrobói a chutrumu allæ anair; *ocus* robatar fon chumachtu sin co ciana cid iar tichtain Patraicc.

Noes [Nos, B.] .i. fess nónbair .i. tri rig *ocus* tri epscoip *ocus* tri suid .i. súi filidechta *ocus* súi litre *ocus* súi bélrai 25 Fene. Robatar huili oc denam intSenchasa [Máir. Inde dicitur:

Lægaire, Corc, Dáire dúr,
Patraic, Beneoin, Cairnech coir,
Ross, Dubthach, Fergus cofheib, 30
.ix sailge sin Senchais Moir.][5]

Pátraicc a patricio: patricius autem qui ad latus regis sedet.[6]

---

[1] Laud 610 inserts *ocus*.
[2] airlisi, B.
[3] rodersaig, B.
[4] maplethain, B.
[5] The passage in brackets (not found in Laud 610) is here printed from the Lebar Brecc, p. 269 b. It is also in B.
[6] In L. B. 270 b. this article runs thus: Patraic a patricio .i. pater ciuium. Aliter, patricius hautem qui ad latus regis sedet (uel residet). The former explanation seems suggested by Isidorus (ed. Lindemann, p. 298): Patricii inde uocati sunt, pro eo quod sicut patres filiis, ita provideant reipublicae.

neither be of heaven nor of earth, for it is a denial of baptism. *Dichetal dochennaib*, 'extempore recital,' in the law of art, this was left, for it is science that causes it, and offering to devils is not needful at it, but a declaration from the ends of his bones (fingers?) at once.

Mo-de-broth, saith Patrick, which the Scots pronounce corruptly. But it should be pronounced thus: *muin Duiu braut*. The *muin*, then, is 'my,' the *duiu* is 'God,' the *braut* is 'judge.'

Mug-éme, the name of the first lapdog that abode in Ireland. Cairbre Musc, he first brought it into Ireland out of the lands of the Britons. For when great was the might of the Gael over Britain, they divided Albion among them into territories, and each of them knew the house of his friend, and not less did the Gael reside to the east of the sea than in Ireland. And their homes and their royal strongholds were built there. Thence is Dinn Tradui, i.e., Dún Tradui, that is, 'three ramparts,' of Crimthan the Great, son of Fidach, even the King of Ireland and of Albion as far as the Ictian sea. And thence is Glastonbury [of the Gael], i.e., a church on the brink of the Ictian sea. That is the abode wherein dwelt Glass the son of Cass, the swineherd of the King of Iruath, with his swine a-feeding, and he it is whom Patrick brought to life afterwards, that is, six score years after he had been slain by Mac Con's champions. And in that part, moreover, stands Dinn map Letan, in the lands of the Cornish Britons, that is, Dún maic Liathain, for *mac* is the same as *map* in the British. Thus did every tribe divide on this side, for it had its equivalent there, on the east; and they abode in that might for a long time, even after Patrick's arrival.

Nós ('customary law'), the knowledge of nine, to wit, three kings and three bishops and three sages, namely, a sage of poetry, and a sage of literature, and a sage of the language of the Féni. All these were composing the Senchas Mór. Thence is said:—

> Loiguire, Corc, dour Daire,
> Patrick, Benén, just Cairnech,
> Ross, Dubthach, Fergus with goodness,
> Nine props, those, of the *Senchas Mór*.

Patrick, from *Patricius*. Now, Patricius means one who sits by a king's side.

XXIX. Extracts from Tigernach's Annals.

(Rawl. B. 448, fol. 6 b. 1.)

K. ui.- Constantinus a ducibus Constantis[1] fratris sui in bello occisus est.

PATRICIUS NUNC NATUS EST.

K. uii. Constans arianus effectus, Catholicos toto orbe persequitur.

fol. 6 b. 2. K. iiii. K. ui. K. uii. Reliquie Timothei Apos*toli* Constantinopoli inuecte sunt.

K. i. K. ii. K. iiii. Muiredhach Tireach domarbad la Cælbadh mac Cruind-badbraidh, la rí nUl*ad*, iPort Rig os Dabull.

K. u. Eoch*u* Muigmedon mac Muiredhaig Tirigh regnauit annis uiii. Ceithri m*ei*c Moinginde *ingine* Fidhaigh, Ail*b*ll, Brian, Fiacra, Feargus.

    Niall Mór mac na Saxchi,
    Cairne a hainm feib rus cenglos,
    mac Each*ach* Muidmedhoin:
    induib deroil roderb*us* ?

PATRICIUS CAPTIU[U]s in Hiberniam ductus est.

K. ui. Constantino[poli] ingressio ossuum Andria apostoli et Luce euangeliste. A Constantinopolitanis miro furore suscepta sunt.

fol. 7 a. 1. Quies sancti Cinnnaini Daim-liag. Is do tug Patraic a shoiscela.

. . . . .

PATRICIUS ARCHIEPISCOPUS ET APOSTOLUS Hibernensium anno etatis sue centisimo uigessimo .xui. die kl. Aprilis quieuit.

    O genemain Cri*st*, ceim ait,
    .cccc. for cæmnochaid,
    teora bl*iadna* sæ*r* iarsoin
    cobass Patraic primapstail.

. . . . .

fol. 7 a. 2. Quies Earc esc*u*ip Slaine .xc. anno etatis sue, de quo Patricius ait:

    Escop [Erc],
    cachní condernadh ba c*er*t:
    cachacn beres cocair c*er*t
    f*or*tbeir bend*ach*t eascop Earc.

---

[1] MS. constantini.

Constantine was slain in battle by the generals of his brother Constans.

Now was Patrick born.

Constans having become an Arian persecutes the Catholics in all the world.

The remains of the Apostle Timothy were carried to Constantinople.

Muiredach Tirech was killed by Coelbad son of Crond-badrai, the King of Ulster, in Port Ríg over Daball.

Eochu Muigmedon, son of Muiredach Tirech, reigned eight years. Four sons of Mong-find daughter of Fidach, Ailill, Brian, Fiachra, Fergus.

> Niáll the Great, son of the Saxon woman,
> (Cairne her name as I have collected it),
> son of Echu Muigmedon:
> is what I have certified trifling to you?

Patrick was brought a captive into Ireland.

The entrance into Constantinople of the bones of the Apostle Andrew and the evangelist Luke. They were received by the people of Constantinople with wonderful frenzy.

The resting of Saint Ciannan of Duleek. To him it is that Patrick gave his gospels.

Patrick, Archbishop and Apostle of the Irish, rested in the hundred and twentieth year of his age, on the 17th day of March.

> From Christ's Nativity, a joyful step,
> Four hundred upon dear ninety,
> Three noble years after that,
> To the death of Patrick the chief apostle.

The resting of Erc, bishop of Slane, in the ninetieth year of his age: of whom Patrick saith:

> Bishop Erc,
> Everything that he did was just,
> Every one that delivers (judgment) properly, justly,
> Bishop Erc's blessing increases him.

XXX. List of S. Patrick's Household.

(Lebar Brecc, p. 220, col. 2, line 52.)

Bahiatso in xxiiii. batar inurd la Pat*rai*c .i.
Sechnall a ep*sco*p.
Mochta a sacard.   5
Ep*sco*p Erc abrethem, ut dixit [poeta:].

    Ep*sco*p Erc,
    cach ní *con*certad ba cert.
    cac*h* æn bereas [coi]cert c[e]irt
    fotreith bendacht epsc*ui*p E[i]rc.[1]   10

Ep*sco*p m*acc* Carthaind athren*f*er.
Benen a salmchetlaid.
Coeman Cille Riada am*acc*æm.
Sinell o Chill Aires a aist*ir*e.   15
Athgein Bothi Domnaig achoig.
Cruimthir Mescan oDómnach Mescan achirbsire.
Crumth*i*r Béscna ho Dómnach Dúla a sacart méssi.
Crumth*i*r Catán ocu*s* crumthir Bróccan adífoss.
Crumth*i*r Catán .i. oThaml*ach*tu Arda.
A t*ri* gobaind .i. M*acc* cecht ó Dómnach Armoin ocu*s* Loe- 20
bán ocu*s* Fortchern hó Ráith Sheímne.
A t*ri* cerda .i. Essu ocu*s* Bite ocu*s* Tasach.
[p. 220, col. 3.] A t*ri* druinecha .i. Lupait ocu*s* Erc ingen
Dáire ocu*s* Cramthiris.
Cruimth*i*r Manach af*er* denma *con*naid.   25
Roddan abuachail.

This list is translated supra pp. 265, 267, with the exception of the quatrain, which may be thus rendered:—

    Bishop Erc,
    Whatever he used to adjudge was just.   30
    Everyone who passes a just judgment
    Bishop Erc's blessing succours him.

---

[1] The MS. adds *fair* " on him."

INDEXES.

I.—INDEX RERUM.

II.—INDEX OF BOOKS AND MANUSCRIPTS.

III.—INDEX OF NAMES.

IV.—INDEX OF PLACES AND TRIBES.

V.—INDEX OF IRISH WORDS.

VI.—INDEX OF HIBERNO-LATIN WORDS.

I.—INDEX RERUM.

A.

Abbot, 30, 346.
Acharita, 560.
Adulterers to be punished, 507.
Adzehead (*táilchenn*, ascicipiut), 34, 164, 220.
Ague, 160.
Air as surety, 567; ships seen in, 521.
Airchinnech (princeps, comes), 30, 214, 250.
Ale (*cuirm*), 121, 237; (*lind*), 459.
Alehouse, xxxviii.
Alliteration, 295, lines 5, 6.
All Saints day, xxx.
Alms not to be taken from persecutors, 376, l. 25; of excommunicated clerk, 508.
Alphabet, 138, 190, 328; written by Patrick, 110, 112, 322; of Piety, xvii.
Alphabetical order, hymn in, 382, 401.
Alphabets (*abgatoria*), 304, 500, l. 9, 552, l. 5.
Altar in east of church, 34; of stone, 94, 310, 313; portable stone, 447, 466.
Altar-cloths, 146, 252.
Altars, 96; made by a coppersmith, 313.
Ambushes, 47, 381, 457, 459.
Amphitheatre, 296, l. 8.
Anchorite, 337, l. 25; anchorites of the church, 354, l. 10.
Angel, 14, 18, 226, 300, 346, 352, 510; of the Hebrews, 414; of the Scottic race, 414.
Angelic radiance, 254.
Angels, 497; obedience of, 48; bring Trea's veil from heaven, 168; nine ranks of, 258; chanting at mass, 396; quiring over Patrick's body, 487.
Anklets, 321.
Antiphone (antifana), 303.
Apocalypse (*abcolips*), 389, 406.

Apocrypha cited, 358, 359, 376, 378.
Apostates, 375, l. 26, 379, l. 7.
Apostle to the Gentiles, 386.
Apostles, Light with Beginning, 6; preaching of, 48.
Apostleship of Patrick, 386, l. 11.
Apostolic seat, 272, 496; questions referred to, 356, 506.
Apple-tree, 232.
Archangels, service of, 48.
Archbishop, 353, 444, 511, 529.
Archbishopric, 510.
Archdeacon (*uasaldechon*), 30, 104, 272.
Archipresbyter (*uasalsacart*), 8, 94, 98, 433, 444.
Armagh, jurisdiction of see of, 234.
Armour, See *Burial*.
Artisans, Patrick's three, 266.
Artist (*fer cerda*), 565.
Aruspices, 273, 278.
Ascent to heaven, of Christ, 48; of Patrick and the other Patrick, 410.
Ashes, wizard reduced to dust and, 457.
Assembly (*óinach*, agon), 307. See *Synod*.
Assembly-house, 60.
Assyrian captivity, 4.
Augurs, 42.
Avarice, a *crimen mortale*, 377, l. 6.
Axe, 136.
Axles, 281.

B.

Bachall Ísu, 91, 237, 421, 425, 445, 447, 455, 475.
Banishment, 342.
Banqueting, 314, 378; banqueting-house, 557.
Baptism, 8, 30, 36, 86, 102, 110, 122, 134, 140, 174, 316, 318, 327, 361, 368, 392, 406, 432; of Christ, 48; of a twelfth of Ireland, 82. See *Chrism*.

Baptismal service, 308; water, 325, 327.
Bardism, 190.
Barn (*saball*, horreum), 36, 38.
Battle of Clontarf, 522, l. 33; of Stamford Bridge, 525, 540.
Beard, shearing of, 402.
Beds, xxii.
Beetle, 242.
Belfries, 35.
Bell, 120, 170, 190, 204 565; given to Fiacc, 345; Patrick's, 114, 121, 129, 171, 477, 479; of iron, 248.
Bells, 146, 250, 300.
Bell-ringer, 264.
Bélre Féne, 565.
Bequest (*aidacht*), 68, 346, (cxagallias) 361.
Bier, 220, 482.
Birch, 248.
Birds, 114, 500; angels in shape of white, 477; devils in shape of black, 475; devouring body, 374; Victor in shape of, 415.
Birth. See *Flagstone*.
Bishop, 188, 190, 322, 344, 402; consecration of, 182; 'bishop in Ireland,' 375, ll. 11, 12; chief bishop (*ardepscop*), 404.
Bishops brought by Patrick to Ireland, 303; ordained by Patrick, 304, 500; pre-Patrician, 329.
Black-mail paid by Patrick, 410, l. 4.
Blasphemy, xx; of the Virgin, 36; of the Trinity, 44.
Blessing, 32, 36, 52, 70, 106, 138, 164, 184, 206, 210, 216, 471, 479, 481; of child in womb, 86, 224; of valour, 154, 480; of well, 162; out of two hands, 236; a father's, 326, l. 30; a bishop's, 328, l. 29.
Blind healed, 132, 258, 484, 500.
Blood, 72; of Christ, 337.
Boar, 346.
Boat (*ethar*), 88; (*curach*), 455.
Bog-islands, 212.
Bolster (*frithadart*), 408.
Bones of saints, 311, 314, 317, 326, 332.

Books, 30, 56, 210, 421, 460, 475; box of, 557; of Palladius, 447; about S. Patrick, 127, 356; carried in girdles, 74; of ritual, 104, 170; of the Gospel, 300; of the Law, 300, 326.
Book-covers, 96, 313.
Bracelets, 321.
Brahmans, xxxi.
Brake, miraculous, 78.
Brass, idols covered with, 90.
Brazier, 313.
Bread, 376; from heaven, 388.
Bread and water penance, 508.
Breifnech Pátric, 74.
Brethren in Gaul, 370, l. 12.
Brewer, 264.
Bridal, 441.
British tongue, 334, l. 27; words, 413, 571.
Brooch (*graif*), 92.
Broom out of Fanait, Note on, xxxvii.
Burial, 105, 182, 236, 317, 323; deprivation of, 374; in armour, 74, 308, 567; of Christ, 48; of Patrick, 252.
Burial ground (*reilec*), xxxvi.
Burning, 50.
Burnt-paps, 532.
Butt of wine, 512, l. 26.
Butter, xxii, 248, 399.
Byre (*buaile*), 437.

C.

Cairn, 160.
Cake (*bairgen*), 243.
Calendar, extract from Carlsruhe, 502; of Óengus cited, 503 to 506.
Candle, xxii, 53.
Candlemas, xxx.
Candlestick, 387.
Cannibalism, 518, l. 22.
Canon,(the canonical scriptures?) 406, 567.
Canons, 506.
Canticles, 484.
Captives, 374, l. 8; redeemed by Patrick, 388; ransom of, 508; indigent, 508.
Captivity of Patrick's countrymen, 357; of the Jews, 530.

Car, 252.
Cardinal, 527.
Carousing (*fledól*), 52.
Case (*tiach*), 84 ; (*cumtach*), 424.
Cat, chewing flesh of, 569.
Catholic Faith, 45, 275, 281, 507, l. 33 ; doctrine, 389.
Cauldron (*coire*, cacabus), 22, 230, 416, 472 ; of hospitality, xxxvii, xliv.
Cave, 27, 242.
Cemetery (*relic*), xxxvi, 397 (*rúaim*).
Cenn crúaich, 90 = Cromm crusich. See Todd, S. P., 128.
Conobites, 353, l. 27.
Chaff, 387.
Chains, 368.
Chalices, 108, 146, 250, 300 ; of glass, 94.
Chamberlain, 264.
Champion (*trénfer*), 264 ; reprisal to champions (*fennethaib*), 565.
Chanting (*classchetul*), 232, 475 ; of angels, 397, 410.
Chapel (*nemed*), 241.
Chaplain, 264.
Chariot, 42, 76, 130, 166, 194, 220, 238, 248, 325 ; driven over Lupait, 234 ; over Sechnall, 395 ; ordered to be driven over Olcán, 166.
Chariots, nine, 280 ; swallowed up, 242, 394.
Charioteer, 92, 120, 218, 266, 311, 563.
Chariot-horses, 244.
Charity, 244, 382, 395, 397.
Chastity, 370, l. 23 ; of Patrick, 387.
Chasuble (*cassal*), 56, 108, 246, 274, 306, 384 ; *brat tollchend*, 34.
Cheeses of curd, 183, 246.
Cherubin (*hiruphin*), 48.
Chieftains (reguli), 269, l. 22.
Chrism of neophytes, 375.
Christ 'Light without Beginning,' 6 ; the sun, 374 ; the 'angels' King,' 408 ; macc Maire, 410 ; overking of seven heavens, 118.
Christianity in Ireland, traces of pre-Patrician, 313, l. 5, 322, l. 19, 325, l. 11, 329, l. 7.

Church, earthen, 317 ; square earthen, 327 ; built on Patrick, 386 ; judges and judgments of the, 507 ; to be defended, 507 ; bell and psalm to, 564.
Churches given to Patrick, 192 ; orientation of, 292 ; founded by Patrick, 500.
City (*cathair*) = monastic community.
Clerics ordained, 372, l. 11 ; not to be slain, 504.
Cloak of darkness (*dícheltair*), 46.
Cloisters (*congbala*), founding of, 80 236.
Clot of gore, child formed of, 207.
Coffin, 323.
Coheirs with Christ, 374, l. 16.
Coins. See *Money*.
Colic, 228.
Cold water, standing in, 484, 497.
Colonia. See *Decurio*.
Columns, fiery, 523.
Comarba (haeres), 334. See *Successors*.
Comet ('hairy star'), 525.
Commandments of God, 357.
Commendation, 335, 337.
Communion (sacrificium), 62, 410.
Concubine (*banchara*), 86.
Confession, xix ; of Patrick, 358, 365.
Confessors, faith of, 48.
Confirmation (consummatio), 368, note 2, 372, l. 19, 484, l. 13, 551.
Confusion of tongues, 531.
Consanguinity, 68.
Conscience, 366.
Consecration of Patrick, 510 ; of site of church, 230.
Consolation of Patrick, 358.
Convention (*mórdál*) of Druim Ceta, 515.
Conversion of the Irish, 62, 510.
Convert, first, in Ireland, 32, 504 ; in Ulster, 36 ; at Tara, 52.
Cook, 264.
Copper, 230 ; cauldron of, 291.
Coppersmith, 95.
Coracle, 222.
Corn, 186, 468.
Corslet (*luirech*), xxxi, 400.
Cottage (tegoriolum), 362.
Couch (*lebaid*), 54.

o o 2

Councillors to be wise and sober old men, 507.
Country to be defended, 507.
Cow, offering of, 80; killed for Patrick, 186; division of, 188; brings forth four calves, 517.
Cows, 436; mad, 12.
Cow-herd, 266.
Cowl, Patrick's, 82; Sechnall's, 385, 398.
Crannogs, 213.
Creation by the Son, 358.
Credence-table, 40, 86, 190, 250, 453; given to Fíacc, 345.
Creed of Saint Patrick, 358.
Crime, deadly, 377, l. 6.
Cromm cruaich, 90 n.
Cross, 72, 325, 326; sign of, 12, 76, 110, 124, 277, 293, 324, 325, 450, 484; placed on grave, 294; marked on stones, 78, 136; well in form of, 8; carried by Arthur at Badon, 501.
Crown-prince (*rígdamna*), 60, 218.
Crozier, 34, 40, 82, 190, 196, 345, 453, 468; pointed end of, 90.
Crucifixion, 48, 555.
Cubit, 298, l. 15.
Culdee (*céle Dé*), 198.
Cumal (ancella), 355; of silver, 340.
Cup (*ardig*), 54; spiritual, 388.
Curd, 399.
Curse, 78, 188, 310.
Cursing Nathi, 32; Derglam, 110; Inverdomnon and Inver Ainge, 34; Lugaid, 60; sons of Erc, 108; river, 70, 146, 328; water, 142; weakening the malediction, 144; with left hand, 182, 326.
Custom (*nós*), 571.
Cycle, Patrick's, 483.

D.

Damaisc thíre, 132.
Darkness, 56, 284, 460; caused by wizards, 93, 312.
Daughters of God, 315, l. 17; of chieftains, 369; of king of Lombards, 233.
Day as surety, 567.

Deacon, 8, 357, 365, l. 12. See *Archdeacon*, *Subdeacon*.
Deacons brought by Patrick to Ireland, 303.
Dead raised, 62, 122, 180, 216, 408, 500.
Dead man speaking, 294.
Deaf, 258; cured, 484, 500.
Death, son of, 221; shadow, 3, 7; voluntary, 316.
Debts, 212; recovered by fasting, 560.
Decollation, 174.
Decurio, Patrick's father a, 377, l. 20.
Dedication (immolatio), 317, l. 19; 335, l. 2; of son to Patrick, 301, l. 5.
Deer, Patrick and his eight companions in shape of, 459; their cry (*Fáed Fiada*), 46.
Dei terreni, 315, l. 7.
Demon, 12, 50.
Deorum traditio, 280.
Derg-derc, name of a credence-table, 87.
Desert, 362.
Deserters (dissertores), 311, l. 31.
Devil, 32, 39, 276; (*cisel*), 408.
Devils, black cloud of, 246; invoked, 284 banished from Ireland, 477; cast out, 484, 500; defence against, 381; offerings to, 568, 570.
Dharna, sitting, 560.
Diligence of Patrick, 387.
Diocese, monastic, 333.
Disciple (alumpnus), 335, l. 26; female, 178.
Dispersion of Jews, 357, note.
Divination, 507, l. 29.
Divine oracles, 388, l. 19.
Diviner (aruspex), punishment for consulting, 508.
Doe, 230, 346.
Dogs fed on swine, 363; tearing body, 374; dunging on grave, 583.
Domnach-airgit, 176.
Donaide Matha, 86.
Doomsday, 30, 74, 308, 316, 406, 410, 426, 511; Ireland to be flooded seven years before, 116, 118; vespers of, 220.
Doorkeepers, 128.
Dough, 459.
Dragon, not in Paradise or Ireland, xxx.
Dream, 361. See *Vision*.

INDEX RERUM. 581

Drowning, 50; maidens in sea, 224.
Druid. See *Wizard*.
Drunkenness, 136.
Duel, xxxv, 320.
Dumb, curing the, 484.
Dwarf, 164.
Dynasts (potentes), 210.

E.

Ear, God's, 50.
Earth, 50; swallows up wizard, 37, 131, 453, 562; chariots and riders, 395; jugglers, 205; twelve idols, 93.
Earthquake, 46, 457.
East, 186.
Easter, 40, 479.
Ecclesiastical offspring, 336; orders, see *Bishops, Deacons, Exorcists, Presbyters, Priest, Subdeacon, Usher.*
Eclipse of the sun, 46.
Elders (seniores) impeach Patrick, 365.
Eldertree, 334.
Elements as sureties, 567.
Elements (i.e., letters), written by Patrick, 308, 320, 326, 327.
Elerán's testimony to Patrick, 551.
Elm, 84, 110, 557.
Elves (*fir síde*), 100, 409.
Embassage, God's, 373.
Embroideresses (*druinecha*), 562; Patrick's three, 266.
Enchanters (*tinchitlidi*), 32.
Enclosure (*less*), 236, l. 21.
Epistle, 226.
Estuaries (*inbera*), blessed, 480.
Ettech Mochae, 40.
Eucharist, 316, 511. See *Communion*.
Eucharistic offering, 511.
Eulogy, 393, 565.
Evangelist, 2.
Exchange, 76.
Excommunication, 355, 376, 508.
Exhortation, 368.
Exile, 16, 168.
Exorcists, 303, 305.
Eye, God's, 50.

F.

Fáed Fiada, 48.
Fair, 242.
Faithful, the, 357.
Faithfulness of Patrick, 386, l. 21.
Falsehood, 96.
Famine, 519.
Fasting, 23, 260, 262, 312, 333, 406, 440; forty days, 114, 475, 500; upon a person, 218, 418, 556, 560.
Father and son, 358.
Fawn, 230; carried by Patrick, 292.
Feast, 202; of Tara, 40, 52.
Fees to kings, 372.
Feet as measurement, 70, 307; traces of, in stone, xlviii, 90; washed with hair and tears, 144.
Fellow-citizens of Patrick, 375, l. 23.
Fence, 212.
Fern-burning, 166.
Fetter, 288; of iron, 372, l. 26; fetter-key, 288.
Fides Christi Catholica, 275.
Fiery columns, 522, l. 16.
Fifth part, 389.
Fifty bells, chalices, altar cloths, 146.
Findfáidech (fair-voiced), 266.
Finger, indicating site with, 311, 318; hallowing a place with, 326.
Fingers shining like lamps, 295; divination from tips of, 571.
Fire, 48; paschal, 40; of Tara, 42, 279, 454; blessed, 306; from heaven, 130, 134; of grace, 385; from Patrick's tomb, 298; in chasuble, 90; worshipped, 284; angel calling out of, 408; suicide by, 451; symbol of faith in the Trinity, xlviii.
Fire-god, 56, 461.
Firewood, 14, 439.
Firewood-man, Patrick's, 266.
Firkins (metritae), 291, l. 12.
Fish, 26, 35, 37, 143, 147, 149, 161, 211, 251, 307, 328, 448.
Fishermen, 146, 328, 377, l. 32.
Fishers of men, 368.
Flagstone, 72, 152, 196, 208, 404; Patrick's 481; birth upon, 8, 433; sleeping upon, 409.

Fleets, 206.
Flesh not eaten in Lent, 333.
Flood, the, 530.
Flowers placed in Patrick's bosom, 37.
Foetus performs miracle, xi.
Folkmote (*dál*), 14, 224, 435; held at night, 208.
Food (*maisse*), 404; not to be taken with persecutors, 376, l. 24; not to be taken before proper hours, 507, l. 35.
Footmarks, 404; angel's, 300, 330, 415.
Foray, 414.
Ford, fighting in, 567; washing hands in, 197.
Forgiveness, rule of, 564.
Fornication of Lupait, 234; of Bishop Mel, 88.
Fortress, 192, 222, 289.
Forty nights in Findabair, 168
Foss, circular, 317, l. 16.
Fosterage, 100, 315, 317.
Foster-father (*aite*), 14, 212.
Foster-mother (*muime*), 14.
Foster-son (*dalte*), 126.
Founding church, 86, 92, 98, 108, 110.
Founding churches, 72, 86, 92, 98, 108, 110, 122, 134, 306, 328.
Founding churches and cloisters, 194.
Fountain, 27, 321, 406; baptism in, 334, l. 18; worshipped, 323. See *Well*.
Four similitudes to Moses, 332, 500; four honours paid to Patrick, 333; four Rules (*cána*) of Ireland, 504; four perils, 50.
Four-cornered churches, 110.
Fox, Coroticus turned into a, 248, 498, l. 17.
Friend, Patrick's dearest, 366.
Frog, not in Paradise or Ireland, xxix.
Frost, 361.
Future life, 316.

G.

Garments, 388.
Gems, tears changed into, 58, 460.
Genuflexions, 312, 441, 484.
Ghost, xli.

Giant's grave, 123, 324.
Giants, Nemtria inhabited by, 494.
Gift by Dáre, 228, 231; by gifts to Patrick, 367.
Girdle, 284; of the Lord, 389.
Glass chalices, 95.
Glory of Patrick, 336, l. 25.
Goats, 466; used for carrying water, 180, 248.
God, withdrawal from, 357; duty of king to trust in, 507.
Gods of Danu, xliv.
Gold, 21, 30, 38, 74, 94, 414, 442, 510.
Gold and silver, xxxviii, 100, 315, 323; idol covered with, 90.
Gospel, 66; preaching the, 367, 406; given to Mochai, 40, 453; to Ciannan, 573.
Gospels of Christ, 389, l. 23.
Grass, 228, 472.
Grave (*ferta*), 40, 42, 76, 311. See *Giant*.
Great Easter, 104.
Greek words, xxi, 301, 307.
Guardian angel, 28.
Guest-house at Armagh, 473.

H.

Hair, golden-yellow, xxviii.
Halt healed by Patrick, 258, 409.
Hand, God's, 50; Macc-Nisse's, 162.
Hand-bell of iron, 248.
Handbreadth, xxii.
Harpers, xxxviii, 142.
Hauberk (*luirech*), xxxi.
Hay, 314.
Head, used as measure, 21, 414.
Hearth, cleansing, 14, 439.
Heat, plague of, 526, l. 12.
Heathenism of Ireland, 50. See *Pagans*.
Heather, 92.
Heaven (*nem*), virtue of, 48; preaching rewards of, 134; joys of, 180; opened, 497; household of, 119.
Hebrew words, xxi; *Eli*, 363.
Hell, 38, 39, 119, 195, 219, 221, 408, 557; preaching pains of, 134, 180; souls rescued from, xx, 116; gates of, 386.

INDEX RERUM. 583

Hen's eggs, xxiii.
Heresy of Pelagius, 416.
Heretics, 50.
Heritage (hereditas), 132, 309, 320, 336, 340.
Hermitage, 157, 243.
Hide, boat of one, 288; under scat, 74.
Hilltops (*dinni*), preaching on, 406.
Historian's right of speech, 566.
Holy Ghost, 2; septiform, 18; worship of, 358.
Holy water, 228, 291.
Honey, 14, 23, 363, 434, 437, 495; shower of, 521.
Horse, 290; sold to a Briton Colmán, 341; restored to life, 473.
Horses, 186; honorific cleansing hoofs of, 144; stealing, 108, 200.
Horseload of wheat, 240.
Horsemen, 182.
Host, God's, 50.
Hostages, 152, 462, 564; of Ireland, 520, l. 35.
Hound, 450; set at clerics, 36, 358; chewing raw flesh of, 569.
Hounds, 363; set on Patrick, 146.
Hours, celebration of, xliv.
Household, Patrick's, 265, 267, 574.
Humility of Patrick, 387.
Hundred genuflexions, 441; hundred psalms, 109, 408; hundred signs of the cross, 29; hundred prayers, 300, 361.
Hunger, 365.
Hunters, 377, l. 32.
Hurdles, 466.
Hut, 362.
Hymn of Secundinus, 386, 411; the first made in Ireland, 382, 401.
Hymns sung by Patrick, 389, 406.

I.

Icicles, burning, 10, 434.
Idol of Ireland, 90.
Idols in their beds, 194; worshipped by Irish, 369, l. 20; incantations to, 568.
Images (*arrachta*), 34, 258; of wood, 320.
Imbas forosmai, 569.

Immolation, 309.
Immortality, 358, l. 26.
Incantatores, 273, 278, 569.
Incantations (*tairchetla*), 50, 568.
Incarnation, 499, 501.
Incense, 306.
Infant in womb baptised, 327; blessed, 87, 161; crying, 129, 135, 421, 445.
Infants cast upon the church, 355.
Ingenuitas forfeited (sold) by Patrick, 368, 377.
Inheritance, 338.
Innocence of holy virgins, 48.
Instruction, before baptism, 64; of Loeguire's daughters, 315, 316; of baptized persons, 404, l. 3.
Insults, 138.
Inundation of the sea, 292.
Invocation (*togairm*) of Mary, xxix; of the Trinity, 48; of Christ, 50, 52; of saints, 511.
Irish canons quoted, 506.
Irons, 218; iron fetters, 372, l. 26; iron swords, 300, l. 32.
Islands, 406, 421.

J.

Joint-kings, 527.
Judge, 264, 565; his right of speech, 566; Patrick to be, at Doomsday, 118.
Judgment, first in Ireland, xxx; of Christ, 48; of bishop Erc, 572, 574.
Judges, payments to Irish, 372, l. 32; of the Church, 507.
Jugglers, 202, 204.
Jurisdiction of Patrick (*paruchia Patricii*), 312, l. 2; of Brigit, 356.
Just men to manage the affairs of the kingdom, 507.

K.

Kettle, 126.
King, duties of, 507; influence of, on the seasons, 507; major and minor, 68; 'of the world,' 420, 551; 'with opposition,' 520, 524, 527; of the angels, 406; hostages to kings, 564.

King-poet, 52.
Kitchen at Armagh, 473.

L.

Lake miraculously removed, 84.
Lameness healed, 132.
Lamentation, 104, 316.
Lammasday, xxx.
Lampooner (*cainte*), xxxiii.
Lamps, 126.
Land, of deceased father, 111; dividing, 162; as pledge, 567; purchase of, 340.
Language of the *Féni*, 564.
Languages, the seventy-two, 422.
Lapdog, 232, 571.
Lard, xxii.
Laver (lavacrum) of salvation, 387.
Law (*jus*), 359; legis periti, 361.
Laws of Ireland, 564, 570.
Lay (plebilis) offspring, 336.
Lectors, 303.
Leech (*lîaig*), xx.
Leek, 200, 545.
Left-hand, see *Cursing*.
Lent (*corgais*). See *Flesh*.
Leper (*clam, trosc*), 84, 447; Patrick's, 556.
Lepers, 228; healed by Patrick, 258, 409, 500.
Letter (*epistil*), 227, 364; in Gaelic, 442.
Letters carved on stone, 319.
Lex Catholica, 388, l. 18.
Life after death, 316, l. 19.
Light of the world, 387.
Lightning, 48.
Lion, 150; not in Paradise or Ireland, xxx.
Little Easter, 104.
Little Jubilee, 412.
Liturgy, origin of Irish, 502.
Lord and vassal (*flaith ocus aithech*), 339.
Lupanar, 378, l. 24.

M.

Mad cows, 12.
Magi, 273, 278. See *Spells, Wizards*.

Manna, 240.
Mantle, 102, 152, 220, 340, 483; (*cuilche*), 408.
Manumission of slaves, 21.
Married penitents, 354.
Martinmas pig, 560.
Martyrdom, 545, 555; Patrick desires, 374, l. 7.
Mary, the Blessed Virgin, invoked, xxix; her Virginity, 36.
Mass of Patrick, 322, l. 19.
Mayday, xxx.
Meal, 186, 468.
Measures, xxiv, 186, 468; of land, 337; *damaisc thire*, 132. See *Mile, Sight*.
Measurements of ecclesiastical buildings, 236.
Measuring churches, 70.
Meeting-house, 346.
Melodies, 114.
Men, deeds of righteous, 48.
Merles, white, xliii.
Metre, 172; *rinnard*, xxiv, xxxvii.
Michaelmas, 559.
Might, God's, 50.
Mile, 130 (1,000 paces), 174, 218.
Mill, 72, 210; millpool, xxv.
Milking does, 72, 307.
Milk, 12.
Miracles, Patrick's, compilers of, 60, 256; numbers of, 9, 561; performance of, 408.
Mis-births, 206.
Mission to Britain, 416; to Ireland, 30, 332, 418, 493, 499, 504.
Monasteries, 258, 261, 333.
Monastic community. See *City*.
Money, 372, l. 9; (solidi), 378, l. 22.
Monks, 162, 192, 313, 355; Patrick's, 305; wandering, 508.
Monkess, 98, 104, 314.
Monogamy, 402, l. 14.
Moon, 48; as surety, 567; turned into blood, 518, l. 18, 520, l. 16.
Mortalities, 314, 538.
Mountain melted, 208.
Mouse, not in Paradise or Ireland, xxix.
Mouth signed with cross, 77.

Municipium. See *Decurio*.
Music, xxxviii, 504; of angels, 255, 410; *Harpers*, see *Timpan*.
Music-house (*ceoltech*), 84.

N.

Nags, 248; theft of, 240.
Nakedness, 365.
Name given by wizard, 150; of the Lord, 387.
Nativity of Christ, 48, 530, 534, 541; homily on, xxvi.
Necklace, 341.
Neophytes, 375, l. 30.
Net of the Gospel, 28, 38, 272.
Nets, 143; of doctrine, 386.
New Testament (*nufiadnisse*), 2.
Nick-name, 127, 464.
Night, folkmotes held at, 208; praying at, 361; standing in linns at, 406; as guarantee, 567.
Nights, forty, 168.
Nine companions of Patrick, 29; nine chariots yoked by Loigaire, 280, l. 3; nine dead raised by Patrick, 500; nine wizards of Bregia, 278; nine Lombard princesses, 233; nine wizards struck by lightning 135; nine ranks of angels, 258; nine arrangers of judgments, 564, 570; nine powers of nature invoked, 48-50.
Ninth ridge, 80.
Nobility sold by Patrick, 377, 377, l. 21.
Non-decay of bodies, 154.
Nones, 118.
Nostrils dropping, 144.
Numbers. See *Four, Four Hundred, Nine, Seven, Sixteen, Sixty, Ten, Thirty, Three, Twelve.*
Nun (*caillech*), 108; nuns, 551.
Nut-harvest, 525, l. 34.

O.

Oar, 288.
Oath, Patrick's, 415.
Oathtaker (fidejussor), 508.

Odour diffused by angels, 297, 466; of Patrick's body, 254.
Offering to Ciarán, 88; to God, Patrick, and other saints, 66, 68; to Patrick, 68, 72, 80, 110, 228, 231; of cows' grazing, 96. See *Gift*.
Offerings, 336, 338, 340.
Ogham, xxxvi; of consonants, xl.
Old law (*fetarlaic*), 2.
Old men. See *Councillors*.
Onion, 209.
Oratory (*aregal*), 236.
Ordeal of water, 56.
Ordination of bishops, 260; of bishops and presbyters, 62; of bishops, priests, and deacons, 326; of clerics, 372, l. 11; gratuitous, 372, l. 12; of bishop *per saltum* (Todd, *St. Patrick*, pp. 70-75, 84-87), 404.
Orientation of churches, 84, 292.
Ornaments offered to Patrick, 371, l. 36.
Ostiarii, 303; (Ir. *aistiri*), 265.
Ounces of silver, 341.
Oxen, 252, 298; not to be slain, 504.
Oxgang (*damaisc*), 133.

P.

Pagans, island taken by the, 193. See *Heathenism*.
Pallium (*caille*), 310.
Paradise, 379, l. 23; resemblance of Ireland to, xxix.
Parhelion, 522, l. 3.
Parricides to be executed, 507.
Partition of Ireland, 555.
Patriarchs, prayers of, 48.
Paschal fire, 40, 42.
Passion of Christ, homily on, xxvi.
Paten (*teisc*), 108, 250, 300; square, 313.
Paternoster, xx.
Patriarchal rights.
Payments. See *Judges*.
'Peace to the Father, Son and Holy Ghost, 380, l. 28.
Patriarchs, 262.
Pelagian heresy, 417.
Pen, 543.

Penance, 376.
Penitential, xviii.
Perjurers to be executed, 507.
Perjury, xx, xlii, 8, 432.
Persecution, 367, 555.
Pfahlbauten, 213.
Physician (*medicus*), 201 ; (*liaig*), xx.
Pig annually offered to Patrick, 40, 452 ; of Martinmas, 561 ; chewing raw flesh of, 569.
Pillar-stone, 408.
Pilgrims, 226, 232, 336, 365 ; Irish, 505.
Pilgrimage, 504, 528, l. 17, 544, l. 20.
Pillar-stone (*corthe*), 408.
Pinnace (*nóe*), 447.
Pipe of gold, 86.
Pit (= Hell), 408.
Pitcher, 120, 237.
Plan of Patrick's church, 208.
Planting churches, 310, 321.
Pledge, of immortality, 358, l. 26; of land, 567.
Poet, 283, 565 ; lawful *trefoclae* to, 564 ; his right of speech, 566.
Poetry, 565.
Poison, xi, 50, 54, 182, 283, 458 ; defence against, 381.
Pollution of a holy place, 509.
Poor to be nourished by alms, 507.
Pope 'Abbot of Rome,' 30. See *Questions*.
Pork, 25; changed into fish, 26. See *Pig*.
Poverty, 378, l. 12.
Praise of God, 406.
Prayer, 260, 361, 364, 406, 494 ; unceasing, 389 ; measure of, xix.
Prayers, 312, 494 ; to be at certain hours, 507.
Prāyopaveçana, 560.
Preaching, 176, 406, 408 ; the Gospel, 367 ; to Miliuc, 34 ; to Mochai, 40.
Pregnancy produced by blessing, 174.
Pregnant woman, 160, 168.
Presbyters, 337, 569 ; brought by Patrick to Ireland, 303 ; ordained by Patrick, 304, 500 ; should resemble worms, 568 ; Patrick's father a presbyter, 357.
Price of fifteen souls, 310.

Priest, Patrick's, 264 ; disobedience to priests, 357.
Princes, sons and daughters of, 369.
Proclamation, Loegaire's, 279, l. 1 ; Maelsechlainn's, 523.
Progeny of Fedelmid, ecclesiastical and lay, 336 ; of Patrick, 335.
Prophecy, 32, 34, 160, 170 ; of wizards, 406, 449 ; of Becc mac Dé, 545 ; of Brennan, 208 ; of Colombcille, 148. See *Smile*.
Prophet, 278 ; heathen, 122; false, 50 ; unhonoured in his own country, 377, 625.
Prophets in heaven, 260.
Proselytes, 365, 374, l. 8, 375, 498, l. 23.
Proverb, 52, 86, 88 bis, 96, 104, 186, 269, l. 8, 317, 543, 561.
Psalmist, 264.
Psalms, 76, 109, 162, 389, 565; maledictive, 114, 476 ; Patrick writes book of, 301 ; 'the three fifties,' 406.
Purchase of land, 340.
Purple garments, xxxviii.

Q.

Quails, 495.
Quarters, four (*cetheora arda*), 56, l. 8.
Questions to be decided by Armagh or Rome, 356 ; referred to Apostolic See, 506.

R.

Radiance of angels, 255.
Rain, 124 ; praying in, 361.
Raising the dead, 62, 122, 150, 216, 500.
Ram, 204.
Rampart (*múr*), xxxvii, 423.
Ransoming baptised captives, 378.
Ration, 228, 232.
Readers, 303.
Reading, 76.
Reaping, 236.
Re-birth to God, 368.
Recles, 88.

Redemption of baptized captives, 378, l. 22.
Red Sea, passage of, 582.
Reeve (*rechtaire*), 14, 184, 188.
Refectory, 190, 246, 346, 399.
Relics, 30, 86, 180, 194, 238, 314, 354, 397, 474, 475, 497, 500, 519, 556; adored, 283; covered by a veil, 329.
Reliquary, 176.
Remission (*arreum*), xx; of tribute, 555.
Repentance, xliii, 102, 316.
Reprisal (*athgabáil*), 565.
Requiem, 234.
Resurrection of Christ, 48; for reward, 48; on Domesday, 316, l. 20.
Resuscitation. See *Raising the dead*.
Reviling good princes, 508.
Rewards to kings, 372; for composing hymn, 384, 398.
Rheims Litanies cited, 502.
Rhetoricians, 360.
Ridge, 126; fifth, 192.
Righthandwise, walking, 243, 453, 473.
River rising, 256; rivers of fire, 119; cursed by Patrick, 328.
Rivermouth blest, 151, 481; curst, 449.
Riverpools (*linni*), standing in at night, 407.
Robbers, 24, 36, 312; archrobbers (archicloci), 312.
Rock, 50.
Roman Church, 301. See *Apostolic See. Questions*.
Rowboat (remi cymba), 269, l. 14.
Rowing, 66.
Rudder, 288.
Rule of Colombcille, xix.
Rules of Ireland, 504.
Runaway, 375.
Rushes, 84, 200; thatching with, 157.

S.

Sack, 240.
Sacramental wine, water mixed with, 327.
Sacred volume, 388.
Sacrifice, 262.
Sailors, 416.
Salmon, 70, 86, 113, 143, 147.

Salt-marsh, 271.
Salvation, 357.
Satire, 565.
Saxons' battle, 541.
Scorpion, not in Paradise or Ireland, xxx.
Scourging Patrick's household, 68.
Scribe, 337, 543.
Scripture, xviii.
Sea, 48, 115; miraculous inundation of, 292; will flow over Ireland before doomsday, 331; as surety, 567; drowning maidens in, 225.
Seasons, influence of kings on, 507.
Self-cremation, 38, 276, 450.
Senchlethi offered to Patrick, 72, 80.
Servitude, 80.
Seven churches, 154, 161, 169, 329; seven hundred churches, 553; seven times fifty bishops, 553; seven days, seven months, seven years, 477; seven prayers, 477; seven years before Doomsday, 117, 331, 477; seven freed from hell, 117, 477; seven healed, 475; Patrick baptised in seventh year, 331; visited by angel on seventh day every week, 299; serves for seven years, 331, 441; seven sons of Sechtmad, 415, 439; seven dreams of Patrick, 361, 363, 364, 365; septem septies viri prostrated, 281–282; seven years in Munster, 197; seven years in Connaught, 147, 329; seventh ridge, 147, 197; seven of Patrick's household left with Fíacc, 191, 344; seven days in cairn, 161; seven bishops, 149; seventy-two (= 6 × 12) years of Patrick's teaching, 331; languages, 423; seven books of the Law, 326; seven events in Christ's life, 48; seven perils of Patrick, 50.
Sheep, 340, 436; of Michaelmas, 558; sons of life, 16; sheepfold, 377.
Shepherd of the Church, 16; of the Gospel flock, 388.
Shepherding, 12.
Shields, 44, 142; God's shield, 50.
Ship, 362, 447, 494.
Ships seen in air, 518.
Shoe (calceamentum), value of, 372.

Showers of silver, honey, wheat, and blood, 520, 524, l. 10, 527.
Shrine of Paul and Peter, 475.
Síde worshipped by Irish, 100, 408.
Sight, measure of grant of land, xxxviii, 148.
Sign of the Cross, 12, 124, 277, 293, 324, 450, 484.
Silver, 30, 38; shower of, 521; horse bought with, 340; and gold, 310.
Similitude to Moses, 332.
Sin, of parents, 316, l. 16; shameless, 379, l. 4. See *Avarice*.
Sins, eight deadly, xix; Patrick's, 357.
Singer (*duanaire*), 551.
Sinistral (*i.e.* northerly) church, 292.
Sixteen (= 4 × 4) invocations of Christ, 50, 52.
Sixty (= 3 × 20) years, of Lassar's stay in Druim Daro, 338; of Patrick's preaching, 444; sixty of Fiacc's community die, 346.
Slave, Patrick sold as a, 16.
Slaves, 164, 202, 218, 321, 387.
Slavery, 373, l. 17, 379, l. 6, 390; emancipation from, 440.
Sleeping in death, 316, . 28; on bare flagstone, 408.
Smile, prophetic, 98.
Smiths, 562; spells of, 50; Patrick's three, 266; smith in orders, 543.
Snakes, not in Ireland, xxx.
Snow, 54, 284, 361; curds and butter made of, 439; caused by wizard, 460; great, 525.
Solar month, 8.
Soldiers, 312; of Coroticus, 375.
Son of death (*mac báis*), 220; of life (*mac bethad*), 397.
Sons not to be permitted to act impiously, 507; whom Patrick ordained (students on probation?), 303, l. 5.
Sorceresses (pythonissæ), 507, l. 29.
Soul-friend (spiritual director), 425, 544; soul-friendship, 565.
Sparks from Patrick's lips, 308.
Spear, 72, 142.
Spells, 50.

Spirit, 361. See *Holy Ghost*.
Spit, xxii.
Spittle, 218.
Sports, 378, l. 12.
Staff of Jesus, 28, 30, 90, 236, 420, 424, 454.
Stage-players (*histriones*) not to be maintained, 507.
Stags, 486.
Steadfastness of Patrick, 386, l. 9.
Steward (*rechtaire*), 14.
Stone, for building, 318; in mud, 360; used as bolster, 484; five stones, 475. See *Feet*.
Stone-throwing, 138.
Stranger not to baptise, etc. without permission, 508; to be defended, 507.
Sub-deacon, 305.
Succession, twofold line of, 336.
Successors of Patrick, 542 to 548.
Sun, 48, 363, 488; following the course of, 472; of Righteousness, 6; Patrick's tooth shines like, 197; Patrick's soul shines like, 260; worship of, 374, l. 21; as surety, 567; Christ the sun over every field, 541.
Sunday, 223, 271, 289, 322; not to be profaned, 504; resting on, 146, 192.
Sun-dial, 255.
Superstitions, 38, 507, l. 30.
Sureties, 567.
Swine, 174, 340, 363, 495; devouring child, 198; sacrificed, 23. See *Pigs*.
Swineherd, 499, 509; Patrick a, 16, 300, 499, 510.
Swineherding, 40, 300.
Sword, 110, 375; iron, 300, l. 32.
Synchronism, xxxviii.
Synod of Constantinople, 519; of Kells, 526; of Raith Bresail, 527; of Patrick, 508; of Brí maicc Taidg, 529; of Nicea, 555; of bishops, 315, l. 4.

T.

Tablets (tabulae), 300, l. 28, (*pólire*), 345, 458.
Talents put out at usury, 386.

Teaching before baptism, 64.
Tears, 376; changed to gems, 462.
Temple, Solomon's, 535; at Armagh, 473.
Ten safeguards, 48, 50.
Tent (*pupall*), 41, 184, 276.
Thatch, 157.
Theft of Roman relics, 238.
Thefts to be restrained, 507.
Thieves, 36.
Thirty (= 3 × 10) times angel spoke to Patrick, 300; years Patrick studied, 301, 302, 331, 444.
Thread of narration, 60.
Three children of Miliuc (Mílchu), 19; boons, 31, 113, 500; choirs, 32; three children in hostageship, 59; three drops of blood from stone, 73; three churches founded by Palladius, 31, 447; three fifties (the psalms), 406; three hundred alphabets, 553; three hundred elders, 553; three thousand priests, 500; three households, 118; three names, 106; threescore of Fiacc's community die, 347; threescore years' preaching, 409; three days and three nights, 177, 328; three wrong stories of Irish saints, 557; three households on Doomsday, 119; three petitions of Patrick, 331; caldron holding three firkins, 291; three brothers and one sister, 307; three stanzas of Sechnall's hymn, 400; thrice fording the Shannon, 329; driving thrice over Lupait, 234; three hundred and sixty-five relics, 238.
Thunder, 457.
Thunderbolt, 60, 464.
Tierce, 236.
Timpán-player, xliii.
Tools (*aidmi*), 84.
Tonsure, 35, 104, 190, 344, 403; British, 509; monachal, xlix, 25, 510, 561; servile, xlix, 25, 510; of Mochái, 40; Roman, 509; wizards', 317.
Tooth, 196, 327; given by Patrick, 138, 140.
Tribunal of Christ, 359.

Tribute (*cis*), of curd and butter, 14; (*borome*), 555, 567.
Trinity, 45, 48, 52, 64, 258, 316, 358, 361, 408.
Tunic, wizard's, 463.
Twelve healed, 475; freed from hell-pains, 477; twelve idols, 91; twelve thousand converted in one district, 135, 500; twelve thousand perish, 59, 463; twelve companions of Palladius, 447; twenty-four (=2 × 12) companions of Patrick, 447; twelve chariots swallowed up, 243; twelve lepers left, 229; Patrick stays with twelve men, 111; twelve sons of Munnech, 210; twelve days' contention for Patrick's body, 332; twelve days without night, 332; Patrick's twelve perils, 367.

U.

Unclean things (*inmunda*) worshipped by Irish, 369, l. 20.
Union between Beo-áed and Eogan, 160.
Unity of the Creator, 48; of the Church 316, l. 21.
Usher (*aistire*), 264.
Usury, 386, l. 18.

V.

Vainglory (*uabar*), 410.
Vat (*dabach*), 52.
Veil (pallium), 98, 108, 314, 319, 321, 322, 327, 338; blessed, 174, 184; brought from heaven, 168.
Vespers, 236; of Doomsday, 221.
Vessel (*long*), 443.
Viaticum, 62, 316.
Vicar on earth, Christ's, 388.
Vigils, 494.
Villula, 357.
Virgin of Christ, 369; blasphemy of the Blessed, 36.
Virginity offered to God and Patrick, 184.
Virgins, 354; innocence of holy, 48; drowned, 224; in slavery, 370.

Virtue, God's, 50.
Virtues, eight, xviii.
Vision, xlix, 19, 25, 272, 363, 365, 393, 406, 473; expounded, 176.
Voluntary death, 316.

W.

Wain, 486.
Wandering monks, 508.
Wards to be defended, 507.
Washing, 98; hands, 101, 197; feet, 145.
Washing-stones (*clocha fothraicthe*), 80.
Water, baptism with, 8; adored, 56, 284; god of, 461; ordeal of, 461; blessed, 230, 472; mixed with sacramental wine, 327; as surety, 567; standing in cold, 417, 485; goats carrying, 467.
Waterdrops changed to sparks, 10.
Wattles, 158.
Way, God's, 50.
Waxlights, 306.
Wedding, xlviii; garment, 388.
Well (*slan*), 76, 92, 98, 106, 110, 184, 208, 322, 323, 423; dug by Patrick, 108, 319; Patrick's, 162; worshipped, 122.
Wheat, 240; showers of, 521, 525.
Whey-water, 236.
White, bronze (*findruine*), 74; veil, 102; God, 140; heaven, 140; robe, 316; robes of clergy, 100; robes of neophytes, 375, l. 30; merles, xliii.
Widows to be defended, 507.
Wild beasts rending body, 374.
Wind, 48, 457.

Wine, 161, 282; water mixed with sacramental, 327; heavenly, 388; drowning in butt of, 513.
Wisdom, God's, 50.
Wisps, 139.
Witness of God, 388.
Wizards (*druid*, magi), 32, 42, 50, 92, 94, 130, 313, 406, 422, 426; superstitions of, 507; tunic of, 56; white garments of, 325 326.
Wizardry, 258. See *Spells*.
Wolf, xxx, 12, 158, 177, 434.
Womb, blessed, 221; child in, 224.
Women, bondage of, xxii; not to be slain, 504; spells of, 50. See *Concubine, Daughter, Disciple, Embroideresses, Monkess, Nun, Pregnant Women, Sorceress, Virginity, Virgins, Widows*.
Wood used for building, 327; 'wood and plain and meadow' (= *wald, feld und wiese*), 341.
Wooden churches, 327.
Word, God's, 50.
Words, purpose of, xliii.
Works, good, 386, ll. 3, 23; 387, l. 2.
Worm, 569.
Wrath of God's uprousing, 357.
Writing-board, 30.
Writing-tablets (*pólire, fólaire*), 46, 190, 344, 458; mistaken for swords, 300.

Y.

Yellow plague, 518, 552, 554, l. 1.
Yew-trees, 4, 218.

II.—INDEX OF AUTHORS, BOOKS, AND MANUSCRIPTS.

A.

Acts of the Apostles, 179, 360, 368, 370, 371, 378.
Adamnán, law of, xxi, xxii; his *Vita Columbae*, 498. See Reeves.
Alcuin, *Poemata*, 503.
Analecta Bollandiana, 271.
Ancient Laws of Ireland, 345, 507, 560.
Anglo-Saxon Chronicle, 493.
Annales Cambriae, 501.
Annals of Ulster, 332.
Arthurian cycle, Irish story belonging to, xxxviii.
Audacht Morainn, 507.

B.

Baile Bindbórlach, story of, xxxviii.
Baile in Scail, xxxi.
Battle of Maghrath, ed. O'Donovan, 507.
Beda, *Hist. Eccl.*, 351, 419, 501.
Betham, *Irish Antiquarian Researches*, 316.
Bisse, *De Bragmanis*, xxxi.
Boile Cuinn Cétchethaig, 35, n. 4.
Book of Armagh, 457, n., 460, 464, 486, 487.
Book of Invasions, xxvii.
Book of Lecan, 264, 512, 560.
Book of Leinster, xxviii, xxix, 140, 266, 357, 505, 507, 512-528, 530-540, 542-546, 548, 550.
Book of the Angel (*Liber Angueli*), 352-356.

Bradshaw, Mr. H., his emendation of Liber Armachanus (16 a. 1), 332.
Bran mac Febail, story of, xxxv.
Brussels Codex of Muirchu's Life of St. Patrick, 494.
Bühler, Prof. *Manu*, 560.

C.

Calendar of Oengus, xxiv, 288, 503-505.
Cirine. See *Hieronymus*.
Coemán mac Beognai, xvii.
Cogitosus (A.D. 800-835), 269.
Colgan, *Trias Thaumaturga*, ix-xiii, lviii, 9, n. 1, 2; 13, n. 1; 18-27, 29 n., 30 n., 37 n., 38 n., 40, 62 n., 64, 65, 66, 68, 73 n., 77 n., 78 n., 81, 82, 83, 91 n., 98 n., 99, 103, 104, 105, 107, 108, 110, 115, 117, 121, 123, 125, 127, 129, 133, 135, 137, 139, 141, 143-145, 147, 149, 151, 153, 155, 157, 159, 161, 163, 165-167, 169, 175, 177, 179, 181, 183, 185, 187, 189, 191-193, 195, 197, 199-201, 203, 205, 207, 209, 210, 212, 213, 215, 223, 225, 227, 229, 233, 237, 239, 241, 243, 245, 247, 249, 251, 253, 257, 264, 267, 317, 385, 405, 412, 416, 417, 421, 425, 426, 494.
Colomb-cille, Rule of, xix.; his poem on Howth, xxxix.
Connla Ruad, story of, xxxvi.
Cormac's Glossary cited, 568, 570.
Cotton MS. Nero, E. I., 357.
Cumeán's letter to Segéne, 493.
Cusack, Miss, *Life of St. Patrick*, ix, 465 n.

D.

Dá Choca, xxiii.
Daniel, 261, 279, 415.
d'Arbois de Jubainville, *Essai d'un Catalogue*, etc., xxxiii.
David, 400. See *Psalms*.
De Bragmanis. See *Bisse.*
Deuteronomy (xv. 12), 441; (xvii. 1), 400.
Dialogue, between Fithel and Cormac, xxxiv; between Findchu and Sétna, xxxvii.
Drummond Calendar cited, 506.
Ducange, Glossarium, 361.

E.

Earle, Prof., *Two of the Saxon Chronicles*, 493 n.
Ecclesiastes, 376, 378.
Egerton, 93, x, xlv.
Egerton, 1781, xlv.
Eochaid húa Flannucan, 384, 394.
Ephesians, Epistle to the (iv. 13), 496.
Erchoitmed Ingine Gulidi, xxxiii.
Esnam Tige Buicet, xxxvii, xliv.
Eusebius, *Chron.*, 533.
Exodus, 377, 441, 461.

F.

Félire Óengusso. See *Calendar of Oengus.*
Ferguson, Sir Samuel, lviii, 271, 361.
Fiacc's hymn, 404–410; cited, 351.
Flann Manistrech, 433 n.
Forbes, A. P., *Kalendars of Scottish Saints*, 506.
Forbais Fer Falgæ, xxxv.
Förstemann, *Altdeutsches Namenbuch*, 335.
Four Masters, Annals by the, 264, 433 n., 446, 452, 467, 517, 526, 533, 535, 537, 539, 541.

G.

Genesis, 255, 288.
Gilbert. See *National MSS.*|
Gildas, 509.
Gilla Coemáin's Chronological poem, 530–540.
Grammatica Celtica, ed. Ebel, 320, 430.
Graves, Bishop, 269, 301.
Gregory of Tours, ed. Arndt and Krusch 405.
Gregory the Great, *Opp.*, 350, 351.

H.

H. 2. 16; cited, 509.
A. 3. 18, cited, xlvii–lvii.
Habakkuk, 377.
Haddan and Stubbs, *Councils*, &c., 502, 509.
Harleian MS. 3859 cited, 498–501.
Hennessy, Mr. W. M., 97, 113, 151, 185, 193, 195, 223, 465.
Hermathena (iii. 237), 301.
Hieronymus (*Cirine*), 1, 429.
Hogan, Rev. E., 276, 279, 293, 295, 299, 302, 303, 316, 318, 319, 347, 350. See *Analecta Bollandiana.*
Homily on the Nativity, xxvi; on the Passion, xxvi; on S. Patrick, 428–488.
Homilies of the Anglo-Saxon Church, ed. B. Thorpe, 415.
Horace (Sat. i. v. 9), 226; (Odes (iv. 5), 507.
Hosea, 369.

I.

Innocent, Pope, *De Miseria Humanae Conditionis*, xlv.
Irish Nennius, ed. Todd, xliii, 419, 477, 560.
Isaiah, 2, 4, 6, 368, 429.
Isidorus Hispalensis, *Etym.* ed. Otto, 274, 570.

INDEX OF AUTHORS, BOOKS AND MANUSCRIPTS. 593

J.

James, S., 173.
Jeremiah, 368.
Jerome. See *Hieronymus.*
Job, 376.
Jocelin, 82, 443, 483. *See* Sexta Vita.
Joel, 369.
John, First Ep. of S., 365, 377.
John, Gospel of S., 6, 53, 282, 376.
Joshua, 955.
Justin, *Hist.* (ed. Frotscher), 533.

K.

Karlsruhe codex, No. clxvii., cited, 502.
Kuhn's *Zeitschrift für vergl. sprachforschung* (xxvi. 509), 327.

L.

Lanigan, *Ecclesiastical History of Ireland,* 501.
Laud, 610, xli (fol. 102 a. 2), 343, 505, 530–540, 568–570.
Lebar Brecc, 248, 382 n., 390, 428, 504, 507, 546–548, 550–554, 568, 570, 574.
Lebor na hUidre, xxxiv, xxxv, xxxvi, xxxix, 560, 562–566.
Leviticus, 371.
Liber Angueli, 352–356.
Liber Hymnorum (T. C. D.), 48, 283, 381; (Franciscan), 285, 382, 384, 386, 388, 402.
Loofs, *De Antiqua Britonum Scotorumque Ecclesia,* 483.
Luke, S., 179, 257, 377.

M.

Maine, Sir H. S., *Early History of Institutions,* 560.
Manu's Dharmaçàstra, ed. Bühler, 507.
Marianus Scotus, 512.
Mark, S., 179, 369, 377, 380.
Martene and Durand, *Thesaurus novus anecdotorum,* 493.
u 10231.

Martyrology of Donegal, edd. Todd and Reeves, 233.
Matthew, Gospel of S., 6, 179, 261, 263, 272, 279, 363, 369, 376, 377.
Meyer, Dr. Kuno, xxxi.
Migne, *Dictionnaire de Statistique Religieuse,* 420.
Moore MS., 501.
Mugrón on the Trinity, xx.
Muirchu Maccumachtheni, notes by, 269.

N.

National MSS. of Ireland, ed. Gilbert, 336.
Nennius, Historia Britonum, 498; ed. Stevenson, 332.
Nigra, Count, 418 n.
Numbers (xi. 31, 32), 495; (xii. 14, 15), 508.

O.

O'Beaglaoich's *English-Irish Dictionary,* xl.
O'Conor, *Rerum Hib. Scriptores Veteres,* 530, 531.
O'Curry, Lectures, 527.
O'Davoren's Glossary, 561.
O'Donovan, 264, 265, 439 n, 449; *Irish Grammar,* 346. See *Four Masters.*
Oengus the Culdee, Calendar of, 503–506.
O'Grady, S. H., xlv.
Oided tri mac nDiarmata, xxxiii.
O'Mulconry's Glossary, 509.
Orgun Dúine Iraird maic Coisse, xxxii.
Ormsby, *Don Quixote,* 561.
Ovid (Fast. i. 238), 419.

P.

Paris MS. (Bibl. Nat. Ancien Fonds, No. 8175), lii–lxi.
Patrick, S., 506–509; his Liber Epistolarum, 10, 18, 21, 24; his Commemoratio Laborum, 302; Dicta Patricii, 301; his Confessio, 357–375; his epistle to subjects of Coroticus, 375–380; his Canticum Scotticum, 333; canons attributed to, 506–509; libri Patrici, 126, l. 27.

P P

INDEX OF AUTHORS, BOOKS AND MANUSCRIPTS.

Paul, S., 189, 263, 361, 373, 374, 376, 378, 379.
Pertz, *Monumenta Germ.* vii. cited, 510.
Petrie, *History and Antiquities of Tara Hill*, lxiii., 278, 279, 308, 329, 337, 562.
Piper, *Karls des Grossen Kalendarium*, 493.
Plummer, Rev. C., 552.
Pomponius Mela, 533.
Prima Vita. See *Fiacc's hymn.*
Probus, 249, 272, 317, 494. See *Quinta Vita.*
Prosper Aquitanensis, 493.
Proverbs, 371.
Psalms, 36, 44, 173, 281, 373, 376.
Psalter, Tract on, xxi, Gallican and Roman, 260.

Q.

Quarta Vita, 272, 416.
Quinta Vita, 239.

R.

Rawl. B. 448 cited, 572; Rawl. B. 505 cited, 503, 505; Rawl. B. 512 described, xiv-xlv; cited, 530-536, 556-560.
Reeves, Dean, 316, 348; *Vita Columbae*, 227, 271, 273, 275, 276, 288, 293, 303, 306, 307, 309, 310, 312, 314, 322, 323, 327, 329, 330, 332, 333, 336, 453; *Primate Colton's Visitation*, xix, 213; *Ancient Churches of Armagh*, 231, 235, 292; *Ecclesiastical Antiquities*, 277, 289, 327, 329, 415; *The Culdees of the British Islands*, xxxi; and see *Martyrology of Donegal.*
Rerum Hibernicarum Scriptores Veteres (iv. 219, 233), 332.
Revelation, 379, 380.
Revue Celtique (vi. 264), 285; (vi. 165), 308, 562 (vi. 174), xxxi.
Rhŷs, Prof., *Celtic Britain*, 509.

S.

Samuel, First Book of, 372.
Scathach's Words to Cúchulainn, xxxiv.
Scél Mucce Maic Dá Thó, xxxii.
Secunda Vita, 272, 443.
Secundinus, hymn of, 244, 333, 386-389.
Senchas Mór, 570.
Septima Vita. See *Tripartite Life.*
Sexta Vita. See *Jocelin.*
Smith, *Dicty. of Christian Antiquities* 309, 375, 509.
Solomon, 510. See *Proverbs.*
Spelman, *Concilia*, etc., 502.
Stowe MS., No. 992, xxxi, xliii.
Stowe Missal, 511.

T.

Teignmouth, Lord, 560.
Tertia Vita, 116, 286, 298, 494.
Thorpe. See *Homilies.*
Tigernach's Annals, 423, 572.
Tírechán, his collections, 302.
Todd, Dr. J. H., 451; *St. Patrick*, lxiii., 101, 237, 269, 271, 273, 277, 291, 292, 307, 308, 309, 317, 327, 333, 334, 335, 336, 357, 362, 364, 378, 412, 512, 537; *Obits, &c. of Christchurch*, 425; *Liber Hymnorum*, xli; *Irish Nennius*, xliii, 419, 477, 560; and see *Martyrology of Donegal.*
Tochmarc Emire, xxxiv.
Tripartite Life of S. Patrick, 2-266.

U.

Ussher, *Veterum Epistolarum Sylloge*, 493.

V.

Valerius Flaccus (*Argonaut.* vi. 252), 296.
Vergil (Æn. viii. 369), 296; (Æn. vii. 322), 419.
Vulgate, 3, 358, 359.

W.

Warren, Rev. F. E., *Liturgy and Ritual of the Celtic Church*, 327, 509; *the Corpus Missal*, 511.

Wasserschleben, Prof., *Die Irische Kanonensammlung*, 506–510.
Wilkins, *Concil. M. B.*, 502.
Windisch, Prof., *Irische Texte*, xxxii. xxxvi., xlvi.

Z.

Zeuss-Ebel. See *Grammatica Celtica*.

III.—INDEX OF PERSONS' NAMES.

A.

Abraam, 62, 256, 368; Abraham, 379, 482, 495; Abrám, 530, 532.
Absolom, (*Abstalon*), xlii.
Acán (Brocán?) cruimthir, 264, 266.
Achas, 254.
Adam, xxix, 560.
Adamnán, xxi., xxii., xxiii., 60, 503, 504, 513.
Adrocht filia Talain, 319, = Atracht, 108.
Aed, 200, 350, l. 6.
Aed Allain mac Fergaile, 518, 538.
Aed Becc (parvus), 336.
Aed Bennain, 516.
Aed, bp. of Sleibte, 269, 271, 346.
Aed Dub mac Subni, 514.
Aed Findliath, 520.
Aed Fota mac Echdach, 132.
Aed, king of Ulaid, 524.
Aed mac Ainmirech, 148, 514.
Aed mac Coluimb, xxii.
Aed mac Dluthaig, 518.
Aed mac Eochacáin, 538.
Aed mac Feradaig, 348, l. 27.
Aed mac Fergusa, 156.
Aed mac Néill, 382, 520.
Aed mac Subni, 514.
Aed Már (magnus), 336.
Aed Menn, 518, mac Colgáin, 538.
Aed Ordnide, 520.
Aed Sláne, 70, 466, 516, 554.
Aed Úaridnach, 516.
Aedán (Oedan) brother of Brandub, xiv.
Aedán mac Colmáin, 234.
Aedán mac Gabráin, 162, 516.
Aengus, see *Oengus*.
Aeternus, bp., 304.
Agustín Inse Bicce, 192, 349, l. 32.
Áid, 269; Aidnus Slebtiensis, 271.
Ailbe, archpresbyter, 94; i Senchui, 348, l. 17.
Ailbe bp., 198, 200.
Ailbe Imlecha, 514.
Ailbeus, presb., 305.
Ailcrán, 538.
Ailerán ind écna, xxxvii, 60, 55. See *Airerán*.
Ailill, 554.
Ailill I., eighth successor of Patrick, 512, 542, 548 n., 552.
Ailill II., ninth successor of Patrick, 514, 542, 548 n.
Ailill Ainoch-scabaille, 126.
Ailill Au-lomm, xxiii.
Ailill Banda, 514.
Ailill mac Cathbad, 198, 250, 628.
Ailill mac Dunlaing, xvii, 184.
Ailill mac Eogain, 156.
Ailill mac Natfraich, 196.
Ailill mac Toirdelbaig, 546.
Ailill Molt, 512, l. 9, 514.
Ailill Mór (son of) Macc Ercæ, 192, 349, l. 27.
Ainmere abbot, 520; Ainmere hua Faelain, 544. Ainmire, 548.
Ainmire mac Setna, 514.
Airechtach hua Faeláin, 542, 548, n.
Airerán ind-ecnai, 518. See *Ailerán*.
Airgetán hua Machí, 514.
Alach, nun, 340.
Albdon (Halfdan) mac Gothfraid, 522.

INDEX OF PERSONS' NAMES.

Alexander the Great, xxxi., 584.
Amalgaid, 134; Amalgadius, 548 n.
Amalgaid, a successor of Patrick, 524, 544, 548.
Amalgaid mac Fiachrach, 126; Amolngad, filius Fechrach, 309.
Amargen mac Miled, 424.
Amatho rí Rómanach, 80.
Amator, bp., 506.
Amatorex, 270, 272, 273.
Amirgenus, presb., 305.
Amolngad, gen. Amolngid, 326.
Anbthech, gen. Anbthig, 544, l. 5.
Andreas, aps., 572.
Angas, queen of Loegaire, 46, 556, 558.
Anfolmithe, gen., sg., 338, l. 19.
Aniclus, presb., 305.
Antón Manach, 554.
Arplun = Calpurn, xv.
Art, 537.
Arthur, 501.
Artrí, 544, 546, 548 n.
Asacus, bp., 304 = Tassach (*i.e.* t'Assach 'thy Asacus'), 267.
Ascatades (*Ascathias*), 533.
Assicus, 96, 148, 313, 328.
Astyages, 585.
Atheen (Athgin, Athgein), Bothe Domnaig, 264, 266, 574.
Atracht, daughter of Talan, 108, 319.
Augaire mac Ailello, 524.
Augustín of Inis-becc, 190, 344.
Augustinus, S., 502, 554.
Augustinus, disciple of Palladius, 272.
Augustus, xxvi, 32, 501.
Ausaille, 548; gen. Úsailli. 186, from Auxilius, 32, 186, 356, 499, l. 33.
Auxilius, bp., 273, 304.
Auxilius, exorcist, 331.

B.

Bachla, S., 502.
Baile Bindbélrach, xxxviii.
Bairche, cowherd, 422.
Báitan, 336; Baetan mac Nainneda, 514.

Báithín, lii.
Báithíne, 516.
Bard, gen. Bairt, 82, 384.
Barnabas, 30.
Benedictus II., 502.
Benedictus, disciple of Palladius, 272.
Benén, 36, 58, 98, 108, 144, 232, 264, 266 n, 381, 454, 458, 462, 542, 546, 564, 574.
See *Benignus, Benineus*.
Benén, Cethech's brother, 108 = Benignus, frater Cethechi, 319.
Benignus, bp., 303, 304, 306, 314, 319, 338, 356, 501, 512.
Benineus, 285.
Beo-áed, bp., 160.
Beoán, 198.
Beognae Airide, xvii.
Reotha mac Iarboniel, xxvii.
Berach, 246, 350, 398.
Bernicius, 104, 305, 318.
Bescna, Béscnai, Béscna, cruimthir, 264, 266, 574.
Bibar mac Tamanchinn, 108.
Bice, virgin, 78.
Bile mac Breguin, 422.
Bineán filius Lugni, 337; Bineanus, 337, l. 30.
Bite, 108, 266, 574; nephew of Assicus, 96, 148; Bitheus, bp., 304; Bitteus, 313, l. 13 = Betheus, 313, l. 20; Bietheus, 314, l. 26; Bitiu, 250.
Blaithmac, 518, 538.
Blathmac mac Aeda Sláne, 552.
Boidmalus, 311.
Bolc Derg mac Brisin, 106.
Boos (Bors), xxxviii.
Bran, 538.
Bran Becc mac Muredaig, 518.
Brandub, xiv., 350, l. 5.
Brandub mac Echach, 514, 516.
Bran mac Febail, xxxv.
Branwalatr, 502.
Brecán mac Aido, 348, l. 27.
Bregan mac Daire Barraig, 402.
Breise mac Eladain, xliv.
Brenainn Fine, 550.
Brenainn Maccu-Altæ, xlii., 208.
Brenainn mac Echach Muinmedoin, 78.

INDEX OF PERSONS' NAMES.

Brenann Birra, 514.
Brenann mac Fergusa, xlii.
Bressal, 70.
Bressialus (leg. Bressalius?), bp., 304.
Brethán, 340.
Brian, 106.
Brian Boroime, xv., 386; Brian mac Cinnétig, 522, 540.
Bríg, 246, 350, 398.
Bríg, d. of Fergna, 188.
Brigit, gen. Brigtæ, 310, 350, xvi., xvii., 176, 478, 480, 512, 536, 552; Brigita, 350; Brigida, 499, l. 2, 501.
Brindanus (leg. Brendanus?), 502.
Briocus, 502.
Brittus, 412, 432.
Briun, gen. Briuin, 319.
Briun mac Muiredaig, 182.
Broccaid (Brocidius), of Imbliuch Ech, 68, 305, 319, 335, 337, 550; Brochaid, bishop, 108.
Broccán, 200, 350, l. 31; Brocanna, 305.
Broccán, crumthir, 574.
Broccán, of Brechmag, 68, 335, 550.
Brón, 98; gen. Bróin, 94, 319; Brón of Caisselirre, bp., 136.
Brón mac Icni, bishop, 94, 108, 140; Bronus, 304, 313, 319, 326, 327.
Brónach, presbyter, 108; Bronachus, 319.
Broscus, presb., 305.
Brucach, bp., 166.
Búad-mæl (leg. Buaidmál?), 92.
Buan ('nepotis Buain'), 510. See *Miliuc Maccu-Búain*.
Buicet, xxxvii., xliv.
Buite (borrowed from *Boethius?*), 544.

C.

Caelestinus, 272, 493. See *Celestinus*.
Caesarius, eps., 503.
Caeta vel Cata, 'vir quidam,' 342.
Caichán, gen. Caichain, 338, ll. 3, 4, 6, 19; Caichanus, 338, l. 2.
Cailech (= Caliácus, W. *ceiliawg*, 'cock'), 198.
Cainchomrac, 200.
Cainnech, 160, 246, 516; Patrick's monk, 122; Cainnechus, eps., 324.
Cairbre, mac Néill, 478. See *Coirbre, Coirpre*.
Cairel, 349, l. 26, son of mac Ercae?
Cairell, bp., 98; Cairellus, 314, l. 23.
Cairell mac Fergusso, 349, l. 14.
Cairell mac Muiredaig, 224, 552.
Cairne, 572, l. 16.
Cairnech, 564.
Cairthenn Becc, 168.
Cairthenn mac Blait, 206.
Cairthenn Mór, 168.
Caitne, 327.
Calpurn, Calpurnd, Calpuirn, Calpuirnn, 8, 16, 390, 404, 412, 414, 510; Calpornus, Calpurnius, diaconus, 357, 494; S. Patrick's father.
Calvus (= *Mael*), 312.
Cámine Inse Celtra, xli.
Camulacus, bp., 304.
Cancen, 305.
Kannanus, eps., 306.
Capitolauium (= Caplait), 312.
Caplait, wizard, 92, 102, 104; Caplit, 317.
Carantot, eps., 550.
Carbacc, 478.
Carnachus, 502.
Cartenus, eps., 304.
Carthacus, bp., 304, 306.
Carthach mac Munnich, 210, 212, 351, l. 6.
Cass mac Glaiss, 122, 324.
Cassán, presbyter, 74, 76, 108; Casan, 349, l. 19; Cassanus, 305, 319.
Cassianus, 503.
Catan, crumthir, 264, 266, 574 = Catanus, presb., 305.
Cathaceus, 72, 307.
Catháir Mór, 402.
Cathassach macc Robartaig, 544.
Cathbad, cruimther, 162.
Cathbad mac Lugdach, 198; mac Lugthig, 350, l. 28.
Cathbuth mac Echach, 542, l. 31.
Cathboth, gen. sg., 342, l. 17 = Cathbad, 342, ll. 24, 26; Cathbath, 344, l. 5.

INDEX OF PERSONS' NAMES. 599

Cathal, xxi.
Cathlaid the pilgrim, 68, 336.
Cathurus, 72, 307.
Catideus, presb., 305.
Catnea, 72, 307.
Catneus, 72, 307.
Caurlan, 542 = Cærlan, 548 n.
Catus, presb., 305.
Céle-Petair, 542, 546, 548 n.
Celestinus, 30, 332, 384, 418, 420, 440, 499, 501, 510; Caelestinus, 272, 493.
Cellach, 516, 538; a successor of Patrick, 526, 544.
Cellach Locha Cimbi, 519.
Cellachán mac Munnich, 210, 351, l. 4.
Cennannus, bp., 304.
Cenn-Cruaich, 90; gen. Cinn Chruaig, 216.
Cennfaelad mac Crunnmáel, 518.
Cennfindán, 162, 349, l. 4.
Cenngecán, lxiii., 196.
Ceranus. See *Ciaran*.
Cerball mac Maile-Odrae, 70.
Cerball mac Muricáin, 522.
Cerpanus, 308, l. 14.
Cesair, xxvii.
Cethacus, 326, l. 16.
Cetchen, 98, 348, l. 17 = Cetgen, 314, l. 14.
Cethech, Cetheg, bishop, 104, 106; Cethecus, 318.
Cethiacus, bp., 304, 309, 318.
Christ, 28, 52, 62, 64, 408, 531.
Christus, 286, 370, 373, 386, 387, 388.
Cian, 536.
Cianán of Daimliac, 160, 572.
Ciannan, 416; Kienanus, 22; Sen-Cianan, xlviii.
Cíaracán, 544.
Cíarán, 556.
Cíarán mac intsáir, xl., 84, 104, 158, 501; of Saigir, 76; Céranus filius artificis, 305, 318.
Cíarán of Belach Duin, lxiii., 60.
Cíarán, son of Darerca, eps., 550.
Cilline, bp., 180; Marcán's father, 186, 468.
Cinaed, Gaethíne's father, 194.
Cinaed mac Cerbaill, 70; mac Congalaig, 72; mac Irgalaig, 72, 74, 518.

Cinnenum, Patrick's sister, 412.
Cinnu, daughter of Echaid, 176.
Cipia, 96, 313.
Císel, the Devil, 408.
Citawus, S., 502.
Cobthach, 188.
Cochmas, 548; Cochmais, 550; Cochmaiss, 252.
Coelbad mac Craind-badraid, 572.
Coelbad mac Fergussa, 156; Coilboth macc Fergusso, 348, l. 26; gen. Coilboth, 349, ll. 6, 8.
Coelcharna mac Briain, 106.
Coemán Cell Rath, 200 = Coimán Cell Rath, 350, l. 31.
Coemán, of Domnach Mór Airdlicce, 104; Coimmanus, 305.
Coemán Cille Riada, 264, 266, 574.
Coemán Cluana macc Treoin, xviii.
Coemán mac Beognae, xvii.
Coemán of Airtne Coemáin, 108.
Coemán of Imlech Clúane, 164.
Coemán (Sanct-lethan), 504.
Coemgen, 398.
Cogitosus, 269.
Coibdenach mac Fidgaili, 72.
Coiliud filius Luchti, 321.
Coimid maccu-Baird, bishop, 80.
Coirbre, 200, 554; Coirpre, 86, 90, 146, 148, 340.
Coirbre dethroned, 250.
Coirbre mac Amalgada, 126.
Coirbre mac Bríain, 350, l. 30.
Coirbre mac Deggell, bp., 166.
Coirbre mac Néill, 68, 86, 146, 176, 367, 464, 478.
Coirbre Musc, 570.
Coirbre Niafer, gen. Coirpri Niothfer, 122, 325.
Coirtech (Coroticus), 248; Coirthech, 271, 498.
Coithrigi. See *Cothraige*.
Collait of Druim Rollgech, 60.
Collas, three, 536.
Colmán, lviii, 200; Colmanus, eps., 337.
Colmán Alo, 246, 398.
Colmán Becc mac Díarmata, 514.
Colmán Ítadach, 236.

Colmán mac Ailella, 234.
Colmán mac Duach, 512.
Colmán mac Néill, 174.
Colmán na mBretan, 340, l. 25.
Colmán Rímid, 516.
Colmán Uamach, 60.
Colmóc (leg. Coemóc?) maccu Beónna xix.
Colomb cille Ernain, presb., 349, l. 17.
Colomb, presb., 170.
Colombcille, xix., xli., gen. Coluimbcille, 58, 60, 142, 150, 382, 462, 480, 501, 502, 516, 536, 538. 544, 552, 556; Columba, 499, l. 1; community of, 96.
Colomb of Cluain Ernain, 74.
Colomb mac Crimthainn, 514.
Colomb mac Lugdach, xxii.
Colptha mac Miled, 424.
Coluimb, eps., 550.
Columbán of Luxeuil, 503, ll. 21, 27.
Columbánus, 518.
Comgall of Bangor, xli., 58, 462, 516.
Comgán Glinne dá Locha, 516.
Comgell, gen. Comgil, 349, l. 22.
Comgilla, 104; Comgella, 318.
Comlach, leper, 556.
Comman mac Algassaig, lxiv., 156.
Conaed, presb., 174.
Conaire, 534.
Conall, 250, 336, 350, l. 29.
Conall Coel mac Maele Coba, 516.
Conall Cremthainne mac Neill, 512.
Conall Erbhal, 250.
Conall Guthbind mac Suibin, 516.
Conall Laegbrég, 516.
Conall Mend, 538.
Conall Sciathbachall, 136.
Conall mac Comgaill, 514.
Conall mac Endai, 128, 326.
Conall mac Maic Ercae, 192, 349.
Conall mac Néill, xxii, 70, 72, 148, 150, 464, 478, 480 = Conallus filius Neill, 307, 330.
Conallus, 309.
Conán, 110, 351, l. 6; Conanus, 322.
Conang, gen. Conaing, 72.
Conann, 532.
Concas hua Cathbath, 542, l. 30.

Concess, 8, 16, 390, 412, 414, 432, 510.
Conchad, 346.
Conchobar, 194, 534, 538, 554.
Conchobar hua Conchobair, 526.
Conchobar hua Maelsechlainn, 522.
Conchobar mac Donnchada, 188.
Conchobar mac Taidg, 522.
Conchobar mac Donnchaid, 520; mac Donnchada, 554.
Conchobar Moenmáige mac Ruadri, 526.
Condere mac Daill, 340, l. 6.
Condmach, ab., 520; mac Duib dá lethe, 544, 546, 548 n.
Congal Caech mac Scannlain, 516.
Congal Chinn Magair, 518.
Congalach, 72.
Congalach mac Maelmithig, 522.
Congallus (leg. Comgallus?), 503.
Congus, scribe, 542, 548 n.
Conindri, bp., 222, 289.
Coninn mac Munnich, 210, 212.
Conis, gen. sg., 82, l. 10.
Conlad, gen. Conlaid, 321, 337.
Conlae mac Coelbad, 164; Coilboth, 349, l. 9.
Conleng, 94, 313; Coulang, 305; barbarus, 313.
Conli, gen. sg., 351, l. 4.
Conn, xxxi.
Conn Cétchathach, xxxvi., 34, n. 4, 534.
Connacán mac Colmáin, lxii., 174.
Connanus, bp., 304.
Connla Rúad, xxxvi.
Consantin, imper., xxiv., xliv., 572.
Constans, 300, 572.
Conu sáer, 110; Coona (= Cuana), artifex, 320.
Corbacc, 146.
Corbmac mac Amalgada, 126.
Core mac Lugdech, 564, 570.
Corcan, 150.
Corcran clérech, 524.
Cormac, xxxiv., xxxvii, 350, l. 29, 536, 538.
Cormac mac Carthaig, 526, 552.
Cormac mac Coirbri, 176.
Cormac mac Culennáin, 522.
Cormac Snithene, 82

INDEX OF PERSONS' NAMES. 601

Cormac, sixth successor of Patrick, 512, 542, 548 n. = Corbmac, 546.
Corotinus, 375, 376, 378, 380, 498.
Cothraige (= *Caturigios*?), 16, 212, 384, 390, 404, 440, 470; Cothraege, 510; gen. Coithrigi, 310, one of S. Patrick's names.
Courentinus, S., 502.
Crebriu, 134, 418.
Cremthann, 250.
Cremthann mac Briain, 106.
Cremthann mac Cinnselaig, 190, 347.
Crimthan Mór mac Fidaig, 570.
Crimthann, Crimthan, mac Éndi, 342, 344, 346, 512, gen. Cremthinn, 342, l. 2.
Cronán filius Feradig, 336.
Cronán mac Tigernaig, 514.
Crondbadrai, 572.
Crummaine Lecna, 550.
Crumtheris, 574; Cruimtheris, 232.
Crunnmael, 458, 460; mac Ronain, 542.
Cruth Loch Lethlanu, 305.
Cúan hua Lothchain, 524.
Cúana, 250.
Cúangus, 146, 149, 478.
Cú-chúarain, 166, 518.
Cú-chumne, 520.
Cú-chulainn, xxxiv., xxxv., xliii.
Cú-díniac, 542, 546, 548 n.
Cuillenn (qy. place?), 350, l. 28.
Cuircthe, 198.
Culeneus, bp., 304.
Cú-máma, 132.
Cumine Fota, xli.
Cummascach, 544, 548.
Cummen, nun, 340.
Cumméne, 134, 336.
Cúrói, 554.
Cyprianus, martyr, 554.

D.

Daall mac Hencair, 340, l. 3.
Da-Bonna, 548.

Dabid, 62, 72, 256; mac Iese, 482; David, xliv., 530.
Dabid Cille Muni, 516.
Da-Chosca, xxiii.
Daig mac Cairill, 514.
Daigreus, bp., 304.
Dáire, king of Ulaid, 564; Daire dúr, 570.
Dairenne, 331.
Dallbronach, 310.
Daniel, 349, l. 8; Daniel the angel, 164.
Dare Barrach mac Catháir Moir, 402.
Dáre, gen. Dáiri, 271, 290.
Dáre mac Findchada, 228, 470, 472.
Darerca, 87, 252, 382, 412, 432, 550.
Darii, nun, 504, l. 7.
Da-Rioc, 548.
Dau macc Briuin, 350, l. 30.
Dechnán, 156.
Deggell mac Natsluaig, 166.
Demán mac Cairill, 224.
Deolait, daughter of Maeltuile, 544.
Derball mac Aeda, 208.
Dercilus (*Darcellus*), 535.
Derclaid (? Derglám), 321.
Derglám, 110.
Derg mac Sciriri, 204.
Dérmait hua Tigernáin, 544, 546.
Derthacht mac Briain, 106.
Diarmait, ab., 190, 344, 349, 520, 538.
Diarmait, Dérmait, mac Restituti, 72.
Diarmait mac Aeda Slane, 516, 552.
Diarmait mac Cerbaill, xl., 88, 514, 536.
Diarmait mac Conchobair, 526.
Diarmait mac Cormaic, 528.
Diarmait mac Dondchada, 526, 528.
Diarmait mac Ferguso, xxxiii.
Diarmait mac Mael-na m-bó, 524.
Diarmait mac Muredaig, 528.
Dicholl, gen. Dichuill, 78.
Dichu, 275, gen. Dichon,296; dat. Dichoin, 276; acc. Dichoin, 276, 277; abl. Dichu, 278.
Dichu mac Trichim, 36, 38, 40, 450, 452.
Dicuill, abbot, 248.
Dig (Deg?), gen. Dego, 270.
Dimman, monk, 162.

Dimmóc Glinne Uissen, 350, l. 5.
Dinnim (Dandamis), xxxi.
Dircillus, S., 502.
Doath, gen. sg., 337, l. 8.
Do-Bonne maccu Baird, bishop, 80.
Dola, 202.
Do-Lue, Du-Luae, of Croibech, 76, 349.
Domangart mac Echach, 224.
Domangort mac Fergussa, 552.
Domnall, 544, 548.
Domnall, bishop, 80; Domnallus, bp., 304.
Domnaldus, 548 n.
Domnall Cúile Conalto, bp., 158.
Domnall hua Briain, 528.
Domnall hua Londgain, 528.
Domnall hua Nóill, 522.
Domnall mac Aeda, 148, 516.
Domnall mac Cellaig, 518.
Domnall mac Coilcni, bp., 158.
Domnall mac Cremthainn, bp., 158.
Domnall mac Erca, 514.
Domnall mac Muircertaig, xxxiii.
Domnall mac Muredaig, 514, 518, 520.
Domnall Mide, 538.
Domnall Remor, 526.
Domongart mac Echach, 120.
Domungart, 349, l. 26, son of macc Erca?
Domungart, 501.
Donatus, S., 502.
Donn mac Miled, 424.
Donnchad, gen. Donnchodo, 72.
Donnchad mac Briain, 524, 540.
Donnchad mac Domnaill, 520.
Donnchad mac Domnaill Remair, 526.
Donnchad mac Flainn, 522.
Donnchad mac Muredaig, 526.
Donnchad Mide, 538.
Doro, king of Carn Setnai, 160, 348, l. 29.
Dorrine, 351, l. 9.
Dorthem, gen. Dorthim, 335.
Draigen, 140.
Drichú, 466.
Dricriu, king, 186.
Drona mac Tigernaig, 160.
Dua Tenga-huma, 552.
Duach, ab., 514.
Duach, 542, 548 n.

Dubaed 240, 350, l. 17.
Duban, 240, 350, l. 17.
Dubchonall mac Amalgada, 126.
Dub-dá-lethe, com. P. xxxii. 520, 522, 524, 544, 548 n.
Dub-dá-lethe mac Cellaich, 544, 548.
Dub-dá-leithe mac Cerbaill, 70.
Dub-dá-lethe mac Sinaig, 542, 548 n.
Dub Duin, 518.
Dubthach, 351, l. 4.
Dubthach mac Munnich, 210.
Dubthach maccu-Lugair, 52, 188, 190, 270, 282, 283, 344, 402, 456, 564, 570.
Dubthach, seventh successor of S. Patrick, 512, 542, 548 n.
Du-Duhae mac Corcain, 150.
Duilenn, 350, l. 7.
Dulcis, 306.
Dungalach, 351, l. 7.
Dungalach mac Faelgusa, 214.
Dunlaing, gen. Dunlinge, 184, 308, 331, l. 6, 342, l. 21, 466.

E.

Eber, Emer, gen. Emir, 408, 424.
Ebur bp., 501.
Ecán, bp. 158.
Echtra, 186.
Eiche of Cell Glass, 82, 550.
Eichen mac Briain, 106.
Eithne wife of King Cormac, xxxvii.
Eladach mac Maile Odræ, 340, l. 23.
Emer, xxxiv., 168.
Emer, 'duae Emerinae,' 20, dí Eimir, 90.
Enán of Drumun Findich, 162, 349, l. 5.
Éndae, 156, 321; Éndae Cromm, 126, 128.
Éndæ Cennsalach, 342, l. 19, gen. Éndi Ceinselich, 342, l. 22.
Éndae mac Neill, 60.

INDEX OF PERSONS' NAMES. 603

Endeus fil. Amolngid, 309, 326.
Enna Bacach, 526.
Enna Cúl-lomm, 126.
Enna mac Dondchado, 526.
Enna mac Loegari, 556, 558.
Eochaid Diainim, 126.
Eochaid (Echuid) Guinech mac Oingosso, 349.
Eochaid mac Bressail, lxiii., 166.
Eochaid mac Briain, 106.
Eochaid mac Diarmata, 542 =Eochaig, 548 n.
Eochaid mac Ninneda, 514.
Eochaid mac Oengussa, 132.
Eochaid Oen-áu, 126.
Eochaid ua Flanducain, 384, 394.
Eochu, 349, 514, 554.
Eochu Baillderg, 206.
Eochu Bindech, 152.
Eochu Buide, 516.
Eochu Caech Inbir, 156.
Eochu Fedlech, xiv.
Eochu, king of Cenél Eogain, 524.
Eochu Lámderg mac Mesincorb, 446.
Eochu mac Cremthin, 176, 178, 180.
Eochu Muinmedoin (leg. Muigmedon?), 78.
Eochu mac Endai, 158.
Eochu mac Fiachrach, 154.
Eochu mac Muiredaig, 224.
Eochu mac Nathi, 135.
Eochu mac Oengussa, 552.
Eochu Muigmedoin, 572.
Eochu Sálbuide, xxxi.
Eogan, 536.
Eogan made king, 250.
Eogan Bél, 514.
Eogan Cóir, 126.
Eogan i Fid mór, 348, l. 27.
Eogan mac Briuin, 182.
Eogan Manistrech, 520, 544, 546, 548 n.
Eogan mac Néill, 128, 150, 152, 480, 512.
Eogan mac Nialláin, 228, 470.
Eoin Bauptaist, xxxvii.
Eoin mac Zepideii, 482.
Erc, gen. Eirc, 348, 350.
Erc, bp., 264, 266, 506.
Erc (= Ercnat) daughter of Dáre, 266, 574.

Erc, son of Mac B(riain), 350, l. 29.
Erc Derg mac Broín, 94.
Erc mac Bregain, 402.
Erc mac Dego, 42, 270, 280, 281, 454.
Erc Slane, 572, 574.
Erclach, presb., 162, 349.
Erclang, 305 ; Ercleng, 94, 313.
Erdit, 192, 349.
Erem, gen. Erimon, 408 ; Erimon mac Miled, 422, 424.
Ercnat, daughter of Dáre, 232.
Eresus, 432.
Ermedach of Clochar, bishop, 60.
Ernaisc, 110.
Ernascus, 337.
Ernéne, 340, l. 11.
Ernín, nun, 340.
Eserninus, 331.
Essu, cerd, 250, 574 ; Essa, 266.
Etar, xxxix.
Eterscela mac Maic Ercac, 192, 349.
Ethne, 480 ; Colombcille's mother, 150.
Ethne, Eithne Find, 92, 100 ; E. alba, 312, 315.
Eugenius, bp., 306.
Ezechia, 254.

F.

Faelán mac Colmáin, 518.
Faendelach mac Moenaig Mannacta, 542, 548 n.
Fáilán filius Saráin, 336.
Failartus, epis., 321.
Failbe Flann, 214, 538.
Failgnad filius Fáilláin, 336.
Faillén, 184.
Falertus, bp., 304.
Feccol Ferchertne, 278.
Feccus, bp., 304, 331.

INDEX OF PERSONS' NAMES.

Fechín Fobair, 518, 588.
Fechtmaide (Sechtmaide?), 16.
Fedelm, 350, l. 16.
Fedelm, d. of Ailill, 184.
Fedelm ingen Amalgada, 132.
Fedelm, Feidelmm, Derg, 92, 100, F. Rufa, 312, 315; Fedilm, 134.
Fedelmid, 344; Fedilmid, 190, 350, 538; Feidilmed, 194.
Fedilmid mac Amalgada, 126, 130.
Feidlemed mac Crimthainn, 266.
Feidelmid hua Faelain, 12th successor of Patrick, 542, 548 n.
Feidilmid (gen. Feidilmedo, Fedeilmtheo, Fedelmedo, Fedelmtheo), mac Loiguire, 334, 336; Fedilmidius, 334, 335; Fedilmid, 335.
Feidlimid, ab., 514.
Feidlimid rí Cassal, 520.
Feidlimid mac Crimthain, xxxiii.
Feidlimid, Fedlimthe mac Loegairi, 66.
Felart, bishop, 96, 108, 313, 319.
Felestus, 432.
Fenius Farsaid, 422, 424.
Feradach, 301.
Feradach mac Eogin, 348, l. 27.
Feradach filius Fergusso, 336.
Fer-dá-chrích, 520, 542, 546, 548 n.
Ferdomnach, 334 n.
Fergair mac Roiss, 208.
Fergal, 538.
Fergal mac Maele Duin, 518, 554.
Fergna mac Cobthaig, 188, 350.
Fergus, gen. Fergusso, 330, l. 1.
Fergus, brother of Brenainn, 78.
Fergus, filius Fedelmtheo, 336.
Fergus Cerrbél, xxxiii.; mac Conaill Cremthainne, 512, l. 11.
Fergus Fili, 564, 570.
Fergus mac Amalgada, 126, 130.
Fergus mac Demill, 349, l. 14.
Fergus mac Erca, 514.
Fergus mac Eogain, 156, 348.
Fergus mac Muredaig, 514.
Fergus (mac Néill?), 478.
Fergus Mór mac Eirc, 162.
Fergus Mór mac Nisse, 168, 348.

Fergussus frater Endi, 326.
Ferinus, 412, 432.
Fetambir, 350, l. 29.
Féth Fio, gen. Fétho Fio, 338, ll. 21, 24.
Fethgna, ab., 520.
Fiacc, 278; *ferti* virorum Feec.
Fíacc mac Amalgaid, 218, 349, l. 24.
Fiacc, gen. Féice, 40, 42, 46, 194; Fíacc of Sleibte, 52, 240, 242, 283, 344, 346, 426; Fíacc Finn, 194; Fíacc mac Erca, 188, 190, 192, 402.
Fiacha, 80.
Fiacha dethroned, 250.
Fiacha mac Néill, 80, 310.
Fiachna Lond mac Coelbaid, 552.
Fíachra, ab., 514.
Fíachra of Cúil Echtrann, bp., 162.
Fíachra mac Colmáin, Patrick's 11th successor, 452, = Fiachraig, 548 n.
Fíachra mac Echach, 126, 309.
Fíachrae mac Féicc, 190.
Fíachra Lond, 512.
Fíachra, gen. Fiechrach, 337, l. 7.
Fídach 572; gen. Fidaig, 570.
Fidgaile, 72.
Fidmune hua Suanaig, 520.
Finan i Tich Airthiur, 350, l. 7.
Findchad, gen. Findchada, 32.
Findchad mac Eogain, 228, 470.
Findchú ó Brí Goband, xxxvii.
Finden of Mag Bile, 462; Finnian Maige Bile, xxx.
Find hua Baisgne, 536.
Findlaech, 524.
Finnachta Fledach, 518.
Finnachta mac Maele-duin, 554.
Finnguine, xxi.
Finnia, 58.
Finnian, 544.
Fintan Clóno Eidnich, 350, l. 5, 516.
Fintanus (?), bp., 304.
Fith, bp., alias Iserninus, 342, ll. 1, 20; 344, l. 4.
Fithel Féigbríathrach, xxxiv.
Flaithbertach, 538.
Flaithbertach mac Loingsig, 74, 518.

Fland, 538.
Fland Feblae, 346, 542, 548 n.
Fland mac Maelsechlainn, 520.
Fland Roi mac Cummascaig, 544.
Foelan Fennid, 130.
Fogartach mac Neill, 518.
Foilge Berraide, 216, 218.
Foirtchern mac Fedeilmtheo, 66, 334.
Foirtchernus, 335, 336.
Fora mac Connla, 210.
Forand, 422.
Forannan, ab., 520, 542.
Forannan mac Muirgile, 544, 546.
Forfáilid filius Failgnaith, 336.
Fortchern, 266; F. goba, 574.
Fot mac Deraig, 214.
Fotaid, 390.
Fothad, gen. Fothuid, 330, l. 1.
Fothad mac Echach Láimdirg, 446.
Fotid, 8, 510.
Fraech mac Findchada, 552.
Fuirc mac Forat, 210, 351, l. 3.
Fursu, 516.

G.

Gabrán, 162, 331.
Gaethíne mac Cinaeda, 194.
Gairtne mac Munnich, 210.
Galaad, xxxviii., xxxix.
Gall-drui, wizard, 248.
Gamaliel, 24.
Garban, 222, 482.
Garrchu, gen. Garrchon, 30.
Garrchu mac Fothaid, 446.
Gartne, 351, l. 5.
Gas macc Airt, 351, l. 9.
Geintene in-Echiniuch, 348, l. 20.
Gelasius (second pope of that name), 32.
Gemtene, 144 = Geintene q. r.
Gengen, monk, 305.

Germanus, 24, 26, 28, 30, 270, 272, 342, 384, 404, 406, 416, 418, 420, 444, 496, 499, 502, 560.
Gerrchenn mac Dubthaig, 206.
Gideon, 124.
Gildas, S., 502, 514.
Gilla Chomded, 546.
Gilla mac Liac, com. Patr., 528, 546.
Glaisiuc, 162.
Glass, gen. Glaiss, 122, 324, 570.
Glerand, 420.
Gleru mac Comméne, 134.
Goedel Glas, 422, 424.
Gollit, 68, 335.
Gomogillus (leg. Comogillus), 503, ll. 17, 21.
Gondbaum? 548.
Gorianus, 392.
Gorniad, gen. sg. (of Gornias 8, 432 ?), 432 = Gornuith, 432.
Gornias, 8, 432.
Góssacht filius Milcon maccu Buain, 304, 329 = Gosactus, 311.
Gothfraid, gen. sg. (Godafrid), 522.
Gradus, gen. Gradi, 313.
Gregorius Nazianzenus, 502.
Gregory, xliii.
Gregory the Great, xix., 357, notes 13, 14, 15, 514, 502, 516, 536.
Guaire Aidne, xli.
Guasacht, 20, 90, 168.
Guiniavus, S., 502.
Gulide, xxxiii.
G[u]oidianus, S., 502.
Guoidwalus, S., 502.
Gwinwaloeus, S., 502.

H.

Heleran ind-écnai, 60, 55. See *Aileran, Aireran.*
Helesseus, 299.
Helias, 23, 363.

Hencar (Senocaros?), gen. Hencair, 340, l. 4.
Hencretus, 412, 432.
Hercae, gen. sq., 324.
Hercaith, 301.
Hercus, 306, 308.
Heric, gen. sg., 319.
Hernicius, Ernicius, subdiac., 305, 318; Her.
Hernicus, 106.
Hestras, 430.
Hibernicius, 104-106.
Hieronimus, 502.
Hilarius, S. 502; Helóir, eps., 554.
Hinu vel Ineus, 328.
Hono, wizard, 94, 313.
Honoratus, 503.
Honorius, 501, 503.

Ioseph, successor of Patrick, xiv., 266, 267.
Ioseph mac Fathaig, 544, l. 23 = Iosep, 548.
Iosephus, 502.
Iosopus mac Iosep, xxxviii.
Iosuae, 430.
Ir mac Miled, 424.
Irard mac Coisi, xxxii.
Irgalach, 72.
Iserninus, 82, 186, 273, 497; Isserninus, 342, ll.; 1, 24; 344, l. 3; Eserninus, 331.
Israel, 296.
Isaac, 368; Isáác, 379.
Íssu (Jesus), 64.
Íte Cluana Credail, 514.
Ith, 313.
Iudicailus, S., 502.
Iupiter, 418.
Iust, Iostus, Iuostus, diac., 104, 305, 318.
Iustianus mac húi Daiméne, 304.
Iustianus, 184.

L

Iacob, 254, 368, 379.
Iacobus apostolus, 172.
Iarlathe, bp., 512.
Iarlathe mac Trena, 220, 542.
Iarlaithi mac Loga, 546.
Iarnascus, 320.
Ibair, bp., 198, 200; Ibar, bp., 512; Iborus, bp., 304.
Id, wizard, 94.
Iese, 172.
Iessu (Joshua), 410.
Illann, son of Dunlaing, 184.
Imchad, 351, l. 4.
Immchath mac Colla dá Crích, 182.
Immchath mac Munnich, 210.
Inaepius, a Frankish bp., 305.
Indrechtach mac Muridaig, 518.
Iob, xlii.
Iohan maccán, 62, 256.
Iohannis [Capirion], Cardinalis, 526.
Iosep, ab., 522.

L

Laebán, 267.
Laisren, xx.
Laithphe, 306.
Lallócc, 82, 104, 550; Laloca, 317.
Lám-áed, 200.
Lamnid mac Munnich, 210, 351, l. 5.
Lampares, 533.
Lampridés (Lapades), 533.
Lamselot de Lac, xxxviii., xxxix.
Lasar, 350, l. 7.
Lassar ingen Anfolmithe, 338, l. 19.
Laurent, relics of, 238, 301, 354, 474.
Leet (?), 349, l. 25, son of mac Ercae?
Leo (?), presb., 349, l. 15.
Leo, 412, 432, 501.

Leo, S. 502.
Learu, 134, 420.
Líamain, 412, 432.
Liathan, father of Tassach, 46.
Libair, cruimthir, 164.
Lilach, 184.
Lóairnn, bishop, 38, 452; Loorn, eps., 550; Loarnus, 337.
Loarnach, 110.
Loch lethlaneus, 306.
Lochan Dílmana, 516.
Locharnach, 320.
Lochru, wizard, 32, 44, 54, 273, 281, 456, = Lochra, 448. See *Lothroch.*
Lochru mac Tamanchind, 110.
Loeban, 574.
Loegaire mac Néill, 32, 40, 44, 52, 60, 72, 74, 92, 186, 250, 270, 273, 279, 282, 285, 302, 308, 310, 330, 381, 382, 392, 454, 456, 512, 554, 562, 564, 566, 571.
Loingsech, xxiv.
Loingsech mac Oengussa, 513.
Lombchu, 351, l. 1.
Lommán, son of Gollitt, 66, 68, 202, 335, 550; Lommánus, 305, 319, 334, 336.
Lommanus Turresc, 321.
Lommchú, 202 = Lombchú, 351.
Lonán son of Macc Eirce, 350, l. 27.
Lonán mac Senaig, 76, mac Senich, 349, l. 21.
Lopus (= Lupus), 503.
Losca, exorcist, 305.
Loscán, 198.
Lothroch, wizard, 273 = Lothrach, 448. See *Lochru.*
Loutiernus, S., 502.
Lubeniath, 432.
Lucas S., 572.
Lucat-mael, wizard, 32, 54, 278, 283, 422, 448, 458.
Luchta, Lucteos, 110, 321.
Lucru, wizard, 422.
Lugach, presbyter, 74, 349.
Lugaid mac Eirc, 74, 349.
Lugaid mac Loegairi, 32, 60, 404, 464, 512.

Lugaid mac Oenguso, 76.
Lugaid mac Setna, xxii.
Lugáith gen. sg., 337, l. 25.
Lugar, gen. Lugir, king of Hiruait, 122, 324.
Lugna, gen. Lugni, 337.
Lugnath, crumther, 550.
Lupait, 12, 16, 234, 252, 266, 390, 412, 414, 432, 436, 438, 510, 574.
Lupus, 503.
Luran Duannire, 550.

M.

Mabran, Barbarus, 92.
Mac Ca[e]rthaind, eps., 574.
Mac Caille, 310, 550.
Mac Cairill, 349, l. 14.
Mac Cais, 324.
Mac Cairthinn, 144, 264, 266, = filius Cairtþin, 338, ll. 2, 4 ?
Mac Cairthenn, bp., 156, 174, 176.
Mac Cairtne = filius Cairtne, 310.
Mac-Cecht, 250, 266, 574.
Mac Cerce (leg. Erce ?) filius Maic Dregin, 326.
Mac Clarid, 208.
Mac Con, 122, 324, 570.
Mac Craith, xli.
Mac-Cuill, 220, 222, 271, 286, 288, 289, 349, 482.
Mac Dá-Thó, xxxii.
Mac Dregin, 326.
Mac Duindalebe, 526.
Mac Eirc, 202, 348.
Mac Erca, mac Ailella Muilt, 514.
Mac Ercae, son of Macc Dregin, 326 = filius Ercae filii Dregin, 327; Mac Ercae, episcopum, 329, 349.
Mac Ercai, 94, 136.
Mac Find, 188.
Mac Glais, 324.

Mac Lais.e, 516, 542, 548 n.
Mac Luisse (Lesse), 164.
Mac Liathain, 570.
Mac Loingse, 548 n.
Mac Maire, 410.
Mac Nisse of Condere, 162, 166, 349, 351.
Mac Nissi mac Munnich, 210.
Mac Núin, 410.
Mac Ríme, 136, 327, 340, l. 8.
Mac Taide, 528.
Mac Táil, 186, 250, 350; Mactaleus, bp., 304, 331.
Maccu Baird, 548.
Maccu - Buain, "filius nepotis Buain," 510.
Maccu-Garbu, 543.
Maceleus, bp., 304.
Macet, 314, Machet, 348.
Máedóc Clono Móir Máedóic, 350, l. 6.
Mael, wizard, 317.
MaelBrigte huaTornain, 522, 544, = M. mac Dornaen, 548.
Mael-Cánaig, 520.
Maelchoba, 516, 520, 536; MaelChoba macc Crundmael, 544 = Mælcaba, 548.
Mael-duin mac Aeda Sláne, 554.
Mael-duin mac Scan(láiu), 348, l. 22.
Mael-ísu, com. Patr., 526.
Mael maedach hua Morgair, 544.
Mael-maire, 524, 538.
Mael-maire mac Eochacain, 544 = Mælmuire, 548.
Mael-mithig, 538.
Mael-mór mac Airgetáin 514.
Mael-muad, 522.
Mael Odrae mac Aeda Slane, 70, 340.
Mael-Odrán mac Díma Croin, xxxiii.
Mael-Patraic, ab., 522.
Mael-Patraic mac Macle-tuile, 544, 548.
Mael-Ruanaid, 520.
Mael-Sechlainn mac Domnail, 522, 524.
Mael-Sechlainn mac Mael-runaid, 520.
Ma-Genoc, bp., 335.
Magonius, 16, 302, 384, 390, 392, 440, 510; one of Patrick's names.

Mnichet, 98.
Mailcun, 501.
Maine, 325; bp., 142, 348.
Maine Andái, xiv., mac Ailella, xiv.
Maine mac Caiss, 350, l. 10.
Maine mac Cerbaill, 552.
Maine mac Coulaid, 174.
Maine mac Néill, 86, 250, 464.
Maire Ingen, xxix, 238.
Malach Brit, 198.
Manach, cruimthir, 266, 574.
Manchán, 346.
Manchán, Léith, 518.
Mantán, deacon, 202, 204.
Mantais, 454.
Marcán, mac Cilline, 186.
Marcus, evang., 502.
Maria (Miriam), 508.
Marii (?), 340, l. 7.
Martin, elder, 468.
Martin S., xv., 8, 24, 502, 510, 554, 560.
Mary, (B. V.), xliv., 36, 559. See *Maire*.
Mathona, 99, 314, 322, 348.
Maucen Magister, 136.
Maucteus, 498, l., 24. See *Mochtae*.
Maun (=Magonius), 497, l. 33.
Mauricius, imper., 351, note 6.
Maxim, 412, Maximus, 432, 506.
Mecher mac Forat, 210, 351.
Medb, presb., 337, lines 4, 20.
Medb, queen, xiv.
Medbu, 321.
Medraut, 501.
Mél, bishop, 82, 84, 86, 88, 550.
Melchisidec, 273.
Melchu, bishop, 86.
Meldán of Cluain Orema, 74; Mellan, 349.
Mcleon, eps., 550.
Meliant, xxxviii.
Melorus, a Cornish saint, Haddan and Stubbs, II., 85.
Melus, bp., 304, 310.
Menathus, bp., 304.
Mercud, gen. Mercuid, 412; Mercut, 432.
Merminus, 498, l. 30.

INDEX OF PERSONS' NAMES. 609

Mescan, crumthir, 264, 266, 574.
Mesincorb, 446.
Methbrain, 311.
Mevinus, S., 502.
Michael, archangel, 414, 424, 558.
Midnu (m'idnu?), 550.
Mignae, 182.
Mil, gen. Miled, 422, 426.
Miliuc maccu-Búain, xlviii., 16, 28, 34, 38, 275, 276, 302, 311, 330, 384, 390, 404, 414, 448, 450, 510, 560, written *Milcho* by Colgan, 19, 20, 21, 438, 440, 442.
Miserneus, bp., 304.
Mo-Chae of Noendruim, 40 = Mochoa, 452.
Mo-Chonóc, 192, 341.
Mo-Chatóc, 190, 192; of Inis Fail, 344, 349.
Mochtae, 226, 264, 266, 574.
Mo-Chuta, xlii, 516, 538, 556.
Moel, wizard, 90, 102, 104.
Moel-Duin mac Scannlain, 148.
Moel-Isa, 548n.
Moel-mór, 88.
Moel-Suthain (Caluus Perennis), 336.
Moenach Mannacta, 542.
Mogain, daughter of Ailill, 184.
Mogan, daughter of Fergus Mór, 168.
Mo-Genóc of Cell Dumai Gluinn, 68, 550.
Mogin, 350, l. 16.
Mo-Gornan. 548.
Móissi mac Amra, 112.
Mo-Lasse, Lethglinne, 516.
Moling, xxv., xli., 518.
Mo-Lue, pilgrim, 78.
Monach, crumthir, 136.
Moneisen, gen. sq., 271, 496.
Mongfind, 572.
Moyses, 23, 62, 256, 295, 331, 322, 446, 474, 482, 500, 508.
Muadau Martrach, 349, l. 3.
Mucneus, in gen. *Mucnói*, bp., 326.
Mu-Dubai mac Orcain, 348.
Mu-Lommæ, exorc., 350, l. 10.
Mu-Luan, 349, l. 11.
Mugrón com. Coluimb cille, xx.
Mug-Ruith, xvii.
Muin, 202.

n 10231.

Muindech (later Muinnech) Forat, 351, l. 3.
Muinremar, 144.
Muirchu Maccu Machtheni, 271.
Muire (B. V. Mary), xxix.
Muiredach mac Eogain, xxxii., 150, 480.
Muiredach mac Erca, 512, l. 10.
Muiredach mac Imchatha, 182.
Muiredach Munderg, 559.
Muiredach Tirech, 536, 572.
Muiredaig, bishop, 134.
Muirethachus, bp., 304, 327.
Muirgius mac Maile-duin, 148, 348.
Muirgius mac Tommaltaig, 520.
Munis, Muinis, bishop, 68, 82, 84, 335, 550.
Munis, crumthir, 349, l. 15.
Munna, S., 502.
Munnech mac Forat, 210.
Murchad mac Brain, 518.
Murchertach mac Erca, 512, 552.
Murchertach mac Neill, 522, 528.
Muric (Mauricius) gen. sq., 412, 432.
Muricán mac Ciaracáin, 544 = Muirecán, 548.
Muridach, ab., 522.
Muridach mac Fergussa, 544, 548.
Muscán, 351, l. 4.
Muscán mac Munnich, 210, 212.

N.

Nabcodonosor (*Nabcodon*), 535.
Nai filius fratris Patricii, 340, l. 3.
Naindid, 190, 344, 350.
Naindid mac Munnich, 210.
Néo filius fratris Patricii, 340, l. 3.
Nat-sluaig, 166.
Nat-fraich, 196, 214.
Nathi mac Fiachrach, 136.
Nathi mac Garrchon, 30, 32, 446, 448.

Q Q

INDEX OF PERSONS' NAMES.

Nazarius, bp., 304.
Nectain, 548.
Nectan, conf., 506.
Neissi, xxxi.
Nél mac Goedil Glais, 422.
Ném, bp., 162, 349, 514.
Nemed, xxvii.
Nemías, 430.
Nemnall, 132.
Nena, 202; Nene, 420.
Nero, 56.
Nessán, lx., 204.
Nétach, gen. sg., 337, l. 25.
Nia Fruich, gen. Nióth Fruich, 331.
Níall Calle, 520, 538; N. Caine, 545 n.
Níall, father of Loegaire, 32, 74; Neel, 308; Níall Nóigíallach, 536.
Níall Frossach, 174, 520, 554.
Níall Glúndub, 522, 544.
Níall mac Eochada, 524.
Níall mac Maelsechlainn, 524.
Níall mac Munnich, 210.
Níall Mór, 572.
Níall Nainded, 351, l. 6.
Níallán, 228.
Nimrod (*Nebrúad*), 531.
Ninnid, Naindid, 514.
Ninníne Éces, 426.
Ninus (*Nin*), 531.
Nitria, 106, 318.
Nóda of Loch Uama, 144; Nuada, abbot of Armagh, lxiii., 82, 520.
Nothi, gen. sg., 301.
Nuadu Derg, 562.

O.

Ocbass, 16; Ocmus, 412; Ocbas, 432.
Odisse, 357, 404, 412.
Odrán, charioteer, 218, 265.
Oengus mac Ailella, 156.
Oengus mac Amalgada, 126, 130.
Oengus mac Colmáin, 516.
Oengus mac Maic Ercae, 192, 366, 349.
Oengus mac Erca Deirg, 94, 349.
Oengus mac Natfraich, 76, 194, 196, 250, 468, 470.
Oengus mac Oiblín, xxix.
Oengus mac Senaig, 110; Oingus mac Senaich, 322.
Oenu hua Loigse, 514.
Oingus, 350, l. 26.
Oisín mac Find, lviii.
Olaf, son of Harold, 540, note 9.
Olcán, 349, l. 1.
Olcán, bishop, 136, 160, 164, 304, 326, 329.
Olcán, monk, 94; Olcanus, monk and deacon, 305.
Olchobar ri Cassil, 520.
Óno mac Oengusa, 94.
Orcán (porcellus?), gen. Orcáin, 348 l. 25.
Ordius, bp., 304.
Oric (?), 412; Oricc, 432.
Ossan, 336.
Ota, gen. sg., 412.
Otta, 432.

P.

Palladius, 30, 270, 272, 332, 418, 446, 493, 499, 504, 510, 554, 560.
Partolon, xxvii., 532.
Paternus, S., 502.
Pátric ('tres alii Patricii'), 26–27.
Patrick, his birth and parentage, 8, 269, 357, 377, 390, 404, 432, 548, 550; his ancestry, 412, 432, 494; baptized by Gornias, 8, 392, 432; reared in Nemthor, 8; works miracles in boyhood, 10, 12, 14; captured in his sixteenth (seventeenth?) year, 16, 300, 302, 360, 390, 412, 438, 494, 572; 'adoliscens immo pene puer imberbis,' 359–360; sold to Miliuc, 16, 302, 384, 390,

Patrick—*cont.*
438; his four names, 16, 302, 390, 412, 440; herds swine, 16, 18, 361; visited and taught by the angel Victor, 18, 414, 440; teaches Miliuc's children, 19, 329–330; Miliuc's dream of, 19, 392; recognises his sister, 20; redeems himself from bondage, 21; arrives at Boynemouth, 22, 362, 416, 442; sails to Britain (?), 22, 23, 269, 442; fed in the desert, 23, 269; his vision of Satan, 24; his second captivity, 269, 495; his third captivity, 24; returns to his country and friends, 24, 270, 364, 495; his visions of the Irish, 25, 364, 406, 418, 442; proceeds to France and Italy, 25; reads with Germanus, 25, 270, 406, 416, 444, 496; taught by Germanus and Lupus, 503; goes with Germanus to Britain, 416; goes to S. Martin of Tours, 25; receives the monachal tonsure, 25, 560; vows not to eat flesh, 25; taught at Arles, 26; meets three other Patricks, 26, 27; sets out for Ireland, 28; obtains the staff of Jesus, 28, 30; begs three boons of Christ, 30; hears of Pelagius' failure, 30, 272, 499; goes to Rome and is ordained, 30; is refused ordination, 418; ordained by Amatorex, 272; in presence of Celestinus, 420, but see 444; obtains the name Patricius, 32; sent to Ireland by Victor and Celestinus, 332, 499; by Germanus, 342; goes to Ireland (Inver Dea), 32, 275, 448, 550, 552; curses Nathi, 32; blesses Sinchell, *ib.*; foretold by Druids, 32, 34, 273, 274, 406, 422, 448; sails to Inver Domnann, 34; goes to the isles of Maccu-Chor, 303; of which one was Inis Pátric, 34, 303; curses Inver Ainge, 34; takes Benén into his service, 36, 303, 454; goes to Inver Ailbine, 303; blesses Boynemouth, 36; lands at Inver Slan, 36, 275, 450; converts Dichu, 36, 275, 276, 450; sets out to Miliuc, 38, 276, 448, 450; returns to Dichu, 38, 277; converts Ulster, 38; preaches to Ross Mac

Patrick—*cont.*
Trichim, 38, 452; baptizes Mochae (Mochoa), 40, 452; sails to Inver Colpthai, 40, 277; marches to Tara, 40, 278, 454; lights paschal fire, 42, 279, 454; goes forth to the heathen, 44, 280; destroys a blasphemous wizard, 44, 281, 456; puts the heathen to flight, 46, 281, 456; goes to Lóegaire in the guise of a deer, 46, 458; composes the *Fáed Fíada*, 48, 381; appears in the banqueting hall at Tara, 52; blesses Dubthach, 52, 283, 458; baffles attempt to poison, 458; contends with Lucat-Mael in miracles, 54, 56, 58, 283, 284, 460, 462; fasts against Loegaire, 556; causes Loegaire to profess Christianity, 60, 285, 464, 564; leaves Lommán at Boynemouth, 66, 334; founds Áth Truimm, 68, 335; receives offerings 68, 336; comes to Taltiu, 68, 307, 464; goes to Conall son of Níall, 70; measures Rath Airthir, 70; blesses the green of the assembly of Taltiu, *ib.*; founds a church at Áth-Dá-laarg, 72; Vadum Molae, 307; goes to Druimcorcortri, 72; blesses Conall Mac Néill, *ib.*; returns to Tara, 74, 308; meets six clerics on his way to or from Rome, 74; prophesies his meeting with Cíarán, 76; baptises the Lugni, 76; blesses Lonán, son of Mac Senaig, 76; baptises the men of East Meath, *ib.*; baptises the men of Assal, 78; founds cloister at Áth Maigne, *ib.*; marks crosses on flag-stone, *ib.*; curses Brenainn, *ib.*; founds cloister at Uisnech, 80; curses the stones of Uisnech, 80; baptises Enda, *ib.*; causes Cormac mac Enda to be educated, *ib.*; leaves relics in Lecan Mida, 82; exchanges croziers with Munis, *ib.*; sends Munis to Rome, 84; his leper, *ib.*; works miracles for Munis, 84–86; leaves relics with Munis, 86; founds church at Ardagh, *ib.*; blesses Mane's concubine, *ib.*; visits bishop Mel, 88; orders men and women to be apart, 90; goes into Northern

INDEX OF PERSONS' NAMES.

Patrick—*cont.*
Teffia, *ib.*; gives the veil to the two Emers, *ib.*; goes to Mag-slecht and casts down the chief idol, *ib.*; founds a church there, 92; crosses the Shannon into Connaught, *ib*; banishes the magical darkness from Mag Ai, *ib.*; goes to Duma, 94; goes to Mag Glas, *ib.*; founds church at Mac Glas, *ib.*; buys land in Corcu-Ochland, *ib.*; makes well at Elphin, 96; founds church at Damacha, 98; his prophetic smile, *ib.*; founds church in Tamnach, *ib.*; goes to the well Clebach, 98, 314; his interview with Loegaire's daughters, 100, 102, 315, 316; tonsures the wizards Caplait and Moel, 102, 104, 317; goes into Tír Cairedo, 104, 317; founds churches at Ard Licce and Ard Senlis, *ib.*; goes into Húi Maine, 104; his Franks leave him, *ib.*; founds Cell Garad and makes a well there, 106; goes to Mag Selce and writes holy names there, 106, 319; founds church on Loch Selce, 108, 319; goes into Grecraig (Gregirgi), *ib.*; founds church and digs well in Drumne, 108; founds Cell Atrachta, 108, 391; blesses veil on Atracht's head, 108; curses the sons of Erc, 108, 319; goes into Mag Airtig, 108; goes into Drumat Ciarraigi Airtig (Airthic), 108, 320; reconciles Bibar and Lochru, 110, 320; goes into Ciarraige Árne, *ib.*; writes an alphabet for Ernaisc (Iarnasc), *ib.*; goes to Topur Mucno, 110, 321; builds four-cornered churches in Cúil Tolaith, *ib.*; goes into Tír Conmaicne, 110; goes into Mag Cerae (Caeri), 110, 321; founds church in Cúil Corre (Core), *ib.*; goes into Mag Foimsen, *ib*; goes to Topur Stringle (Stringille), 110, 320; goes to Achad Fobair, 112, 322; ordains bishop Senach, *ib.*; goes to Crúachan Aigle, 112, 322, 474; fasts on Crúachan, 114, 474; likened to Moses, *ib.*; banishes demons, 114; bargains with the angel, 114, 116, 118, 476; celebrates Easter at Achad Fobair, 120, 478; loses his charioteer,

Patrick—*cont.*
120; goes into the country of Corcu-Temne, 122, 323; lifts the stone in the well of Findmag, *ib.*; resuscitates king Lugar's swineherd, 122, 324; his respect for Sunday, 124, 294; miraculously saved from rain, *ib.*; his respect for crosses, 124, 294, 325; miraculously illumines a plain, 126, 295; goes to Húi Amalgada, 126; promises to go into Conall Mac Endai's country, 128; helps Conall in his argument, *ib.*; bestows his chariot on Conall, 130; destroys the wizard Roechred, 130, 325, 326; heals two lame men in Óchtar Cáerthin, 132; heals the blind Rúain and blinds Mignae, *ib.*; heals Aed the Tall of lameness, *ib.*; destroys nine wizards, 134; founds Killala, *ib.*; baptizes Crebriu and Lesru, *ib.*; goes into Forrach mac n-Amalgodo, 134, 327; raises a dead pregnant woman to life, 134; baptizes twelve thousand at Oen-adarc, *ib.*; goes south to the Ferta of Loch Dé-ela, 136; goes to Lecc Finn, *ib.*; raises Echtra to life, *ib.*; prophesies the site of Olcan's monastery, *ib.*; goes to Lecc Balbeni, *ib.*; goes from West Bertlacha (Bertrige) to East Bertlacha, 136, 327; curses the Grecraige, 138; his prophecy to Conall Crozier-shield, *ib.*; goes eastward to Húi Fiachrach, *ib.*; curses a water, *ib.*; writes an alphabet Brón Macrime, 138, 327; is overtaken by wizards at Raith Rigbaird, 138; gives a tooth to Brón, 138, 327; baptizes (blesses) Draigen's seven sons, 140, 326; marks out Caissel Irre, 140; blesses the river Sliceech, 142; leaves bishop Rodan in Muiresc Aigle, *ib.*; curses the Callraigi, *ib.*; curses eastern half of river Bual, *ib.*; goes into Mag Luirg, 144; curses the inhabitants, *ib.*; goes to Druim Lias, *ib.*; leaves Benón there as abbot, *ib.*; goes eastward to the glens (Cenél Muinremair), *ib.*; goes eastward along Mag Ene, 146; curses the river Dub and blesses the Drobéss,

INDEX OF PERSONS' NAMES. 613

Patrick—cont.
146, 328; leaves bells, etc. in Connaught, 146; preaches seven years in Connaught, 146, 329; goes to Assaroe, 146, 478; curses the race of Carbacc, 148, 480; goes to Raith Chungni, 148; prophecies of Domnall, son of Aed, ib.; blesses Conall on Síd Aeda, 150, 478; blesses Cenél Conaill, 150; goes through Tyrone to Mag Itha, ib.; miraculously changes Eogan's shape, 152; blesses Eogan with his sons, ib.; goes to Ailech of the Kings, 152, 480; blesses Innishowen, 154, 480; goes into Daigurt, 154; his seven churches at Fochaine, ib.; founds a hermitage at Achad Drumman, 156; stays at the great church of Mag Tochair, ib.; goes into the Bretach, ib.; curses the churches of the sons of Cairthenn, 158; makes the three Domnalls bishops, ib.; goes into Ard Dáiluig, 160; his seven churches in Cianacht, ib.; blesses Sétna's unborn son, ib.; goes into the Lei, ib.; goes into Dál Araide, ib.; goes into Dál Riata, ib.; baptizes Olcán, ib.; causes Mac Nisse's hand to fall of, 162; prophecies of Fergus Mór's offspring, ib.; founds churches, &c. in Dál Riata, ib.; goes into Dál Riata, ib.; goes into Dál-Araide, ib.; deprives Saran of heaven and earth, 164; blesses Conlae, ib.; founds churches in Dál Araide, ib.; orders his charioteer to drive over Olcán, 166; prophesies Bishop Coirbre, son of Diggell, ib.; brings Gúasacht out of Dál Araide, 168; goes to the Húi Turtri, ib.; dwells forty nights in Findabair, ib.; takes kingship from Cairthen Mór, ib.; blesses the veil on Trea's head, ib.; goes to the men of Gabrae, 170; goes to the men of Imchlar, ib.; followed by Conaid from Domnach Airthir Maige, 174; goes to Telach Maine, ib.; goes to Húi Cremthainn, ib.; leaves Bishop Mac Cairthinn in Clochar, 176; goes into Lemain, ib.; preaches three days and three nights, ib.; expounds Brigit's vision,

Patrick—cont.
ib.; raises Echu, son of Crimthan, from the dead, ib.; makes Cinnu his female disciple, 178; brings Echu to life, ib.; goes into Húi Meith Tíre, 180, 466; curses the Húi Torrorrae, 180; resuscitates, baptizes, and buries Muiredach, 182; goes into Mugdoirn, ib.; baptizes and blesses the Mugdoirn, ib.; goes to Fir Roiss, ib.; changes cheeses into stones, ib.; curses the Húi Lilaig, ib.; goes to Raith Cúle, 184; blesses Húi Segain, ib.; goes to Bile Tortain, ib.; baptizes Ailill and Illann, ib.; Faillen's disrespect to, ib.; Dricriu's inhospitality to, 186, 466; Cilline's welcome to, 186, 468; goes to Mag Liphi, 186; pitfalls dug for him, 188; curses Láiges, ib.; blesses the Húi Ercain, ib.; meets Dubthach Maccu-Lugair, 188, 344, 402; makes Fíacc a bishop, 190, 344, 404; gives a case to Fíacc, 190, 344; leaves seven with Fíacc, ib.; curses Raith Baccan, 192, 194; founds churches in Leinster, 194; goes into Ossory, 194, 468; prophecies of the wood of Druim Conchinn, 194; goes to Cashel, 194, 468; baptizes Natfráich's sons, 196; goes into Muscraige Breogain, 198; loses a tooth, ib.; brings back Ailill's son to life, ib.; forgives horse-stealers, 200; makes a leek of rushes, ib.; curses the race of Colmán, ib.; curses Grian in Araide, 202; blesses the women of Grian, ib.; punishes exacting jugglers, 204; baptizes men of North Munster, 206; goes to Fininne, ib.; forms child of clot of gore, ib.; blesses Thomond, ib.; prophesies Senán of Inis Cathaig, ib.; prophesies of Brenainn, 208; goes into Southern Déisi, ib.; melts a mountain, ib.; converses with the king of the Déisi, ib.; curses the streams of the Déisi, 210; blesses the Suir, ib.; goes into Muscraige Thíre, ib.; sets apart Munnech, ib.; prophesies of Munnach's sons, 212; his rule (Cain), ib.; founds churches, &c. in Munster, 214;

Patrick—cont.
leaves Munster, ib.; goes to Brosnacha, ib.; brings Fot, son of Derach, to life, 216; blesses the feast of the bushel, ib.; blesses Munster, 216, 470; goes into Offaly, 216; saved by his charioteer Odrán, 218; curses the tree of Bri-dam, ib.; fasts against Trían, ib.; blesses Trian's wife and children, 220; detects Garván's imposture, ib., 220, 482; brings Garvan to life, 222, 288; sends Mac Cuill to sea, ib.; causes destruction of fortress at Druim-Bó, 222, 224, 289; prophesies evil of Echaid, son of Muredach, 224; blesses Domaugort in womb, ib.; goes back to Firroiss, 226; his prophecy of Clúain Cáin, ib.; goes to Ard Pátric, east of Louth, ib.; blesses the Dál Runtir, ib.; converses with Mochtae, ib.; delivers to Mochtae the twelve lepers, 228; obtains site from Dáre, 228, 290, 470; brings Dáre and horses to life, 230, 291, 472; obtains copper caldron from Dáre, ib.; founds church at Armagh, 230, 472; saves the life of a doe, 230, 292; visited by nine Lombard princesses, 232; plants an apple tree, ib.; the jurisdiction of his see, 234; drives thrice over Lupait, ib.; entreats his household to endure thirst, 236; buries Colmán the Thirsty, ib.; blesses Armagh, 236; how he measured certain buildings, ib.; goes to Rome and steals relics, 238; theft of his two nags, 240; sends horses and chariot to Fíacc, 242, 246; his panegyric by Sechnall, 242, 386, 389, 392, 394; why he did not preach charity, 244; his reward for Sechnall's hymn, 246; turns cheeses into stones, 248; turns fertile land into saltmarsh, 292; flings his hand-bell under a brake, 248; sets out to Armagh to die, 252, 295, 408, 424, 484; his four petitions, 296; receives communion from Tassach, 62, 170, 258, 260, 262, 297, 410, 486, 504; dies aged 120 years 436 years from the Passion, 302, on the 17th March 375, 62, 258, 260, 262, 501, 506,

Patrick—cont.
552, 572; burial of Patrick, 252, 298, 486; fire breaking from his sepulchre, 298; miracles at his funeral, 254, 297; conflict over his body, 254, 256, 298, 298, 299, 486; compilers of his miracles, 60, 256; his character, 256, 258; his diligence in prayer, 293; his honour at Doomsday, 258, 260; list of his household, 264, 266, 574; his creed, 358; his want of education, 359; his miracles, 408, 500, et passim; his dispute with Coroticus, 498; mentioned by Cumean, 493; Adamnán, 498; Nennius, ib.; Alcuin, 503; Marianus Scotus, 510; Gilla Cóemáin, 536; in the Rheims Litanies, 502; in the Calendar of Oengus, 503; in the Irish Canons, 506–509; in the Corpus Missal, 511; in the Book of Leinster, 512; his successors in the see of Armagh, 542-548.

Paulus, apostolus, 24; relics of, 30, 86, 238, 301, 329, 396, 502, 558; Pól, apstal, 62, 190, 256, 260, 344, 350, 446, 474, 482.

Persaval, xxxviii., xxxix.
Petar, apstal, 30, 86, 238, 260, 281, 301 329, 354, 396, 446, 474, 558.
Peter's successor, 446.
Petranus, S., 502.
Pledius (Palladius), 418.
Pluingced, xlii.
Porcarius, abb., 503.
Potitus, Fotid, 8, 16, 357, 404, 412, 494.

R.

Rabartach húa Móinaich, 544.
Racatus, S., 502.
Ragnall, 540.
Rawellus, S., 502.
Rechred, Rocchrod, wizard, 130; Recradus, 325.
Renell, 448.

INDEX OF PERSONS' NAMES. 615

Reon, wizard, 130.
Restitutus, 382, 394.
Restitutus, Secundinus, 506.
Riacatus, S., 502.
Ricend, a sister of Patrick, 550.
Richell, 432; v. *Rigell*.
Rigbard, gen. *Rigbairt*, 327.
Rígell, 76, 349.
Rióc of Inis-bó-finde, 82, 84, 152, 550.
Rodán, 108, 348.
Rodan, archpresbyter, 98, 305, 314, 319.
Roddan, buachail, 574. See *Rotán*.
Roddan Brig, 305.
Róide gen. sg., 310, l. 29.
Romuil, bp., 222.
Ronal, wizard, 273.
Ronán mac Tinne, xxi.
Ronán mac Tuathail, 516.
Ross mac Trechim, 38, 452, 564, 570.
Ross Rigbude, 422.
Rotán, Rodán, bp., 142 ; Rottan, 266.
Ruadri, 524 ; Ruaidri, xxix.
Ruadri húa Conchobair, 526.
Ruadri mac Toirdelbaig, 528.
Rúan mac Concnáma, 132.
Rumili, 289.

S.

Sachell of Caissel Mór, bishop, 108, 304, 319, 337.
Sadb, presb., 337.
Sadb, d. of Conn Cétchathach, xxiii.
Samson, S., 502.
Sannán, deacon, 412.
Sannuch, monk, 305.
Sarán mac Coelbad, 164 ; mac Coelboth, 349.
Sarán mac Cronáin, 336, l. 23.
Sathanas, 23, 495.
Saturn, 418.
Scandal, king of Dál Araide, 166.
Scannlán hua Fingin, 542, l. 25.

Scannlán, 145.
Scathach, xxxiv.
Scirire (?), 204.
Scoth, princess, 66 ; Scoth noe, 334.
Scotta, 422.
Sechnall, 80, 150, 220, 238, 240, 242, 244, 246, 264, 266, 346, 382, 390, 392, 394, 396, 398, 400, 480, 505, 506, 542, 546, 574 ; also called *Secundinus*, q.v.
Sechnassach mac Blaithmaic, 518.
Sechnassach filius Ségeni, 336.
Sechtmad (Septimus), 438.
Sechtmaide (Septimius), 390, 414.
Secundinus, 110, 304, 356, 382, 384, 506.
Segan, 184.
Segene, filius Forfáilto, 336, 346.
Segetius, 28, 272, 418, 444.
Segine mac Bresail, 542, 548 n.
Seman, 305.
Semen, 305.
Senach, 76, 110, 304, 322.
Senach Garb, 542, 548 n.
Senán of Inis Cathaig, 166, 206.
Senbecc, xliii.
Sencaticus, 304.
Senchíarán in Saigir, 349, l. 21.
Senmeda f. Endi, 321.
Sen-Pátraic, 410, 426, 505, 542, 548 n.
Serecinus, S., 502.
Serwanus, S., 502.
Sescnen, 542.
Sescneus, bp., 304.
Sétne, 349, l. 25; son of Mac Ercae?
Sétne Cluana Bice, xxxvii.
Sétne mac Conaill, xxii.
Sétne mac Dalláin, 240.
Sétne mac Drona, 160.
Sétne mac Tréna, 220.
Siggeus (*Singe f*), bp., 304.
Siluister, 350, l. 10, 502.
Simon magus, 56, 281, 509.
Sinchell Cille Achod, xviii.
Sinell mac Findchada, 32, 504.
Sinell Cille Dareis (Areis), 264, 266, 574.
Sirna, 535.
Sitric, son of Ólaf, 524.
Sixtus, 418, 551, 554.
Slánan, 349, l. 8.

INDEX OF PERSONS' NAMES.

Sochet, see Sucat, 494.
Soergus, 214, 350.
Solam gen. Solman, 62, 256, 482 ; Solomon, xxxviii., xliii., xliv.
Solonius, 30.
Srú, 532.
Stefan, relics of, 238, 301, 354, 497. See Zepan.
Stringell, 110.
Sucat, 16, 20, 384 ; Succat, 390, 404, 412 ; Succet, 412, = Succetus, Succait, 440 ; Succet, 442 ; Sochet, 494, Patrick's first name, = Mod. Welsh *hygad* (warlike).
Suibne, ab., 518.
Suibne Mend, 516.
Suibne mac Sarnig, 544.
Sylvester, 30, 350, 502.

T.

Taan, gen. Taain, 319.
Tadg hua Cellaig Maine, xli.
Tadg mac Céin 546, l. 11.
Talan mac Cathbad, 108.
Tamanchenn, 110.
Tassach, bishop, 62, 250, 258, 260, 297, 424, 486, 504, 506, 574.
Tassach, son of Liathan, 46.
Tassach = t'Assach, bp. of Elphin, 266.
Tautanes (*Tutanes*), 533.
Tea, wife of Ermon, 422.
Tecán, 190, 344, 349.
Teloc, 132.
Temnen, lviii.
Temoreris, bp., 304.
Theodosius, 32, 499-551 ; T. junior, 501 ; Teothosius, imper., 332, 418.
Thineus (*Tenias*, Themas), 533.
Thorkils = Thorgísl, 520, 538, called Turgesius.
Tiberius Constantinus Augustus, 351, l. 10.
Tigris, 16, 252, 390, 412, 432, 438, 510, 550.
Timotheus, aps., 572.

Tinne mac Aeda, xxi.
Titus (*Tít*), 357, note 5.
Tlachtga, ingen Moga Ruith, xvii.
Toicthech, ab., 520.
Toirdelbach hua Briain, 524, 526.
Toirdelbach macc Ruadri, 526.
Tommaltach mac Ailella, 546.
Tommine, 542 = Tomine, 548 n.
Tonninanus, S., 502.
Torannan .i. Palladius, 504, 505.
Torbach, ab., 520.
Tortan, 184 ; gen. Torten, 330.
Totmael, 322.
Trea, daughter of mac Cairthinn, 168.
Trechem, 482.
Trian, bp., 214, 305, 350, 351.
Trian Foto mac Forat, 351, l. 7.
Trian mac Féicc, 218, 220, 349.
Trian mac Munnich, 210.
Trichem, 218, 349 ; father of Dichu and Ross, 38.
Tuan mac Cairill, xxx.
Tuathal Maelgarb, 86, 88, 514, 536.
Tuathal Techtmar, 534.
Tuirtre, gen. Tuirtri, 330.
Tutwalus, S. 502.

U.

Ugaine, 534.
Ultan, mac hói Choncobair, 60, 302, 311.

V.

Valentinianus, 497.
Valerius, 554.
Vespasian, 357, note 5.
Vexoris (*Uesoges*), 533.
Victor, angel, xlvii., 21, 24, 26, 28, 62, 206, 252, 258, 297, 332, 408, 414, 424, 440, 472, 476, 484, 499, 510, 588.

Victor, bp., 182.
Victoricus, bp., 304, 330, 364, 506.

W.

Wandilochus, 503.

Z.

Zabulus, Zabolus, 376; Stabulus, 388, corruption of *Diabolus*.
Zenonius, 505.
Zepán (Stephanus), 474. See *Stafan*.
Zorobel, 430.

IV.—INDEX OF PLACES AND TRIBES.

⁎ The identifications in this Index are due to Dr. O'Donovan (O'D.), Dean Reeves (R.), or Mr. Hennessy (H.).

A.

Aball Pátraic, 232.
Achad Claidib, 542 ; Four MM., 686.
Achad Drummann, 156, 348 ; perhaps Maghera-drumman, in the parish of Donagh, Inishowen, R.
Achad Farcha, 464. A. Forcha, 512, seems to have been in the parish of Enniskeen, the northernmost part of the diocese of Meath, H.
Achad Fobair (field of the spring), 112, 120, 322 ; Aghagower, in the barony of Murrisk, co. Mayo, H.
Achad inna Elte, 232.
Afraic, 554, Africa.
Ail-Clúade, 8, 14, 412, 432, 438, gen. Aloo 271, lit., 'rock of Clyde,' 'Petra Cloithe,' now Dumbarton : see Reeves, *Col.*, 43.
Ail .Coithrigi (Petra Coithrigi), 310. Cat's Rock beside Ushnach.
Ail Find, 94, 98, 148, 313, 314 ; Elphin.
Ailech Airtig, 108, 156, 158.
Ailech Esrachtae, 300.
Ailech Mór, 80.
Ailech na Ríg, 152, 480 ; now Grenan-Ely, barony of Inishowen, co. Donegal, H.
Ailge, 329.
Aillenn, 552, Knockaulin ?
Áilmag, 348, l. 21.
Aircheltair, 518.
Airgéill, 254, 486, 524, 528 ; in Ulster.
Airmoirce Letha, 390 ; Armairc Letha, 16, 412 ; Armorica of Letavia.
Airthir, Oirthir, 228, 290, 470 ; Oriors, Adamnán's *Anteriores*.

Airther Cliach, 202.
Airther Maige, 162 ; now Armoy, co. Antrim, R. ; Airther Maige Coba, lix.
Airtne Coemáin, 108 ; now Ardcavan, on the shore of Loch Garman (Wexford Harbour).
Aisse, cacuminibus, 306.
Ajalon, 254.
Alanensis, insula, 420, 510.
Alba, 162, 416, 505, 524, 552, 570, = Albion, and so apparently in Fiacc, afterwards Scotland.
Albu (a hill), 566 ; Four MM., 458.
Almain, 518, 536, 554 ; Almu, 536 ; the hill of Allen, co. Kildare.
Alo, 333, gen. sg. of Ail (Clúaithe).
Alpes, 25, 496.
Alsiodorum, 496 ; -dorus, 510 ; Alticodorus, 416 ; corruptions of Autissiodûron, now Auxerre.
Angli, 351, 502.
Arada Cliach, 198, 202, = the parish of Kilteely and the barony of Coonagh (*Húi Cuanach*), in the east of Limerick, O'D.
Aralanensis insula, 26, 302 ; Arles.
Arboric Letha, 446. See *Airmoirc Letha*, Letavia.
Arcal, 414.
Ard-achad, 82, 88, 90, 544 ; Ardagh.
Ard Breccáin, 184, 330 ; Ardbraccan, in Meath.
Ard Dáilauig, 160.
Ard Eolorgg, 329 ; Four MM., 557.
Ard Fothaid, 148, 348, l. 24 ; a small town near Ballyshannon, H. See Reeves, *Col.*, 38 n.

INDEX OF PLACES AND TRIBES. 619

Ard Licce, 104, 317, perhaps Ardleckna, in the parish of Aughrim, co. Roscommon.
Ard Macha, Arttmacha, 68, 94, 104, 228, 230, 238, 240, 252, 271, 290, 292, 295, 296, 301, 313, 321, 336, 346, 352, 353, 354, 355, 356, 396, 408, 486, 512, 518, 520, 522; latinised *Altum Machae*, gen. *Alti Machae*, 335, 337, 352, 354; Armagh.
Ard-uimnen, 222, = Ard Huimnonn, 289.
Ard Pátraic, 208, in the barony of Coshlea, south of co. Limerick, H.; the A. P. in pp. 226, 228, is about a mile to the east of Louth, Reeves,' *Col.*, 7, 461.
Ard Roissen, 328.
Ard Sailech, 472.
Ard Senliss, 104, 317.
Ard Sratha, 96, 314, 329; now Ardstraw, near Strabane, co. Tyrone, H.
Ard Uiscon, 110, 321; in Cúil Tolath, q. v.
Arelata, 503; Arles.
Argetbor, 306.
Armaire Letha, 16, 412.
Aross Feidilmedo, 334.
Assyrii, 4.
 áth, properly 'drinking-place,' (p)*átu*, thence 'ford.' Hence:—
Áth-brón (quernford), 307.
Áth Carnói, 310.
Áth Carpait, 142; a ford on the Buill (Boyle) river, E. of 'Eas úi Fhloinn' (Assylin), H.
Áth Cinn Chon, 310.
Áth Cliath (hurdleford), 466, 522, = Vadum Clied, Reeves, *Col.*, 108, 109; now Dublin.
Áth dá Én (ford of two birds), 312.
Áth-dá-laarg (ford of two forks), 72, 104, 318; near Kells.
Áth Dara, 566.
Áth Echtra, 136.
Áth Eirnn, 350, l. 27.
Áth Fíacla, 198.
Áth Firdead, 528; Ardee.
Áth Fithot, 344, l. 5; Aghade, R.
Áth Hús Lilaig, 184.
Áth macc Heric, 319.

Áth Maigne, 78, 349; Four MM., 1153, 1158.
Áth Segi, 310, = Áth Sighe, now Assey? Four MM., 524, 985.
Áth Truimm, 66, 68, 108, 334, 336; now Trim.
Augustodunum, 506.
Aurchuil, 324.
Autissiodorum, 26, Auxerre; hence Autissiodorensis, 420, 503. See *Alsiodorum. Olsiodra.*

B.

Babilonia, 4.
Babylon, 278.
Badgna, 94; now Slieve Baune, a mountainous range in the barony of Ballintobber north, co. Roscommon, H.
Badon, 501.
Banba, 426.
Bandae, 160, 166, 329; the river Bann.
Ban-dea, 313.
Banna, 250.
Bannauem Taberniæ, 357, l. 5, 494.
Baslec Mór, 108.
Baslic, 110; Baslick.
Bassilica Sanctorum, 318.
 belach, belut, 'a pass.' Hence:—
Belach Duin, 60, 256; now Castlekeeran, Reeves, *Col.*, xlv.
Belach Gabrain, 194, 468; Belut Gabrain, 331; Gowran Pass.
Belach legtha, 208.
Belach Midluachra, 244; Moyry pass, R.
Belach Mugna, 522; Ballaghmoon.
Belach Rátha, 154, 480; now Ballagh, near Malin Head, Inishowen, H.
 benn 'peak' (from Lat. *pinna*?) Hence:—
Benn Gulbain, 478; Binbulbin.
Benna Bairche, 408, 422; the Mourne mountains.
Bennchor, 516; Bangor, on the south side of Belfast Lough.
Berlach, 250.
Bernas hua-u-Ailella, 142; a pass in the barony of Tirerrill, co. Sligo, H.
Bernas mac Conill, 329.

INDEX OF PLACES AND TRIBES.

Bernas Mór Tíre Áeda, 150; now Barnesmore mountains, in the northern part of Tirhugh, co. Donegal, H.
Bertlacha, 136, 138, 327; now Bertrach, a sandy island in the parish of Castleconor, cq. Sligo.
Bethrón, 410, 424.
Bile Macc Crúaich, 188, 350.
Bile Tortain, 184, 380.
Birra, 514; Birr, Reeves, *Col.*, 193, 209.
Blaitine, 306; Platten?
Boand, fl., 22, 66, 310, 334, 335, 416, 424; = *Buvinda*, the Boyne.
Boonrige, 329.
Bordgal Letha, 238; Burdigala, Bourdeaux?
Both Arcall, 234.
Both craind, 556.
Both Domnach, 154; Both Domnaig, 264, 266 n., 544, 574; now Bodoney, in the N. of co. Tyrone, R.
Brath, gen. Bratho, a river, 327.
Brechmag (wolf-field), 335; Breaffy.
Brechmag Húi Dothrain, 68.
Brectain, 452. See *Mrechtan*.
Breg, gen. pl., 68, 76, 275, 278, 335, 466, 536.
Brene, 275.
Brergarad, 318.
Bretach, 156; Breadach in Inishowen? in Tirawley?
Bretain, 'Britons,' 416 pl. gen. Bretan, 14, 16, 82, 248, 390, 414; dat. Bretnaib, 16, 390, 548, 550; acc. Bretun, 14, 357; latinised Bretani, 412, and Britones, q. v.
Bretain Corn, 470; Cornish Britons.
Bretain Ledach, 412; Britons of Letavia.
Bretain tuascirt, 412; Britons of the North.
Bretnaig, 432, l. 10.
Brí Airigi, 234, 352, l. 32.
Brí Leith, 90.
Brí mac Taidc, 528 = Brí mic Taidhg, Reeves, *Col.*, 406, 407.
Brí-dam (hill of oxen), 218, 306; in Geshill, Queen's County, O'D.
Britannis, 23, 332, 510; Brittania, 499, 501; Britannia, 501; Britanniae, 272,

Britannia—*cont.*
364, l. 1; Brittanniæ, 366, l. 13, 370, l. 10, 503.
Britones, 244, 272, 334, 509.
Brittus, 510.
Brosnacha, 214, 216; Brosna in King's County.
Bruden dé Derga, 534; Bohernabreeny on the Dodder.
Brug Maic ind Occ, 516; Four MM., 656.
Buale Pátraic, 138.
Búall river, 142; Buail, 348, l. 19; the Boyle.
Búas, fl., 329; the Bush.
Burguinnia, 416; Burgundy.

C.

Cabcenne, fl., 299; not identified. Can it be a scribal error for *Culcenne?* A *Traigh Cuilcinde* is mentioned in Reeves, *Col.*, 289, but this is in Sligo Bay; now the Cushen.
Cae, 350, l. 27.
Cail Boidmail, 311.
Caill Fochlad, 406, 420; Caille Fochlad, 444.
Caill Uallech, 76; Killcooelagh.
Caissel (from *castellum*), 214, 250, 331, 468, 520, 546, 552; Caisel na Ríg, 194, 196; now Cashel.
Caisel Irre, 94, 108, 138, 140, 146; the ancient name of a stone fort near the town of Sligo, H.; Killespugbrone.
Calle, 536.
Calrige, 338, l. 1; Callraige, 144; now represented by the parish of Calry, co. Sligo; it formerly extended into Leitrim, H. There was another Calrige in Westmeath.
Callrige tre Maige, regiones, 328.
Calrige Cúle Cernadain, 142, 250.
Cambas, 350, l. 26; a monastery founded by Comgell on the bank of the Bann. Reeves, *Col.*, 96.
Camlann, 501.
Cannan, Canaan, 410.
Capua, 446.
Carbria, 20.

INDEX OF PLACES AND TRIBES. 621

carn, cairn. Hence :—
Carn Feradaig, 202.
Carn Fiachach, 80 ; in the parish of Conry, barony of Rathconrath, co. Westmeath, O'D.
Carn Láma, 162 ; Reeves, *Col.*, 71 n.
Carn Setnai, 160, 348.
Carric Dagri, 308.
Casse, gen., 512, 566.
Catrige, 342, l. 12.
cell = cella. Hence :—
Cell Aires, 266 n., 574.
Cell Airthir, 74.
Cell Alaid, 134 ; now Killala, co. Mayo, O'D.
Cell Angle, 328.
Cell Atrachtæ, 108 ; now Killaraght, in the barony of Coolavin, co. Sligo, H.
Cell Auxili, 242, 350 ; Killashee, in Magh-Lifi, O'D.
Cell Bile, 310 ; aecclesiam Bili, 310.
Cell (leg. Cail) Buadmáil, 92. See *Cail, B*.
Cell Cairce, 304.
Cell Cerne, 306.
Cell Channu, 550.
Cell Ciannain, 416.
Cell Conadain, 164.
Cell Corcu-Roide, 138 ; now the church of Conree, in the barony of Rathconrath, co. Westmeath, H. See Reeves, *Col.*, 89, note a, where *Corcu-Roide* is identified with *Corkaree*, a barony north of Mullingar.
Cell Dareis, 264 = Cell Aires, 266 n.
Cell Dumai Gluinn, 68, 335 ; now Kilglinn, in the parish of Balfeaghan, barony of Upper Deece, co. Meath, O'D.
Cell Epscoip Rodain, 142 ; Murrisk ?
Cell Fiacla, 198 ; now Kilfeacle, barony of Clannwilliam, co. Tipperary, H.
Cell Fine, 30, 418, 446 ; supposed to be Killeen-Cormac, three miles W. of Dunlavin, co. Wicklow.
Cell Forcland, 130 ; Forgland, 134, 420.
Cell Garad, 106 ; now Oran, co. Roscommon, H.
Cell Glass, 82, 162.
Cell hua nDaigri, 520.

Cell Lothair, 76.
Cell maic Laithphi, 306.
Cell Malnich, 198 ; appears to be Kilmaloo, parish of Kinsalebeg, in the S. of the barony of Decies-within-Drum, co. Waterford, H.
Cell Manach, 242.
Cell Már (Maige Glais), 313.
Cell Már Airdliece, 305.
Cell Már Muaide, 305.
Cell Már Saeoli, 313.
Cell Már Sír-Drommo, 329.
Cell Móna, 522 ; Four MM., 976 ?
Cell Mór, 542 ; gen. Cille Móire, 544.
Cell Mór Maige Glaiss, 94, 313 ; now Kilmore, in the barony of Ballintobber North, co. Roscommon, H., *sed qu*.
Cell Mór Ochtair Muaide, 186 ; now Kilmore-Moy, a parish in the baronies of Tireragh, co. Sligo, and Tyrawley, co. Mayo, O'D.
Cell Mór Pátric, 349, l. 19.
Cell Muine, 516.
Cell Olcáin, 186.
Cellosnad, 512 ; Kellistown, O'D.
Cell Raithin, 311.
Cell Riada, 264, 574 ; Cell Riatai, 266 n.
Cell Róe Móre, 140 ; now Killroe, parish of Ki'lala, co. Mayo, O'D.
Cell Senchuæ, 328 ; Shanco.
Cell Tidil, 202 ; now Kilteely, in the baronies of Coonagh and Small-county, in the east of co. Limerick, H.
Cell Tog, 122 ; in Cera, now Carra, co Mayo.
Cell Úsailli, 186 ; now Killossy or Killashee, barony of Naas, co. Kildare, O'D.
Cella Cuilind, 186, 331.
Cella Rath, 200, 350.
Cenannus, 104, 518, 526 ; gen., Cenandsa, 536 ; Kells, in Meath.
cenél 'genus.' Hence :—
Cenél Ailello, 104, 318, 319.
Cenél Cáicháin, 338, l. 19.
Cenél Coirpri, 148, 250 ; the barony of Carbury, in the north of co. Sligo, O'D.
Cenél Comgil, 349, l.22, = Cinel Comhgaill, Ogygia, 470, cited, Reeves, *Col.*, 180.

Cenél Conaill, 148, 190, 250 ; now the co. of Donegal.
Cenél Éndai, 156, 192 ; in Tirconnell, co. Donegal? (There were tribes of this name also in Meath and Westmeath.)
Cenél Eogain, 524, 526 ; Reeves, *Col.*, 33, note f.
Cenél Fíachrach, 349, l. 10.
Cenél Lathron, 328.
Cenél maic Ercæ, 94 ; Eirc, 144 ; a tribe and territory in the N. of co. Roscommon, H.
Cenél Muinremair, 144 ; probably in that part of co. Cavan in which is situate Lough Ramor, anciently called Loch Muinremair, O'D.
Cenél Oingosso, 349, l. 1. See Cenel Aenghusa, Four MM.
Cenél Nothi, 301.
Cenél Sái, 104, 318.
Cengoba, 232, 266 ; Ceanngubha in Magh Line ?
Cenn Airt, 310.
Cenn Delgen, 518 ; Four MM., 617, 720.
Cenn Febrat, 208 ; one of the Ballyhowra (*Bealach Fheabhradh*) mountains, co. Cork.
Cenn Locho, 337 ; Kinlough, co. Mayo ?
Cenn Magair, 518 ; Kinnaweer, in Tirconnell ? O'D.
Cenondas, 318 ; Kells, in the N.W. of co. Meath, Reeves,*Col.*, 278 ; also Cenannus.
Cera, 514 ; Carra, in Connaught ?
Cerrigi, deserta, 320.
Cíanacht, 104, 160, 318.
Cíanacht Glinne Gemin, 514 ; Keenaght, in Ulster, O'D.
Cíanachta, 546 ; in Magh Breagh, Meath, O'D., Reeves, *Col.*, 110.
Cíarraige, 108 ; the descendants of Ciar, son of Fergus, Reeves, *Col.*, 221.
Cíarraige Arne, 110 ; part of the barony of Clanmorris, co. Mayo, and part of the barony of Costello, diocese of Tuam, O'D.
Cíarraige Connacht, 68, 335 ; there were three territories of this name in Connaught : C. Aei in the west of the co.

Cíarraige Connacht—*cont.*
Roscommon, C. Locha nanAirnedh in the barony of Costello, co. Mayo, and C. Airtich, also in Roscommon, O'D.
Cíarriche Supernus, 337.
Cíarrige Luachra, 426.
Cichloscthi (burnt-paps), 532 ; the Amazons.
Cland Chernaig, 542 ; Clankarney, R.
Cland Colmáin, 446 ; in Meath, Four MM. 475, 713, Reeves, *Col.*, 268.
Cland Domnaill, 526.
Cland Echdach, 544.
Cland Suibni, 544 ; Four MM., 1161.
Clar, 200 ; a hill about three miles northwest of Galbally, co. Limerick, O'D.
Clare, 350, l. 31.
Clébach, fons, 314, 317; Clíabach, topur, 98.
Clettech, 512 ; over the Boyne ; Four MM., 266.
Clí, 348 ; l. 24.
Cliu, 342, l. 12.
Clochán na Temrach, 458.
Clochar, 60, 158, 174, 176, 252, 256, 296.
Clochar macu-Doimni, 178 ; = Clochur filiorum Daimeni, Reeves, *Col.*, 111 ; Clogher in Tyrone.
Cloencloch, 514.
clúain 'field.' Hence :—
Clúain, gen. Clóno, 314, 329.
Clúain Alad Deirg, 76.
Clúain Auiss, 304 ; Clones.
Clúain-Brónaig, 20, 90, 168 ; now Clonbroney, in the barony of Granard, co. Longford, H.
Clúain Cáin, 226, 337 ; now Clonkeen, in the barony of Ardee, co. Louth, H., Reeves, *Col.*, 47.
Clúain Credail, 514 ; Killeedy.
Clúain Crema, 74, 349 ; Clooncraff.
Clúain Eidnech, 350, 516 ; Clonenagh in Laighis.
Clúain Ernainn (Ernan), 74.
Clúain Fota Ainmirech, 78 ; Clonfad ?
Clúain Fiacla, 542.
Clúain Fiacnæ, 166 ; now Clonfecle, about 5 miles north of Armagh, O'D.
Clúain Findglais, 337

INDEX OF PLACES AND TRIBES. 623

Clúain Iraird, 76, 120, 478, 550; now Clonard, co. Meath, Reeves, *Col.*, 195, 253.
Clúain Lagen, 335.
Clúain mac Nois, 80; Clúain-maccu Nóis, 76, 84, 88, 556; Clonmacnois.
Clúain Mór Máedóic, 350, l. 6; Clonmore, in Leinster, O'D.
Clúain na Manach, 80.
Clúain Senmail, 80.
Clúain Tarb, 522; Clontarf, near Dublin.
Clúath, Cluad, fl., 432; the *Clóta*, better *Clouta*, now Clyde.
Cnoc Drommo Gablæ, 350, l. 2.
Cocrich Coirpri, 90.
Cóiced Cáicháin, 338, l. 5.
Coindire, 329; now Connor, a bishop's see in Ulster. *See* Reeves, *Eccl. Antt.*
Coirp raithe, 310.
Coll na nIngen (the maidens' hazel), 232.
Collumbos, 306.
Collunt Pátraic, 330.
Combur trí n-Usce, 238; 'confluence of three waters,' a place in Leinster, near Waterford, where the rivers Suir, Nore, and Barrow meet.
Conaclid, 338, l. 13.
Conail, Tír, 298.
Conalnecs fines, 275.
Conalli (Conaille, Conaellae) Muirthemni, 16, 390, 414, 438, 510; the level part of the present county of Louth, H., from the Cuailnge mountains to the Boyne, Book of Rights, 21, 166, Reeves, *Col.*, 53.
Conchuburnenses, 302, 311.
Condere, 166; Condire, 162; Connor, a bishop's see in Ulster.
Conmacne mara; 108, 319; Connemara, in Connaught.
Conmaicne, regionem, 321; probably C. mara, but there were two other tribes of the same name, *C. Cuile* and *C. Duine Móir*; also in Connaught.
Connachta, 68, 92, 94, 142, 146, 420, 190, 311, 402, 420, 444, 520, 528, 552, 556; Conachta, 500; Connaught-men, Connachtarum regio, Reeves, *Col.*, 157.
Constantinopolis, 518, 572.
Coolenni, 275; Cualann.

Corann, 130, 518; now the barony of Corran, co. Sligo.
Corbraige, 518; Carbury.
Corcu-Chonluain, 313.
Corcu-Ochland, 94; a territory in the east of co. Roscommon, H. Is this the Corca-Eachlann of Topog. Poems?
Corcu-Roide, 138, = Corca Raidhe, Reeves, *Col.*, 89; Corkaree, in Westmeath.
Corcu-Thomne, 122, 323, 324, 329; Corcahenny, now Templemore; *Corca Thine* of Top. Poems, perhaps Corcohenny, co. Tipperary.
Cothirbi generis, 311.
Cothraige, dat. Cothrugu, 162, 349; now the barony of Carey, in the north of Antrim, R.
Craeb Tilcha, 524.
Craibecha, 216; perhaps Creevagh, in the parish of Clonmacnois, King's County.
Cremthinne, 340, l. 24; perhaps Cremhthainn, Four MM., 1036.
  crích 'finis.' Hence:—
Crích Coirbri maic Briuin, 350, l. 30.
Crích Conaill, 148, 166; now the co. of Donegal.
Crích Conailli, 244; another name for Conaille Muirthemni, O'D.
Crích Drommo Nit, 338, l. 8.
Crích Éndai Artech, 80.
Crích Fergussa, 156.
Crích Húa mBriain in tuaiscirt, 174.
Crích Húa Cremthainn, 174.
Crích Humail, 322.
Crích Mugdorn, 182; now Cromorne.
Crích Rois, 226.
Crínach, 526; Four MM., 1086.
Croch Cuile, 319.
Croch Cule Conmacne, 108; now Cruaghnakily or Cruanakeely, H.
Croeb, 536; Craobh, a territory in Ulster, Four MM., 1118, &c.
Cróibech, 76, 349.
Cro-inis, 524; perhaps Crowinish, in Lough Ennell, Westmeath.
Cross Pátraic, 130, 132; about one mile S. of Killala, O'D.
Cruach, 398.

624 INDEX OF PLACES AND TRIBES.

Crúachán (Cróchan), 80, 98, 314.
Crúachau (Cróchan) Aigle, 84, 112, 114, 120, 322, 474, 478.
Cruidneni, 276; the Picts?
Crumaine, 82.
Cruthen-tuath, 518; the Pictfolk. Cruthini populi, Cruithnii, Reeves, *Col.*, 93, 33.
    cúil 'secessus.' Hence :—
Cúil Aithgoirt, 542.
Cúil Cernadan, 142; now Coolcarney, a district in the barony of Gallen, co. Mayo, H.
Cúil Coll, 526.
Cúil Conairi, 514, 536; in Cera, Four MM., 544.
Cúil Core, 321.
Cúil Corre, 110; Corrae, 310; Four MM., 648.
Cúil Dremni, 514, 552.
Cúil Echtrann, 162; now Culfeightran, barony of Carey, co. Antrim, R.
Cuillenn, 350, l. 28; Cullen, in Munster, Four MM., 1579.
Cúil Maige, 190, 346, l. 4; 350, l. 1.
Cúil Raithin, 166, 329; now Coleraine, on the river Bann, R.
Cuil Tolath, 110, 321; now the barony of Kilmaine, in the south of co. Mayo, O'D.
Cuircne, 68, 235; comprises the barony of Kilkenny West, in Westmeath, and that part of the parish of Forgnaidhe (Forgney), lying to the south of the river Eithne (Inny), co. Longford, O'D.
Cumbir, 350, l. 8.
Cunga, 528; Cong, co. Mayo.
Curcu-Sai, 318.

D.

Dá Charn, 337.
Dá Ferta, 520.
Daball, 536, 572; in Oirghialla, Four MM., 356, 953.
Daigurt, 154, 160.
Daimliac, 572; Duleek, in Meath.
Dair, river, 566.
    daire 'oakwood.' Hence :—

Daire Fidas, 338, l. 12.
Daire Lurain, 550; Derryloran, in Tyrone, Four MM., 1123.
Daire Meddin, 338, l. 12.
Daire Méil, 338, l. 12.
Daire Mór, 338, l. 11.
    dál 'division.' Hence :—
Dál Araide, 16, 160, 164, 166, 168, 390, 392, 438, 448, 510, 512, 552; Dálairde, 422; a region in the east of Ulster, extending from Newry to Slemish mountain, R.
Dál-mo-Dola, 202; probably one of the two townlands called Dolla, parish of Croone, barony of Coshma, co. Limerick, H.
Dál Riata, 160, 162, 164, 168, 226, 544; now the Route in the north of co. Antrim, R.
Dál Runtir, 226, = Mocu-Runtir, Adamnan's *Vita Col.* c. xviii.
Dallmuine, 224; is supposed to be = Dál mBuinne, a tract of country on either side of the river Lagan, from Spencer's Bridge, near Moira, to Dram Bridge, near Belfast, R. and H.
Dam-inis, 329; Devenish, in Lough Erne, co. Fermanagh, Reeves, *Col.*, 252, 287.
Déisi, 204; Deissi, 343, note 1.
Deis deiscirt, 208; Deisi gen. acc. p. 1, 208; this is Deis-Beag, a territory lying around the hill of Knockany, and containing the town of Bruff, co. Limerick, O'D.
Déise tuascirt, 198.
Dergderc, 88; now Lough Derg, an expansion of the Upper Shannon, O'D.
Dermag Cúle Cóennai, 82.
Derlus, 38; an ancient name of Bright, R.
Deruth Már Cúle Cais, 337.
Desmumu, 528; South Munster, Desmond.
Dichuil, 122, 324.
Diun map Lotan, 570.
Dinn Tradui, 570.
Dísert Odráin, 266.
Dísert Pátraic, 130, 146, 194, 478; near Assaroe.
Doburbar, 329; cf. *Dobur Artbranani*, Reeves, *Col.*, 63.

Dodder (*Dothair*), river, 535, note 7.
Doim, fl., 330.
Doimliacc Cianáin, 318 ; Duleek.
   domnach (church) = *dominicum*, ecclesia, κυριακόν, Ducange. Hence :—
Domnach, 78.
Domnach Ailmaige, 328.
Domnach Airthir Arda, 160.
Domnach Airthir Maige, 174.
Domnach Airte, 30 ; now Donard, near Dunlavin, co. Wicklow.
Domnach Armoin, 574.
Domnach Arnoin, 266.
Domnach Bili, 156.
Domnach Brain, 168 ; perhaps Donnabaran, in the deanery of Tullaghoge, co. Tyrone, R.
Domnach Brechmaige, 160.
Domnach Brigtæ, 350, l. 13.
Domnach Cáinri, 162, 349 = Domnach Fainre, 168 ; now Donaghenry, at Stewartstown, co. Tyrone, R.
Domnach Cati, 154.
Domliacc Cianáin, 104.
Domnach Combair, 164, 349 ; now Comber, co. Down, at the northern end of Strangford Lough, H.
Domnach Dola, 154, 264 ; Domnach Dula, 266 n., 574 : on the Mag Dola, now *Mayola*.
Domnach Dari, 154.
Domnach Eochaili, 350, l. 15.
Domnach Féice, 190, 346.
Domnach Fothirbe, 168.
Domnach Imlecho, 350, l. 10.
Domnach Laebain, 266.
Domnach Libuir, 168 ; D. Libcir, Reeves, *Eccl. Ant.*, 294.
Domnach Méeláin, 168 ; D. Moelain, Reeves, *Eccl. Ant.*, 294.
Domnach Maige Slecht, 92.
Domnach Maigen, 182; now Donaghmoyne, in the barony of Farney, in Oirghialla, O'D., Reeves, *Col.*, 81, 389.
Domnach Már Críathar, 344, l. 8.
Domnach Mescain, 264, 574.

Domnach Mín-clúane, 154 ; the old church of Clooney, parish of Clondermot, near Derry, H.
Domnach Mór, 130.
Domnach Mór (Filni), 349, l. 6.
Domnach Mór Áilmaige, 348, l. 21.
Domnach Mór Maigo Aino, 206.
Domnach Mór Maige Criathar, 188, 192 ; supposed to be near Sleaty, barony of Slievemargy, Queen's County ; Domnach Mór Criathar, 350, l. 11.
Domnach Mór Maige Damoerne, 164 ; Reeves, *Eccl. Ant.*, 338.
Domnach Mór Maige Echnach, 74, 76.
Domnach Mór Maige Ene, 146, 348 ; the Great Church of Mag Ene, now Moy, a plain between the rivers Erne and Drowes, in the south of co. Donegal, O'D.
Domnach Mór Maige Itha, 150 ; Donaghmore, in Tirconnell.
Domnach Mór Maige Luadat, 350, l. 9.
Domnach Mór Maige Reta, 192, 350, l. 16.
Domnach Mór Maige Selce, 108.
Domnach Mór Maige Seolai, 96 ; now Domnach Patruig, on the bank of Lough Hackett, barony of Clare, co. Galway, O'D.
Domnach Mór Maige Sile, 350, l. 19.
Domnach Mór Maige Tochair, 156, 158 ; in Inishowen.
Domnach Mór ubi est episcopus Mucnae, 132 ; now Donaghmore, in the parish of Killala, co. Mayo, H.
Domnach Mór Pátraic, 307, 309.
Domnach Naissi, 250.
Domnach Nemand, 542.
Domnach Pátraic, 70, 72, 466 ; now Donagh Patrick, in the barony of Upper Kells, co. Meath, H.
Domnach Pirnn, 350, l. 14.
Domnach Riascad, 168 ; now Donaghrisk, parish of Desertcreat, co. Tyrone, R.
Domnach Rígdruing, 542.
Domnach Rígduinn, 168 ; Reeves, *Eccl. Ant.*, 294.
Domnach Sairigi, 104, 318.
Domnach Sechnaill, 242, 382, 390, 394, 506 ; Dunshaughlin, in Meath.

Domnach Senchue, 154, now Shancoe.
Domnach Senliss, 154.
Domnach Sratha, 146.
Domnach Tortain, 184.
Drobáis, 250, the river Drowes; Drobaisc, fl., 328; Drobeiss, 146; Drobés, fl., 348, l. 22; now the Drowes.
Drommann Breg, 120; Dromma Breg, 234; in the north of co. Meath, H.
druimm, 'ridge.' Hence:—
Druimm-bó, 222; either Drumbo in Ulaidh, Four MM., 1003, or Drumbo in Tirconnell, *ibid*., 1490.
Druimm Cád, 542.
Druimm Cain, 250; Drumquin, in Tyrone?
Druimm Chea, 90; some place in co. Longford.
Druimm Cliab 146; Drumcliff, in North Connaught.
Druimm Coblai, 242.
Druimm Conchinn, 194.
Druimm Corcain, 74, 518.
Druimm Cruachni, 250.
Druimm Corcortri, 72.
Druimm Dairi, 305.
Druimm Daro, 144, 338.
Druimm Den, 536.
Druimm Dergaige, 512; Four MM., 507.
Druimm Dubain, 178.
Druimm Fenneda, 232.
Druimm Ferta, lviii.
Druimm Findich, 162, 349; now the townland Drumeeny, parish of Ramoan, co. Antrim, R.
Druimm Inesclaind, 76, 520; Druminisklin or Drumiskin, in Conaille.
Druimm Liss, 144, 328, 338, 340; now Drumlease, barony of Dromahaire, co. Leitrim, H.
Druimm maic Ublai, 240, 248; Four MM., 830.
Druimm moccu-Echach, 286; in Iveagh.
Druimm-Mór, 226,— Druim Charadh, Colgan, now Drumcar, in the barony of Ferrard, co. Louth.
Druimm Raithe, 88; perhaps Drumrany, in West Meath, about six miles N.E. of Athlone, H.

Druimm Ríg, 520; Drumree, in Meath.
Druimm Roilgech, 60, 256; Drumrally.
Druimm Toidached, 338, l. 13.
Druimm Urchailli, 184, 330; Four MM., 837; Drummurraghill, Co. Kildare, R.
Drummann Breg, 120, 352 (Dorsos Breg).
Drumme, 108; in co. Sligo, east of Lough Gara, H.
Drummut Cérrigi, 108, 300, 320; possibly Drummad, in the parish of Tibohine, barony of Frenchpark, co. Roscommon, H.
Dub ('Niger'), 328, 348; Duib, river, 146; now the Duff or Bunduff co. Sligo.
Dub-Commar, 536; in Crich-Roiss, in Bregia, Four MM., 322.
Dulo Ocheni, 329.
Duma Gobla, 404.
Duma Graid, 94, 96, 313; 'there are six places called Doogary in co. Mayo and two in Roscommon,' H.; and one in Tynan, but none àpropos, R.
Duma Selce ('mound of the chase'), 106; a little to the south of the village of Tulsk, co. Roscommon, H.; Damha Sealga, Four MM., 1448.
Dumbarton, 9. See Ail Cluathe.
Dumech haue nAilello, 314; Dumacha Hua nAillella, 98.
Dún, 424; Down or Downpatrick.
Dún Bolg, 514; in Leinster, Four MM., 868.
Dún Cethirn, 516, 518; Dunkehirne, or the Giant's sconce, co. Londonderry, Four MM., 679; Reeves, *Col.*, 94, 96.
Dún Cruithne (Picts' fort), 160; Dun Crun, co. Londonderry, Four MM.,1206; Dooncroon, in the parish of Magilligan; Reeves, *Col.*, 96.
Dundrum, 289, note 7.
Dún Leth-glasse, 88, 254, 298, 408, 452, 486; Down or Downpatrick.
Dún maic Liathain, 570.
Dun n-Oac-féne, 206.
Dún Sobairci (Sebuirgi), 162, 250, 329; now Dunseverick, on the northern coast of co. Antrim, R.

E.

Eblenn, 512; the Slieve Phelim mountains.
Ebmoria, 272 = Curbia, B.
Ebraidi, 440, Hebrews; Ebrei, 398, 412; Ebraei, 414.
Echainech, 144; Echenach, 328; Aghanagh, R.
Egept, 532; Egipt, 432; Egiptus, 502; Egypt.
Egli, Montem, 310, 322; better Aigle.
Eithne, fl., 68; Ethne, 410; now the Inny, co. Longford, O'D.
Elca, 426.
Elda, 244.
Elne, 329; Eilne, 329, 349.
Elo, 246.
Elpa, 404; for Alba, Alpa.
Emain, 408; Emain Mache, 536; the Navan Fort, near Armagh.
Enach Conglais, 182, 184; now Killaney, C.
Enach Senmail, 542.
Eoganacht, 470.
Eoganacht Airthir Cliach, 198.
Eornip, 446; gen. Eurupa, 30; Europe.
Erchuil, 122.
Érennach, pl. n. Écunaig, 28; an Irishman.
Ériu, 476; (also Iléríu, q. v.), gen. Érenn, 16; Éirenn, 28; Éirend, 30; Iverio, Ireland.
Ériu (a hill), 566.
Ernnaide, Ernaide Dicollo, 248; now Urney, Nurney, Furney, in the parish of Faughart, a little north of Dundalk, H.
Espain, 426; Spain.
Ess macc nEirc, 142, 144, 156; on the river Boyle, in Magh Luirg, O'Don.
Ess Ruaid, 146, 328, 348, 478; now Assaroe, a cataract on the Erne, near Ballyshannon, co. Donegal.
Etáil 416, 442, 444; Italia.
Euoi, 328.
Euonia, 288.

F.

Fál, 536; a name for Ireland fír Fáil, 480.
Fail, 426.
Farcha, 520.
Femen, 196, a plain in Munster.
Féni, 343, note 1, 408, 550, 564.
Fernae, acc. Ferni, 337; Ferns in Húi Cennselaig.
Ferta, 228, 234, 236, 470.
Ferta Fer Féicc, 40, 42, 46, 278, 280, 306, 454; now Slane.
Ferta Locha Dá Ela, 134.
Fertae Martyrum, 290, = Ferte Martar, 242, 356.
Fertais Tuamma, 168; now Toome Bridge, over the lower Bann, co. Antrim, R.
Fid, 174.
Fid Mór (great wood), 150, 342, 343, 348; now Veagh, in the parish of Raymochy.
Fidard, 318; Fethard, in co. Tipperary, O'D.
Fidarta, 104; Fidarte, 350; now Fuerty, barony of Athlone, co. Roscommon, H.
Fidnacha, 526, perhaps Fcenagh, in co. Leitrim.
Findabair, 168, 176, 252. The F. mentioned in p. 176 is now Findermore, in the barony of Clogher, co. Tyrone, H.
Findmag (Vindomagos), 122, 350; fontem Findmaige, 323. There was a Finnmhagh, now Finvoy, in Húi-Echach Ulad, Four MM., A.D. 1054.
Findmag i críchaib Aue Maini, 325.
Findubrec(h), 296.
Finiuna, (Finnine?), 206.
Fir Assail, 78, 349.
Fir Bolg, 532.
Fir Cule, 184, the barony of Kells, co. Meath, H.
Fir Gabrae, 170, probably between Húi-Tuirtri, west of Lough Neagh, and Donaghmore, co. Tyrone, R.

Fir Imchlair, 170; around Donaghmore, to the west of Dungannon. R.
Fir Maige Feine, 208; now the barony of Fermoy, co. Cork, O'D.
Fir Midi ('Men of Meath'), 524.
Fir Roiss, 182, 184, 226; in the south of co. Monaghan, O'D.
Fir Umaill, 112.
Fobar, 518; perhaps Fore, in Westmeath.
Fochaine river, 154; now the Faughan, which flows into Lough Neagh, O'D.
Fochlad, 25, 32, 130, 136; Fochloth, silva, 309; Fochlithi, 309, 310, 327; Fochluth, silua, 326; Focluti, 364.
Forbraige, 250; qy. for Orbraige; Orrery.
Fordruim, 74, 349; perhaps Fardrum, in Westmeath, Four MM., 1153.
Fordun, 418, 560.
Forgais, dat. sg. 350, l. 26.
Forgnaide, 82, 84, 86; Forgnide, 335; Forcnide, 68; now Forgney.
Forrach mac nAmalguda, 134; Foirrgea mac nAmolngid, 327; now Mullaghfarry, near Killala, O'D.
Forrach Pátraic, 188; said to be the name of an old church in the south of co. Kildare, O'D.
Fortrinn (nom. sg. Fortriu?), 162, = Verturiones.
Fortuatha Lagen, 418; a territory in Leinster, Four MM., 707.
Fothart, 343, note 1.
Fothirbe Snitheni, 82.
Fothrad, 162.
Fotla, 426.
Frainc, 104, 414, 432; Franci, 8, 378.
Francia, 25.

G.

Gabair Lifi, 514; Gabor Liphi, 344; Gabhra L., Four MM., 557.
Gabón, Γαβαών, 311.
Gabran, 343, note 1.
Gaethlaige (Marshes), 532.
Gaill, 416; dat. Gallaib, 16.
Gaill Átha Clíath, 522; Foreigners of Dublin.
Galeng, 248; gen. pl. of Galenga (otherwise Lugne), in Mayo and Sligo, O'D.
Galli, 378, l. 20.
Gallia, 510; Galliae, 270, 300, 301, 302, 370, 418, 503; Reeves, Col., 57, 241.
Garad, cacumine, 318.
Gessen, dat. Gessen, 277; Goshen.
Gibeon, 254.
Glastimber na nGoedel, 426, = Glastingibeira, 505, Glastonbury.
  glais, 'stream.' Hence:—
Glais Conscolto, 338, l. 7.
Glais Conaig, 130.
Glais Tamlachtæ Dublocho, 338, l. 8.
Glais Telchæ Berich Abraidne, 338, l. 6.
  glenn, 'valley.' Hence:—
Glenn dá Locha, 516; Glendalough.
Glenn Gerwin, 514; G. Gaimen, in co. Londonderry; Glengiven, R.
Glenn Indechta, 164; now the church of Glynn, in the barony of Lower Belfast, co. Antrim, Reeves, Eccl. Ant., 56, 329.
Glenn Mámmo, 522, 536; a valley near Dunlavin, in Leinster, O'D.
Glenn Sescnáin (Vallem Sescnani), 303.
Glenn Uissen, 350, l. 5; in Húi-Bairche, near Carlow, O'D.
Gleoir, 337.
Glinne, 144; 'the glens,' Glenkeel, Glenaniff, Glenade and Glennauns, E. and N.E. of Drumlease, co. Leitrim, H.
Gloinestir nanGaedel, 505. See Glastimbir.
Gluare in Latharna, 164; now Glore, the church of Glenarm, co. Antrim, R.
Góidil, 382, 446, 532; dat. Goedilaib, Gaedilaib, 28, 30, the Gaels.
Gort Conaich, 248; a monastery in the barony of Cremorne, co. Monaghan, H.
Granard, 90, = Granardia, 20, co. Longford.
Graneret, 311.

INDEX OF PLACES AND TRIBES.   629

Grecraide (Gregraide) Locha Teget, 108;
  Grecraige, 138; a district in the south of
  co. Sligo, O'D.
Gregergi, tramitem, 319.
Grellach Dá-phil, 566; Grallagh, R.
Grellach Dollaid, 518; Four MM., 693.
Grellach Elte, 514; Four MM., 538, 910,
  911.
Grenlaich Fote, 338, l. 9.
Grían, 202, 351, l. 1; now Grean, in the
  baronies of Coonagh and Clanwilliam,
  co. Limerick, H.
Grían Fothart, 344, l. 1.
Grían la Aradhan, 202.
Guenedotia, 501.
Gulban Guirt, 120; now Binbulbin, a hill
  in the barony of Carbury, co. Sligo, H.

H.

Hebraei, 18.
Hermon, sliab, 28.
Héria, 382, 390, 410, 426, 528,—Hyberio,
  357, l. 8; Hiberio, 364, 375, 376, 377.
  See Ériu.
Hí, 520, 536; Iova, now Iona.
Hibernenses, 296, 356, 510, 511; Hiber-
  nienses, 500; Hevernenses, 32; the
  Irish; Hybernas gentes, 367, l. 32.
Hibernia, 26, 302, 303, 304, 310, 312, 332,
  333, 342, 379, 418, 500, 510.
Hipo, 554; Hippo.
Hiruait, 122; Hirota, 324.
  húa 'descendant,' n. pl. húi.
Húi Ailella, 94, 98, 144.
Húi Amhlgada, 126, 134, 136, 420;
  Tirawley, co. Mayo.
Húi Barrche, 402; now the barony of
  Slievemargy, Queen's County, O'D.
  Reeves, Col., 164.
Húi Bressail, 234, 542; afterwards called
  Clanbrassil, to the south of Lough
  Neagh, in the counties of Armagh and
  Down: now the barony of Oneilland
  East.
Húi Briuin 106, 528; in Connaught,
  Four MM., 574, &c.
Húi Briuin in tuascirt, 174.

Húi Briuin Seolai, 96.
Húi Ceinselaich, 188, 192, 194, 526; in
  co. Wexford.
Húi Cremthainn, 174; in the barony of
  Slane, co. Meath, O'D.
Húi Cremthainn, 192; in the barony of
  East Maryborough, Queen's County, H.
Húi Cremthainne, 464.
Húi Cuanach, 198, Four MM., A.D. 1014;
  the barony of Coonagh, in the east of
  Limerick, O'D.
Húi Darca-chein, 164; in the barony of
  Castlereagh, co. Down, adjoining
  Strangford Lough, H. See Four MM.,
  1199, 1391; Reeves, Eccl. Antt.
Húi Dorthim, 335.
Húi Dothráin, 68; in the present co. of
  Meath, H.
Húi Duib Dáre, 234; ancient chiefs of
  Fermanagh and sometimes of Farney, H.
Huí Ercae, 350, l. 14.
Húi Ercáin, 188; in the south of co.
  Kildare, H.
Húi Erchon, 350, l. 3.
Húi Fáiláin, 234; about one half of the
  northern part of co. Kildare, H.
Húi Falgi, 216, 266, = the present barony
  of Ophaley, co. Kildare, and parts of the
  King's and Queen's Counties, O'D.
Húi Fiachrach, 138; Nepotes Fechureg,
  Fechreg, Reeves, Col., 45, 235. Of the
  two tribes so called, one (the Húi F.
  Aidne) was in Galway, the other (H. F.
  Muaide) in Mayo and Sligo, Reeves,
  Col., 31, 45.
Húi Fidgente, 202; a territory in the
  south of co. Limerick, of which the
  O'Donovans were chiefs.
Húi Garrchon (descendants of Garrchu),
  186, 418, 466, 468, 504; in the co.
  Wicklow, comprising the parishes of
  Glenealy, Killaird, and Rathnew.
Húi Lilaig, 182.
Húi Loeguiri, 558, = Cinél Laoghairi,
  Four MM., 639, 795.
Húi Moine Maini, 84, 104, 106, 318; in
  the counties Galway and Roscommon.
Húi Meith, 248, 466; Omeath.

630 INDEX OF PLACES AND TRIBES.

Húi Meith Tíre, 180, 182; situate in the barony and co. of Monaghan, O'D.
Húi (Oi) Midgnai, 72.
Húi Néill, 254, 256; northern and southern: Nellis Nepotes, Reeves, *Col.*, 93, 254, 403.
Húi Nialláin, 542, 544; Oneilland, co. Armagh, Reeves, *Col.*, 84.
Húi Onach, 94.
Hui Segain, 184.
Húi Torrorrae, 180.
Húi Tuirtri, 168, 542; Nepotes Turtrei, Reeves, *Col.*, 52; formerly on the west side of the Bann; afterwards driven to the east or Antrim side, R.
Hyberio, Hiberio. See *Hériu*.

I.

Iardoman (?), 514.
Ictium (Iccium) mare, 25.
Ierusalem, 534.
Imbliuch, gen. Imlecha, 514; perhaps Emly, co. Tipperary.
Imbliuch Cluane, 164.
Imbliuch Ech, 68, 108, I. Equorum, 335; now Emlagh, in the parish of Kilkeeven, co. Roscommon, H.
Imbliuch Hornon, 313.
Imbliuch Onand, 94.
Imbliuch Sescainn, 78, 349.
Imdual, 234.
Imgoe Baislicce, 106; now Baslick, barony of Castlerea, co. Roscommon (*im-goc = ambi-gavia* ?).
Imgoe in finibus Loiguirl Midi, 336.
Imgoe Már Cerrigi, 321.
Imsruth Cul[e] Cais, 337.
inber 'estuary.' Hence :—
Inber, 156.
Inber Ailbine, 303; the mouth of Delvin river.
Inber Ainge, 34; now the mouth of the Nanny river, which, running past Duleek, county Meath, empties itself into the Irish sea, at the parish of Julianstown, O'D.

Inber Bóinde, 36, 66, 416; the mouth of the Boyne.
Inber Brénae, 36; the mouth of Strangford river.
Inber Colpthi, 40; 'hostii Colpdi,' 278, 424; the mouth of the Boyne.
Inber Dea, 80, 275, 448; Dew, 32; dat. Inbiur Dea, 34; the mouth of the Vartry river, co. Wicklow.
Inber Domnand, 34; now Malahide river.
Inber Múaide, 136.
Inber Slani, 36, 450; the mouth of the Slane river, inside Strangford Lough, between Ringbane and Ballintogher, H.
inis (island), pl. n. *insi*. Hence:—
Inis Becc, lxiii, 190, 344, 349.
Inis-bó-finde, 82, 152, 518, 550; Inishboffin, co. Mayo.
Inis Cathaig, 166, 206; now Scattery Island, in the Shannon.
Inis Eogain, 154; now Inishowen, co. Donegal.
Inis Fáil, 190, 192, 344, 349, l. 32; now Begery, a small island close to Wexford Haven, O'D.
Inis Lothair, 234.
Inis Pátraic, 34; Insola Patricii, 303; Inishpatrick, near Skerries, co. Dublin, Reeves, *Col.*, 83.
Insi Maccu-chor, 303; islands at Skerries.
Iordan, 350, l. 20.
Irai, fines, 327.
Irlochir, 321; = Iorluachair (a great rushground), in Munster, Four MM., 727, 781.
Italia, 21, 25, 301, 302, 502. See *Etáil*.
Iudei, 424.

L.

Láiges, 186, 188; = Laoighis, now Leix, a territory in Queen's County. Reeves, *Col.*, 211.
Laigin, Lagin, 188, 190, 194, 402, 424, 446, 448, 512, 522, 526; gen. pl. Lagen, 30, 344, 494; dat. pl. Laignib, 32; latinised Lagnenses, 512; Leinstermen.

Lámraige, 200.
Latharna, 164; now Larne, cc. Antrim.
    luthrach, 'site.' See Reeves, *Col.*, 50.
    Hence:—
Lathrach dá Arad, 342, l. 16.
Lathrach Pátraic, 164, 349; now Glenavy, a corruption of Lann Abhaic.
Leó Benndrigi, 329.
Lecan Midi, 82; perhaps Leckan, in Westmeath.
    lecc 'flagstone.' Hence:—
Lecc Balbeni, 136.
Lecc Finn, 134.
Lecc innan-Angel (the angels' flagstone), 236.
Lecc Mochtai, 226.
Lecc Pátraic, 146; Lack temp. Eliz., now the townland of Cashel, near Ballyshannon, H.
Lecc Uatha, 526.
Lecna, 550.
Lei, 160; on the left of the river Bann, Reeves, *Col.*, 98, Eilne being on the right.
Leire, 184.
Lemain, 176; in Tyrone, also called Clossach, C. The Magh Leamhna around Clogher is traversed and called from the river Leamhain *'the Laune.'* A *mórmaer Leamhna* is mentioned in Reeves, *Col.*, 410.
Lerga, 184.
Lerinense monasterium, 503; now Lérins.
Leth Cathail, 504; Lecale, in Ulster.
Leth Cuinn, 424, 524; the northern half of Ireland.
Leth in Chaim, 520.
Leth Moga, 524; the southern half of Ireland.
Letha (Latium), 146, 404, 418.
Letha = Letavia (Armorica). See *Armoric Letha*.
Lether, 158.
Lethaig, 418.
Lethglenn, 516; Leighlinn, co. Carlow.
Lia na Manach, 136; now Liag, on a hill south of the old church of Kilmore-Moy, O'D.

Liac Cothraigi, 470; at Ushnagh.
Liath, 518; perhaps Liath-mór-Mochaemh-og.
Liconium, 504.
    loch 'lake.' Hence:—
Loch Aininne, 78.
Loch Annind, 524; Lough Ennell, in Westmeath.
Loch Cimhi, 518; Lough Hackett, co. Galway.
Loch Cróni, 84.
Loch Dá-Ela (lake of two swans), 136; now Loughdalla, in the south-west of the barony of Tyrawley, H.
Loch Deirgderc, 88; Lough Derg, an expansion of the Shannon between Killaloe and Portumna.
Loch Éirne, 250; Lough Erne.
Lochlann, gen., 526.
Loch Lungae, 208; qy., Loch Long?
Loch nEchach, 168; Lough Neagh, in Ulster.
Loch Rí, 88; an expansion of the upper Shannon.
Loch Selce, 108.
Loch Techet, 142; L. Teget, 108; now Lough Gara, on the frontiers of the counties of Mayo, Sligo and Roscommon, O'D.
Loch Tróua, 220.
Loch Uair, 520; Lough Owel, in Westmeath.
Loch Uama, 144; in the parish of Estersnow (= *Áth-disirt-Nódun*), barony of Boyle, co. Roscommon, H.
Lóig-les, fons, 308; 'uituli ciuitas.'
Longbaird, 232, 350; Longabardi, 506; Longbaird Letha, 382, 394; Langbaird L., 384.
Luachair, 208, 518; now Slieve-Logher, a mountain range dividing Limerick from Kerry, and extending into Cork, O'D.
Lugmad, 226; = Lugmad, 248; Louth.
Lugni, 76; perhaps Leyny, co. Sligo, or Lune, in Meath?
Luimnech, 88, 206; the ancient name of the Lower Shannon, O'D.; now Limerick.
Luxogilum, 503; now Luxeuil.

M.

Machae, 174, 226, 228, 236, 303; Mache, 293, 295, 408; Machia, 330; for *Ardmacha*, Armagh.

Machare, 108; Machaire Chonnacht, in Roscommon, *Top. Poems*, 224.

Maceria = Caissel, now Cashel, 336.

mag 'a plain.' Hence:—

Mag Ái, 92, 96, 106, 301, 312, 313; a plain in the co. Roscommon, between the towns of Roscommon and Elphin, and Castlerea and Strokestown, O'D.

Mag Ailmaige, 328.

Mag Áine, 328.

Mag Arthice ('campo A.'), 300, 320; M. Airtig, 108; seems to have been in the north-west of co. Roscommon and in the barony of Costello, co. Mayo, O'D.

Mag Bili, 310; Movilla, co. Down.

Mag Breg, 40, 42, 44, 303, 306, 452; originally five cantreds in the east of Meath; afterwards the tract of country reaching northwards from Dublin to Dundalk, and north-westwards to the Fews Mountains, Reeves, *Col.*,74, note *b*.

Mag Caeri, 321.

Mag Cairetha, 317.

Mag Cerae, 110; now the barony of Carra, co. Mayo, O'D.

Mag Cetni, 321; in Tirconnell, Four MM., 1011, &c.; now the Moy.

Mag Coba, 526; in Húi Ethach Uladh.

Mag Criathar, 188.

Mag Cuini, 311.

Mag Domnon, 309, 326.

Mag Dula, 154; Mag Dola, 160. This name is now that of a river (Moyola), which passes by Castledawson and flows into Lough Neagh, O'D.

Mag Echnach, 310.

Mag Echredd, 310.

Mag Ene, 146, 348, Four MM., 1152, &c. Dr. Reeves thinks this is the same as *Mag Cetni*, q. v.

Mag Femin, 468, Four MM., 915, 1121.

Mag Foimsen, 110, 321.

Mag Glais, 313.

Mag Glass, 94; now Moyglas, in the barony of Ballintobber North, co. Roscommon, H.

Mag Humail, 323.

Mag-inis, 88, 222, 252, 254, 452, 482, 484; 'Campum Inis,' 277; 'Campo Iniss,' 278, 288, 292; Lecale, co. Down.

Mag iter dá Glais, 250, 'field between two streams,' mentioned by the Four MM. at A.D. 879 and 950.

Mag Itha, 250, 348; Mag n-Itha, 150; Mag Itho, 329 (the plain of Ith, uncle of Milid), in the barony of Raphoe, near Castlefinn, H.; but there was a Mag Itha in the south of Wexford.

Mag Latrain, 329.

Mag Lifi, 381; Mag Liphi, 136, 305, 308, 566; the plain of the Liffey, in the counties Kildare, Wicklow, and Dublin, O'D.

Mag Line, 514; in Dál-Araide, Four MM., 106, &c.

Mag-locha, 426, 505.

Mag Luadat, 350, l. 9; Four MM., 1160.

Mag Luirg, 142, 144; Moylurg, a territory in the barony of Boyle, co. Roscommon, H., *Top. Poems*, 252, 289.

Mag Mide, 512; the plain of Meath, Four MM., A.M., 3529.

Mag Nento, 104; a plain in co. Roscommon, in which Síd Nento (now Fairymount) was situated, H.

Mag n-Oenaich, 166.

Mag-Raigne, 194, 468; in the barony of Kells, co. Kilkenny.

Mag Raithin, 322.

Mag Rath, 552, = Mag Roth, 516, 536; Moira, co. Down, Reeves, *Col.*, 200, 201.

Mag Rein, 311; Four MM., 240.

Mag Kéto, 190, 350, l. 16; now Morett, barony of Portnahinch, Queen's County, O'D.

Mag Sailech, 351, l. 9.

Mag Selce ('plain of the chase'), 106; in Roscommon.

INDEX OF PLACES AND TRIBES.

Mag Sered, 314 ; Mag Sereth, 328 ; a plain in the north of the barony of Tirhugh, co. Donegal, O'D. See *Sered-mag*.
Mag Sile, 350, l. 12.
Mag Slecht, 90 ; a plain near Ballymagauran, co. Cavan, and extending into co. Leitrim, O'D.
Mag Tsidcni, 310.
Mag Toloch, 310.
Mag Tochuir, 329 ; in Inishowen, Ulster, Four MM., A.M., 2859, O'D.
Mag Tured, 532 ; near Cong?
Maice Israhel (children of I.), 357 ; note 5.
Mairne, 419 ; note 2, 560.
Maistiu, 308 ; Mullaghmast.
Manaig, 192, perhaps = Monaigh, in Hui-Ethach Uladh, Four MM., 1056.
Mane, 289 ; the Isle of Man ?
Manister [Buiti], 416, 520, 544 ; Monasterboice, co. Louth.
Mann, 222 ; Inis Manainn, Four MM., 1060 ; the Isle of Man.
Mare Hibernicum, 500.
Martarthech, 194, 250, 468 ; Domum martirum, 330.
Mendait Tíre, 466.
Menraige, 209.
Mid, 'the Medes,' gen. Med, 534.
Mide, 68, 76, 520, 522, 536 ; Meath, Reeves, *Col.*, 207.
Mid-Luachra, 218.
Modad, 418.
Monduirn, 281.
Moenmag, 514, 528 ; Moinmoy, a territory in co. Galway, Four MM., A.M, 3501, &c.
    móin 'bog.' Hence :—
Móin Columb, 188 ; now Moone, in the south of co. Kildare, H.
Móin Crunnióce, 524 ; near the river Liffey, Four MM., 1084.
Móin Mór, 526 ; Moanmore, in Munster, Four MM., 1151.
Móin Trogaide, 534 ; in Ciannachta, Four MM., A.M., 4169.
Mrechtan, 38 ; the old name of Bright.
Mruig Tuaithe, 308.

Muad, Múcd, 126 ; gen. Muaide, 327 ; acc. Muaid, 134, 138 ; the Moy, a river flowing into the bay of Killala, O'D.
Mucna, fons, 321.
Mucram, gen. Muccrima, 536 ; Four MM., 499.
Mugdoirn, 182 ; acc. pl. Maugdornn, 330 ; the inhabitants of the present barony of Cremorne, Reeves, *Col.*, 81, 84.
Mugna, 536 ; Four MM., 940.
Muin-Daim, 298 ; 'Collo Bovis,' 289.
Muine Broccáin, 522 ; Four MM., 948, 992.
Muinæ Buachaele, 340, l. 12.
Muir n-Ict, 412, 570 ; mare Ictium, 25 ; the Ictian sea, Reeves, *Col.*, xlii., 145, 149.
Muir Romur, 532, = Mare Rubrum.
Muir Torrén, 444 ; Toirrén, 128, 134 ; Torrian, 406 ; Mare Terrenum, 301, 302 ; Tirrenum, 418 ; Terrenum, 420 ; Tyrrenum, 26, 446 ; the Tyrrhene sea, the part of the Mediterranean which adjoins the west coast of Italy.
Muirisc, 327.
Muiresc Aigle, 142, 322 ; now Murresk, about four miles from Westport, O'D.
Mullach Cae, 202.
Mumu, 192, 194, 196, 424, 468, 470, 528, 536, 564 ; gen. Muman, 208 ; acc. Mumain, 214 ; Munster. A Latin nom. pl., Muminenses, occurs in Reeves, *Col.*, 85.
Mungairit, 204 ; now Mungrett, about three miles S.W. of Limerick, O'D.
Muscraige Breogain, 196 ; in the barony of Clannwilliam, in the S.W. of co. Tipperary, O'D.
Muscraige Mitini, 202, 351 ; comprises 15 parishes in the N.W. of co. Cork, H. ; in the barony of West Muskerry, O'D.
Muscraige Thire, 210 ; the district now comprised in the baronies of Upper and Lower Ormond, co. Tipperary, O'D.

N.

Nairniu, 320 ; Nairne tóiscert, 300.
Náss, 184 ; now Naas, co. Kildare.
Nece (Nicea), 554.

Nemed, 240.
Nemthor, 8, 404, 412, 434, 442, = Nemptor, Nemptodurum, Nemetodurum; seems to have been an old name for Ail Clúathe or Dún Breatan, now Dumbarton.
Nemtria, 494.
Nena, 351, l. 2.
Neptalim, terra, 4.
Nóendruim, 452; gen. Noendroma, 40; now Mahee Island.

O.

Ocha, gen. 512; near Tara, in Meath.
Óchtar Cáerthin, 130.
Óchtar Cuilleun, 198; probably the parish of Cullen, barony of Clannwilliam, co. Limerick.
Óchter Achid, 340, ll. 15. 26; Oughteragh.
Odba, 516, 524; in Meath, Four MM., 607, 1072.
Oenach Macha, 238; Four MM., A.M., 3579; the Navan.
Oenach Tailten, 250; Teltown.
Oen-adare, well, 134.
Oi Midgnai, 72.
Oingne, fl., 328.
Olsiodra, 342, l. 2; Auxerre.
Omne Rende, 162.
Orbrige, 351, l. 3; Orrery? said (*Top. Poems,* lxx.) to be identical with Muscraige-tri-maige.
Osraige, 194, 468; Ossory.

P.

Pers, gen. pl., 534; Persarum.
Pictaue, 554; Poitou.
Picti, 375, l. 26; 379, l. 9.
Port Ríg, 572; on the Dabhall, in Ulster, Four MM., 356; Blackwatertown.

R.

ráith, a 'stronghold.' Hence:—
Ráith Adine, 266.
Ráith Airthir, 70, 250, 466; at Tailtiu, in Meath; Four MM., 784.
Ráith Argi, 328.
Ráith Baccain, 192; in Latharna (Larne). Four MM., 886.
Ráith Becc im-Maig Line, 514; Four MM., 558, 965; Rath Beg.
Raith Bilech, 342, l. 23; Rathvilly.
Ráith Bresail, 526; Reeves, *Col.*, 52, 403.
Raith Cholpthai, 424, 504.
Ráith Coirpri, 200; Racarbry.
Ráith Cúle, 184; probably Coole, in the parish of Kilmainham Wood, near Moybolgue, in the barony of Lower Kells, H. See Four MM., 741.
Ráith Cungai, 96, 148; i Sertib, 314; R. Cougi, 328; R. Cungi, 348; now Racoon, in the parish of Drumhome, co. Donegal, R.
Ráith Dallbronig, 310.
Ráith Dárl, 228, 470.
Ráith Epscuip Findich, 864; qy., Rath Epscoip, in Westmeath; Four MM., 898.
Ráith Foalascich, 342, l. 14.
Ráith Inbir, 186, 466; probably the rath at the mouth of the river Dea, near Bray, co. Wicklow, O'D.
Ráith Maige Oenaich, 166; now Raymochy, in the barony of Raphoe, co. Donegal, O'D.
Ráith Mudáin, 162, 369; now Ramoan, in the north of Antrim, R.
Ráith Murbuile, 120; now Maghera, co. Down, R.
Ráith Rígbaird, 138, 327; in the barony of Tireragh, co. Sligo, H.; Four MM., A.M., 3501.
Ráith Seimne, 574.
Ráith Sidæ, 164; now Rashee, barony of Belfast, co. Antrim, R.; Four MM., 617.

INDEX OF PLACES AND TRIBES. 635

Ráith Slecht, 311.
Ráith Suibni, 78.
Raith Tréna, 218.
Rathin, 516; Raithin, 556; Rahin, King's County.
Regiones Roide, 310.
Reiri, 338, l. 8.
Rochuil, insola, 313; now called Rathlin O'Birne, lying adjacent to the parish of Glencolombkill, co. Donegal, H.
Roigne Martorthige, 331. There was a plain Roighne in the barony of Kells, co. Kilkenny, Four MM.
Roma, 272, 332, 499, 501; Roma Letha, 478; Róm, 30, 82, 74, 84, 146, 238, 396, 444, 474, 524, 554.
Rómanach, n. pl. Romanaig, 446; gen. Rómanach, dat. Romanchaib, 30.
Romanae partes, 511
Romani, 216, 301, 509.
Ront, 338, l. 9.
Ross Bodba, 542.
Ross-dela, 426, 505; Rosdalla, in the parish of Durrow, co. Westmeath, Four MM. 1054.
Ross Dreguige, 327.
Ross mac Caitni, 327.
Rossa, 146; the Rosses, co. Sligo, H.
Runtir, de genere, 306.

S.

Saball, 230, 252, 422, 424, 484; Sahul, 296; Saball Pátraic, 86, 178, 450; Sabul P., 332; Orreum Patricii, 275; Reeves, *Col.*, 362; now Saul, county Down.
Saele, fl., 328; perhaps *Sele*, the ancient name of the Blackwater, co. Meath; Reeves, *Col.*, 128, 177, spelt Seile, 70, 307, 319.
Saigir, 76, 349; Seirkieran, King's County.
Salten, gen. Saltene, 516; Four MM., 896.
Samuriu, 299.

Sameir, 250; later Samhaoir, now the Erne river, which flows from Lough Erne to Ballyshannon, O'D.; Four MM., 1596.
Sangal, 206; qy., Saingil, now Singland, near Limerick?
Saxain, 116, 426, 528, 536; Saxsain, 505; (Saxons) England.
Schirec Archaile, 21; Scire, gen., 310; Scirit, 300, 302, 330, 414; Skerry, near Ballymena, R.
Scí Pátric, 342, l. 28.
Scithii, 422; Scythians, Scithia, 532.
Scoti, 244, 273, 301, 336, 352, 424, 510, 511; Scotti, 332, 499, 500, 501, 503; Scotia, 503; Scotorum insola, 355, l. 2; Scotorum gentium, 356, l. 9; Scottorum, 369, l. 22, 375, l. 26, 378; Scotta, 369, l. 24; Scottica, gens 414. The Irish nom. pl. is Scuitt, 422; dat. pl. Scottaib, 408.
Seil. See *Saele*.
Semne, 164; now Island Magee, N.E. of Carrickfergus, co. Antrim, R.; Reeves, *Eccl. Antt.*, and *Col.*, 374.
Seuchell (old-church), 110; Shankill, near Elphin, co. Roscommon, H.
Senchell Dumaige, 99; S. Dumiche, 314; now the church of Shankill, co. of Roscommon, south of Elphin, H.
Senchell haue nAilello, 305.
Senchell Mucna, 321.
Senchua, 94; dat. Senchui, 348, l. 17; now Shancoe, in the barony of Tirerrill, co. Sligo, H.; Four MM., 545.
Sendár, Sennaar, 4; Sennar, 422; Σεννάρ, Shinar, Chaldea or Babylonia.
Sendomnach, 104, 317; Shandonagh, co. West Meath, R.
Sendomnach la Au Ercac, 350, l. 14.
Sendomnach Muige Ái, 104, 250.
Senless, 82; Senless Iarmbadgna, 550.
Scred-mag, 518, 536. See *Mag-sered*.
Seriho, 96; Serti, 314.
Sescenn dá Cor[r], 338, l. 10.
Síd Áeda, 150, 478; now Mullaghshee, a little to the north of Ballyshannon, O'D. *síl* 'seed,' 'offspring.' Hence:—
Síl Aeda Sláne, 466; in Meath, Four MM., 475, 781, &c.

Síl Taidg, 546.
Sinnae, 312, 313; Sinone, gen., 311; Sinainn, acc. sg., 92; Sinaind, 94, 146; Siniun, 300; latinised Sinonam, 329; the Shannon.
Siui, fontem, 323.
Siri, 299; Syrii.
Slaín, ostium, 275; Inver-slain.
Slan, fons, 323.
Sláne, 281, 454, 572; Slane Maige Breg, 44; Slane, in Meath.
Slebte, 192, 194, 242, 248, 283, 331, 346, 404; Sletty, Reeves, *Col.*, lii., 323.
sliab 'mountain.' Hence :—
Slíab Arnoin, 420, 446.
Slíab Bethad, 478; Slieve Beagh, in Ulster.
Slíab Cairnn, 337.
Slíab Calland, 163; Slieve Gallion, in Ulster, Four MM.,1167; Reeves,*Col.*, 53.
Slíab Cise, 148; in the parish of Kilbarron, co. Donegal, H.
Slíab Crott, 524; Slieve Grud or Mount Grud, co. Tipperary, Four MM., 1058.
Slíab Cua, 478; Slieve Gua, co. Waterford.
Slíab Húa-n-Ailella, 94, 313, 314; Sliab mac nAilello, 328.
Slíab Líacc, 96; 'moutis Lapidis,' 313; now Slieve League, in the west of the co. of Donegal, in the parish of Glencolumbkill, O'D.
Slíab Miss, 16, 19, 38, 234, 302, 352, 392, 414, 416, 440; 'Montem Miss,' 276, 300; Sliab Miss Boonrigi, 329; now Slemish, Reeves, *Col.*, 94.
Slíab Miss i Ciairrigi Luachra, 426; Slieve Mis in Corcaguiney, co. Kerry.
Slíab Sína, 446, 474; Mount Sinai.
Slíab Slánge, 120, 478; now Slieve Donard, co. Down, R.
Slíab Toad, 516, 536; in Ulster, Four MM., 291, 610.
Slicech ('shelly '), 142, 250, 327, 514; the ancient name of the river which flows through the town of Sligo.
Sligo Midluachra, 218; the Moyra Pass, between Dundalk and Newry, R., Four MM., 123, 1101.

Snám dá Én, 92; lit. 'Swimming of two Birds,' the ancient name of that part of the Shannon lying between Clonmacnois and Clonbúrren, in the parish of Moore, barony of Moycarnon, co. Roscommon, O'D.
Sopaltair i Forbraigi, 250; Subulter, co. Cork.
Srath Clúaide, 16; Strathclyde, in North Britain.
Srath Pátraic, 144; perhaps Sraud, in the parish of Rossinver, co. Leitrim, H.
Succae, fl., 318; the river Suck, in Connaught.
Suide Laigen, 344, l. 2; Mount Leinster.
Stamford Bridge, 525; note 3, 541.
Stringille, fons, 322.
Súir, 210.

T.

Tailte, 464, 466; latinised Taltena, 68; acc. Taltin, l. 70, gen. Tailten, 70, note 6, now Teltown, co. Meath, O'D.
Tamlachta Ardda, 266, 574; Tamlaght-ard or Magilligan, Reeves, *Col.*, liv.
Tamlachta Bó, 232.
Tamnach, 98, 314, 328, 340; now Tawnagh, barony of Tirerrill, co. Sligo.
Taulach (leg. tulach?) na Liacc, 320.
teg, tech ' house.' Hence :—
Tech Airther, 350, l. 7.
Tech Cirpain, 330.
Tech Duinn, 434.
Tech Giugrand, 522.
Tech Laisrenn, 76.
Tech Midchúarta, 566.
Tech naRóman, 30, = Tech naRomanach, 418; now Tigroney, co. Wicklow.
Tech Talain, 180, 466; Tehallan, co. Monaghan.
Tedel, 209.
telach, tulach ' hill.' Hence :—
Telach Cencoil Oengosso, 162, 349; the Grange of Drumtullagh, adjoining Ramoan, co. Antrim, R.
Telach .i. Cell Conadain, 164.
Telach inna nDruad, 180.

INDEX OF PLACES AND TRIBES. 637

Telach Maine, 174, 248; probably Tullamain, in the parish of Faughanvale, co. Londonderry, H.

Telach naCloch, 108; now Tullaghnarock, in the parish of Kilcolman, barony of Costello, co. Mayo, H.

Telach naLicce, 230; called in the year 1633, Tullyleckeny.

Temair, 88, 90, 126, 128, 188, 194, 381, 402, 406, 420, 452, 454, 456, 458, 522, 534, 536, 550, 554, 562; Temuir, 344; gen. Temrach, 42; Temro, 308; Temra, 40; dat. Temraig, 32, 40, 72, 74, 80; Tara in Meath, latinised Temoria, 270, 273, 278, 279, 282.

Temair Singite, 78, 349.

Temenrige i Ceru, 329.

Tethbae, 82, 518; Reeves, *Col.*, 23; latinised acc. Tethbias, 310; Tethbae Descirt, 86; comprises nearly all the co. Longford, O'D.; Tethbae Tuascirt, 90, the western half of Westmeath.

Tibir, 146, 478.

tipra 'well.' Hence :—

Tipra Ciaráin, 84.

Tipra Cerna, 232.

Tipra Pátraic, 92, 162, 164.

tír 'land.' Hence :—

Tír Assail, 78.

Tír Boguini, 96; now the barony of Banagh, in the west of the co. Donegal.

Tír Cairedo, 104.

Tír Conmaicne, 110.

Tír Endai Artich, 158. There was a Tír Enda in co. Donegal, Four MM., 1018, one in Tyrone (*Top. Poems*, 42), and one in Connaught (*ibid.*, 46, 54).

Tír Eogain, 480; Tyrone, Reeves, *Col.*, 412; Tír Eogain maicc Neill, 150; Tír Eogain na Inse, 156.

Tír Gimmœ, 340, l. 12.

Tír Glass, 206.

Tír in Brotha, 94.

Tír maic Conaing, 72, 74.

Tír Mumae, 331.

Tír Omnai Snithéne, 82.

Tír Suidi Pátraic, 240.

Tír Tiprat, 232.

Tír Ulad, 38. See *Ulaid*.

Toch, 321, = Tog, 324.

Toicuile, 342, l. 13.

Topar Stringle, 110; now Ballintober, barony of Carra, co. Mayo, H.

Topur Mucno, 110.

Tor Conainn, 532; 'Conann's tower,' on Tory Island, co. Donegal, Four MM.; A.M., 3066.

Tor Nebruaid, 530; Nimrod's tower.

Tory Island, 532, 534; Ir. *Torach*, Reeves, *Col.*, 279, 319.

Tortena Orientalis, 330; Tortan, Four, MM., 917.

Tracht (Traig) Eothaili, 98; Tracht Anthuili (' Litus A.'), 327; now Trawhohelly, a strand near Tonrego, on the east boundary of the barony of Tireragh, co. Sligo, O'D.

Traig Breine, 516; T. Breana, Four MM., 623.

Trian Conchobair (' Conor's third '), 236.

Trói, 532; Troy.

Tromm, 550.

Tuadamair, 534.

Tuaga, 122; the 'three Tuagha' was an *alias* name for the three districts called Partraighe (Partry), co. Mayo, O'D.

Tuath Cannán, 410.

Tuath-Mumu, 206; ar Tuathmumain, 206; Tuadmumu, 528; North Munster, anglicised Thomond.

Tuadmumu Clare, 350, l. 31.

Tuirtri, regionibus, 305; Tuirtre, 330. See *Húi Tuirtri*.

Tulach Líacc, 158; Taulach na Líacc, 320.

Turones, 25.

Turonia, 510.

Tyrrhenum, mare, 26. See *Muir Torrén*.

U.

Uachtar Nessa, 72.

Uar, a river (well ?), 76.

Uaran Garad, 106.

Uchba, 518, 536.
Uchbad, 554; Uchbhadh, now Ballyshannon or Ballysonnan, co. Kildare, Four MM., 733.
Ucht Nóin-Omne, 338, l. 11.
Uinsenn, river, 148; Ash river.
Uisnech, 80, 552; Huisnech Midi, 310; in Westmeath, Four MM., 507; the reputed centre of Ireland. Reeves, *Col.*, 207.
Ulaid, 192, 218, 220, 224, 240, 422, 424, 438, 448, 482, 486, 518, 524, 526, 552, 564; gen. Ulad, 452; dat. Ultaib, 178; acc. Ultu, 38, 254, 256, 399; Tír Ulad, 38; the eastern part of Down, H.

Ulathorum, 275; Ulothorum, 286, the latinised gen. pl. of *Ulaid*, q. v.
Ultonia, 19.
Umall, 84; the "Owles," the baronies of Burrishoole and Murrisk, co. Mayo, O'D.
Urmumu, 470; East Munster, anglicised Ormond.

Z.

Zabalon, terra, 4.
Zion, 119.

V.—INDEX OF IRISH WORDS.

[*** Rare Irish words occurring in this book, but not entered in the following index will be found in Windisch's *Irisches Wörterbuch*.]

A.

á interj. = *å*. The duplication after this interj., of the *m* in *a-mmo-sruith*, 244, l. 2; *a-mmo Chomdiu* LU. 7ª, etc., has not yet been explained.

abbdaine, apdaine, *abbacy*, 144, l. 24, *derived from* abbat, *the stem of* abb.

abcolips, *apocalypsis*, 406, l. 15; 484, l. 5, where it probably means the tersanctus or some other hymn suggested by S. John's Revelation.

abgiter, *abgitorium*, 'elementum cuinscunque scientiae,' Aibgitir in Crabaid, xvii; *sg. gen.* (*with passage to the c- declension*) abgitrech, 400, l. 9; *acc.* aipgiter, 112, l. 7; *gen. pl.* apgitrech, 552, l. 5. See Ducange, *s. vv.* *abcturium, abecedarium, abgatoria.*

abrain, *for* aprainn, appraind, *bad, sad* (.i. olc .i. truagh, O'Cl.), 190, l. 6.

abstanit .i. tros[o]ad, xlix, apstinit, H. 2. 16, col. 88, *borrowed from* abstinentia.

accae, *neighbourhood*, *sg. dat.* accai, 210, l. 4; aice .i. inaice, O'Cl. Acall ar aice Temair, LL. 161, a. 44.

acclaid, 88, l. 25, *rendered* 'piscari' *by Colgan, is the infin. of* adclaidim *q. v.*; acladh no aclaidh .i. iasgaireachd, O'Cl.

acnaim? 140, l. 17.

ad-cíu, *I see: act. perf. sg.* 1, nochot-accu, 140, l. 14; *redupl. fut. sg.* 3, accigi, *secondary form* aicciged, 130, ll. 17, 18; *s-fut. pass.* accastar, 206, l. 6. *An obscure formation is the fut. sg.* 2, atciorasu, 442, l. 13.

ad-claidim, *I chase*, *act. s-fut. sg.* 2, adclaiss, 88, l. 28; *pres. indic. pl.* 3, an adcladat (gl. aucupantes), Ml. 112ᵇ.

ad cobraim, *I desire*, *pres. ind. sg. act.* 2; adcobrai, 228, l. 9; *pret. sg.* 3, adrochabair, 202, l. 1.

ad-cotaim, *I obtain*, *s-pret. pl.* 3, atcotaisiut, 68, l. 11; *pres. indic.* adcotat (gl. adquirunt), Wb. 6ª; adcota (gl. impeteret), Ml. 20ᵃ; co adcotad (gl. ut impetraret), Ml. 39ᶜ.

addaim, ataim, *I kindle*, *act. pret. sg.* 3, ro-addai, 42, l. 17, *2dy. b-fut. sg.* 3, no-ataifed, 42, l. 5, *pass. 2dy. pres. sg.* 3, na-ro-addaide, 42, l. 3.'

ad-daimim, *I confess: dep. perf. sg.* 3, adrodamair, 148, l. 5.

adethad, 246, l. 5, *for* atethad ? cf. atetha, *takes*, Windisch's Wörterbuch.

ad-fiadaim, *I make known: act. s-fut. sg.* 1, adfesar, 222, l. 5; atfessar, 482, l. 2, *better*, adféssur.

ad-guidiu, *I adjure : act. perf. sg.* 3, adroegaid (= ad-rú-gegaid), 566, l. 24.

adlaic, *desire*, 54, l. 5; adhlaic .i. mian, O'Cl.

ad-nacim, *I bury*, *act. s-fut. sg.* 2, con-ommadnaias, 84, l. 12; *pass. pret. sg.* 3, ro-adnacht, 84, l. 16; 92, l. 21.

adopraim, *I offer*, *t-pret. sg.* 3, adopart, 192, l. 4; atropert, 336, l. 14; *pl.* 3, adodbertar, adópartadar, 230, l. 15.

INDEX OF IRISH WORDS.

aé, *salmon*, 146, ll. 11, 12 = hé, LL. 12ᵇ, *sg. gen.* íach.

áes oiffrind *mass-folk*, 120, l. 23.

ag, *ox*, 80, l. 25, .i. bó, O'Cl., *an s-stem, sg. gen.* aige ; ag allaid, *a deer, n.pl.*, aige altaige, 48, l. 30 = aige alta, 381, l. 14 ; *gen. pl.* oige n-alltai, 458, l. 2.

aicde, *a building*, 194, l. 18 ; .i. cumdach, O'Cl.

aidacht, odoct, *a bequest*, 346, ll. 22, 23, 25.

aidchide, *nocturnal*, 392, l. 4, *a deriv. of* adaig, *night*.

áilim, *I pray, s-pret. with suffixed pron.*, ails-i, 342, ll. 18, 23.

aim-less (am-losn), *hurt, damage* : *sg. dat.*, 124, l. 25.

ainigim, aingim, *I protect, act. pres. indic. act. sg.* 3, *rel. form* ainges, 142, l. 29, *pres. indic. pass. sg.* 3, manum-anachar, 130, l. 20.

ainmide, *brutishness*, 198, l. 9, *a deriv. of* ainmhid, *animal* ; ainmide (gl. animal), Ir. Gl., No. 976.

ainmne, *patience* (W. amynedd), 236, l. 4.

airbacc giunnæ, 317, l. 11, *seems to mean a tonsure or cutting off of the hair of the forepart of the head*.

airge, *cattleshed?* 436, l. 9, *where it seems used as synon. with* buaile.

air-icim, *I find: act. perf. sg.* 3, airnic, 110, l. 22 ; *pl.* 3, airnechtar, 100, l. 2.

air-légend, *reading aloud, dat. sg.* erlégund, 232, l. 2.

airliud, *merit, for* ar-illiud (G. C²., 239), 166, l. 11. *Lith.* pelna-s.

airmed, *a measure* (*cogn. with* μέδιμνος), 186, l. 9 ; 188, l. 16 ; airmheadh .i. meadh thomais, O'Cl.

airmitim, *I respect? act. pres. ind. sg.* 2 ; airmiti, 162, l. 10.

airóit (air-fo-em-ti ?), *some kind of receptacle or vessel ? pl. dat.* (sen-)airo[i]tib, 340, l. 20. *This seems O'Reilly's* araoid, *a cover, a tablecloth*.

airtach, *festival*, 174, l. 3 ; *also written* aurtach (Corm. Gl., s. v. lugnasad), ertach *and* urtach.

airther-descertach, *south-easterly*, 418, l. 28 ; 566, l. 31.

airther-tuascertach, *north-easterly*, 198, l. 16.

aisnés, *declaration, sg. gen.* aissnósen, 256, l. 10.

áiss, *freewill* (?) : ar áiss nách ar écin, 116, l. 20.

aissec, *restitution*, 434, l. 24 = aisec, 12, l. 18, *better* aissinc.

aistire = astearius, Ducange ('inter officiales ecclesiæ Autiss. recensetur,') *a corruption of* ostiarius?, 264, l. 24 ; 574, l. 14.

aithber, *reproach, sg. gen.* ait[h]bir, 562, l. 24 ; *dat.* aidbiur, Wb. 14 b, 40.

aithe, *revenge* (.i. dioghail, O'Cl.), 54, l. 5 ; d'aithe .i. do dhioghail, O'Cl. ; ag aithe ghreas a chenél, O'Cl. s. v. Feilios.

aithenim, *I give in charge, act. pres. sg.* 3, aithnid, 76, l. 16 ; *pret. sg.* 3, roaithni, 68, l. 16 = roathne, 74, l. 8 ; roaithne, 180, l. 15 ; ro-s-aithni, 178, l. 12.

aithin ? 130, l. 10.

áithiugud, *sharpening*, 218, l. 19 ; *infin. of* áithigim, *a denominative from* áith, *sharp*.

allas, *sweat*, xix., l. 6.

amein, cid amein, *lit. though it be so*, 118, l. 25.

ammus, *an attempt, attack, temptation*, 198, l. 17 ; 220, l. 21 ; amus do bachaill, 454, l. 9, *a thrust of a crozier*.

ánæ, *wealth?* 188, l. 17 ; ana .i. sonas no saidhbrios, O'Cl. ; *acc. pl.* ánu, Wb. 16ᶜ.

anaicneta, *unnatural*, 138, l. 17.

anallana, *adv. formerly*, 6, l. 1 ; *some time ago*, 60, l. 12.

anamchara, 424, l. 18, *lit. soul-friend: teacher, spiritual director*.

anart altóra, *altar-cloth*, 252, l. 1.

anceas, *acc. sg.*, 14, l. 17 ; *seems here to mean ailment, and may be cognate with* céssad, *suffering*. *O'Clery's* aincheas .i. conntabhairt (*doubt*) *seems a guess*.

ancride, *wrong, injury*, 188, l. 6 ; 472, l. 7.

andóit, 344, l. 3, *a patron-saint's church, O'Clery's* annóid .i. eaglas. *Can it be borrowed from the Low Lat.* antitas = antiquitas?

anetarcnaid, *unknown*, 32, l. 31.

anfeth, *storm, tumult?* 84, l. 29; *from the neg. prefix* an *and* féth, *calm.*

angbaid, *sinful, ruthless?* 482, l. 2; lorc didiu angbaid no fordiuglantaid, H. 2. 16, col. 117; angbaidh .i. cruaidh, O'Cl. v. Saltair na Rann, 1512, 5484, 6138.

ansaite (= ansa-de), *the harder,* 218, l. 20.

anteirt (W. anterth), *the third (Roman) hour,* 124, l. 6.

anumaldóit, anumalóit, *inhumility, disobedience,* 186. l. 2; *gen. sg.* -doti, 60, l. 12.

anumla, *disobedience,* 464, l. 6 = anhuimle, Saltair na Rann, 1752.

apaig, *ripe,* 28, l. 8; *pl. acc.* gurtu apchi, LB. 127 a, l. 25.

araird, 30, l. 29. *This adverb occurs in the Laws,* I. 52, l. 27, *where it is rendered* 'being present,' 208, l. 18 ('forward'), *and* 272, l. 15 (' forward '). *Perhaps the true meaning is* 'in public.'

arálur, *arcesso?* *s-pret. sg.* 3, arid-r-álastar, 408, l. 20.

arberim, *I propose,* arbertai, 162, l. 27; 164, l. 1; arbertar, airmbertar, 190, ll. 3, 4; arrobert, Wb 29^d, 23.

arcessim, *I complain;* *pres. indic. act. sg.* 3, arcesi, 72, l. 3 = arceissi, *Ir. Texte,* ii. 145, l. 11.

arcleith ? 58, l. 19.

ardepscop, 528, l. 8, *archbishop: but in* 404, l. 4, *it can only mean* 'high bishop,' *or* 'chief bishop,' *not* 'metropolitan.'

ardrach, *sovran,* 226, l. 13; .i. airdrí no ardfhollas no oirdherc, O'Cl.

ardsenoir, 526, l. 32; *lit.* 'high senior;' *perhaps, like* nasalsacart, *a translation of* archipresbyter.

árdsollomain, *chief solemnity,* 40, l. 13.

aregal, *oratory* (O.Ir. aricul = oraculum?), 236, l. 23.

arm-chrith, *a trembling of arms,* 46, l. 5.

aroi, *ridges,* 88, l. 27. *Root* ar? Cf. imbaire, *infra.*

aroirachair, 68, l. 21; arroerachair, 104, ll. 14, 25; *seems to mean* 'erexit,' 'aedificavit,' *and to be a redupl. perfect* (= ad-ru-rerachair), *from a transitive* adraigiur; *cf.* adracht, *he arose.*

U 10231.

aros (gl. munilia sua et manuales et pediales et brachiola sua), 321, l. 18.

aross, *residence, gen.* areis, 334, l. 13. The *pl. n.* airise, 250, l. 5, *seems from a different stem.*

arra = *Lat. arrea,* xix, *pl. nom.* arrada, xx.

arracht, *image: pl. n. acc.* arrachta, 34, l. 1; 194, l. 24.

árusc, *proverb,* 104, l. 6 : 186, l. 3 ; árasg .i. ainm breithre, O'Cl. s. v. ionnrosg, Compounds are derb-árusc, *q. v.* and sean-arasg .i. seanfhocal, O'Cl.

asa, *whose is,* 38, l. 15.

at-bailim, *I perish: t-pret. sg.* 3, conerbailt, 58, l. 31.

at-crenim, *I fall, act. perf. sg.* 3, atrochair, 458, l. 17.

athair baitsi, *father of baptism,* 6, l. 30.

ath-cumtaigim, *I rebuild, perf. sg.* 3, roadcumtaich, 194, l. 2.

ath-mela, *repentance,* xlii., *or, perhaps,* 'resulting disgrace.'

atnói, *he granted,* 140, l. 3; *cognate with Lat.* adnuit?

atóibad, *abutment,* 90, l. 12.

atóibim, *pres. indic. sg.* 3, leth ataebi, 4, l. 5 = leth atoibe, *the part that adheres, abuts, the context,* 430, l. 1; atoibi (gl. herenti), Ml. 57 d, 18; *infin.* atoibiud (gl. adhessione), Ml. 54 d, 3; (a)toibmis (gl. herere), Ml. 18 c, 4.

audsud n-ecnai, 62, l. 4 = etaud n-ecnai, 256, l. 19; istud, 482, l. 24 (= estad, Book of Fenagh, 308), *rendered by Colgan* 'arca sapientiae.' *Can it be a loan from Lat.* astutus (*whence* W. astud) *or* (*with a prothetic vowel*) *from* studiosus?

augtordas, 509, note 2; *deriv. of* augtor = auctor; *pl. n.* auctair, 32, l. 30; *seems here to mean* 'authoritative practice.'

B.

iablóir, 568, l. 3; *a nickname for Patrick,* Corm. and O'Cl.; *an onomatopoeia, like Fr.* babille.

bacaige, *lameness,* 132, l. 22; *a deriv. of* bacach, *lame.*

s s

bachall, *to tonsure*, 190, l. 4 ; 402, l. 24 ; *sg. dat.* do bachaill .i. do borraid, lv. ; bachall .i. bearradh, O'Cl.

báide, *fondness*, 140. l. 5.

báigim, *I threaten? pass. pres. sg.* 3 ; báigter, 60, l. 6.

baile, *frenzy, ecstacy*, l. ; 34, note 5.

bailet, *usually* failet, *there are*, 174, l. 10. The double anlaut (*b, f*) shows that the original *v* remained intact, as was the case in toneless syllables.

baisfer, 36, l. 82, *seems to mean* 'morietur.'

al, bol 150, l. 12, 480, *fragrant ?*

banais, f., *wedding, sg. gen.* na baindsi 440, l. 25.

ban-chara, *concubine*, 86, l. 19.

ban-chuire, *woman-troop*, 351, l. 2, *corruptly* banchaire 202, l. 11.

ban-descipul, *female disciple*, 178, l. 11.

bann, *law*; band .i. dliged, Leb. Lec. Vocab., No. 42 ; *see* forbann, *infra.* Compound : smacht-bhann .i. smacht dlighidh, O'Cl.

bara, baru, *anger*, 234, l. 14, *sg. acc.* baraind 234, l. 2. bara .i. fearg, O'Cl.

barr-buide, *yellow-topped*, 530, l. 4.

barr-undiun, *lit* ' *hair-onion,*' *a leek* (barr .i. gruag, O'Cl.)

beba, 88, l. 2, *seems a redupl. fut. sg.* 3., *meaning* morietur.

béccim, *I bleat, s-pret, sg.* 3 béccis 466, l. 14.

beitit, *erunt*, 110, l. 25.

benn (*Lat.* pinna) inna scríne, 86, l. 10.

bennach, *peaked*, 34, l. 11.

bernán, 114, l. 14, *Gapling*, a name for Brigit's bell.

béscna, *jurisprudence* 562, l. 15, = bés + gna: bescna díade *knowledge of the divine law*, 222, l. 21.

bethechan, ' *Little Birchen,*' 248 l. 11, *a dimin. of* bethech.

1. bethugud, *to feed?* 198, l. 17.

2. bethugud, *to quicken* 62, l. 16, 258, l. 3.

biba, 88, l. 1, *leg.* bíba *percutiet? the b-future act. sg.* 3 *of the verb to which* bí *percussit*, 148, l. 2, *belongs.*

bieis, bies, *vivet ille* 224, l. 24, *fut. sg.* 3 *with suffixed pron.*

bissi ega (.i. cuisni heighri xlvii.), *icicles*, 10, ll. 26, 31, *lit. fingers of ice: cf.* W. hys.

bithir, 568, l. 26, *pres. indic. pass. sg.* 3 *of verb subst.*

biu, βιψ, *vitā*, 168, l. 24.

blae, *a green*, 70, l. 30 : cend na blae, LL. 126a.

bláthugud, *a blossoming*, 150, l. 12; 480, l. 5.

bóare, *cowherd*, 422, l. 13.

bobba = *Lat.* papa, 218, l. 4. popa no pupa .i. maighister, O'Cl.

boimm, *a bit, morsel*, 242, l. 10. boimm don bairgin (gl. bucellam) I.R. 49 *b*. boim (.i. sruban) berrtha, Laws i. 132. *pl.* bommand ega ' *bits of ice*,' ' *hailstones*,' LL. 77*b* 2.

bolgum, *a sup*, li.

bonnae, bónnae *prayer ?* 108, l. 22: *cf.* Old-Br. do-gur-bonneu.

borime, borime *tribute*, φόρος, 554, l. 2: *sg. gen.* na borome, 566, ll. 8, 17, *acc.* boromi, 566, l. 12.

both, roboth, 242, l. 19, *pret. pass. sg.* 3 *of verb subst.*

bréc-sid, *a false peace*, 46, l. 18.

brathlang, *the cover of a pitfall ?* 186, l. 25 = braflacc G.C.² xxi, note, *seems a compound of* brath, mrath ' *betrayal*,' ' *treachery*,' *and* lang, lacc = *Lat.* planca.

bretnas, *the British language*, 412, l. 6 ; is-in bretnais, l. 7.

brigsón, 305, l. 12. *The word occurs in what may be a gloss on* ' Roddanus.' *Compare* curson, saoi, O'Cl.

broscur, *clamour ?* 216, l. 3.

brothairne, 118, ll. 6, 11, brothirni, 240, l. 3, *a hair, seems a diminutive of* brothar.

brothar na brothraigi, *the hair of the quilt ?* 72, l. 4.

brothrach, f. *quilt, rug, gen. sg.* 72, l. 4.

brúch 96 l. 2, *a contraction of* bruach *dat. sg. of* bruach ' *brink.*'

bruth, *a mass of metal, sg. gen.* brotha, 94 l. 21, *acc.* bruth n-oir 94, l. 21 : 416, l. 3.

buachail, *cowherd* (*W.* bugail), 266, 574, *sg. gen.* buachaele, 340, l. 12.
buan-ell, 252, l. 21, *a lasting union?*
buan-tith, 70, l. 19 *and note* 2, *a lasting line?*
buinne (ms. buindi) óir, 86, l. 4, *lit.* '*pipe of gold*' (buinne gl. tibia) *the fistula through which the sacramental wine was sucked.*

C.

caam (gl. lignum contensionis), 320, l. 10.
cacaim, *caco*: *pres. indic. act. pl.* 3 cacait 562, l. 11.
cád, *holy*, 552, l. 2.
cail, *grave*, 311, l. 21 (cail .i. lebaid no comét, H. 2. 16, col. 97).
cain(f)uairrige, *clemency*, 260, l. 11, *a deriv. of* cain(f)uairech (gl. clemens).
caingen, *dispute* (lis), *sg. acc.* caingen, 112, l. 25; *pl. gen.* caingen, xxxix.
cairceeh, *hair of a tail*, 570.
calle, n.=pallium. *sg. acc.* calle, 100, l. 17; .i. bret dub, lii.
can : cia chan duib ? 100, l. 6, *lit.* ' *what whence are you?* '
can=quando, 122, l. 23, .i. tan no uair, O'Cl.
cann, 340, l. 19, *a vessel*, *Eng.* can.
cantaic, *a canticle, pl. dat.* canntaicib, 254, l. 6; cantacib, 484, l. 5. *W.* canig.
cante, 104, l. 7, *for* cáintea, *gen. sg. of* cáiniud.
carpat, *chariot*, 394, l. 28; *pl. n.* carpuit, 42, l. 18. *The acc.* cairpthiu, 42, l. 26; 44, l. 2; 46, l. 7; 394, l. 18; 456, l. 16, *comes from a stem* carbeto. *Hence also* cairptheóir, *charioteer.*
carréne, 252, l. 26, *a dimin. of* carr, *wagon.*
cascdae, *paschal*, 40, l. 21.
caso mór, 104, l. 20, '*great Easter*' *as distinguished from* minchasc, q. v.
cassal f.=casula, 56, l. 31; *sg. gen.* caisle, 58, l. 22.
castó[i]t=*Lat.* castitas, xvii.
cathair, *monastery*, 44, l. 11; 76, l. 5; 112, l. 8.
catar (quatuor), J. sosceal, *a book of the Gospels*, xxi.

cath-chalma, *battle-valiant*, 536, l. 29.
cech-léthide, *daily*, 486, l. 26, *dat.* pl.-ib.
cellach, celldach, *strife*, 158, l. 7, *cogn. with O.N.* hild.
cenglad, *infin. of* cenglaim, *I bind*, 220, l. 3.
cenn athchomairc, *head of counsel*, 206, l. 23.
cennadach, *province*, *sg. dat.* cennadich, 342, l. 12.
centuir=centurio, *pl. gen.* centuire, xxviii.
ceol-tech, *music-house*, *pl. acc.* 34, l. 11.
cerp, *sharp*, 210, l. 18.
cet (gl. flat si uis), 342, n. 2, *leg.* cét *permission.*
cetharchair, *four-cornered*, 110, l. 18.
cethrae, *quadrupeds, cattle*, 252, l. 25.
cetlud ? 210, l. 19, *perhaps for* cétlud, Saltair na Rann, 163, 5979, 6871, 7287.
cétmad, *hundredth*, 122, l. 27.
chitubrad, *was first given*, 404, l. 12.
cia-chuin, *when?* 242, l. 13: *cf.* cia chan 100, l. 6.
cíana : hi tír chiana, 126, l. 1, *seems an adverb meaning* '*afar.*'
cimbe, *captivity*, *sg. dat.* cimbi, 166, l. 14.
cirbaire, cirpsire = cerevisiarius, 264, 266, 574.
císel, *the Devil*, 408, l. 9, *Goth.* akohal ?
citabenim, *I perceive*, 2*dy pres. act. sg.* 3, no-chetfanad, 14, l. 6.
cland =*Lat.* planta (W. plant), *pl. dat.* clannaib, 256, l. 22. *The other* cland '*children*' *is perhaps a genuine Celtic word.*
clandaim = *Lat.* planto, *s-pret. sg.* 3, roclann, 232, l. 18.
clí, *stake, house-post*, 148, ll. 23, 28. *See* Cormac, Gl. s. v. clii.
clocha fothraicthe, *washing-stones*, 80, l. 8. *Compare* : lothomur in taige aiged ... cona clocaib hi taib na hursand, LB. 213[b].
clochtha, *made of stone*, 94, l. 4.
cloor, *I hear, conj. sg.* 2, co cloither-su, 244, l. 12.
cluiccéne, *little bell*, 248, l. 11, *a dimin. of* clocc.
cnabad, *ration*, 232, l. 17; *also spelt* cnamad, 228, l. 2.

cnaim, *I gnaw, act. pret. sg.* 3 rocnai, 242, l. 11 ; *pret. perf. pass.* cnaithe, LH. 2ª.

cneitim, *I groan, act.* 2*dy pres. sg.* 3 no cnited, 38, l. 12.

cnes-bán, *white-skinned,* 540, l. 5.

cnucha, *hillock,* 134, l. 19 ; 182, l. 28 ; isin cnuchai-se, 232, l. 15.

coblach, *boat, fleet : sg. dat.* cobluch, 66, l. 14, *pl. dat.* coblaigib, 206, l. 2. *Perhaps a loan from* caupulus.

cobnesta, 414, l. 2, *derived from* coibnes (con-venestu) *affinitas.*

coemna, *defence,* 381, l. 10 (*from* *cúmemna)=caomha .i. comhairce, O'Cl.

coibled (= com-fled), *banquet : sg. gen.* coiblidhi, 556, l. 30.

coillim, *I destroy, act. pret. sg.* 3 ro-chaill, 214, l. 2.

coimcne, *history ? synchronism ?* fer c m cni, 566, l. 2 : coimccniu, Petrie's *Tara,* 119.

coimmchloim, *I interchange, s-pret. pl.* 3 co rocoimchloiset, 76, l. 20.

coimit = *Lat.* comes, *pl. gen.* coimiti, xxviii.

coim-rith, *a joint course : sg. dat.* co nrith, 522, l. 3.

coimsech, *potens,* 252, l. 14.

coimthechtaid, *companion, gen. pl.* comithechtaigi (leg. -aide), 30, l. 9.

coindelc, condelcc, *counsel,* 212, l. 27 ; *sg. gen.* condilc, 210, l. 18 ; coindealg, .i. comhairle, O'Cl.

coin[n]line, *stalks, rushes ? sg. dat.* -iu, 84, l. 8, *a deriv. of* coinnlin (gl. stipula).

cóir, *arrangement, a rite ?* 470, l. 2.

coirmm-gnáithi, 136, l. 9, *alebibbers ?*

com-aestae, *coeval, acc. pl.* comaestu, 10, l. 24.

com-aicsigim, *I approach, s-pret. sg.* 3, rochomaicsigh, 90, l. 22 ; ro-comaicsegestar, 40, l. 12 ; -aicssigestar, 68, l. 14 ; -faiccsechestar, 252, l. 3.

com-aimser, com-aimserad, comaimserdacht, *synchronizing,* xxvii, xxviii.

com-áinsem, *rebuke,* 260, l. 6.

com-aithgcss, 144, l. 12, *for* comaithchcss. *neighbourhood.*

com-arbus, *heritage, gen. sg.* comarpsa, 158, l. 18.

com-écnigim, *I compel,* 178, l. 8.

comelim, *I rub : imperat. act. pl.* 3, coimlet, 458, l. 21.

comfert. *joint miracle : acc. pl.* -u, 460, l. 4.

com-flathius, *a joint reign,* 526, l. 22.

com-fuilidecht, 68, l. 10 (*where both MSS. have* consuilidecht) = consanguinitate, 335, l. 20, *a deriv. of* fuil, *blood. So* comfuilidhi *blood-relations,* Book of Fenagh, 174.

com-gráda, *an equal rank, pl. n.* comgrads, 152, l. 21.

*comluim, *I drive on ? imperat. pl.* 2 comluid, 186, l. 27.

commám, *yokefellow :* 14, l. 4, *wife :* commaim .i. bean, O'Cl.

comrorcun, *error : sg. acc.* comrorcoin, 88, l. 22 = comrorcuin, Ml. 56, b. 9.

comsuilidecht, *co-desire,* o comsuilidecht, .i. o comthoil, li., *a mistake for* comfuilidecht ?

comus, *power, jurisdiction,* 234, l. 6 ; comus mo saire, 484, l. 27.

con-écarim, *I call to : t-pret. pl.* 3, cona cartatar, 134, l. 6.

conacmdetar, *collegerunt ?* xviii.

con-aitigur, *I ask : perf. sg.* 3, conaitigair, 230, l. 17 ; *t-pret. pl.* 3, conoitechtatar, Wb. 8ª 14.

cond *for* con : cond-osnaid, 76, l. 11 ; cond-onórsigtís, 122, l. 5.

condelcc ? 212, l. 27, *sg. gen.* condilc, 210, l. 18.

conditóir = *Lat.* conditor, *founder, pl. gen.* conditore, xxviii.

con-écid, conéicid, *he declared,* 36, l. 18 ; 188, l. 6 = con-aith-cuaid, *s-fut. pass. sg.* 3 conécestar, S. P. III. 2.

con-écnigim, *I necessitate, compel, perf. pass. sg.* 3, conaro-chomécnichthi, 178, l. 8.

conflicht = *Lat.* conflictus, *a conflict,* 56, l. 7 ; 100, l. 27 ; 556, l. 25 ; *sg. gen.* in conflichta .i. in imresin no in cocaid, li.

con-gain (leg. congcuin ?), 114, l. 10, *cognovit.*

INDEX OF IRISH WORDS. 645

congbáil, *a cloister, monastery*, 76, l. 10; 78, l. 11; 80, l. 4; *pl. dat.* congbálaib, 162, l. 17. congbhail .i. árus no baile, O'Cl. The *congbáil* was composed of a *less*, a *tech mór*, a *cule*, and an *aregal*, 236, ll. 20-24.

connadach, *fire-wood*, 266, l. 2, a *deriv.* of connad, *sg. gen.* connaid, 574, l. 25.

con-osnaim, *I rest*, 2dy *pres. act. sg.* 3, conosnad, xlix. *Infin.* cumsanad.

consal = *Lat.* consul, *gen. pl.* xxviii.

con-selaim, conselsat, 238, l. 21. *This seems the verb whence come* conselai *and* consela, *and the imperat. sg.* 2 *coisle*, LU. 64ᵃ.

contan ?, 220, l. 4.

con-utgim, *I build, s-fut. act. pl.* 3, conutsat, 34, l. 10.

co-roecsat ? 110, l. 2.

cor búada, 78, l. 9.

cor lamha aire .i. a dul co sacarbaic, xlix.

corus, *law? rule?* 484, l. 7; 562, l. 14.

cosmaim (= consummo, i.e. confirmo), *act.* 2dy *pres. sg.* 3, nocosmad, 484, l. 13. *The verbal noun is* cosmait = consummatio, Corm. s. v. caplait.

cotach, *a covenant*, 154, l. 21.

cotegim, *I coagulate*, *pret. perf. act. sg.* 3, ro coteg, 54, l. 10 in coteicthea (gl. concretionis) G. C.² 801.

craibechan, *a morsel of meat?* xviii; .i. cara bechan .i. feoil min no bec, no cara dona bechanaib .i. dona lenabaib, H. 2, 16, col. 98.

crann arcleith, 58, l. 19; crann fri tír, dorat, 34, ll. 21, 22. *The opposite to* gabail crann *'to land,'* Lhuyd.

creitmech, *pious*, 70, l. 13.

cretra, *dat. pl.* cretraib, 14, l. 17; 436, l. 5. *pl. acc.* cretra, 232, l. 3; ba comnai 7 ba cretra in f huil sin, H. 2, 16, col. 392; ba comman, ba cretair, *ib.*, col. 393. *This is* creatar .i. coisreachta, *and if O'Cl. be right, the word in the places cited should have been rendered by 'consecrated elements.' It is borrowed from Lat.* creatura. *In the line* oidid cretra *in* Croibderg, Book of Fenagh, 280, *it seems an adj.*

crethuma, *better* crúduma, *bronze*, 86, l. 3.

cró, 36, l. 31, .i. clann, O'Cl., *who cites* 'Dichu go lion cró.'

cro-chaingel, *chancel*, 338, l. 23.

cruan moithni, 86, l. 7. *Compare* srian cruan moith, LU. 85 a; cruan .i. gne don tsencerdacht, O'Dav. 71.

cruanmoin ?, 86, l. 10.

cruimmthir, *priest*, 162, l. 19; 256, l. 14 = *Old Welsh* premter, Corm.; *borrowed from* prebyter, *Low Latin* for presbyter. *The hard* m *has not been explained.*

cuairt, f. *globe*, *sg. gen.* inna cuarta, 180, l. 8.

cuass, *a hollow*, 84, l. 18; 536, ll. 10, 11. *Hence the adj.*

cuassach, adj. *hollow*, 84, l. 5.

cubes, 384, l. 4; 398, l. 20 = cobes, coibes, *an equal number, equivalent.*

cuibsech, *conscientious*, 338, l. 25.

cuicenn, *kitchen*, *sg. gen.* na cuicni, 472, l. 30. *Borrowed from* coquina.

cuile, *kitchen*, *dat.* culi, 236, l. 22, *cogn. with* culina.

cuimniugud, *remembering*, 258, l. 27.

cuisni heighri[d], *icicles*, xlvii.

cuithech, *pitfall*, *acc. pl.* -a, 186, l. 25. *Derived from* cuithe = *Lat.* puteus.

cuitechta, *a company*, 220, l. 16; 482, l. 3.

cuitred, *a triad? See* ferchuitred, *infra*.

cummaim, *I compose*, ro-s-cummai, 60, l. 24; 256, l. 11.

D.

daire, *oakwood*, *sg. dat.* dairiu, 338, ll. 11, 12.

dal, (dál ?), *doom*; *sg. gen.* dail, 48, l. 9; *acc.* dal, 566, l. 25. *The nom. sg. seems in* ba derb in dal, Book of Fenagh, 156, *where* dal *rhymes with* clár.

damaisc (damasc ?) thíre, 132, l. 23, *some quantity of land.*

darmi-regainn, *better* tarmiregainn, *fut. sec. sg.* 1, *I would come over*, *pl.* 3 darmiregtais, 204, l. 19.

dásachtnigim, *I become mad*, *pres. indic. pass. sg.* 3, dás[ach]taigther, 12, l. 25.

dau, *to him*, 248, l. 20 = dáu, 528, l. 16.

decleithi ?, 156, l. 5.

dedbir, *for* dethbir, *lawful, necessary*, 174, l. 9.

dedol, *twilight,* sg. dat. ón dedoil, *diluculo,* 52, l. 14, *seems fem.* In Ml. 135 d. huan cetna dedol (*a primo crepusculo*) — *it is masc. or neut.*

deg, *good: compounded:* deg-briathar, 230, l. 13; deg-coire, 230, l. 8; deg-comarle, 42, l. 24; deg-dán, 172, l. 2; deg-edbairt, deg-impide, 224, l. 16.

dellechuir, *lay down,* 240, l. 20, *for* dellechair, *a pret. act. sg.* 3, *cognate with* déllach .i. luighe, O'Dav. 77, *where the* s-conj. *act. pl.* 3, dellsat, *is also quoted. O'Clery's* deillidh .i. luighe no leanmhain *should perhaps be* deilligh, *or* dellig, Salt. na Rann, 1389, *and connected with* dellechuis.

demnacdai, *demonic,* 56, l. 1.

déniu rad, *swifter than speech,* 10, l. 31; 56, l. 8; 456, l. 7; 464, l. 15; rad *for* rád.

deoin, 140, l. 22.

deonaigim, *I vouchsafe,* act. pret. sg. 3, rodéonaig, lx., *infin.* deonugud, *consent, sg. acc.,* 414, l. 26.

deóraid, *for* deolaid, *grace,* 154, l. 7.

derba, *acc. sg.?* pl.? 184, l. 9; *meaning obscure.*

derb-árusc, *proverb,* 16, l. 23; 86, l. 23; 88, ll. 15, 27; dearbhárasc .i. seinbbria thar no seanfhocal, O'Cl., *from* derb, *sure, and* árusc *q. v.*

derb-chlann, *own children,* li., 68, l. 9.

dercaige, 234, l. 10, *means perhaps,* '*watchfulness*' (cf. dercaim, *I see,* dercaid, *look-out man, watchman), rather than '*lovingness*'* (desere, *love*).

dercaisiu (*leg.* deruhaisiu), *gazing, sg. gen.* -en, 216, l. 3.

derfiur (= derb-fiur), *own sister,* 68, l. 3, *sg. gen.* derfethar.

dermanim, *I forget,* act. pres. ind. pl. 3; dermanat, 82, l. 19.

descertach, *southern.*

dia, *day,* sg. abl. diu, 114, l. 21; dia sé fichet bliadan, *that day six score years,* 206, l. 23. *See many examples of this idiom quoted by Mr. S. H. O'Grady in* '*The Academy*' *for Nov.* 14, 1885.

dícheltair, *a* '*tarnkappe,*' *or cloak of darkness?* 46, l. 28; *cognate with* dochelim, *I conceal.* dícheltair .i. fó [leg. fáed] fíada no duaithniugadh, no ceilidh an tó arambí, O'Cl.

dictadoir = *Lat.* dictator, *pl. gen.* -oire, xxviii.

dí-ing, *very difficult,* 198, l. 17; *also in* Wb. 15c, 22. From the intensive *prefix* dí *and* ing = *Skr.* anhas (*Zimmer*).

digainn, *unscanty, plentiful* (dioghainn .i. neamhghann, O'Cl.), *gen. sg. m.* diguind, 472, l. 1.

dimicnithi, 176, l. 4, *seems for* dimicnigthe, *pret. part. pass. of a denominative from* dimhiccin .i. tár no tarcaisne, O'Cl.;

dinetán? 142, l. 14.

dingabim, *I get away:* redupl. fut. sg. 1, dingeb, 116, ll. 9, 13, 17; 118, ll. 3, 4; *pass.* dingébthar, 120, l. 9.

dinnim, *weak?* 74, l. 16: Saltair na Rann, 4207, 5035.

diorpus, *disinheritance,* 132, l. 16.

dirróggel, *emit,* 340, l. 15, *is certainly* = *the* doruagell *of the Annals of Ulster, cited by Petrie, Eccl. Antt.,* 231, *and the* dornaichill .i. dochennaig *of O'Clery.* -deirclimmis, Wb. 26ᵇ, 16. *The infin. is* deirgli (*leg.* deircle) .i. cennach, O'Cl.

dítnid, *defender,* xlvii.

diucraim (di-ud-g.), *I cry out:* t-pret. sg. 3, doriucart, 44, l. 18; doriugart, l. 30; *infin.* diucrae *or* diucaire.

diuic = *Lat.* judex, *pl. gen.* diuice, xxviii.

dlomaim, *I refuse,* dlomtha, 162, l. 28.

do-áilgim, *I cherish?, pret. act. sg.* 3, dosan-ailgi, 152, l. 8; *imperat. sg.* 2, talaig, 186, l. 12.

do-airbiur, *reduce, subdue, bring under,* t-pret. sg. 3, do-r-airbert, 90, l. 23; *infin.* tairbert. *The passage in p.* 90 *means,* 'he hurled it down with his crozier-point (airmtiud), westwards on its right side.'

do-airchanim, *I prophesy;* t-pret. sg. 3, -tairchet, 152, l. 24; redupl. perf. sg. 3, doercachain, 86, l. 13.

INDEX OF IRISH WORDS. 647

do-airissim, *I stand by*, act. 2dy pres. pl. 3, doairistis, 178, l. 16; *infin*. tairissem.

do-air-lócim, *I let loose, cast, fling: s-pret.* act. sg. 3 (*with inserted* f), dofarlaic, 178, l. 24; -tarligg, tarlicc, 324, l. 17; pl. 3, tarlaicset, 138, l. 5; pass. pret. sg. 3, tarlaiced, 464, l. 15.

do-air-lingim, *I leap*, redupl. perf. sg. 3, -tarblaing, (*tu-are-ve-vlange*), 188, l. 11.

do-air-thet (do-air-do-éit), *comes to*, 132, l. 15.

do-aitnim, *I shine: pret. act.* sg. 3, do-r-aitne, 56, l. 15; 196, l. 27. Cf. do-n-aitni (gl. ariserit), Beda Carol., 44 b.

do-algim, *I cherish: imperat. act. sg.* 2, talaig, 186, l. 2.

do-ar-rasair (do-air-siasair), *stood still*, tarrasair, 38, l. 10.

do-ár-riuth, *I overtake: pres. ind. act. sg.* 3, doarrith, 82, l. 18; perf. sg. 3, tarraid, 200, l. 9; 202, l. 23; (*with inserted* f *and infixed pron.*), da-farraid, 30, l. 23; (*with infixed pron.*), do-n-árraid, 76, l. 13; pl. 3, duairthetar, 286, l. 1; do-n-arthatar, 138, l. 27. *Compare* arriuth (gl. adorior).

doss, *reward*, 246, l. 3; 350, l. 19. *Cogn. with* fretus (freth-dus), *gen.* fretussa, (gl. dotis), *and* comtus (com-aith-dus), Laws, iv. 210.

do-athchuirim, *I return*, act. pret. sg. 3, do-r-athchuir, 158, l. 20; b-fut. sg. 3, doaithcuirfe, 158, l. 14; conj. sg. 1, coro-thadcnirer, 160, l. 12, pass. pret. sg. 3, doadchuired, 12, l. 8; infin. tathchor.

do-bruchtaim, *I belch forth: pass.* 2dy. pres. pl. 3; dobruchtais, 176, l. 20.

do-chomluim, *I drive on: imperat.* pl. 2, tochomluid, 186, l. 26; infin. tocomhladh .i. ceimniughadh, O'Cl. Cf. tarchomladh .i. gluasacht, O'Cl.

do-choscim (tu-com-sechim), *I follow*, pret. sg. 3, dorochaisc, 178, l. 3.

do-chrenim, *I fall: perf. act. pl.* 3, -to-cratar, 190, l. 19.

do-chuaid leis, 44, l. 28 = dochóid leis, 58, l. 28; *seems an idiom meaning 'he wished.'*

do-coras, 108, l. 20; *seems a corruption of* dofocress, pret. pass. sing. 3 *of* dofochertaim, cogn. *with* focress ' *dejectum est*.'

do-cotaiset, *for* adcotaiset, li., last line.

doduaccai dó, 136, l. 5.

do-éccim, *I see: redupl. perf. sg.* 3, do-r-écacha, 562, l. 35; s-fut. pass. sg. 3, déccastar, 214, l. 11 = duécastar, 338, l. 26.

do-edim, *I devour*, perf. act. pl. 3, dootar, 198, l. 8 = dotar, LL. 115 a (*the sg.* 3 *is* duaid, dóid), perf. pass. sg. 3, dess, 180, l. 25.

do-ellaim, *I deviate*, pret. act. sg. 3, doraell, l.

do-eprendim, *I gush out*, s-pret. pl. 3, do-r-eprendset, 10, l. 20; 72, l. 2.

do-ess-urc, *I rescue, I save: t-pret. sg.* 3, do-r-esart, 204, l. 21.

do-fuissmim, *I bring forth, I create: pres. indic. act.* sg. 3, dofuisim, 8. l. 10; dofuissim, 432, l. 14; t-pret. sg. 3, do-m-rosat, 140, l. 25; infin. tuistiu, tuismiud.

do-fuit la (*lit. cadit apud*), *an idiom meaning* 'pleases' (*cf.* N.H.G. gefällt), 112, ll. 30, 31.

do-gailsigur, *I grieve*, s-pret. sg. 3, rodogalsigestar, 12, l. 10; togaillse, Three Mid. Ir. Homilies, 74.

do-gniu, *I make: pret. act. sg.* 3 dorogni, 92, l. 30; pl. 3, dogénsat, 120, l. 16, *where a reduplicated form takes an ending proper to the s-pret.*

do-goim, *I choose*, 180, note 5, pres. indic. act. sg. do-gui-siu, 152, l. 6; redupl. 2dy pres. sg. 2, dogegaind, 112, l. 10; pret. part. pass. togaide, 62, l. 4.

do-guidim, *I bless: pass. conj. sg.* 3, condom-digdider, 116, l. 10; 118, l. 4. *The infin. is* digde.

do-guidim, *I offer: perf. sg.* 3 (*dependent form*), targaid = tarcaid, 180, l. 4.

do-imm-anim, *I command: pass. pret. sg.* 3, timmarnad (= do-imm-r-anad), 28, l. 5; 234, l. 3.

do-ind-scanim, *I begin*, pret. act. sg. 3, tindarscan (*for* do-ind-ro-scan), 54, l. 25; tarinnscan, 208, l. 11; co to-r-inscan, 226, l. 1.

do-in-fedim, *I inspire:* pret. act. sg. 3, do-r-infith, 2, l. 7.

do-in-olaim, *I collect,* act. pret. sg. 3, -to-r-inol, 10, l. 26.

doirnín, *handle* (of a bell), sg. acc. doirnnin, 248, l. 10.

do-lécim, *I let go,* 2dy pres. act. sg. 3, ara tailced, 342, l. 24; *pl.* 3, arna tailctis, 128, l. 1; *pass. fut.* sg. 3, -telcfider, 470, l. 3.

do-luigim, *I forgive:* pret. act. sg. 3 (*with infixed pron.*), d-a-loig, 200, l. 3.

do-maidim, *I break forth, s-fut.* act. sg. 3, doma, 84, l. 9.

do-maithim, *I threaten,* pret. sg., 39, l. 7.

do-melim, *I consume, t-pret.* sg. 3 (*with infixed pron.*), dus-ro-malt, 200, l. 16.

do-meisim, *I measure,* pret. act. sg. 3, doroi-msi, 236, l. 20.

dommatu, *poverty,* 158, l. 10.

domnach, *a church,* pl. n., domnaige, 168, l. 25.

do-moiniur, *I think,* perf. pl. 3, doruimmenatar, 100, l. 4.

domuin carpait, 194, l. 15.

dond-bile, *a brown tree,* pl. gen. 536, l. 11.

doraid (do-réid), *difficult,* 116, l. 27; 174, l. 25.

doraith, *at once,* 44, l. 28; 58, l. 28 = .i. do lathair l, li.

do-rataim, *I give* (from *tu-ru-dadāmi), con-dartaiter, *ut dentur,* 114, l. 2.

do-reg, *veniam,* Wb. 7ᵈ, sg. 3 -terga, 38, l. 17, *pl.* 2 -tergaid, 182, l. 29; 2dy pres. sg. 1, -thergainn, 106, l. 18.

do-rinnim, *I measure: imperat. sg.* toraind, 88, l. 8.

do-riuth, *accurro,* perf. act. sg. 3, do-roraid, 244, l. 10.

dorus, *door, used to form a nominal prep. meaning 'before'*: in dorus na cathrach, 418, l. 4; in dorus in tige, 444, l. 16. See fír-dorus.

dothcadach ?, 86, l. 26.

do-thlaigim, *I ask for: s-pret.* sg. 3, torothlaig (*for* do-ro-thlaig), 10, l. 10; *pl.* 3, dorothlaigset, 100, l. 19; *deponential,* du-ro-thlaigestar, 30, l. 6; *infin.* tothlugud, 10, l. 14.

do-thocadach, dothcadach, *unfortunate* 36, l. 26: *from* do=δυs- *and* tocad= W. tynghed '*luck.*'

do-thuarthed, 242, l. 9, *remansit: from* do-tu-air-tu-said.

drech-mas, *fair-faced,* 530, l. 18.

duairthetar, *see* do-arriuth.

dúal, *cause:* as in dúal, 166, l. 24; dual do bhrug .i. adbhar bróin, O'Cl.

du-ana, *poverty,* 158, l. 8, *from* áne, '*riches*' *with the prefix of dispraise* du-.

du-arraim, *I detain?* s-pret. sg. 3, *with infixed pron.* du n-arrastair, 138, l. 20.

duesta, daesta, *was wanting,* 112, l. 5.

duine-orcnid, *manslayer,* 158, l. 18.

dúthrachtaige, *willingness,* 206, l. 7. *where it is misspelt* dud-.

E.

ecbtarchenél, *a foreign tribe,* 170, l. 3; 202, l. 13.

écomnart, *weakness,* dat. sg., 30, l. 6.

eclastacda, *ecclesiastical,* 404, l. 2.

ed (*for* is ed, id est), *yes,* 84, l. 7.

éimid, co-hóimid, *quickly,* xxviii, *from* éim.

ell (*in* buan-ell, *q. v.*) *flock, multitude* (Saltair na Rann), *cogn. with* ellach, '*union*'?

engach, *noisy, vociferous,* 44, l. 15, eangach .i. glorach no cainnteach, O'Cl.

engnam, *prowess:* sg. gen. eggnamo, 92, l. 8. *See* O'Don. 4 MM., A.D. 1601, note a.

eolach, *a guide,* 248, l. 21.

episcopóte, *bishopric,* 194, l. 7; 222, l. 22; 238, l. 10; 550, l. 25.

erbaid, *bane,* 38, l. 15.

ercad, *embroidering? engraving?,* 668.

erchoitmed, *excuse,* xxxiii, 184, l. 25 = erchoimded, 204, l. 1; urchuidmeadh .i. díultadh no leithagél, O'Cl.

erdathe: 'usque ad diem *erdathe* apud magos, id est, iudicii diem Domini,' 308, l. 8.

ergaire, *to forbid:* sg. dat. 192, l. 24, *infin. of* ergarim.

erglanad, *to cleanse, sweep out,* xxxvii.

erlad in nítho, 92, l. 8, *cogn. with O'Clery's* urlaidhe .i. deabhaidh no cathughadh.

erlund na bachla, 468, l. 26.

ermadair, *he attained*, 126, l. 4; *pl.* 3, irmadatar, Wb. 5ᵇ.

ermited, ermted (ermited, A.) → airmtiud (gl. cuspis), Sg. 67ᵇ; irmtiud, LU. 88ᵇ.

ermóin, *sg. dat.* ermonai, 84, l. 25.

ernaidm, *contract*, 86, l. 29; 176, l. 29 = urnaidm, O'Don. Supp. q. v.

ernaim, 2*dy pres. pl.* 3, no-ernaitis, 52, l. 15; *cogn. with* ternaim.

ernama ?, 246, l. 9.

escongra, *proclamation*, 522, l. 28; eascongra .i. fuagra, O'Cl. *Infin. of* ascongrim.

escuirim, *I cast forth, pass. pret. sg.* 3, ro-escrad 240, l. 8.

esnam, *music*, xxxvii, xxxviii, *cogn. with* esnad.

étaim, *I find, pret. sg.* 3, ro-s-et, 164, l. 20.

étche, *ugliness* ?, 152, l. 6, *a deriv. of* étig ?

étidach, *robemaker*, 668.

etrache, *furrow, pl. gen.*, 88, l. 25.

etsud, *see* audsud.

F.

fantais = phantasia, *phantom, pl.* fantaissi, fantaitsi, 100, l. 5, .i. spirat, liii.

fasach, *legal precedent* ? *pl. dat.* fasaigib, 566, l. 4.

fascre, *cheese, pl. n.* fáscri grotha, 184, l. 1; 246, l. 24; *dat.* 182, l. 23; 246, l. 13; *acc.* fascriu, 182, l. 23; faiscre .i. cáisi no mulchan, O'Cl.

fáthacda, *prophetic*, 450, l. 5.

feb, f., *excellence, pl. acc.* (í)cua, 406, l. 14.

fedlegud, *remaining*, 200, l. 21, *infin. of* feidligim.

férach, *grassy*, 228, l. 15.

feraim, *I pour; act. b-fut. sg.* 3, firfid, 120, l. 6.

ferchuitred, *triumvirate*, xiv. = O'Clery's fear-chuidreadh .i. fear choimthrítheadh .i. beith 'nam buidhnibh tríair.

ferenn, *girdle*; *sg. acc.*, 284, l. 2; *pl. acc.* fernu, li.; ferenn, .i. criss, O'Cl.

fér-gort, *meadow*, 144, l. 10.

fersa, *a verse, sg. acc.*, 454, l. 27.

fertæ, *grave*, 317, l. 17, *sg. dat.* du forti martur gl. ad sarcifagum [sarcophagum] martyrum, 356, note 1. *A form* feurt (*later* fert ?) *also occurs*, 317, l. 19.

fethal. *See* primfethal.

fiacail, *tooth*; ind ḟ. (*with fem. art.*), 196, l. 27; *gen. sg. m.*; in fiacla, 196, ll. 26, 27.

fíada, *before him*, 136, l. 28.

fían, *champion*, 324, l. 36.

figuir, 44, l. 7, *from Lat.* figura, *with change to the i-decl.*

'fid ocus mag ocus lenu,' 340, l. 16, *a formula, like* wald und feld und wiese.

findfad, *blessedness: sg. dat.* do indfuth, 180, l. 1; .i. aibnius, lv.

find-fáidech, *'fair-voiced,'* 266, l. 5, *name of a bell, perhaps a corruption of* bindfáidech ?

findruine, *white bronze*, 74, l. 24, *seems a corruption of* find-bhruine, *where* bruine *is perhaps cognate with* bronze.

fír-dorus, 136, l. 16, i firdorus, *right in front, exactly opposite: see* dorus *supra*.

fiugraim, *I figure; pass. pret. sg.* 3, rofiu grad, 34, l. 15. *So in* Wb. 18ᶜ.

fiur, *sister*, 12, l. 6, *sg. gen.* fethar, *dat.* fiair, 12, l. 3, *acc.* fiair, 12, ll. 9, 11, *dual nom.* dí fiair, 16, l. 12, *acc.* dí fieir, 16, l. 14, *the infected form of* siur.

fled-ól, *carousing*, 52, ll. 17, 19.

fochellaim, *pres. indic. pl.* 1, fochellamar, xviii.

fochoslim, *I carry off, pass. pret. sg.* 3, fochoissled, 180, l. 22, *infin.* foxul.

fochuitbiud, *mockery*, 224, l. 2.

fodechta, 460, l. 8, *a mistake for* fodechtsa ?

fó-fer, *a good man*, 242, l. 24; 382, l. 10.

fo gabim, *I find : pres. indic. act. pl.* 3, fogabat, 92, l. 18.

foglaimmim, *I learn, pret. act. sg.* 3, nar' foglaimm, 392, l. 24.

fogliunn, *I learn, act. pres. ind. sg.* 3, foglleiun, 240, l. 9, *pret. sg.* 3, rofoglaind, 8, l. 19; 28, l. 2, *redupl. perf. sg.* 3, forogeglaind, H. 2. 16, col. 81. (*The form* roeglaind *quoted in Windisch's Wörterbuch belongs to* glinnim, *not to* fogliunn.)

fo-guíu, *I serve: deponential perf. sg.* 3, forusgénair 16, 26.

foill, *cunning?* 78, l. 27.

fóintreb, *small furniture,* 10, l. 12.. *The* fo *here is a prefix of diminution.*

fóisitiu, *confession, sg. instr.* foisitin 48, l. 9.

foithi, *under it,* 8, l. 10.

fo-laigim, *I hide, s-pret. pl.* 3, ro-foilgeset, 36, l. 13.

fólaire (= pólire, q.v.), 46 l. 33.

folamur, *I desire? (root* vel*?) pres. indic. sg.* 3, folamadair 112, l. 8; 208, l. 4; 226, l. 10, *s-pret. sg.* 3, folamastar, 78, l. 11; 80, l. 1; 146, l. 20; 168, l. 7; 200, l. 21; folamustair, 148, l. 28, .i. rosandtaigestar, lii.

follamnaigim, *I rule, act. pres. ind. pl.* 3, follamnaiget, 94, l. 27.

folortatu, *sufficiency, sg. acc.* folortataid, 238, l. 13; *cognate with O'Clery's* folortnaidh .i. lórdhaothain.

folt-chep, f. 200, l. 16, *leek, lit. 'hair-onion'* (cepa), *sg. acc.* amal foltcheip, 208, l. 15 *note. In* lvi foltchep *is glossed by* barr undiun.

fo-mámugud, *subservience,* 38, l. 6, *infin. of* fomámmaigim.

*fo-miniur *caveo : fut. part. pass.* foimnidi, 42. l. 9, *infin.* fomtiu, 482, l. 29.

fond = *Lat.* fundus? *gen. pl.* 534, l. 1.

for-ainm, *nickname, sg. dat.* foranmaim, *pl. acc.* foranmand, 126, l. 22.

*for-alaim? *act. pret. sg.* 1, *with infixed pron. and prefix,* for-dos-r-ala 96, l. 25 = fordosrola 78, l. 5.

for-bann, *order, prescription, commandment, sg. acc.,* 38, l. 4., *pl. nom.* forbonna 564, l. 20. *Cognate with Teut.* bann, forbann .i. for bann .i. ní ós ceann dligidh oir as ionann bann 7 dligheadh, O'Cl.

for-bannach, *having a* forbann, 32, l. 31.

for-benim, *I complete: act. pret. sg.* 3, fororbai, 170, l. 9; 178, l. 18; *pret. pass. pl.* 3, fororbaide laithi na canti, 104, l. 7.

forchae tentide, *thunderbolt,* lit. *fiery hammer,* 10, l. 19, *sg. gen.* forchai, 60, l. 20.

for-cmaid, *guardian,* 140, l. 7 (*where the text seems corrupt*) = forcmaidh = forchoimhédaidh, O'Cl., *cognate with O. Ir.* forcmi *' servat,'* Sg.

for-dergaim, *I crimson: pass. b-fut. sg.* 3, forderggfaither, 174, l. 11.

for-dorchaide, *very gloomy,* 62, l. 12; 256, l. 28.

for-dúnta, *closed up,* 56, l. 30.

fóre, foire P., *pursuit?* 216, l. 18; 470, l. 19; *sg. gen.* re forlond na fori, Book of Fenagh, 278: *cognate with* tóir?

for-gnuis, *face,* 50, l. 10.

foriacht-aide (foruichide E.), 234, l. 15.

for-indedim, *I betoken, pres. indic. act. sg.* 3, *with infixed pron.,* for-d-indet 180, l. 25; *infin.* forinnesin, *whence O'Reilly made his '* foirinnsin, I bode, forbode, betoken.' *O'Clery, s.v.* dinnid no ferdinnid, *quotes* fordindet, *but fails to recognise the infixed pronoun. Cognate are* innéidhim .i. aisnéidhim no innisim, O'Cl., *and* inniudh .i. innisin, O'Cl., *and the Old-Ir.* inneuth (gl. operio, i.e., opperior).

forlaim? for-dos-ro-la, 78, l. 5 = fordosrala, 96, l. 25.

1. formna, *choice,* 562, l. 13; *sg. dat.* formnu, 564, l. 3.

2. formna, *shoulder,* 460, l. 7.

forpthigud, *completion, fulfilment,* 2, l. 20, *infin. of* foirbthigim.

1. forrach, *meeting-place, sg. acc.* forraig 134, l. 10; forrich, 192, l. 3; *pl. nom.* foirrgea, 327, l. 4.

2. forrach, *a measuring-rod. This, perhaps, is the meaning in* 183, l. 16.

for-tachtaigim, *I help: pres. indic. sg.* 3, ni fortachtaig[e], 68, l. 29.

for-tachtaigthid, *helper,* 30, l. 5.

for-tiag, *I assist: s-fut. sg.* 1; fortés, 88, l. 28.

fo-semim, *I confess*, ὑφίστημι; *act. pret. sg.* 3; foruiami, 44, l. 9; fo-rui-s[m]estar, 562, l. 9; *t-pret. sg.* 3, ros-faisit, LL. 45 b; *infin.* fóisitiu, *q. v.*

fothaigim, *I found: s-pret. sg.* 3; fothaigis, 98, l. 12; ro-fothaig, 106, l. 7; 228, l. 12; fo-rothaig, 92, l. 12; 98, l. 2; 194, l. 9; forfothaigestar, 174, l. 22; forothaigestar, 194, l. 4; 214, l. 13. *A denominative from* fotha, *foundation; infin.* fothugud = O'Clery's fothughadh.

fo-thoscaigid, *follower, successor, pl. dat.,* fothoscaghthib, 6, l. 25. *Root seq.*

fothiur, *a field*, 132, l. 17, *should perhaps be* fothuir, *which seems* = fothair .i. gortt, *in the Leb. Lecan Vocabulary.* O'Clery *has* fuithir .i. fearann *and* fuithir .i. fó-thir .i. tir mhaith, *good land.*

fressabra, *opposition*, rí co fressabra, 524, ll. 20, 23; 526, l. 23. Book of Fenagh, p. 44.

fri-béolu, *a nominal prep.* (cf. ar bélaib), *overagainst?* 137, l. 27.

fris-biur, *I oppose, pret. sg. with infixed pron.* frith-m-bert, 210, l. 20; *infin.* frithbheart .i. cur in aghaidh, O'Cl.

fris-bruidim, *I refuse, deny; s-pret. pl.* 3, ro(f)rithbruithset, 126, l. 21; 224, l. 13.

fris-gairim, *I answer, t-pret. sg.* 3, fris-rogart, 28, l. 18.

fris-tarrasair (= fris-tn-air-siasair), *perf. sg.* 3, *resisted*, 30, l. 17 = frithorissair, 446, l. 7.

fris-tuidchaid, -tudchaid, *contraivit*, 200, l. 23; 208, l. 6.

fris-tulaid, *went against*, 146, l. 21.

frith-aire, *watch*, 484, l. 11.

fróichne, *a heather sprig*, 92, l. 10.

fuascor, *fright*, 46, l. 7 = fuascar .i. sgaol no sgén, O'Cl.

fúasma[d], *a thrust*, 218, l. 6.

fubthad, *to terrify*, liv, 142, l. 17; fubtadh .i. bagar, C'Cl.; *infin. of* fubothaim.

fu-gellaim, *I adjudge, s-pret. pl.* 3 fugellsat, 126, l. 24, *a denominative from* fugell, '*judgment.*'

fu-rigim, *I delay, act. perf. sg.* 3, fo-t-róiraig fo-n-róiraig, 208, l. 18; *t-pret. sg.* 3, foruirecht, Saltair na Rann, 6041.

furail .i. imarcraid lv, 194, l. 11; forail .i. iomarcaidh, O'Cl.

G.

gabáil láime, *to expel*, 478, l. 15; *pass. fut. sg.* 3, gebthar do lám, 118, l. 4.

gabaim foi, gaibthir friss 126, l. 30.

gabul fairge, *an arm of the sea*, 486, l. 21.

gaibiu, *I take*, 54, l. 14.

gaile, 46, l. 31, *corresponds with* én find '*white bird*' *in p.* 448, *and may perhaps be a bird-name cognate with Ir.* gel '*white,*' *and Gr.* χάλις '*pure wine.*'

gaire *pietas*, 410, l. 21 = goire, 314, l. 17.

gal-chét, *valorous hundred*, 536, l. 25.

gar, *dear?* 106, l. 11, *cognate with Ir.* grád, *love, Lat.* grátus, *Gr.* χαρίεις, *Skr.* haryatas.

gein, *birth, offspring, gen. sg.* gene, 48, l. 10, *acc.* gein, 78, l. 24.

gellas dit, gellfa-sa de, 140, ll. 19, 21.

genelach, *genealogy*, 412, l. 9.

giallnad, *hostageship*, 32, l. 5.

gillacht, *boyhood*, 10, l. 9.

gin claidib, *os gladii*, 164, l. 24, a Hebraism borrowed from the '*in ore gladii*' of the Vulgate, see Mayhew, *The Academy,* No. 676.

giunnæ, 317, l. 11, *gen. sg. of some word meaning human hair.* clanna Amargin giunnaig, LU. 127ᵃ.

glais, *stream, sg. dat.* glaisi, 138, l. 5; *acc.* glaisi, 210, l. 1.

glan-garg, *pure-fierce*, 384, l. 14.

gleith, *grazing*, 228, l. 18; .i. caitheamh no ingeilt, O'Cl. *One of the infinitives of* gelim.

gleter dála, 208, l. 23; *lit., assemblies are decided?* pret. indic. *sg.* 1, gleim; *pass. pres. sg.* 3, glethar, lvi.; *infin.* gleodh .i. glanadh no criochnughadh, O'Cl.

gloun, *calf, sg. gen.* gluinn, gluind, 68, l. 9 ; 335, l. 19.

glósnathe ainncsen, *thread of narration,* 60, l. 23 ; 256, l. 10.

glún, *knee, acc. pl.* co tiefe glúne, 120, l. 6.

goedelg, *the Gaelic language,* tria goedelg, 442, l. 28.

graif (*Lat.* graphium), *brooch,* 92, l. 8.

greim, ni géba greim, 102, l. 2, *thou wilt not profit ;* gréim rígda, 32, l. 20, *royal power ? Cf.* mo a gréim *ocus* a gerat *ocus* a chumachta oldas cach rig, Corm. s. v. Mumu ; ros-cacht greim rígh na ndúile, Three Frags. 240, l. 9.

grís (= Vedic ghransi), *fervour, dat. sg.,* 256, l. 23.

gú-forgall, *false testimony, gen. sg.* 8, l. 11.

guine, *slaughter,* 196, l. 4.

gustal = vasculum ? *pl. n.* gustail, xlvii.

I.

iarla, (= *Norse* jarlar) *earls, gen. pl.,* 540, l. 1.

iarmiforid, 202, l. 16 ; *seems to mean 're- mained behind'* = iarmi-fo-air-said, *as* deruarid '*remansit*,' Ml. 31 a 6 *is* = de- ru-air-said.

iarn, *an iron tool, pl. irons,* in erna, Corm. s. v. cotud : *pl. gen.* iarnd, 218, l. 19 ; *acc.* iarnu, 218, l. 21.

iarndóe, *fawn,* 46, l. 31 = iarroe, 381, l. 14. *The* dóe *seems cogn. with A.S.* dá.

iarthartuascert, *north west,* 420, l. 31.

íascach, *fishing,* 146, l. 10 ; imm íascach, 148, l. 14 ; *or should we here read* imm- íascach, *very fishful ?*

íascaire, *fisher,* 142, ll. 1, 4 ; 146, ll. 8, 12.

íascrad, *fishing,* 144, l. 2.

ibim, *I drink, potential sg.* 3, -ebi, *pl.* 1, -ebem, *perf. pl.* 3, ebatar, 436, ll. 13, 15, 16 ; *fut. sg.* 1. ibiu, 54, l. 15 ; *pass. fut. sg.* 3, íbthar, 54, l. 17.

íccaim, *I pay,* 1 *pass. pret. pl.* 3, con-r- íccata, 340, l. 17, *where the particle* ro *gives the sense of a preterite.*

ifernach, *having hell* (iffern), 450, l. 21.

ilach (gl. pacan), Pr. Cr. 43a, *pl. dat.* ilchaib, 84, l. 29 ; iolach .i. subhachas no luthgháir, O'D. *A.S.* fela.

il-mod, *many modes, pl. dat.,* ilmodaib, 474, l. 20.

imb-aire, *ridge,* 192, l. 13, *sg. dat.* imbairi, immbairiu, 196, l. 7 ; *pl. dat.* inna im- mairib anfoille immarda, LL. 219 b.

imbolc, *Candlemas,* xxx.

imbrimm, *travelling, lit. running around,* imb réim, *ambi-retmen, 96, l. 22.

imduail ? 234, l. 23.

imm-acciu, *I see*: redupl. *fut. pl.* 3 (*with infixed pron.*) imm-us-aiccichet, 158, l. 11 ; 2dy. redupl. *fut. pl* 3, n-imm- an-accigtis, 212, l. 28.

immacladur (imm-ad-gládur), *I mutually address, s-pret. pl.* 3 (*with infixed pron.*) imm-usn-arlasatar, 562, l. 17 ; *where* arlasatar *is* = ad-ro-gládsatar, Thurneysen, Kuhn's Zeitschr., xxviii., 151.

imm-altoir, 446, l. 29 ; 466, l. 8, *seems to mean a ' portable altar.'*

imm-aithigid, *mutual visiting,* 176, l. 5.

imm-chlaidbed, *mutually swording,* 108, l. 22 ; iomchloidhmeadh .i. busladh no comhrac re cloidhmhibh, O'Cl.

imm-chuibde, *fitness, harmony ?* 2, l. 14 ; 428, l. 13.

imm-de-r-nad, *pass. pret. sg.* 3 *of* imm-dó- nim, 74, l. 24.

imm-eclaigim, *I greatly dread, s-pret. pl.* 3, ro-immeclaigset, 92, l. 6 ; ro-immeclaig- setar, 44, l. 26.

imm-folach, *a covering,* xxxix.

immi-frith-écraim, *I mutually answer,* t-pret. *pl.* 3, *with infixed pron.* [i]m- mus-fri[th]écratar, 32, l. 6.

immi-ráim, *I journey, s-pret. pl.* 3, im- roiset, 214, l. 9.

immiruimedur, immiruimdiur ? *I sin,* 2dy pres. act. *sg.* 3, immroimsed, 236, l. 17, *infin.* immormus.

immi-sóim, *I turn,* 82, l. 16, *pres. indic., sg.* 3, immesói ; imsoi, 38, l. 19.

immorchu, 136, l. 28, leg. immarchur ?

imm-rigin, *very tough or adhesive,* 208, l. 18.

imm-slán, *quite whole*, 14, l. 10.
imm-thecmail, *mutual contention*, *sg. dat.* acomtegmuil, liv.
immua-n, *around their*, 346, l. 19.
in *for* ind-n, *gen. pl. m. of the article*, 220, l. 8. So *in L L.* 249^b : la bánsuilsi ind liac logmar.
incholnigud, *incarnation*, *sg. dat.*, inchollugud, 550, l. 28.
inchosichim, *I signify*, *point out? pret. act. sg.* 3, roincoasc, 94, l. 3.
indar, *seemed*, andalem, *meseemed*, 196, l. 10; = inda limm, Milan poem, 13, 21: *deponential*, indar: andar-lium, *meseems*, 470, l. 2; indar-lea, 126, 4, *her-seemed*; indar-leó, *it seemed to them*, 46, l. 5; indar-les, 392, l. 4; indar-lais, *it seemed to him*, 392, l. 7.
ind-ala-sar, *one of the two of you*, 151, l. 7.
ind-ara-n, *acc. f., second*, 100, l. 30.
ind-ar-benim, *I expel, pass. pret. pl.* 3, roind-arbanta, 56, l. 14; 92, l. 31.
indlea, 337, l. 12. *See* leth-indli.
in-dorus, *before*, 28, l. 15; 76, l. 27; 82, l. 2.
ingelt, *grazing*, 96, l. 23.
init = *Lat.* initium, *W.* ynyd, *Br.* ened, *shrovetide*, the day before Ash Wednesday, the beginning of Lent, *sg. gen.* inite, 112, l. 27; 114, l. 4.
innis f., *saying, describing, description · sg. gen.* innisen, 190, L 1, *the infin. of* innisim (ind-fissim).
in . . . nó, *whether* . . . *or*, 74, l. 23, *and probably*, 74, l. 12.
inna-n, *the which*, 258, l. 28.
intud (= ind-soud) *returning: sg. dat.*, 30, l. 22.
ire, *land, acc. pl.* iriu, 206, l. 19, *cognate with* íre, *gen.* hirend, *and Goth.* fera, *country, region. Ir.* irionn .i. fearann, O'Cl.
irla, *a slave's tonsure*, 509, note 2.
irmtiud, *cuspis*, 90, l. 24, n.; = ermted, 196, l. 8, n.
isa, *whose*, 460, l. 21.

isam, *I am*, 460, ll. 21, 25.
í-siut (=í-sút), 464, l. 13.
istud, 482, l. 24. *See* sudsud.
iubile, *jubilee*, *gen. sg.*, 412, l. 22.

L.

lacaigim, *I weaken: act. pret. sg.* 3, rolagaig, rolacgaig, 144, l. 7, *a denominative from* lac, *weak*.
ladar, *branch: dual n.*, di ladir, 84, l. 5.
lau-etrebrad? 248, l. 16.
lánlott, *full destruction*, 528, l. 9.
laxa, *laxitas, sg. acc.*, 326, l. 7. *Compound* leath-lagsa .i. idir bheith lag 7, láidir, O'Cl.
leborchomet, *book-case; pl. acc.* leborchometa, 96, l. 9.
legait, *a legate, pl. gen.* legaite, xxviii. *Hence* legaitecht, legoidecht, *and* ardlegoidecht, Bk. of Fenagh, 10, 410.
leith-béo, *half alive*, 130, l. 21.
lem, *elm*, 84, l. 5; *sg. gen.* lim, 84, l. 18; 556, l. 9; leamh .i. leamhán, O'Cl.
leth-indle, teora leth-indli, 340, ll. 5, 7.
léu, *lion*, 150, l. 24.
lia, *flood*, 10, l. 11; 256, l. 3; 408, l. 1.
lid, *for* lig *hue*, 552, l. 6.
linne, *salmon*, *acc. pl.*, 88, l. 28.
lir, *number*, 216, l. 24.
liata? 32, l. 31.
líthlaithe, *a festal day*, l. 40, l. 25; Mothlaithe .i. sollamna no tésda, O'Cl.
loarcc, *fork;* da loarcc (gl. duarum furcarum), 318, l. 9; = loracc, 120, l. 22.
loig-les (gl. uitulos ciuitatum), 308, l. 21.
lúaithne, *a particle of* ash (lúaith), 14, l. 26. *Compare, for the termination,* cuisne, fróichne *and* maccne.

M.

mac bethad, bethoth, *son of Life*, 84, l. 20; .i. cin peceth, lii.
maccán, *puerulus*, 468, l. 5, *sg. voc.*, a maccáin, 244, l. 3.
macconi, *pueruli*, 196, l. 16, *seems pl. nom. of* maccne, *a dimin. of* macc.

INDEX OF IRISH WORDS.

maccóem, *boy*, 264, l. 28; 574; *acc.* maccoemu, 462, l. 5; *pl. n.* maccóim, 462, l. 19.

macha, *field*, 480, l. 20, *cognate with* machaire.

machad, *field*, 232, l. 20.

machtaigim, *I wonder; s-pret. pl.* 3, romachtaigsetar, 56, l. 3.

mael-airise? 250, l. 5.

maigin, *loc. sg. of* maigen, *place*, 230, l. 23.

maila, *evils*? 166, l. 4.

mailltim, mailtim *must from the context mean* instigo; *s-pret. sg.* 3, mailltis coin fo Patraic, 148, l. 1.

mainchess, manches, *a nun*, 98, l. 5; 104, l. 22, *sg. gen.* mainchisi, 560, l. 5. W. mynaches, Br. manaches. *For the fem. ending* (= *Lat.* issa, *Gr.* ισσα) *cf.* Cruimtheris, 232, 574, aithchess, láichess.

maith..? 42, l. 1. *This word, of which the second syllable is represented by a compendium, must be cognate with* maitheas .i. draoidheacht '*sorcery*,' O'Cl, mathmarc, *augur*, mathmarede, *O'Clery's* maitheas, *and* Mathu *the name of one of the three* faithi fis la gcinnti, H. 2. 16, col. 313.

maiti = maa-de, *the more*, 114, l. 22.

mál, *a noble* (*from* maglo, s.), *pl. gen.* 536, l. 5. *A fem.* mál (*from* magla), an mhal .i. an rioghan, O'Cl. *Compound:* roghmal .i. rogha na riogh, O'Cl.

manche, 344, l. 3, *seems borrowed from* monaches, cella seu *obedientia ab Abbatia dependens*, Ducange.

manchine, ll. 9, 27, *manual service*, O'Don., Suppl. *Also spelt* mainchine, manchaine manchuine; in mag ocus a manchine, Book of Fenagh, 180, *where* manchine *is rendered by* '*profits*.'

maraim, *I remain, redupl. fut. sg.* 3, *rel.* méras, 86, l. 30.

martir, *a martyr, gen. pl.* (*with passage to the c-decl.*), martirech, 474, l. 12.

martra, *relics, pl. n.*, 238, l. 14, *borrowed from the Low Latin* martyria martyrum ossa, reliquias, Du Cange.

mathim, *remission*, 518, l. 17, *infin. of* maithim.

meglim, *I bleat, s-pret. sg.* 3, ro meglestar, 180, l. 24.

meinistir, menistir, menstir, *credence-table*, xxi, 86, l. 8; 190, l. 13; 344, l. 21; 452, l. 15; *gen. pl.* menestrech, 250, l. 26. *From Low Lat.* menisterium = ministerium, abacus, mensa in qua pocula reponuntur, Du Cange.

meircenn, *an epithet for the sea, furious?* 34, l. 5; 448, l. 21, = mer + cenn?

méithe, *fatness*, 184, l. 8.

mesaite (= measa-de), *the worse*, 218, l. 19, *in the Book of Fenagh*, meste.

mescaim, *I plunge?* mescaid claideb n-and, 70, l. 27: *cognate with Lat.* mergo *from* *mesgo.

meschu, *lapdog, sg. dat.* meschoin, 232, l. 21.

metur, *metre*, 172, l. 19.

michorthi, *misbirths, monsters*, 206, l. 13, miochairthi .i. torathair, O'Cl.

midgla?, 166, l. 5.

midiur, *I consider, perf. sg.* 3 romidir .i romenamnaig, l.; *pl.* 3 romidatar, lix.

mifhir, 88, l. 29, *seems a mistake for* miffri, *sg. acc. of* miffre, *weakness:* mithfhir .i. lag no aineolach (*weak or ignorant*), O'Cl.

míle (*for* mile chemmenn), *a mile*, 130, l. 14.

min, *meal, sg. gen.*, mine, 186, l. 9.

míne eolais, lit. *fineness of guidance*, 136, l. 17.

min-gustail, xlvii, *little vessels?*

móele, *gen. sg. of* móil, 88, l. 15.

mogaid, *servant, sg. acc.*, 110, l. 24. *The gen. pl.* mogad, 218, l. 15, *dat.* mogadaib, 230, l. 6; *acc.* mogadu, 228, l. 19, *belong to a different stem.*

móith-oclaech, *a tender youth*, 52, l. 27; 452, l. 12 (móith = *Lat.* mitis).

molach? 32, l. 31.

moltán, *a little wether*, 204, l. 8, *dimin. of* molt = *cogn. with Low Lat.* multo, molto.

monetir, *an apocopated form of O. Ir.* immunetar, *invicem*, 562, l. 18.

mór-chrechach, *gen. sg. m.*, 538, l. 13;
mór-dál, *convention*, 514, l. 35; mór-
feisser, 116, l. 6; 344, l. 22; mór-seisser,
-seiser, 116, notes 3, 7.

moxaine (mugsaine), *slavery*, 32, l. 5.

mruig, *sg. dat.*, 308, l. 13; *later* bruig.

muccaill, 94, l. 20, *seems a compound of*
muco '*swine,*' *and* cail, *q. v., or stands
for* muccfoil (gl. hara).

mucc berrtha, *a shaven* (*castrated?*) *pig,*
40, l. 9; 452, l. 18.

muillenn, *mill* (*from Lat.* molina), *n. pl.*
muilli, 210, l. 4.

múir = *Lat.* mus, mūris, *sg. acc.*, xxix.

muirchoblach, *seafleet*, 566, l. 15, *dat. pl.*
murchoblaigib, 206, l. 1.

muirisc, *sea-marsh;* '*hi muirisce Aigli* hoc
est campum inter mare et Aigleum,' 322,
l. 24.

N.

neim-dénmach, *poison-making,* 138, l. 27.

nemdaib *for* nimib ' caelis,' 60, l. 19.

nemed, *chapel : sg. gen.* in nemhid, 240,
ll. 4, 19. *Comp.* ard-nemod, Book of
Fenagh, 46.

nempní, *nothing,* 180, l. 9.

nemthech, *a heavenly house?* 36, l. 29.

nemthiu, *acc. pl., privileges?* 564, l. 33.

nett, *nest, sg. gen.* nit, 338, l. 8.

noe, *new, fresh,* 334, l. 26.

nóere, *sailor, acc. pl.* 416, l. 8; no-ere .i.
loingseóire no mairnelaigh, *shipmen or
mariners;* roreac ó frisna noere, *he
sold him to the sailors,* O'Cl.

noifit? 34, l. 11.

noithech, *famous,* 530, l. 19.

nomad, *sg. gen.* nomaithe, 568, l. 28.

nuallán, *dimin. of* núall, *cry,* 106, l. 13.

nuuechuir, nuaechuir? 164, l. 4.

O.

ob, *river,* 142, l. 26; ind ob, 256, l. 3, *sg.
dat.* obaind 256, l. 3.

occo *with him?* 30, l. 28; 562, l. 5.

occó, 254, l. 5.

ócdam, *young stag* (*ox?*), 252, l. 24.

ocomol, *to unite: sg. dat.* ocomul, 178, l. 10,
infin. of adcomlaim, *O' Clery's* accomhal
.i. coimbcheangel.

ógus, *the whole,* 38, l. 8.

óicc Féni, *warriors of the Féni,* 84, l. 29.

oidid gona, *a tragical death caused by
slaying,* 196, l. 12; 250, l. 3.

oifrider, *offertur,* 192, l. 26.

óintaigim, óentadaigim, *I unite :* ro-óintai-
ged, 158, l, 19.

oirb = foirb, 668, *a farm, sg. gen.* orba : oc
buain orba, 236, l. 1.

oirgchell, *sg. dat.* oirgchill, l.

olcas menman, *badness of mind,* 114, l. 3.

homoint .i. molad, *praise,* xlix.

omna ibair, *a tree of yew,* 216, l. 14.

ortosa, *gen. sg. of* ordus? *ritual,* 170, l. 7.

oscur, *fall, leap?* 220, l. 6, oscar .i. eascar,
O'Cl.

osacóir, 200, l. 5, *seems the personal noun
belonging to* ósaic = obsequium.

P.

part crou, *a clot of gore,* 206, l. 14; *pl. dat.*
páirtibh cró, Three Fragments, p. 168.

pennatóir, *a penitential,* xviii.

pólaire = pugillares, *writing-tablets,* 190,
l. 14; 458, l. 4; poolire, 344, l. 21, sood
a pólaire ina etun (*turning of his tablet
on its front*). O.W. poulloraur. *Wrongly
glossed by* teig liubair (*book-wallet*), li.
and by comartha (*sign*), O'Cl.

port, *a place* (*Lat.* portus), 84, l. 25; *acc.
pl.* portu, 84, l. 23.

prím, *prime,* ó prím, 214, l. 4.

prímfethal, xxi.

R.

ráin *frog,* con rain ' sine rana,' xxix.

ráith, *a stronghold : acc. sg.* rathi, 269, l. 21.

raith, *fern, pl. gen.* ratha, 166, l. 17; raith
no raith .i. raithneach, O'Cl. W. rhe-
dyn, *Gaul.* ratis.

raithius, *rooting* (?) *of swine, sg. dat.* 94,
l. 20.

ratha, 410, l. 2, *pret. pass. pl. 3 of a verb cognate with* rath, *grace, and* rath, *the stock given by a chief to his tenant, cogn. with Skr.* rā, rāti.

ráthugud, *to perceive?* 151, l. 15; 480, l. 5; cen ráthugud dó etir, LU. 78ᵇ.

reb? *pl. n.* reba, 112, l. 16.

rechtgae, 562, l. 15 = O.Ir. rechtche, *jurisprudence? legislation?* reachtghe .i. dligheadh cert, O'Cl.

rem-thechtach, *foregone*, 2, l. 20.

renim (= νέρνημι), *I give, s-pret. pl. 3*, ro-ransat, 390, l. 23. *Pass. pres. indic. sg.* 3, renair, 390, l. 20; rentar, *ib.* 28; *second. pret. pass. sg.* 3, rítha, 340, ll. 23, 24 (cf. ἐ-τριδμην); ríthi (gl. nenalem), Ml. 36ᵇ.

rethair, *a running*, 248, l. 19; *abl. sg.* lúathidir rethair fuinnema, Fled Bricrenn, 86; *cf.* luathidir ruathur funemda, LL. 107ᵃ.

riaglaim, *I regulate: pres. indic. act. sg.* 2, non-riagla, 530, l. 21.

ríaraib? 142, l. 12.

rigdún, *royal fortress*, 192, l. 24. *Other compounds of* rí *are:*

ríg-fáith, *royal prophet*, 172, l. 4.

ríg-file, *royal poet*, 52, l. 26.

ríg-ingen, *royal maiden*, xxxi.

riglach, 210, l. 20; *for* ríg-laech, *a royal hero?* (cf. óclach, prímlach, roghlach). *O'Clery glosses* rioglach *by* seanchailleach; *and by* céidsenoir .i. duine breicliath.

ríg-lie, *a king-flood*, 138, l. 18 (*where* ríg- *is a mere intensitive*).

ríg-suide, *throne*, 70, l. 9.

rindmas, *well-starred*, xxv.

rinnaigecht, *embroidering*, 668.

ris, reu? 258, l. 26.

ro, *the verbal prefix*, = *Lat.* pro, *occurs in tmesi in* ro catha clói, 214, l. 7 = roclói catha.

roeimbed (= ro + imbed), *great abundance*, imbed, 210, l. 5, *where* e *seems inserted to prevent* ro-i *being sounded as a monosyllable.*

roe, *field, sg. gen.* róe, 140, l. 5; rae .i. fearann, O'Cl.

róinne, *a hair, sg. gen.* róinne, iii.

roissim, *I waver, doubt, falter in fidelity; s-pret. sg.* 8; rosais (roais) fris, 198, l. 7.

roscad, *a legal maxim, pl. dat.* roscadaib, 566, l. 4.

rosir, *angry*, 44, l. 15 = roisir .i. feargach O'Cl.

rúam *cemetery, pl. acc.* ruama, 34, l. 10. *Borrowed from* Roma. *Compare the following passage from the Life of Ælgar, cited by Ussher* (Works, VI., 44); Insula Enli more Britannico vocatur Roma Britanniæ; propter longinquitatem et periculosum transitum, in extremitate regni sita; et propter sanctitatem loci et honestatem: *sanctitatem, cum viginti millia sanctorum ibi jaceant corpora confessorum tanquam martyrum;* honestatem cum sit circundata undique mari.

rube, *a brake*, 78, l. 8, *is, like* inna ruba (gl. virgultorum) LB., *cognate with, or borrowed from, Lat.* rubus. *It occurs compounded with* fid *in O'Clery's* fiodhrubha .i. muine 7 fiodh.

rubecc, *very small*, 344, l. 10.

ruibni rád? 116, l. 2.

rúon, *seal*, 74, l. 24; *sg. gen.* criol di croccund róin, LH. Goidel.³ 141; rón (gl. focam) Berne, 133ᵇ, W. moel-ron.

rúss (= ru-fiss, *great knowledge*, 530, l. 7; .i. rofhios, *O'Cl., who cites* mo rus faidhe .i. mo rofháidh ag a bfuil fios.

S.

saball, *barn*, 36, l. 16, *from* stabulum, zabulum, Reeves, *Eccl. Ant.*, 220; teit i sabull n-arbha, Lism. 18ᵃ, 2.

sacart méise = sacerdos mensae, 264, l. 28; 266, n.: 574, l. 17, *seems to mean chaplain.*

saebfáithsine, *false prophecy*, 32, l. 30 = saeb fáitsine, 74, l. 7.

INDEX OF IRISH WORDS. 657

sáibthaid, *falsifier*, 220, l. 20.
saigthige, *attacking*, 152, l. 4; *a deriv. of* saigthech.
sáirse, *art?* 72, l. 2; *where* feirsi '*strength*,' *would be a more natural word.*
salm escaine, *maledictive psalm*, acc. pl., 114, l. 11; 476, l. 1.
salmchétlaid, *psalmist*, 266, note 1; 574.
sanas, f. pl. nom. sanasa, 556, l. 4 = W. hanes *relation, history.*
sar, *gen. dual of the pers. pron. of second plural*, 158, l. 7; *for* sathar, svestr, *as* nár *for* nathar, nostr.
scaraim, *I separate, redupl. fut. pl.* 1; scérmait, 74, l. 19.
scé, *thorn, gen. pl.* sciad, 78, l. 8. *This noun is generally declined according to the c-declension.*
scís, *fatigue*, 36, l. 14; *a deriv. of* scith.
scoaire (scóaire ?), *brewer*, 264, l. 27.
scóiliud, 224, l. 8; *for* scáiliud.
scor dá ech, 244, l. 5, *seems to mean a 'yoke of two horses.'*
scoth, *son*, 78, l. 20 (lit. *shoot, flower? cf.* Eng. imp); sgoth .i. mac, O'Cl., *who cites* sgoth na feine o ur Finne .i. mac na mná ó imcal na Finne, '*the son of the woman from the edge of the Finn.*' Scoth noe '*flos recens*,' 334, l. 26.
scretgaire, *outcry, screaming*, 160, l. 18.
scrín = scrinium, *pl. n.* scrína, 192, l. 21.
secc = *Lat.* siccus, 222, l. 7.
sechfaid ? 228, l. 25.
sedecim, *sixteenth*, 8, l. 2.
segda, 152, l. 5 = segtha, 188, l. 28.
sell, 114, l. 28, *may be gen. pl., and* sét soll *may mean* '*as far as the eyes reach.*'
semen, *from the Latin*, 38, l. 17.
sen-airóit, *an old receptacle or cover? pl. dat.* senairotib (leg. senaroitib), 340, l. 20.
sen-buide, *old-yellow*, 140, l. 18.
sen-chailleeh, *an old hag*, 444, l. 16.
sen-cleithe, *acc. pl.* 72, l. 29; a kind of tenant of land. But in 80, l. 17, it means his holding. In the Laws IV, 320, 329, 350, *sencleithe* is explained as "a man who came from his natural chief to settle under another chief; and if he [the tenant] or his successors continued away during the time of three successive chiefs with the knowledge of the former chief and unclaimed by him or his successors, he or they there became sencleithi and could not go away of themselves nor be claimed by the other."

senmaire, *musician*, '*pl. n.* senmairi, 142, 13.
sen-mías, *an old dish*, 340, ll. 20, 22.
sentu, *old age:* 250, l. 8, *sg. dat.* sentaid, 104, l. 28.
sergaim, *I waste away: act. pret. sg.* 3, rosercai, 176, l. 21.
sesbém, 88, l. 6; *seems to mean 'oar-stroke.'* In LU. 26 b, susbeim, *pl.* sesbeimend, *seems to mean the distance traversed by a boat at each stroke.*
sescan, *moor, sg.* acc. 240, l. 5; *for* sescenn, 338, l. 10.
síanan, *song*, xxxviii.
síde, *elf, gen. pl.* 315, l. 6. *Either (as* Windisch *suggests) =* Skr. sādhya, *or cognate with the Sabine* noven-sides.
sigen = signum, 484, l. 8.
silid, *flowing*, 72, l. 28; *infin. of* silim.
sinser, *senior, sg. dat.* sinnsiur, 126, l. 27.
sirti ? 112, l. 24.
siur, *sister, dat. sg.*, siair, 72, l. 8; *pl. nom.* sethra, 82, l. 12; sethracha, 432, l. 11; *acc.* sethracha, 90, l. 10.
slatairecht, *plundering, robbery*, 220, l. 16.
slechtann, *kneeling; dat. sg.* 234, 17.
sléibide, *mountainous, pl. dat.* -ib, 96, l. 15.
slisiu, *chip*, 556, l. 12.
sluicim, *I swallow: act. pret. sg.* 3, rolluicc, 92, l. 1. So in Wb. 14 d. 7, arnach-rollca *for* ar nach ro-sluca.
smachtaim, *I rule, pass. pret. sg.* 3, ro smachtad léu, 42, l. 28.
snigim, *I drop: redupl. perf. sg.* 3, rosenaig, 240, l. 19; rosenaich, 176, l. 19.
sochall, *kindness?* 146, l. 9.
sochernde, 120, l. 8, *bountiful;* hence soichearnsa .i. eineach, O'Cl. *cf.* suithcearnach .i. eineach no tiodhnacal, O'Cl.

sodeithbir, *reasonable*, 6, l. 15.
soescuir, *wellborn (opposite of* doescair, *lowborn*), 188, l. 27.
soimberta, *easily plied: comparative,* so-imbertu, 218, l. 21, n.
soimm, *wealthy*, 228, l. 6; 470, l. 26.
soithech, *a vessel, sg. gen.* soithig, li.
sonaid, *happy?* 196, l. 16, the ogmic *sonid* of the Stowe missal?
sonairtnigim, *I confirm: act. pret. sg.* 3, rosonairtnig, 70, l. 9.
sop, *a wisp, pl. dat.* sopaib, 138, l. 8.
soscéla, 452, l. 14, *a copy of the Gospels*.
sréim, *I cast, act. pres. ind. sg.* 8, sreid, 248, l. 9.
sroiglim = *Lat.* flagello: *depon. s-pret. sg.* 3, ro-sroiglestar, 68, l. 32.
sruith, adj., *ancient,* see sruith, martra sruithe, 180, l. 19; 194, l. 13; *acc. pl.* reilgi sruithi, 82, l, 5. *Compound:* sruith-epscop, *a venerable bishop*, 552, l. 1.
sucut (s-ucut), *there yonder,* 38, l. 13.
suiscélaigthe, *evangelist,* 2, l. 13.

T.

táil-chenn, *adzehead, shaveling,* 34, l. 5; *pl. nom.* tailcind, 34, l. 10; 220, l. 19; 240, l. 6; 448, l. 21; 482, l. 4.
tairgerthair, *spouse*, 102, l. 23, tairgerth-airig, liii; tairngertaig, 178, l. 2.
tairlimm, n., *an alighting*, 88, l. 17, *sg. gen.* tairlimme, l. 18. *Infin. of* doairlingim.
tairm-esc, *to forbid*, 394, 16. Wb. 10ᵇ 15.
tairniud, *to lower,* 110, l. 3. *O.Ir.* tairinnud, *one of the infinitives of* do-airinnim, *whence* dorairned, Saltair na Rann, 4495.
tairpthech (do-air-bithech? cf. βία), *is explained by* 'strong,' 'grand,' 'pompous.' *But in* 132, l. 3 *it must mean something like* hasty ('acceleravit gressus,' Colg.), *and is perhaps a different word, cognate with Lat.* betere.
taithcrice, f., *redemption: sg. gen.* taith-creca, 430, l. 9.

talchar, *stubborn, obstinate, persistent,* 112, l. 29, .i. tolcharthanach .i. grédhaighidh a thoil féin, O'Cl.
tanach, tanag, *some kind of hard cheese,* lxi. grus .i. tanoch, Leb. Lec. Vocab., No. 250, *sg. dat.* tanaig, LL. 125 a, *where Medb is killed with a* blog do thanaig *cast from a sling.*
tarcaisnigim, *I despise, act. b-fut. sg.* 3, tarcaisnigfe, l.
tarmidechaid, *he transgressed,* cita-tarm-deohaid, 214, l. 4.
tarmithiagu, *I transgress, act.* 2dy *s fut. sg.* 3, -tarmtíasad, 112, l. 4.
tarraiset, 110, l. 20 (=do-air-ro-s[t]em-t?), *seems the t-pret. sg.* 3 *of a verb cognate with* fosemim ὑφίστημι.
tarcaid, 180, l. 4: *see* doguidim.
tarraid, 200, l. 9; 202, l. 23: *see* duar-riuth.
tarrasair (do air-ro-siasair), *mansit,* 46, l. 11; 52, l. 20; tarasa[i]r, 448, L 1 =tarrustar, 444, l. 6; con-arrasair, LU. 81ᵇ. *pl.* 3, tarrasatar, 214, l. 21; 232, l. 9.
tart, *thirst, drought,* 408, l. 1. *Cf.* lodán samhraidh inuair dogheibh se tart mór, 'a muddy pool in summer when great drought has affected it,' Book of Lismore, fol. 146 b 2.
tathbeougud, *reviving*, 358, ll. 7, 14.
téat, *sinew,* 54, l. 21, *optative pl.* 3 *of the root* tá = *Lat.* stā. *Formally* téat is= *Lat.* stent *from* *staient.
tecbail (do-aith-gabáil), *to raise,* 44, l. 12; 260, l. 6.
techim, *I flee, act. perf. sg.* 3, ro-thaich, 174, l. 14 = táich (gl. confugit), Ml. 32ᵇ; *pl.* 3, tachaitir, 70, l. 28; *s-pret. sg.* 3, ro-theichestar, 46, l. 11.
tech n-immacallma, *house of conversation,* 60, l. 4.
technaige? 70, l. 11.
teclam (*for* tecmall, do-aith-com-all), *sg. acc.* teclaim, *collection,* 238, l. 19; 542, l. 37.
tecmail, *a contest,* l.
teinc (.i. mias, H. 2. 16, col. 122) = *Lat.* discus, 108, l. 16. *O.Ir.* tesc (gl. lanx).

telach, *hill*, 230, l. 26; *sg. dat.* isin telchai, 230, l. 21; asin telchai, 230, l. 25; *acc.* telcha[i], 230, l. 17.

tellaim, *I steal, s-pret. pl.* 3, tellsat, 108, l. 23.

tenlach, tellach, *hearth*, 14, ll. 20, 24, 26; *pl. nom.* tellaigi, Bk. of Fenagh, 158.

teor, *three*, 72, l. 1.

terbrútech, *liable to interruption*, 192, l. 25, *a deriv. of* terbrud, turbrud, *interruption*.

tergorad, -ud, *warming, cherishing*, 186, l. 11.

termonn, *a sanctuary*, *sg. gen.* termuind, 234, l. 6. *Cognate with Lat.* termo, terminus.

testatar, 126, l. 9, *dependent form of* do-esstatar, *root* tā.

tiduspairt (do-aith-fo-od-bairt), *attack, onfall, sg. acc.* 450, l. 13.

timarnad v. do-imm-anim. *This is probably the source of O'Clery's* tiomarnadh .i. aithne.

timthach (*properly raiment*), *accompaniment: sg. dat.* timthucc, 120, l. 22. *Here* cc *seems written for* ch. *Compare* bó cona timthuch.

tinaim, *I vanish: pret. sg.* 3, rothinai, 56, l. 8.

tinchitlid, *enchanter, pl. acc.* -i, xlix, 32, l. 26. *Derived from* tinchetal, *incantation, acc. pl.* tinchetla.

tith (*in* búantith, q. v.), *a line; pl.* tithi, tithib, Corm. s. v. fidchell.

tiug-cotlud, *final sleep*, 186, l. 1, .i. codladh deigheanach, O'Cl. s. v. tiugh.

tocad, *luck*, 88, l. 29, W. tynghed. *O'Cl. glosses* tocadh no taccadh *by* sonas.

toebgel, *whitesided*, 480, l. 2.

toiniud, *coming: sg. gen.* toiniuda, 48, l. 13.

toithe, *stench?* 166, l. 5.

tonnem, *salmon, pl. dat.* do thonnemaib, 146, l. 1; toinneamh .i. bradán, O'Cl.

torachtu, *coming*, 472, l. 13, *for* torachtain: torrachtain .i. teacht, O'Cl.

torannacht, *description, marking out.* xvi.

torc, *prince, sg. gen.* tuirc, 534, l. 15.

tot-máel (gl. totum caluum), 322, l. 26; toit .i. uiliataidh no uilidhe, O'Cl.

toucbail, 240, l. 1, *infin. of* doucbaim, *I lift up*.

traite, *swiftness*, hi-traiti, 242, l. 16.

trefoclæ techtæ, 564, l. 84.

treb, *a dwelling*, 486, l. 2.

tregat, *colic*, 228, l. 21 = treaghait, Chron. Scot. 246; Four MM. A.D. 1063.

tríndóit, *trinitas; sg. gen.* trínóite, 481, l. 8.

trist, *a curse, sg. dat.* lii, 78, l. 21; *pl. acc.* dobert teora trísti for ríg Midi, LU. 115[b].

tromm, *dense*; circull trom do demnaib, 448, l. 3.

trommgalar, *sore disease*, 524, l. 38.

tuascertach, *northern, gen. sg. m.*, 198, l. 16.

tulach, *hill; sg. dat.* isin tailchi, 196, l. 25, *but* taulich, 320, l. 4.

U.

uasal = ὑψηλός *forms its pl. from an i-stem. Hence* uaisle, 462, l. 16.

uasal-dechon, *archdeacon*, 80, l. 13; 104, l. 25.

uasal-sacart, *archipresbyter*, 8, l. 5; 94, l. 2; 98, l. 3; 432, l. 2; 444, l. 12. An archipresbyter is mentioned in Reeves' *Eccl. Antiquities*, 315.

ucht *breast*, as-an-ucht, 72, l. 2, *a nominal preposition meaning* 'before them.'

uile = ἑλήν, *angle; sg. dat.* uilinn, 198, l. 16.

uile-thotaim, *a complete fall*, is probably meant by the 'huileth otaim' of the MS., 148, l. 28.

uisce ernaigthe, *lit. water of prayer, holy water*, 228, l. 24.

ulbroc, *bosom, sg. acc.* ulbroic, 86, l. 3.

VI.—INDEX OF HIBERNO-LATIN WORDS.

⁎ In this Index, 'Ducange' means the Glossarium mediae et infimae latinitatis, ed. Favre, tt. i-vi, Paris, 1883–86: 'Greg. Tur.' means Gregorii Turonensis Opera, edd. Arndt et Krusch, Hannover, 1884; and 'Sangall.' means the Glossary published from Codex Sangallensis 912 in the Transactions of the American Philological Association, vol. xv. pp. 141–187.

A.

abgatoria *pl. acc.* abgatorias, 304, l. 4; abgitorium, 328, l. 28; abegetoria, 500, l. 12. *abecedarium, elementum cujuscunque scientiae,* Ducange.
accepto itinere, 496, l. 11.
ad bonum *for* bene (Ferguson), 362, l. 4, *who compares the Ir.* go maith.
ad inuicem, *together,* 309, l. 8; 314, l. 22.
aduno, *properly* congrego, *but in* 333, l. 24; 497, l. 16, adunatur *seems to mean* inhumatur.
aeclessia, 335, ll. 10, 11, *et passim. The Welsh loanword* eglwys *points to a Low Latin* eclēsia *with one* c.
aeclessia libera, 314, l. 19; 321, l. 7.
aeclissiastica progenies, 336, l. 11.
aepiscopus, *for* episcopus, 273, l. 2.
aepistola, *for* epistula, *passim.*
aevanguelium, *for* evangelium, 334, l. 17, *et passim*; aevanguelii libri, 300, l. 21.
agilus, *for* agellus, 292, l. 22.
agius = ἅγιος, 355, l. 30; agios, Sangall.
agon = ἀγών, 307, l. 8; agone pugna, agon certamen, Sangall. 190, 206.
almipotens, 355, l. 4.
alumpnus, 302, l. 2; 334, l. 30; 335, ll. 26, 28. *For the developement of* p *between* m *and* n *see also* columpna, condempno, contempno, erumpna.
ambiteathrum, *amphitheatrum,* 269, l. 8.
ambulo, *I journey,* 302, l. 15.
amicitiam ad reliquias fecit, 98, l. 14; 314, l. 21.

ammirabilis, 498, l. 6; *for* admirabilis. So *in* ammirantes, 287, l. 25; ammiramini, 360, l. 26; ammiratio, 354, l. 24; ammiratus, 334, l. 16.
ammoneo, 368, l. 29, *for* admoneo.
ancella, *for* ancilla (*cumal*), 212, l. 15; 355, ll. 27, 33; ancillae, monetae loco habitae sunt et computatae apud Hibernenses praesertim, Ducange.
anchorita, 337, l. 25; 354, l. 10.
anepacpian (?), 311, l. 10.
anguelus, *for* angelus, 271, l. 14; 312, l. 6; anguelicus, 300, l. 5.
animatio, 357, l. 13.
anterior = orientalis : ad anteriorem insolam, 275, l. 19; ex anteriore parte domus, 274, l. 21. So in Adamnán's Life of Columba (ed. Reeves, p. 82), "de Anteriorum genere."
antifana, *for* antiphona, 303, l. 10.
antropi = ἄνθρωποι, 298, l. 19,
anulum, *some tool for digging,* 311, l. 13.
apocalipsis Iohannis, 293, l. 23.
aqua sancta, 291, l. 9; aqua babtismi, 325, l. 22; 327, l. 9; aqua commu[nio-]nis, 327, l. 9.
archiclocus, ἀρχίκλωψ ?, 312, l. 1.
archiepiscopus, 353, l. 30; 356, l. 10; 510, l. 38; 511, l. 1.
arenossus *for* arenosus, 293, l. 1. *So in* herbossus, 290, l. 15; infructuossus, 293, l. 1.
armatura, 299, l. 16.
asciniput (ascia, caput), *a tonsured person,* 274, l. 19; 277, l. 20.
aspersio, *for* aspersio, 291, l. 9.
astrifer, 296, l. 26.

INDEX OF LATIN WORDS. 661

audenter, 366, l. 25, *Sir S. Ferguson thought is for* audienter, *audibly.* So Greg. Tur., 934, col. 1.
audio, male audiuimus, 365, l. 29, note 7, '*we are ill-styled,*' Ferguson.
aurispex, for aruspex, 273, l. 25.

B.

baptismum, 270, l. 13; 289, l. 1; baptisma, 271, l. 3. *See* bautismum.
baptitzo, *for* baptiso, 288, ll. 3, 5; baptitzate, 303, l. 29; babtitzabat, 304, l. 3.
barbarus, *one not a Roman subject ?*, 311, l. 18; 313, l. 12; barbarae gentes, 331, l. 15; barbarae nationes, 386, l. 13, *all nations not included in the Roman empire.* barbaras (nationes) .i. alienas interpretantur, quia sint alieni a Romana lingua, Lib. Hymn., ed. Todd, p. 12. *barbari = Franci,* Greg. Tur.
bassilica sanctorum, 318, l. 25; australis bassilica, 354, l. 9; 500, l. 24.
baubtizantes, *for* baptizantes, 64, l. 23; bauptistauit, L. Brecc, 228ª in marg.
bautismum *for* baptismum, 64, l. 20.
bebliotheca, for bibliotheca, 336, l. 29, *where it seems to mean a volume embracing several works, like (for example) the Book of Leinster, the Lebar Brecc, etc.*
bellum *for* praelium, 520, ll. 13, 19; pugna, Sangall. B. 60.
benedictio episcopi, 328, l. 29.
bibliothica, *case, coffin,* 122, l. 8; 323, l. 18; bibliothica quadrata, *a square bookcase,* 313, l. 24. See Reeves, Columba, pp. 352, 360, note.
blasfemo, 281, l. 12.
bosferus, *for* Hesperus, 296, l. 27.
brachiola, *for* brachiila, 321, l. 17.
busca, *for* buxa, 351, l. 13; *or* busta ignis? Sangall, B. 142.
bustum *grave,* 294, l. 17; ubi homines comburuntur ad sepulturam mortuorum, Sangall.

C.

cacumen *translates the Ir.* clad, *an earthen rampart or dyke* (Reeves' Columba, 426, n. d.); in cacuminibus Aisse, 306, l. 4. in cacuminibus Temro, 308, l. 5; in cacuminibus Selcae, 319, l. 3; in cacuminibus aeclessiae, 327, l. 10; de cacumine Garad, 318, l. 27; cacumine Graneret, 311, l. 4.
caera for cera, 46, l. 2.
calceamentum, *shoe,* 372, l. 13.
campi pondera, 337, l. 11.
campum, *for* campus, 322, l. 24.
canticum, 333, l. 10; kantica spiritalia, 293, l. 24.
capitolauium = caplit, 312, l. 24; 317, ll. 2, 13.
capturam dare, 357, l. 6; 360, l. 1; 363, l. 25.
caput anni, 310, l. 9.
cassula, *chasuble,* 285, ll. 7, 12; 306, ll. 17, 21.
cassulus, 327, l. 26.
castellum, *village,* 264, l. 14.
catholicus, 388, l. 18.
caussa, for causa, 290, l. 28, *and so* uissito, etc., etc.
celola, *for* cellula, 313, l. 10.
centoni, *for* centum, 312, l. 32.
cerialis = cereus, 306, l. 11.
clauis conpedis, 288, ll. 17, 27.
clausula vel clausa paschae, 72, l. 6; 73, note 1. clausa idem quod *clausura, cloture,* Ducange. Clausum paschae, Greg. Tur., 937.
columpna, 356, l. 23.
comes, auriga comes, 295, l. 13.
commemoratio, *narrative,* 302, l. 23.
communio, *for* uiaticum, 337, l. 9, *and see* Wasserschleben's Irische Kanonensammlung, 20.
condempno, *for* condemno, 369, l. 4.
conductio, per triginta uices conductionum, 300, l. 4; conductio martirum, 332, l. 16, *a bringing together of relics,* Reeves, Col., 314.
conflinguens, 320, l. 7. For gu = g *cf.* de longue.

congluttinatum, 307, l. 3; congluttinavit: copolavit, convinxit, Sangall. C. 500.
consummare, *to confirm*, 368, note 2; 372, l. 19. So in Cyprian, quoted by Potter (Church Government, p. 190), 'ut signaculo Domini consummentur.' The Ir. *no cosmad* means 'confirmabat,' and *cosmait* (confirmation), is borrowed from *consummatio*, which, however, Ducange explains as apparently (et videtur), 'prayer.'
contempno, 375, l. 21.
contensio, *for* contentio, 298, l. 24.
contra (Ir. *fri*), 317, l. 13; contra faciem, *see* facies.
cotidie, *for* quotidie, 286, l. 27; 293, l. 24.
cremen, *for* crimen, 288, l. 9; 292, l. 20; mortale crimen, 377, l. 6.
crudeliter, *rigorously*, 376, l. 26.
curuiceps, 274, l. 9, *where* curvicipite *is obviously the true reading*.
cyclops, 286, l. 14.
cynubita, *for* coenobita, 353, l. 27; *cf.* cenubialem, Vita Col. (Codex A.), ed. Reeves, 12.

D.

dammula, *a little fallow-deer*, 307, l. 32.
dampnatio, *for* damnatio, 351, l. 17.
dealbare = delavare, 122, l. 9; 323, l. 19.
decorio, *for* decurio, 377, l. 20.
defensio, prohibitio?, 366, l. 12.
de longue, 354, l. 29.
de super, 327, l. 10; 499, l. 22.
demonium, *sg. abl.* demonio, 270, l. 15, δαιμόνιον.
detrachere, *for* detrahere, 281, l. 6. Cf. detrahere filias, Greg. Tur., 943. ch *for intervocalic* h *occurs also in* michi, nichil, tracho, vecho, qq.v.
dexter, *southern*, a latere dextero montis, 276, l. 24; ad mare dexterum campi Iois, 288, l. 26; in dexteram partem Hiberniae, 342, l. 11. Cf. *anterior* supra.
diis, hoc est martyribus, 509, l. 2.

difficient, *for* deficient, 322, l. 2.
disciplina Moysaica, Heliaca, Christians, 322, ll. 22, 23.
dissertor, *for* desertor, 311, l. 31.
dissertum *for* desertum, 282, l. 16.
dissidia, *for* desidia, 273, l. 15.
diuerso, 303, l. 25.
dominica, *sunday*, 322, l. 5.
dominicus (*church*, Ir. *domnach*), 355, l. 3. The usual word is *dominicum*. See Ducange, s. v.
domus = casula, *for* chasuble, 274, l. 20.
donum, *art, science?* 278, l. 28.
dormitatio, *for* dormitio, obitus, mors, 333, l. 4; 512, l. 31; dormierunt in morte, 316, l. 28. Cf. dormitabilis, bien dormant, Ducange.
ducenda, *for* ducenta, 494, l. 28.
duritas, 308, l. 11, and note 4.

E.

ebdomas, *for* hebdomas, 320, l. 28.
efficiatus, *for* effatus, 364, ll. 20, 27, notes 9 and 10. *Ferguson renders* effeciatus *by* 'he shewed.'
elemoisina, *for* eleemosyna, 336, l. 27; elemosinarius, Greg. Tur.
elimenta, 308, l. 13; 327, l. 20, *seems equivalent to* abgitorea.
eliuo, *for* eleuo, 289, l. 6.
erexit, *for* perrexit, 326, l. 5.
erga, 315, l. 34.
erumpna, *for* aerumna, 361, l. 15.
eucharitzia = εὐχαριστιά, 316, l. 28.
euellabat, *for* euellebat?, 325, l. 14.
euenierunt, 302, l. 25, *for* euencrunt. So invenierunt, ucnierunt, qq. v.
exagallia, *an example*, 361, l. 12, *exagallias relinquere*. Compare Ennodius' *exagellam* (or *exagelliam*) *relinquere*, where Mr. Postgate connects the noun with *exagium*, and considers the phrase to mean 'leaving a standard or pattern-piece to posterity,' American Journal of Philology, vol. VI., No. 4.
exorcista, 303, l. 4.
expertus, *for* expergefactus, 364, ll. 15, 28.

F.

facies, scriptum contra faciem meam, 365, l. 27 = contra me (*im agaid*).
familia, 274, l. 22 ; 356, l. 3, *a monastic community* = *Ir.* muinter ; familia Clono Auiss, 304, l. 26 ; familia Dam-inse, 329, l. 3 ; familia Clono, 329, l. 10.
fana super collum, 328, l. 26.
fantassia = φαντασία, 315, l. 8.
fatuus, 325, l. 12 ; 330, l. 3. Cf. fatua, Adamnán's Vita Col., ed. Reeves, p. 154.
ferrum, *crowbar?*, 311, l. 14, *perhaps for* ferramentum.
fides, ex fide, 362, ll. 16, 29 ; 364, ll. 2, 3.
finire = finem facere, litem intentatam dimittere, Ducange : finiuit, 336, l. 31.
flectena, *genuflexion, abl. pl.* flectenis, 312, l. 32, *the sense of the Ir.* slechtan.
foramen, per fluuium foramen pertulit, 329, l. 20.
fumus benedictus, 306, l. 12.
fundamentum orationis, 356, l. 21.

G.

genelogia, 333, l. 18, *for* genealogia.
gentiua, *for* genetiua, 369, l. 24.
glutinatio, *a drawing together or closure, seems in* 323, ll. 16, 29, *to mean a joining in masonry*. Cf. glutinans Verbum carni Pater, Greg. Tur.
grabatus, κράββατος, 'species lecti humilioris et portatilis' *in* 332, l. 11, *seems to mean a bier. The Bret.* gravaz *'civière' points to* *grabattus, Rev. Celt. vii. 309 n.
gratzacham, grazacham = gratias agamus, 291.
graues aues fuerunt erga illum, 322, l. 31.
gronna, *a bog*, 212, l. 8 (*also* grunna, gronnia) *seems peculiar to the latinity of these islands*.

H.

habebat *il y avait*, 361, l. 32.
habitaculum, habitatio, domus, 315, ll. 16, 34.
habundus, 292, l. 29.
hereditas, 39, ll. 28, 30.
heres regni mei, 303, l. 29 ; heres cathedrae, 353, l. 30 ; 355, l. 6 ; heres (*comorba*) Patricii, successor, 312, l. 3 ; 319, l. 14 = successor in episcopatu, 289, l. 11 = heredes, 307, l. 22 ; 317, l. 20.
hessito, *for* haesito, 359, l. 14 ; hessitum, *for* haesitatum, 270, l. 17.
historia, 325, l. 19,
honor, *habere in honore* = etwas in ehren halten, 333, l. 14.
horalogia, 297, l. 8, note 4.
hospito, *for* hospitor, *I lodge*, hospitabam, 362, l. 11.
hostium, *for* ostium, 275, l. 25 ; 282, l. 29.
hostiarius, 303, l. 5.
hynnulus, *for* hinnulus, *a fawn*, 262, l. 16.

I.

idiomum, *for* idioma, 274, l. 18.
idolatria, *for* idololatria, 277, ll. 23, 24 ; 278, ll. 18, 20. So in the epitaph on Isid. Hispal., cited by Ducange.
idula, *for* idola, 262, l. 5 ; 275, l. 2.
iecio, *for* iacio : iece, 306, l. 26 ; ieciendi, 172, l. 21 ; ieciens, 288, l. 28 ; ieciet, 327, l. 28 ; iectis, 274, l. 11.
iecto, 'qui iectant infantes super aeclesiam,' 355, l. 23. *Compare* iectus lapidis *for* iactus l., cited by Ducange from the Life of S. Winwaloe.
immolo, offero aliquid ecclesiis, *I grant in perpetuity*, Reeves, Col. 445, *grant in mortmain*, 148, l. 18 ; 313, l. 16 ; immolauit, 335, ll. 2, 5 ; ymmolauerunt, 337, l. 7 ; immolare dona, 323, l. 14 ; immolari, 333, l. 7 ; immolata, 317, l. 19 ; immolaticum, 363, l. 10 ; 459, l. 18 (immolaticiae hostiae, escae, carnes idolis immolatae, Ducange); immolatio, 324, l. 1 ; 337, l. 2 ; immolatio aeterna, 314, l. 4 ; immolatus, 311, l. 22.

INDEX OF LATIN WORDS.

imperator, 273, l. 22; 336, l. 30.
inaurina, 312, l. 28.   See *maurina.*
incedere in linguam, 359, l. 15.
ingeniolum, *moderate genius*, 269, l. 14.
inlecebras inlicitate, 370, l. 26, leg. inlecebras inlicitas?
inlessus, *for* inlaesus, 284, l. 20.
insola, *for* insula, 277, l. 15.
insola, *monastery?*, 309, l. 21; 311, l. 15; 313, l. 31.
insolae in gronna, 212, l. 8.
instrumentum substantiae, 276, l. 22.
insulani, *monks*, 309, note 5.
intermissi hominem, *I parted from the man.*
intripide, *for* intrepide, 287, l. 22.
inuenierunt, *for* inuenerunt, 277, l. 16; 313, l. 33; 314, l. 5; 363, l. 9.
iuxta uerbam sancti, 289, l. 28; iuxta laborem artificiorum, 313, l. 34.

L.

laudatorium, ψαλτήριον, xxi.
lector, 303, l. 5.
lignum contensionis, 320, l. 10.
lignum mittere contra aliquem, 312, l. 16.
longue, *for* longe, 294, l. 14; longuitudo, *for* longitudo, 324, l. 18.

M.

maceria, 336, l. 31, *a walled enclosure, corresponding to Ir.* caissel. *See* Reeves, Col. 75, 447; opus maceriale, ibid. 142 (where the *c* is wrongly changed to *t*), and the gloss *liag iern bis oc denam macre* (gl. trulla) cited from a MS. in the Vatican, by Zimmer, *Gloss. Hib. Supplementum,* 4.
manuales, *wristbands?*, 321, l. 17.
martir, *relic,* martirum *i.e.* ossuum, 332, l. 16 = martyr, 356, l. 22.
materia uiridis, *green timber,* 284, l. 33.
mathoum, 317, l. 7; *cognate with* maithes *and* muthmarc, *either means 'magic,' or is a latinisation of the proper name* Mathu, *cited supra* p. 653.

maurina *blackness, darkness?* from μαῦρος μέλας, Ducange. uair is ionann maari et nigri, Three Frags., 162, l. 3. The 'inaurinas' of 312, 28, seems a scribal error for maurinas.
mensa, 387, l. 26, *the table of the Law?* (Cf. mensam canonicorum instituit, Greg. Tur.) *or for* mensura?
metrita, *for* metreta, 291, l. 12.
miror, *properly 'I see in a mirror'; thence 'I see'* (Sp. mirar, Fr. miror), 324, l. 19, *but perhaps* mirabantur *means 'they marvelled.'*
missam Patricii accipere, 322, l. 19.
monacha = μοναχή, Ir. mainches, W. mynaches, 314, l. 18.
monachi Patricii, 305, l. 17; 313, l. 12; monachus P., 324, l. 13.
monachicus, *for* monasticus: tonsura monachica, 510, l. 29.
monarchia, 356, l. 33.
monosterium, *for* monasterium, 352, l. 12.
mormuro, *for* murmuro, 284, l. 2.
mortalitas nouissima, 314, l. 29.
munile, *for* monile, 321, l. 17.

N.

natura, *a natural state,* 283, l. 24.
nauis unius pellis, 288, l. 18; *the Ir.* curach oenseiched, 222, l. 10, *or* noi oenseiched, Corm. s. v. cimba.
negotio, -onis, 356, ll. 6, 13, *for* negotiatio?
negotium, *thing,* 324, l. 20.
nichil, *for* nihil, 495, l. 18.
nouim, *for* nouem, 278, l. 11.

O.

obtullerunt, *for* obtulerunt, 335, l. 24.
occassio, *offensio?* 373, l. 17.
odiui, *for* odi, 308, l. 11.
ollim, *for* olim, 279, l. 26; 291, l. 31.
organum, ψαλτήριον, xxi.
orreum, *for* horreum, 314, l. 17.

INDEX OF LATIN WORDS.

P.

pallium = Ir. *caille* ; capere sub manibus alicuius, 310, l. 23; accipere, 319, l. 26; 321, l. 16; 327, l. 1; tenere, 322, l. 8; tenere pallium apud aliquem, 314, l. 17.
parentes, *relatives*, 370, l. 11.
paruchia, *for* parochia παροικία, *diocese*, 312, ll. 2, 4; 333, l. 18; 352, l. 85; 356, ll. 3, 32.
pasca maius (*mórchasc*), 318, l. 7.
pasca secunda, 310, l. 9; secundum (*minchasc*), 318, l. 7.
patinus, 313, l. 25; patina, 319, l. 25.
pediáles, *anklets* ?, 321, l. 17.
pellis. *See* nauis.
pénso, *I measure*, 307, l. 24. pensauerat *for* pependerat, Greg. Tur.
perhennis, *for* perennis, 375, l. 6. The *h* seems due to the accent.
Pietas Patricii Patris Pii, 295, ll. 5, 6.
pinna (Ir. *benn*) montis, 352, l. 30.
planguit, *for* plangit, 295, l. 4.
planities campi, 279, l. 8; 281, l. 30.
plantare aecclessiam, 314, l. 19; 319, l. 19; 321, ll. 1, 26; 323, l. 9.
plebilis progenies, 336, l. 19.
pleps, *for* plebs, 369, l. 17.
pluia, *for* pluvia, 284, l. 8; 294, ll. 29, 30; 361, l. 26. *Cf.* replisti, riolus.
pontifex, 354, l. 19; 355, l. 19.
porcinarius, *swineherd*, 275, ll. 27, 30, *for* porcarius, 302, l. 10.
portare mortalitatem, 306, l. 3.
possimus, *for* possumus, 304, l. 2.
post oboedientiam, 334, l. 11.
praestrigia, *for* praestigia, 287, l. 15, note 5.
prespeter, *for* presbyter, 184, l. 12; 262, l. 16; 304, l. 2; 311, l. 11.
pressura, *affliction, distress*, 367, l. 3 = praessura, Greg. Tur.
pretium .xu. animarum hominum, 310, l. 4.
prophinno, *for* propino, 388, l. 13.
prouincia, 294, l. 13; 356, l. 32; 296, l. 24; 297, l. 5.
prumptus, *for* promptus, 284, l. 26; 295, l. 7; 308, l. 7.
pruris, *for* prora; prurim nauis conuertit, 275, l. 21.
pulso, 348, ll. 9, 12; 497, l. 6; pulsauit .i. roáil, Ml. 19 c, 10.
puplice, *for* publice, 366, l. 18.
pylagus, *for* pelagus, 269, l. 10.

Q.

qualitas, 348, l. 7.
quasi imagines *like images*, 320, l. 18.
quesso, *for* quaeso, 308, l. 31.
quies, quiesco, *for* mors, morior, 512, ll. 15, 17, 23, 25, 33, 514, l. 2; 516, ll. 2, 7, 36.

R.

recedere ad paradissum, 379, l. 23; requissistis, 301, l. 21.
regale. *See* uestigium.
regnum, *palace, seat of royal authority* ? 277, l. 22.
regula, ad regulam, 289, l. 8.
relegio, 290, l. 6.
relegiossus, *for* religiosus, 354, ll. 2, 10.
relicit *for* reliquit, 90, l. 4.
reliquiae (*Ir.* taissi), 281, l. 1; 283, l. 5; 298, l. 14; 301, l. 9; 327, l. 27; 329, ll. 24, 25.
replisti, *for* repleuisti, 330, l. 9.
requissistis, *for* recessistis, 301, l. 21.
resticuit, 311, l. 16; 325, l. 2; *perhaps a corruption of* reticuit tacuit, Sangall. R. 115.
rethorici, *for* rhetorici, 360, l. 28.
reuerantia, *for* reverentia, 354, l. 12.
riolus, *for* rivulus, 326, l. 6.
Romanae partes, 511, l. 3.

S.

sacrilegus, 308, l. 16; sacrorum violator, Sangall. 912.
sagum, 287, l. 13.
saliua scripturae meae, 359, l. 21.
sapidus, laudes sapidas, 354, l. 11.
sargifagus, *for* sarcophagus, 356, l. 22.
satiles, *for* satelles, 287, l. 6.

scivus, *for* scius, 273, l. 25.
scriptula, 372, l. 9.
sdatio, *for* statio, 351, l. 13.
secta, 262, l. 5.; 287, l. 20.
sed (*Ir.* acht), *for* nisi is, *according to* Ferguson, *in* 361, l. 19, *and* 363, l. 15.
sedare tumorem, 299, l. 10.
senodus, *for* synodus, 314, l. 4.
seruus Dei = Ir. *céle Dé*, 313, l. 9.
signa, 286, l. 28.
sinus noctis, 364, l. 5.
sinistralis, *northern*; sinistrales fines, 275, l. 15; sinistralis aeclessia, 292, l. 7. *Cf.* anterior, dexter.
siniuit, *for* sivit, 308, l. 4.
solidi, 378, l. 22.
sollempnitas, *for* sollemnitas, 277, l. 21; 278, l. 18.
solutus, *ended*, 295, l. 12.
sompnus, *for* somnus, 352, l. 11.
sordus, *for* surdus, 290, l. 19.
spiritalis, 277, l. 27; 289, l. 7.
Stabulus, *for* Zabulus (= diabolus) q. v., 388, l. 29.
successor (*Ir.* comarba) Patricii, 303, l. 30.
suflat, sufflat, sufultat = suffulcit, 102, l. 1.
sufragium, 222, l. 24.
sufulto, 316, l. 2, *cogn. with* suffulcio, suffultus tabulis, Adamn. Vita Col., ed. Reeves, 54.
sugere mammellas = facere amicitiam, 362, l. 18. Compare '*suges* lac gentium, ' et *mamilla* regum lactaberis,' Isaiae, cap. lx, v. 16.
sussum, *for* sursum, 293, l. 12.

T.

tabulae ligneae in manibus uirorum, 300, l. 28.
tegoriolum, *a little hut*, 362, l. 11, *a dimin. of* tegorium = Lat. tugurium (tuguriolum, Greg. Tur.).

terni, *for* tres, 291, l. 12. So centeni *for* centum, Adamnán's Vita Columbae (od. Reeves), pp. 131, 192.
tessaurus, *for* thesaurus, 275, l. 11.
totius, *for* toties, 376, l. 23.
tracho, *for* traho, 370, l. 26.
transfinctio, *for* transfiguratio, 270, l. 27.
transmarina mirabilia, 275, l. 10.
tropeum crucis, 293, l. 25.
trulla, *a mason's trowel*, 664, s. v. maceria; *but seems in* 311, l. 13, *a shovel*.
tumba, *tomb*, 351, l. 13.
tumulus = sepulcrum, 325, l. 15.
turuus, *for* torvus, 281, l. 7.

U.

uacca campi, *a plowland?*, *a ballyboe* (baile bó), *forty Irish acres?*, 337, l. 11.
uacuum, in uacuum non fuit, 379, l. 21.
ualo, *for* uallo?, 316, l. 4.
uas memoriae, 264, l. 10.
uecho, *for* ueho, 292, l. 21; 298, l. 8.
uenierunt, 275, l. 26; 309, l. 24; 314, l. 4; 327, l. 23.
uestigium regale, *a leaky roof* (fastigium rigale)?, 323, l. 17.
uiaticum, 297, l. 12.
uicarius, 386, l. 26.
uiri síde, 315, l. 6.
uirtus, *miracle*, 292, l. 15; 326, l. 24.
uister, *for* uester, 360, l. 14.
ultronea munuscula, 371, l. 35.
unialis, 355, l. 20.
uorsus, *for* versus, 273, l. 11.

Y.

ymnus, *for* hymnus, 296, l. 7; 333, l. 9.

Z.

zabolus, zabulus = diabolus, 376, ll. 6, 8. *For the assibilation of the* d *compare* zies = dies, *and* hozie = hodie.

ADDENDA AND CORRIGENDA.

A. ADDENDA.

p. xvii., l. 19. Another copy is in Harl. 5280, fol. 39 b, 'Airidi' seems a corruption of the Latin 'uiri Dei.'

p. xxi, l. 16. Another copy in Harl. 5280, fol. 21 a, is cited in O'Curry's *Manners and Customs of the Ancient Irish*, iii. 239.

p. xliv., l. 11. Another copy is in the Book of Leinster, p. 281 a, of the facsimile.

p. xlvi., l. 21. The story of Patrick's antenatal miracle is also told in the Book of Lismore, fol. 1 a, 2, where for 'sonna' we have 'inso 7,' for 'Conbais,' 'Chochmais,' and for 'tugad-sam' 'rucadhsumh.'

pp. 18-25. The substance of Colgan's Latin here printed occurs in Irish in the Book of Lismore, ff. 8 a, 2-3 b, 2. See *Lives of Saints from the Book of Lismore*, pp. 5-7.

p. 38, ll. 27.- p. 40, ll. 1, 2. The story is told thus in the Second Life, c. 31, and the Fourth Life, c. 37:

Perrexit Patricius ad australem plagam praedicare Rus filio Trichem, qui fuit in oppido suo nomine Derluss; in australem plagam. Sed hodie ciuitatula est, quae dicitur Inresthan [*sic*, leg. Mrechtan] ubi est episcopus Loarne qui ausus est increpare Patricium tenentem manum pueri ludentis iuxtà ecclesiam suam (*Trias Thaum.*, p. 14, col. 2.)

Quâdam die S. Patricius circumquaque praedicans, peruenit ad quoddam oppidum, nomine Deirus [leg. Derlus,] in quo erat homo quidam potens Dorus [leg. Rossus] vocabulo, filius Trichim, qui audiens, verbum praedicationis suscepit. Sed illud oppidum hodie ciuitaticula est, quae dicitur Inrechan, ubi *sanctus* episcopus erat, Loarnus, qui ausus est increpare S. Patricium tenentem manum pueri ludentis iuxta sepulchrum suum. Quâdam namque die pueri juxta sepulchrum sancti trochum ludentes, trochus per quandam foueam in sepulchrum transit. Tunc quidam de ludentibus pueris manum intus mittens, trochum inde tollere volebat; sed manum ad se retrahere volens, omninò non valuit. Inito autem consilio ad *sanctum* episcopum Loarnum miserunt. Qui veniens audenter dixit: 'Cur, senior, manum innocentis tenes?' et extemplo manus à sepulchro soluta est. (*Trias Thaum.* p. 39).

p. 56, note 7. In one or more of Colgan's copies this sentence seems to have been in Irish, which he renders thus : Audiebat enim quod accedentes ad eius doctrinam et fidem amplexantes aqua abluere solebat.

p. 87, note. The phrase 'nescio; Deus scit' seems taken from the Vulgate, 2 Corinth. xii. 2.

p. 89, l. 18. Of this proverb Colgan says: Et hinc natum proverbium *En Moelmori palma*, quando facinus aliquod breuis laetitiae et gloriae ad quod mox tristitia, vel aduersitas subsequitur, denotare volumus, *Trias Thaum.*, p. 133, col. 1.

p. 93, l. 16. Colgan has 'eique praefecit Mauranum cognomento Barbanum alias Banbanum cognatum suum Deique prophetam fidelem,' *Trias Thaum.*, 134, col. 1.

p. 115, l. 24. In the Book of Leinster, p. 158 b. of the facsimile, is a poem about these birds singing to Patrick.

p. 184, l. 6. For '.i.' Colgan's MSS. here seem to have had '7', for he here translates thus: 'populos de *Fera Cuil* & populos de *Hy Segain.*'

p. 240, l. 21, p. 242, l. 12. This story is also in the Cheltenham Félire, p. 46, col. 1.

p. 267, note 6. The following note about Erenat occurs in the Cheltenham MS. of the Félire Oengusso, p. 25 : No Erenat challeach ógh ba coic *ocus* ba hetidhach do Colum Chille, *ocus* issí a ceall, Ceall Chuaca .i. Coca hi Corpri hu Chiardai. Herenat *immorro* a hainm iar fír .i. druineach, huair ercadh tball isin tsenghae[d]ilg, rinnaigecht sein indosa, ar is í ind óg sin ba druinech chumtha *ocus* huama étaig Coluim chille cum suis discipulis. This is translated by O'Curry in his *Manners and Customs*, iii., 123.

p. 299, l. 3. Cf. Adamnani Vita Columbae, ed. Reeves, p. 12. ll. 7, 8 :—. *Tumores* quoque fluctuum . . . *sedati* humiliatique sunt.

p. 302, note 7. Arelatensis autem nomen insulae fuit in qua S. Germanus docuit S. Patricium per .xxx. annos, Quinta Vita, c. 26, Colgan, *Trias Thaum.*, p. 38.

p. 336, l. 11. 'aeclissiastica progenies'. See Reeves, *Proceedings of the Royal Irish Academy*, vi. 447, cited in Skene's *Celtic Scotland*, ii. 68.

p. 343, l. 26. Ráith Bilech. So in the Book of Leinster, p. 45ᵃ :

Isé rochreiti do *Pátric*
cen dúr ndligid,
ros-gab d'anmcharait cháid chredail
oc Ráith Bilig.

thus rendered by O'Curry (*Lectures on the MS. Materials*, 487) : 'It is he [scil. Crimthann] that believed Patrick without hard conditions ; he received him as a chaste, holy soul's friend at *Ráith Bilig*.'

p. 356, ll. 12-16. So in Wasserschleben *Ir. Kanonensammlung*, p. 78 : Si quae quaestiones in hac insula oriantur ad sedem apostolicam referantur. And see Loofs, pp. 35, 39.

p. 357, note 5. Dr. Todd's conjecture is confirmed by the Book of Lismore, where the story is thus told (fo. 1 a. 2) :—Adfiadhat ind eola*i*g ba do Iuda*i*di*b* dho iar mbunad*us*, air is follu*s* asna mirbuili*b* doriune Dia airsium conad do clainn Israel dó, air is dibh robata*r* Iuda*i*di arcena ; air intan tucad in diga*l* la Tit 7 U*e*spesan robesredeth Iuda*i*di fon mbith 7 tainic a chin*é*l bunaidh-sium Pha*t*ra*i*c cu Bretnu, 7 dogabhadh foirb leo ann, uair atfet Pa*t*ra*i*c fein sin i n-aroili leabur dia ep*i*st*l*ibh : 'Nos dispersi sumus per multas regiones *terr*arum propter peccata nostra eo quod *Dom*ini pr*ae*cepta *et* mandata eius non *cus*todiuimus.' Cunad don eisreide*th* sin dorocht a chenel bunaidh-sium cu Bretnu. (The wise declare that by origin he was of the Jews ; for it is manifest from the miracles which God wrought for him that he was of the

Children of Israel, for of them were the Jews also. For when the vengeance was brought by Titus and Vespasian, the Jews were dispersed throughout the world, and Patrick's kin of origin came to Britain, and a heritage was taken by them there, for Patrick declares in a certain book of his epistles : *Nos dispersi* etc. Wherefore from that dispersion his kin of origin came to Britain.)

p. 363, ll. 16–18. That Hellas and Hēlios were associated at an early period appears from Sedulius' *Carmen Paschale*, i. 184–7 :

Quam bene fulminei praelucens semita caeli
Convenit Heliae ! meritoque et nomine fulgens
Hac ope dignus erat : nam si sermonis Achivi
Una per accentum mutetur litera, sol est.

pp. 386–389. In the so-called Antiphonarium Benchorense this hymn is entitled, Ymnum *sancti* patrici magister scotorum. Lanigan, i. 60, silently corrects the latinity of this title.

The following are the various readings of this copy :—

p. 386, l. 1, mereta. l. 2, patrici episcupi. l. 3, similatur. l. 8, caelis. l. 9, timore et fide inmobilis. l. 10, petrum aecclesia. l. 12, porte aduersum. l. 14, et piscaret. l. 15, et de saeculo. l. 16, dominum qui . . etheream. l. 18, usuris. l. 19, nauigi . . . tum opere praetium. l. 20, caelestis possesurus. l. 22, praebet. l. 25, saeculo.

p. 387, l. 3, iusta. l. 5, caelestibus. l. 11, possedetur. l. 12, et hostiam. l. 14, candellabro . . . saeculo. l. 15, possits. l. 16, est *is marginally corrected* sunt-possedet. l. 17, caelorum. l. 19, praecedit. l. 21, adnuntiat. l. 22, lauacris. l. 26, aestimat quiscilia.

p. 388, l. 1, et fidelis. l. 4, exemplo suam tradit. l. 6, meretis. l. 7, caelesti . . . militiae. l. 8, caelestem. l. 12, caeleste haurit . . . caelestibus. l. 13, spiritale poculum. l. 14, thesaurum. l. 15, peruidet. l. 16, thesaurum. l. 19, condida. l. 20, ne humani putent carnes aessaeque á uermibus. l. 20, sed caelestis alleantur. l. 25, mentes. l. 29, zaboli absoluit.

p. 389, l. 1, salmosque. l. 3, quem *corrected into* quam. l. 6, intermisione. l. 10, Patrici. l. 11, *for* defendat deus *the Antiph. Bench. has* semper niuamus. ll. 13, 14, *it omits. For* ll. 14, 15 *it has :*

Patricius aepiscopus
oret pro nobis omnibus
ut deleantur protinus
peccata quae commisimus.

p. 419, l. 4. Compare the story of Germanus and the clerics of Britain fasting for three days against Gortigern, LU. 4 a, l. 10.

p. 493, l. 14. In Usher's Works, ed. Elrington, iv. 440, this passage is thus given : Postremo ad cyclorum computationem diversorum, quid unaquaque lingua de cursu solis et lunae sentiret; conversus totus, licet diverse alium in die, alium in luna, alium in mense, alium in bissexto, alium in epacta, alium in augmento lunare (quod vos saltum dicitis) : inveni cyclos contra hunc, quem vos tenetis, esse contrarios. *Primum illum quem sanctus Patricius papa noster tulit et facit*[1]; in quo luna a xiv.[2] usque in xxi. regulariter, æquinoctium a xii. Kalend. Aprilis observatur.

p. 507, ll. 29, 30. Should not this be, et augurum superstitionibus animum non intendere?

p. 507, note 1. So in the Togail Bruidne da Derga (H. 2, 16, col. 718) it is said that, during Conaire's reign, ni luaiscead gaeth caireech mbo o medon earraich co meadon fogmair: nir'bo thoirneach, ainbtineach a flaith (wind used not to move a hair of a cow's tail from the midst of spring to the midst of autumn: his reign was not thunderous or stormy).

p. 549, note. The O.H.G. *gundfano* (warflag), whence O. Fr. *gonfanon* and Middle Ir. *gunnfund* (Book of Ballymote, fo. 272 b 2) may possibly be the source.

B. CORRIGENDA.

p. xix, note 5, *for* redemptions (*arrea*) do not heal *read* payments (*arrae*) do not pay for.

p. xxiii, note 5, l. 4, *dele* x.

p. xlviii, last line but 3, the MS. seems to have senciaran.

p. xlix, l. 6, *for* slept *read* rested. l. 25, *after* eoosc *insert a parenthesis*.

p. lvii, l. 18, *read* rocomocaegestar.

p. lix, penultimate line, *before* léo *insert* [imguin]: last line, *before* righi *insert* a.

p. lx, l. 5, *for* 'With' *read* 'Mutual slaughter with': l. 6, *for* 'Kingship' *read* 'their kingship.'

p. 4, l. 1, *here, and wherever else* 'dino' *occurs, read* didiu.

p. 4, l. 9, *for* dorchataid *read* dorchaib.

p. 9, l. 6, *for* archpriest *read* archpresbyter.

p. 11, l. 24, *for* flowed from *read* dropt out of.

p. 15, l. 20, *for* a relic *read* consecrated things.

p. 16, *dele* note 6.

p. 29, l. 5, *for* art *read* hast been.

p. 31, lines 6, 7, *for* unequal conflict *read* weakness.

p. 36, l. 17, *for* látroin *read* látroinn.

p. 38, l. 18, *for* Milchon *read* Milcon.

p. 41, l. 1, *for* driving away *read* holding the hand of, *and cancel the note.*

p. 41, l. 21, *read* Colpthai. p. 41, l. 23, p. 43, ll. 25 and 34, *for* Graves *read* Grave.

p. 44, l. 4, *for* magni *read* magni[ficabimur], *as in the Roman psalter.*

---

[1] Forsan *fecit*.
[2] xv. potius alias esset a xiv. ad xx.

CORRIGENDA.

p. 45, l. 5, *read* "*but we shall be magnified in the name of the Lord our God.*"

p. 46, l. 9, *for* iarnár [?] *read* innár.

p. 47, l. 10, *dele* after. l. 26, *for* Graves *read* Grave.

p. 49, l. 5, *for* the Universe *read* Doom.

p. 57, l. 10, *for* cried out *read* laughed.

p. 60, l. 18, *for* Cúair *read* Úair.

p. 63, l. 5, *for* 'vessel of election' *read* 'chosen vessel.'

p. 71, ll. 32, 35, *for* Talten *read* Tailtiu.

p. 78, l. 2, *for* 'thousand' *read* 'troops.' l. 3, *for* amidst *read* before.

p. 75, l. 10, *for* enjoined us *read* charged me.

p. 77, ll. 15, 16, *for* he overtook a certain woman *read* a certain woman overtook him.

p. 79, l. 9, *for* Assail *read* Assal.

p. 79, l. 14
p. 81, l. 2 } *for* founded *read* desired.

p. 83, l. 7, *for* relics of Elders *read* ancient relics. l. 17, *for* Senlis *read* Senles. l. 19, *for* has *read* had.

p. 85, l. 1, *for* A igle hesent *read* Aigle he sent.

p. 89, l. 3, *for* . . . *read* strike. l. 4, *for* . . . *read* die. l. 9, *for* rattle *read* oarstroke. l. 33, *for* his field *read* balks: *for* he angled *read* thou wilt angle.

p. 91, l. 13, *for* Milchu *read* Miliuc. l. 15, *for* . . . *read* abutment.

p. 101, l. 8, *for* of the elves *read* out of the elfmounds.

p. 107, l. 12, *for* Gar *read* dear (?)

p. 109, l. 27, *for* goodness *read* prayer. l. 33, *after* Ciarraigi *insert* Artig.

p. 111, l. 24, *for* They stopped in Ciul *read* He staid in Cúil.

p. 113, l. 10, *for* . . . *read* desires. l. 28, *for* dealing *read* dispute. l. 31, *for* Whitsuntide *read* Shrovetide. note 3, *for* Patirck *read* Patrick.

p. 115, l. 27, *for* a boon (?) *read* the more.

p. 123, l. 17, *for* to Cainnech *read* to Caeta (see p. 324, l. 14).

p. 125, l. 12, *for* shell *read* bowl.

p. 127, l. 5, *for* was unable *read* attained not.

p. 131, l. 29, *for* lifted (?) *read* carried off.

p. 133, l. 4, *for* Hastily *read* Urgently. l. 23, *for* heard *read* healed.

p. 135, l. 19, *for* raises *read* raised.

p. 137, l. 20, *for* the doorway *read* front.

p. 139, l. 26, *for* He tarried a little while there *read* That detained him a little while.

p. 141, ll. 19-22, this quatrain is literally 'Whoever it is that promises of these at any time in my name, in adoring me, I will promise of him before many (according) to the will of God of white heaven.'

p. 143, l. 34, *for* hast thou spared it? *read* dost thou protect it?

p. 144, l. 15, *for* est. In[N]odain locha hUama ata *read* est in[N]odáin Locha hUama. Ata.

p. 145, l. 18, *for* Nódain *read* Nuada. l. 19, *omit* is. l. 20, *after* Genteme *insert* are.

p. 147, l. 23, *for* to set up *read* a monastery.

CORRIGENDA.

p. 153, l. 12, *for* covered *read* cherished. l. 15, *for* is not to my liking *read* does not seem to me fitting. l. 17, *for* should like this *read* deem this fitting. l. 27, *for* 'are equally beloved by me' *read* 'seem to me of equal rank.' l. 28, *for* love *read* rank.

p. 155, l. 8, *for* Graces *read* Grace.

p. 158, l. 7, *dele the comma*. l. 23, *for* eclasc *read* eclais.

p. 159, l. 28, *for* horserod *read* (wattles for) a church.

p. 161, l. 14, *for* on the east of the *read* to the eastern.

p. 163, l. 22, *for* Drumman *read* Druimm.

p. 167, l. 31, *for* in that matter *read* for that cause. *Note 4 should be numbered 5 and note 5 should be numbered 4.*

p. 169, ll. 2, 5, *for* Milchu *read* Miliuc.

p. 177 l. 3, *for* there be familiarity *read* thou be contemned : l. 25, *for* would break *read* were vomited.

p. 181, l. 5, *for* gave *read* offered. l. 22, *for* relics of ancients *read* ancient relics. l. 30, *after* announces *insert* it in.

p. 183, ll. 7, 8, 9, *before* Mugdoirn *insert* the. l. 19, *dele* men of.

p. 184, l. 8, should probably be *fólem cf adella méithe.*

p. 188, l. 5, *for* Únid *read* Luid. l. 6, *for* Lib *read* Úib.

p. 193, last line, *for* unstable *read* interrupted.

p. 194. last line, *for* nusbeir *read* nusbeir.

p. 195, l. 17, *for* relics of ancient men *read* ancient relics.

p. 197, l. 21, *for* sovrans *read* lords : *the first note should be numbered* 1, *the second numbered* 2, *the third* 3.

p. 199, l. 9, *for* withstood *read* doubted.

p. 203, l. 7, *for* until they were *read* so that they are. l. 30, *for* came to *read* overtook.

p. 205, l. 9. *before* wether *insert* little.

p. 207, l. 7, *for* is *read* will be : l. 10, *for* gifts *read* collections : l. 29, *before* six *insert* that day.

p. 210, l. 9, *for* fidem ibi, Inueni[iun]tur *we should perhaps read* fidem. Ibi inuenit.

p. 213, l. 28, *for* comparison *read* counsel.

p. 215, l. 16, *for* is *read* will be.

p. 222, *cancel note* 9.

p. 223, l. 23, *for* rule *read* law : l. 25, *for* from the sea *read* of Mann ? l. 30, *for* on a *read* on the.

p. 229, l. 2, *for* their *read* a.

p. 231, ll. 21, 22, *for* in that place the church *read* the church in that place.

p. 233, l. 2, *for* chanting *read* reading aloud: l. 3, *for* relics *read* consecrated things : l. 17 *for* as far as *read* and be on : l. 20, *for* her ration *read* a ration.

p. 241, l. 18. The bracket should include ' the horse.'

p. 261, l. 30, *for* I *read* We.

p. 270, note 3, 276, note 7, 311, note 1, 329, note 9, *for* Milchu *read* Miliuc.

p. 287, l. 23, *read* eius faciem.

CORRIGENDA.

p. 294, l. 7, *for* uenmius *read* uenimus. l. 16, *for* in decreto *read* indo creto.

p. 300, l. 27, *for* cuum *read* cum.

p. 302, ll. 11, 25, 29, et passim, *for* hautem *read* autem.

p. 304, l. 21, *read* Sesc[e]neus.

p. 305, note 4, for *Aillello* read *Ailello*.

p. 307, l. 28, *read* Pasca[e] quoque clauss[ul]a finitu.

p. 308, l. 24, *for* uires *read* uiros. l. 27, *dele* et.

p. 317, note 3, *cancel from* 'Perhaps' *to the end*.

p. 320, note 2, *for* Liacc *read* Cloch.

p. 322, margin, *for* a 2 *read* b 1.

p. 323, margin, *for* b 1 *read* b 2.

p. 327, l. 28, *for* Ecce *read* Ecce. In note 3, l. 3, *after* was *insert* taken out of the same well as.

p. 328, l. 5, *dele* [sé].

p. 329, ll. 5 and 6. The sentence Et exiit ... ibi has been misplaced by the scribe. It should obviously come in l. 13, after plaga.

p. 330, ll. 20, 21. Venit ... filios Tuirtri. This sentence also is misplaced by the scribe, and should come in p. 329, immediately after l. 27.

p. 331, l. 28, *for* suis *read* sua. Note 5, *dele the commas*.

p. 339, ll. 2, 3, *for* Cairthen's son *read* Mac Caerthinn.

p. 341, l. 23, *for* in old ancestral dishes, *read* with old dishes, with old vessels.

p. 342, margin, *for* b. 1, *read* a. 1.

p. 345, l. 32, *insert* Naindid.

p. 347, l. 29, *read* Bishop Aed, who dwelt in Sletty, went to Armagh.

p. 350, l. 14, *for* astom in *read* Astomin, *and transfer it to* l. 16, *after* Réto. note 7, or perhaps 'Dau son of Brian.' *Dau* may be = δάος, Skr. *dava-s*.

p. 355, l. 9, *for* uniuscumque *read* uniuscniusque.

p. 361, note 5, *for* legacies *read* patterns.

p. 373, l. 17, *for* seruitatem *read* seruitutem.

p. 381, l. 31, *dele* wild.

p. 392, l. 12, *for* Miluic *read* Miliuc.

p. 397, l. 18, *after* sent *omit* to.

p. 399, l. 5, *for* cheese *read* curd.

p. 403, l. 3, *for* Cáthair *read* Catháir.

p. 405, l. 12, *for* hath been declared *read* he declares, l. 28, *for* went *read* sent him. l. 30, *for* himself *read* him.

p. 407, l. 2., *for* ponders *read* reckons. l. 7, *for* was it seen *read* he saw. l. 12, *for* wood *read* woods. l. 27, *for* goodness *read* excellences.

p. 409, ll. 20, 21, *for* he went the way of a rushing wind *read* the ... of a rushing wind sent him. ll. 36, 37, *for* set him in motion *read* cried to him (?).

p. 421, l. 31, *for* Rome *read* the Romans. l. 33, *for* east *read* west.

p. 423, l. 15, *for* wrist *read* forearm.

p. 427, l. 27, *for* hardhearted *read* gloomy.

CORRIGENDA.

p. 431, l. 1, *for* one of the two connected passages *read* the context.

p. 437, l. 7, *for* for relics *read* as consecrated things.

p. 439, l. 26, *for* rapine *read* ruin.

p. 443, l. 29 *for* time *read* space.

p. 445, ll. 20, 21, *for* 'Who may the hag be' *read* 'What ails the hag.'

p. 455, l. 32, read *magni[ficabimur]*.

p. 456, l. 1, *for* confergach *read* cofergach.

p. 457, l. 1, *for* fiercely *read* fearlessly. last line, *for* road *read* pass.

p. 463, l. 30, *for* grows terrible *read* is enraged.

p. 467, l. 17, *for* said *read* saith.

p. 469, l. 20, *read* Martarthech.

p. 470, l. 19, *read* fore cobair *and cancel note 2*.

p. 476, l. 5, *for* sétsell *read* sét sell.

p. 477, l. 5, *after* Fear *insert* at the way.

p. 479, l. 3, *dele* all. l. 17 *for* Carbaic *read* Carbacc.

p. 483, l. 32, *for* noticing *read* guarding against.

p. 485, l. 17, *for* anoint *read* confirm.

p. 487, l. 7, *for* is *read* shall be.

p. 494, l. 12, *for* MS. *read* Hogan.

p. 496, l. 23, *after* uirtutibus *dele the comma*.

p. 498, l. 21, *for* V. *read* VI. l. 27, *for* VI. *read* VII.

p. 499, l. 37, *for* multus *read* multis.

p. 501, l. 1, *for* VII. *read* VIII. l. 32, *for* VIII. *read* IX.

p. 502, l. 1, *for* IX. *read* X.

p. 510, l. 7, *read* Britania; l. 8, presbiter; l. 17, sepe; l. 19, uenditur; l. 23, suus; l. 24, Sanctus Patricius; l. 26, qui; l. 39, insolam. *In* ll. 36 *and* 38, *the words* 'post ipsum,' 'et,' *and* 'mittitur' *should be in brackets.* In l. 39, *before* 'signis' *Pertz has in brackets* 'per annos sexaginta.'

p. 515, l. 8, *for* Tortan *read* Tortu (?). l. 31, *for* Aimnire *read* Ainmire. l. 35 *for* Loigse *read* Loiges.

p. 517, l. 32, *for* Saltire *read* Salten. l. 40, *for* Óic *read* Óc.

p. 528, l. 6, *for* Connactu *read* Connacia.

p. 533, note 2, *read* Ascatades.

p. 537, l. 2, *read* Muccram. Note 9, l. 6, *for* nine *read* eleven.

p. 541, note 8, *read* Harald.

p. 551, l. 17, *for* confirm *read* bless; *after* fight *insert* it out.

p. 563, l. 3, *for* he *read* they. l. 12, *for* to *read* into. l. 16, *for* fitness *read* rule (?)

p. 564, l. 24, *for* hifadnaisi *read* hifiadnaisi.

p. 565, l. 21, *for* crafts *read* craft.

p. 569, l. 7, *for* leaders *read* readers.

p. 572, l. 2, *for* 448 *read* 488.

p. 578, col. 1, ll. 17, 18, *dele* (exagallias) 361. col. 2, l. 1, *for* 210 *read* 284.

p. 592, col. 2, l. 14, *for* A. 3. 18, *read* H. 3. 18.

p. 597, col. 1, *after* Assicus *insert* Astomin 350.

p. 600, col. 1, l. 37, *for* 136 *read* 138.

p. 609, col. 1, l. 39, *for* 322 *read* 332.

CORRIGENDA.

p. 618, col. 1, penult. line, *for* 228 *read* 230.

p. 635, col. 2, l. 20, *for* seil *read* Seile.

p. 643, col. 2, penult. line, *for* cnabad, cnamad, *read* acnabad, acnamad 'customary portion,' *and transfer to* p. 639, *and add* comacnabad 'consuetudinem,' Sg. 143. a. 5 : do chomacnabud, Ml. 21ᵃ 11 : huan chomacnubud nephindlachtu, Ml. 96ᵃ 8 : acnamacht, Corm. Tr. 16, aicnabsath, H. 2, 16, col. 88.

p. 648, col. 1, l. 36, *for* measure *read* mark out, *and add* act. pret. sg. 3, dororaind, 70, 17 : 236, 14. l. 45, *for* do-thlaigim *read* do-thluigim.

p. 650, col. 2, l. 8, *read* foremaid *for* foremai = *O. Ir.* forcomai (servat) cf. for-ta-comai-som, Ml. 29ᵃ 3 ; fort-chomi, Sg. 176, b. 2.

p. 651, l. 3, *for* fo-semim *read* fo-esmim.

p. 652, col. 1, l. 9, for *brooch* read writing-style. l. 44, *for* íccata *read* íccatar.

p. 654, col. 1, l. 12, mailltis *should perhaps be* muilltis, *as the infinitive is* muilliud, Laws, III. 518.

The following Corrigenda have been omitted supra pp. 670–672 :—

p. lv., l. 3, *for* nan oeb *read* na noeb.

p. xc, l. 10, *for* These *read* There. l. 34 *read* ⲁTKVE φINITΩM.

p. xci, l. 20, in margin, *read* Tírechán's. l. 31, *read* ' ab antiquis peritissimis.'

p. xcii, l. 4, *read* dinus.

p. xcvi, l. 32, *for* brother *read* brothers.

p. civ, l. 30, *dele* golden.

p. cv, l. 33, *after* ' to ' *insert* ' him at last, and this was shewn to him— foes raiding on the people. So he put trust in the Lord to save.'

p. cvii, l. 42, *after* from *insert* the island to, *and before* they *insert* the island whither.

p. cviii, l. 6, *after* school *insert* from that pestilence. l. 8, *for* were *read* might be.

p. 29, l. 18, *for* saw *read* sees. l. 21, *for* is it that the hag is *read* ails the hag. l. 25, *for* that *read* this.

p. 31, ll. 1, 33, *for* them *read* him.

p. 35, ll. 26, 27, *for* shewed (his) mast to land *read* pushed off.

p. 59, l. 18, *for* side of it *read* of its two halves.

p. 69, l. 17, *for* bequeathed *read* commended.

p. 71, l. 18, *for* shall take *read* taketh. ll. 19, 21, *for* measured *read* marked out.

p. 79, l. 20, *after* flagstone *insert* (and there still is a hermitage on Patrick's flagstone).

p. 80, l. 5, *for* friso *read* friss.

p. 93, ll. 9 and 12, *for* brooch *read* writing-style.

p. 103, l. 33, *for* the second girl *read* one of the two girls.

p. 111, l. 3, *for* grew stiff (?) *read* withered (*rosecsat*).

p. 127, l. 32, *transpose* ' at Tara ' *to* l. 33, *after* ' Loegaire's.'

p. 133, l. 6, *for* laughed *read* laughs.

CORRIGENDA.

p. 139, last line, *for* Rígbard *read* Rígbaird.
p. 141, l. 11, *for* Bron . . . *read* Brón preserves. last line, *for* leaves *read* left.
p. 168, l. 26, *for* Domach *read* Domnach.
p. 169, l. 8, *for* Findabur *read* Findabair.
p. 177, l. 3, *for* road *read* path.
p. 185, ll. 11, 12, *for* Tortain *read* Tortan. l. 11, *for* Tortan's *read* Tortu's.
p. 191, l. 7, *for* make a bishop of *read* tonsure, *and cancel note* 1.
p. 207, ll. 27, 28, *read* ' To God's household therein shall come the candle which shall be,' etc.
p. 222, l. 12, *for* atbass *read* abass.
p. 223, l. 9, *for* dry *read* stiff.
p. 229, l. 19, *for* told *read* tells.
p. 237, l. 13, *for* road *read* path. l. 18, *for* measured *read* marked out.
p. 241, l. 20, *for* the cause (?) *read* what ails (it). l. 29, *for* better to bring *read* meeter to give.
p. 243, l. 1, *for* sent *read* sends.
p. 250, l. 9, *for* Domnach Naissi *read* Domnach n-Aissi.
p. 251, l. 8, *for* Sobairce *read* Sobairci. l. 10, *read* Domnach n-Aisse (cf. p. 306, l. 4) and *dele* and Mag Itha.
p. 259 } l. 16, *for* still *read* at present.
p. 261
p. 272, note 4, *omit* ' but,' etc.

The twenty-fourth line of p. 110 is thus quoted and glossed in the Brussels MS. 2324–40, fo. 18ᵃ : *ceangta fri srotha sirrda* .i. cingset nó snámat inaghaid sroth siublach (they went or they swim against running streams).

And the second line of p. 116 is thus quoted and glossed in the same MS., fol. 18ᵇ : *dath écc os ruibhne ród* .i. dath báis ar na buidhnibh do baoi ós na slighthibh (a hue of death on the troops that were on the roads), whence it would seem that *ruibhne* means 'crowds,' and is a contraction of *ro-bhuidhne* (great troops).

Since p. cxxxi was printed off I have ascertained that the Cambridge Life of S. Patrick here mentioned is not the same as that ascribed by Colgan to Probus.

CATALOGUE

OF

ENGLISH, SCOTCH, AND IRISH RECORD PUBLICATIONS,
REPORTS OF THE HISTORICAL MANUSCRIPTS COMMISSION,

AND

ANNUAL REPORTS OF THE DEPUTY KEEPER OF THE PUBLIC RECORDS,

Printed for

HER MAJESTY'S STATIONERY OFFICE,

And to be purchased,

Either directly or through any Bookseller, from
EYRE AND SPOTTISWOODE, EAST HARDING STREET, FLEET STREET, E.C., or
ADAM AND CHARLES BLACK, 6, NORTH BRIDGE, EDINBURGH; or
HODGES, FIGGIS, & Co., 104, GRAFTON STREET, DUBLIN.

CONTENTS.

	Page
CALENDARS OF STATE PAPERS, &c.	3
CHRONICLES AND MEMORIALS OF GREAT BRITAIN AND IRELAND DURING THE MIDDLE AGES	9
PUBLICATIONS OF THE RECORD COMMISSIONERS, &c.	27
WORKS PUBLISHED IN PHOTOZINCOGRAPHY	29
HISTORICAL MANUSCRIPTS COMMISSION	31
REPORTS OF THE DEPUTY KEEPER OF THE PUBLIC RECORDS	35
SCOTCH RECORD PUBLICATIONS	39
IRISH RECORD PUBLICATIONS	40

ENGLAND.

CALENDARS OF STATE PAPERS, &c.

[IMPERIAL 8vo., cloth. *Price* 15s. each Volume or Part.]

As far back as the year 1800, a Committee of the House of Commons recommended that Indexes and Calendars should be made to the Public Records, and thirty-six years afterwards another Committee of the House of Commons reiterated that recommendation in more forcible words; but it was not until the incorporation of the State Paper Office with the Public Record Office that the Master of the Rolls found himself in a position to take the necessary steps for carrying out the wishes of the House of Commons.

On 7 December 1855, he stated to the Lords of the Treasury that although "the Records, State Papers, and Documents in his charge constitute the most "complete and perfect series of their kind in the civilized world," and although "they are of the greatest value in a historical and constitutional point of view, "yet they are comparatively useless to the public, from the want of proper "Calendars and Indexes." Acting upon the recommendations of the Committees of the House of Commons above referred to, he suggested to the Lords of the Treasury that to effect the object he had in view it would be necessary for him to employ a few Persons fully qualified to perform the work which he contemplated.

Their Lordships assented to the necessity of having Calendars prepared and printed, and empowered the Master of the Rolls to take such steps as might be necessary for this purpose.

The following Works have been already published under the direction of the Master of the Rolls:—

CALENDARIUM GENEALOGICUM; for the Reigns of Henry III. and Edward I. Edited by CHARLES ROBERTS, Esq., Secretary of the Public Record Office, 2 Vols. 1865.

> This is a work of great value for elucidating the early history of our nobility and landed gentry.

CALENDAR OF STATE PAPERS, DOMESTIC SERIES, OF THE REIGNS OF EDWARD VI., MARY, ELIZABETH, and JAMES I., preserved in Her Majesty's Public Record Office. *Edited by* ROBERT LEMON, Esq., F.S.A. (Vols. I. and II.), *and by* MARY ANNE EVERETT GREEN, (Vols. III.-XII.). 1856-1872.

Vol. I.—1547-1580.	Vol. VII.—Addenda, 1566-1579.
Vol. II.—1581-1590.	Vol. VIII.—1603-1610.
Vol. III.—1591-1594.	Vol. IX.—1611-1618.
Vol. IV.—1595-1597.	Vol. X.—1619-1623.
Vol. V.—1598-1601.	Vol. XI.—1623-1625, with Addenda, 1603-1625.
Vol. VI.—1601-1603, with Addenda, 1547-1565.	Vol. XII.—Addenda, 1580-1625.

> These Calendars render accessible to investigation a large and important mass of historical materials. The Northern Rebellion of 1566-67; the plots of the Catholic fugitives in the Low Countries; numerous designs against Queen Elizabeth and in favour of a Catholic succession; the Gunpowder-plot; the rise and fall of Somerset; the Overbury murder; the disgrace of Sir Edward

Coke; the rise of the Duke of Buckingham, &c., and numerous other subjects, few of which have been previously known.

CALENDAR OF STATE PAPERS, DOMESTIC SERIES, OF THE REIGN OF CHARLES I., preserved in Her Majesty's Public Record Office. *Edited by* JOHN BRUCE, Esq., F.S.A., (Vols. I.-XII.); *by* JOHN BRUCE, Esq., F.S.A., and WILLIAM DOUGLAS HAMILTON, Esq., F.S.A., (Vol. XIII.); and *by* WILLIAM DOUGLAS HAMILTON, Esq., F.S.A., (Vols. XIV.-XVII.). 1858-1882.

Vol. I.—1625-1626.
Vol. II.—1627-1628.
Vol. III.—1628-1629.
Vol. IV.—1629-1631.
Vol. V.—1631-1633.
Vol. VI.—1633-1634.
Vol. VII.—1634-1635.
Vol. VIII.—1635.
Vol. IX.—1635-1636.

Vol. X.—1636-1637.
Vol. XI.—1637.
Vol. XII.—1637-1638.
Vol. XIII.—1638-1639.
Vol. XIV.—1639.
Vol. XV.—1639-1640.
Vol. XVI.—1640.
Vol. XVII.—1640-41.
Vol. XVIII.—1641-43.

This Calendar presents notices of a large number of original documents of great value to all inquirers relative to the history of the period to which it refers, many hitherto unknown.

CALENDAR OF STATE PAPERS, DOMESTIC SERIES, DURING THE COMMONWEALTH, preserved in Her Majesty's Public Record Office. *Edited by* MARY ANNE EVERETT GREEN. 1875-1885.

Vol. I.—1649-1649.
Vol. II.—1650.
Vol. III.—1651.
Vol. IV.—1651-1652.
Vol. V.—1652-1653.
Vol. VI.—1653-1654.
Vol. VII.—1654.

Vol. VIII.—1655.
Vol. IX.—1655-1656.
Vol. X.—1656-1657.
Vol. XI.—1657-1658.
Vol. XII.—1658-1659.
Vol. XIII.—1659-1660.

This Calendar is in continuation of those during the reigns from Edward VI. to Charles I., and contains a mass of new information.

CALENDAR OF STATE PAPERS, DOMESTIC SERIES, OF THE REIGN OF CHARLES II., preserved in Her Majesty's Public Record Office. *Edited by* MARY ANNE EVERETT GREEN. 1860-1866.

Vol. I.—1660-1661.
Vol. II.—1661-1662.
Vol. III.—1663-1664.
Vol. IV.—1664-1665.

Vol. V.—1665-1666.
Vol. VI.—1666-1667.
Vol. VII.—1667.

CALENDAR OF HOME OFFICE PAPERS OF THE REIGN OF GEORGE III., preserved in Her Majesty's Public Record Office. Vols. I. and II. *Edited by* JOSEPH REDINGTON, Esq. 1878-1879. Vol. III. *Edited by* RICHARD ARTHUR ROBERTS, Esq., Barrister-at-Law. 1881.

Vol. I.—1760 (25 Oct.)-1765.
Vol. II.—1766-1769.

Vol. III.—1770-1772.

These are the first three volumes of the modern series of Domestic Papers, commencing with the accession of George III.

CALENDAR OF STATE PAPERS relating to SCOTLAND, preserved in Her Majesty's Public Record Office. *Edited by* MARKHAM JOHN THORPE, Esq., of St. Edmund Hall, Oxford. 1858.

Vol. I., the Scottish Series, of the Reigns of Henry VIII., Edward VI., Mary, and Elizabeth, 1509-1589.

Vol. II., the Scottish Series, of the Reign of Elizabeth, 1589-1603; an Appendix to the Scottish Series, 1543-1592; and the State Papers relating to Mary Queen of Scots.

These volumes relate to Scotland, between 1509 and 1603. In the second volume are Papers relating to Mary Queen of Scots during her Detention in England, 1568-1587.

CALENDAR OF DOCUMENTS relating to IRELAND, in Her Majesty's Public Record Office, London. *Edited by* HENRY SAVAGE SWEETMAN, Esq., B.A., Trinity College, Dublin, Barrister-at-Law (Ireland); *continued by* GUSTAVUS FREDERICK HANDCOCK, Esq. 1875-1886.

Vol. I.—1171-1251.
Vol. II.—1252-1284.
Vol. III.—1285-1292.
Vol. IV.—1293-1301.
Vol. V.—1302-1307.

CALENDAR OF STATE PAPERS relating to IRELAND, OF THE REIGNS OF HENRY VIII., EDWARD VI., MARY, AND ELIZABETH, preserved in Her Majesty's Public Record Office. *Edited by* HANS CLAUDE HAMILTON, Esq., F.S.A. 1860-1885.

Vol. I.—1509-1573.
Vol. II.—1574-1585.
Vol. III.—1586-1588.
Vol. IV.—1588-1592.

CALENDAR OF STATE PAPERS relating to IRELAND, OF THE REIGN OF JAMES I., preserved in Her Majesty's Public Record Office, and elsewhere. *Edited by* the Rev. C. W. RUSSELL, D.D., and JOHN P. PRENDERGAST, Esq., Barrister-at-Law. 1872-1880.

Vol. I.—1603-1606.
Vol. II.—1606-1608.
Vol. III.—1608-1610.
Vol. IV.—1611-1614.
Vol. V.—1615-1625.

This series is in continuation of the Irish State Papers commencing with the reign of Henry VIII.; but for the reign of James I., the Papers are not confined to those in the Public Record Office, London.

CALENDAR OF STATE PAPERS, COLONIAL SERIES, preserved in Her Majesty's Public Record Office, and elsewhere. *Edited by* W. NOEL SAINSBURY, Esq. 1860-1884.

Vol. I.—America and West Indies, 1574-1660.
Vol. II.—East Indies, China, and Japan, 1513-1616.
Vol. III.—East Indies, China, and Japan, 1617-1621.
Vol. IV.—East Indies, China, and Japan, 1622-1624.
Vol. V.—America and West Indies, 1661-1668.
Vol. VI.—East Indies, 1625-1629.

These volumes include an analysis of early Colonial Papers in the Public Record Office, the India Office, and the British Museum.

CALENDAR OF LETTERS AND PAPERS, FOREIGN AND DOMESTIC, OF THE REIGN OF HENRY VIII., preserved in Her Majesty's Public Record Office, the British Museum, &c. *Edited by* J. S. BREWER, M.A., Professor of English Literature, King's College, London (Vols. I.-IV.); and *by* JAMES GAIRDNER, Esq., (Vols. V., VI., VII., VIII., and IX.) 1862-1886.

Vol. I.—1509-1514.
Vol. II. (in Two Parts)—1515-1518.
Vol. III. (in Two Parts)—1519-1523.
Vol. IV.—Introduction.
Vol. IV., Part 1.—1524-1526.
Vol. IV., Part 2.—1526-1528.
Vol. IV., Part 3.—1529-1530.
Vol. V.—1531-1532.
Vol. VI.—1533.
Vol. VII.—1534.
Vol. VIII.—1535, to July.
Vol. IX.—1535, Aug. to Dec.
Vol. X.—1536, Jan. to June.

These volumes contain summaries of all State Papers and Correspondence relating to the reign of Henry VIII., in the Public Record Office, of those formerly in the State Paper Office, in the British Museum, the Libraries of Oxford and Cambridge, and other Public Libraries; and of all letters that have appeared in print in the works of Burnet, Strype, and others. Whatever authentic original material exists in England relative to the religious, political, parliamentary, or social history of the country during the reign of Henry VIII., whether despatches of ambassadors, or proceedings of the army, navy, treasury, or ordnance, or records of Parliament, appointments of officers, grants from the Crown, &c., will be found calendared in these volumes.

CALENDAR OF STATE PAPERS, FOREIGN SERIES, OF THE REIGN OF EDWARD VI., preserved in Her Majesty's Public Record Office. 1547-1553. *Edited by* W. B. TURNBULL, Esq., of Lincoln's Inn, Barrister-at-Law, &c. 1861.

CALENDAR OF STATE PAPERS, FOREIGN SERIES, OF THE REIGN OF MARY, preserved in Her Majesty's Public Record Office. 1553-1558. *Edited by* W. B. TURNBULL, Esq., of Lincoln's Inn, Barrister-at-Law, &c. 1861.

> The two preceding volumes exhibit the negotiations of the English ambassadors with the courts of the Emperor Charles V. of Germany, of Henry II. of France, and of Philip II. of Spain. The affairs of several of the minor continental states also find various incidental illustrations of much interest. The Papers descriptive of the circumstances which attended the loss of Calais merit a special notice; while the progress of the wars in the north of France, into which England was dragged by her union with Spain, is narrated at some length. These volumes treat only of the relations of England with foreign powers.

CALENDAR OF STATE PAPERS, FOREIGN SERIES, OF THE REIGN OF ELIZABETH, preserved in Her Majesty's Public Record Office, &c. *Edited by* the Rev. JOSEPH STEVENSON, M.A., of University College, Durham, (Vols. I.-VII.), and ALLAN JAMES CROSBY, Esq., M.A., Barrister-at-Law, (Vols. VIII.-XI.) 1863-1880.

Vol. I.—1558-1559.
Vol. II.—1559-1560.
Vol. III.—1560-1561.
Vol. IV.—1561-1562.
Vol. V.—1562.
Vol. VI.—1563.
Vol. VII.—1564-1565.
Vol. VIII.—1566-1568.
Vol. IX.—1569-1571.
Vol. X.—1572-1574.
Vol. XI.—1575-1577.

> These volumes contain a Calendar of the Foreign Correspondence during the early portion of the reign of Elizabeth. They illustrate not only the external but also the domestic affairs of Foreign Countries during that period.

CALENDAR OF TREASURY PAPERS, preserved in Her Majesty's Public Record Office. *Edited by* JOSEPH REDINGTON, Esq. 1868-1883.

Vol. I.—1557-1696.
Vol. II.—1697-1702.
Vol. III.—1702-1707.
Vol. IV.—1708-1714.
Vol. V.—1714-1719.

> The above Papers connected with the affairs of the Treasury comprise petitions, reports, and other documents relating to services rendered to the State, grants of money and pensions, appointments to offices, remissions of fines and duties, &c. They illustrate civil and military events, finance, the administration in Ireland and the Colonies, &c., and afford information nowhere else recorded.

CALENDAR OF THE CAREW PAPERS, preserved in the Lambeth Library. *Edited by* J. S. BREWER, M.A., Professor of English Literature, King's College, London; and WILLIAM BULLEN, Esq. 1867-1873.

Vol. I.—1515-1574.
Vol. II.—1575-1588.
Vol. III.—1589-1600.
Vol. IV.—1601-1603.
Vol. V.—Book of Howth; Miscellaneous.
Vol. VI.—1603-1624.

> The Carew Papers relating to Ireland, in the Lambeth Library, are unique and of great importance to all students of Irish history.

CALENDAR OF LETTERS, DESPATCHES, AND STATE PAPERS, relating to the Negotiations between England and Spain, preserved in the Archives at Simancas, and elsewhere. *Edited by* G. A. BERGENROTH. 1862-1868.

Vol. I.—Hen. VII.—1485-1509.
Vol. II.—Hen. VIII.—1509-1525.
Supplement to Vol. I. and Vol. II.

> Mr. Bergenroth was engaged in compiling a Calendar of the Papers relating to England preserved in the archives of Simancas in Spain and the corresponding portion removed from Simancas to Paris. Mr. Bergenroth also visited Madrid, and examined the Papers there, bearing on the reign of Henry VIII. The first volume contains the Spanish Papers of the reign of Henry VII.; the second volume, those of the first portion of the reign of Henry VIII. The Supplement contains new information relating to the private life of Queen Katherine of England; and to the projected marriage of Henry VII. with Queen Juana, widow of King Philip of Castile, and mother of the Emperor Charles V.

CALENDAR OF LETTERS, DESPATCHES, AND STATE PAPERS, relating to the Negotiations between England and Spain, preserved in the Archives at Simancas, and elsewhere. *Edited by* DON PASCUAL DE GAYANGOS. 1873–1886.

   Vol. III., Part 1.—Hen. VIII.—1525–1526.
   Vol. III., Part 2.—Hen. VIII.—1527–1529.
   Vol. IV., Part 1.—Hen. VIII.—1529–1530.
   Vol. IV., Part 2.—Hen. VIII.—1531–1533.
   Vol. IV., Part 2.—*continued*.—Hen. VIII.—1531–1533.
   Vol. V., Part 1.—Hen. VIII.—1534–1536.

  Upon the death of Mr. Bergenroth, Don Pascual de Gayangos was appointed to continue the Calendar of the Spanish State Papers. He has pursued a similar plan to that of his predecessor, but has been able to add much valuable matter from Brussels and Vienna, with which Mr. Bergenroth was unacquainted.

CALENDAR OF STATE PAPERS AND MANUSCRIPTS, relating to ENGLISH AFFAIRS, preserved in the Archives of Venice, &c. *Edited by* RAWDON BROWN, Esq. 1864–1884.

   Vol. I.—1202–1509.   Vol. V.—1534–1554.
   Vol. II.—1509–1519.   Vol. VI., Part I.—1555–1556.
   Vol. III.—1520–1526.   Vol. VI., Part II.—1556–1557.
   Vol. IV.—1527–1533.   Vol. VI., Part III.—1557–1558.

  Mr. Rawdon Brown's researches have brought to light a number of valuable documents relating to various periods of English history ; his contributions to historical literature are of the most interesting and important character.

SYLLABUS, IN ENGLISH, OF RYMER'S FŒDERA. *By* Sir THOMAS DUFFUS HARDY, D.C.L., Deputy Keeper of the Public Records. Vol. I.—Will. 1.–Edw. III. 1066–1377. Vol. II.—Ric. II.–Chas. II. 1377–1654. Vol. III., Appendix and Index. 1869–1985.

  The "Fœdera," or "Rymer's Fœdera," is a collection of miscellaneous documents illustrative of the History of Great Britain and Ireland, from the Norman Conquest to the reign of Charles II. Several editions of the "Fœdera" have been published, and the present Syllabus was undertaken to make the contents of this great National Work more generally known.

REPORT OF THE DEPUTY KEEPER OF THE PUBLIC RECORDS AND THE REV. J. S. BREWER TO THE MASTER OF THE ROLLS, upon the Carte and Carew Papers in the Bodleian and Lambeth Libraries. 1864. *Price* 2s. 6d.

REPORT OF THE DEPUTY KEEPER OF THE PUBLIC RECORDS TO THE MASTER OF THE ROLLS, upon the Documents in the Archives and Public Libraries of Venice. 1866. *Price* 2s. 6d.

In the Press.

CALENDAR OF STATE PAPERS AND MANUSCRIPTS, relating to ENGLISH AFFAIRS, preserved in the Archives of Venice, &c. Vol. VII.—1559, &c.

CALENDAR OF LETTERS, DESPATCHES, AND STATE PAPERS, relating to the Negotiations between England and Spain, preserved in the Archives at Simancas, and elsewhere. *Edited by* DON PASCUAL DE GAYANGOS. Vol. V., Part 2.—1537, &c.

CALENDAR OF STATE PAPERS, DOMESTIC SERIES, DURING THE COMMONWEALTH, preserved in Her Majesty's Public Record Office. *Edited by* MARY ANNE EVERETT GREEN. Vol. XIV.

CALENDAR OF STATE PAPERS relating to IRELAND, OF THE REIGN OF ELIZABETH, preserved in Her Majesty's Public Record Office. *Edited by* HANS CLAUDE HAMILTON, Esq., F.S.A. Vol. V.—1592, &c.

CALENDAR OF STATE PAPERS, DOMESTIC SERIES, OF THE REIGN OF CHARLES I., preserved in Her Majesty's Public Record Office. *Edited by* WILLIAM DOUGLAS HAMILTON, Esq., F.S.A. Vol. XIX.—1644, &c.

CALENDAR OF STATE PAPERS, COLONIAL SERIES, preserved in Her Majesty's Public Record Office, and elsewhere. *Edited by* W. NOEL SAINSBURY, Esq. Vol. VII.—America and West Indies, 1669, &c.

CALENDAR OF TREASURY PAPERS, preserved in Her Majesty's Public Record Office. *Edited by* JOSEPH REDINGTON, Esq. Vol. VI.—1720, &c.

CALENDAR OF LETTERS AND PAPERS, FOREIGN AND DOMESTIC, OF THE REIGN of HENRY VIII., preserved in Her Majesty's Public Record Office, the British Museum, &c. *Edited by* JAMES GAIRDNER, Esq. Vol. XI.—1536.

In Progress.

CALENDAR OF STATE PAPERS, DOMESTIC SERIES, DURING THE COMMONWEALTH, preserved in Her Majesty's Public Record Office. *Edited by* MARY ANNE EVERETT GREEN. Vol. XV.

CALENDAR OF LETTERS AND PAPERS, FOREIGN AND DOMESTIC, OF THE REIGN OF HENRY VIII., preserved in Her Majesty's Public Record Office, the British Museum, &c. *Edited by* JAMES GAIRDNER, Esq. Vol. XII.—1537.

CALENDAR OF STATE PAPERS, COLONIAL SERIES, preserved in Her Majesty's Public Record Office, and elsewhere. *Edited by* W. NOEL SAINSBURY, Esq. Vol. VIII.—East Indies, 1630, &c.

CALENDAR OF TREASURY PAPERS, preserved in Her Majesty's Public Record Office. *Edited by* JOSEPH REDINGTON, Esq. Vol. VII.

CALENDAR OF STATE PAPERS, DOMESTIC SERIES, OF THE REIGN OF CHARLES I., preserved in Her Majesty's Public Record Office. *Edited by* WILLIAM DOUGLAS HAMILTON, Esq., F.S.A. Vol. XX.

THE CHRONICLES AND MEMORIALS OF GREAT BRITAIN AND IRELAND DURING THE MIDDLE AGES.

[ROYAL 8vo. half-bound. *Price* 10s. each Volume or Part.]

On 25 July 1822, the House of Commons presented an address to the Crown, stating that the editions of the works of our ancient historians were inconvenient and defective; that many of their writings still remained in manuscript, and, in some cases, in a single copy only. They added, "that an uniform and con-
" venient edition of the whole, published under His Majesty's royal sanction,
" would be an undertaking honourable to His Majesty's reign, and conducive to
" the advancement of historical and constitutional knowledge; that the House
" therefore humbly besought His Majesty, that He would be graciously pleased
" to give such directions as His Majesty, in His wisdom, might think fit, for
" the publication of a complete edition of the ancient historians of this realm,
" and assured His Majesty that whatever expense might be necessary for this
" purpose would be made good."

The Master of the Rolls, being very desirous that effect should be given to the resolution of the House of Commons, submitted to Her Majesty's Treasury in 1857 a plan for the publication of the ancient chronicles and memorials of the United Kingdom, and it was adopted accordingly. In selecting these works, it was considered right, in the first instance, to give preference to those of which the manuscripts were unique, or the materials of which would help to fill up blanks in English history for which no satisfactory and authentic information hitherto existed in any accessible form. One great object the Master of the Rolls had in view was to form a *corpus historicum* within reasonable limits, and which should be as complete as possible. In a subject of so vast a range, it was important that the historical student should be able to select such volumes as conformed with his own peculiar tastes and studies, and not be put to the expense of purchasing the whole collection; an inconvenience inseparable from any other plan than that which has been in this instance adopted.

Of the Chronicles and Memorials, the following volumes have been published. They embrace the period from the earliest time of British history down to the end of the reign of Henry VII.

1. THE CHRONICLE OF ENGLAND, by JOHN CAPGRAVE. *Edited by* the Rev. F. C. HINGESTON, M.A., of Exeter College, Oxford. 1858.

    Capgrave was prior of Lynn, in Norfolk, and provincial of the order of the Friars Hermits of England shortly before the year 1464. His Chronicle extends from the creation of the world to the year 1417. As a record of the language spoken in Norfolk (being written in English), it is of considerable value.

2. CHRONICON MONASTERII DE ABINGDON. Vols. I. and II. *Edited by* the Rev. JOSEPH STEVENSON, M.A., of University College, Durham, and Vicar of Leighton Buzzard. 1858.

    This Chronicle traces the history of the great Benedictine monastery of Abingdon in Berkshire, from its foundation by King Ina of Wessex, to the reign of Richard I. shortly after which period the present narrative was drawn up by an inmate of the establishment. The author had access to the title-deeds of the house; and incorporates into his history various charters of the Saxon kings, of great importance as illustrating not only the history of the locality but that of the kingdom. The work is printed for the first time.

3. LIVES OF EDWARD THE CONFESSOR. I.—La Estoire de Seint Aedward le Rei II.—Vita Beati Edvardi Regis et Confessoris. III.—Vita Æduuardi Regis qui apud Westmonasterium requiescit. *Edited by* HENRY RICHARDS LUARD, M.A., Fellow and Assistant Tutor of Trinity College, Cambridge. 1858.

    The first is a poem in Norman French, containing 4,686 lines, addressed to Alianor, Queen of Henry III., probably written in 1245, on the restoration of the church of Westminster. Nothing is known of the author. The second is an anonymous poem, containing 536 lines, written between 1440 and 1450, by command of Henry VI., to whom it is dedicated. It does not throw any new light on the reign of Edward the Confessor, but is valuable as a specimen of the Latin poetry of the time. The third, also by an anonymous author, was apparently written for Queen Edith, between 1066 and 1074, during the pressure of the suffering brought on the Saxons by the Norman conquest. It notices many facts not found in other writers, and some which differ considerably from the usual accounts.

4. MONUMENTA FRANCISCANA. Vol. I.—Thomas de Eccleston de Adventu Fratrum Minorum in Angliam. Adæ de Marisco Epistolæ. Registrum Fratrum Minorum Londoniæ. *Edited by* J. S. BREWER, M.A., Professor of English Literature, King's College, London. Vol. II.—De Adventu Minorum ; re-edited, with additions. Chronicle of the Grey Friars. The ancient English version of the Rule of St. Francis. Abbreviatio Statutorum, 1451, &c. *Edited by* RICHARD HOWLETT, Esq., of the Middle Temple, Barrister-at-Law. 1858, 1882.

The first volume contains original materials for the history of the settlement of the order of Saint Francis in England, the letters of Adam de Marisco, and other papers connected with the foundation and diffusion of this great body. It was the aim of the editor to collect whatever historical information could be found in this country, towards illustrating a period of the national history for which only scanty materials exist. None of these have been before printed. The second volume contains materials found, since the first volume was published, among the MSS. of Sir Charles Isham, and in various libraries.

5. FASCICULI ZIZANIORUM MAGISTRI JOHANNIS WYCLIF CUM TRITICO. Ascribed to THOMAS NETTER, of WALDEN, Provincial of the Carmelite Order in England, and Confessor to King Henry the Fifth. *Edited by* the Rev. W. W. SHIRLEY, M.A., Tutor and late Fellow of Wadham College, Oxford. 1858.

This work derives its principal value from being the only contemporaneous account of the rise of the Lollards. When written, the disputes of the schoolmen had been extended to the field of theology, and they appear both in the writings of Wyclif and in those of his adversaries. Wyclif's little bundles of tares are not less metaphysical than theological, and the conflict between Nominalists and Realists rages side by side with the conflict between the different interpreters of Scripture. The work gives a good idea of the controversies at the end of the 14th and the beginning of the 15th centuries.

6. THE BUIK OF THE CRONICLIS OF SCOTLAND; or, A Metrical Version of the History of Hector Boece; by WILLIAM STEWART. Vols. I., II., and III. *Edited by* W. B. TURNBULL, Esq., of Lincoln's Inn, Barrister-at-Law, 1858.

This is a metrical translation of a Latin Prose Chronicle, written in the first half of the 16th century. The narrative begins with the earliest legends and ends with the death of James I. of Scotland, and the "evil ending of the traitors that slew him." Strict accuracy of statement is not to be looked for; but the stories of the colonization of Spain, Ireland, and Scotland are interesting if not true; and the chronicle reflects the manners, sentiments, and character of the age in which it was composed. The peculiarities of the Scottish dialect are well illustrated in this version, and the student of language will find ample materials for comparison with the English dialects of the same period, and with modern lowland Scotch.

7. JOHANNIS CAPGRAVE LIBER DE ILLUSTRIBUS HENRICIS. *Edited by* the Rev. F. C. HINGESTON, M.A., of Exeter College, Oxford. 1858.

This work is dedicated to Henry VI. of England, who appears to have been, in the author's estimation, the greatest of all the Henries. It is divided into three parts, each having a separate dedication. The first part relates only to the history of the Empire, from the election of Henry I., the Fowler, to the end of the reign of the Emperor Henry VI. The second part is devoted to English history, from the accession of Henry I. in 1100, to 1446, which was the twenty-fourth year of the reign of Henry VI. The third part contains the lives of illustrious men who have borne the name of Henry in various parts of the world. Capgrave was born in 1893, in the reign of Richard II., and lived during the Wars of the Roses, for which period his work is of some value.

8. HISTORIA MONASTERII S. AUGUSTINI CANTUARIENSIS, by THOMAS OF ELMHAM, formerly Monk and Treasurer of that Foundation. *Edited by* CHARLES HARDWICK, M.A., Fellow of St. Catharine's Hall, and Christian Advocate in the University of Cambridge. 1858.

This history extends from the arrival of St. Augustine in Kent until 1191. Prefixed is a chronology as far as 1418, which shows in outline what was to have been the character of the work when completed. The only copy known is in the possession of Trinity Hall, Cambridge. The author was connected with Norfolk, and most probably with Elmham, whence he derived his name.

9. EULOGIUM (HISTORIARUM SIVE TEMPORIS) : Chronicon ab Orbe condito usque ad Annum Domini 1366 ; a Monacho quodam Malmesbiriensi exaratum. Vols. I., II., and III. *Edited by* F. S. HAYDON, Esq., B.A. 1858-1863.

This is a Latin Chronicle extending from the Creation to the latter part of the reign of Edward III., and written by a monk of the Abbey of Malmesbury, in Wiltshire, about the year 1367. A continuation, carrying the history of England down to the year 1413, was added in the former half of the fifteenth century by an author whose name is not known. The original Chronicle is divided into five books, and contains a history of the world generally, but more especially of England to the year 1366. The continuation extends the history down to the coronation of Henry V. The Eulogium itself is chiefly valuable as containing a history, by a contemporary, of the period between 1356 and 1366. The notices of events appear to have been written very soon after their occurrence. Among other interesting matter, the Chronicle contains a diary of the Poitiers campaign, evidently furnished by some person who accompanied the army of the Black Prince. The continuation of the Chronicle is also the work of a contemporary, and gives a very interesting account of the reigns of Richard II. and Henry IV. It is believed to be the earliest authority for the statement that the latter monarch died in the Jerusalem Chamber at Westminster.

10. MEMORIALS OF HENRY THE SEVENTH: Bernardi Andreæ Tholosatis Vita Regis Henrici Septimi; necnon alia quædam ad eundem Regem spectantia. *Edited by* JAMES GAIRDNER, Esq. 1858.

>The contents of this volume are—(1) a life of Henry VII., by his poet laureate and historiographer, Bernard André, of Toulouse, with some compositions in verse, of which he is supposed to have been the author; (2) the journals of Roger Machado during certain embassies on which he was sent by Henry VII. to Spain and Brittany, the first of which had reference to the marriage of the King's son, Arthur, with Catharine of Arragon; (3) two curious reports by envoys sent to Spain in 1505 touching the succession to the Crown of Castile, and a project of marriage between Henry VII. and the Queen of Naples; and (4) an account of Philip of Castile's reception in England in 1506. Other documents of interest are given in an appendix.

11. MEMORIALS OF HENRY THE FIFTH. I.—Vita Henrici Quinti, Roberto Redmanno auctore. II.—Versus Rhythmici in laudem Regis Henrici Quinti. III.—Elmhami Liber Metricus de Henrico V. *Edited by* CHARLES A. COLE, Esq. 1858.

>This volume contains three treatises which more or less illustrate the history of the reign of Henry V., viz.: A life by Robert Redman; a Metrical Chronicle by Thomas Elmham, prior of Lenton, a contemporary author; Versus Rhythmici, written apparently by a monk of Westminster Abbey, who was also a contemporary of Henry V. These works are printed for the first time.

12. MUNIMENTA GILDHALLÆ LONDONIENSIS; Liber Albus, Liber Custumarum, et Liber Horn, in archivis Gildhallæ asservati. Vol. I., Liber Albus. Vol. II. (in Two Parts), Liber Custumarum. Vol. III., Translation of the Anglo-Norman Passages in Liber Albus, Glossaries, Appendices, and Index. *Edited by* HENRY THOMAS RILEY, Esq., M.A., Barrister-at-Law. 1859-1862.

>The manuscript of the *Liber Albus*, compiled by John Carpenter, Common Clerk of the City of London in the year 1419, a large folio volume, is preserved in the Record Room of the City of London. It gives an account of the laws, regulations, and institutions of that City in the 12th, 13th, 14th, and early part of the 15th centuries. The *Liber Custumarum* was compiled probably by various hands in the early part of the 14th century during the reign of Edward II. The manuscript, a folio volume, is also preserved in the Record Room of the City of London, though some portion in its original state, borrowed from the City in the reign of Queen Elizabeth and never returned, forms part of the Cottonian MS. Claudius D. II. in the British Museum. It also gives an account of the laws, regulations, and institutions of the City of London in the 12th, 13th, and early part of the 14th centuries.

13. CHRONICA JOHANNIS DE OXENEDES. *Edited by* Sir HENRY ELLIS, K.H. 1859.

>Although this Chronicle tells of the arrival of Hengist and Horsa in England in 449, yet it substantially begins with the reign of King Alfred, and comes down to 1292, where it ends abruptly. The history is particularly valuable for notices of events in the eastern portions of the Kingdom, not to be elsewhere obtained. Some curious facts are mentioned relative to the floods in that part of England, which are confirmed in the Friesland Chronicle of Anthony Heinrich, pastor of the Island of Mohr.

14. A COLLECTION OF POLITICAL POEMS AND SONGS RELATING TO ENGLISH HISTORY, FROM THE ACCESSION OF EDWARD III. TO THE REIGN OF HENRY VIII. Vols. I. and II. *Edited by* THOMAS WRIGHT, Esq., M.A. 1859-1861.

>These Poems are perhaps the most interesting of all the historical writings of the period, though they cannot be relied on for accuracy of statement. They are various in character; some are upon religious subjects, some may be called satires, and some give no more than a court scandal; but as a whole they present a very fair picture of society, and of the relations of the different classes to one another. The period comprised is in itself interesting, and brings us through the decline of the feudal system, to the beginning of our modern history. The songs in old English are of considerable value to the philologist.

15. The "OPUS TERTIUM," "OPUS MINUS," &c., of ROGER BACON. *Edited by* J. S. BREWER, M.A., Professor of English Literature, King's College, London. 1859.

>This is the celebrated treatise—never before printed—so frequently referred to by the great philosopher in his works. It contains the fullest details we possess of the life and labours of Roger Bacon: also a fragment by the same author, supposed to be unique, the "*Compendium Studii Theologiæ.*"

16. BARTHOLOMÆI DE COTTON, MONACHI NORWICENSIS, HISTORIA ANGLICANA; 449-1298: necnon ejusdem Liber de Achiepiscopis et Episcopis Angliæ. *Edited by* HENRY RICHARDS LUARD, M.A., Fellow and Assistant Tutor of Trinity College, Cambridge. 1859.

>The author, a monk of Norwich, has here given us a Chronicle of England from the arrival of the Saxons in 449 to the year 1298, in or about which year it appears that he died. The latter portion of this history (the whole of the reign of Edward I. more especially) is of great value, as the writer was contemporary with the events which he records. An Appendix contains several illustrative documents connected with the previous narrative.

17. BRUT Y TYWYSOGION; or, The Chronicle of the Princes of Wales. *Edited by* the Rev. JOHN WILLIAMS AB ITHEL, M.A. 1860.

>This work, also known as "The Chronicle of the Princes of Wales," has been attributed to Caradoc of Llancarvan, who flourished about the middle of the twelfth century. It is written in the ancient Welsh language, begins with the abdication and death of Caedwala at Rome, in the year 681, and continues the history down to the subjugation of Wales by Edward I., about the year 1282.

18. A COLLECTION OF ROYAL AND HISTORICAL LETTERS DURING THE REIGN OF HENRY IV. 1399-1404. *Edited by* the Rev. F. C. HINGESTON, M.A., of Exeter College, Oxford. 1860.

This volume, like all the others in the series containing a miscellaneous selection of letters, is valuable on account of the light it throws upon biographical history, and the familiar view it presents of characters, manners, and events. The period requires much elucidation; to which it will materially contribute.

19. THE REPRESSOR OF OVER MUCH BLAMING OF THE CLERGY. By REGINALD PECOCK, sometime Bishop of Chichester. Vols. I. and II. *Edited by* CHURCHILL BABINGTON, B.D., Fellow of St. John's College, Cambridge. 1860.

The "Repressor" may be considered the earliest piece of good theological disquisition of which our English prose literature can boast. The author was born about the end of the fourteenth century, consecrated Bishop of St. Asaph in the year 1444, and translated to the see of Chichester in 1450. While Bishop of St. Asaph, he zealously defended his brother prelates from the attacks of those who censured the bishops for their neglect of duty. He maintained that it was no part of a bishop's functions to appear in the pulpit, and that his time might be more profitably spent, and his dignity better maintained, in the performance of works of a higher character. Among those who thought differently were the Lollards, and against their general doctrines the "Repressor" is directed. Pecock took up a position midway between that of the Roman Church and that of the modern Anglican Church; but his work is interesting chiefly because it gives a full account of the views of the Lollards and of the arguments by which they were supported, and because it assists us to ascertain the state of feeling which ultimately led to the Reformation. Apart from religious matters, the light thrown upon contemporaneous history is very small, but the "Repressor" has great value for the philologist, as it tells us what were the characteristics of the language in use among the cultivated Englishmen of the fifteenth century. Pecock, though an opponent of the Lollards, showed a certain spirit of toleration, for which he received, towards the end of his life, the usual medieval reward—persecution.

20. ANNALES CAMBRIÆ. *Edited by* the Rev. JOHN WILLIAMS AB ITHEL, M.A. 1860.

These annals, which are in Latin, commence in 447, and come down to 1288. The earlier portion appears to be taken from an Irish Chronicle used by Tigernach, and by the compiler of the Annals of Ulster. During its first century it contains scarcely anything relating to Britain, the earliest direct concurrence with English history is relative to the mission of Augustine. Its notices throughout, though brief, are valuable. The annals were probably written at St. Davids, by Blegowryd, Archdeacon of Llandaff, the most learned man in his day in all Cymru.

21. THE WORKS OF GIRALDUS CAMBRENSIS. Vols. I., II., III., and IV. *Edited by* J. S. BREWER, M.A., Professor of English Literature, King's College, London. Vols. V., VI., and VII. *Edited by* the Rev. JAMES F. DIMOCK, M.A., Rector of Barnburgh, Yorkshire. 1861-1877.

These volumes contain the historical works of Gerald du Barry, who lived in the reigns of Henry II., Richard I., and John, and attempted to re-establish the independence of Wales by restoring the see of St. Davids to its ancient primacy. His works are of a very miscellaneous nature, both in prose and in verse, and are remarkable chiefly for the racy and original anecdotes which they contain relating to contemporaries. He is the only Welsh writer of any importance who has contributed so much to the mediæval literature of this country, or assumed, in consequence of his nationality, so free and independent a tone. His frequent travels in Italy, in France, in Ireland, and in Wales, gave him opportunities for observation which did not generally fall to the lot of mediæval writers in the twelfth and thirteenth centuries, and of these observations Giraldus has made due use. Only extracts from these treatises have been printed before and almost all of them are taken from unique manuscripts.

The Topographia Hibernica (in Vol. V.) is the result of Giraldus' two visits to Ireland. The first in 1183, the second in 1185-6, when he accompanied Prince John into that country. Curious as this treatise is, Mr. Dimock is of opinion that it ought not to be accepted as sober truthful history, for Giraldus himself states that truth was not his main object, and that he compiled the work for the purpose of sounding the praises of Henry the Second. Elsewhere, however, he declares that he had stated nothing in the Topographia of the truth of which he was not well assured, either by his own eyesight or by the testimony, with all diligence elicited, of the most trustworthy and authentic men in the country; that though he did not put just the same full faith in their reports as in what he had himself seen, yet, as they only related what they had themselves seen, he could not but believe such credible witnesses. A very interesting portion of this treatise is devoted to the animals of Ireland. It shows that he was a very accurate and acute observer, and his descriptions are given in a way that a scientific naturalist of the present day could hardly improve upon. The Expugnatio Hibernica was written about 1188 and may be regarded rather as a great epic than a sober relation of acts occurring in his own days. No one can peruse it without coming to the conclusion that it is rather a poetical fiction than a prosaic truthful history. Vol. VI. contains the Itinerarium Kambriæ et Descriptio Kambriæ: and Vol. VII., the lives of S. Remigius and S. Hugh.

22. LETTERS AND PAPERS ILLUSTRATIVE OF THE WARS OF THE ENGLISH IN FRANCE DURING THE REIGN OF HENRY THE SIXTH, KING OF ENGLAND. Vol. I., and Vol. II. (in Two Parts). *Edited by* the Rev. JOSEPH STEVENSON, M.A., of University College, Durham, and Vicar of Leighton Buzzard. 1861-1864.

These letters and papers are derived chiefly from originals or contemporary copies extant in the Bibliothèque Impériale, and the Dépôt des Archives, in Paris. They illustrate the policy adopted by John Duke of Bedford and his successors during their government of Normandy, and other provinces of France acquired by Henry V. Here may be traced, step by step, the gradual declension of the English power, until we are prepared for its final overthrow.

23. THE ANGLO-SAXON CHRONICLE, ACCORDING TO THE SEVERAL ORIGINAL AUTHORITIES. Vol. I., Original Texts. Vol II., Translation. *Edited and translated*

by BENJAMIN THORPE, Esq., Member of the Royal Academy of Sciences at Munich, and of the Society of Netherlandish Literature at Leyden. 1861.

This chronicle, extending from the earliest history of Britain to 1154, is justly the boast of England; no other nation can produce any history, written in its own vernacular, at all approaching it, in antiquity, truthfulness, or extent, the historical books of the Bible alone excepted. There are at present six independent manuscripts of the Saxon Chronicle, ending in different years, and written in different parts of the country. In this edition, the text of each manuscript is printed in columns on the same page, so that the student may see at a glance the various changes which occur in orthography, whether arising from locality or age.

24. LETTERS AND PAPERS ILLUSTRATIVE OF THE REIGNS OF RICHARD III. AND HENRY VII. Vols. I. and II. *Edited by* JAMES GAIRDNER, Esq. 1861-1863.

The papers are derived from the MSS. in Public Record Office, the British Museum, and other repositories. The period to which they refer is unusually destitute of chronicles and other sources of historical information, so that the light obtained from them is of special importance. The principal contents of the volumes are some diplomatic Papers of Richard III.; correspondence between Henry VII. and Ferdinand and Isabella of Spain; documents relating to Edmund de la Pole, Earl of Suffolk; and a portion of the correspondence of James IV. of Scotland.

25. LETTERS OF BISHOP GROSSETESTE, illustrative of the Social Condition of his Time. *Edited by* HENRY RICHARDS LUARD, M.A., Fellow and Assistant Tutor of Trinity College, Cambridge. 1861.

The Letters of Robert Grosseteste (131 in number) are here collected from various sources, and a large portion of them is printed for the first time. They range in date from about 1210 to 1253, and relate to various matters connected not only with the political history of England during the reign of Henry III. but with its ecclesiastical condition. They refer especially to the diocese of Lincoln, of which Grosseteste was bishop.

26. DESCRIPTIVE CATALOGUE OF MANUSCRIPTS RELATING TO THE HISTORY OF GREAT BRITAIN AND IRELAND. Vol. I. (in Two Parts); Anterior to the Norman Invasion. Vol. II.; 1066-1200. Vol. III.; 1200-1327. *By* Sir THOMAS DUFFUS HARDY, D.C.L., Deputy Keeper of the Public Records. 1862-1871.

The object of this work is to publish notices of all known sources of British history, both printed and unprinted, in one connected sequence. The materials, when historical (as distinguished from biographical), are arranged under the year in which the latest event is recorded in the chronicle or history, and not under the period in which its author, real or supposed, flourished. Biographies are enumerated under the year in which the person commemorated died, and not under the year in which the life was written. This arrangement has two advantages; the materials for any given period may be seen at a glance; and if the reader knows the time when an author wrote, and the number of years that had elapsed between the date of the events and the time the writer flourished, he will generally be enabled to form a fair estimate of the comparative value of the narrative itself. A brief analysis of each work has been added when deserving it, in which original portions are distinguished from more compilations. If possible, the sources are indicated from which compilations have been derived. A biographical sketch of the author of each piece has been added, and a brief notice of such British authors as have written on historical subjects.

27. ROYAL AND OTHER HISTORICAL LETTERS ILLUSTRATIVE OF THE REIGN OF HENRY III. Vol. I., 1216-1235. Vol. II., 1236-1272. *Selected and edited by* the Rev. W. W. SHIRLEY, D.D., Regius Professor in Ecclesiastical History, and Canon of Christ Church, Oxford. 1862-1866.

The letters contained in these volumes are derived chiefly from the ancient correspondence formerly in the Tower of London, and now in the Public Record Office. They illustrate the political history of England during the growth of its liberties, and throw considerable light upon the personal history of Simon de Montfort. The affairs of France form the subject of many of them, especially in regard to the province of Gascony. The entire collection consists of nearly 700 documents, the greater portion of which is printed for the first time.

28. CHRONICA MONASTERII S. ALBANI.—1. THOMÆ WALSINGHAM HISTORIA ANGLICANA; Vol. I., 1272-1381: Vol. II., 1381-1422. 2. WILLELMI RISHANGER CHRONICA ET ANNALES, 1259-1307. 3. JOHANNIS DE TROKELOWE ET HENRICI DE BLANEFORDE CHRONICA ET ANNALES, 1259-1296; 1307-1324; 1392-1406. 4. GESTA ABBATUM MONASTERII S. ALBANI, A THOMA WALSINGHAM, REGNANTE RICARDO SECUNDO, EJUSDEM ECCLESIÆ PRÆCENTORE, COMPILATA; Vol. I., 793-1290: Vol. II., 1290-1349: Vol. III., 1349-1411. 5. JOHANNIS AMUNDESHAM, MONACHI MONASTERII S. ALBANI, UT VIDETUR, ANNALES; Vols. I. and II. 6. REGISTRA QUORUNDAM ABBATUM MONASTERII S. ALBANI, QUI SÆCULO XV^{MO} FLORUERE; Vol. I., REGISTRUM ABBATIÆ JOHANNIS WHETHAMSTEDE, ABBATIS MONASTERII SANCTI ALBANI, ITERUM SUSCEPTÆ; ROBERTO BLAKENEY, CAPELLANO, QUONDAM ADSCRIPTUM: Vol. II., REGISTRA JOHANNIS WHETHAMSTEDE, WILLELMI ALBON, ET WILLELMI WALINGFORDE, ABBATUM MONASTERII SANCTI ALBANI, CUM APPENDICE, CONTINENTE QUASDAM EPISTOLAS, A JOHANNE WHETHAMSTEDE CONSCRIPTAS. 7. YPODIGMA NEUSTRIÆ A THOMA WALSINGHAM, QUONDAM MONACHO MONASTERII S. ALBANI, CONSCRIPTUM. *Edited by* HENRY THOMAS RILEY, Esq., M.A., Cambridge and Oxford; and of the Inner Temple, Barrister-at-Law. 1863-1876.

In the first two volumes is a History of England, from the death of Henry III. to the death of Henry V., by Thomas Walsingham, Precentor of St. Albans, from MS. VII. in the Arundel Collection in the College of Arms, London, a manuscript of the fifteenth century, collated with MS. 13 E. IX. in the King's Library in the British Museum, and MS. VII. in the Parker Collection of Manuscripts at Corpus Christi College, Cambridge.

In the 3rd volume is a Chronicle of English History, attributed to William Rishanger, who lived in the reign of Edward I., from the Cotton MS. Faustina B. IX. in the British Museum, collated with MS. 14 C. VII. (fols. 219-231) in the King's Library, British Museum, and the Cotton MS. Claudius E. III. fols. 306-331; an account of transactions attending the award of the kingdom of Scotland to John Baliol, 1291-1292, from MS. Cotton. Claudius D. VI., also attributed to William Rishanger, but on no sufficient ground: a short Chronicle of English History, 1292 to 1300, by an unknown hand, from MS. Cotton. Claudius D. VI.: a short Chronicle Willelmi Rishanger Gesta Edwardi Primi, Regis Angliæ, from MS. 14 C. I. in the Royal Library, and MS. Cotton Claudius D. VI., with Annales Regum Angliæ, probably by the same hand; and fragments of three Chronicles of English History, 1285 to 1307.

In the 4th volume is a Chronicle of English History, 1259 to 1296, from MS. Cotton. Claudius D. VI.: Annals of Edward II., 1307 to 1323, by John de Trokelowe, a monk of St. Albans, and a continuation of Trokelowe's Annals, 1323, 1324, by Henry de Blaneforde, both from MS. Cotton. Claudius D. VI.: a full Chronicle of English History, 1392 to 1406, from MS. VII. in the Library of Corpus Christi College, Cambridge; and an account of the Benefactors of St. Albans, written in the early part of the 15th century from MS. VI. in the same Library.

The 5th, 6th, and 7th volumes contain a history of the Abbots of St. Albans, 795 to 1411, mainly compiled by Thomas Walsingham, from MS. Cotton. Claudius E. IV., in the British Museum: with a Continuation, from the closing pages of Parker MS. VII., in the Library of Corpus Christi College, Cambridge.

The 8th and 9th volumes, in continuation of the Annals, contain a Chronicle, probably by John Amundesham, a monk of St. Albans.

The 10th and 11th volumes relate especially to the acts and proceedings of Abbots Whethamstede, Albon, and Wallingford, and may be considered as a memorial of the chief historical and domestic events during those periods.

The 12th volume contains a compendious History of England to the reign of Henry V., and of Normandy in early times, also by Thomas Walsingham, and dedicated to Henry V. The compiler has often substituted other authorities in place of those consulted in the preparation of his larger work.

29. CHRONICON ABBATIÆ EVESHAMENSIS, AUCTORIBUS DOMINICO PRIORE EVESHAMIÆ ET THOMA DE MARLEBERGE ABBATE, A FUNDATIONE AD ANNUM 1213, UNA CUM CONTINUATIONE AD ANNUM 1418. *Edited by* the Rev. W. D. MACRAY, Bodleian Library, Oxford. 1863.

The Chronicle of Evesham illustrates the history of that important monastery from its foundation by Egwin, about 690, to the year 1418. Its chief feature is an autobiography, which makes us acquainted with the inner daily life of a great abbey, such as but rarely has been recorded. Interspersed are many notices of general, personal, and local history which will be read with much interest. This work exists in a single MS., and is for the first time printed.

30. RICARDI DE CIRENCESTRIA SPECULUM HISTORIALE DE GESTIS REGUM ANGLIÆ. Vol. I., 447-871. Vol. II., 872-1066. *Edited by* JOHN E. B. MAYOR, M.A., Fellow of St. John's College, Cambridge. 1863-1869.

The compiler, Richard of Cirencester, was a monk of Westminster, 1355-1400. In 1391 he obtained a licence to make a pilgrimage to Rome. His history, in four books, extends from 447 to 1066. He announces his intention of continuing it, but there is no evidence that he completed any more. This chronicle gives many charters in favour of Westminster Abbey, and a very full account of the lives and miracles of the saints, especially of Edward the Confessor, whose reign occupies the fourth book. A treatise on the Coronation, by William of Sudbury, a monk of Westminster fills book iii. c. 3. It was on this author that C. J. Bertram fathered his forgery, *De Situ Brittaniæ* in 1747.

31. YEAR BOOKS OF THE REIGN OF EDWARD THE FIRST. Years 20-21, 21-22, 30-31, 32-33, and 33-35 Edw. I.; and 11-12 Edw. III. *Edited and translated by* ALFRED JOHN HORWOOD, Esq., of the Middle Temple Barrister-at-Law. Years 12-13, 13-14 Edward III. *Edited and translated by* LUKE OWEN PIKE, Esq., M.A., of Lincoln's Inn, Barrister-at-Law. 1863-1886.

The volumes known as the "Year Books" contain reports in Norman-French of Cases argued and decided in the Courts of Common Law. They may be considered to a great extent as the "lex non scripta" of England, held in the highest veneration by the ancient sages of the law, and received by them as the repositories of the first recorded judgments and dicta of the great legal luminaries of past ages. They are also worthy of attention on account of the historical information and the notices of public and private persons which they contain, as well as the light which they throw on ancient manners and customs.

32. NARRATIVES OF THE EXPULSION OF THE ENGLISH FROM NORMANDY 1449-1450. —Robertus Blondelli de Reductione Normanniæ: Le Recouvrement de Normendie, par Berry, Hérault du Roy: Conferences between the Ambassadors of France and England. *Edited, from MSS. in the Imperial Library at Paris, by* the Rev. JOSEPH STEVENSON, M.A., of University College, Durham. 1863.

This volume contains the narrative of an eye-witness who details with considerable power and minuteness the circumstances which attended the final expulsion of the English from Normandy in 1450. Commencing with the infringement of the truce by the capture of Fougères, and ending with the battle of Formigny and the embarkation of the Duke of Somerset. The period embraced is less than two years.

33. HISTORIA ET CARTULARIUM MONASTERII S. PETRI GLOUCESTRIÆ. Vols. I., II., and III. *Edited by* W. H. HART, Esq., F.S.A., Membre correspondant de la Société des Antiquaires de Normandie. 1863-1867.

This work consists of two parts, the History and the Cartulary of the Monastery of St. Peter, Gloucester. The history furnishes an account of the monastery from its foundation, in the year 681, to the early part of the reign of Richard II., together with a calendar of donations and benefactions. It treats principally of the affairs of the monastery, but occasionally matters of general history are introduced. Its authorship has generally been assigned to Walter Froucester the twentieth abbot, but without any foundation.

34. ALEXANDRI NECKAM DE NATURIS RERUM LIBRI DUO; with NECKAM'S POEM. DE LAUDIBUS DIVINÆ SAPIENTIÆ. *Edited by* THOMAS WRIGHT, Esq., M.A. 1863.

Neckam was a man who devoted himself to science, such as it was in the twelfth century. In the "De Naturis Rerum" are to be found what may be called the rudiments of many sciences mixed up with much error and ignorance. Neckam was not thought infallible, even by his contemporaries, for Roger Bacon remarks of him, "This Alexander in many things wrote what was "true and useful; but he neither can nor ought by just title to be reckoned among authorities." Neckam, however, had sufficient independence of thought to differ from some of the schoolmen who in his time considered themselves the only judges of literature. He had his own views in morals, and in giving us a glimpse of them, as well as of his other opinions, he throws much light upon the manners, customs, and general tone of thought prevalent in the twelfth century. The poem entitled "De Laudibus Divinæ Sapientiæ" appears to be a metrical paraphrase or abridgment of the "De Naturis Rerum." It is written in the elegiac metre, and though there are many lines which violate classical rules, it is, as a whole, above the ordinary standard of mediæval Latin.

35. LEECHDOMS, WORTCUNNING, AND STARCRAFT OF EARLY ENGLAND; being a Collection of Documents illustrating the History of Science in this Country before the Norman Conquest. Vols. I., II., and III. *Collected and edited by* the Rev. T. OSWALD COCKAYNE, M.A., of St. John's College, Cambridge, 1864-1866.

This work illustrates not only the history of science, but the history of superstition. In addition to the information bearing directly upon the medical skill and medical faith of the times, there are many passages which incidentally throw light upon the general mode of life and ordinary diet. The volumes are interesting not only in their scientific, but also in their social aspect. The manuscripts from which they have been printed are valuable to the Anglo-Saxon scholar for the illustrations they afford of Anglo-Saxon orthography.

36. ANNALES MONASTICI. Vol. I.:—Annales de Margan, 1066-1232; Annales de Theokesberia, 1066-1263; Annales de Burton, 1004-1263. Vol. II.:—Annales Monasterii de Wintonia. 519-1277; Annales Monasterii de Waverleia, 1-1291. Vol. III.:—Annales Prioratus de Dunstaplia, 1-1297. Annales Monasterii de Bermundeseia, 1042-1432. Vol. IV.:—Annales Monasterii de Oseneia, 1016-1347; Chronicon vulgo dictum Chronicon Thomæ Wykes, 1066-1289; Annales Prioratus de Wigornia, 1-1377. Vol. V.:—Index and Glossary. *Edited by* HENRY RICHARDS LUARD, M.A., Fellow and Assistant Tutor of Trinity College, and Registrary of the University, Cambridge. 1864-1869.

The present collection of Monastic Annals embraces all the more important chronicles compiled in religious houses in England during the thirteenth century. These distinct works are ten in number. The extreme period which they embrace ranges from the year 1 to 1432, although they refer more especially to the reigns of John, Henry III., and Edward I. Some of these narratives have already appeared in print, but others are printed for the first time.

37. MAGNA VITA S. HUGONIS EPISCOPI LINCOLNIENSIS. From MSS. in the Bodleian Library, Oxford, and the Imperial Library, Paris. *Edited by* the Rev. JAMES F. DIMOCK, M.A., Rector of Barnburgh, Yorkshire. 1864.

This work contains a number of very curious and interesting incidents, and being the work of a contemporary, is very valuable, not only as a truthful biography of a celebrated ecclesiastic, but as the work of a man, who, from personal knowledge, gives notices of passing events, as well as of individuals who were then taking active part in public affairs. The author, in all probability, was Adam Abbot of Evesham. He was domestic chaplain and private confessor of Bishop Hugh, and in these capacities was admitted to the closest intimacy. Bishop Hugh was Prior of Witham for 11 years before he became Bishop of Lincoln. His consecration took place on the 21st September 1186; he died on the 16th of November 1200; and was canonized in 1220.

38. CHRONICLES AND MEMORIALS OF THE REIGN OF RICHARD THE FIRST. Vol. I.:—ITINERARIUM PEREGRINORUM ET GESTA REGIS RICARDI. Vol. II.:—EPISTOLÆ CANTUARIENSES; the Letters of the Prior and Convent of Christ Church, Canterbury; 1187 to 1199. *Edited by* WILLIAM STUBBS, M.A., Vicar of Navestock, Essex, and Lambeth Librarian. 1864-1865.

The authorship of the Chronicle in Vol. I., hitherto ascribed to Geoffrey Vinesauf, is now more correctly ascribed to Richard, Canon of the Holy Trinity of London. The narrative extends from 1187 to 1199 ; but its chief interest consists in the minute and authentic narrative which it furnishes of the exploits of Richard I., from his departure from England in December 1189 to his death in 1199. The author states in his prologue that he was an eye-witness of much that he records; and various incidental circumstances which occur in the course of the narrative confirm this assertion.

The letters in Vol. II., written between 1187 and 1199, are of value as furnishing authentic materials for the history of the ecclesiastical condition of England during the reign of Richard I. They had their origin in a dispute which arose from the attempts of Baldwin and Hubert, archbishops of Canterbury, to found a college of secular canons, a project which gave great umbrage to the monks of Canterbury, who saw in it a design to supplant them in their function of metropolitan chapter. These letters are printed, for the first time, from a MS. belonging to the archiepiscopal library at Lambeth.

39. RECUEIL DES CRONIQUES ET ANCHIENNES ISTORIES DE LA GRANT BRETAIGNE A PRESENT NOMME ENGLETERRE, par JEHAN DE WAURIN. Vol. I. Albina to 688. Vol. II., 1399-1422. Vol. III., 1422-1431. *Edited by* Sir WILLIAM HARDY, F.S.A. 1864-1879. Vol. IV. 1431-1443. *Edited by* Sir WILLIAM HARDY, F.S.A., and EDWARD L. C. P. HARDY, Esq., F.S.A. 1884.

40. A COLLECTION OF THE CHRONICLES AND ANCIENT HISTORIES OF GREAT BRITAIN, NOW CALLED ENGLAND, by JOHN DE WAVRIN. Albina to 688. (Translation of the preceding Vols. I. and II.) *Edited and translated by* Sir WILLIAM HARDY, F.S.A., and EDWARD L. C. P. HARDY, Esq., F.S.A. 1864-1887.

This curious chronicle extends from the fabulous period of history down to the return of Edward IV. to England in the year 1471 after the second deposition of Henry VI. The manuscript from which the text of the work is taken is preserved in the Imperial Library at Paris, and is believed to be the only complete and nearly contemporary copy in existence. The work, as originally bound, was comprised in six volumes, since rebound in morocco in 12 volumes, folio maximo, vellum, and is illustrated with exquisite miniatures, vignettes, and initial letters. It was written towards the end of the fifteenth century, having been expresely executed for Louis de Bruges, Seigneur de la Gruthuyse and Earl of Winchester, from whose cabinet it passed into the library of Louis XII. at Blois.

41. POLYCHRONICON RANULPHI HIGDEN, with Trevisa's Translation. Vols. I. and II. *Edited by* CHURCHILL BABINGTON, B.D., Senior Fellow of St. John's College, Cambridge. Vols. III., IV., V., VI., VII., VIII., and IX. *Edited by* the Rev. JOSEPH RAWSON LUMBY, D.D., Norrisian Professor of Divinity, Vicar of St. Edward's, Fellow of St. Catharine's College, and late Fellow of Magdalene College, Cambridge. 1865-1886.

This is one of the many medieval chronicles which assume the character of a history of the world. It begins with the creation, and is brought down to the author's own time, the reign of Edward III. Prefixed to the historical portion, is a chapter devoted to geography, in which is given a description of every known land. To say that the Polychronicon was written in the fourteenth century is to say that it is not free from inaccuracies. It has, however, a value apart from its intrinsic merits. It enables us to form a very fair estimate of the knowledge of history and geography which well-informed readers of the fourteenth and fifteenth centuries possessed, for it was then the standard work on general history.

The two English translations, which are printed with the original Latin, afford interesting illustrations of the gradual change of our language, for one was made in the fourteenth century, the other in the fifteenth. The differences between Trevisa's version and that of the unknown writer are often considerable.

42. LE LIVERE DE REIS DE BRITTANIE E LE LIVERE DE REIS DE ENGLETERE. *Edited by* JOHN GLOVER, M.A., Vicar of Brading, Isle of Wight, formerly Librarian of Trinity College, Cambridge. 1865.

These two treatises, though they cannot rank as independent narratives, are nevertheless valuable as careful abstracts of previous historians, especially "Le Livere de Reis de Engletere." Some 'various readings are given which are interesting to the philologist as instances of semi-Saxonized French. It is supposed that Peter of Ickham was the supposed author.

43. CHRONICA MONASTERII DE MELSA AB ANNO 1150 USQUE AD ANNUM 1406. Vols. I., II., and III. *Edited by* EDWARD AUGUSTUS BOND, Esq., Assistant-Keeper of Manuscripts, and Egerton Librarian, British Museum. 1866-1868.

The Abbey of Meaux was a Cistercian house, and the work of its abbot is both curious and valuable. It is a faithful and often minute record of the establishment of a religious community, of its progress in forming an ample revenue, of its struggles to maintain its acquisitions, and of its relations to the governing institutions of the country. In addition to the private affairs of the monastery, some light is thrown upon the public events of the time, which are however kept distinct, and appear at the end of the history of each abbot's administration. The text has been printed from what is said to be the autograph of the original compiler, Thomas de Burton, the nineteenth abbot.

44. MATTHÆI PARISIENSIS HISTORIA ANGLORUM, SIVE, UT VULGO DICITUR, HISTORIA MINOR. Vols. I., II., and III. 1067-1253. *Edited by* Sir FREDERIC MADDEN, K.H., Keeper of the Manuscript Department of British Museum. 1866-1869.

The exact date at which this work was written is, according to the chronicler, 1250. The history is of considerable value as an illustration of the period during which the author lived, and contains a good summary of the events which followed the Conquest. This minor chronicle is, however, based on another work (also written by Matthew Paris) giving fuller details, which has been called the "Historia Major." The chronicle here published, nevertheless, gives some information not to be found in the greater history.

45. LIBER MONASTERII DE HYDA: A CHRONICLE AND CHARTULARY OF HYDE ABBEY, WINCHESTER, 455-1023. *Edited, from a Manuscript in the Library of the Earl of Macclesfield, by* EDWARD EDWARDS, Esq. 1866.

The "Book of Hyde" is a compilation from much earlier sources which are usually indicated with considerable care and precision. In many cases, however, the Hyde Chronicler appears to correct, to qualify, or to amplify—either from tradition or from sources of information not now discoverable—the statements, which, in substance, he adopts. He also mentions, and frequently quotes from writers whose works are either entirely lost or at present known only by fragments.

There is to be found, in the "Book of Hyde," much information relating to the reign of King Alfred which is not known to exist elsewhere. The volume contains some curious specimens of Anglo-Saxon and Mediæval English.

46. CHRONICON SCOTORUM: A CHRONICLE OF IRISH AFFAIRS, from the EARLIEST TIMES to 1135; and SUPPLEMENT, containing the Events from 1141 to 1150. *Edited, with Translation, by* WILLIAM MAUNSELL HENNESSY, Esq., M.R.I.A. 1866.

There is, in this volume, a legendary account of the peopling of Ireland and of the adventures which befell the various heroes who are said to have been connected with Irish history. The details are, however, very meagre both for this period and for the time when history becomes more authentic. The plan adopted in the chronicle gives the appearance of an accuracy to which the earlier portions of the work cannot have any claim. The succession of events is marked year by year, from A.M. 1599 to A.D. 1150. The principal events narraied in the later portion of the work are, the invasions of foreigners, and the wars of the Irish among themselves. The text has been printed from a MS. preserved in the library of Trinity College, Dublin, written partly in Latin, partly in Irish.

47. THE CHRONICLE OF PIERRE DE LANGTOFT, IN FRENCH VERSE, FROM THE EARLIEST PERIOD TO THE DEATH OF EDWARD I. Vols. I. and II. *Edited by* THOMAS WRIGHT, Esq., M.A. 1866-1868.

It is probable that Pierre de Langtoft was a canon of Bridlington, in Yorkshire, and lived in the reign of Edward I., and during a portion of the reign of Edward II. This chronicle is divided into three parts; in the first, is an abridgment of Geoffrey of Monmouth's "Historia Britonum;" in the second, a history of the Anglo-Saxon and Norman kings, to the death of Henry III.; in the third, a history of the reign of Edward I. The principal object of the work was apparently to show the justice of Edward's Scottish wars. The language is singularly corrupt, and a curious specimen of the French of Yorkshire.

48. THE WAR OF THE GAEDHIL WITH THE GAILL, or THE INVASIONS OF IRELAND BY THE DANES AND OTHER NORSEMEN. *Edited, with a Translation, by* JAMES HENTHORN TODD, D.D., Senior Fellow of Trinity College, and Regius Professor of Hebrew in the University, Dublin. 1867.

The work in its present form, in the editor's opinion, is a comparatively modern version of an undoubtedly ancient original. That it was compiled from contemporary materials has been proved by curious incidental evidence. It is stated in the account given of the battle of Clontarf that the full tide in Dublin Bay on the day of the battle (23 April 1014) coincided with sunrise; and that the returning tide in the evening aided considerably in the defeat of the Danes. The fact has been verified by astronomical calculations, and the inference is that the author of the chronicle, if not an eye-witness, must have derived his information from eye-witnesses. The contents of the work are sufficiently described in its title. The story is told after the manner of the Scandinavian Sagas, with poems and fragments of poems introduced into the prose narrative.

49. GESTA REGIS HENRICI SECUNDI BENEDICTI ABBATIS. CHRONICLE OF THE REIGNS OF HENRY II. AND RICHARD I., 1169-1192, known under the name of BENEDICT OF PETERBOROUGH. Vols. I. and II. *Edited by* WILLIAM STUBBS, M.A., Regius Professor of Modern History, Oxford, and Lambeth Librarian. 1867.

This chronicle of the reigns of Henry II. and Richard I., known commonly under the name of Benedict of Peterborough, is one of the best existing specimens of a class of historical compositions of the first importance to the student.

50. MUNIMENTA ACADEMICA, OR, DOCUMENTS ILLUSTRATIVE OF ACADEMICAL LIFE AND STUDIES AT OXFORD (in Two Parts). *Edited by* the Rev. HENRY ANSTEY, M.A., Vicar of St. Wendron, Cornwall, and lately Vice-Principal of St. Mary Hall, Oxford. 1868.

This work will supply materials for a History of Academical Life and Studies in the University of Oxford during the 13th, 14th, and 15th centuries.

51. CHRONICA MAGISTRI ROGERI DE HOUEDENE. Vols. I., II., III., and IV. *Edited by* WILLIAM STUBBS, M.A., Regius Professor of Modern History, and Fellow of Oriel College, Oxford. 1868-1871.

This work has long been justly celebrated, but not thoroughly understood until Mr. Stubbs' edition. The earlier portion, extending from 732 to 1148, appears to be a copy of a compilation made in Northumbria about 1161, to which Hoveden added little. From 1148 to 1169—a very valuable portion of this work—the matter is derived from another source, to which Hoveden appears to have supplied little, and not always judiciously. From 1170 to 1192 is the portion which corresponds with the Chronicle known under the name of Benedict of Peterborough (*see* No. 49); but it is not a copy, being sometimes an abridgment, at others a paraphrase; occasionally the two works entirely agree; showing that both writers had access to the same materials, but dealt with them differently. From 1192 to 1201 may be said to be wholly Hoveden's work; it is extremely valuable, and an authority of the first importance.

52. WILLELMI MALMESBIRIENSIS MONACHI DE GESTIS PONTIFICUM ANGLORUM LIBRI QUINQUE. *Edited, from William of Malmesbury's Autograph MS.*, by N. E. S. A. HAMILTON, Esq., of the Department of Manuscripts, British Museum. 1870.

William of Malmesbury's "Gesta Pontificum" is the principal foundation of English Ecclesiastical Biography, down to the year 1123. The manuscript which has been followed in this Edition is supposed by Mr. Hamilton to be the author's autograph, containing his latest additions and amendments.

53. HISTORIC AND MUNICIPAL DOCUMENTS OF IRELAND, FROM THE ARCHIVES OF THE CITY OF DUBLIN, &c. 1172–1320. *Edited by* JOHN T. GILBERT, Esq., F.S.A., Secretary of the Public Record Office of Ireland. 1870.

A collection of original documents, elucidating mainly the history and condition of the municipal, middle, and trading classes under or in relation with the rule of England in Ireland,—a subject hitherto in almost total obscurity. Extending over the first hundred and fifty years of the Anglo-Norman settlement, the series includes charters, municipal laws and regulations, rolls of names of citizens and members of merchant-guilds, lists of commodities with their rates, correspondence, illustrations of relations between ecclesiastics and laity; together with many documents exhibiting the state of Ireland during the presence there of the Scots under Robert and Edward Bruce.

54. THE ANNALS OF LOCH CÉ. A CHRONICLE OF IRISH AFFAIRS, FROM 1041 to 1590. Vols. I. and II. *Edited, with a Translation,* by WILLIAM MAUNSELL HENNESSY, Esq., M.R.I.A. 1871.

The original of this chronicle has passed under various names. The title of "Annals of Loch Cé" was given to it by Professor O'Curry, on the ground that it was transcribed for Brian Mac Dermot, an Irish chieftain, who resided on the island in Loch Cé, in the county of Roscommon. It adds much to the materials for the civil and ecclesiastical history of Ireland; and contains many curious references to English and foreign affairs, not noticed in any other chronicle.

55. MONUMENTA JURIDICA. THE BLACK BOOK OF THE ADMIRALTY, WITH APPENDICES. Vols. I., II., III., and IV. *Edited by* SIR TRAVERS TWISS, Q.C., D.C.L. 1871–1876.

This book contains the ancient ordinances and laws relating to the navy, and was probably compiled for the use of the Lord High Admiral of England. Selden calls it the "jewel of the Admiralty Records." Prynne ascribes to the Black Book the same authority in the Admiralty as the Black and Red Books have in the Court of Exchequer, and most English writers on maritime law recognize its importance.

56. MEMORIALS OF THE REIGN OF HENRY VI.:—OFFICIAL CORRESPONDENCE OF THOMAS BEKYNTON, SECRETARY TO HENRY VI., AND BISHOP OF BATH AND WELLS. *Edited, from a MS. in the Archiepiscopal Library at Lambeth, with an Appendix of Illustrative Documents,* by the Rev. GEORGE WILLIAMS, B.D., Vicar of Ringwood, late Fellow of King's College, Cambridge. Vols. I. and II. 1872.

These curious volumes are of a miscellaneous character, and were probably compiled under the immediate direction of Beckynton before he had attained to the Episcopate. They contain many of the Bishop's own letters, and several written by him in the King's name; also letters to himself while Royal Secretary, and others addressed to the King. This work elucidates some points in the history of the nation during the first half of the fifteenth century.

57. MATTHÆI PARISIENSIS, MONACHI SANCTI ALBANI, CHRONICA MAJORA. Vol. I. The Creation to A.D. 1066. Vol. II. A.D. 1067 to A.D. 1216. Vol. III. A.D. 1216 to A.D. 1239. Vol. IV. A.D. 1240 to A.D. 1247. Vol. V. A.D. 1248 to A.D. 1259. Vol. VI. Additamenta. Vol. VII. Index. *Edited by* HENRY RICHARDS LUARD, D.D., Fellow of Trinity College, Registrary of the University, and Vicar of Great St. Mary's, Cambridge. 1872–1884.

This work contains the "Chronica Majora" of Matthew Paris, one of the most valuable and frequently consulted of the ancient English Chronicles. It is published from its commencement, for the first time. The editions by Archbishop Parker, and William Watts, severally begin at the Norman Conquest.

58. MEMORIALE FRATRIS WALTERI DE COVENTRIA.—THE HISTORICAL COLLECTIONS OF WALTER OF COVENTRY. Vols. I. and II. *Edited, from the MS. in the Library of Corpus Christi College, Cambridge,* by WILLIAM STUBBS, M.A., Regius Professor of Modern History, and Fellow of Oriel College, Oxford. 1872–1873.

This work, now printed in full for the first time, has long been a desideratum by Historical Scholars. The first portion, however, is not of much importance, being only a compilation from earlier writers. The part relating to the first quarter of the thirteenth century is the most valuable and interesting.

59. THE ANGLO-LATIN SATIRICAL POETS AND EPIGRAMMATISTS OF THE TWELFTH CENTURY. Vols. I. and II. *Collected and edited by* THOMAS WRIGHT, Esq., M.A., Corresponding Member of the National Institute of France (Académie des Inscriptions et Belles-Lettres). 1872.

The Poems contained in these volumes have long been known and appreciated as the best satires of the age in which their authors flourished, and were deservedly popular during the 13th and 14th centuries.

60. MATERIALS FOR A HISTORY OF THE REIGN OF HENRY VII., FROM ORIGINAL DOCUMENTS PRESERVED IN THE PUBLIC RECORD OFFICE. Vols. I. and II. *Edited by* the Rev. WILLIAM CAMPBELL, M.A., one of Her Majesty's Inspectors of Schools. 1873-1877.

> These volumes are valuable as illustrating the acts and proceedings of Henry VII. on ascending the throne, and shadow out the policy he afterwards adopted.

61. HISTORICAL PAPERS AND LETTERS FROM THE NORTHERN REGISTERS. *Edited by* JAMES RAINE, M.A., Canon of York, and Secretary of the Surtees Society. 1873.

> The documents in this volume illustrate, for the most part, the general history of the north of England, particularly in its relation to Scotland.

62. REGISTRUM PALATINUM DUNELMENSE. THE REGISTER OF RICHARD DE KELLAWE, LORD PALATINE AND BISHOP OF DURHAM; 1311-1316. Vols. I., II., III., and IV. *Edited by* Sir THOMAS DUFFUS HARDY, D.C.L., Deputy Keeper of the Public Records. 1873-1878.

> Bishop Kellawe's Register contains the proceedings of his prelacy, both lay and ecclesiastical, and is the earliest Register of the Palatinate of Durham.

63. MEMORIALS OF SAINT DUNSTAN, ARCHBISHOP OF CANTERBURY. *Edited, from various MSS., by* WILLIAM STUBBS, M.A., Regius Professor of Modern History, and Fellow of Oriel College, Oxford. 1874.

> This volume contains several lives of Archbishop Dunstan, one of the most celebrated Primates of Canterbury. They open various points of Historical and Literary interest, without which our knowledge of the period would be more incomplete than it is at present.

64. CHRONICON ANGLIÆ, AB ANNO DOMINI 1328 USQUE AD ANNUM 1388, AUCTORE MONACHO QUODAM SANCTI ALBANI. *Edited by* EDWARD MAUNDE THOMPSON, Esq., Barrister-at-Law, and Assistant-Keeper of the Manuscripts in the British Museum. 1874.

> This chronicle gives a circumstantial history of the close of the reign of Edward III. which has hitherto been considered lost.

65. THÓMAS SAGA ERKIBYSKUPS. A LIFE OF ARCHBISHOP THOMAS BECKET, IN ICELANDIC. Vols. I. and II. *Edited, with English Translation, Notes, and Glossary by* M. EIRÍKR MAGNÚSSON, M.A., Sub-Librarian of the University Library, Cambridge. 1875-1884.

> This work is derived from the Life of Becket written by Benedict of Peterborough, and apparently supplies the missing portions in Benedict's biography.

66. RADULPHI DE COGGESHALL CHRONICON ANGLICANUM. *Edited by* the REV. JOSEPH STEVENSON, M.A. 1875.

> This volume contains the "Chronicon Anglicanum," by Ralph of Coggeshall, the "Libellus de Expugnatione Terræ Sanctæ per Saladinum," usually ascribed to the same author, and other pieces of an interesting character.

67. MATERIALS FOR THE HISTORY OF THOMAS BECKET, ARCHBISHOP OF CANTERBURY. Vols. I., II., III., IV., V., and VI. *Edited by* the Rev. JAMES CRAIGIE ROBERTSON, M.A., Canon of Canterbury. 1875-1883. Vol. VII. *Edited by* JOSEPH BRIGSTOCKE SHEPPARD, Esq., LL.D. 1885.

> This publication comprises all contemporary materials for the history of Archbishop Thomas Becket. The first volume contains the life of that celebrated man, and the miracles after his death by William, a monk of Canterbury. The second, the life by Benedict of Peterborough; John of Salisbury; Alan of Tewkesbury; and Edward Grim. The third, the life by William Fitzstephen; and Herbert of Bosham. The fourth, anonymous lives, Quadrilogus, &c. The fifth, sixth, and seventh, the Epistles, and known letters.

68. RADULFI DE DICETO DECANI LUNDONIENSIS OPERA HISTORICA. THE HISTORICAL WORKS OF MASTER RALPH DE DICETO, DEAN OF LONDON. Vols. I. and II. *Edited, from the Original Manuscripts, by* WILLIAM STUBBS, M.A., Regius Professor of Modern History, and Fellow of Oriel College, Oxford. 1876.

> The Historical Works of Ralph de Diceto are some of the most valuable materials for British History. The Abbreviationes Chronicorum extend from the Creation to 1147, and the Ymagines Historiarum to 1201.

69. ROLL OF THE PROCEEDINGS OF THE KING'S COUNCIL IN IRELAND, FOR A PORTION OF THE 16TH YEAR OF THE REIGN OF RICHARD II. 1392-93. *Edited by* the Rev. JAMES GRAVES, A.B. 1877.

> This Roll throws considerable light on the History of Ireland at a period little known. It seems the only document of the kind extant.

70. HENRICI DE BRACTON DE LEGIBUS ET CONSUETUDINIBUS ANGLIÆ LIBRI QUINQUE IN VARIOS TRACTATUS DISTINCTI. AD DIVERSORUM ET VETUSTISSIMORUM CODI-

CUM COLLATIONEM TYPIS VULGATI. Vols. I., II., III., IV., V., and VI. *Edited by* SIR TRAVERS TWISS, Q.C., D.C.L. 1878–1883.

This is a new edition of Bracton's celebrated work, collated with MSS. in the British Museum; the Libraries of Lincoln's Inn, Middle Temple, and Gray's Inn; Bodleian Library, Oxford; the Bibliothèque Nationale, Paris; &c.

71. THE HISTORIANS OF THE CHURCH OF YORK, AND ITS ARCHBISHOPS. Vols. I. and II. *Edited by* JAMES RAINE, M.A., Canon of York, and Secretary of the Surtees Society. 1879–1886.

This will form a complete "Corpus Historicum Eboracense," a work very much needed, and of great value to the Historical Inquirer.

72. REGISTRUM MALMESBURIENSE. THE REGISTER OF MALMESBURY ABBEY; PRESERVED IN THE PUBLIC RECORD OFFICE. Vols. I. and II. *Edited by* J. S. BREWER, M.A., Preacher at the Rolls, and Rector of Toppesfield; and CHARLES TRICE MARTIN, Esq., B.A. 1879, 1880.

This work illustrates many curious points of history, the growth of society, the distribution of land, the relations of landlord and tenant, national customs, &c.

73. HISTORICAL WORKS OF GERVASE OF CANTERBURY. Vols. I. and II. THE CHRONICLE OF THE REIGNS OF STEPHEN, HENRY II., and RICHARD I., BY GERVASE, THE MONK OF CANTERBURY. *Edited by* WILLIAM STUBBS, D.D.; Canon Residentiary of St. Paul's, London; Regius Professor of Modern History and Fellow of Oriel College, Oxford; &c. 1879, 1880.

The Historical Works of Gervase of Canterbury are of great importance as regards the questions of Church and State, during the period in which he wrote. This work was printed by Twysden, in the "Historiæ Anglicanæ Scriptores X.," more than two centuries ago. The present edition has received critical examination and illustration.

74. HENRICI ARCHIDIACONI HUNTENDUNENSIS HISTORIA ANGLORUM. THE HISTORY OF THE ENGLISH, BY HENRY, ARCHDEACON OF HUNTINGDON, from A.D. 55 to A.D. 1154, in Eight Books. *Edited by* THOMAS ARNOLD, Esq., M.A., of University College, Oxford. 1879.

Henry of Huntingdon's work was first printed by Sir Henry Savile, in 1596, in his "Scriptores post Bedam," and reprinted at Frankfort in 1601. Both editions are very rare and inaccurate. The first five books of the History were published in 1848 in the "Monumenta Historica Britannica," which is out of print. The present volume contains the whole of the manuscript of Huntingdon's History in eight books, collated with a manuscript lately discovered at Paris.

75. THE HISTORICAL WORKS OF SYMEON OF DURHAM. Vols. I. and II. *Edited by* THOMAS ARNOLD, Esq., M.A., of University College, Oxford. 1882–1885.

The first volume of this edition of the Historical Works of Symeon of Durham, contains the "Historia Dunelmensis Ecclesiæ," and other Works. The second volume contains the "Historia Regum," &c.

76. CHRONICLES OF THE REIGNS OF EDWARD I. AND EDWARD II. Vols. I. and II. *Edited by* WILLIAM STUBBS, D.D., Canon Residentiary of St. Paul's, London; Regius Professor of Modern History, and Fellow of Oriel College, Oxford, &c. 1882, 1883.

The first volume of these Chronicles contains the " Annales Londonienses " and the " Annales Paulini;" the second, I.—Commendatio Lamentabilis in Transitu magni Regis Edwardi. II.—Gesta Edwardi de Carnarvan Auctore Canonico Bridlingtoniensi. III.—Monachi cujusdam Malmesberiensis Vita, Edwardi II. IV.—Vita et Mors Edwardi II. Conscripta a Thoma de la Moore.

77. REGISTRUM EPISTOLARUM FRATRIS JOHANNIS PECKHAM, ARCHIEPISCOPI CANTUARIENSIS. Vols. I., II., and III. *Edited by* CHARLES TRICE MARTIN, ESQ., B.A., F.S.A., 1882–1886.

These Letters are of great value for illustrating English Ecclesiastical History.

78. REGISTER OF S. OSMUND. *Edited by* the Rev. W. H. RICH JONES, M.A., F.S.A., Canon of Salisbury, Vicar of Bradford-on-Avon. Vols. I. and II. 1883, 1884.

This Register, of which a complete copy is here printed for the first time, is among the most ancient, and certainly the most treasured of the muniments of the Bishops of Salisbury. It derives its name from containing the statutes, rules, and orders made or compiled by S. Osmund, to be observed in the Cathedral and diocese of Salisbury. The first 19 folios contain the "Consuetudinary," the exposition, as regards ritual, of the " Use of Sarum."

79. CHARTULARY OF THE ANCIENT BENEDICTINE ABBEY OF RAMSEY, from the MS. in the Public Record Office. Vols. I. and II. 1884, 1886. *Edited by* WILLIAM HENRY HART, Esq., F.S.A., and the Rev. PONSONBY ANNESLEY LYONS.

This Chartulary of the Ancient Benedictine Monastery of Ramsey, Huntingdonshire, came to the Crown on the Dissolution of Monasteries, was afterwards preserved in the Stone Tower, Westminster Hall, and thence transferred to the Public Record Office.

80. CHARTULARIES OF ST. MARY'S ABBEY, DUBLIN, &c., preserved in the Bodleian Library and British Museum. *Edited by* JOHN THOMAS GILBERT, Esq., F.S.A., M.R.I.A. Vols. I. & II. 1884 and 1885.

These Chartularies, published for the first time, are the only documents of that description known to exist of the ancient establishments of the Cistercian Order in Ireland; two being of St. Mary's Abbey, Dublin, and one of the House at Dunbrody, Wexford. One Chartulary is in the Bodleian Library, Oxford, together with that of Dunbrody; the second is in the British Museum.

81. EADMERI HISTORIA NOVORUM IN ANGLIA, ET OPUSCULA DUO DE VITA SANCTI ANSELMI ET QUIBUSDAM MIRACULIS EJUS. 1884. *Edited by* the Rev. MARTIN RULE, M.A.

This volume contains the "Historia Novorum in Anglia," of Eadmer; his treatise "De Vita et conversatione Anselmi Archiepiscopi Cantuariensis," and a Tract entitled "Quaedam Parva Descriptio Miraculorum gloriosi Patris Anselmi Cantuariensis."

82. CHRONICLES OF THE REIGNS OF STEPHEN, HENRY II., AND RICHARD I. Vols. I. II., and III., 1884-1886. *Edited by* RICHARD HOWLETT, Esq., of the Middle Temple, Barrister-at-law.

Vol. I. contains Books I.-IV. of the "Historia Rerum Anglicarum" of William of Newburgh; Vol. II. contains Book V. of that work, the continuation of the same to A.D. 1298, and the "Draco Normannicus" of Etienne de Rouen.
Vol. III. contains the "Gesta Stephani Regis," the Chronicle of Richard of Hexham, the "Relatio de Standardo" of St. Aelred of Rievaulx, the poem of Jordan Fantosme, and the Chronicle of Richard of Devizes.

83. CHRONICLE OF THE ANCIENT ABBEY OF RAMSEY, from the Chartulary of that Abbey, in the Public Record Office. 1886. *Edited by* the Rev. WILLIAM DUNN MACRAY, M.A., F.S.A., Rector of Ducklington, Oxon.

This Chronicle forms part of the Chartulary of the Abbey of Ramsey, preserved in the Public Record Office (*see* No. 79).

84. CHRONICA ROGERI DE WENDOVER, SIVE FLORES HISTORIARUM. Vol. I. *Edited by* HENRY GAY HEWLETT, Esq., Keeper of the Records of the Land Revenue.

This edition gives that portion only of Roger of Wendover's Chronicle which can be accounted an original authority.

85. THE LETTER BOOKS OF THE MONASTERY OF CHRIST CHURCH, CANTERBURY. *Edited by* JOSEPH BRIGSTOCKE SHEPPARD, Esq., LL.D. Vol. I., 1887.

The Letters printed in this volume were chiefly written between the years 1296 and 1333. Among the most notable writers were Prior Henry of Eastry, Prior Richard Oxenden, and the Archbishops Raynold and Meopham.

86. THE METRICAL CHRONICLE OF ROBERT OF GLOUCESTER. *Edited by* WILLIAM ALDIS WRIGHT, Esq., M.A. Parts I. and II., 1887.

The date of the composition of this Chronicle is placed about the year 1300. The writer appears to have been an eye witness of many events which he describes. The language in which it is written was the dialect of Gloucestershire at that time.

87. CHRONICLE OF ROBERT OF BRUNNE. *Edited by* FREDERICK JAMES FURNIVALL, Esq., M.A., of Trinity Hall, Cambridge, Barrister-at-Law. Parts I and II. 1887.

Robert of Brunne, or Bourne, co. Lincoln, was a member of the Gilbertine Order established at Sempringham. His Chronicle is described by its editor as a work of fiction, a contribution not to English history, but to the history of English.

88. ICELANDIC SAGAS AND OTHER HISTORICAL DOCUMENTS relating to the Settlements and Descents of the Northmen on the British Isles. Vol. I. Orkneyinga Saga, and Magnus Saga. Vol. II. Hakonar Saga, and Magnus Saga. *Edited by* M. GUDBRAND VIGFUSSON, M.A.

In the Press.

ICELANDIC SAGAS, AND OTHER HISTORICAL DOCUMENTS relating to the Settlements and Descents of the Northmen on the British Isles. Vols. III.—IV. *Translated by* Sir GEORGE WEBBE DASENT, D.C.L., Oxon.

LESTORIE DES ENGLES SOLUM GEFFREI GAIMAR. *Edited by* the late Sir THOMAS DUFFUS HARDY, D.C.L., Deputy Keeper of the Public Records; *continued and translated by* CHARLES TRICE MARTIN, Esq., B.A., F.S.A. Vols. I. and II.

THE TRIPARTITE LIFE OF ST. PATRICK, with other documents relating to that Saint. *Edited by* WHITLEY STOKES, Esq., LL.D., D.C.L., Honorary Fellow of Jesus

In the Press—(continued).

College, Oxford; and Corresponding Member of the Institute of France. Parts I. and II.

CHARTULARY OF THE ANCIENT BENEDICTINE ABBEY OF RAMSEY, from the MS. in the Public Record Office. Vol. III. *Edited by* WILLIAM HENRY HART, Esq., F.S.A., and the Rev. PONSONBY ANNESLEY LYONS.

WILLELMI MONACHI MALMESBIRIENSIS DE REGUM GESTIS ANGLORUM, LIBRI V.; ET HISTORIÆ NOVELLÆ, LIBRI III. *Edited by* WILLIAM STUBBS, D.D., Bishop of Chester. Vols. I. and II.

CHARTERS AND DOCUMENTS, ILLUSTRATING THE HISTORY OF THE CATHEDRAL AND CITY OF SARUM, 1100-1300; forming an Appendix to the Register of S. Osmund. Vol. III. *Edited by* the Rev. W. H. RICH JONES, M.A., F.S.A., Canon of Salisbury, Vicar of Bradford-on-Avon.

FLORES HISTORIARUM, PER MATTHÆUM WESTMONASTERIENSEM COLLECTI. *Edited by* HENRY RICHARDS LUARD, D.D., Fellow of Trinity College, Registrary of the University, and Vicar of Great St. Mary's, Cambridge.

RANULF DE GLANVILL; TRACTATUS DE LEGIBUS ET CONSUETUDINIBUS ANGLIÆ, &c. *Edited and translated by* Sir TRAVERS TWISS, Q.C., D.C.L.

CHRONICLE OF ADAM MURIMUTH, with the CHRONICLE OF ROBERT OF AVESBURY. *Edited by* EDWARD MAUNDE THOMPSON, Esq., Keeper and Egerton Librarian of the Manuscript Department in the British Museum.

YEAR BOOKS OF THE REIGN OF EDWARD III. *Edited and translated by* LUKE OWEN PIKE, Esq., M.A., of Lincoln's Inn, Barrister-at-Law.

CHRONICLE OF HENRY KNIGHTON, Canon of Leicester, to the death of RICHARD II. *Edited by* the Rev. JOSEPH RAWSON LUMBY, D.D.

CHRONICA ROGERI DE WENDOVER, SIVE FLORES HISTORIARUM. *Edited by* HENRY GAY HEWLETT, Esq., Keeper of the Records of the Land Revenue. Vol. II.

THE LETTER BOOKS OF THE MONASTERY OF CHRIST CHURCH, CANTERBURY. *Edited by* JOSEPH BRIGSTOCKE SHEPPARD, Esq., LL.D. Vol. II.

In Progress.

DESCRIPTIVE CATALOGUE OF MANUSCRIPTS RELATING TO THE HISTORY OF GREAT BRITAIN AND IRELAND. Vol. IV.; 1327, &c. *Edited by* the late Sir THOMAS DUFFUS HARDY, D.C.L., Deputy Keeper of the Public Records, and C. TRICE MARTIN, Esq., B.A., F.S.A.

THE TREATISE "DE PRINCIPUM INSTRUCTIONE," of GIRALDUS CAMBRENSIS; with an Index to the first four volumes of the "Works of Giraldus Cambrensis," edited by the Rev. J. S. Brewer. *Edited by* GEORGE F. WARNER, Esq., of the Department of MSS., British Museum.

RECUEIL DES CRONIQUES ET ANCHIENNES ISTORIES DE LA GRANT BRETAIGNE A PRESENT NOMME ENGLETERRE, par JEHAN DE WAURIN. Vol. V. 1443-1461. *Edited by* Sir WILLIAM HARDY, F.S.A., and EDWARD L. C. P. HARDY, Esq., F.S.A., of Lincoln's Inn, Barrister-at-Law.

THE RED BOOK OF THE EXCHEQUER, preserved in the Public Record Office. *Edited by* WALFORD DAKING SELBY, Esq., of the Public Record Office.

ANNALS OR MEMORIALS OF ST. EDMONDSBURY. *Edited by* THOMAS ARNOLD, Esq., M.A., of University College, Oxford.

THE HISTORIANS OF THE CHURCH OF YORK AND ITS ARCHBISHOPS, Vol. III. *Edited by* JAMES RAINE, M.A., Canon of York, and Secretary of the Surtees Society.

PUBLICATIONS OF THE RECORD COMMISSIONERS, &c.
[In boards or cloth.]

ROTULORUM ORIGINALIUM IN CURIÂ SCACCARII ABBREVIATIO. Hen. III.—Edw. III. Edited by HENRY PLAYFORD, Esq. 2 Vols. folio (1805—1810). 12s. 6d. each.

CALENDARIUM INQUISITIONUM POST MORTEM SIVE ESCAETARUM. Hen. III.—Ric. III. Edited by JOHN CALEY and JOHN BAYLEY, Esqrs. Folio (1821—1828): Vol. 3, 21s.; Vol. 4, 24s.

LIBRORUM MANUSCRIPTORUM BIBLIOTHECÆ HARLEIANÆ CATALOGUS. Vol. 4. Edited by the Rev. T. HARTWELL HORNE. Folio (1812), 18s.

ABBREVIATIO PLACITORUM. Richard I.—Edward II. Edited by the Right Hon. GEORGE ROSE and W. ILLINGWORTH, Esq. 1 Vol. folio (1811), 18s.

LIBRI CENSUALIS vocati DOMESDAY-BOOK, INDICES. Edited by Sir HENRY ELLIS. Folio (1816), (Domesday-Book, Vol. 3). 21s.

LIBRI CENSUALIS vocati DOMESDAY-BOOK, ADDITAMENTA EX CODIC. ANTIQUISS. Edited by Sir HENRY ELLIS. Folio (1816), (Domesday-Book, Vol. 4). 21s.

STATUTES OF THE REALM. Edited by Sir T. E. TOMLINS, JOHN RAITHBY, JOHN CALEY, and WM. ELLIOTT, Esqrs. Vols. 7, 8, 9, 10, and 11, folio (1819—1828). 31s. 6d. each; Indices, 30s. each.

VALOR ECCLESIASTICUS, temp. Hen. VIII., Auctoritate Regis institutus. Edited by JOHN CALEY, Esq., and the Rev. JOSEPH HUNTER. Vols. 3 to 6, folio (1817—1834). 25s. each. The Introduction, separately, 8vo. 2s. 6d.

ROTULI SCOTIÆ IN TURRI LONDINENSI ET IN DOMO CAPITULARI WESTMONASTERIENS ASSERVATI. 19 Edw. I.—Hen. VIII. Edited by D. MACPHERSON, J. CALEY, W. ILLINGWORTH, Esqrs., and Rev. T. H. HORNE. Vol. 2. folio (1818). 21s.

FŒDERA, CONVENTIONES, LITTERÆ, &c.; or, RYMER'S FŒDERA, New Edition, folio Vol. 3, Part 2. 1361—1377 (1830); Vol. 4, 1377—1383 (1869). Edited by JOHN CALEY and FRED. HOLBROOKE, Esqrs. Vol. 3, Part 2, 21s.; Vol. 4. 6s.

DUCATUS LANCASTRIÆ CALENDARIUM INQUISITIONUM POST MORTEM, &c. Part 3, Calendar to Pleadings, &c., Hen. VII.—13 Eliz. Part 4, Calendar to Pleadings, to end of Eliz. (1827—1834). Edited by R. J. HARPER, JOHN CALEY, and WM. MINCHIN, Esqrs. Folio. Part 3 (or Vol. 2), 31s. 6d.; Part 4 (or Vol. 3), 21s.

CALENDARS OF THE PROCEEDINGS IN CHANCERY, ELIZ.; with Examples of Proceedings from Ric. II. Edited by JOHN BAYLEY, Esq. Vol. 3 (1832), folio, 21s.

PARLIAMENTARY WRITS AND WRITS OF MILITARY SUMMONS, with Records and Muniments relating to Suit and Service to Parliament, &c. Edited by SIR FRANCIS PALGRAVE. (1830—1834.) Folio. Vol. 2, Div. 1, Edw. II., 21s.; Vol. 2, Div. 2, 21s.; Vol. 2, Div. 3, 42s.

ROTULI LITTERARUM CLAUSARUM IN TURRI LONDINENSI ASSERVATI. 2 Vols. folio (1833, 1844). Vol. 1, 1204-1224. Vol. 2, 1224—1227. Edited by THOMAS DUFFUS HARDY, Esq. Vol. 1, 63s.; Vol. 2, 18s.

PROCEEDINGS AND ORDINANCES OF THE PRIVY COUNCIL OF ENGLAND. 10 Ric. II.— 33 Hen. VIII. Edited by Sir NICHOLAS HARRIS NICOLAS. 7 Vols. royal 8vo. (1834—1837). 14s. each.

ROTULI LITTERARUM PATENTIUM IN TURRI LOND. ASSERVATI. 1201—1216. Edited by T. DUFFUS HARDY, Esq. 1 Vol. folio (1835), 31s. 6d. The Introduction, separately, 8vo. 9s.

ROTULI CURIÆ REGIS. Rolls and Records of the Court held before the King's Justiciars or Justices. 6 Richard I.—1 John. Edited by Sir FRANCIS PALGRAVE. 2 Vols. royal 8vo. (1835). 28s.

ROTULI NORMANNIÆ IN TURRI LOND. ASSERVATI. 1200—1205; 1417—1418. Edited by THOMAS DUFFUS HARDY, Esq. 1 Vol. royal 8vo. (1835). 12s. 6d.

ROTULI DE OBLATIS ET FINIBUS IN TURRI LOND. ASSERVATI, temp. Regis Johannis. Edited by THOMAS DUFFUS HARDY, Esq. 1 Vol. royal 8vo. (1835). 18s.

EXCERPTA E ROTULIS FINIUM IN TURRI LONDINENSI ASSERVATIS. Henry III., 1216—1272. Edited by CHARLES ROBERTS, Esq. 2 Vols. royal 8vo. (1835, 1836); Vol. 1, 14s.; Vol. 2, 18s.

FINES, SIVE PEDES FINIUM; SIVE FINALES CONCORDIÆ IN CURIÂ DOMINI REGIS. 7 Richard I.—16 John, 1195—1214. Edited by the Rev. JOSEPH HUNTER. In Counties. 2 Vols. royal 8vo. (1835—1844); Vol. 1, 8s. 6d.; Vol. 2, 2s. 6d.

ANCIENT KALENDARS AND INVENTORIES OF THE TREASURY OF HIS MAJESTY'S EXCHEQUER; with Documents illustrating its History. Edited by Sir FRANCIS PALGRAVE. 3 Vols. royal 8vo. (1836). 42s.

DOCUMENTS AND RECORDS illustrating the History of Scotland, and Transactions between Scotland and England; preserved in the Treasury of Her Majesty's Exchequer. *Edited by* Sir FRANCIS PALGRAVE. 1 Vol. royal 8vo. (1837). 18*s.*

ROTULI CHARTARUM IN TURRI LONDINENSI ASSERVATI. 1199—1216. *Edited by* THOMAS DUFFUS HARDY, Esq. 1 Vol. folio (1837). 30*s.*

REPORT OF THE PROCEEDINGS OF THE RECORD COMMISSIONERS, 1831—1837. 1 Vol. fol. (1837). 8*s.*

REGISTRUM vulgariter nuncupatum "The Record of Caernarvon," e codice MS. Harleiano, 696, descriptum. *Edited by* Sir HENRY ELLIS. 1 Vol. folio (1838), 31*s.* 6*d.*

ANCIENT LAWS AND INSTITUTES OF ENGLAND; comprising Laws enacted under the Anglo-Saxon Kings, with Translation of the Saxon; the Laws called Edward the Confessor's; the Laws of William the Conqueror, and those ascribed to Henry I.; Monumenta Ecclesiastica Anglicana, from 7th to 10th century; and Ancient Latin Version of the Anglo-Saxon Laws. *Edited by* BENJAMIN THORPE, Esq. 1 Vol. folio (1840), 40*s.* 2 Vols. royal 8vo., 30*s.*

ANCIENT LAWS AND INSTITUTES OF WALES; comprising Laws supposed to be enacted by Howel the Good, modified by Regulations prior to the Conquest by Edward I.; and anomalous Laws, principally of Institutions which continued in force. With translation. Also, Latin Transcripts, containing Digests of Laws, principally of the Dimetian Code. *Edited by* ANEURIN OWEN, Esq. 1 Vol. folio (1841), 44*s.* 2 vols. royal 8vo., 36*s.*

ROTULI DE LIBERATE AC DE MISIS ET PRÆSTITIS, Regnante Johanne. *Edited by* THOMAS DUFFUS HARDY, Esq. 1 Vol. royal 8vo. (1844). 6*s.*

THE GREAT ROLLS OF THE PIPE, 2, 3, 4 HEN. II., 1155—1158. *Edited by* the Rev. JOSEPH HUNTER. 1 Vol. royal 8vo. (1844). 4*s.* 6*d.*

THE GREAT ROLL OF THE PIPE, 1 RIC. I., 1189—1190. *Edited by* the Rev. JOSEPH HUNTER. 1 Vol. royal 8vo. (1844). 6*s.*

DOCUMENTS ILLUSTRATIVE OF ENGLISH HISTORY in the 13th and 14th centuries, from the Records of the Queen's Remembrancer in the Exchequer. *Edited by* HENRY COLE, Esq. 1 Vol. fcp. folio (1844). 5*s.* 6*d.*

MODUS TENENDI PARLIAMENTUM. An Ancient Treatise on the Mode of holding the Parliament in England. *Edited by* THOMAS DUFFUS HARDY, Esq. 1 Vol. 8vo. (1846). 2*s.* 6*d.*

REGISTRUM MAGNI SIGILLI REG. SCOT. in Archivis Publicis asservatum. 1306—1424. *Edited by* THOMAS THOMSON, Esq. Folio (1814). 10*s.* 6*d.*

ACTS OF THE PARLIAMENTS OF SCOTLAND. Folio (1814—1875). *Edited by* THOMAS THOMSON and COSMO INNES, Esqrs. Vol. 1, 42*s.* Vols. 5 and 6 (in three Parts), 21*s.* each Part; Vols. 4, 7, 8, 9, 10, and 11, 10*s.* 6*d.* each; Vol. 12 (Index), 63*s.* Or, 12 Volumes in 13, 12*l.* 12*s.*

ACTS OF THE LORDS AUDITORS OF CAUSES AND COMPLAINTS (ACTA DOMINORUM AUDITORUM). 1466—1494. *Edited by* THOMAS THOMSON, Esq. Fol. (1839). 10*s.* 6*d.*

ACTS OF THE LORDS OF COUNCIL IN CIVIL CAUSES (ACTA DOMINORUM CONCILII), 1478—1495. *Edited by* THOMAS THOMSON, Esq. Folio (1839). 10*s.* 6*d.*

ISSUE ROLL OF THOMAS DE BRANTINGHAM, Bishop of Exeter, Lord High Treasurer, containing Payments out of the Revenue, 44 Edw. III., 1370. *Edited by* FREDERICK DEVON, Esq. 1 Vol. 4to. (1835), 35*s.* Or, royal 8vo., 25*s.*

ISSUES OF THE EXCHEQUER, James I.; from the Pell Records. *Edited by* FREDERICK DEVON, Esq. 1 Vol. 4to. (1836), 30*s.* Or, royal 8vo., 21*s.*

ISSUES OF THE EXCHEQUER, Henry III.—Henry VI.; from the Pell Records. *Edited by* FREDERICK DEVON, Esq. 1 Vol. 4to. (1837), 40*s.* Or, royal 8vo., 30*s.*

HANDBOOK TO THE PUBLIC RECORDS. *By* F. S. THOMAS, Esq., Secretary of the Public Record Office. 1 Vol. royal 8vo. (1853). 12*s.*

HISTORICAL NOTES RELATIVE TO THE HISTORY OF ENGLAND. Henry VIII. — Anne (1509-1714). A Book of Reference for ascertaining the Dates of Events. *By* F. S. THOMAS, Esq. 3 Vols. 8vo. (1856). 40*s.*

STATE PAPERS, DURING THE REIGN OF HENRY THE EIGHTH: with Indices of Persons and Places. 11 Vols. 4to. (1830—1852), 10*s.* 6*d.* each.
Vol. I.—Domestic Correspondence.
Vols. II. & III.—Correspondence relating to Ireland.
Vols. IV. & V.—Correspondence relating to Scotland.
Vols. VI. to XI.—Correspondence between England and Foreign Courts.

WORKS PUBLISHED IN PHOTOZINCOGRAPHY.

DOMESDAY BOOK, or the GREAT SURVEY OF ENGLAND OF WILLIAM THE CONQUEROR, 1086; fac-simile of the Part relating to each county, separately (with a few exceptions of double counties). Photozincographed, by Her Majesty's Command, at the Ordnance Survey Office, Southampton, Colonel Sir HENRY JAMES, R.E., F.R.S., &c., DIRECTOR-GENERAL of the ORDNANCE SURVEY, under the Superintendence of W. BASEVI SANDERS, Esq., Assistant Keeper of Her Majesty's Records. 35 Parts, imperial quarto and demy quarto (1861-1863), boards. Price 8s. to 1l. 3s. each Part, according to size; or, bound in 2 Vols., 20l. *(The edition in two volumes is out of print.)*

This important and unique survey of the greater portion of England* is the oldest and most valuable record in the national archives. It was commenced about the year 1084 and finished in 1086. Its compilation was determined upon at Gloucester by William the Conqueror, in council, in order that he might know what was due to him, in the way of tax, from his subjects, and that each at the same time might know what he had to pay. It was compiled as much for their protection as for the benefit of the sovereign. The nobility and people had been grievously distressed at the time by the king bringing over large numbers of French and Bretons, and quartering them on his subjects, "each "according to the measure of his land," for the purpose of resisting the invasion of Cnut, King of Denmark, which was apprehended. The Commissioners appointed to make the survey were to inquire the name of each place; who held it in the time of King Edward the Confessor; the present possessor; how many hides were in the manor; how many ploughs were in the demesne; how many homagers; how many villeins; how many cottars; how many serving men; how many free tenants; how many tenants in soccage; how much wood, meadow, and pasture; the number of mills and fish ponds; what had been added or taken away from the place; what was the gross value in the time of Edward the Confessor; the present value; and how much each free man or soc-man had, and whether any advance could be made in the value. Thus could be ascertained who held the estate in the time of King Edward; who then held it; its value in the time of the late King; and its value as it stood at the formation of the survey. So minute was the survey, that the writer of the contemporary portion of the Saxon Chronicle records, with some asperity—"So very narrowly he caused it to be "traced out, that there was not a single hide, nor one virgate of land, nor even, "it is shame to tell, though it seemed to him no shame to do, an ox, nor a cow, "nor a swine was left, that was not set down."

Domesday Survey is in two parts or volumes. The first, in folio, contains the counties of Bedford, Berks, Bucks, Cambridge, Chester, and Lancaster, Cornwall, Derby, Devon, Dorset, Gloucester, Hants, Hereford, Herts, Huntingdon, Kent, Leicester and Rutland, Lincoln, Middlesex, Northampton, Nottingham, Oxford, Salop, Somerset, Stafford, Surrey, Sussex, Warwick, Wilts, Worcester, and York. The second volume, in quarto, contains the counties of Essex, Norfolk and Suffolk.

Domesday Book was printed *verbatim et literatim* during the last century, in consequence of an address of the House of Lords to King George III. in 1767. It was not, however, commenced until 1773, and was completed early in 1783. In 1860, Her Majesty's Government, with the concurrence of the Master of the Rolls, determined to apply the art of photozincography to the production of a fac-simile of Domesday Book, under the superintendence of Colonel Sir Henry James, R.E., Director-General of the Ordnance Survey, Southampton. The fac-simile was completed in 1863.

---

* For some reason left unexplained, many parts were left unsurveyed; Northumberland, Cumberland, Westmoreland, and Durham, are not described in the survey; nor does Lancashire appear under its proper name; but Furness, and the northern part of Lancashire, as well as the south of Westmoreland, with a part of Cumberland, are included within the West Riding of Yorkshire. That part of Lancashire which lies between the Ribble and Mersey, and which at the time of the survey comprehended 688 manors, is joined to Cheshire. Part of Rutland is described in the counties of Northampton and Lincoln.

FAC-SIMILES OF NATIONAL MANUSCRIPTS, from WILLIAM THE CONQUEROR to QUEEN ANNE, selected under the direction of the Master of the Rolls, and Photozincographed, by Command of Her Majesty, by Colonel Sir HENRY JAMES, R.E., F.R.S., DIRECTOR-GENERAL of the ORDNANCE SURVEY, and edited by W. BASEVI SANDERS, Assistant Keeper of Her Majesty's Records. *Price,* each Part, with translations and notes, double foolscap folio, 16s.
    Part I. (William the Conqueror to Henry VII.). 1865. (*Out of print.*)
    Part II. (Henry VIII. and Edward VI.) 1866.
    Part III. (Mary and Elizabeth). 1867.
    Part IV. (James I. to Anne). 1868.

    The first Part extends from William the Conqueror to Henry VII., and contains autographs of the kings of England, as well as of many other illustrious personages famous in history, and some interesting charters, letters patent, and state papers. The second Part, for the reigns of Henry VIII. and Edward VI., consists principally of holograph letters, and autographs of kings, princes, statesmen, and other persons of great historical interest, who lived during those reigns. The third Part contains similar documents for the reigns of Mary and Elizabeth, including a signed bill of Lady Jane Grey. The fourth Part concludes the series, and comprises a number of documents taken from the originals belonging to the Constable of the Tower of London; also several records illustrative of the Gunpowder Plot, and a woodcut containing portraits of Mary Queen of Scots and James VI., circulated by their adherents in England, 1580–3.

FAC-SIMILES OF ANGLO-SAXON MANUSCRIPTS. Photozincographed, by Command of Her Majesty, upon the recommendation of the Master of the Rolls, by the DIRECTOR-GENERAL of the ORDNANCE SURVEY, Lieut.-General J. CAMERON, R.E., C.B., F.R.S., and edited by W. BASEVI SANDERS, Assistant Keeper of Her Majesty's Records. Part I. Price 2*l*. 10s.

    The Anglo-Saxon MSS. represented in this volume form the earlier portions of the collection of archives belonging to the Dean and Chapter of Canterbury, and consist of a series of 25 charters, deeds, and wills, commencing with a record of proceedings at the first Synodal Council of Clovestho in 742, and terminating with the first part of a tripartite chcirograph, whereby Thurston conveyed to the Church of Canterbury land at Wimbish in Essex, in 1049, the sixth year of the reign of Edward the Confessor.

FAC-SIMILES OF ANGLO-SAXON MANUSCRIPTS. Photozincographed, by Command of Her Majesty, upon the recommendation of the Master of the Rolls, by the DIRECTOR-GENERAL of the ORDNANCE SURVEY, Major-General A. COOKE, R.E., C.B., and collected and edited by W. BASEVI SANDERS, Assistant Keeper of Her Majesty's Records. Part II. Price 3*l*. 10s.
    (Also, separately. Edward the Confessor's Charter. *Price* 2s.)

    The originals of the Fac-similes contained in this volume belong to the Deans and Chapters of Westminster, Exeter, Wells, Winchester, and Worcester; the Marquis of Bath, the Earl of Ilchester, Winchester College, Her Majesty's Public Record Office, Bodleian Library, Somersetshire Archæological and National History Society's Museum in Taunton Castle, and William Salt Library at Stafford. They consist of charters and other documents granted by, or during the reigns of, Baldred, Æthelred, Offa, and Burgred, Kings of Mercia; Uhtred of the Huiccas, Ceadwalla and Ini of Wessex; Æthelwulf, Eadward the Elder, Æthelstan, Eadmund the First, Eadred, Eadwig, Eadgar, Eadward the Second, Æthelred the Second, Cnut, Eadward the Confessor, and William the Conqueror, embracing altogether a period of nearly four hundred years.

FAC-SIMILES OF ANGLO-SAXON MANUSCRIPTS. Photozincographed, by Command of Her Majesty, upon the recommendation of the Master of the Rolls, by the DIRECTOR-GENERAL of the ORDNANCE SURVEY, Colonel R. H. STOTHERD, R.E., C.B., and collected and edited by W. BASEVI SANDERS, Assistant Keeper of Her Majesty's Records. Part III. Price 3*l*. 10s.

    This volume contains fac-similes of the Ashburnham collection of Anglo-Saxon Charters, &c., including King Alfred's Will. The MSS. represented in it, range from A.D. 697 to A.D. 1161, being charters, wills, deeds, and reports of Synodal transactions during the reigns of Kings Wihtred of Kent, Offa, Eardwulf, Coenwulf, Cuthred, Beornwulf, Æthelwulf, Ælfred, Eadward the Elder, Eadmund, Eadred, Queen Eadgifu, and Kings Eadgar, Æthelred the Second, Cnut, Henry the First, and Henry the Second. In addition to these are two belonging to the Marquis of Anglesey, one of them being the Foundation Charter of Burton Abbey by Æthelred the Second with the testament of its great benefactor Wulfric.

Public Record Office,
November 1887.

HISTORICAL MANUSCRIPTS COMMISSION.

REPORTS OF THE ROYAL COMMISSIONERS APPOINTED TO INQUIRE WHAT PAPERS AND MANUSCRIPTS BELONGING TO PRIVATE FAMILIES AND INSTITUTIONS ARE EXTANT WHICH WOULD BE OF UTILITY IN THE ILLUSTRATION OF HISTORY, CONSTITUTIONAL LAW, SCIENCE, AND GENERAL LITERATURE.

Date.		Size.	Sessional Paper.	Price.

1870 (Reprinted 1874.)	FIRST REPORT, WITH APPENDIX
	Contents :—
	  ENGLAND. House of Lords; Cambridge Colleges; Abingdon, and other Corporations, &c.
	  SCOTLAND. Advocates' Library, Glasgow Corporation, &c.
	  IRELAND. Dublin, Cork, and other Corporations, &c.
		f'cap	C. 55	s. d.
				1 6

1871	SECOND REPORT, WITH APPENDIX, AND INDEX TO THE FIRST AND SECOND REPORTS
	Contents :—
	  ENGLAND. House of Lords; Cambridge Colleges; Oxford Colleges; Monastery of Dominican Friars at Woodchester, Duke of Bedford, Earl Spencer, &c.
	  SCOTLAND. Aberdeen and St. Andrew's Universities, &c.
	  IRELAND. Marquis of Ormonde; Dr. Lyons, &c.
		,,	C. 441	3 10

1872	THIRD REPORT, WITH APPENDIX AND INDEX
	Contents :—
	  ENGLAND. House of Lords; Cambridge Colleges; Stonyhurst College; Bridgewater and other Corporations; Duke of Northumberland, Marquis of Lansdowne, Marquis of Bath, &c.
	  SCOTLAND. University of Glasgow; Duke of Montrose, &c.
	  IRELAND. Marquis of Ormonde; Black Book of Limerick, &c.
		,,	C. 673	6 0

Date.		Size.	Sessional Paper.	Price.
				s. d.

1873	FOURTH REPORT, WITH APPENDIX. PART I. - - - - -
	Contents :—
	  ENGLAND. House of Lords; Westminster Abbey; Cambridge and Oxford Colleges; Cinque Ports, Hythe, and other Corporations, Marquis of Bath, Earl of Denbigh, &c.
	  SCOTLAND. Duke of Argyll, &c.
	  IRELAND. Trinity College, Dublin; Marquis of Ormonde.
		f'cap	C. 857	6 8

	DITTO. PART II. INDEX - - -	,,	C. 857 i.	2 6

1876	FIFTH REPORT, WITH APPENDIX. PART I. -
	Contents :—
	  ENGLAND. House of Lords; Oxford and Cambridge Colleges; Dean and Chapter of Canterbury; Rye, Lydd, and other Corporations, Duke of Sutherland, Marquis of Lansdowne, Reginald Cholmondeley, Esq., &c.
	  SCOTLAND. Earl of Aberdeen, &c.
		,,	C. 1432	7 0

	DITTO. PART II. INDEX - - -	,,	C. 1432 i.	3 6

1877	SIXTH REPORT, WITH APPENDIX. PART I. -
	Contents :—
	  ENGLAND. House of Lords; Oxford and Cambridge Colleges; Lambeth Palace; Black Book of the Archdeacon of Canterbury; Bridport, Wallingford, and other Corporations; Lord Leconfield, Sir Reginald Graham, Sir Henry Ingilby, &c.
	  SCOTLAND. Duke of Argyll, Earl of Moray, &c.
	  IRELAND. Marquis of Ormonde.
		,,	C. 1745	8 6

	DITTO. PART II. INDEX - - -	,,	C. 2102	1 10
1879	SEVENTH REPORT, WITH APPENDIX. PART I. - - - - - Contents :— House of Lords; County of Somerset; Earl of Egmont, Sir Frederick Graham, Sir Harry Verney, &c.	,,	C. 2340	7 6
	DITTO. PART II. APPENDIX AND INDEX - Contents : — Duke of Athole, Marquis of Ormonde, S. F. Livingstone, Esq., &c.	,,	C. 2340 i.	3 6

1881	EIGHTH REPORT, WITH APPENDIX AND INDEX. PART I. - - - -
	Contents :—
	  List of collections examined, 1869-1880.
	  ENGLAND. House of Lords; Duke of Marlborough; Magdalen College, Oxford; Royal College of Physicians; Queen Anne's
		,,	C. 3040	8 6

Date.		Size.	Sessional Paper.	Price.
				s. d.
	Bounty Office; Corporations of Chester, Leicester, &c. IRELAND. Marquis of Ormonde, Lord Emly, The O'Conor Don, Trinity College, Dublin, &c.			
	DITTO. PART II. APPENDIX AND INDEX - Contents :— Duke of Manchester.	f'cap	C. 3040 i.	1 9
	DITTO. PART III. APPENDIX AND INDEX - Contents :— Earl of Ashburnham.	,,	C. 3040 ii.	1 4
1883	CALENDAR OF THE MANUSCRIPTS OF THE MARQUIS OF SALISBURY, K.G. PART I.	8vo.	C. 3777	3 5
,,	NINTH REPORT, WITH APPENDIX AND INDEX. PART I. - Contents :— St. Paul's and Canterbury Cathedrals; Eton College ; Carlisle, Yarmouth, Canterbury, and Barnstaple Corporations, &c.	f'cap	C. 3773	5 2
	DITTO. PART II. APPENDIX AND INDEX - Contents :— ENGLAND. House of Lords; Earl of Leicester ; C. Pole Gell, Alfred Morrison, Esquires, &c. SCOTLAND. Lord Elphinstone, H. C. Maxwell Stuart, Esq., &c. IRELAND. Duke of Leinster, Marquis of Drogheda, &c.	,,	C. 3773 i.	6 3
	DITTO. PART III. APPENDIX AND INDEX - Contents :— Mrs. Stopford Sackville.	,,	C.3773 ii.	1 7
1885	TENTH REPORT - This is introductory to the following :—	8vo.	C. 4548	0 3½
,,	(1.) APPENDIX AND INDEX - The Earl of Eglinton, Sir J. S. Maxwell, Bart., and C. S. H. D. Moray, C. F. Weston Underwood, G. W. Digby, Esquires.	,,	C. 4575	3 7
,,	(2.) APPENDIX AND INDEX - The Family of Gawdy, formerly of Norfolk.	,,	C.4576iii.	1 4
,,	(3.) APPENDIX AND INDEX - Wells Cathedral.	,,	C.4576 ii.	2 0
,,	(4.) APPENDIX AND INDEX - Earl of Westmorland ; Captain Stewart ; Lord Stafford ; Sir N. W. Throckmorton, Bart., Stonyhurst	,,	C. 4576	3 6

Date.	—	Size.	Sessional Paper.	Price.
				s. d.
1885	College; Sir P. T. Mainwaring, Bart., Lord Muncaster, M.P., Captain J. F. Bagot, Earl of Powis, &c. (5.) APPENDIX AND INDEX - - - The Marquis of Ormonde, Earl of Fingall, Corporations of Galway, Waterford, the Sees of Dublin and of Ossory, Archives of the Jesuits in Ireland.	8vo.	4576 i.	2 10
1887	(6.) APPENDIX AND INDEX - - - Marquis of Abergavenny, Lord Braye, &c.	,,	C. 5242	1 7
-	ELEVENTH REPORT. *In the Press.* This is introductory to the following :—	,,	—	—
1887	(1.) APPENDIX AND INDEX - - - H. D. Skrine, Esq., Salvetti Correspondence.	,,	C. 5060	1 1
1887	(2.) APPENDIX AND INDEX - - - The House of Lords. 1678–1688.	,,	C. 5060 i.	2 0
1887	(3.) APPENDIX AND INDEX - - - The Corporations of Southampton and Lynn.	,,	C. 5060 ii.	1 8
1887	(4.) APPENDIX AND INDEX - - - The Marquess Townshend.	,,	C. 5060 iii.	2 6
-	(5.) APPENDIX AND INDEX - - - The Earl of Dartmouth. *In the Press.*	,,	—	—

Stationery Office,
  November 1887.

ANNUAL REPORTS OF THE DEPUTY KEEPER OF THE PUBLIC RECORDS.

REPORTS Nos. 1-22, IN FOLIO, PUBLISHED BETWEEN 1840 AND 1861, ARE NO LONGER ON SALE. SUBSEQUENT REPORTS ARE IN OCTAVO.

Date.	Number of Report.	Chief Contents of Appendices.	Price.
			s. d.
1862	23	Subjects of Research by Literary Inquirers, 1852-1861.—Attendances at the various Record Offices, previously to the passing of the Public Record Act.	0 4
1863	24	List of Calendars, Indexes, &c., in the Public Record Office.	0 7½
1864	25	Calendar of Crown Leases, 33-38 Hen. VIII.—Calendar of Bills and Answers, &c., Hen. VIII.-Ph. & Mary, for Cheshire and Flintshire.—List of Lords High Treasurers and Chief Commissioners of the Treasury, from Hen. VII.	0 8
1865	26	List of Plans annexed to Inclosure Awards, 31 Geo. II.-7 Will. IV.—Calendar of Privy Seals, &c., Hen. VI.-Eliz., for Cheshire and Flintshire.—Calendar of Writs of General Livery, &c., for Cheshire, Eliz.-Charles I.—Calendar of Deeds, &c., on the Chester Plea Rolls, Hen. III. and Edw. I.—List of Documents photozincographed, Will. I.-Hen. VII.	0 7
1866	27	List of Awards of Inclosure Commissioners.—References to Charters in the Cartæ Antiquæ and the Confirmation Rolls of Chancery, Ethelbert of Kent-James I.—Calendar of Deeds, &c., on the Chester Plea Rolls, Edw. II.—List of Documents photozincographed, Hen. VIII. and Edw. VI.	1 6
1867	28	Fees in the Public Record Office.—Calendar of Fines, Cheshire and Flintshire, Edw. I.—Calendar of Deeds, &c., on the Chester Plea Rolls, Edw. III.—List of Documents photozincographed, Mary and Eliz., and Scottish, Part I.—Table of Law Terms, from the Norman Conquest to 1 Will. IV.	0 10½

Date.	Number of Report.	Chief Contents of Appendices.	Price.
			s. d.
1868	29	Calendar of Royal Charters.—Calendar of Deeds, &c., on the Chester Plea Rolls, Richard II.-Hen. VII.—Durham Records, Letter and Report.	0 9
1869	30	Duchy of Lancaster Records, Inventory.—Durham Records, Inventory, Indexes to Kellawe's Register.—Calendar of Deeds, &c., on the Chester Plea Rolls, Hen. VIII.—Calendar of Decrees of Court of General Surveyors, 34–38 Hen. VIII.—Calendar of Royal Charters.—State Paper Office, Calendar of Documents relating to the History of, to 1800.—List of Documents photozincographed, Eliz.-Anne.—Tower of London, Index to Documents in custody of the Constable of.—Calendar of Dockets, &c., for Privy Seals, 1634–1711, in the British Museum. Report of the Commissioners on Carte Papers.—Venetian Ciphers.	3 0
1870	31	Duchy of Lancaster Records, Calendar of Royal Charters, Will. II.-Ric. II.—Durham Records, Calendar of Chancery Enrolments; Cursitor's Records.—List of Officers of Palatinate of Chester, in Cheshire and Flintshire, and North Wales.—List of Sheriffs of England, 31 Hen. I. to 4 Edw. III.—List of Documents photozincographed, Scottish, Part II.	2 8
1871	32	Part I.—Report of the Commissioners on Carte Papers.—Calendarium Genealogicum, 1 & 2 Edw. II.—Durham Records, Calendar of Cursitor's Records, Chancery Enrolments.—Duchy of Lancaster Records, Calendar of Rolls of the Chancery of the County Palatine.	2 2
1871	--	Part II.—Charities; Calendar of Trust Deeds enrolled on the Close Rolls of Chancery, subsequent to 9 Geo. II. c. xxxvi.	5 6
1872	33	Duchy of Lancaster Records, Calendar of Rolls of the Chancery of the County Palatine.—Durham Records, Calendar of the Cursitor's Records, Chancery Enrolments.—Report on the Shaftesbury Papers.—Venetian Transcripts.—Greek copies of the Athanasian Creed.	1 10
1873	34	Parliamentary Petitions; Index to the Petitions to the King in Council.—Durham Records, Calendar of the Cursitor's Records, Chancery Enrolments.—List of Documents photozincographed. Scottish, Part III.—Supplementary Report on the Shaftesbury Papers.	1 9
1874	35	Duchy of Lancaster Records, Calendar of Ancient Charters or Grants.—Palatinate of Lancaster; Inventory and Lists of Documents transferred to the Public Record Office.—Durham Records, Calendar of Cursitor's Records, Chancery Enrolments.—List of Documents photozincographed, Irish, Part I.—Second Supplementary Report on the Shaftesbury Papers.	1 6

Date.	Number of Report.	Chief Contents of Appendices.	Price.
			s. d.
1875	36	Durham Records, Calendar of the Cursitor's Records, Chancery Enrolments.—Duchy of Lancaster Records; Calendar of Ancient Charters or Grants.—List of Documents photozincographed; Irish, Part II.—M. Armand Baschet's Report upon Documents in French Archives relating to British History.—Calendar of Recognizance Rolls of the Palatinate of Chester, to end of reign of Hen. IV.	4 4
1876	37	Part I.—Durham Records, Calendar of the Cursitor's Records, Chancery Enrolments.—Duchy of Lancaster Records, Calendar of Ancient Rolls of the Chancery of the County Palatine.—M. Baschet's list of French Ambassadors, &c., in England, 1509-1714.	1 2
1876	—	Part II.—Calendar of Recognizance Rolls of the Palatinate of Chester; Hen. V.-Hen. VII.	4 4
1877	38	Exchequer Records, Catalogue of Special Commissions, 1 Eliz. to 10 Vict., Calendar of Depositions taken by Commission, 1 Eliz. to end of James I.—List of Representative Peers for Scotland and Ireland.	4 3
1878	39	Calendar of Recognizance Rolls of the Palatinate of Chester, 1 Hen. VIII.-11 Geo. IV.—Exchequer Records, Calendar of Depositions taken by Commission, Charles I.—Duchy of Lancaster Records; Calendar of Lancashire Inquisitions post Mortem, &c.—Third Supplementary Report on the Shaftesbury Papers.—Anglo-Saxon Charters photozincographed.—M. Baschet's List of Despatches of French Ambassadors to England, 1509-1714.	4 6
1879	40	Calendar of Depositions taken by Commission, Commonwealth-James II.—Miscellaneous Records of Queen's Remembrancer in the Exchequer.—Durham Records, Calendar of the Cursitor's Records, Chancery Enrolments.—Duchy of Lancaster Records, Calendar of Patent Rolls, 5 Ric. II.-21 Hen. VII.—Rules and Regulations respecting the public use of the Records.	3 0
1880	41	Calendar of Depositions taken by Commission, William and Mary to George I.—Calendar of Norman Rolls, Hen. V., Part I.—Anglo-Saxon Charters photozincographed.—Report from Rome.—List of Calendars, Indexes, &c. in the Public Record Office on 31st December 1879.	4 8
1881	42	Calendar of Depositions taken by Commission, George II.—Calendar of Norman Rolls, Hen. V., Part II. and Glossary.—Calendar of Patent Rolls, 1 Edw. I.—Anglo-Saxon Charters photozincographed.—Transcripts from Paris.	4 0
1882	43	Calendar of Privy Seals, &c., 1-7 Charles I.—Duchy of Lancaster Records, Inventory of Court Rolls, Hen. III.-Geo. IV., Calendar of Privy Seals,	3 10

Date.	Number of Report.	Chief Contents of Appendices.	Price.
			s. d.
		Ric. II.—Calendar of Patent Rolls, 2 Edw. I.—Anglo-Saxon Charters photozincographed.—Fourth Supplementary Report on the Shaftesbury Papers.—Transcripts from Paris.—Report on Libraries in Sweden.—Report on Papers relating to English History in the State Archives, Stockholm.—Report on Canadian Archives.	
1883	44	Calendar of Patent Rolls, 3 Edw. I.—Durham Records, Cursitor's Records, Inquisitions post Mortem, &c.—Calendar of French Rolls, 1-10 Hen. V.—Anglo-Saxon Charters photozincographed.—Report from Venice.—Transcripts from Paris.—Report from Rome.	3 6
1884	45	Duchy of Lancaster Records, Inventory of Ministers' and Receivers' Accounts, Edw. I.-Geo. III.—Durham Records, Cursitor's Records, Inquisitions post Mortem, &c.—Treasury of the Receipt of the Exchequer, Calendar of Diplomatic Documents. — Anglo-Saxon Charters photozincographed.—Transcripts from Paris.—Reports from Rome and Stockholm.—Report on Archives of Denmark, &c.—Transcripts from Venice.—Calendar of Patent Rolls, 4 Edw. I.	4 3
1885	46	Presentations to Offices on the Patent Rolls, Charles II.—Anglo-Saxon Charters, &c., photozincographed.—Transcripts from Paris.—Reports from Rome.—Second Report on Archives of Denmark, &c.—Calendar of Patent Rolls, 5 Edw. I.—Catalogue of Venetian Manuscripts bequeathed by Mr. Rawdon Brown to the Public Record Office.	2 10
1886	47	Transcripts from Paris.—Reports from Rome.—Third Report on Archives of Denmark, &c.—List of Creations of Peers and Baronets, 1483-1646.—Calendar of Patent Rolls, 6 Edw. I.	2 2
1887	48	Calendar of Patent Rolls, 7 Edw. I.—Calendar of French Rolls, Henry VI.—Calendar of Privy Seals, &c., 8-11 Charles I.—Calendar of Diplomatic Documents.—Schedules of Valueless Documents. There have also been printed Indexes to Reports 1-22, and Reports 23-39.	3 6

Public Record Office,
  November 1887.

SCOTLAND.

CATALOGUE OF SCOTCH RECORD PUBLICATIONS

PUBLISHED UNDER THE DIRECTION OF

THE LORD CLERK REGISTER OF SCOTLAND.

[OTHER WORKS RELATING TO SCOTLAND WILL BE FOUND AMONG THE PUBLICATIONS OF THE RECORD COMMISSIONERS, see pp. 26-28.]

1. CHRONICLES OF THE PICTS AND SCOTS, AND OTHER EARLY MEMORIALS OF SCOTTISH HISTORY. Royal 8vo., half bound (1867). *Edited by* WILLIAM F. SKENE, LL.D. *Price* 10s. *Out of print.*
2. LEDGER OF ANDREW HALYBURTON, CONSERVATOR OF THE PRIVILEGES OF THE SCOTCH NATION IN THE NETHERLANDS (1492-1503); TOGETHER WITH THE BOOKS OF CUSTOMS AND VALUATION OF MERCHANDISES IN SCOTLAND. *Edited by* COSMO INNES. Royal 8vo., half bound (1867). *Price* 10s.
3. DOCUMENTS ILLUSTRATIVE OF THE HISTORY OF SCOTLAND FROM THE DEATH OF KING ALEXANDER THE THIRD TO THE ACCESSION OF ROBERT BRUCE, from original and authentic copies in London, Paris, Brussels, Lille, and Ghent. In 2 Vols. royal 8vo., half bound (1870). *Edited by* Rev. JOSEPH STEVENSON. *Price* 10s. *each.*
4. ACCOUNTS OF THE LORD HIGH TREASURER OF SCOTLAND. Vol. 1, A.D. 1473-1498. *Edited by* THOMAS DICKSON. 1877. *Price* 10s.
5. REGISTER OF THE PRIVY COUNCIL OF SCOTLAND. *Edited and arranged by* J. H. BURTON, LL.D. Vol. 1, 1545-1569. Vol. 2, 1569-1578. Vol. 3, A.D. 1578-1585. Vol. 4, A.D. 1585-1592. Vol. 5, 1592-1599. Vol. 6, 1599-1604. Vol. 7, 1604-1607. Vol. 8 in progress. *Edited by* DAVID MASSON, LL.D. 1877-1884. *Price* 15s. *each.*
6. ROTULI SCACCARII REGUM SCOTORUM. THE EXCHEQUER ROLLS OF SCOTLAND Vol. 1, A.D. 1264-1359. Vol. 2, A.D. 1359-1379. *Edited by* JOHN STUART, LL.D., and GEORGE BURNETT, Lyon King of Arms. 1878-1880. Vol. 3, A.D. 1379-1406. Vol. 4, A.D. 1406-1436 (1880). Vol. 5, A.D. 1437-1454 (1882). Vol. 6, 1455-1460 (1883). Vol. 7, 1460-1469 (1884). Vol. 8, A.D. 1470-1479 (1885). Vol. 9, 1480-1487 Addenda, 1437-1487, (1886). Vol. 10, 1488-1496. Vol. 11 in progress. *Edited by* GEORGE BURNETT. *Price* 10s. *each.*
7. CALENDAR OF DOCUMENTS RELATING TO SCOTLAND. *Edited by* JOSEPH BAIN. Vol. 1 (1881). Vol. II. 1272-1307 (1884). Vol. III. & IV. (in progress). *Price* 15s. *each.*
8. REGISTER OF THE GREAT SEAL OF SCOTLAND. A.D. 1424-1513 (1882). A.D. 1513-1546 (1883). A.D. 1546-1580 (1886). A.D. 1580 (in progress). *Edited by* JAMES BALFOUR PAUL and J. M. THOMSON. *Price* 15s. *each.*

FAC-SIMILES OF THE NATIONAL MSS. OF SCOTLAND. (*Out of print.*) Parts I., II., and III. *Price* 21s. *each.*

Stationery Office,
October 1887.

IRELAND.

CATALOGUE OF IRISH RECORD PUBLICATIONS.

CALENDAR OF THE PATENT AND CLOSE ROLLS OF CHANCERY IN IRELAND. HENRY VIII., EDWARD VI., MARY, AND ELIZABETH, AND FOR THE 1ST TO THE 7TH YEAR OF CHARLES I. *Edited by* JAMES MORRIN, Royal 8vo. (1861-3). Vols. 1, 2, and 3. *Price* 11s. each.

ANCIENT LAWS AND INSTITUTES OF IRELAND.
    Senchus Mor. (1865-1880.) Vols. 1, 2, 3, and 4. *Price* 10s. each.
    Vol. 5 in progress.
Abstracts of the Irish Patent Rolls of James I. Unbound. *Price* 25s.
Abstracts of the Irish Patent Rolls of James I. With Supplement. *Price* 35s.

FAC-SIMILES of NATIONAL MANUSCRIPTS of IRELAND, FROM THE EARLIEST EXTANT SPECIMENS TO A.D. 1719. *Edited by* JOHN T. GILBERT, F.S.A., M.R.I.A. Part 1 *is out of print*. Parts II. and III. *Price* 42s. each. Part IV. 1. *Price* 5l. 5s. Part IV. 2. *Price* 4l. 10s.

    This work forms a comprehensive Palæographic Series for Ireland. It furnishes characteristic specimens of the documents which have come down from each of the classes which, in past ages, formed principal elements in the population of Ireland, or exercised an influence in her affairs. With these reproductions are combined fac-similes of writings connected with eminent personages or transactions of importance in the annals of the country to the early part of the eighteenth century.
    The specimens have been reproduced as nearly as possible in accordance with the originals, in dimensions, colouring, and general appearance. Characteristic examples of styles of writing and caligraphic ornamentation are, so far as practicable, associated with subjects of historic and linguistic interest. Descriptions of the various manuscripts are given by the Editor in the Introduction. The contents of the specimens are fully elucidated and printed in the original languages, opposite to the Fac-similes—line for line—without contractions—thus facilitating reference and aiding effectively those interested in palæographic studies.
    In the work are also printed in full, for the first time, many original and important historical documents.
    Part I. commences with the earliest Irish MSS. extant.
    Part II.: From the Twelfth Century to A.D. 1299.
    Part III.: From A.D. 1300 to end of reign of Henry VIII.
    Part IV. 1.: From reign of Edward VI. to that of James I.
    In Part IV. 2.—the work is carried down to the early part of the eighteenth century, with Index to the entire publication.

ACCOUNT OF FAC-SIMILES OF NATIONAL MANUSCRIPTS OF IRELAND. IN ONE VOLUME; 8VO., WITH INDEX. *Price* 10s. Parts I. and II. together. *Price* 2s. 6d. Part II. *Price* 1s. 6d. Part III. *Price* 1s. Part IV. 1. *Price* 2s. Part IV. 2. *Price* 2s. 6d.

Stationery Office,
    October 1887.

ANNUAL REPORTS OF THE DEPUTY KEEPER OF THE PUBLIC RECORDS, IRELAND.

Date.	Number of Report.	Chief Contents of Appendices.	Sessional Paper.	Price.
				s. d.
1869	1	Contents of the principal Record Repositories of Ireland in 1864.—Notices of Records transferred from Chancery Offices.—Irish State Papers presented by Philadelphia Library Company.	C. 4157	2 3
1870	2	Notices of Records transferred from Chancery, Queen's Bench, and Exchequer Offices.—Index to Original Deeds received from Master Litton's Office.	[C. 137]	1 0
1871	3	Notices of Records transferred from Queen's Bench, Common Pleas, and Exchequer Offices.—Report on J. F. Ferguson's MSS.—Exchequer Indices, &c.	[C. 329]	2 0
1872	4	Records of Probate Registries	[C. 515]	0 2½
1873	5	Notices of Records from Queen's Bench Calendar of Fines and Recoveries of the Palatinate of Tipperary, 1664–1715.—Index to Reports to date.	[C. 760]	0 8
1874	6	Notices of Records transferred from Chancery, Queen's Bench, and Common Pleas Offices.—Report respecting "Facsimiles of National MSS. of Ireland."—List of Chancery Pleadings (1662–1690) and Calendar to Chancery Rolls (1662–1713) of Palatinate of Tipperary.	[C. 963]	0 7½
1875	7	Notices of Records from Exchequer and Admiralty Offices.—Calendar and Index to Fiants of Henry VIII.	[C. 1175]	0 7
1876	8	Calendar and Index to Fiants of Edward VI.	[C. 1469]	1 3
1877	9	Index to the Liber Munerum Publicorum Hiberniæ.—Calendar and Index to Fiants of Philip and Mary.	[C. 1702]	0 8
1878	10	Schedule of Parochial Registers deposited.—Index to Deputy Keeper's 6th, 7th, 8th, 9th, and 10th Reports.	[C 2034]	0 3½
1879	11	Calendar to Fiants of Elizabeth (1558–1570)	[C. 2311]	1 4
1880	12	Calendar to Fiants of Elizabeth, continued (1570–1576).—Schedule of Parish Registers of Ireland.	[C. 2583]	1 3

Date.	Number of Report.	Chief Contents of Appendices.	Sessional Paper.	Price.
				s. d.
1881	13	Calendar to Fiants of Elizabeth, continued (1576-1583).	[C. 2929]	1 5
1882	14	Report of Keeper of State Papers containing Catalogue of Commonwealth Books transferred from Bermingham Tower.	[C. 3215]	0 6½
1883	15	Calendar to Fiants of Elizabeth, continued (1583-1586).—Index to Deputy Keeper's 11th, 12th, 13th, 14th, and 15th Reports.	[C. 3676]	1 0
1884	16	Calendar to Fiants of Elizabeth, continued (1586-1595).	[C. 4062]	1 6
1885	17	Report on Iron Chest of attainders following after 1641 and 1688.—Queen's Bench Calendar to Fiants of Elizabeth, continued (1596-1601).	[C. 4487]	1 6
1886	18	Calendar to Fiants of Elizabeth, continued (1601-1603).—Memorandum on Statements (1702) and Declarations (1713-14) of Huguenot Pensioners.—Schedule of present places of Custody of Parish Registers.	[C. 4755]	1 1
1887	19	Notice of Records of Incumbered and Landed Estates Courts.--Report of Keeper of State Papers, containing Table of Abstracts of Decrees of Innocence (1663), with Index.	[C. 5185]	0 6

Public Record Office of Ireland,
    31st October, 1887.

www.ingramcontent.com/pod-product-compliance
Lightning Source LLC
Chambersburg PA
CBHW032009300426
44117CB00008B/964